严 文 明 文 集

（第 7 卷）

严文明　著

文物出版社

总 目 录

本卷目录

中华文明的起源

中华文明的起源

以考古学为基础，全方位研究古代文明

　　在中国古代文明特别是文明起源研究的热潮中，北京大学古代文明研究中心成立了。按照章程，它将在人类古代文明研究的大背景下来研究中国古代文明。这是很有道理的，因为中国古代文明是全人类古代文明的一部分，只有放在这个大背景下，才能认清中国古代文明的特点及其在世界文明发展史上的地位与作用。但在这篇小文章中，我想要特别强调的是，研究古代文明需要以考古学为基础来实行多学科的合作，以便进行多角度和全方位的研究。这是学科本身的要求，也是学科发展的必然趋势。世界上最著名的古代文明，诸如古埃及文明、美索不达米亚文明、古印度文明、美洲的玛雅文明和古秘鲁文明，无一不是基于考古发现和研究，并且结合其他学科的研究才恢复起来的。中国的情况似乎稍有不同。因为中国周代留下了较多的文献资料，可以对周代文明有一个概略的了解。但是周代以前的文献仍然是阙如的。虽然古人说过唯殷先人有册有典，却没有能够留得下来。《史记》中的《五帝本纪》《夏本纪》和相关的一些文献，因为都系后代人的追述，令人将信将疑。这样，中国的古代文明也只能以考古发现为基础才可能逐步揭示出来。一部中国考古学的历史，差不多就是探索中国古代文明及其产生的基础的历史。

　　让我们简单地回顾一下。20 世纪 20~30 年代，在中国考古学初步奠定基础的时候，便大规模地发掘了安阳殷墟的商代都城遗址，发现了巨大的宫殿、王陵、手工业作坊、精美的青铜器和大批契刻在龟甲、兽骨上的文字资料，证明商代晚期已经具备了高度发达的青铜文明。在此前后发现的新石器时代的仰韶文化和龙山文化，以及更早的旧石器时代的北京周口店遗址等，则令人信服地证明中国古代文明有一个深厚的史前基础。50 年代因为郑州商城的发现和发掘，把中国青铜文明的历史往前推进到了商代早期。60~70 年代河南偃师二里头遗址的发掘，发现了一个规模相当大的都城级遗址，把中国青铜文明的历史又提早了几百年。从各种角度来看，那里应该是夏代的都城之一，夏代文明应该说已经基本上揭示出来了。为着追寻中国古代文明的根，从 80 年代以来，在过去被认为属于新石器时代，而实际上已经进入铜石并用时代的一系列文化遗址中，陆续发现了40多处具有城垣的遗址，其中有一些城内面积达到数十万乃至上百万平方米，不少人认为它们代表着文明起源时期的遗存。而这些遗存的分布面积相当大，属于不同的文化系统，其中只有中原龙山文化系统与所谓夏文化有较多的联系。中国文明起源的多元论便应运而生。与此同时，在夏、商时期，在夏王朝和商王朝统治区域之外，也陆续发现了一些青铜文明。例如山东一带的岳石文化和辽宁、内蒙古与河北交界地区的夏家店下层文化等，有可能已进入早期青铜文明；而四川的三星堆文化和江西新干大洋洲的青铜文化等则已经是高度发达的青铜文明了。基于这些事实，我们现在不但能够知道中国古代文明从起源、形成到高度发达的全部过程，而且逐步了解到中国古代文明多元一体的发展模式，这同传统的史学观念是有很大差别的。

虽然如此，我们的考古学家从来都不轻视文献记载的历史，而是一贯重视将历史文献的研究同考古学的研究结合起来。这不是中国考古学的弱点，而恰恰是一个十分显著的优点。因为在前述世界上最著名的几处古代文明中，没有一处是连续发展下来的，只有中国是个例外。因此，当我们研究甲骨文和铜器铭文时，可以很方便地从小篆等大家都认识的文字和《说文解字》等古代字书出发，寻找汉字和汉语的演化规律。不必像商博良等释读古埃及文那样要借助于古希腊文，而其他一些死文字的释读还要运用数学方法和逻辑推理等。那样释读出来的意义自然不可能像中国的甲骨文那样准确。因为甲骨文不是什么死文字，而只不过是古文字。同样的道理，我们在研究古代各种考古学遗存所反映的社会历史内容，诸如宫庙制度、陵寝制度、棺椁制度、车马制度、礼器制度乃至于各种遗迹和遗物的命名等，都可以从古文献中找到根据，更为古老的则可以循着文化传统的轨迹向上推演。我们深知同文献结合起来进行研究绝对不是一件轻而易举的事情，需要做出种种艰苦的努力。不论怎样，我们不是在研究一种完全失传的陌生的文明，只是研究自己文明的上古阶段。这同研究古埃及文明或古印度文明等是很不相同的。我们提倡这种研究的同时，决不排除用考古学的理论和方法来研究古代遗存。只是想在这里指出一个基本的事实，就是在研究中国古代文明时，丰富的古代文献为我们提供了一种考古学理论和方法是否正确可行的最为可靠的参照系。运用得好可以大大深化和发展考古学的理论和方法，这是不需要太多解释就可以明白的。

按照荷兰考古学家H.法兰克福的说法，世界上完全独立发展起来的文明只有三个，中国是其中之一。中国古代文明覆盖范围之广和多元一体的向心结构是独一无二的，这样的结构使得中国文明此消彼长，充满活力，同时又有很强的凝聚力，从而成为世界上唯一得到连续不断发展的伟大文明。这一事实使我们相信研究中国古代文明的起源及其发展，对于正确认识人类社会及其文明的发展规律，具有头等重要的意义。然而相对于其他古代文明来说，对中国古代文明的研究是开展得比较晚，也是比较不充分的。这就更加需要采取有力措施来加强这方面的工作。我们这个中心有较强的考古力量，特别是有多种学科相配合的优势，又有与海内外许多研究机构和学者之间的广泛联系，应该能够做出一些成绩。例如中国地理环境对于古代文明产生的方式和文明特点的形成具有什么样的影响？中国古代是怎样处理人地关系的？这是一个值得努力研究的大课题。宋豫秦和夏正楷等最近完成的《中国早期文明的人地关系考察》可以是这个课题的组成部分，但是还可以有更多的调查与研究。中国农业是怎样起源的？旱地粟作农业和水田稻作农业这两种体系和两大分布区，以及稍后出现的北方游牧区的相伴相生，对于中国古代文明的形成和发展具有什么样的影响？这也是一个很大、很有意义，而迄今很少有人涉猎的课题。中国的城市是怎样起源的？对于现在发现的几十座早期城址以及将要发现的更多的城址，首先要进行功能和性质的分析，看看哪些是真正的城市，哪些只是有围墙的村落。这需要选择一些有代表性的城址和尚未发现城防设施的大型遗址，进行仔细的勘查与发掘；而对于年代稍晚、布局比较清楚的城址的考古研究的经验，对于认识较早城址的性质是会有帮助的。夏商都城的探索很有成绩，但还有更多的事情要做。首先应该找到更多的都城级遗址，才可能与文献研究结合起来逐一定位。仅就一两个遗址进行论证，难以有充分的说服力。而每一都城的考古发掘与研究，更是一项长期的任务。但是要把中国古代文明研究清楚，这是不能回避的事情。与此相关的是中国文明起源的方式和途径问题。既然我们认为是多元起源的，那么每个地区、每个文化的文明化过程，包括各自的兴衰起落，各自形成的特征以及这些特征的传播与消长的情况等，都需要做详细的个案研究。不但如此，还有必要把它们联系起来作整体性的考察，并且要与后继文明联系起来研究，才能正确阐明它们在整个中国古代文明形成中的地位与作用。过去讲中国古代文明，只要讲夏商周就行了，现在知道还有其他青铜文明和早期铁器文明。李伯谦《中国青铜文化结构体系研究》注意了从整体上进行把握，这方面的工作应该说刚刚开始。我们自然只能一个一个地去做。是不是可以选择某些线索清楚、期望值较高的地方，集中力量做些工作。比如山东的岳石文化或湖南宁乡黄材的青铜文化遗存，是不是可以列入首选项目呢？我们也不要忽视那些年代稍晚的地区性文明，例如北方的匈奴文明，南方的百越文明和西南夷文明等，都需要进行研究。这样，我们对于中国古代文明的研究才可以说是完整的和全方位的。

谈到全方位的研究，还应该包括许多专门性研究在内。比如古文字的研究就是十分重要的。因为在大多数情况下，文明是同文字的使用分不开的，文明起源同文字的发明也是有密切关系的。我国古文字的研究虽然有很长的历史，成绩斐然；但古汉字究竟是怎样起源的，在什么时候起源的，现在还是不清楚的。从新石器时代到铜石并用时代遗址中发现的、多半刻划或书写在陶器上的符号已经很多，从形态结构来看应该与汉字的起源有密切关系。但这些符号明显属于几个不同的系统。假定古汉字是在吸收这类符号的基础上创造出来的，那么哪个系统是主要的？是不是还吸收了其他系统的要素？假定某个系统被采纳为创造文字的基础，其他系统是不是还有一些发展？它们最后又是怎样消失的？凡此都需要有更多的考古发现和研究。中国的青铜器在世界古代文明中可能是最发达也最有特色的，包含着非常丰富而复杂的文化内容；中国的铁器也不像过去估计得那么晚，在冶炼技术上有不少独到的工艺，需要化学、冶金和考古等方面的学者合作来进行研究。中国古代的陶瓷、玉器、漆器、丝绸等都是很有特色并有很高水平的产品，在天文、历法、医药、美术、音乐等方面也都有很高的成就，需要进行专门的研究。至于创造中国古代文明的主体，中国各民族的形成与发展，中国各民族人种上的特征与变化，也是要专门研究的。过去研究人种主要靠对遗骨的测量、观察与比较，现在通过基因分析可以获得更加准确的信息，我们也不妨做些试探。

正如前面已经指出过的，中国古代文明是世界古代文明的一部分。要了解中国古代文明的特色，了解它在世界文明发展史上的地位和作用，就必须对其他有代表性的古代文明进行研究，特别是要进行全方位的比较研究。我们自己的力量固然有限，但如果这些想法不至于大错，能够得到广泛的理解，在大家的努力下，相信会取得重要的成果。

［原载《古代文明研究通讯》（第 1 期），1999 年。后收录在《农业发生与文明起源》，科学出版社，2000 年］

《古代文明》发刊辞

　　人类的历史有几百万年，进入文明社会的历史只有几千年。而且世界上最早进入文明社会的地方只有很小的几片，四大文明古国面积的总和还不到全球陆地面积的1%。可是就在这几个古老文明产生之后，人类社会便大大加快了前进的步伐，不断地改变着世界的面貌。一部几千年的文明史，乃人类不断地认识自然、改造自然，同时不断地认识自我和发展自我的历史。尼罗河畔的大金字塔、巴比伦的空中花园和中国的万里长城等号称世界奇迹的伟大建筑，不过是人类进入文明社会后初试身手的无数事例中比较突出的几个。时至今日，人们已经能够登上月球、遨游太空，运用纳米技术甚至可以制造像米粒一样大小的机器人进入人体内脏施行手术，可以把无数册书的内容压缩到一张小小的光碟里，我们的餐桌上出现了越来越多的转基因食物，克隆技术已经复制出来跟母体一样的绵羊和小牛，下一步是不是要克隆人正在引起严重的关注——因为不知道会引发什么样的后果！总之，现代文明已经极大地改变了世界的面貌，使之更适合于人类的生存和发展。可惜事情总是伴随着相反的一面，今天人们面临着比任何时候都严重的危险，因为现代文明的能量已经发挥到如此之大，稍一不慎就会酿成灭顶之灾。这使得人们不得不更加理智地面对现实和思考自己的未来。人类文明到底会走向何方？我们的前途和命运将会是什么样子？我们虽然不能预卜先知，却可以从历史的演变中寻求必要的启示。仅此一端就有充足的理由切切实实地研究几千年文明发展的历史。事实上从文明诞生之日起就存在着建设与破坏、正义与邪恶以及光明与黑暗的斗争，人类总是能够克服前进道路上的一切困难，让文明的火炬，永不熄灭越燃越亮。研究古代文明，可以追溯人类走过的光辉而曲折的道路，正确地继承和发扬优秀的文化遗产，吸取丰富的经验和历史教训，从而起到温故知新的作用。

　　中国是世界上最早进入文明社会的地区之一。全世界独立发生的文明，有的学者认为有六个，有的认为只有三个，不管怎样中国都是其中之一，并且是唯一没有中断而连续发展下来的，地域之广和人口之众也是首屈一指的。从这个意义上来说，中国古代文明的发展在世界历史上应该是最具有代表性的。而过去的研究十分不够，或者仅就中国历史来研究中国历史。这种状况是不能令人满意的。本集刊的宗旨，就是要在研究世界古代文明的大背景下来研究中国古代文明。我们相信，如果不了解世界古代文明发展的大背景，就难以把握中国古代文明的特点及其在世界古代文明发展史上的地位与作用；同样如果不深入研究中国古代文明，对于世界古代文明的认识将是不完全的，也是难以深入的。从这样的视角来研究古代文明，需要有许多人的努力，我们自己的力量是远远不够的。但我们认为这是值得努力的一个方向，哪怕是做一些试探也是好的。我们将发挥北京大学多学科的优势，集中研究中国以及东方和西方古代文明的力量，共同努力。这还不够，我们不仅要依靠北京大学有关学者的支持，还将特别欢迎海内外有志于这一事业的学者来参加此项工作，努力开拓古代文明研究的新局面。

在古代文明研究中，考古学发挥着十分突出的作用。古埃及文明、两河流域文明、古印度文明和美洲玛雅文明等，无一不是首先由考古学揭示出来的。中国虽然从周代起就已经有比较丰富的文献资料，但周代以前的文明史也几乎全靠考古学建立起来。因此我们关于古代文明的研究自然会以考古学为基础或集合点。但现代学术的发展往往需要多种学科的交叉与结合，考古学本身就是人文科学与自然科学中多种学科结合的产物，研究古代文明更应该如此。因此我们不但希望考古学家和历史学家通力合作，还希望人类学、民族学、社会学、语言学、生物学、地质学和其他有关自然科学技术方面的学者积极参与，让古代文明的研究能够充分反映我们这个时代的特点。

在新的千年到来之际，各个学科都在规划今后发展的宏图。在这种形势下，古代文明的研究必将出现新的气象。本集刊的作用虽然有限，但愿意积极参与，期望在这个世纪的新潮中贡献自己微薄的力量！

［原载《古代文明》（第1卷），文物出版社，2002年。后收录在《中华文明的始原》，文物出版社，2011年］

以考古学研究为基础，多学科
探讨中国文明起源[*]

　　时间挺晚了，我不想讲太多话耽误大家时间。这次会我觉得总体来讲，开得还是不错的。各种不同的意见都发表了，而且还有一些交锋。过去我们开类似的会，主要是考古学界的先生们在一起，所以共同语言比较多一些，争论没有这么多，这次呢，有历史学界的，有哲学界的，我们课题组里面还包含很多做科技研究的同志，这样势必会有一些看法不一致，这是一个好的现象。我过去提出过，我们这个探源应该以考古学研究为基础，结合其他相关学科做一种全方位的探讨。为什么这么提呢？我回忆了一下，我们中国真正探索文明起源和考古学的开始几乎是同步的，考古学在中国怎么开始的？前面有一段时间，因为要整理国故，要清理古代的历史，特别是在古史辨派提出了很多质疑的情况下。中国古代的历史到底怎么样，很多人就寄希望于考古学，包括古史辨派的领军人物顾颉刚先生，他也觉得解决古史问题应该靠考古学。也确确实实是因为考古学的开展，中国的古代文明以及文明的起源的研究和探索一步一步推进了。我们可以回忆一下历史，先说殷墟发掘，那是在 1928 年，当时的中央研究院历史语言研究所考古组第一件大事就是挖掘殷墟，殷墟的发掘不但发现了宫殿、王陵、大量的青铜器和其他的文物，还出土了很多甲骨文，年代也比较容易确定，就是商代晚期。由于有这些遗迹、遗物的出现，那么商代已经是进入文明社会了，一下子，有些怀疑论者立刻就没什么可说了，这个时候肯定是已经进入文明社会了。下一步呢，商代文明是不是最早的文明呢？因为看到小屯那样发达的情况（商文明）显然不是最早的。到了 20 世纪 50 年代，发现了郑州商城，郑州商城规模宏大，也出土了很多规格很高的青铜器，而且无论如何它比安阳殷墟要早。只是早到什么时候，有各种各样的说法，不管怎么样，郑州商城是商代早期的，而且是一个都城性质的遗址，

＊　　本文为 2012 年 5 月 22 日在张家港中国文明起源与形成学术研讨会闭幕式上的发言。

这个大家也没什么怀疑可说了。那么，郑州商城那么大一个城，现在又发现了一个外郭城，那就非常大了，显然也不像一个文明刚起源的样子，所以再往前推，那就推到了夏朝。在寻找夏墟的过程中，发现了二里头遗址。二里头遗址做了很多年的工作，以后，对二里头它是夏还是夏的后期，还是半夏半商，都还不好定，这都无所谓，但不管怎么样，它是一个都城级的遗址。许宏写过一本小书，叫作《最早的中国》，他认为那儿就可以代表最早的中国。它的那种体量，那种性质，很显然是一个中枢性的都城，建中立极。那它是不是就是中国文明起源的头了，显然还不是头。对二里头是夏还是商啊，是全部是夏，还是一半是夏、一半是商啊？对这样的问题，考古学者是很慎重的，不是一下子随便做出结论的。我们回想一下历史学界对一些考古发现的解读，那就离题比较远了。我们开始发现仰韶文化的时候，徐中舒先生，一位很有名的历史学家，就认为仰韶是夏。后来，也是很有名的历史学家，范文澜先生认为仰韶文化不行，应该是龙山文化，龙山文化为什么是夏，因为《墨子》上说，禹作祭器，朱绘其内而墨染其外，可能是指龙山文化的黑陶，就因为这么一个理由，断定龙山是夏。吕振羽先生也是很有名的历史学家，他认为齐家文化是夏，跑到西北去了，在我们看起来那是一点谱都没有的。这就是不同学科的区别，对于这些考古材料，他拿捏不准确。考古界的人就没有这么简单的想法，要一步一步来，即便是推测也要有一定的证据。所以，为什么我们要提出以考古学为基础，不能以文献历史学为基础，这个道理是非常清楚的。从 20 世纪 50 年代以后到现在，我们都一直在对中国文明的起源进行探索。我记得 1989 年，在长沙召开全国考古学会的时候，苏秉琦先生在闭幕词中郑重地提出来，今后考古学会和全国的考古学工作者，应该以探索中国文明的起源作为头等重要的课题来进行工作。但是这只是一个学会，学会只能提出一个号召，谈不上有什么规划。实际上大家都在做，但是力量比较分散，经费有时候也受到限制。在夏商周断代工程进行到差不多结项的时候，启动一个"探源工程"，就是探索中国文明的起源。探源工程从预研究到现在，经过一期、二期、三期，十年了，这十年我的感觉是，进展非常好。到底是有了一个规划，有了一个组织，所以有些工作进展就比较快了。像良渚这个遗址，我记得非常清楚，以前我们都是把它作为新石器时代的一种文化，良渚文化，而且也是一种黑陶文化，是龙山文化的一部分，因为它不在黄河流域，不在中原地区，所以呢，就把它叫作龙山文化，认为它应该是比山东龙山文化晚的一种文化，它的水平也不如龙山文化，就是这么一个逻辑推理。通过多年的考古工作发现那显然就不是如此。从反山、瑶山贵族墓地发现以后，我当时就提出，既然有这样的墓地，它的聚落遗址能是一般的吗？所以，一定要以聚落考古的观念来进行良渚遗址的考古工作。就按照这么一个思路，一步一步推进，接着就是莫角山的发现。莫角山发现以后我就思考，应该有城，后面又发现了城，城以后呢，遗址是一个一个出来，你看现在，茅山那么大面积的水田，哪能是个体农民的水田嘛？那都是有组织的社会。如果拿社会发展史的说法，起码是一个农村公社规模的农田。在良渚的核心区，就是莫角山的东边，发现了两个浅坑，里面堆满被烧成炭的大米，如果换算成新鲜大米得有两三万斤，如果有两三万斤的稻米被烧掉后倒在那里，旁边应该有一个大粮仓。一般的人能有这么一个大粮仓吗？我想在那里应该有一个很重要的机构，比如说宫廷之类才配得上，那得有相当多的人口，才需要有这么多的粮食嘛。烧坏倒掉的就有这么多，那没有烧掉的呢？所以，仅从良渚这个角度来看，它还是一般的所谓氏族部落吗？或者仅仅拿一个酋邦来概括得了吗？这都是可以思考的问题。良渚是这样，陶寺也是如此。陶寺那么大规模的建筑，那么大规模的墓葬，显然就不是一般的聚落遗址。在陶寺早先发现的 1000 多座墓葬中，90% 的人是没有任何东西的，10% 左右是随葬有几件、十几件或二十几件器物的所谓中等的墓，不到 1% 的墓才是大墓，随葬物品又多又好，这很明显是一个金字塔式的社会结构，这样的一个社会结构还可能是一种平等的社会吗？显然不是。经过这些年进一步的探索，陶寺那么大一个城，里面有宫殿似的遗迹，还有这样那样的功能分区，不是有点像个都城级的遗址吗？你说我们的探源工程把这三个地方当作重点，不是很有战略眼光吗？我觉得探源工程启动以后，整个的规划和重点的安排都是经过深思熟虑的，工作做得不错。但是，要知道考古工作是一个细致的工作，不能性急，因为它都在地下，谁也不可能一眼就看得很清楚。我经常拿安阳殷墟的考古工作做例子，这是我们考古工作最早倾全国的重要力量做的，而且很早就发现了宫殿，发现了王陵，发现了青铜器，发现了甲骨文，一个大都城的规格就出来了，可是规格出来是一回事，你把它完全弄清楚又是另一回事。你看裴安平今天讲的，那它里面名堂还挺多的。良渚也好，陶寺也好，二里头也好，这以后的工作还多着呢。但是，我们探源工程进行了这么多年，认识到了，中国文明的起源，不是一个中心，是有多头的，所以叫作多元，是多元起源。到底有多少元呢？从大的方面来讲，比如刚才提到的，江浙地区就有良渚。其实这个地区的文明起源也不是从良渚开始的，良渚前面还有崧泽，崧泽文化的一个重要中心就在我们开会的地方，叫东山村遗址。还有安徽含山的凌家滩，一座大墓里就有 300 多件精美的玉器，那能是一般人的墓葬吗？所以，这个地方的文明起源就不能从良渚算起了，还要往前推。山东那边，大汶口文化也很厉害；辽宁、内蒙古那边，红山文化也很厉害嘛。现在大家不太清楚的是四川地区，成都平原前些年就发现了一系列城址，史前的城址。这个所谓史前大体上相当于龙山时代这个阶段，暂时还不能说得很确切。其中的宝墩遗址，过去发现了一个有 60 万平方米的城，觉得不小了，可是最近又发现了一个外城，有将近 300 万平方米，和陶寺、良渚的规模差不多，那里显然也应该是一个文明起源的中心了。湖北天门的石家河也很厉害，北大赵辉、张弛等和当地的考古工作者在那里做过多年的工作，也出来几本报告了。所以中国文明的起源是多元的，这点已经是没有怀疑的了，成为大家的共识了。但是，为什么又说是多元一体呢？因为这些文化相互之间还是有很多的联系，有很多的沟通，在发展过程中，又逐步出现很多不平衡，再发展，最后逐步走到一块来了。当然，最早出来露面的，恐怕还是在中原地区。中原地区为什么最后走在前面了呢？有很多原因，我就不去展开说了。它为什么会走在前面，而且走在前面以后，相当长的时间相当稳定地把握着这个中心的位置，这是中国文明发展过程中一个很重大的特点，也正是因为有中心、有主体、有外围这么一种结构，便成为一个有凝聚力的非常稳定的结构，这就是中国文明为什么几千年没有中断的一个最重要原因。你们想一想，世界上别的文化，别的古代文明有没有这个结构呢？一个也没有。可是我如果要把这个道理讲清楚，还得要讲很多话，在这里不便展开了。我只是把这个问题给点出来。我们不是仅仅讲中国文明的起源，而是要讲中国文明是怎样起源的，起源中间有什么特点，这些特点又怎么影响到后来中国文明的发展，我觉得我们应该研究这个问题，因为这个问题本身就有非常重要的现实意义。实际上，我们现在的中国还是一个多元一体的中国，不是一个单纯的民族国家。西方有一些学者喜欢拿我们中国这种结构来说事，说你们中国不是一个单纯的民族国家，说什么西藏就是一个国家，新疆又是一个国家，那根本就是一种谬论。中国的历史本身就说明它就是一个逐步由多元走向多元一体的过程。而文明化的进程呢？按照过去苏秉琦先生说的，也是有一个过程的，不是一下子就全部文明化了的，它是靠中间的地区先走向文明，并且同外围的文化不断地进行交流。中国文明的起源是以中原地区为核心，以黄河、长江流域的文化为主体，同时带动其他地区逐步走向文明的过程。在探讨中国文明起源的时候，这个特点应该注意把握，不要过多地在名称上来回折腾。哪个是夏和夏是不是文明的问题固然重要，但我们不应从这里出发，而是从那些实实在在的考古遗存出发。什么时候那些遗址达到了都城级的规模，它所代表的文化有相当高的发展水平，它影响的范围又比较大，就应该作为研究文明起源的重点。过去我们划文化有一个毛病，就只划一个圈，比如说，仰韶文化划一个圈，大汶口文化划一个圈，良渚文化划一个圈。现在仔细琢磨，以良渚文化为例，它有中心，就是良渚遗址群；有主体范围，就是太湖周围；还有影响区或者说外围区、扩张区，文化因素影响到半个中国了。别的文化也类似。这样，我们才能理解为什么这些文化最后会走到一块，为什么多元会融为一体。我想从这么一个思路出发，我们的研究会逐步地向前推进。在这个过程中间，其他的学科也起了非常大的作用。比如说环境考古的研究，我们在讨论中国文明进程的时候，环境的研究是一个很重要的因素，过去我们重视得不够，启动这个工程以后呢，环境的研究、年代学的研究都起了很大的作用。当然，我们也会注意中国的历史传说，但是我们不能以传说为基础，要以考古学文化研究的结果为基础来重新整理传说，这才是我们应该遵循的路线。

（原载《丹霞集——考古学拾零》，文物出版社，2019 年）

略论中国文明的起源

一

　　中国文明的起源是一个老问题，从考古学的角度进行探索也已有 70 年的历史。1921 年中国地质调查所顾问安特生等发掘河南渑池仰韶村等遗址，之后发表《中华远古之文化》[1]；1930 年至 1931 年，中央研究院历史语言研究所考古组吴金鼎等发掘山东历城龙山镇（今属章丘县）城子崖遗址，之后发表《城子崖——山东龙山镇之黑陶文化遗址》[2]，以及从 1928 年起对河南安阳殷墟连续 15 次的大规模发掘与研究[3]，都曾着力于探索中国文明的起源。但那时考古工作刚刚开始，发现的资料尚不丰富。只知道商代晚期已经有了比较发达的文明，对于它的来源和本身发展的脉络则若明若暗；知道新石器时代的仰韶文化和龙山文化都跟中国文明的起源有些关系，但究竟是怎样的关系，则不甚了了。

二

　　在 20 世纪 50 年代和 60 年代，中国考古学者做了两件事，一是把商文化向前推，先后发现了二里岗文化和二里头文化；二是初步理清了中国文明起源核心地区的史前文化的谱系，并且与二里头文化衔接起来，建立起一个统一的文化发展谱系。

　　二里岗文化是因为河南郑州二里岗遗址的发现而得名的[4]，郑州人民公园和安阳小屯等处的地层关系证明它比殷墟的年代要早，当属于商代早期的文化遗

---

〔1〕　安特生：《中华远古之文化》，《地质汇报》第 5 号，1923 年。

〔2〕　傅斯年、李济、董作宾等：《城子崖——山东历城县龙山镇之黑陶文化遗址》，中央研究院历史语言研究所，1934 年。

〔3〕　胡厚宣：《殷墟发掘》，学习生活出版社，1955 年。

〔4〕　河南省文化局文物工作队：《郑州二里岗》，科学出版社，1959 年。

存〔1〕。

二里头文化是因为河南偃师二里头遗址的发现而得名的，郑州商城和临汝煤山等处的地层关系证明它晚于龙山文化时期的王湾三期文化而早于二里岗文化。一般认为应属于夏代，有些学者认为它的早期为夏文化，晚期则已进入商代的范围〔2〕。不管怎样，比起小屯殷墟的商代晚期遗存来，已经是早得多了。

由于二里岗文化期已经有很大的都城和发达的青铜礼器，显然应属于商代文明的一部分。二里头文化期虽然没有发现城墙，但二里头遗址晚期已有巨大的夯土台基和宫殿基址，同时也有了少量的青铜武器和礼乐器，已经是一种青铜文化，一般认为已进入文明时代。而在它以前的考古学文化都还属新石器时代和铜石并用时代，在社会发展阶段上应属于史前的原始社会时期。

关于中原史前文化谱系的建立，有两处发掘是具有决定性意义的。一处是河南陕县（今属三门峡市）庙底沟与三里桥，两个遗址相邻，那里不但发现了龙山文化时期的遗存叠压于仰韶文化遗存之上的地层关系，而且发现了处于仰韶向龙山过渡阶段的庙底沟二期文化，证明当地的所谓"龙山文化"是从仰韶文化发展而来的，是当地新石器文化发展的两个阶段，而不是属于两个不同系统的文化〔3〕。王湾遗址有清楚的地层关系和器物形制演变的序列，可据以分为三大期八小段，不但再次证明当地的仰韶早于龙山，属于同一系统，而且依次演变的线索非常清晰，最后同二里头文化的衔接也十分清楚〔4〕。这样，中国文明不但是本土起源的，而且是中原起源的，一时间差不多成了考古学界的共识。

三

自从 20 世纪 70 年代以来，我国的新石器时代考古和青铜时代考古又都有了显著的发展。除中原地区继续有重要发现外，其他地区也陆续发现一些发展水平颇高并具有独特文化面貌的新石器文化和青铜文化。人们开始从宏观角度来解释这些现象。夏鼐先生曾专门论述中国文明的起源〔5〕，从殷墟一直追溯到二里头

〔1〕 邹衡：《试论郑州新发现的殷商文化遗存》，《考古学报》1956 年第 3 期。
〔2〕 北京大学历史系考古教研室商周组：《商周考古》第一章，文物出版社，1979 年。
〔3〕 中国科学院考古研究所：《庙底沟与三里桥》，科学出版社，1959 年。
〔4〕 严文明：《从王湾看仰韶村》，《仰韶文化研究》，文物出版社，1989 年。
〔5〕 夏鼐：《中国文明的起源》，文物出版社，1985 年。

文化，最后简述了新石器时代考古学文化的概况，提出文明的起源还应上溯到新石器时代。苏秉琦先生则先后提出了对考古学文化进行区系类型研究的必要性和中国文明起源的多元性问题[1]，引起了学术界深深的思考。有不少学者发表过自己的见解，其中包括孙守道、安志敏、陈星灿、童恩正、邹衡和高炜等的论文[2]。1989 年 5 月在长沙召开的中国考古学会第七届年会上，苏秉琦理事长曾要求把探讨中国文明的起源问题作为今后 10 年的两大任务之一[3]。同年 9 月，中国社会科学院考古研究所专门召开了讨论中国文明起源的学术座谈会，发表了座谈纪要[4]。一时间形成了一个探索中国文明起源的新的高潮。不难看出，人们对中国文明起源究竟是单中心还是多中心，起源的时间在夏商或者还要提早，文明起源和文明因素的起源是否应当分别对待，还有对文明一词的概念究竟应该如何理解等一系列问题上都是不完全一致的。不过这是在许多新发现和新的研究成果的基础上产生的某些认识上的差别，比起五六十年代的研究毕竟是深入得多了。

四

正如夏鼐先生所说探索文明起源应该上溯到新石器时代那样，最近一次讨论中国文明起源的高潮中，讨论的热点基本上都集中在新石器时代和铜石并用时代的一些新的重要发现上。最早是讨论辽宁凌源、建平两县交界处的牛河梁红山文化"坛、庙、冢"[5]和甘肃秦安大地湾仰韶文化"原始殿堂"的意义[6]；后来又集中讨论浙江余杭反山、瑶山大墓中出土大批良渚文化的精美玉器及其所反映

---

〔1〕　苏秉琦：《关于考古学文化的区系类型问题》，《文物》1981 年第 5 期。

〔2〕　孙守道、郭大顺：《论辽河流域的原始文明与龙的起源》，《文物》1984 年第 6 期；安志敏：《论文明的起源》，《考古》1987 年第 5 期；陈星灿：《文明诸因素的起源与文明时代》，《考古》1987 年第 5 期；童恩正：《有关文明起源的几个问题》，《考古》1989 年第 1 期；邹衡：《中国文明的诞生》，《文物》1987 年第 12 期；高炜：《龙山时代的礼制》，《庆祝苏秉琦考古五十五年论文集》，文物出版社，1989 年。

〔3〕　肖玉：《中国考古学会第七届年会在长沙召开》，《考古》1989 年第 9 期。

〔4〕　白云翔、顾智界整理：《中国文明起源座谈纪要》，《考古》1989 年第 12 期。

〔5〕　辽宁省文物考古研究所：《辽宁牛河梁红山文化"女神庙"与积石冢群发掘简报》，《文物》1986 年第 8 期。

〔6〕　甘肃省文物工作队：《甘肃秦安大地湾 901 号房址发掘简报》，《文物》1986 年第 2 期。

的社会性质〔1〕。河南濮阳西水坡仰韶文化的贝龙、贝虎等也曾一度引起人们的关注〔2〕。讨论中固然不乏真知灼见，也取得了某些共识，但多属就事论事，没有对中国新石器时代和铜石并用时代的整个文化发展进程进行全面考察。而要搞清楚中国文明的起源，这样的考察是不可缺少的。

现在看来，中国新石器时代和铜石并用时代大约可分为以下五个发展阶段：

新石器时代早期：以广西柳州大龙潭、桂林甑皮岩，广东英德青塘圩和江西万年仙人洞等洞穴遗址为代表，年代可能为公元前 10000 年至前 7000 年。

新石器时代中期：以长江流域的彭头山文化、城背溪文化，黄河流域的磁山文化、老官台文化、北辛文化和辽河流域的兴隆洼文化等为代表，年代大约在公元前 7000 年至前 5000 年之间。

新石器时代晚期：以长江流域的马家浜文化、大溪文化前期，黄河流域的仰韶文化前期、大汶口文化前期和辽河流域的红山文化前期等为代表，年代大约为公元前 5000 年至前 3500 年。

铜石并用时代早期：以黄河流域的仰韶文化后期、大汶口文化后期、马家窑文化，辽河流域的红山文化后期和小河沿文化，以长江流域的大溪文化后期、屈家岭文化、樊城堆文化、薛家岗文化等为代表，还包括良渚文化的早期，年代约为公元前 3500 年至前 2600 年。

铜石并用时代晚期：大体相当于通常所称的龙山时代，包括龙山文化、中原龙山文化、齐家文化、良渚文化晚期和石家河文化等，年代约为公元前 2600 年至前 2000 年。

我们注意到无论从文化发展水平还是社会发展阶段来说，公元前 3500 年左右都是一个重要的分界。在此以前属新石器时代，从聚落遗址、房屋建筑或埋葬习俗来看，都比较强调统一和平等的原则；在此以后属铜石并用时代，考古遗迹清楚地表明这时已出现贫富分化和社会地位的分化，私有制、阶级乃至准国家的政治实体都是在这个时期相继形成的。从这个意义来说，探索中国文明的起源自然要从公元前 3500 年开始。人们特别注意到牛河梁、大地湾和反山、瑶山等处的发现不是没有道理的。但这当然不等于说从牛河梁那时起就已进入文明时代。至于

---

〔1〕 浙江省文物考古研究所反山考古队：《浙江余杭反山良渚墓地发掘简报》，《文物》1988 年第 1 期；浙江省文物考古研究所：《余杭瑶山良渚文化祭坛遗址发掘简报》，《文物》1988 年第 1 期。

〔2〕 濮阳市文物管理委员会、濮阳市博物馆、濮阳市文物工作队：《河南濮阳西水坡遗址发掘简报》，《文物》1988 年第 3 期。

西水坡的性质则应另当别论。

<h1 style="text-align:center">五</h1>

濮阳西水坡第 45 号墓及用贝壳摆放的龙、虎、鹿、人等形象确实引人注目。据说那座墓的主人是一位男性老人，左御青龙，右降白虎，又有 3 人殉葬，俨然是一位颇有权势的领袖人物。有人以为那是父权的象征，是社会已经发生阶级分化后方可能出现的现象。其中贝壳摆放的龙是目前所知年代最早的龙的形象，而且出于传统上认为是中国文明起源中心的中原地区，可称为中华第一龙。中国人既把自己看成龙的传人，龙也就是中国古代文明的象征。这样说来，西水坡的 45 号墓和其中的贝龙就同中国文明的起源具有很不一般的关系。探索中国的文明起源首先要从西水坡谈起，不是很顺理成章吗？的确，如果我们只是看西水坡遗址的考古发掘简报，就事论事，是很容易产生那些想法的。但如果把西水坡的发现放在中国史前文化发展的总进程中进行考察，就会得出完全不同的结论。

发掘简报所报道的第 45 号墓并不是一座孤立的墓葬，它的周围是一处仰韶文化后冈类型的墓地。墓地中的墓葬都很小，每墓埋 1 人，大多数没有随葬器物，少数有器物的均具有后冈类型的特色。第 45 号墓没有随葬品，但被后冈类型的灰坑打破，不能晚于后冈类型。当地又没有发现早于后冈类型的遗存，所以它只能属于后冈类型，是后冈类型墓地的一部分。

如果把仰韶文化分为前后两大发展阶段，后冈类型属于前期阶段，即属于新石器时代晚期；如果把仰韶文化分为四大期，后冈类型属于第一期，与著名的半坡类型属于同一时期。这时期的聚落一般是凝聚式和向心式的，内部还没有发生明显的分化。由众多小房子所体现的对偶家庭生活没有自营经济，最多是一种半消费单位。因而这时比较强调集体精神和平等的原则。这种情况在埋葬制度上也能清楚地反映出来。例如这时期流行多人二次合葬制，半坡类型、后冈类型和大汶口文化前期都有这种葬制，几个人乃至几十个人埋入同一墓穴，仅仅随葬一套或两三套器物。单人墓中随葬器物的差别也微乎其微。可见当时并没有什么私有财产，当然无所谓贫富分化，更谈不上有任何阶级的对立。怎么单单在西水坡就出现了殉人这种社会严重分裂和对抗下才可能见到的现象呢？

或许有人会说，社会的发展是不平衡的，别的地方还没有出现的情况，怎见得西水坡就不会率先发生呢？但西水坡仰韶墓地中根本看不出有什么贫富分化现象，也没有其他可解释为阶级分化产物的现象。再说，从新石器时代晚期到铜石并用时代晚期，发现的墓葬数以千计，除江苏新沂花厅村北区墓地和上海福泉山个别墓葬外，还没有发现任何一处殉人的墓葬。花厅的殉人是在贫富分化已经十分明显，良渚文化的某个部落为掠夺财富对大汶口文化的某个部落进行征服的特定条件下出现的[1]。西水坡也看不出有任何异族入侵的现象，为什么会出现殉人呢？

细审第 45 号墓的平面图，既不像通常的墓坑，也不像是借用灰坑埋人。3 个所谓殉人的旁边都有较直的墓边，如果依人体的位置将墓边对称复原，很像是 3 个长方形土坑墓，分别与第 45 号墓发生了打破关系。据发掘者说，原定属第 45 号墓的 4 个人骨大体上处在同一水平面上，但每一人骨下都有一个稍稍下凹的坑，这就更像是 4 座墓葬而不是 1 座。只是由于土色难辨而没有分开，现在已无法知道究竟是谁打破了谁。但不管是谁打破谁都无关宏旨，剩下的问题只是如何去解释那些贝壳摆放的龙、虎、鹿、人等形象和它们与那位男性老人的关系。

张光直先生曾把西水坡那些贝壳摆放的动物形象称之为濮阳三蹻，认为它们与后来道家所称的三蹻是相通的[2]。这一判断虽然无法得到证实，但把它们看成一种宗教性遗迹应该是没有问题的。西水坡的贝壳画不止一处而至少有三处以上，彼此通过墓地排成一条直线，应该是互有联系的一个整体。而那位男性老人应该是与这种宗教遗迹有密切关系的巫师，甚至同时也是那个墓地所代表的氏族或部落的酋长。我们可以对这一群遗迹的宗教意义及其所反映的社会意义进行种种推测，却无法同文明的起源拉上关系。

六

如前所说，中国史前社会发展到公元前 3500 年左右发生了十分深刻的变化。伴随着新石器时代向铜石并用时代转变，生产获得了发展而社会开始了初步的分裂，穷人和富人、氏族贵族和平民的分化日益发展，原本是平等一体的原始共产制社会从此日益走向衰落。

在铜石并用时代早期，铜器还十分稀少而石器制作技术获得了突破性的发展，这就是切割法和管钻法的普遍应用。这种方法不但节约了石材，提高了劳动生产率，而且使制造出来的石器更加扁薄、平滑和规范化。由于这种方法的应用，还使大量地制造玉器成为可能。而玉器的普遍出现便成了这个时期的一大特色。这

〔1〕　严文明：《碰撞与征服——花厅墓地埋葬情况的思考》，《文物天地》1990 年第 6 期。
〔2〕　张光直：《濮阳三蹻与中国古代美术上的人兽母题》，《文物》1988 年第 11 期。

个时期的陶器制造也有显著的进步，陶窑有了改进，不但能烧红陶，还能烧黑陶和灰陶，有的地方还有白陶。少数陶器已使用快轮拉坯的方法。酒器的出现说明这时期已会酿酒。生产的发展使产品丰富起来，除满足最低限度的需求以外还有少量的剩余，使得一部分人通过不等价交换或强行掠夺的方式榨取他人的剩余劳动成为可能。这就是为什么恰好在这个时期出现贫富分化乃至初步的阶级分化的根本原因。

七

限于目前田野考古发展还不充分和不平衡的状况，各地发现的考古遗存的内容也有很大的差别：在大汶口文化后期遗存中有大量墓葬而很少房屋遗迹，在仰韶文化后期遗存中则有较多房屋基址而很少墓葬，在红山文化后期遗存中出现了大型宗教性建筑而在前两个文化中至今还没有见到类似的情况。尽管如此，由于它们的年代相若，文化发展水平相近，各自反映的社会内容也是相通的。

大汶口文化后期的墓葬有如下几个特点[1]。

第一，墓葬规模有明显差别，这不只反映在墓圹的大小上，还反映在葬具的有无和随葬品的多少与质量高低等许多方面。大墓有棺或椁，随葬品往往达100件左右，其中有精美的玉器和象牙雕刻等；中等墓仅少数有棺，随葬器物十几件至几十件不等；小墓无葬具，随葬几件器物或没有任何随葬品。清楚地表明当时不但有贫富差别，还已出现身份地位上的差别。

第二，流行单人葬。前一时期流行的多人二次合葬已为少数夫妻合葬所取代。这种夫妻合葬一般是男左女右，均属一次葬。显然这是夫妻关系更为牢固、核心家庭比以前起着更大作用的一种表现。

第三，不同墓地在墓葬规模、随葬品数量和质量上都有很大差别。有些墓地的大墓仅相当于大汶口遗址的中等墓，大汶口大墓中的某些玉器、象牙雕刻、精美的彩陶、白陶等均不见于其他墓地。这不仅说明当时各聚落的经济发展不平衡，还说明聚落间已经有控制与被控制的关系，处于控制地位的中心聚落掠夺被控制的聚落，才会形成那样大的差距。

第四，这时期墓葬中普遍随葬石钺，大墓有时随葬玉钺。人们如此重视兵器，应是掠夺性战争经常发生的一个证据。江苏新沂花厅村本是大汶口文化的分布区，

---

[1]　山东省文物管理处、济南市博物馆：《大汶口——新石器时代墓葬发掘报告》，文物出版社，1974年。

那里有些大墓中除随葬部分大汶口文化的器物外，同时有大量良渚文化的器物，当是良渚文化某部落远征花厅的象征。

以上四点足以说明，大汶口文化后期的社会已不是那种完全以血缘为纽带，特别强调平等原则的典型的原始共产制社会，在它的内部已经发生分化，并且出现了迈向文明社会的新的因素，尽管这种因素暂时还是很微弱的。

八

仰韶文化后期的房屋出现了以下几个方面的变化。

第一，在建筑质量上开始分化。一部分房子用类似水泥的材料加工地坪和墙壁，显得坚实平整；另一部分房子仍是传统的泥木结构，两种房子同时共存。

第二，在房屋结构上发生分化，一部分房子是分为两间甚至三、四间的套房，另一部分仍是传统的单间房。如果说单间房比较适合于对偶家庭的话，双间和多间房家庭的人口构成就要复杂得多。郑州大河村 4 间一套的房子〔1〕，炊器都放在中间较大的房间里，有十几个鼎，说明至少有十几人吃饭，这是一种比较完整因而也比较独立的家庭。这套房子中有单独的储藏室，房前有窖穴，说明这个家庭已有自己的经济。

第三，这个时期的聚落也有明显的分化。许多小遗址没有特别讲究的房子，个别大遗址则有若干特别讲究的大房子。大地湾乙址就是一个非常突出的例子。遗址位于山坡上，面积达 110 万平方米。根据许多断崖上暴露的迹象来看，那里至少有几百座房子，其中有好几座是用类似水泥的材料建筑的大房子。已经发掘的 901 号房也许是其中最大的一座，它有前堂、后室和两厢，前堂有一对直径约 90 厘米的大圆柱，还有许多附壁柱，残存柱高超过 3 米，堂屋中间有一个直径达 2.5 米的大火塘。房子前面还有两排柱洞和一排石板，总占地面积约420 平方米。这样大的建筑当不是一般的氏族或部落酋长所能占有的，至少是一个中心部落或部落联盟的总部所在地，有人称之为"原始殿堂"也是有一定道理的。

总之，如果在仰韶文化后期没有发生贫富分化和聚落之间的分化，是不会出现上述现象的。可见仰韶文化后期同大汶口文化后期的社会发展阶段是基本一致的。

---

〔1〕 郑州市博物馆：《郑州大河村仰韶文化的房屋遗址》，《考古》1973 年第 6 期。

九

在红山文化后期的遗存中，最突出的是牛河梁遗址。在那里发现了一个半地穴式的"庙"，里面堆满了因火毁而倒塌的塑像残块和房顶、墙壁的红烧土块。目前虽然还没有清理完毕，便已知道里面至少有五六个人体的泥塑像，同时还有禽兽的塑像。有的人体塑像同真人一样大，有的还要大两三倍。而置放这些塑像的房子并不大（约 50 平方米），建筑材料不大讲究，房子的周边也很不整齐，里面已被塑像挤满。我想它就是一个放塑像的地方而并不是什么庙。与它相联系的有一个用石头护坡的巨大的方形祭坛，附近还有一个圜丘可能也是祭坛。那"庙"中的塑像可能是在举行祭祀或其他宗教活动时抬到祭坛上供人拜祭的偶像。

牛河梁还有十几座规模很大的贵族墓，其中有几座已经发掘完毕。墓多作方形，每边约 16～18 米，少数作圆形，直径 18 米左右。四周砌石，上面铺土和碎石。墓中心有石椁，当为墓主人所在，多随葬玉器，但数量并不很多。墓上往往还有许多石椁小墓，当是在大墓埋好后陆续埋上去的，有的也有随葬品。小墓的墓主人在身份地位上显然低于大墓的墓主人，但又不像奴隶，也不像殉人，应是与墓主人十分亲近而身份较低的人。

牛河梁遗址的调查发掘工作正在进行之中，有好多情况还不清楚。但现有资料已可说明那是一个宗教活动中心和贵族墓地。这两者结合起来，说明宗教已被掌握在贵族手里。由于它同一般性聚落遗址相分离，说明它不是某个聚落的内部分化的现象，而是某个占支配地位的部落或部落联盟的首脑所控制的神圣场所。这同大汶口文化后期的埋葬制度和仰韶文化后期房屋建筑情况所反映的社会内容是相通的。

一〇

铜石并用时代晚期，社会经济有了进一步的发展，这在手工业方面表现得最为明显。

首先是铜器生产有了发展，目前发现铜器的地点已将近 20 处，成分有红铜、青铜和黄铜，后二者可能与矿石本身含有不同的金属成分有关。制造方法有热锻和熔铸，器物种类有刀、削、锥、凿、斧、铃、镜和指环等，涉及手工工具、生活用具、装饰品和乐器等不同的门类。

玉器生产不仅数量增加，工艺水平也大幅度提高。有些玉器上的透雕和线刻画，在今天看来也还是不可多得的艺术珍品。

丝绸业已经出现，漆木业和酿酒业也有发展。

在建筑业中已大量使用石灰、土坯，夯筑技术也得到了广泛的应用。

生产的发展使财富大量地积累起来，加速了贫富的分化，也刺激了掠夺性战争的发展。这时出现了很多城堡，兵器中除石钺继续发展外，作为远射武器的弓箭也得到改良和发展，大量磨制石箭头的发现便是证明。到处出现的乱葬坑反映了战争的剧烈程度。战争是文明社会的催生婆。社会在大动荡和分化之中，同时也在迅速的进步与发展之中。良渚文化中反山、瑶山贵族墓地和龙山文化中许多城堡的陆续发现，只有放在这一历史背景下才能得到正确的解释。

一一

浙江余杭县良渚镇附近盛产玉器是人们早就知道的，但不敢相信那是史前遗物。直到近年来一系列良渚文化的墓葬中发现了同样类型的玉器，这才引起学术界的特别关注，一大批流散在国内外博物馆的良渚玉器也被识别出来。人们对那些玉器的形制、花纹及其所象征的意义，玉器制作技术乃至玉矿的产地等谈论甚多，但我们更感兴趣的是为什么恰恰是在良渚文化的这个时候和这个地方出土那么一大批精美的玉器，它们既不能用于生产，又不能用于生活的直接消费，也不像是一般性装饰品和宗教用品。显然只有出现不同于以前的新的社会需要的情况下才会大量涌现这类物品。这个新的社会需要是什么？换言之，良渚文化中产生大量玉器的社会背景是什么？

我们注意到出土玉器最多也最精美的是反山和瑶山两处墓地。反山是一座人工堆筑的坟山，长约 100、宽约 30、高约 5 米，在上面开穴埋人后再覆以 1.3~1.4 米厚的封土，总用土量约 2 万立方米。现知良渚文化的大墓基本上都安葬在人工堆筑的坟山上，如上海的福泉山、江苏吴县的草鞋山和张陵山等处都是，而小墓则多葬在村落遗址近旁的墓地，这说明良渚文化时期贵族与平民已是分化十分清楚的两个阶级或阶层。

比较各地的贵族坟山，其规模之大小和所埋墓葬的规格是不同的，其中最突出的首推反山。不但如此，在反山东北仅 5 千米的瑶山也发现了一处与反山规格相近的贵族墓地。不过这里的贵族墓不是安葬在人工堆筑的坟山上，而是安葬在一个废弃的祭坛上。这祭坛本身也是一个重大的发现。它的筑法是先将一个小山的顶上削平，然后从山下搬运不同颜色和质地的土筑成三重的方台；中间是红土台，外面是较松的灰土圈，最外是黄褐色斑土台面。方台外面用砾石砌筑护坡，整个祭坛面积约 400 平方米（20 米见方），这又是一个不小的工程。由于上面只有贵族墓，祭坛本身可能也是由贵族垄断的。

我们注意到在良渚镇附近，包括反山、瑶山在内共有大小遗址40多处，其中还有一些出过玉器，并且是人工堆筑的地点，很可能也是贵族坟山。而拥有祭坛和多处坟山的贵族当握有巨大的权力，包括政治（能调动大量的劳力）、经济（聚敛了大量的财富）、军事（大墓中多有玉钺，有的钺上有神徽，正如周武王伐商纣时"左杖黄钺"一样是掌握军事指挥权的标志）、宗教的权力，并且有严密组织的统治集团，他们的住地当已有宫殿、宗庙等建筑，值得庆幸的是，现在这些都已露出端倪。

这种情况是别的良渚文化遗址所无法比拟的。如果再考虑良渚文化有一套相当统一的琮、璧等礼器，特别是有相当一致的神徽（即头戴大冠、身披皮甲和兽面护胸的人形神像，差别只在于良渚既有完整的形象，又有不同程度的简化形象，其他地方则仅有简化形象），就不难想象当时也许已形成一个与良渚文化范围大致相当的政治上和文化上（包括宗教）的实体，其统治中心即在良渚。

一二

与良渚文化有密切关系而年代略晚的龙山文化，最近有两项发现十分引人注目。一项是城子崖城址的确定，另一项是西朱封多重棺椁大墓的发现。

早在60年前在山东历城县龙山镇城子崖（今属章丘县）就发现了城址，但确切时代难以认定。最近山东省文物考古研究所对遗址进行了钻探和试掘，发现那里存在着龙山、岳石和西周三个时期的城墙相互叠压在一起，其中龙山文化的城内部面积有20多万平方米。平面略近方形，东、南、西三边都较直，只有北边因地势关系有些外凸，这样的城不但要有统一的规划，还要组织大量的劳力才能完成。同一时期的其他城址，如山东寿光边线王以及属中原龙山文化的河南淮阳平粮台、登封王城岗等处所见，一般都不足5万平方米，有的甚至不到1万平方米，比城子崖的龙山城小得多。所以城子崖龙山城应是某种政治、文化中心的象征，或者说是都城的雏形亦无不可。它在龙山文化中的地位纵然没有良渚遗址在良渚文化中的地位那样突出，也应该是该文化中少数几个中心城址之一，所反映的社会发展阶段也应该是一致的。

西朱封龙山墓葬发现于山东省临朐县城南约5千米�河北岸的台地上〔1〕，

---

〔1〕 中国社会科学院考古研究所山东工作队：《山东临朐朱封龙山文化墓葬》，《考古》1990年第7期。

大小墓分开埋葬。西南发掘的 3 座都是大墓，东北发现的几座都是小墓，两片墓地相隔约 180 米。看来这也和良渚文化一样，贵族和平民的墓地是分别安置的。

3 座大墓的规格相若，较完整的 203 号墓面积达 27.5 平方米。墓内结构不尽相同，其中 2 座墓是两椁一棺，1 座是一椁一棺，棺椁上都有彩绘，两椁墓中有 1 座还设边箱和脚箱，没有边箱和脚箱的也有较小的盛放器物的箱子。墓中随葬品丰富，质地精良，其中的玉钺、玉簪等的造型及加工工艺均可与良渚文化的玉器媲美。大量黑陶制品如罍、盖豆和蛋壳陶高柄杯等都是工艺极为精湛的，当属礼器之列。此外还有大量彩绘木器残迹等。从墓葬的规模及棺椁结构等方面来看都已超过了良渚文化的大墓，只是未见人工堆筑的坟山。可见这 3 座墓的死者当是统治集团中的显贵人物。类似的墓葬在泗水尹家城也曾发现一座。考虑到西朱封和尹家城遗址并不很大，不大可能发现像城子崖那样大的城址。反过来说，既然西朱封和尹家城都有那么大的墓，那么城子崖龙山城中的统治者就可能会有更大的墓。我认为只有对这一情况有充分的估计，才可能对龙山文化的社会性质有一个比较正确的认识。

一三

中原地区是夏商周文明先后发生和发展的地区，按照逻辑推理，中原龙山文化似应比良渚文化和龙山文化的发展水平更高，但考古发现的情况并不能证明这一点。究其原因不外是两条：一是考古工作做得不够，一些代表当时最高发展水平的遗迹和遗物还没有被发现；二是中原龙山文化的发展水平本来并不比良渚文化和龙山文化更高，那种中原文化从来就比别处发展水平高的观点并不符合客观实际。夏商周文明的产生是一个很复杂的现象，既有当地历史文化的基础，也有邻近地区先进文化的影响和激发，并不完全是当地文化自身发展的结果。但话又说回来，中原龙山文化似也不会比良渚文化和龙山文化的发展水平更低，否则在那样的基础上产生夏商周文明是不大可能的，已有的一些考古发现也大致能说明这一点。

首先，在中原龙山文化范围内已发现若干城址。20 世纪 30 年代在河南安阳后冈即曾发现城址，但没有详细的报道。70 年代末和 80 年代初，相继在登封王城岗、淮阳平粮台和郾城郝家台又发现了城址。这些城址虽然都比城子崖龙山城址小得多，但在差不多同时出现城址这一点上还是一致的。其中平粮台城址的结构特别引人注目[1]。

---

〔1〕 河南省文物研究所、周口地区文化局文物科：《河南淮阳平粮台龙山文化城址试掘简报》，《文物》1983 年第 3 期。

该城略呈方形，每边长约 185 米，南墙正中有城门，城门的两边设门房，门道正中有陶质地下排水管，系将城内废水及雨水排出城外的设施。城内房子及门房均系土坯砌筑，每房三、四间不等，有的还有夯土台基，有的房子内还有走廊，这些在中国房屋建筑史上都是第一次出现的东西，说明城内房屋特别讲究，完全不同于当时一般村落遗址中的圆形单间房。可以断定这种城绝非一般村落的寨墙，而是专为贵族所居的设施。它也不单是军事性城堡，因为城内还有陶窑，也发现过铜炼渣，说明城内还有炼铜、制陶等手工业生产。平粮台遗址在中原龙山文化中是较小的，这使我们有理由相信今后还会发现比它大得多的城址。

中原龙山文化的墓葬至今发现甚少，难于据以正确地复原当时的埋葬制度，仅有一处发现是至关重要的，那就是山西襄汾县陶寺墓地〔1〕。该墓地规模极大，已发掘的墓葬即达 1000 多座，分为大、中、小三类。大墓仅 1% 稍多一点，中等墓不到 12%，小墓约占 87%，这种等级分明的金字塔式的结构，正是当时社会阶级分化的生动写照。

在墓葬分布上，大墓大体集中在一起，这与良渚文化的贵族坟山和龙山文化的大小墓分开埋葬的做法实乃异曲同工。这里大墓所占面积不如龙山文化的那么大，随葬器物也不及龙山文化和良渚文化的那么精美，但很有特色。一般也有彩绘棺椁，并且用布裹尸。大量随葬彩绘木器、彩绘陶器和玉、石、骨、蚌器。其中特别引人注目的是彩绘龙纹陶盘、大石磬、石钺或玉钺和成对的所谓鼍鼓。后者鼓壁为木制，绘彩，高可达 1 米以上，鼓面蒙鳄鱼皮，十分气派。这类物品在中、小墓中是绝对不见的，显然是墓主人具有特殊身份的标识，这与龙山文化和良渚文化贵族墓所表现的社会内容是相通的。

值得注意的是，陶寺墓地有早、中、晚三期，现知大墓均属早期，这意味着中、晚期还会有更大的墓，只是暂时还未发现。如此大墓所代表的统治集团，其势力当不会限于陶寺一地，必定有相当大的一个范围。因为像陶寺这样的墓地在中原龙山文化中即使还能发现几个，也绝不会是很多的。这样看来，中原龙山文化的社会发展程度当不会在龙山文化和良渚文化之下。

一四

在龙山时代诸考古学文化中，位于长江中游的石家河文化也有一些重要的发

---

〔1〕 中国社会科学院考古研究所山西工作队、临汾地区文化局：《1978～1980 年山西襄汾陶寺墓地发掘简报》，《考古》1983 年第 1 期。

现，例如在湖北天门石家河、石首走马岭、湖南澧县南岳等地都发现过城址，石家河还发现过随葬100多件器物的较大型墓和随葬50多件玉器的瓮棺[1]，其发展水平可能不比良渚文化和龙山文化等低许多。

位于甘肃地区的齐家文化年代略晚于中原龙山文化，在那里虽未发现特大的建筑或墓葬，但出土铜器是诸考古学文化中最多的，包括铜斧、铜镜等技术难度较高的产品。齐家文化中不止一次地发现一夫二妻合葬墓，男居中间仰身直肢，女在两旁侧身屈肢面向男子。齐家文化中有的墓用猪下颌骨随葬，最多的一墓达68个，仅次于陶寺墓地所见。由此可见，齐家文化社会的发展水平也不会比中原龙山文化等低许多。

总起来看，在龙山时代，每个考古学文化大概都已走近文明社会的门槛，有的甚至已迈入早期文明社会，从这个意义来说，中国文明不是单元而是多元起源的。不过这些文化并非彼此孤立，而是相互联系、相互影响和相互激发，形成一个相互作用圈。从这个意义来说，中国文明的起源又似乎是整体性的，最后发展出光辉灿烂的夏、商、周文明。即使在这时，中国文明也不是完全统一的。夏代便已存在先商文明，也许还有有穷等东夷文明。商代有先周文明和以广汉三星堆为代表的古蜀文明，还有不少方国可能也已进入文明时代。周代文明有相当的扩大，但内部不大统一，本身便是一种多元一体的格局。秦汉时中国古代文明进一步发展，在其版图内达到很大程度的统一，它的周围仍然有许多地方性文明，如匈奴、百越和西南夷中的滇等。总之，中国古代文明的起源是多元的，又是有主体的，以后的发展主体虽越来越大，仍然保持着多元，形成一种多元一体的格局，最后发展为现在以汉族为主体的统一多民族国家。

一五

前面的论述当已说明，中国史前社会向文明社会的过渡大致发生在铜石并用时代，并且经历了两个重要的阶段。第一阶段约当仰韶文化后期，绝对年代约为公元前3500年至前2600年。此时出现了贫富分化和初步的阶级分化；出现了高于其他聚落的中心聚落，墓中普遍随葬石钺说明此时掠夺性战争已成为社会的突出现象。第二阶段约当龙山时代，绝对年代约为公元前2600年至前2000年。此时出现了城堡，有些可能是都城；出现了贵族坟山和地位颇高的贵族墓。多种手

---

[1]　石河考古队：《湖北省石河遗址群1987年发掘简报》，《文物》1990年第8期。

工业生产和文化得到了重大的发展，阶级对立十分尖锐，雏形国家组织似已出现。此种情况同历史传说可说是若合符节。

　　太史公司马迁是一位十分严谨的历史学家，对于不雅驯而没有根据的传说他是不愿采用的。《史记》既从《五帝本纪》开始，说明他对五帝的历史还是基本相信的。但所谓五帝不过是许多帝中几位比较突出的人物，例如与黄帝大约同时的就还有炎帝、蚩尤等许多人。《五帝本纪》说黄帝"置左右大监，监于万国"。《吕氏春秋·离俗览》说："当禹之时，天下万国。"《左传》哀公七年也说："禹会诸侯于涂山，执玉帛者万国。"如果有许多国的首领称帝，那数目就多了。五帝的数目应是后人整齐化的结果。况且在先秦时期，东方人的五帝和西方人的五帝就不大一样。总之都是些最著名的首领人物，且大多数有战功。五帝为首的是黄帝，《史记》说他东征西讨，"迁徙往来无常处，以师兵为营卫"。黄帝之后是颛顼和帝喾。《淮南子·天文训》说："昔者共工与颛顼争为帝。"《淮南子·原道训》则说共工"与高辛（帝喾）争为帝，遂潜于渊，宗族残灭，继嗣绝祀"。这几个帝可能并不是依次直接继承的，《通志》引《春秋命历序》说"黄帝传十世"，《诗·生民》和《周礼·大司乐》疏引《春秋命历序》说"少昊传八世，颛顼传九世，帝喾传十世乃至尧"。所说世次不一定准确，但可说明前三帝代表了较长的一段时期。若与考古学文化比照，似应相当于铜石并用时代早期。

　　后两帝情况颇不相同。儒家言必称尧舜，说那时是至德之世，是应该追求的理想社会。《尚书》就是从《尧典》编起的。墨家每每称虞、夏、商、周，把有虞定为第一个朝代。按照《尧典》所记，尧、舜是先后相继的最高政治、军事领袖，辅佐他们的有四岳、十二牧、司空、后稷、司徒、士、工、虞、秩宗、典乐、纳言等官职。这已是一个初具规模的政府机构了。当时已有一套刑法，所谓"象以典刑，流宥五刑，鞭作官刑，扑作教刑，金作赎刑，省灾肆赦，怙终贼刑"。这说明当时已有尖锐的阶级斗争，以至不得不制定一套代表统治者利益的刑法。有刑法有军队就可以四方征讨，威加海内。"流共工于幽州，放驩兜于崇山，窜三苗于三危，殛鲧于羽山，四罪而天下咸服！"这样的社会，同铜石并用时代晚期的龙山时代所表现的情况是相合的。所以龙山时代很可能就是文献记载的唐虞时代！

　　总之，中国的铜石并用时代大致相当于史书记载的五帝时代，也就是中国的英雄时代。它不但同此前的原始共产制社会不同，就是同后来的夏、商、周三代也是不同的。这一时代又可分为两个阶段，后一阶段可说更接近文明社会，或者就是最早的文明社会，这要看对文明一词如何理解。即使这样，它也同三代文明有所不同。古人所谓"唐虞禅，夏后殷周继，其义一也"。把两者的区别与联系讲得很清楚。禅让制固然不必像儒墨讲的那样理想化，但同世袭的家天下总还是不同的。我们在探索中国文明起源的具体进程时，是不能不深刻思考这句话的全部含义的。

（原载《文物》1992 年第 1 期。后收录在《农业发生与文明起源》，科学出版社，2000 年）

中国文明的起源（一）[*]

大家下午好！我讲的题目是"中国文明的起源"。分四个小题来讲。

一　为什么要研究中国文明的起源？

按照传统的说法，世界上有四大古代文明，中国古代文明是其中之一。虽然中国文明起源的时间比古代埃及、古代两河流域和古代印度都晚一些，但她从诞生之日起就一直连续发展而从来没有中断，并且曾经影响到整个东方，从而也影响到世界历史的进程。这样一个伟大文明是如何发生的？她有什么特点？对现代中国的发展会有什么影响？这些问题都是人们所普遍关注的。我们知道古代埃及等三大古老文明都是通过考古发现才得以确立的，中国虽然有不少先秦文献，但时间早不过殷周之际。更早的历史也需要通过考古学来探索。中国考古学是在 20 世纪 20 年代才开始的，50 年代以后才有较大的发展，对中国古代文明的探索一直没有中断。特别是近十年来"探源工程"的启动，对中国文明起源的认识又有相当的进展。我这个讲话希望尽可能反映大家研究的成果，如果有不对的地方，当然由我个人负责。

二　中国文明起源的地理环境和历史背景是什么？

中国位于欧亚大陆的东部，地势西高东低，背靠世界屋脊而面向太平洋。中国的四周有高山、沙漠和大海作为屏障，又远离世界其他地区的古代文明。因此中国文明只能是独立起源的。在起源过程中固然也存在同外部的交往，有些外来

---

[*]　本文为 2012 年 4 月 28 日在北京大学考古 90 周年和考古专业 60 周年学术研讨会上的发言，10 月 19 日作了补充和修改。原名为《中国文明的起源》的文章有两篇，内容不完全相同，收入本文集时以序号相别。

因素还很重要，但难以影响中国文明的基本特质和发展方向。考古发现表明，大约在200万年以前，在中国大地上就已经有人类居住。从直立人到早期智人和晚期智人都留下了他们的足迹。在晚期智人生活的旧石器时代晚期遗址已发现数百处，发现同期石器的地点更多得多。由于中国幅员辽阔，各地的自然环境有很大的差别。进入全新世以后，中国最适于人类生活的环境在长江流域和黄河流域，两地的分界线在秦岭与淮河，大约是北纬33~34°。虽然都是季风地带，水热同步，适于农业的发展。但黄河流域雨量较少，黄土发育，比较适于旱地农业。而长江流域雨量丰沛，水网密布，特别适于水田农业。因而两地分别成为稻作农业和粟作农业的起源地和发展中心，是史前文化最发达的地方。大约在公元前1万年，两地几乎同时进入新石器时代。经过一段时期的发展，便进而成为古代文明诞生的摇篮。

三　中国文明是什么时候起源的？

中国有文字记载的历史只能追溯到殷周之际。文明起源的问题是由考古工作一步一步地向前探索出来的。20世纪30年代因为殷墟的发掘，知道商代晚期已进入文明时期；50年代因为郑州商城的发现，知道商代早期也已进入文明时期。从60年代起河南偃师二里头的发掘，把文明起源的时期提早到了夏代。著名考古学家夏鼐先生提出文明的起源还要早些，应该到新石器时代晚期去寻找，现在已经成为大家的共识。但还是有人要问：中国文明到底是什么时候起源的？是5000年还是8000年甚至1万年？因为有些著名学者（当然不是考古学者）就认为中国文明的起源应该提前到1万年前。如果是后者，那就比新石器时代晚期还要早许多，那是不可能的。而且我认为文明起源是一个过程，不是一个早上就能够实现的。从现有的证据来看，中国文明的起源大致经历了以下几个阶段。

（1）大约公元前4000年是文明化起步阶段。少数主要文化区出现了中心聚落。

（2）公元前第四千年后期是普遍文明化时期，社会明显开始分化，中心聚落和贵族坟墓出现，牛河梁、西坡、大汶口、大地湾等是很好的例子。

（3）到公元前第三千年的时期则已进入初级文明或原始文明。这时农业经济有了较大的发展，部分手工业从家庭中分化出来，出现了专门制造特殊陶器、玉器、漆器、丝绸、象牙雕刻等高级产品的手工业作坊，贫富分化加剧，战争频仍，出现了许多城堡和都城遗址，例如良渚、石家河等便是。到龙山时代又有较大的变化，陶寺、西朱封等是其代表。这很像是传说中五帝时代天下万国的情形。

（4）从夏代开始正式进入文明时代；商周则是古代文明的兴盛时期。

四　中国文明起源的模式是什么？

这里讲模式有两层意思。一是整个文明起源的模式是什么？是单中心还是多中心？是一元还是多元？是直线发展还是曲折发展？二是各个地区文明起源的模式是什么？各自具有什么特色？又为什么能够结成一体？现在看来，比较早显出文明迹象的辽宁朝阳牛河梁、甘肃秦安大地湾、湖北天门石家河和浙江余杭良渚等遗址都不在中原，文明起源的中原中心论显然不大符合事实。不过中原在这个时期并不落后，最近发现的河南灵宝西坡遗址就是一个很好的例子。而且中原本来就是一个地理中心，可以同周围各个文化区进行交流，吸收各方面的优秀成分以充实自己，同时还有一定的回旋余地，所以能够比较稳定地发展。在观察中国文明起源的全面情况时，这一点应该特别关注。

下面打算就各个主要地区文明起源的情况或模式作一简单的介绍和讨论。我们首先注意到在新石器时代晚期，黄河流域和长江流域已经形成了五个或六个比较稳定的文化区。那就是黄河中游的中原文化区，黄河下游的海岱文化区，长江中游的湘鄂文化区，长江下游的江浙文化区和燕北辽西的燕辽文化区。历史上黄河是从天津入海的，所以燕辽文化区也是靠近黄河下游的。稍晚一些，在长江上游还形成了一个巴蜀文化区。

1. 中原文化区

在新石器时代晚期主要是仰韶文化。在它的早期即半坡期，曾经发现有几个比较完整的聚落和墓地，无论从聚落内部还是聚落之间，都表现出一种基本平等的状态，看不出明显的社会分化。但是到公元前 4000~前 3500 年的仰韶文化中期即庙底沟期，就发生了很大的变化。有些聚落变得很大，例如河南灵宝北阳平有 90 万平方米，陕西华阴西关堡有 100 多万平方米。灵宝西坡虽然只有 40 万平方米，但发现有多座大型房屋，其中最大的 F105 有 372 平方米，室内地面有 204 平方米。如果加上四周回廊和门棚的面积，总共达 516 平方米。F106 室内面积更大，有 240 平方米，只是没有发现回廊。这些房屋都略呈方形或五边形，没有隔间，地面和四周墙壁构筑都很讲究，有的还隐约有彩绘，显然不可能是居室，也不像是一般村寨的公共用房，倒有些像是一个中心聚落的原始殿堂或庙堂。作为居室的房屋则小得多。西坡还有一个专门的墓地，可分南北两区。北区墓葬虽有大小，但多有二层台，死者应该有较高的身份。其中较大的墓坑上盖木板，木板上再铺麻布，显得规格更高一些。特别是有些墓随葬玉钺，而钺是首次出现的专门性武器。一般战士使用石钺，只有贵族才有资格使用玉钺。南区的墓葬很小，几乎没有随葬品，身份明显较低。说明这时的社会已经有所分化，为着贵族的利益而出现了真正意义上的战争。正是在这个时候，仰韶文化的势力大为扩张，并且对周围的文化产生了明显的影响。不过就在同一时期，像西坡那样的大房子还见于陕西白水和华县泉护村，后者也有像西坡那样的大墓。可见这时的社会只是初步的分化，出现了几个规格较高的聚落，还没有形成整个文化的主要中心。

仰韶文化晚期应该有进一步的发展，但因考古工作做得不够，具体情况还不大明朗。郑州大河村有一座四间套的房子，有两间居室和一间储藏室，只可能住一个家庭。中间的大房间好像是客厅，那里出土了许多陶器，单是陶鼎就有 12件。鼎既可以做炊器又可以做食器，一个家庭用不了这么多，可能是宴饮宾客之用，那这个家庭就是比较富有，并且有一定人望和社会地位的。该处的另一座套间房 F19—F20 也有同样的情况，当是社会复杂化的一种表现。陕西临潼杨官寨在聚落南边的坡地上一字排开有十几座窑洞式房屋，几乎每座房屋旁边都有陶窑，旁边有一个集中放置陶器和工具的库房，其中完整的两套尖底瓶就有 18 个，还有制造陶器的圆盘等。说明这是一处颇具规模的陶器作坊。这种专业化生产的出现也是社会复杂化的表现。这时在西部有更多重要的发现，甘肃秦安大地湾和庆阳南佐疙瘩渠的聚落遗址中，都有规模很大、规格很高的房屋建筑。总起来说，仰韶文化的中晚期农业有较大的发展，社会出现了初步的分化。为了拓殖耕地而向周围扩张，因而比较看重军权，这从河南汝州阎村一座首领瓮棺上画的鹳鱼石斧图或鹳鱼玉钺图上也可以看出端倪，而军权是走向最初王权的阶梯。

2. 海岱文化区

在新石器时代晚期主要是大汶口文化，一般可分为早、中、晚三期，或者称为刘林期、花厅期和景芝期，分别与仰韶文化的庙底沟期、秦王寨期和庙底沟二期对应。两者东西并列，互有消长。在仰韶文化大发展的庙底沟期对大汶口文化有明显的影响，到大汶口文化晚期则对仰韶文化有较大的影响。这个文化的聚落在早期就有所分化，到晚期更加明显。从早到晚，其中心聚落都在山东泰安大汶口。中期出现地方中心，最著名的是江苏新沂花厅村。晚期各地出现多个次中心聚落，特别在鲁东南比较发达。大汶口文化聚落的房屋建筑至今发现甚少，墓地资料则十分丰富。早期墓葬已经出现分化，大墓中出土器物多，也比较精致，还有少量石钺，这跟仰韶文化的发展基本是同步的。而晚期的发展势头明显强于仰韶文化。特别是手工业也比较发达，一些大墓中往往随葬玉器、象牙雕刻器等高档物品和大量陶器，后者的品种和形态都呈现多样化的倾向，一些黑陶和白陶也做得比较精致，这跟仰韶文化是明显不同的。显贵人物不但掌握军权，更注意聚敛和夸耀财富。例如曲阜西夏侯的 M1 随葬器物 124 件，其中陶鼎和陶豆分别有 32 和 42 件之多。莒县大朱村一座大墓随葬的黑陶高柄酒杯竟达 103 件之多，这说明死者在生前就很富有，死后在阴间还要大摆排场，那些物品是为了举行盛大宴会之需。在鲁南和皖北的一些墓地随葬的大陶尊上往往有刻划的象形符号，可能是一种图画文字，已经离创造真正的文字不远了。

3. 燕辽文化区

位于中国的西北干旱区和东部季风区的交接地带，经济上长期属于半农半牧状态。这个地区的新石器文化有自身的发展序列，到仰韶文化时期出现了红山文化，其中心在辽宁朝阳牛河梁，那里以"女神庙"为中心，集聚了数十座积石冢和若干祭坛。"女神庙"有主室和几个侧室，出土有多尊大小不一的泥塑神人。如果复原起来，小的和真实人体相近，大的可能比真人大两三倍，好像有意表现出等级差别。积石冢一般有一座石砌的主墓，用石头砌成边长约 20 米的方形冢界，还在上面筑成三级台阶，表面堆满石头，又在积石上面开凿若干小墓。冢台的外边紧贴着摆放成百个彩陶筒形器，规模巨大而壮观。主墓和小墓的差别显然也是社会等级差别的反映。红山文化的分布范围内至少还有十几处积石冢，每处有一座或数座，规模远不如牛河梁。在喀左东山嘴、巴林右旗那斯台、敖汉草帽山和兴隆沟等地也出土神人的雕像或塑像，成为红山文化的一大特色，但个体都比牛河梁神人像小得多，可见牛河梁是红山文化最重要的宗教祭祀中心和贵族聚葬的坟山，是社会开始分化和初步文明化的表现。红山文化的玉器比较发达，是中国史前三大玉器系统之一。其特点是重造型而少纹饰，只有别具风格的起地阳纹。多为宗教用品和装饰品，少见工具和武器。其中最富特色的是猪龙或熊龙、勾云形器、斜口箍形器、梳篦形器和三联璧等。还有许多动物形象如鸮、龟、蝉、鱼等，也有玉人和人面。前者可能是巫师使用的法器，后者则可能是穿缀在法衣上的物品。不同身份的死者随葬玉器的品类和数量都有明显的区别，应该是社会初步复杂化的表现。红山文化的经济并不十分发达，却能够营建大规模的积石冢、祭坛和神庙等，制造许多工艺精湛而并非实用的玉器，所能依赖的只能是强烈的宗教信仰和强大的组织力量。这是红山文化初期文明化的显著特点。

4. 江浙文化区

位于江苏南部和浙江北部，主要在环太湖的区域。这个地区有发达的新石器文化。大约从崧泽文化起就开始了文明化的进程，年代大致相当于仰韶文化中期。这时出现的个别中心聚落内部已有初步的分化，例如江苏张家港的东山村遗址，在居住区两边各有一片墓地，西边的墓葬都比较大，随葬器物多，并有数量不等的石钺。东边的墓葬都比较小，随葬器物也少。说明已出现贵族与贫民的分化，以致在埋葬时也要严格分开。但多数遗址的分化则并不明显。紧接崧泽文化之后的良渚文化出现了几乎是飞跃式的发展。最显著的表现是出现了整个文化的最高统治中心——良渚古城。该城位于杭州市西北约 20 千米，略呈长方形，面积约 300 万平方米，有巨大的城墙和城壕。中间的莫角山为一 30 万平方米的长方形土台，可能是内城，里面有大面积的夯土基址，当为宫殿或宗庙之类的遗存。城内的反山和城外的瑶山与汇观山三处都是祭坛兼贵族墓地。墓葬中随葬有大量品位极高的玉器和漆器等，仅反山 M12 一墓便有玉器 647 件之多。其中的玉琮、玉钺、玉权杖头等刻划的神人兽面纹，当为良渚文化的族徽。此墓死者生前很可能是一位掌握军权、财权、神权和行政权的国王。而良渚古城则可能是中国最早的都城。我们注意到在环太湖地区还有一些良渚文化的次中心聚落，其中在江苏有常州寺墩、江阴高城墩、无锡邱城墩、苏州草鞋山等，在上海有福泉山等。这些地方都有人工筑造的高土墩作为贵族专用的坟山。墓中出土的玉器在造型和纹饰上都跟良渚古城的玉器十分相似，只是规格稍低一点。这说明良渚文化的都城对这些地方有相当的影响力和控制力。说明良渚文化确实已进入初级文明社会的阶段。

　　这里要补充说明的是，良渚文化玉器工艺那么发达，不像是从崧泽文化继承过来的，很可能是受到安徽含山凌家滩文化的赐予。凌家滩文化与崧泽文化大致同时，分布区紧邻崧泽文化的西北。那里有一个大型聚落，北边有一片墓地。墓葬排列密集，并有比较明确的分区。从早到晚，最大的墓葬都在南区的中央。最大的一墓出土器物达 330 件，仅玉器就有 200 件。墓上还放置一头重 88 千克的玉猪，这在新石器时代的墓葬中是罕见的。玉器中有一件玉龟和两件斜口玉筒，中间盛放着玉签，显然是占卜用具。死者胸部佩挂一连串玉璜，两臂各套 10 件玉镯，身上还佩挂有许多玉饰。墓中还随葬许多玉钺和石钺，墓底更平铺 26 件大型石锛。说明此墓主人应该是一位集军权、神权、财权于一身的显贵和领袖人物。同区几座大墓死者的身份大致相同，可能是该聚落世袭的首领。墓地西北各墓的死者多为玉石工匠，东部各墓随葬较多陶器，墓主人也许与制造陶器有关。而中部和北部的墓葬最小，死者应该是下层的穷人。由于整个墓地基本营建在一个祭坛上，死者很可能属于同一血缘团体，也许就是一个氏族。其中各家族不但有明确的分工，社会地位和贫富的差别也已十分明显。只是凌家滩的后续文化至今还不清楚，而它对良渚文化的影响则是不可忽视的。

5. 湘鄂文化区

主要分布在湖北的江汉平原和湖南的洞庭湖平原，古代是云梦泽的所在地。这里在大溪文化时期就出现了中国最早的城址——湖南澧县城头山和湖北江陵阴湘城。两者都呈圆形，有土筑城垣和护城壕，只是规模不大。年代大致与仰韶文化相当。接着到屈家岭—石家河文化时期便出现了大量城址，除少量圆形外，大多数为方形或长方形，年代大致与良渚文化相当。其中以湖北天门石家河古城为最大，面积达 120 万平方米，周围有宽阔的护城壕。城的中心在谭家岭，那里发现有许多房屋遗迹，个别房屋的夯土墙壁厚达 1 米，可能是高等级的礼制性建筑。城内西北的邓家湾是宗教活动区，在那里发现有祭坛，象征陶祖的柱形器，树立起来有一人多高。有数百件象征丰收的陶臼，数百件象征祭司的陶偶，数千件各种各样的陶塑动物。陶臼上还有多种刻划的图形文字。所有这一切都应与宗教活动相关，其规模在屈家岭—石家河文化中独一无二。说明石家河古城的统治者掌握举行大型宗教仪式和祭典的能力和权力。在古城东南的肖家屋脊出土的一件陶罐上，刻划着一位头戴花翎帽、身着短裙和长筒靴、手举大钺的军事统帅的形象，生动地说明石家河古城的统治者不但掌握神权，同时还掌握军权和调集大量人力物力以建造巨大城防设施的权力，说明湘鄂地区在这时也已步入文明化的轨道。

五个主要文化区的情况大致如此，它们是各有特色的，也就是具有不同的发展模式，以致影响到其后续演变的历史。这五个地区全部集中在黄河流域中下游和长江流域中下游，是中国文明起源的主体地区。受这些地区的影响，周围有些地区也发生了明显的变化。例如广东北部的曲江石峡遗址就有很大的分间式房屋，中间的墓地中大小墓分化也比较显著。陕西北部出现了石砌的城址，还出土不少具有鲜明特色的玉器，都已出现文明化的迹象。

以上是公元前 3500～前 2500 年的情况，此后进入龙山时代，整个局面发生了很大变化，长江流域和燕辽地区的文化迅速衰落而走向低谷。原因比较复杂，有自然因素也有人为因素。与此同时黄河流域的文化则继续发展，进入了初级文明社会的阶段。

在中原地区发现了一系列城址，说明这时战争频仍，各地都注意自我防卫。各城的情况不同，其中以山西南部的陶寺古城为最大，大约有 300 万平方米。城中发现有宫殿区、手工业作坊区和墓葬区等，宫殿基址的残迹中发现有白灰墙皮和壁画，还有中国最早的瓦。墓葬的分化十分显著，90% 的墓没有任何随葬品，约 10% 的墓才有少量随葬品，不到 1% 的大墓则有木棺，随葬鼍鼓、特磬、龙纹陶盘以及玉钺、漆木器和彩绘陶器等，说明当时的社会已经形成金字塔式的等级结构。论者多认为陶寺应该是某个古国的都城。陶寺以及河南的不少遗址都发现有少量铜器，包括铜环、铜铃和某些容器的残片，其中有些是青铜，预示行将进入青铜时代。有些遗址发现有用人牲为房屋奠基的情况，有些墓地有少量人殉，河北涧沟更发现有用人头盖做碗和剥头皮的风俗，说明这时的社会正在发生剧烈的变化。

在黄河下游的山东地区，继大汶口文化之后的龙山文化也出现了城子崖、桐林、丁公等一系列城址，墓葬也有更显著的分化。在临朐西朱封和泗水尹家城发现的大墓有一棺二椁多重葬具，还有一棺一椁或仅有一棺者，说明贵族阶层本身也已出现了不同的等级，而一般平民则没有任何葬具。在寿光边线王还有用人和狗为城墙奠基的情况，说明社会的分化明显加剧了。这是在经济进一步发展的基础上实现的。龙山文化的手工业明显高于中原地区，玉器制作技术有了新的提高，不少地方发现了小件铜器。在陶器制作技术上更有惊人的表现，出现了一种极为精致的蛋壳黑陶，全器多仅厚 1 毫米，造型优美，漆黑发亮，是专为贵族享用的酒器。在邹平丁公古城发现了一块陶片，上面刻写了 11 个文字。这是迄今在中国发现最早的文字和文书，尽管至今还难以释读。

龙山时代之后便进入了中国历史上的第一个王朝夏代。夏朝的统治区在中原，而山东地区则是夷人的天下，从此发生了有名的夷夏斗争。夷人首领后羿还一度夺取了夏的政权，历史上称为"后羿代夏"。直到夏王的第五代少康才在别人帮助下恢复了夏朝的统治，史称"少康中兴"。考古发现河南新密新砦古城除有中原文化的成分外，还有一些山东文化的某些因素，论者推测可能是后羿代夏时期的都城。而河南偃师二里头遗址则是少康中兴以后的夏代都城。

二里头遗址有 400 万平方米，发现有宫城和多座宫庙建筑，有大型铸铜作坊。出土了青铜铸造的鼎、斝、爵、盉和铃等成套的礼乐器和戈、钺、镞等兵器，说明已经进入青铜时代。宫庙和青铜礼器等代表中国古代特有的礼制并为往后的商周王朝所继承。二里头无疑是一座颇具规模的都城遗址，它所代表的二里头文化分布在中原的广大地区，其影响更及于整个黄河流域和长江流域，北部更达燕辽地区。一个以中原为核心的华夏文化圈初步形成，到商周时代更加扩大和发展。即使在这个时候，它的周围也还有其他青铜文明，例如在山东有岳石文化和珍珠门文化，燕辽地区有夏家店下层文化和夏家店上层文化，甘肃青海地区有齐家文化和四坝文化，四川有三星堆文化，江西有吴城文化等，只是出现的时间略晚，发展水平也较低，并且或多或少都受到以中原为核心的华夏文明的影响。由此可见中国文明的起源是多元的，中国古代文明是以黄河、长江的中下游为主体、以中原地区为核心的多中心联合体，其格局有如一个重瓣花朵。这是一个具有自身活力的超稳定结构，保证了中国文明延绵不断地发展，成为世界几大文明古国中唯一没有中断的一个。

（原载《丹霞集——考古学拾零》，文物出版社，2019 年）

中国文明的起源（二）

一　为什么要研究中国文明的起源？

中国文明是一个曾经影响到整个东方，从而也影响到世界历史进程的伟大文明。她是如何发生的？有什么特点？对现代中国的发展有什么影响？是人们普遍关注的问题。以前我们只能根据古史记载和历史传说，推测黄帝是人文始祖。或者是把炎帝和黄帝并称，说他们两位是兄弟，约在 5000 年前共同缔造了最早的中华上古文明，因此，历来就传说中国有五千年文明史。直到 20 世纪初年的新文化运动时期，著名学者胡适等提倡用科学的方法整理国故，以顾颉刚为首的古史辨派在整理古书时发现有些古史的记载前后矛盾，有些明显是后人添加的，应该用科学的方法加以整理和辨正，被称为古史辨派或疑古派。尽管指出了错误，真实的历史是怎样的却不甚了了。于是有些学者觉得应该寄希望于考古。但考古学者需要有科学的训练，不是随便什么人都能做的。考古学研究的对象是古代人类社会留下的实物遗存，需要用科学的方法去逐步地探寻。对于发现的遗址需要选择重点进行适度的发掘，发掘出土的遗迹遗物还需要进行深入的研究。在资料不多的情况下只能作适度的推测，不是一下子就能够说清楚的。只有通过长期的工作和研究，才能逐步地接近历史的真实。我国的考古工作是从 1921 年河南渑池县仰韶村的发掘才开始的。前 30 年进展缓慢，在资料不足的情况下，对历史的解读往往不得要领。过去有一种说法，以为中原地区的文化最先进。中原地区的文明起源后才影响周围地区也先后走向文明。这叫作中原中心论。可是从 20 世纪 80 年代开始，不少地方的考古学文化出现了走向文明的迹象，好像一道道文明的曙光。中原中心论显然不能成立。于是就有苏秉琦的满天星斗说，张光直的相互作用圈说，我过去提出多元一体的重瓣花朵说〔1〕。到底哪一种更符合实际呢？这就是本文要研究的内容。

---

〔1〕　严文明：《中国史前文化的统一性与多样性》，《文物》1987 年第 3 期。

二　中国文明起源的地理环境和历史背景是什么？

人类社会离不开赖以生存的自然环境。不同的自然环境会对文明的形成和发展产生不同的影响。中国的自然地理环境有什么特点，对中国文明的产生和发展有什么特别的影响？是需要认真分析和研究的问题。中国位于亚洲东部，地势西高东低，背靠世界屋脊而面向太平洋。中国的四周有高山、沙漠和大海作为屏障，又远离世界其他地区的古代文明。

中国地理环境的基本特点是自成独立的地理单元，并且有一种天然的多元向心结构。这需要做一点解释。首先，中国的地形像一个大座椅，背对欧亚大陆而面向海洋。它的四周为高山、大川、沙漠、海洋所环绕，从而形成一个独立的地理单元。在交通不发达的情况下，很难同境外发生经常性的文化交流，因而中国史前文化基本上是本地起源和独自发展的，文明的发生和早期发展也基本上是在没有外界重大影响的条件下进行的。但中国又是一个地域辽阔和地形非常复杂的国家。由于各地的自然环境不同，在漫长的史前时期，逐渐发展出富有地方特色的文化，其发展水平也颇不同。例如广大的西北和西南地区因距海甚远，地势又高，雨量稀少，大陆性气候十分显著，在新石器时代难以发展农业，所以遗址稀少，往往多细石器而较少陶器，文化发展也十分缓慢。东北地区因纬度较高，无霜期较短，在新石器时代仅南部一些地区发展了农业，渔猎经济则比较发达。陶器出现虽早，器形却比较简单，主要是筒形罐，文化的发展也是相对滞后的。华南气候炎热，雨量丰富，植物繁茂，照理是非常适于人类生存和发展的。但丰富的食物资源可能正是阻碍农业发展的重要原因，所以华南新石器文化发生虽然很早，却长期没有显著的发展。

相形之下，黄河中下游和长江中下游气候较适宜，又有较宽广的平原和肥沃的冲积土壤，因而分别成为粟作旱地农业和稻作水田农业的起源地和中心区域，新石器文化得到迅速的发展，在全国范围内成为文化最发达的区域，可称之为东方的两河流域。

由于这个两河流域位置比较适中，文化发展水平又比较高，所以在全国范围的新石器文化中起了凝聚的核心作用。不过这个地区范围仍然很大，不同地区的文化仍然有较大的差别。根据文化的特点和发展谱系，大致可以分为六个地区，即中原区、海岱区、燕辽区、甘青区、湘鄂区和江浙区。推测巴蜀也应自成一区，但至今因考古工作做得不够，本身的谱系还不甚清楚。每个文化区既是相对独立的，又是相互有联系的。假如把每个文化区比喻为一个花瓣，全中国的新石器文化就很像是一个重瓣花朵。这样的格局对于后来文明的起源及进一步的发展产生了决定性的影响。

三　中国文明是什么时候起源的？

中国有文字记载的历史只能追溯到殷周之际。20 世纪 30 年代因为殷墟的发掘，知道商代晚期已进入文明时期；50 年代因为郑州商城的发现，知道商代早期也已进入文明时期。从 60 年代起河南偃师二里头的发掘，把文明起源的时期提早到了夏代。夏鼐提出文明的起源还要早些，应到新石器时代晚期去寻找，现已成为大家的共识。

文明起源有一个过程，不是一下子就从史前跨入文明的门槛。从现有的资料来看，中国文明的起源大致经历了以下几个阶段。（1）大约公元前 4000 年是文明化起步阶段。少数主要文化区出现了中心聚落。（2）公元前第四千年后期是普遍文明化时期，社会明显开始分化，中心聚落和贵族坟墓出现，牛河梁、大汶口、大地湾等是很好的例子。（3）到公元前第三千年的时期则已进入初级文明或原始文明。这时农业经济有了较大的发展，部分手工业从家庭中分化出来，出现了专门制造特殊陶器、玉器、漆器、丝绸、象牙雕刻等高级产品的手工业作坊，贫富分化加剧，战争频仍，出现了许多城堡和都城遗址，例如良渚、石家河、陶寺等便是。这很像是五帝时代天下万国的情形。（4）从夏代开始正式进入文明时代；商周则是古代文明的兴盛时期。

近年来的考古发现和研究成果表明，中国新石器时代大约是从公元前 1 万年开始的，一般可再分为三个发展时期。

早期（约公元前 10000 ~ 前 7000 年）的年代大约相当于西亚的前陶新石器，但中国各遗址中都已有了少量的陶器。这个时期最重大的成就可能是农业的发现，不过还没有成为重要的食物资源。当时的生业主要还是狩猎和采集经济。

中期（约公元前 7000 ~ 前 5000 年）是原始农业得到较大发展的时期，并已初步形成了南北两个农业体系。北方的黄河流域已经普遍种植粟、黍等旱地农作物，单是河北省武安县磁山遗址一处，便发现了成百的粮食窖穴，其中有大量粟和黍的朽灰，如果换算成新鲜粮食当在十万斤以上。南方的长江流域多种水稻，近年在浙江上山文化的多处遗址中都发现有稻壳痕迹，年代在 8000 年以前，浙江萧山的跨湖桥遗址也发现了 8000 年前的稻谷。在湖北省的城背溪文化和湖南省的彭头山文化中，也都发现了年代在 7000 年以前的稻谷遗迹。位于淮河上游的河南省舞阳县贾湖遗址，更发现了近 9000 年前的炭化稻米。到 5000 年左右，浙江余姚的河姆渡和田螺山遗址更发现了以十万斤计的稻谷遗存，并有大量的骨耜等农具。由于农业的发展，形成了较长时期定居的农村，从而为往后向文明社会的发展奠定了初步的物质基础。

晚期（约公元前 5000~前 3000 年）是中国新石器时代文化大发展的时期，中原地区的仰韶文化，山东地区的大汶口文化，辽宁西部和内蒙古东部的红山文化，长江中游的大溪文化、油子岭文化和下游的马家浜文化等，都是属于这一时期的。这时农业聚落遗址分布的密度明显增加，规模也有所扩大。每一个聚落中往往有近百座房屋，按照凝聚式和向心式结构排列，体现集体的精神和平等的原则。这个时期还流行多人二次合葬墓，即在人死后先对尸体进行暂时处理，等肉体腐烂后再把骨骼收拾起来，同亲近的人一起埋葬。每座墓合葬从数人到数十人不等，最多者可达一百余人。各墓的随葬品差别很少，而且也不强调个人所有，这显然也体现着集体精神和平等的原则。

大约从公元前 3500 年起，这种状况开始有所改变。我们看到无论是在聚落内部还是在聚落之间，都已出现了明显的分化。在聚落内部，个别房子造得特别讲究，规模往往也比较大，而大多数房子仍是简易的窝棚。在多数聚落的规模并无显著变化的同时，少数聚落却发展得特别大，出土遗迹遗物的规格也比较高，说明它们已发展成为当时的中心聚落，是社会分化的一个明显的标志。墓葬的情况也发生了相应的变化。少数大墓开始设置木棺，有的在棺外还建一木椁，随葬品可多达 100 多件，质地也特别精良。而绝大多数小墓则无棺无椁，随葬品十分简陋，有的甚至一无所有。贫富分化在这里看得非常清楚。

在辽宁省西部的朝阳牛河梁发现了一处红山文化后期的祭祀中心和贵族墓群。所谓祭祀中心包括"女神庙"、方形祭坛和圜丘等一大群建筑。所谓女神庙是一个半地穴式的房屋，现在仅清理表面的一部分堆积，就发现至少有五六个人体塑像和个别禽、兽的塑像。人体塑像有的和真人一样大，有的还要大两三倍。庙旁有用石头护坡，表面平整的巨大的长方形祭坛。这组建筑的前方数百米，在一处很显眼的山坡上，有用石头砌成的一个巨大阶梯式圜丘，推测也是作祭祀用的。

贵族墓葬分布在祭祀遗迹的附近，有三十多处，每处一两座墓或四五座墓不等。每墓中心有石椁，随葬玉器等贵重物品。墓上垫土，四周砌石。有的砌两、三层台阶，宛若祭坛。其外围还往往竖置一周陶筒形器。有的墓旁还有若干小墓，也有石椁，有的也随葬玉器。这些小墓的死者当是墓主人的随从或近侍。这样看来，牛河梁所反映的红山文化后期的社会已经明显地分裂为贵族和平民两个阶层。贵族有自己单独的墓地，而且由于这个墓地同祭祀中心结合在一起，可见宗教也是由贵族所把持的。可以设想，如果没有一个相应的由贵族组成的权力机构，这些贵族的地位是难以维持的。这样的社会，已经同过去那种人人平等、共同劳动、共同消费的原始共产主义社会有所不同了，这是走向文明社会所迈出得非常重要的一步。

大约从公元前3000~前2000年的一千年间，生产技术已有较大的发展。除石器制作更加精良外，还能制造一些小件的铜器，种类有刀、削、锥、凿、斧、铃、齿环和指环等，在青海的齐家文化遗址中还发现了小型的铜镜。这些铜器的质地不尽相同，有些是红铜做的，也有少数是砷青铜或黄铜做的，后二者可能与矿石成分较杂有关。由于铜器在当时生活中已占有一定地位，过去把这个阶段的文化遗存统统划归新石器时代晚期的做法就不尽合适了，有必要列为铜石并用时代，作为新石器时代向青铜时代转变中间的一个过渡时代。又由于这个时代的考古学文化主要是龙山文化及其同时代的诸文化，所以在考古学上又称为龙山时代。

龙山时代除农业较过去有较大发展外，手工业的成就更为突出。一是铜器的制造已于前述。二是制陶业中普遍使用快轮，它需要有厚重的转盘以加大惯性，要有既稳固摩擦系数又小的转轴和轴承，还要有传动设备，这大概是人类历史上发明的第一种简单机械，从而大大提高了陶器的生产率。三是玉器制造向高精方向发展。当时已经广泛地用切割方法和管钻法加工玉材，然后用琢磨和抛光方法使其润滑光亮。有的学者甚至推测当时可能使用了先进的机械砣具。大部分玉器还用圆雕或半圆雕、浮雕、透雕和线刻等方法进行装饰，成为艺术价值极高的工艺品。玉器的种类已很复杂，有专用于宗教仪典的琮和璧，有象征军权的钺，有各种佩戴的装饰品如发笄、耳坠、手镯、带钩和璜、管、珠等，还有很多穿缀在衣服或其他软质物件上的饰件。有些玉器是作为组装件或镶嵌物来使用的。例如一件玉钺的木柄头部要装玉瑞，尾部要装玉镦，柄身还镶嵌许多排列成花纹的玉珠。有些漆盘、漆杯和漆壶上面也镶嵌很多玉珠或玉片。这些漆器显然也同玉器一样宝贵。当时还可能发展了丝绸业。因为早在郑州青台仰韶文化的瓮棺葬中就发现了用于包裹婴儿的丝绸。龙山时代的丝绸业应该有更大的发展。所有这些手工业的成就大部分是为贵族所垄断的，由此可见当时社会的分化达到了何种程度。

这个时期在建筑业中也有巨大的进步。在一些房屋建筑已经大量地使用土坯砌墙，用石灰涂抹墙壁和地面。夯筑技术更是得到了广泛的应用，有的房屋有夯土台基，有些坟山也用夯土筑成。由于有了夯筑技术，使得营建大规模的城垣成为可能，而各种类型的城堡确实就在这个时候从地平线上冒出来了。

到目前为止，已经发现的龙山时代的城址大约有40处，分布于河南、山东、湖北、湖南、四川和内蒙古等省区。如果以后加强考古调查，相信还会发现更多的城址。河南和山东境内现已发现10座城址，其中较大的如河南辉县孟庄和山东

章丘城子崖的面积都有 20 万平方米左右，较小的如河南淮阳平粮台则仅有 35000
平方米。但后者做得比较讲究，已发现有东、南、北三座城门，南门两边设有门
卫房，门道的地面以下还设有通向城外的陶质排水管道。有的城周围设壕沟，有
的则由人工修成高坡。湖北和湖南境内发现了 6 座城址，有的呈方形，有的近似
圆形或椭圆形。浙江省余杭良渚遗址群的中心区更有一座规模宏大的古城，周围
还有若干祭坛和贵族坟山，组成一个巨大的遗址群。内蒙古的情况有所不同，那
里多随山势用大石头砌筑城垣，这种山城往往坐落在险要的地方，多数应是军事
城堡，少数较大的山城里面也有数量不等的常住居民。

城的出现应当是战争经常化和激烈化的产物，这是由于生产的发展，加深了
贫富分化的程度，人们创造的许多财富为少数贵族所占有。他们贪得无厌，还要
觊觎别人的财物，于是发动一次又一次的掠夺性战争。这个时期出现了大量制作
精致的石钺和石箭头，是军事活动激烈化的直接反映；各地还发现许多乱葬坑，
坑中往往丢弃数具乃至十数具尸骨。有的身首异处，有的做挣扎状，有的骨骼上
还带有射入的石箭头，显然也是战争激烈化的直接证明。中国古代把城叫作国，
城里人叫作国人。国有时也包括部分乡村，即所谓野。包括城乡的政治实体有时
也叫作邦。传说黄帝时就有万国，尧舜的时候有万邦。大禹的时候也是"天下万
国"。万者言其多也，并不一定就是一万个国家。总之是一种小国林立的局面。以
后因为相互征伐兼并，到商汤时只剩了三千余国，周武王灭商时会于盟津的还有
八百诸侯。龙山时代数据放射性碳素测定刚好早于夏代，众多城址的发现证明那
时已处于小国林立的局面，与传说中的五帝时代正好相合。所以，我认为龙山时
代可称为中国的古国时代，是真正的英雄时代。

把前面的意见归纳一下，就是中国原始农业的发生和发展为文明的起源奠定
了初步的物质基础。直到仰韶文化后期，即大约从公元前 3500 年开始，才迈开了
走向文明的脚步。进入龙山时代以后则加速了走向文明的步伐，有的地方甚至已
经建立了最初的文明社会。到了夏代，中国古代文明才基本形成。

四　中国文明起源的模式是什么？

是单中心还是多中心？是一元还是多元？是直线发展还是曲折发展？现在看
来，牛河梁、大地湾、石家河、良渚等都不在中原，中原中心论显然不大符合事
实。不过中原仍是一个地理中心，以后又逐渐演变为文化中心。到商周时代地位
更加突出，即使在这个时候，它的周围也还有其他青铜文明。可见中国文明的起
源是多元的，中国古代文明是以黄河、长江的中下游为主体、以中原地区为核心

的多中心联合体，或称为多元一体。拿一个形象的比喻就好像一个巨大的重瓣花朵，有人说这可以叫作重瓣花朵理论。花心是中原文化区，内圈的东、东北、东南、南、西南、西北和北部都自成一个文化区，其外围从东南起按顺时针方向数，有东越、闽越、南越、瓯越、夜郎、滇、南诏、吐蕃、乌孙、匈奴、东胡、契丹、肃慎等，也各有其文化特点，只是走向文明的时间较晚。

让我们逐一考察中原和内圈各主要文化区走向文明的具体情况，以及它们怎样相互影响而结成一个整体的。

首先讲中原文化区。这里最早的新石器时代文化是河南新密的李家沟文化，年代为距今 10200~8450 年[1]。之后是裴李岗文化、仰韶文化和中原龙山文化。李家沟文化开始出现陶器，裴李岗文化有比较发达的旱地农业，种植粟和黍。仰韶文化是一个强势文化，可分四期。其中第一期已有很规范的环壕聚落，到第二期即庙底沟期则已出现高于其他聚落的中心聚落。势力范围不但涵盖整个中原，影响所及则东到山东，南抵湖北，西达甘青，北及燕辽。最核心的地方在河南灵宝的铸鼎塬和巩义双槐树。传说铸鼎塬是轩辕黄帝铸鼎的地方，汉唐均建有黄帝庙。那里有多处仰韶文化遗址，其中最大的北阳平有 100 万平方米，东边的西坡遗址有 40 多万平方米[2]。现仅在西坡进行了几次考古发掘，发现中心部位有 5 座大房子。都是单间大堂，地面达数十乃至 200 多平方米。其中的 F104 地面有 83 平方米，是比较小的（图一）。F106 地面有 240 平方米，F105 地面有 204 平方米，后者周围有回廊，总面积则达 516 平方米[3]。这些房子的地面经过特殊的加工并涂以紫红等彩色。如此高等级的建筑应该属于宫殿或宗庙的性质。周围较小的房子才是住人的地方。这个聚落的南面有一条小沟，沟南是一片墓地。现已发掘墓葬 34 座，从布局看似乎还有未挖的墓葬，原来墓地的规模应该更大些。墓葬的规模明显可以分为四级，其中的一级大墓有 M8、M17 和 M27 共 3 座，二级墓有 4 座，三级 13 座，四级 11 座。大小墓葬穿插分布，说明死者应该属于同一个血缘集团[4]。M27 长 5.03、宽 3.36、深 1.92 米。有椁室，上面有木盖板，板上盖麻

---

〔1〕　郑州市文物考古研究院、北京大学中国考古学研究中心：《河南新密李家沟遗址北区 2009 年发掘报告》，《古代文明》（第 9 卷），文物出版社，2013 年。

〔2〕　河南省文物考古研究所、中国社科院考古研究所河南一队、三门峡市文物工作队等：《河南灵宝铸鼎塬及其周围考古调查报告》，《华夏考古》1999 年第 3 期。

〔3〕　河南省文物考古研究所、中国社会科学院考古研究所河南一队、三门峡市文物考古研究所等：《河南灵宝西坡遗址 105 号仰韶房址》，《文物》2003 年第 8 期。

〔4〕　中国社会科学院考古研究所、河南省文物考古研究所：《灵宝西坡墓地》，文物出版社，2010 年。

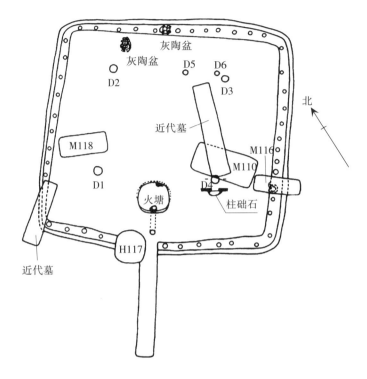

图一　西坡 F104 平面图

布。随葬品仅 9 件陶器，包括一对釜灶以及壶、钵、大口缸和簋形器，火候不高，似为明器（图二）。

M8、M17 与 M27 大同小异，墓葬的规格都很高很气派，随葬品却很一般，死者应该是聚落中那些宫殿式建筑的主人，他们是首领级的人物，有崇高的身份和地位而并不看重财富。M17 随葬了 2 件玉钺和 1 件石钺，M8 也随葬 1 件玉钺，很明显是强调军权。石钺和玉钺都是最早的专门化武器。相传为东汉袁康所著《越绝书》中，在叙述兵器的发展史时说"黄帝之时以玉为兵"。这里既然传说是黄帝铸鼎的地方，而最高级的墓葬又随葬玉钺，是不是跟黄帝有些关系呢？值得思考。与西坡同时期的陕西华县泉护村也有一座同样大的房子和一座同样高规格的墓葬，陕西白水更有数座同样大的房子但不集中。说明西坡确实是仰韶文化当时的一个中心。不过在河南巩义还有一个中心叫双槐树，遗址有 100 多万平方米，北部有一部分被黄河侵蚀了。这是一个有多重环壕的城址，城中有宏大的宫殿基址和长排宫殿式建筑，殿前有一个大广场，还有可能是祭天的多个遗迹（图三、四）。遗址内还发现有骨雕的家蚕。离巩义不远的荥阳青台也是一个 100 多万平方米的大型城址，那里曾发现包裹丝织物的婴儿瓮棺葬。最近在荥阳汪沟又发现了

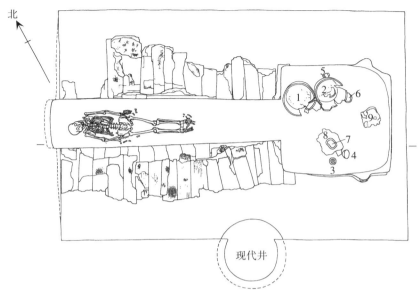

图二 西坡 M27 平面图

1、2. 陶大口缸 3. 陶壶 4. 陶钵 5. 陶带盖篦形器 6、9. 陶篦形器 7. 陶釜 8. 陶灶

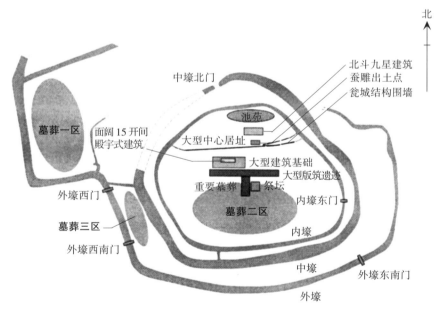

图三 双槐树遗址平面分布图

同样的瓮棺葬，是用尖底瓶的下部装上婴儿后再扣上陶盆。婴儿身上包裹的绞经丝织物，是四经绞罗并脱胶染色，是很成熟的丝织品了。传说黄帝的妻子嫘祖劝民养蚕，跟这些发现有没有关系呢？双槐树那样高等级的城址又跟黄帝有没有关系呢？这些都是可以进一步思考的。我写了一首诗，名曰《双槐城礼赞》，兹录

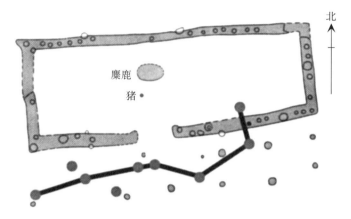

北

图四　双槐树遗址 F12

如下：

　　　　巩义双槐树，有座仰韶城。为览龙图便[1]，紧临大河边。
　　　　又防河水冲，城壕围数重。城前有大坪，疑是仿苍穹。
　　　　陶罐仿北斗，北斗拱北极。北极是天帝，人间有黄帝。
　　　　黄帝位至尊，举手挥玉兵。率师杀蚩尤，三战降炎帝。
　　　　是始建朝廷，诸侯来朝奉。嫘祖始劝蚕，潜心供蚕神[2]。
　　　　春蚕勤吐丝，丝绸惠万方。中华创文明，神州大风光！

　　到仰韶文化晚期，原先的格局出现较大的变动。各地开始出现不同的特点，加上周围相关文化的影响，从而产生了几个地方文化类型。河南中西部伊洛郑州地区是秦王寨类型，山西南部汾水流域是西王村类型，陕西关中渭河流域是史家类型，内蒙古南部河套地区是海生不浪类型，陕西西部和甘肃东部的泾水流域是南佐类型，甘肃东部渭河上游是大地湾类型。

　　甘肃秦安大地湾是一个扇形山坡上的大型聚落遗址，从山下到山顶有一条中轴线，将遗址划分为对称的两片。中心是处在中轴线底端的 901 号大房子。这座房子由一个大型殿堂、后室和东西两间厢房组成，总面积约 290 平方米。这种格局开启了中国宫殿建筑的先河。殿堂前面正中的大门外特设一个方形的门垛。大殿中间有一个大型灶台，后面有东西两个对称的大柱。四面有加固墙壁的贴壁柱。殿堂的地基经层层夯筑，地面抹多层三合土，看起来跟水泥一样，十分光滑平整。房前的广场也有两排各 6 个柱础。在这里立柱更显得十分气派。聚落中轴线的中段还有一座 401 号的大型房屋。中轴线的两边则有数百座中小型房屋，俨然是一

---

[1]　龙图即龙马负图或龙鱼河图，河出图则预示将出现圣明昌盛的时代。
[2]　遗址中出土一件骨雕家蚕，比真蚕大得多，疑为供奉的蚕神。

座都城的雏形[1]。

南佐类型的文化面貌接近于西王村文化，中心在甘肃庆阳南佐遗址。该处有一座超大型房屋，坐北朝南，后面大殿有 300 多平方米，中间有一个直径 3.2 米的大火塘，偏北有对称的两个大柱洞。东、西、北三面贴墙各有四个半圆柱，每个用 4 根木棍紧箍并抹泥。地面抹 6 层白灰（图五）。南面有三个门道通向一个半开放的大厅。整个建筑面积有 630 平方米。室内发现有陶人、喇叭口尖底瓶、骨镞、骨匕，还有粮食稻、粟、黍，以及杏、枣和榛子等。宫殿前面两侧有多处数十米见方的夯土台。这座宫殿式建筑的规模比大地湾 901 号房子还要大，它的东部还有许多铺有白灰地面的方形房屋。这显然也是一个都城级的聚落遗址。记得这还是戴春阳任甘肃省文物考古研究所所长的时候做的工作，后来所长都换了几任，就是没有人继续做下去，到现在连一篇发掘简报都没有发表。我早就知道这个发现，后来从所里发掘档案中进行了核实。我想这项工作以后还是要做的，不能不了了之。像大地湾和南佐那样高等级的聚落，在仰韶文化的中心地区还没有见到，是值得特别关注的。其所以如此，也许与西部的戎羌部落的交往有关，这在文化特征上已露端倪。

河南中西部的秦王寨类型中较大的聚落有郑州大河村和洛阳王湾。大河村虽然没有发现殿堂式的大型房屋，但有成排的分间式房屋。有一座四间套的房子，两间居室和一间储藏室，中间是一个大客厅，摆放了许多陶器，仅陶鼎就有 12 件之多。家庭的人自己用不了那么多，可能是宴请宾客之用。另一座套间房 F19—F20 也有同样的情况[2]。陕西关中高陵的杨官寨有一个半坡晚期类型的窑场，在一条小沟的北坡东西并排多座陶窑，每座陶窑旁边有一座窑洞式房子。窑场西边有一座放置陶器的仓库，里面放了许多小口尖底瓶。看来是专门为交换而进行的专业化生产，值得注意。

其次讲海岱文化区。这个文化区分布于山东全境和江苏、安徽北部的部分地区。早期的后李文化年代与中原地区的裴李岗文化相当，发展水平相若。已有初级的农业生产，种植粟和水稻。之后的北辛文化和大汶口文化则与仰韶文化相当。这个地方在早期历史时期是夷人的天下。《说文》："夷，从弓从大，东方之人也。"传说夷人的首领后羿善射，而大汶口文化的男性平均身高 1.72 米，比仰韶文化男性平均身高 1.68 米要高大，他们的后裔现代还是山东大汉。大汶口文化的

〔1〕　甘肃省文物考古研究所：《秦安大地湾——新石器时代遗址发掘报告》，文物出版社，2006 年，397~473 页。

〔2〕　郑州市文物考古研究所：《郑州大河村》，科学出版社，2001 年，166~182 页。

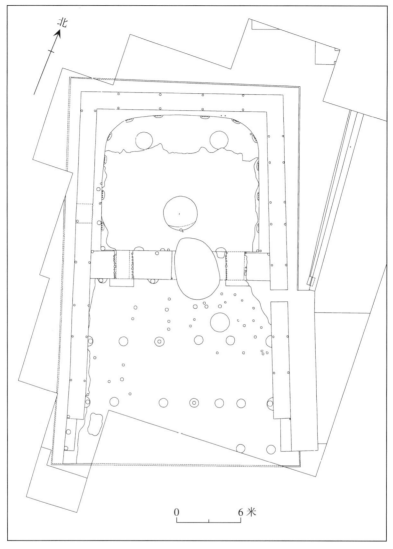

0　　　　6米

图五　庆阳南佐 F1 平面图

居民还有拔牙的风俗。无论男女在进入青春期时都要拔除上颌侧门齿，因而被称为凿齿民。《山海经》就有"羿与凿齿战于寿华之野"的记载。大汶口文化可分为早中晚三期。早期与仰韶文化的庙底沟期相当，并且受仰韶文化的影响。中晚期与仰韶文化的晚期相当，但技术水平明显高于仰韶文化，反过来深刻地影响了仰韶文化，并且大幅度地向西边仰韶文化的地盘扩展。中期的社会已有初步的分化，到晚期社会分化已很明显。出现了若干中心聚落，有的地方已有土城。墓葬的分化更为明显。例如泰安大汶口遗址晚期的墓葬就明显分为大中小三级。其中晚期的 10 号墓就有棺、椁，随葬有象牙梳、象牙雕筒、玉钺、玉臂环和玉指环、三条不同样式的项饰，以及大量陶器。包括精美的黑陶、白陶和彩陶，单是陶瓶就有 38 件之多。还有鳄鱼皮蒙的鼍鼓残片，两个猪头和若干猪下颌骨等。几乎集中了当时最珍贵的物品。可是死者仅是一位青年女性（图六）。在陵阳河和大朱村也有类似的大墓。说明当时的社会已有明显的分化，大量高档次产品的出现，明显标示着文明曙光的出现。

第三讲燕辽文化区。这个文化区位于东北南部和内蒙古东南部，中心在内蒙古的赤峰和辽宁的朝阳地区。这里最早有小河西文化，其后依次为赵宝沟文化、红山文化和小河沿文化。前三者陶器均以直筒平底灰陶罐为主，被称为罐文化系统。兴隆洼文化已有旱作农业，种植粟黍并养猪，但狩猎和采集经济仍占有重要地位。多环壕聚落和地穴式窝棚，每个聚落往往有上百个窝棚且排列有序，是一种严密有序的社会组织的表现。到红山文化因受仰韶文化的影响而出现了彩陶，文化面貌发生了重大变化。不但出现了若干中心聚落，还出现了整个文化的中心——辽宁朝阳牛河梁！红山文化有三个显著的特征。一是人体艺术特别发达，二是大规模的石砌坟冢，三是以猪龙为代表的特色玉器。这三条在牛河梁都有充分的体现。牛河梁遗址位于凌源、建平和喀左三县交界处，是紧邻牤牛河的小山梁。梁上有 40 多个遗迹地点，主要是坟冢，还有祭坛、庙址和广场等。第一地点在遗址的东北部，是一个多间的半地穴式的建筑，平面不甚规则，墙壁上有几何形彩绘和装饰条带。至今只发掘了表层和一个单室，发现了至少属于 6 个泥塑人像的残体，包括完整的头像和部分肢体。复原起来比真人大得多，而且是贴在墙壁上的。室内还有大块的泥塑鸟翅、鸟爪和猪嘴等。这可能是一座祭祀祖神的庙堂。牛河梁旁边的东山嘴也发现有陶塑的妇女像，肚子特别大，像是怀孕的样子。内蒙古敖汉旗四家子发现了一尊石雕人头像，头顶挽髻。敖汉旗兴隆沟一座房子里更发现了一个陶塑裸体人的坐像，头上也挽髻。说明红山文化特别注意人体艺术。

牛河梁第 13 地点在遗址东南，是一个巨大的祭坛。呈圆锥形，底座直径超过 100 米，高约 15 米，被称为土筑金字塔。坛顶似有祭天的圣火遗迹。

牛河梁遗址西南的第 16 地点在一座小山丘顶上，上面有夏家店下层的遗存，其下叠压 11 座红山文化的墓葬。其中的 4 号墓是迄今所知红山文化中最大的墓葬，周围的小墓可能是陪葬的。该大墓同样开凿在岩石上，墓穴深 4.68 米。在当时没有任何金属工具的情况下，只能以石攻石，或者再加上木棒和水火，这需要多么大的决心和毅力啊！该墓死者为一约 40~45 岁的男性，随葬有玉人、玉天鹅、玉箍形器、玉镯、玉环和绿松石坠饰等（图七）。是红山文化所有墓葬中随葬品等级最高也最丰富的，死者的身份无疑也是最高的，可否称之为红山王呢？

在以上三个标志性地点的中间有约 40 处积石坟冢。较早的坟冢仅有几座，都

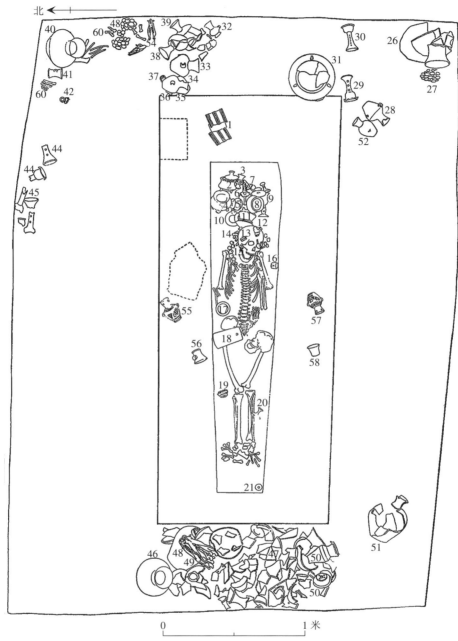

图六　大汶口 10 号墓平面图及随葬品（一）

在第二地点，东西排列且都为圆形。每座冢墓随葬一件很大的彩陶瓮（图八）。

　　其余坟冢都是晚期的。有单个的，也有排成一列的。第二地点即在早期坟冢北边排成一列，中间有一个圆形祭坛。每个坟冢埋葬前在岩石上开凿一个墓穴，死者放入墓穴底部，用土块和碎石填满后在周围用石块砌成方框，再在上面堆成

图六 大汶口 10 号墓平面图及随葬品（二）

石冢，有的还要在冢顶放置一个陶制的塔形器（图九）。方框每边长约十余米，面积达百余平方米。紧贴方框四周则排列大量彩陶筒形器（图一〇），数量达数十乃至上百件，蔚为壮观。墓主人往往随葬玉猪龙等玉器，而且只随葬玉器，可谓唯玉为葬。坟冢外围往往还有一些陪葬的小墓。

在红山文化分布的范围内，还有十几个地点发现有跟牛河梁同样的大型积石坟冢。内蒙古敖汉旗四家子就有五六个一排积石冢，其余地方都只有一座。可惜都没有发现相应的聚落。像牛河梁这样高度发达的文化遗址更应该有相应的大型

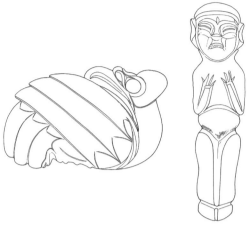

图七　牛河梁第 16 地点第 4 号大墓出土玉天鹅和玉人

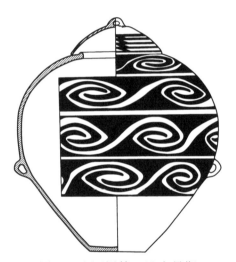

图八　牛河梁第二地点早期
冢墓随葬彩陶瓮

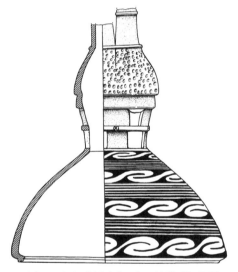

图九　牛河梁冢墓顶上的陶塔形器

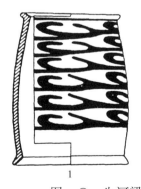

1

2

图一〇　牛河梁冢墓周围的彩陶筒形器

聚落或城址，可惜至今还没有找到。不过就是已发现的这些遗迹，已足以反映出红山文化早期文明的光芒。

第四讲江浙文化区。这个区域包括浙江、江苏、上海和安徽，环境比较复杂，文化头绪也多，只有浙江比较稳定。这里最早的新石器时代文化是浙江的上山文化，在将近1万年以前的陶器上就有稻谷遗存，约9000年以前就有最早的彩陶。之后的跨湖桥文化稻作农业和彩陶进一步发展，到河姆渡文化的余姚河姆渡和田螺山遗址，都发现了大量的稻谷遗存，并且有非常先进的木构高脚屋，房屋上有各种雕刻的栏板。与河姆渡文化几乎同时，在太湖流域有马家浜文化，出现了最早的水稻田，同时有最早的玉钺和石钺。之后的崧泽文化社会明显分化，在江苏张家港大墓和小墓分区埋葬。大墓中有玉钺等上百件随葬品。与崧泽文化差不多同时，安徽东南和江苏南京地区出现了凌家滩—北阴阳营文化，玉器特别发达。其中安徽含山凌家滩在裕溪河北岸，面积达110万~140万平方米。有一个大型城址，有双重城壕和大型房屋。屋后的土岗上有祭坛和墓地。墓葬排列有序，大墓均在南侧，最大的07M23在南侧居中。该墓可能有一个低矮的坟冢，上面放着一头重达88千克的石猪。大墓穴中间的小墓穴棺床上铺满7排石锛，每排4~5件。上面有玉璜、玉镯等，可能是死者佩戴在身上的。全墓共随葬玉器200件，石器97件，绿松石1件和陶器31件。墓主身份当为该城的最高首领，或可称为凌家滩王。其他大墓则出土有玉人、玉龙、玉鹰等（图一一）。玉鹰的两翅做成两个猪头，很是特别。还有一个玉龟，里面装着一个玉板，上面刻着表示方位的复杂图案，很像是原始的栻盘。凌家滩的玉器加工精致，使用了切割、砣机、抛光、管钻等先进技术，纹饰不甚发达，但已有少量线刻。凌家滩显然已步入文明的初始阶段，但其后续的发展至今不甚清楚。

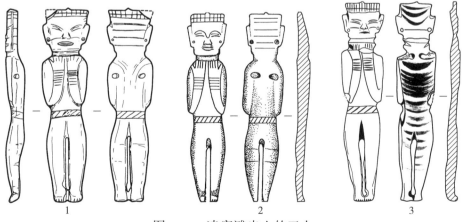

图一一 凌家滩出土的玉人

　　在江浙地区，继承崧泽文化的是良渚文化。但崧泽文化的玉器不甚发达，良渚文化高度发达的玉器明显是继承凌家滩文化的。良渚文化的中心在浙江杭州西北的良渚镇。那里发现有良渚古城、贵族坟山和超大型水利工程等。良渚古城由宫城、王城和外郭城组成。宫城即莫角山，为一长方形的高台，面积达30万平方米。发现有宫殿遗迹。王城达300万平方米，城垣底部为加固铺垫大块石头，上面夯筑黄土。工程浩大。城内有玉器作坊等手工业区，还有水道与城外河道相通。城西南的卞家山有河港和码头，可以通过良渚港通向外河乃至外海。城西的汇观山和城东北的瑶山有王室的祭坛，祭坛上同时有高级贵族的墓地。王室墓地则在宫城西北角的反山。其中的12号大墓随葬玉器即达600多件，包括琮、璧、钺及大量装饰品。最大的玉琮重6.5千克，被称为琮王。上面刻划了8个神人兽面纹，刻工的精细犹如微雕（图一二）。玉钺上也刻划神人兽面纹，钺柄上则镶嵌大量玉珠。墓中还随葬大型漆盘和漆杯，上面也镶嵌大量玉饰件。墓主人显然掌握了军权、神权和财权，或许可称为良渚王。

图一二　良渚反山大玉琮上刻划的神人兽面纹

　　古城的北部有塘山，那是一条东西向的运河，其西头直通山下的大小水库。那里在各个山口筑起了一系列水坝以拦蓄洪水，工程之艰巨令人叹为观止，在世界上也是少见的。古城往东的临平茅山有大面积的水稻田，经探测至少有80多亩。而且规划整齐，用田埂区分田块，方方正正，每块面积约一二亩，跟现代水田相似。根据稻田中硅酸体密度测算，稻谷亩产140多千克，在当时已经是很高产了。稻田中发现有大量炭屑，说明当时的耕作方式是所谓"火耕而水薅"。与稻田相配合的还有水塘和水渠。水渠中发现有7米多长的木船，以备运送粮草。整个茅山不啻一个国营农场。2010 年在莫角山宫城东边发现有数万斤烧焦的稻谷和稻米，那应当是王室粮库被火烧毁的证据。2017 年夏在莫角山宫城西南的池中寺发现万余平方米被烧焦的稻谷堆积，包括成束的稻穗，估计有 20 多万千克之巨，那显然是国家的粮仓所在〔1〕。由此可见当时的稻作农业生产达到了何等的规模！良渚古城内外那些巨大的工程之所以能够完成，稻作农业的高度发展应当是最重要的物质基础。

在整个良渚文化分布的太湖流域，除良渚古城外，还有许多中心遗址或贵族反山，包括上海的福泉山，江苏吴县的草鞋山和张陵山，常州的寺墩，江阴的高城墩，无锡的邱城墩和昆山的赵陵山等。如果把良渚古城看作是良渚古国的首都，这些分布于各地的中心遗址就好比下属的郡县。可见良渚文化早在 5000 多年前就已经率先发展为一个区域性王国了。

第五讲湘鄂文化区。这个文化区包括湖北的江汉平原和湖南的洞庭湖平原。最早的彭头山文化和城背溪文化，稻作农业已较发达。之后在湖南有石门皂市文化和汤家岗文化，此时在澧县城头山出现了最初的环壕城址。之后在大溪文化、屈家岭文化和石家河文化时期不断加固修筑并略有扩大。与此同时，在江汉平原的湖北天门石家河的谭家岭出现了油子岭文化的环壕城址。接着在其外围修建了屈家岭文化的大型城址，面积达 120 万平方米。此城一直沿用到石家河文化和肖家屋脊文化时期。

此时在江汉平原出现了一系列城址，石家河成为其中心，其布局几乎同良渚文化别无二致。石家河城的中心在谭家岭，那里发现的房屋基址，墙壁的厚度即达 1 米。城内西北的邓家湾是一个墓地兼宗教遗迹所在地。那里发现的两个小浅坑中竟有两百多个陶人和数千个陶塑动物，个体都只有 10 厘米左右。陶人多着细腰长袍，头戴软帽。大部分盘腿而坐，手捧大鱼。少数手舞足蹈。动物中家畜有猪、羊、牛、狗和鸡，野兽有大象、猴等，还有许多长尾鸟。形象生动。邓家湾两座建筑遗迹的边缘摆放了大量圜底陶缸，相互套接，初看起来以为是陶水管。一些陶缸上有刻划符号，很像大汶口文化的大口尊。但大口尊多单个随葬，而邓家湾的陶缸似乎是一种宗教遗迹，且数量巨大，至少有上千件，除邓家湾外，肖家屋脊和西城垣边的印信台也有。城南的三房湾更发现有数十万件粗红陶杯。杯内空间很小，根本不适用。不知道为什么做如此多不适用的杯子。石家河的几处墓葬虽然有大小的明显分化，但大墓只是多随葬一些陶器，没有特别高档的物品，

〔1〕　武欣、郑云飞：《良渚文化时期的农业》，《浙江省文物考古研究所学刊》（第十一辑），文物出版社，2019 年，569 页。

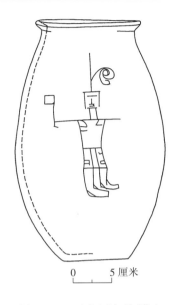

0　　　5 厘米

图一三　石家河灰陶罐上
刻划的武士像

精美的玉器仅见于瓮棺葬。石家河那么大的城，应该与战争的防御有关，但没有发现石钺之类专门的武器。只是在一个灰陶罐上刻划一位似乎是高举石钺的武士（图一三）。

龙山时代：约公元前 2900～前 2000 年。龙山时代的文化格局发生了很大的变化，燕辽地区的红山文化悄然消失，继起的小河沿文化似乎并非直接继承红山文化，发展水平也明显下降。江浙地区高度发达的良渚古国更是突然倾覆而没有了下文。而在黄河流域的中原文化区和海岱文化区则快速发展，长江流域中游的江汉平原进一步发展，上游的川西平原也出现了文明的曙光。不过虽然有很大变动，整体格局仍然是多元一体。

在中原地区，继仰韶文化之后出现了中原龙山文化，其中又可分为王湾文化、陶寺文化和客省庄文化等。这时农业和手工业经济有了较大发展，各种石器已基本上通体磨制，还出现了个别青铜器。各地出现了许多环壕土城，到处都有被杀戮者的乱葬坑，说明战争已成为普遍和经常的社会现象。在这些土城中以山西襄汾的陶寺城址为最大，传说为尧都平阳所在。城址可分三期，早期距今约 4300～4100 年，中期距今约 4100～4000 年，晚期在一度废弃后又短期重建。其中外城约 300 万平方米，宫城约 13 万平方米。有专门的手工业区和公共墓地。在宫城中发现有宫殿的残迹，包括大型的柱础，刻划几何纹的白灰墙皮和平板瓦等。宫城内一个晚期的灰坑 H3403 内出土了一件残破的朱书扁壶，腹部写了一个"文"字，另一面写一个"命"字或"邑"字。这可能是中国最早的汉字。陶寺遗址有巨大的墓地，已发掘 1000 多座。如果全部发掘估计有 1 万多座。在已发掘的墓葬中，90%一无所有，将近 10%有少量陶器，不到 1%的大墓随葬品特别丰富，品位也很高。其中有龙纹盘、鼍鼓和大量漆木器等。在大城东南的小城内有一个中期的王陵区，其中的 22 号墓长 5、宽 3.6、深 7 米，是迄今所知史前时期最大的墓葬。可惜棺室已被早期盗扰，仅残留玉石器 66 件，墓室内未被扰动部分出土有彩绘陶器 8 件，漆木器 25 件，玉器 18 件套，骨器 8 组，红彩草编 2 件和全部劈成两半的 10 头猪等。有多件带柄的石钺和玉钺，还有一根近两米长的木杆，可能是旗杆。如此气派的墓葬，死者非王莫属。难道他就是大名鼎鼎的帝尧吗？王族墓地中一座小墓 M3295 中出土了一件铜铃，另一墓中出土一件叠压在玉环上的铜齿环，两件都是砷青铜，这是中国最早的青铜器。

与陶寺同时，在陇东的灵台桥村曾出土大量陶瓦，包括平瓦和筒瓦，还有陶下水管道。延安芦山峁有约 600 万平方米的遗址群，其核心区即有 200 万平方米，有 1 万多平方米的夯土台基，上面的建筑群中轴对称，主次分明，也出有大量陶瓦。在陕北神木有一个规模宏大的石峁山城。该山城位于一座小山顶上，有内城、外城和皇城三重结构。外城有石砌的墩台、门塾和马面等，东门更在白灰墙上画红、黄、黑色的几何形彩绘。皇城是一座石砌的阶梯形高台，台顶有宫殿和池苑等建筑。宫殿的石砌构件上有雕刻的人形和牛头、马、蛇以及弯弓射马的图像等[1]。台上发现有成千上万的羊骨，上万根骨针，不少用骨片做的口琴。同时还出有大量玉钺、玉牙璋和玉璜等。那里也有一个青铜齿环叠压在玉环上，还有铸造青铜刀的石范。石峁有些陶器也跟陶寺相像，两地很可能存在实际的联系。类似石峁的山城遗址还有许多，只是规模略小一些。那已经是中原的边界地区了。

在中原地区，还有河南登封的阳城，那是一座 30 多万平方米的长方形城址。传说禹居阳城或禹都阳城。那里也发现过青铜容器的残片。禹传子启，从此开启了世袭王权。但启的儿子太康好玩，被东夷的后羿给取代了，即所谓"因夏民以代夏政"。儿子仲康只好逃走，孙子少康逃到有仍当了牧正。后来在别人的帮助下恢复了夏代的统治，史称"少康中兴"。在新密新砦发现了一个环壕城址，年代略晚于王城岗，出土遗物除了本地传统的因素以外，还有少量东夷岳石文化的因素。因此很可能是后羿代夏所建的都城。

回头说海岱地区。那里继大汶口文化之后是龙山文化，这时也向西对中原龙山文化有较大的影响。大汶口文化的工艺水平已经非常高了，龙山文化时期又有新的发展。最突出的是所谓蛋壳黑陶器皿。其中以多种形态的杯、豆为最。其厚度仅一二毫米，漆黑发亮，而且火候高，非常坚硬，敲之有金属声。经过实验，应该是等坯体阴干后放在车床上一遍遍地车削才可能做得那么薄，而且一定要装在匣钵中焙烧才不至于损坏。龙山文化的玉器如钺、圭、牙璧、牙璋和发笄等同样有非常高的工艺水平。龙山文化有多座城址，著名的有城子崖、两城镇、尧王城、桐林—田旺和丁公等。丁公的一块陶片上还刻划了 11 个文字，可能是一个传递信息的文书，只是无法辨认。龙山文化的墓葬也已经有了明显的分化。临朐西朱封和泗水尹家城高等级的墓葬有一棺一椁和一棺二椁之分，可见有初步的礼制。

在江汉平原，继石家河文化之后的肖家屋脊文化时期，明显受到中原王湾文

---

〔1〕　陕西省考古研究院、榆林市文物考古勘探工作队、神木市石峁遗址管理处：《陕西神木市石峁遗址皇城台大台基遗迹》，《考古》2020 年第 7 期。

图一四　谭家岭瓮棺出土玉鹰牌饰

化的影响，论者多认为与传说中尧舜禹征三苗的故事有关。这时玉器特别发达，工艺水平很高。在谭家岭即发现有9座瓮棺葬，随葬玉器达200多件。这些玉器基本上是一些小牌饰，但雕刻极为精致（图一四）。大部分纹饰是浅浮雕，线条圆润。有立鹰纹、侧面人头和虎头等。之前在肖家屋脊的6号瓮棺中也曾出土了56件玉器，也都是小巧的袖珍品。其中有多件神祖的头像（图一五）。还有虎头、蝉和飞鹰等。可谓独树一帜。

在长江上游的成都平原，这时也突然出现了一系列环壕土城，包括新津宝墩古城、郫县鱼凫城、双河古城、都江堰芒城、高山古城和三星堆一期古城等将近十座。从出土陶器来看应该是受到长江中游屈家岭文化的影响。那里河流纵横，水网密布，有利于种植水稻。其中宝墩古城最大，外城近圆形，约300万平方米，城内大部分是水稻田，中间的许多小土包当是农家房舍所在。内城为长方形，约60万平方米。城内有宫殿式建筑，可见宝墩古城即成都平原最初的都城。后来中心移到了广汉三星堆，并发展出了高度的青铜文明。

二里头文化： 龙山时代之后出现的第一个青铜文化就是二里头文化。这个文化以河南偃师二里头遗址命名。该遗址规模巨大，有宫城、青铜器作坊、绿松石作坊和祭祀区等。宫城位于遗址的中心区，为南北向的长方形，面积约10.8万平方米。包含多座宫殿基址。环绕宫城有规整的道路，上面有双轮车辙印迹。看来奚仲造车的传说还是有根据的。1号宫殿位于宫城内西南角，有一个约1万平方米的夯土台基，上面建主体殿堂四周建围墙和廊庑，布局严谨。遗址中出土多件青铜爵，还有青铜鼎、斝、盉、铃等礼乐器，开先秦礼乐器的先河。青铜器作坊中发现有铜矿石、坩埚、陶范等，从残陶范来看，可铸铜器的最大直径达30厘米以上。在宫殿区的一座贵族墓中出土了一件绿松石镶嵌的龙形器，长65厘米，中间放置一件铜铃。二里头还发现有多件镶嵌绿松石的青铜牌饰，上面的图案也略似龙纹。二里头的玉器也很发达，主要有钺、戈、刀等武器和璧、璋等礼器。其中牙璋最具特色。同样的牙璋几乎传遍了全中国，最南甚至到了越南。可见二里头文化影响之大。前面谈到夏代传到少康中兴起来了，此后即再未迁都，这个都城非二里头莫属。中华文明到此即进入了成熟的阶段，从多元一体到多元一统。从此生生不息，持续发展。

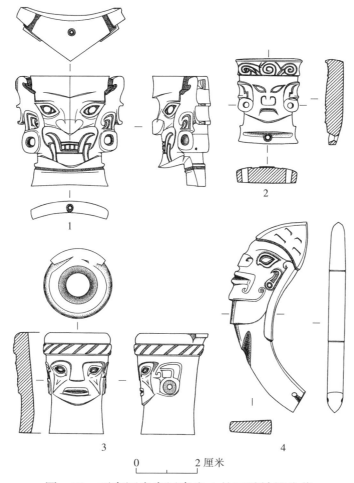

图一五　石家河肖家屋脊出土的玉雕神祖头像

五　中国文明起源研究给我们什么样的启示？

　　我想主要有以下三点启示：第一，中国文明既然从起源到现在连续发展而没有中断，证明她是世界上最有生命力的伟大文明。世界上的原生文明只有三个，一个是古埃及、两河流域的苏美尔、阿卡德和印度河流域的哈拉帕的西方文明，一个是中国古代的东方文明，一个是以玛雅文化为代表的美洲文明。西方文明和美洲文明体量都很小，经不起外力的冲击，很快就湮灭了。只有中国文明生生不息，持续发展而从未中断。第二，中国文明从多元一体到多元一统，是一个持续发展的过程，分裂是暂时的，最终总要走向统一。第三，中国文明的起源和发展一直是沿着多元一统的轨迹曲折前进，以至形成现在以汉族为主体的多民族统一国家。因此我们在维护国家统一的同时，还要注意发挥各民族和各地方的特色，使中华文明丰富多彩，争奇斗艳，生生不息，永远雄居于世界的东方。

参考书目

夏鼐：《中国文明的起源》，文物出版社，1985 年。

苏秉琦：《中国文明起源新探》，生活·读书·新知三联书店，1999 年。

严文明：《中华文明的始原》，文物出版社，2011 年。

中国社会科学院考古研究所、中国社会科学院古代文明研究中心：《中国文明起源研究要览》，文物出版社，2003 年。

2008 年 11 月 22 日初稿，2019 年 12 月 30 日完稿

［原载《国学研究》（第 44 卷），中华书局，2020 年。后收录在《耕耘记——流水年华》，文物出版社，2021 年］

中国文明起源的探索 （一）[*]

　　中国文明的起源这一看似距离现实生活非常遥远的问题，现在却成了许多人关心的热门话题。不但中国人在研究，外国人也想了解个究竟。其所以会出现这种情况，一方面是因为科学研究的进步，特别是考古学取得了巨大的进展，使我们有可能得到一些比过去远为清晰的认识；另一方面则还有一个深刻的社会根源。

　　大凡关心当代社会发展的人，莫不深感西方文化在给人类带来巨大的物质财富的同时，也引发了不少社会问题。相形之下，东亚一些国家和地区的现代化虽然起步较晚，却获得了飞速的经济发展和比较健康的社会进步。人们发现他们的价值观念与西方大不相同，几乎都十分重视传统文化，同时有选择地吸收西方文化中一些有用的东西，创造性地解决自己国家民族的现代化问题。而这些国家和地区的所谓传统文化，实际上就是以中国儒家思想为主体的文化。它是那样的博大精深，不但能够比较正确地处理人与人之间的关系，还能正确处理人与自然的关系。它过去创造了中国古代文明的辉煌，今天经过适当的调整，在中国和东方各国的发展中仍然发挥着巨大的积极作用。这样一个伟大的文明所创造的文化遗产，是世界人民共同的财富，当然应该花大力气进行研究。而追溯这样一个伟大文明的起源，当然也是一件极有意义的事情。

一　从信古、疑古到考古

　　中国人历来以自己有悠久的历史和光辉的古代文明而感到自豪。但这个文明究竟是什么时候起源的，在世界文明史上又占有什么地位，以前是很少深究的。中国的第一部历史巨著《史记》是从《五帝本纪》开始的，五帝中的首位就是黄帝。尽管司马迁对五帝的历史将信将疑，毕竟并没有轻易放过，而是把它作为历

---

　　*　原名为《中国文明起源的探索》的文章有两篇，内容不完全相同，收入本文集时以序号相别。

史的开篇，后来的人也就相信黄帝是所谓人文始祖，中国文明就应该从他那个时候算起。这很符合孔圣人"信而好古"的精神，故谓之曰信古。

"五四"前后的新文化运动，把人们的思想从封建文化的束缚下解放出来。一些学者提出要用科学的态度整理"国故"。他们怀疑被儒家奉为圣人的尧、舜、禹等是否真有其人，是否真的实行过什么禅让制度。这样一来，中国文明起源的历史似乎要大幅度向后拉了。这些学者被称为疑古派，在一段时期曾经有过相当大的影响。

人们既不能盲目相信历史著作中的每一件事情，也不能仅仅停留在怀疑、辨伪的阶段上，而需要寻求一种探索古代历史乃至史前史的科学基础。这就是要通过对古代实物遗存进行调查、发掘和研究的方法，来重新研究中国的上古史和文明的起源问题。这种以田野工作为基础的考古学研究，在我国是从 1921 年发掘河南省渑池县仰韶村史前遗址而开始的；但作为对中国早期文明的有组织的考古研究工作，则是从 1928 年河南省安阳市殷墟的发掘开始的。

因为考古学是通过古代人类的实物遗存来进行研究的，可以不受历史记载的约束，对研究史前史和早期文明史提供了一种特别有效的途径。下面的时间表很可以说明考古学对探索中国文明起源的贡献。

1928 年至 1937 年，在安阳殷墟进行了十五次发掘，发现了商代晚期的宫殿基址和商王陵墓群，还有大量的铜器、陶器、石器、骨器，特别是发现了一个很大的甲骨文窖藏，从而证明殷墟是自盘庚迁殷直至纣王灭国，历时 273 年之久的商代晚期都城。由于这一发现，学术界才普遍接受中国文明至少应追溯到商代晚期。1955 年，在河南省郑州市首先发现商代早期的城垣遗迹，其后经过 20 多年的勘探发掘，基本上确定那是商代早期的都城遗址。城址略呈方形，周长约 7 千米。城内发现有宫殿基址，城外则有多处铸铜、制骨、制陶等手工业作坊遗址。于是，人们相信中国文明至少要提前到商代早期。

1959 年，为着寻找夏墟，曾对河南省偃师县的二里头遗址进行了试掘，发现了一种早于商代的文化遗存，后来被命名为二里头文化。往后又经过多年的发掘，在二里头相继发现了宫殿和宗庙基址，同时出土了许多青铜器、玉器、石器和陶器等。不少学者认为那应该是夏代的一个都城，于是中国古代文明就可以上溯到夏代了。

夏鼐先生在论述中国文明的起源时，正是按照考古发现的时间表一步一步地往前推的。最后他认为文明的起源还要往前推："把文明的起源放在新石器时代中。'因为'不管怎样，文明是由'野蛮'的新石器时代的人创造出来的。"[1]

---

〔1〕 夏鼐：《中国文明的起源》，文物出版社，1985 年，96 页。

这个意见是非常正确的。下面，我想把中国新石器时代文化的发展历程和主要成就稍稍梳理一下，看看我们"野蛮"的祖先是怎样一步一步地走向文明的。

二　走向文明的脚步

近年来的考古发现和研究成果表明，中国新石器时代大约是从公元前 1 万年开始的，一般可再分为三个发展时期。

早期（约公元前 10000～前 7000 年）的年代大约相当于西亚的前陶新石器，但中国各遗址中都已有了少量的陶器。这个时期最重大的成就可能是农业的发现，不过现在还没有找到确实的证据，考古学者们正在努力探索。

中期（约公元前 7000～前 5000 年）是原始农业得到较大发展的时期，并已初步形成了南北两个农业体系。北方的黄河流域已经普遍种植粟、黍等旱地农作物，单是河北省武安县磁山遗址一处，便发现了成百的粮食窖穴，其中有大量粟的朽灰，如果换算成新鲜粮食当在十万斤以上。南方的长江流域多种水稻，近年在湖北省的城背溪文化和湖南省的彭头山文化中，都发现了稻谷遗迹。位于淮河上游的河南省舞阳县贾湖遗址，也发现了年代很早的炭化稻米。年代相当于中晚期之交的浙江省余姚县河姆渡遗址，更是发现了大量稻谷遗存和相关的农具。由于农业的发展，形成了较长时期定居的农村，从而为往后向文明社会的发展奠定了初步的物质基础。

晚期（约公元前 5000～前 3000 年）是中国新石器时代文化大发展的时期，中原地区的仰韶文化，山东地区的大汶口文化，辽宁西部和内蒙古东部的红山文化，长江中游的大溪文化和下游的马家浜文化等，都是属于这一时期的。这时农业聚落遗址分布的密度明显增加，规模也有所扩大。每一个聚落中往往有近百座房屋，按照凝聚式和向心式结构排列，体现集体的精神和平等的原则。这个时期还流行多人二次合葬墓，即在人死后先对尸体进行暂时处理，等肉体腐烂后再把骨骼收拾起来，同亲近的人一起埋葬。每座墓合葬从数人到数十人不等，最多者可达一百余人。各墓的随葬品差别很少，而且也不强调个人所有，这显然也体现着集体精神和平等的原则。

大约从公元前 3500 年起，这种状况开始有所改变。我们看到无论是在聚落内部还是在聚落之间，都已出现了明显的分化。在聚落内部，个别房子造得特别讲究，规模往往也比较大，而大多数房子仍是简易的窝棚。在多数聚落的规模并无显著变化的同时，少数聚落却发展得特别大，出土遗迹遗物的规格也比较高，说明它们已发展成为当时的中心聚落，是社会分化的一个明显的标志。墓葬的情况也发生了相应的变化。少数大墓开始设置木棺，有的在棺外还建一木椁，随葬品可达 100 多件，质地也特别精良。而绝大多数小墓则无棺无椁，随葬品十分简陋，有的甚至一无所有。贫富分化在这里看得非常清楚。

在辽宁省西部的凌源、建平两县交界处的牛河梁发现了一处红山文化后期的祭祀中心和贵族墓群。所谓祭祀中心包括"女神庙"、方形祭坛和圜丘等一大群建筑。所谓女神庙是一个半地穴式的房屋，现在仅清理表面的一部分堆积，就发现至少有五六个人体塑像和个别禽、兽的塑像。人体塑像有的和真人一样大，有的还要大两三倍。体表圆润光洁，突出乳房和臀部，像是女性，故谓之女神庙。庙旁有用石头护坡，表面平整的巨大的长方形祭坛。这组建筑的前方数百米，在一处很显眼的山坡上，用石头砌成一个巨大的阶梯式圜丘，推测也是作祭祀用的。

贵族墓葬分布在祭祀遗迹的附近，有 10 余处，每处一两座墓或四五座墓不等。每墓中心有石椁，随葬玉器等贵重物品。墓上垫土，四周砌石。有的砌两三层台阶，宛若祭坛。其外围还往往竖置一周陶筒形器。有的墓上面有若干小墓，也有石椁，有的也随葬玉器。这些小墓的死者当是墓主人的随从或近侍。这样看来，牛河梁所反映的红山文化后期的社会已经明显地分裂为贵族和平民两个阶层。贵族有自己单独的墓地，而且由于这个墓地同祭祀中心结合在一起，可见宗教也是由贵族所把持的。可以设想，如果没有一个相应的由贵族组成的权力机构，这些贵族的地位是难以维持的。这样的社会，已经同过去那种人人平等、共同劳动、共同消费的原始共产主义社会有所不同了，这是走向文明社会所迈出的非常重要的一步。

大约从公元前 3000 年到前 2000 年的一千年间，生产技术已有较大的发展。除石器制作更加精良外，还能制造一些小件的铜器，种类有刀、削、锥、凿、斧、铃和指环等，在青海的齐家文化遗址中还发现了小型的铜镜。这些铜器的质地不尽相同，有些是红铜做的，也有少数是青铜或黄铜做的，后二者可能与矿石成分较杂有关。由于铜器在当时生活中已占有一定地位，过去把这个阶段的文化遗存统统划归新石器时代晚期的做法就不尽合适了，有必要列为铜石并用时代，作为新石器时代向青铜时代转变中间的一个过渡时代。又由于这个时代的考古学文化主要是龙山文化及其同时代的诸文化，所以在考古学上又称为龙山时代。

龙山时代除农业较过去有较大发展外，手工业的成就更为突出。一是铜器的制造已于前述。二是制陶业中普遍使用快轮，它需要有厚重的转盘以加大惯性，要有安装稳固、摩擦系数又小的转轴和轴承，还要有传动设备，这大概是人类历史上发明的第一种简单机械，从而大大提高了陶器的生产率。三是玉器制造向高精方向发展。当时已经广泛地用切割方法和管钻法加工玉材，然后用琢磨和抛光方法使其润滑光亮。大部分玉器还用圆雕或半圆雕、浮雕、透雕和线刻等方法进行装饰，成为艺术价值极高的工艺品。玉器的种类已很复杂，有专用于宗教仪典的琮和璧，有象征军权的钺，有各种佩戴的装饰品如发笄、耳坠、手镯、带钩和璜、管、珠等，还有很多穿缀在衣服或其他软质物件上的饰件。有些玉器是作为组装件或镶嵌物来使用的。例如一件玉钺的木柄头部要装玉瑞，尾部要装玉镦，柄身还镶嵌许多排列成花纹的玉珠。有些漆盘、漆杯和漆壶上面也镶嵌很多玉珠或玉片。这些漆器显然也同玉器一样宝贵。当时还已发展了丝绸业，良渚文化的遗址中就发现过丝线、丝带和绸布片等。所有这些手工业的成就大部分是为贵族所垄断的，由此可见当时社会的分化达到了何种程度。

这个时期在建筑业中也有巨大的进步。在一些房屋建筑中已经大量地使用土坯砌墙，用石灰涂抹墙壁和地面。夯筑技术更是得到了广泛的应用，有的房屋有夯土台基，有些坟山也用夯土筑成。由于有了夯筑技术，使得营建大规模的城垣成为可能，而各种类型的城堡确实就在这个时候从地平线上冒出来了。

到目前为止，已经发现的龙山时代的城址大约有三十处，分布于河南、山东、湖北、湖南和内蒙古等省区。如果以后加强考古调查，相信还会发现更多的城址。河南和山东境内现已发现 10 座城址，其中较大的如河南辉县孟庄和山东章丘城子崖的面积都有 20 万平方米左右，较小的如河南淮阳平粮台则仅有 3.5 万平方米。但后者做得比较讲究，已发现有东、南、北三座城门，南门两边设有门卫房，门道的地面以下还设有通向城外的陶质排水管道。有的城周围设壕沟，有的则由人工修成高坡。湖北和湖南境内发现了 6 座城址，有的呈方形，有的近似圆形或椭圆形。浙江省余杭市良渚遗址群的中心区也应是一座城址，周围还有若干祭坛和贵族坟山，组成一个巨大的遗址群。内蒙古的情况有所不同，那里多随山势用大石头砌筑城垣，这种山城往往坐落在险要的地方，多数应是军事城堡，少数较大的山城除用作军事防御外，里面也有数量不等的常住居民。

城的出现应当是战争经常化和激烈化的产物，这是由于生产的发展，加深了贫富分化的程度，人们创造的许多财富为少数贵族所占有。他们贪得无厌，还要觊觎别人的财物，于是发动一次又一次的掠夺性战争。这个时期出现了大量制作精致的石钺和石箭头，是军事活动激烈化的直接反映；各地还发现许多乱葬坑，坑中往往丢弃数具乃至十数具尸骨。有的身首异处，有的作挣扎状，有的骨骼上还带有射入的石箭头，显然也是战争激烈化的直接证明。中国古代把城叫作国，城里人叫作国人。《考工记》说"匠人营国，九经九纬"，是说建筑师修城，城内街道纵横各九条，十分整齐。国有时也包括部分乡村，即所谓野。包括城乡的政治实体有时也叫作邦。传说黄帝时就有万国，尧舜的时候有万邦。大禹的时候也是"天下万国"。万者言其多也，并不一定就准是一万个国家。总之是一种小国林立的局面。以后因为相互征伐兼并，到商汤时只剩了三千余国，周武王灭商时会于盟津的还有八百诸侯。龙山时代据放射性碳素测定刚好早于夏代，众多城址的发现证明那时已处于小国林立的局面，与传说中的五帝时代正好相合。所以我认为龙山时代可称为中国的古国时代，是真正的英雄时代。

把前面的意见归纳一下，就是中国原始农业的发生和发展为文明的起源奠定了初步的物质基础。直到仰韶文化后期，即大约从公元前 3500 年开始，才迈开了走向文明的脚步。进入龙山时代以后则加速了走向文明的步伐，有的地方甚至已经建立了最初的文明社会。到了夏代，中国古代文明的雏形已经具备，到商周时代更是集其大成。从秦汉起又进入到一个新的发展阶段，其特征需要有专门的论述，此处不赘。

三　单中心还是多中心

在关于中国文明起源问题的讨论中，不仅有一个起源的时间和阶段问题，还有一个起源的地方问题；是本地起源的还是外来的？如果是本地起源的，那么是在中原还是在别的地方？或者说是单中心还是多中心起源的呢？几十年以前，中国文化西来说曾经风行一时，那是某些西方学者在资料很不充分的情况下提出的一种假设，没有任何事实根据。自从中国革命取得成功，考古学随之取得巨大的进展，大量资料无可辩驳地证明中国文化是本土起源的，外来说已经基本上销声匿迹了。现在谈论得比较多的倒是首先从中原起源，然后向周围传播扩张；还是同时在许多地方起源，相互影响传播，最后因中原地理位置优越而获得了较快的发展呢？

在 20 世纪五六十年代，中原中心论或中原起源说是颇占优势的。一个最基本的事实是，夏、商、周三个彼此递嬗的朝代都是在中原或是以中原为核心地区的。如果承认夏是中国历史上建立的第一个王朝，或者如当时一些人主张的那样，只有到商代中国才真正进入文明时代，那么中国文明无疑就是在中原首先发生的。何况夏、商、周都有一个独立走向文明的历史，那时在别的地方还没有发现任何文明起源的证据。无怪乎加拿大华裔学者何炳棣在系统论述中原地区在中国乃至东亚文明起源中的地位时，把中原黄土地带比拟为"东方（文明）的摇篮"，并把它作为其专著的名称。

在一个时期，有些学者把文明起源的中原中心论加以延伸，认为中国史前文化也是以中原为中心的，这明显地与实际情况不相符合。针对这种情况，苏秉琦先生在 20 世纪 70 年代初就提出在全国范围内划分考古学文化的区系类型问题。开始是分为十区，后来又归并为六大区，这就是所谓多中心说。

20 世纪 80 年代，与文明起源相联系的考古新发现一个接着一个。先是在甘肃省秦安县大地湾发现了一个巨大的仰韶文化遗址，其中心建筑 901 号房子的面积达 290 平方米，分为前堂、后室和东西两厢。前堂大柱子的直径达 90 厘米，地面和墙壁都抹上一种类似水泥的涂料，其规模和建造技术在中原的仰韶文化遗址中都还没有见过。它应该是一个中心聚落的中心"殿堂"，说明甘肃省的东部早在公元前 3500 年就已迈开了走向文明的脚步。

与此同时，辽宁省朝阳市牛河梁遗址发现了红山文化后期的祭祀建筑群和贵族墓地。正如前节已经指出的那样，它是走向文明的重要信号，在中原地区同时期的文化遗存中也还没有类似的例子。

在浙江省余杭市的良渚遗址群中发现了巨大的夯土台基，推测它可能是一座城。其周围有人工筑成的反山、瑶山和汇观山等祭坛和贵族墓地，墓中随葬的玉器和漆器等，数量之多与品位之高，也是同一时期各文化中所仅见的。有的学者据此推测良渚文化已有某种形式的国家组织，已经进入早期文明社会。

在湖北省天门市石家河发现的屈家岭文化晚期的城址，面积达 100 万平方米，是现知龙山时代 30 多座城址中最大的一座。那里显然也存在一个文明起源的中心，其发展水平大概不会低于良渚文化。

有趣的是上述地点都不在中原，而是分布在中原的四周地区。有的学者甚至认为这时中原是比较落后的，只是到夏以后才逐渐发展起来。我个人觉得中原近年的考古工作做得不够，所以暂时显得文化发展水平还不如四周地区。日后工作跟上去了，肯定还会有所发现的。即使到那个时候，也无法证明中原的文化发展水平就一定比周围地区高，更无法证明周围诸文明的发生一定是受中原文明的激发或竟是中原文明传播的结果。所以中国文明并非仅仅从中原发源，而是有许多的起源中心，这差不多已成为大多数考古学者的共识。

有的学者觉得文明起源固然不是在一个地方，但最后只有中原才形成了夏商周文明，别的地方几乎都没有了下文，这样实质上还只是一个中心。其实，在夏朝建立的时候山东就已经有一个有穷国，其实力之强大足以在一个时期夺取了夏的政权，即所谓"因夏民以代夏政"。近年在山东章丘城子崖遗址发现了一座岳石文化的城址，面积达 20 万平方米，城垣版筑技术十分先进，证明当时东夷的确有自己的文明。到了商代，四川广汉三星堆发现的巨大城址和高度发达的青铜文化，并不比中原商文化逊色多少。江西新干大洋洲的青铜文化，也是一支不同于商文化的、具有很高水平的青铜文化。两地都存在着与商文明颇不相同的文明，只是没有进入正式的历史记载，现在被考古学家恢复起来了。由此可见，多中心起源论才是符合历史实际的。

四　中国文明起源的模式

中国文明既然是在若干地方起源的，各地方走向文明的道路或方式当然就有可能不大相同。苏秉琦先生曾经用裂变、撞击和融合比喻各地文明起源方式的不同，这可以说是对文明起源模式的一种探索。张光直也注意到中国各地的新石器文化有明显的不同，他称之为区域文化；同时这些区域文化又有越来越密切的关系，从而组成为一种相互作用圈，或称之为文化互动圈。大约在公元前第三千年的龙山时代，在这个互动圈的基础上发生了中国文明的起源，这是对文明起源模式的又一种探索。我认为在研究中国文明起源的模式时，有两个因素是应该特别留意的，一个是地理环境，一个是史前文化的历史背景。

中国地理环境的基本特点是自成独立的地理单元，并且有一种天然的多元向心结构。这需要作一点解释。首先，中国的地形像一个大座椅，背对欧亚大陆而面向海洋。它的四周为高山、大川、沙漠、海洋所环绕，从而形成一个独立的地理单元。在交通不发达的情况下，很难同境外发生经常性的文化交流，因而中国史前文化基本上是本地起源和独自发展的，文明的发生和早期发展也基本上是在没有外界重大影响的条件下进行的。但中国又是一个地域辽阔和地形非常复杂的国家。由于各地的自然环境不同，在漫长的史前时期，逐渐发展出富有地方特色的文化，其发展水平也颇不同。例如广大的西北和西南地区因距海甚远，地势又高，雨量稀少，大陆性气候十分显著，在新石器时代难以发展农业，所以遗址稀少，往往多细石器而较少陶器，文化发展也十分缓慢。东北地区因纬度较高，无霜期较短，在新石器时代仅南部一些地区发展了农业，渔猎经济则比较发达。陶器出现虽早，器形却比较简单，主要是筒形罐，文化的发展也是相对滞后的。华南气候炎热，雨量丰富，植物繁茂，照理是非常适于人类生存和发展的。但丰富的食物资源可能正是阻碍农业发展的重要原因，所以华南新石器文化发生虽然很早，却长期没有显著的发展。

相形之下，黄河中下游和长江中下游气候较适宜，又有较宽广的平原和肥沃的冲积土壤，因而分别成为粟作旱地农业和稻作水田农业的起源地和中心区域，新石器文化得到迅速的发展，在全国范围内成为文化最发达的区域，可称之为东方的两河流域。

由于这个两河流域位置比较适中，文化发展水平又比较高，所以在全国范围的新石器文化中起了凝聚的核心作用。不过这个地区范围仍然很大，不同地区的文化仍然有较大的差别。根据文化的特点和发展谱系，大致可以分为六个地区，即中原区、海岱区、燕辽区、甘青区、两湖区和下江区。推测四川也应自成一区，但至今因考古工作做得不够，实际情况还不清楚。每个文化区既是相对独立的，又是相互有联系的。假如把每个文化区比喻为一个花瓣，全中国的新石器文化就很像是一个重瓣花朵。这样的格局对于后来文明的起源及进一步的发展产生了决定性的影响。

中原区在新石器时代乃至铜石并用时代的文化发展水平虽不见得比周围地区高出多少，但因为地理上处于中心的位置，能够博采周围各区的文化成就而加以融合发展，故自夏以后就越来越成为文明发展的中心，华夏文明就是从这里发生，以后又扩展到更大范围的。海岱区史前文化的发展水平并不比中原低，某些方面如制陶、制玉等甚至比中原更先进。从这里产生的东夷文明，长期成为与华夏对峙的力量，直到战国时才完全融合于华夏文明之中。两湖区是稻作农业起源的重要地区，古为三苗所居，后来发展为荆楚文明。下江区从河姆渡文化和马家浜文化开始就一直比较发达，到良渚文化时期达到高峰，那里应是古吴越文明的发祥地。后来同荆楚文明一起，逐渐成为华夏文明的一部分。燕辽区、甘青区和四川的巴蜀区等也有类似的情况。这就是说，由于中国自然地理提供的客观条件，使中国史前文化发展成一种重瓣花朵式的多元一体结构。更由于这种结构本身所具有的凝聚与向心的作用，因而能够在文明产生以后的发展过程中，相邻与相近的文化逐步融合，从而使文化的统一性越来越强，具体表现为花心部分越来越大。即使由于文化发展不平衡规律的作用，使内部结构时有变动，甚至出现某些时期的政治分裂局面，但就文化与社会的层面来说，却仍然是多元一体的态势。它是一种超稳定的结构，是由中华民族特别强固的凝聚力所产生的根源。明白了这个道理，不但有助于我们正确地认识中国的历史，也将成为团结亿万中华儿女建设光辉未来的精神力量。

（原载《中原文物》1996 年第 1 期。后收录在《农业发生与文明起源》，科学出版社，2000 年）

中国文明起源的探索（二）

一　为什么要研究中国文明起源

中国文明的起源是一个古老的题目，很早就有人研究。现在，从政府领导人到下面的群众，从中国人到外国人，都对中国文明的起源这个课题感兴趣。以前外国人感兴趣的一个原因就是近百年来他们欺负了中国以后，还要找一个原因证明他们欺负得对。他们认为东亚文化过于保守、缺乏进取精神；此外，他们还强调东方文化有些是从外国传过来的，出现了中国文化西来说、中国文明起源西来说等论点。后来，中国革命成功了，特别是最近改革开放以来，中国发展得很快，而且在此之前，东方文化圈的四小龙早已发展起来了，所以在国际学术界形成一派所谓的新儒家学派，认为东方思想还是有很多可取的地方，比如说，中国的古代思想里强调人和自然的和谐、天人合一，与西方人定胜天、改造自然的思想不一样，就是说在处理人与环境的关系方面，东方思想有些优越性；另外，东方思想比较强调社会性，强调人对家庭、社会和国家的义务和责任，不像西方那么强调个人奋斗、发展。当然，还可以找出好多理由来证明东方思想并不像以前想象的那么落后，值得好好研究。东方思想是这样，那么东方文明是怎么起源和发展的，自然跟这个就有联系。这样，在考古界以及相关的学科中关于中国文明的起源这个课题就经常受到人们的关注。我想这是第一个原因。第二个原因就是中国最近这些年有相当多的考古发现，为探索中国文明起源提供了很多新的证据，给人们很多新的启发。因此，在考古界自然也就形成了一个探索中国文明起源的热潮。

二　中国文明起源的地理环境和历史背景

就整个世界来讲，在中国的周围，东面是大海，北面从东北算起，从小兴安岭、黑龙江然后再向西去，就是蒙古大戈壁沙漠，再向西就是阿尔泰山，中国西部的几大山脉：天山、昆仑山、冈底斯山、喜马拉雅山，都是从帕米尔高原发源，像五个指头一样。到了西南，喜马拉雅山北有世界屋脊青藏高原，再往东南走，就是云南这一带，又有横断山脉，也是交通极不方便的地方。再往广西这边，也有一些山脉如十万大山等。所以，中国的周围形成了一个天然的屏障，自身构成一个大的自然地理单元。

在这个地理单元的外部，就近没有一个古代文化发展和文明发达的中心，最近的是印度河文明，在现在的巴基斯坦。唐僧取经还要经过九九八十一难，才能到西天取经，要是在原始社会，要通过这条通道，谈何容易！

在中国内部，地形也很复杂，所以在自然地理的划分上，一般是划分为八大区。这八大区里最中心的地区是黄河流域和长江流域。黄河流域是中国旱地农业起源的中心，就是小米：粟和黍；长江流域现在有很多证据证明是一个稻作农业起源中心。它们在自然环境方面一直是中国古代最好的地方，也就自然会成为文化最发达的地方。它的地理位置在中国是处在比较中心的位置，所以中国文明的发展自然是自身发展，不是外来的，因为外面有那么多的自然屏障，与国外的文化中心或文明起源中心相隔很远，无法发生一种经常性的交流关系，所以它只可能是自身发展的。而自身发展起来以后，因为比较靠中心的地方是最发达的，周围的地区不是很发达，因此，它的文化的发展自然会形成一种向心的作用，有一种凝聚的作用。这样的自然环境和人文环境对于文明的起源和往后的发展是起了很大的作用的。

就文化背景而言，中国有很发达的旧石器文化，同样也有很发达的新石器时代文化。新石器时代文化在早期发展的时候，重心就是在黄河流域和长江流域，或者说再加上稍微边远一点的地方，到公元前 5000～前 3000 年的时候已经达到高峰，大体上到公元前 3500 年左右，新石器时代文化在一些地方开始发生分化：第一，是聚落内部的分化，一个墓地里面有大墓有小墓，有贫富的分化和社会地位的分化；第二，是聚落之间的分化，有少数中心遗址出现，但大多数还是一般性的遗址。显然，这个时候社会已开始有较大的变化，所以我们讲中国文明的起源就从这儿讲起，就是说从大约公元前 3500 年开始，中国迈开了向文明社会过渡的脚步。

三　中国文明起源的几个重点地区

这些年来通过考古发现，大体上了解到有这么几个地区，最初开始了迈向文明的脚步。

1. 辽宁、内蒙古边界地区

相当于现在的辽河流域的上游地区。约公元前 5000～前 3000 年，这里是红山文化，它在后期社会开始发生明显的分化。我们现在知道，在这个文化里面有中心遗址，就是辽宁朝阳市的牛河梁。这是个遗址区，方圆有 50 平方千米，中心地区有 10 平方千米，发现有所谓"坛、庙、冢"。坛大体是方形的台子，周围用石头砌成，每边有 200 米，现在有的人又说可能是两个，如果是一个，就是 4 万平方米，如果是两个，一个也有 2 万平方米。它的南面，有一个所谓庙，是一个半地穴的房子。房子里面现在发现有属于 6 个个体的人的塑像，小的就跟真人这么大，大的有真人的 3 倍，但不是完整个体，完整的只有一个人头塑像，《文物》上发表过。这里面的塑像，不论是人还是动物都是以大取胜。但是，这个房子并没有发掘完毕，仅仅是把表面清理了一下，如果完全发掘出来，里面究竟有多少东西，现在还不知道。因为它实在是很重要，所以就盖了个房子，把它保护起来。那个冢是积石冢，上面堆了石头。所谓的积石冢现在发现有将近 20 个地点，每个地点少的就是 1 个冢，多的有 6 个冢，每个冢的中心有一个大墓，然后在上面还有几个或一二十个小墓。冢多数都是方形或者长方形，个别是圆的。方形、长方形的每边有十七八米到二十多米，圆的直径也有十八米。它们用经过加工的石头镶边，然后砌三个台阶，一圈比一圈小，最下这一层的旁边，还有一些陶质的无底无盖的筒，大约五六十厘米高，二三十厘米粗，很多筒上画了花，是彩陶，一个挨一个，一个冢放的有 1000 多个，很壮观。冢做好了以后，上面就堆了很多石头，外表看起来就是一个积石冢。大墓、小墓都砌有石椁，然后埋人。随葬的东西主要是玉器，个别的还发现过铜器，是中国最早的铜器之一。这些玉器形成了红山文化的玉器风格，它是中国新石器时代最主要的几个玉器系统之一。

从规模上来讲，它跟一般的原始社会的小墓葬、小建筑是完全不同的。在红山文化里，到目前为止只发现这一个地方有这么大的规模，所以说，它是一个中心遗址。此外红山文化还有一些次中心，现在大概发现有 10 多处，次中心里发现的只有冢，其结构与上面讲的结构相似，但是稍小一点，一般一个地点就发现一个冢。红山文化还有更多的普通的遗址，那就是一般的聚落。这样，假如我们将红山文化的整个分布地区看成一个复杂的社会群体的话，它就有中心聚落、次中心聚落、一般性聚落，显然是一个有组织的社会，跟一般意义上的氏族部落有所不同。

2. 甘肃

甘肃秦安大地湾遗址从相当于老官台文化（公元前6000年左右）开始，一直延续到仰韶文化早、中、晚期，遗址面积开始很小，后来逐渐扩大，到了仰韶文化晚期，面积就扩大到将近100万平方米。而且从早到晚，越来越往山上跑。据甘肃省文物考古研究所的调查，目前已发现将近1000座房子，当然这种统计不会很准确，如果发掘出来以后，可能还要超过这个数字，但是同一时期的不会有这么多。总之，它是一个很大的聚落。

目前发掘的一个最大的房子是F901，共分四间，前面可以叫堂，后面可以叫室，左右两个厢房，面积290平方米。前堂进去以后有个火塘，直径有2.5米，火塘两旁是两个大柱子，直径约90厘米。四周墙壁立有一些柱子，半在墙壁里面，半露在外，柱子外面先用泥裹了一下，再抹一些石灰质的东西，其中一个柱子还可以测量出大约有3.3米高。地面像水泥面一样，硬度和现在的100#水泥一样。周围的墙壁都是用一种灰白色的东西抹的，房屋的前面还有一个广场和两排柱子洞，两排柱子洞后面还有一排石板。如果把这整个加起来，就有420平方米的面积。这样大的建筑并不是每个遗址都会有的，到目前为止我们还只发现了一个这样的地方，所以它肯定是一个中心聚落的原始殿堂。前不久听说在甘肃庆阳地区西峰市南佐疙瘩渠又发现一个同一时期稍晚一点的房子，比这还大，也属于仰韶文化。总之，在仰韶文化晚期这里也应该有中心聚落。

3. 湖北

20世纪50年代发现了天门石家河遗址，但以前没有对它做全面的调查，80年代中期开始北京大学考古系和湖北省文物考古研究所、荆州博物馆合作，在那里做了几年的工作，发现了一个非常大的城址，在地面上还保留有城墙和城壕。城大体呈长方形，南北有1200米左右，东西有1000米，总面积超过100万平方米，现在的城基宽度约有50米，高有5~6米，城壕将近70米宽。我们在城的中心部位曾挖了几个点，基本上都是一些小房子，但在最后一次工作将要结束时，挖到了一个房子的一角，它的墙基有1米宽，应该是一个非常大型的房子。这一带是个居住区，地下基本上全都是房子，总面积大约有一二十万平方米。

在城的西北角，发现有一片墓地，多半是小型墓，但是旁边发现一些宗教遗迹。这些遗迹一个就是有一些像缸一样的陶器，上面多半饰篮纹，上半部分往往有一个刻划符号，有人说是字，挺大的，跟大汶口的差不多。当然刻划符号有好多种，其中有几种值得注意：一种像一个斧子，也就是钺；一种是镰刀；还有一种杯子，样子就像遗址中发现的红陶杯，唯一不同的是里面插了一根棍，这种红陶杯在遗址西南部发现得非常多。这期文化相当于石家河文化阶段，这个阶段的陶器一般都是灰陶、黑陶，基本上没有什么红陶，但这种杯子是红陶，而且是粗红陶，做得非常草率，容量也很小，不太可能是实用品。在西南角发现有多少杯子呢？我们观察一些剖面，又在中间打了几处探铲，了解了中间堆积的厚度，这样匡算了一下，估计有 10 万个。怎么会形成这么一个红陶杯的堆积呢？如果是专业化生产，那里也没有看到陶窑。生产了这么多，大概就是执行宗教仪式时的一次性的祭器，用完就扔，可能还是一种大规模的宗教仪式。

这样，陶缸上画的东西一个是宗教用的，一个是兵器。"国之大事，在祀与戎"，它都有了，当然，中国自古就是以农立国，农业生产是很重要的，所以它也还有镰刀，这最重要的三样东西，都反映在它上面。这种形状的缸很多，但它不是当作实用的缸摆的，而是一个套一个，当刚发现的时候我们以为是地下水道，摆起来就是地下水管那样，有的是一个直线，有的是一个弯曲，可能最后围成一个圆形，但结果发现它们都有底，不可能是地下水道。在这个遗迹旁，发现了几个坑，其中发现有 200 个左右的陶塑的人（就算是俑），人很小，都戴有软皮帽，穿长袍，腰很细，跪着抱一条鱼，总是左手托着鱼尾，右手压着鱼头。200 多个陶人，为什么服装、样子都那么统一？这大概也是表示某种祭祀或宗教仪式。因为这个坑就在那类缸的旁边，所以把它往宗教方面去理解可能还是合适的。与这些陶人一起发现的有很多陶塑动物，包括家畜、家禽，有猪、羊、狗、鸡；还有一些野兽，如象、猴；另有一些野鸟，如有些长尾的鸟，估计是孔雀；另外还有龟、鱼等，成个的估计有四五千个，还有些碎的，所以原来的数目大概有上万个。这么大规模的东西，集中在这几个坑里，应该是和宗教活动相联系的，这些陶动物应该都是宗教活动的道具或者牺牲。

所以，这个城的西北角应该是一个宗教活动中心，中间是一个大的居住区，西南角就该是另外一种宗教活动中心，它们是有分工的。在这个城的周围，还有40 多个普通的聚落遗址，因而它显然不同于一般的新石器时代遗址，而是一个政治、宗教和文化的中心。

4. 浙江

主要是在良渚，它是一个遗址群，面积约 38 平方千米，有 50 多处遗址。1986 年发现了反山、瑶山两个地点。反山是人工堆的一个土山，发掘了 1/3，发现 12 座墓葬，出土了大批的玉器，其中的 12 号墓，一个墓就出了 500 多件玉器，还有一些漆器，当时还看得出来，但是取不出来，已经朽烂了。玉器方面最大的一件就是玉琮，现在把它叫作琮王，有 13 斤重，上面刻了 8 个人像。那个人像的胸脯上有一个兽面纹或者叫人神兽面纹。这个人戴一个很大的帽子，身上刻纹很细致，连牙齿和指甲都刻出来了，但是整个人体的大小只有 2 厘米多高，这就反映出良渚文化的制玉工艺达到了非常高的水平，在当时的中国可以说没有第二家。

1991 年，因为修路，又在良渚挖出很多像红砖一样的东西，实际上就是土坯，被烧毁后外面成了红色，里边还是黑黑的，数量非常大。但土坯原来应该是一个建筑，垮了以后把土坯运到一个大的方台子上，然后把它一层一层地夯起来，像这样的红烧土在台子四周都有。这个台子有 450 米宽、670 米长，面积达 30 万平方米，非常规整，自然的力量不可能形成这样。1992 年，浙江省文物考古研究所在台上的长命印刷厂院子里还发掘了一个大的夯土层，挖了 4000 平方米，还没有找到边，夯土夯得很好，一个窝一个窝排得很紧。因为那种泥土很软，大概因为怕黏，所以夯的时候垫一层沙子再垫一层土，这应该是一个非常大型的建筑才会做这样的基础，所以可以设想在这个大土台上会有大型的宫殿建筑。也只有这样，良渚反山墓地才好得到说明。所以我这次来看凌家滩，除了看那个墓地，还得看那个遗址怎么样。凌家滩的遗址相当壮观，与墓地相称，所以凌家滩的保护，千万不要光看那么几个墓葬。良渚遗址除了这个以外，还有四五十个点，其中有 17 个点都出过玉器。这样一种规模当然也越出我们一般概念上的那种原始社会的氏族部落的状况。作为整个良渚文化来讲，它也是有中心聚落、次中心聚落和一般聚落，良渚就是中心聚落，次中心聚落也还有十几处。

这样一看，中原周围在这一时期的文化都相当发达，所以有些先生就指出来，中原中心说是不对的，那时中原落后了，中原是以后才起来的。其实，中原是有些工作没跟上去，后来发现的山西襄汾陶寺遗址，时代稍偏晚一点，跟石家河差不多，面积有 300 万平方米，发掘出有石灰窑、石灰窖，有用石灰抹在墙壁上的残块，墙壁上还画着彩画，就是说，当时一种比较像样的建筑上面是有壁画的，也就是有高级的建筑。此外，它有一个很大的墓地，现在已经挖了 1000 多座墓，根据其密度和范围，估计原来应该有 1 万多个墓葬，这是我们所知道的在这一时期最大的一处墓地。墓地表现为一个金字塔式的结构，89% 左右的是小墓，既没有棺椁、葬具，也没有随葬品；10% 左右是中等墓，一般有几件或十几件器物，个别的有棺；另有不到 1% 的大墓，一般有 100 多件器物，有棺椁。随葬品里还有一些非常特殊的器物，如大石磬、鳄鱼皮鼓、龙纹彩陶盆。所以从墓地里面看，社会就是一个金字塔式的社会，一个数量很小的贵族集团，统治了一大批的平民。

总之，我们是把这些看成到了初级的文明社会，还是说正好要向文明社会迈步呢？这是个见仁见智的问题，但这些事不是发生在一个地点，而是发生在中国相当大的一个地域内。这样，我们说中国文明的起源不是一元的，而是多元的。

我想，如果拿上述这些东西来衡量凌家滩，凌家滩也应当是其中之一。但是凌家滩的文化背景不如上述几个地方深厚，凌家滩是个什么样的文化，分布在多大的地域，有什么样的发展过程，现在都还不是很清楚，有待安徽考古学者来做这个工作。我想凌家滩的意义应该摆在这个角度来看待，也就看明白了，光是看这些玉器，你是看不明白的。

四　夏商周文明的形成及其对后来中国历史发展的影响

中国在商代之前有一个夏，这在中国历史上实在是非常清楚的，但是外国学者不太承认。从我们考古学的眼光来看，商代最早是确定了安阳的殷墟，那是商代晚期的一个都城，除了都城以外，还有王陵等一系列的发现。到 20 世纪 50 年代发现了郑州商城，当时就提出来有可能是"仲丁迁隞"的隞都，但是后来有些先生提出来恐怕还得提早，应当是成汤的亳都。在 50 年代末和 60 年代以后发现和逐步发掘了河南偃师二里头遗址，这个遗址开始说是 300 万平方米，后来说是 600 万平方米，现在又说是 900 万平方米，这中间有一个了解的过程。在这里发现有四期文化，第二期的时候就发现有夯土基址，但是比较大的夯土基址在第三期，原来发现有一号和二号宫殿基址，其中一号大概是个宫殿，二号可能是个宗庙，都是很巨大的建筑，到了四期有些衰微。遗址上还有一个非常大的铜器作坊。目前我们知道的铜器都是从一些中小墓里发现的，有鼎、斝、爵，还有一些铜牌、戈，很多人以为二里头文化的铜器水平就这样，实际上看一下铜器作坊，就会发现里面还有好多陶范，陶范里面还有花纹，我刚才讲的那些墓葬里面出的铜器没有花纹，都是小玩意，而那个陶范里面有的器物直径可达 30 多厘米，是很大的铜器。二里头文化到目前为止，没有发现大墓，如果发现了大墓，当然会有比较大的铜器。就目前来看，这么大规模的遗址，比我刚才讲的那几个新石器时代晚期到铜石并用时代的中心聚落显然是迈进了一大步。

二里头根据碳-14 测的年代大体上落在夏纪年范围内（我说的夏纪年是以古本《竹书纪年》为准的），历史记载这个地方也应该是夏的活动中心地区，所以有些学者就提出来，说二里头文化就是夏文化，但是有些学者不同意，认为应该是"成汤都亳"的亳都，郑州那个是隞都。后来在偃师二里头遗址旁边的尸乡沟发现一个商城，与郑州商城年代一样，但规模小一点，所以原来坚持二里头是亳都的一些先生认为尸乡沟这个是亳都。但如果尸乡沟的商城是亳都的话，郑州那个比它还大，这怎么放？最近夏商周断代工程启动以后，做了一些工作，在偃师商城发现它的南面还有一个小城，这个小城是最早的城，那个大城是后来扩建的，小城里面的宫殿也有几次的扩建，所以现在就把这个城的最早建的小城里头最早的宫殿认为应该是商灭夏以后在夏都附近建的一个城。这样，夏商的分界在考古上就明确下来了。明确了这个等于也就明确了二里头是夏都了。当然夏都还不止一个，商代的都城也不止一个，现在在郑州西北又发现了一个都城级的遗址，一般人认为那才是隞都；在安阳殷墟的北面也发现一个都城级的遗址，有可能是："河亶甲居相"的相；在邢台发现了西周邢国的遗址，商代祖乙也曾都邢，那里有很发达的商代遗址，所以也可能有一个商代的都城，只是现在还没有做出来。我想把这些都做出来以后，商代的都城大概也就可以敲定，商代如果一敲定，起码夏商的交界就可以敲定，夏商交界敲定了，夏代的历史就好追溯了。所以不管怎么样现在夏商考古还是有相当的进展。

夏的活动范围不是很大，大体上就是现在河南的中西部和山西南部的一部分。夏代的东方，在山东，那是夷人活动的地方，夷人同夏打过很多仗，山东近年就发现了岳石文化，发现有青铜器，也有城址；东北有夏家店下层文化，等等。商代的版图当然是比夏大多了，商代建起了很多方国，当时商以外也还有很发达的青铜文化，如四川的三星堆、江西的大洋洲，湖南也有。周灭商以后，统一了很大一块地方，为了控制这些地方，就采取分封的制度，这种分封对于后来中国文化统一还是起了很大的作用的。它当时是一种松散的、不很紧密的联合或者是统一。直到秦始皇时，才采取了一种高度集权的统一方式。

我们讲中国的古代文化，夏商周是一个很重要的阶段，它有很多的特点对后来中国的文化有非常深远的影响。这个时候形成了一个基本格局，就是一个以中原地区为中心的有个核心、又有很多的不同特点的地方文化这么一个联合体，多元一体的格局这个时候应该说形成了。这个格局给后来中国文化的影响应该是正面的影响，因为我们中国的文化本来起源就是多元的，那么要高度的统一，无视这种地方的特色、民族的特色，对文化就不是形成促进，而会阻碍甚至破坏；如果只是看重地方特色，无视统一，那就是分裂，所以我们国家的历史，后面的2000多年就是合久必分，分久必合，而统一性越来越强。认识这个特点，对于怎样治理我们的国家还是很重要的。

五　中国文明在世界上的地位

中国文明在世界上的地位，我想几句话就可以讲清楚。世界早期真正独立的或原生的文明只有三个，一个是两河流域的文明，尼罗河古埃及文明和古印度文明都是伴生文明，一个是中国文明，最后一个是美洲的玛雅文明，但是美洲的年代晚，影响很小，后来又很早地被西方殖民者给消灭了，现在只有靠考古把它稍微恢复一点，所以世界上就剩下了两个独立发展的文明，就是东方和西方，东方的代表就是中国。过去很多外国人也承认这个，但认为东方文明落后，现在从我们最近的中国考古的发展来看，比如说农业的起源，中国比西亚一点也不晚，甚至还要早一点；陶器起源要比其他文明早得多；文明的起源从我刚才说的那些地点看，也晚不了多少，可能稍微晚一点。更重要的是我们是一个非常具有特点的文明的体系，是一个唯一没有中断而连续发展下来的文明体系。而这个文明的体系后来对东亚，比如说对朝鲜、日本、东南亚都有非常巨大的影响，这种影响从古到今，一直到现在。只有站在这样的高度，才能认识清楚中国文明的地位。

[原载《文物研究》（第十二辑），黄山书社，2000 年]

东亚文明的黎明[*]

——中国文明起源的探索

一　为什么要研究中国文明的起源

东亚文明是从中国首先发生的，研究中国文明的起源问题，实际上就是研究东亚文明的黎明，所以本文的题目也具有双关的意义。这样的课题不是现在才提出来的，过去有很多人研究，发表过很多著作，最近几年又掀起了一个小小的高潮。为什么这样一个乍看起来似乎距离现实生活非常遥远的问题，现在却成了许多人关心的热门话题呢？按照我个人肤浅的理解，可能有学科发展和社会心理两个方面的原因。因为近年来各种科学研究都有很大的进步，特别是考古学取得了巨大的进展，使我们有可能得到一些关于中国文明起源的比过去远为清晰的崭新的认识；不仅如此，大凡关心当代社会发展的人，莫不深感西方文化在给人类带来巨大的物质财富的同时，也引发了不少社会问题。相形之下，东亚一些国家和地区的现代化虽然起步较晚，却获得了飞速的经济发展和比较健康的社会进步。其中固然有多方面的原因，而文化传统和价值观念的不同当为首要的原因。东亚各国几乎都十分重视传统文化，同时有选择地吸收西方文化中一些有用的东西，创造性地解决自己国家和民族的现代化问题。而这些国家和地区的所谓传统文化，实际上就是以中国儒家思想为主体的文化。它不但能够比较正确地处理人与人之间的关系，还能正确处理人与自然的关系。它过去创造了中国古代文明的辉煌，今天经过适当的调整，在中国和东方各国的发展中仍然发挥着巨大的积极作用。这样一个伟大的文明所创造的文化遗产，乃是世界人民共同的财富，当然应该花大力气进行研究。而追溯这样一个伟大文明的起源，当然也是一件极有意义的事情。人们常说历史的作用就是鉴古知今，我也是抱着这一目的来进行研究的。但

---

[*]　本文为 1998 年 1 月 20 日在日本东京联合国教科文组织驻日本总部和日本东洋文库所作的学术报告。

是要鉴古就得把古代的事情弄清楚，这是需要许多人花大力气去做的，我个人的水平有限，自然不可能把这样一个大课题的方方面面都讲得很清楚，不妥的地方还请大家不吝赐教。

二　中国文明起源的自然环境与人文环境

中国位于东亚大陆，地势西高东低，四周有高山和大海作为屏障，成为一个独立的地理单元。在这个巨大的地理单元中又可划分为三个自然地理区域，即青藏高寒区、西北干旱区和东方季风区。前两区的自然环境较差，人口稀少，文化发展相对滞后。后者又可分为东北、华北、华中和华南四个地区，其中东北地区纬度较高，气候寒冷，不可能成为农业起源的地区，文化发展也受到一定的阻碍；华南地区气候炎热多雨，食物资源非常丰富，在史前时期没有发展农业的迫切需要，从而也影响到史前文化的发展。只有华北和华中的自然地理条件最好。华北地处黄河流域中下游，属于暖温带季风气候，年降水量大约在 400~500 毫米，为半干旱和半湿润地区。华中基本上属于长江流域，为亚热带季风气候，年降水量约 1000~1500 毫米，而且水热同步，四季分明，是地球上同纬度地区气候条件最好的地方。这两个地区都有漫长的冬季，食物比较缺乏，需要寻找能够长期储藏的食物资源以弥补冬季的不足。能够满足这个条件的只有某些可供栽培的野生谷物，华北有狗尾草和野生黍，可以培植为粟和黍；华中有普通野生稻，可以培植为栽培稻。因而这两个地区便成为旱地粟作农业和水田稻作农业起源的大温床，并且为往后文明的起源打下了坚实的物质基础。

在中国文明起源的时期，世界上只有两河流域、印度河流域和尼罗河流域经历着相似的过程，或者已经初步进入文明时期。但中国的黄河流域和长江流域距离这些地方都十分遥远，中间还隔着许多高山峻岭，不可能有任何实际的交往，当然就无法接受那些地方的影响。由此可见中国文明只可能是独立起源的。在中国内部，由于各地的自然条件不同，史前文化的发展也很不平衡。至少从旧石器时代晚期起，黄河流域和长江流域的文化就已经处于领先的位置。到新石器时代，这里又逐步形成两大农业体系，遗址众多，人口稠密，加上位置比较适中，中国的史前文化事实上是围绕着这个大两河流域而发展的。

注意到以上两点，探索中国文明的起源，自然首先看好黄河流域和长江流域这个东方的大两河流域。

三　中国文明起源和早期发展的几个阶段

文明不是一个早上就能够诞生出来，而是从原始的野蛮状态一步一步地发展起来的，东亚和中国的情况自然也不例外。

1. 准备时期

从考古学上的新石器时代发明农业开始，事实上就进入了走向文明的准备时期。中国新石器时代早期的年代（约公元前 10000~前 7000 年）大约相当于西亚的前陶新石器时期，但中国各遗址中都已有了少量的陶器，并且已经有农业的萌芽。中期（约公元前 7000~前 5000 年）是原始农业得到较大发展的时期，并已初步形成了南北两个农业体系。北方的黄河流域已经普遍种植粟、黍等旱地农作物，河北省武安县磁山遗址曾发现成百的粮食窖穴，其中有大量粟的朽灰。南方的长江流域多种水稻，近年在湖北省的城背溪文化和湖南省的彭头山文化中，都发现了稻谷遗迹。年代相当于中晚期之交的浙江省余姚县河姆渡遗址，更是发现了大量稻谷遗存和相关的农具。

晚期（约公元前 5000~前 3500 年）是中国新石器时代文化大发展的时期，中原地区的仰韶文化，山东地区的大汶口文化，辽宁西部和内蒙古东部的红山文化，长江中游的大溪文化和下游的马家浜文化等，都是属于这一时期的。这时农业聚落遗址分布的密度明显增加，规模也有所扩大，其中的房屋往往按照凝聚式和向心式结构排列，体现集体的精神和平等的原则。这个时期还流行多人二次合葬墓，即在人死后先对尸体进行暂时处理，等肉体腐烂后再把骨骼收拾起来，同亲近的人一起埋葬。每座墓合葬从数人到数十人不等。各墓的随葬品差别很小，而且也不强调个人所有，这显然也体现着集体精神和平等的原则。

2. 走向文明

明确走上通向文明的轨道大约是和铜石并用时代一起开始的。在铜石并用时代早期（约公元前 3500~前 2600 年），农业和手工业都有较大的发展，个人劳动所得到的产品已经有可能超过自身最低水平消费的需要，社会上第一次出现了所谓"剩余"产品。一些人借助某种权力攫取他人的"剩余"产品，于是就有了富人和穷人的差别。我们看到这个时期的遗址已经发生了明显的变化。在聚落遗址内部，个别房子造得特别讲究，规模往往也比较大，而大多数房子仍是简易的窝棚。在聚落遗址之间，多数的规模并无显著变化，少数聚落却发展得特别大，出土遗迹遗物的规格也比较高，说明它们已发展成为当时的中心聚落。墓葬的情况也发生了相应的变化。例如在黄河下游大汶口文化的许多墓地中，大汶口墓地是最大的，西夏侯、大朱村等是次一级的，其余多数是小型的。在较大的墓地中，少数大墓设置木棺，有的在棺外还建一木椁，随葬品可多达 100 多件，质地也特别精良。而绝大多数小墓则无棺无椁，随葬品十分简陋，有的甚至一无所有。贫富分化和社会地位的分化在这里看得非常清楚。

在辽宁省西部的朝阳牛河梁发现了一处红山文化后期的祭祀中心和贵族墓群。其中包括"女神庙"、方形祭坛和积石冢等一大群建筑。所谓女神庙是一个半地穴式的房屋，现在仅清理表面的一部分堆积，就发现至少有属于五六个人体塑像和个别禽、兽塑像的残块。人体塑像有的和真人一样大，有的还要大两三倍。体表圆润光洁，突出乳房和臀部，像是女性，故谓之女神庙。人体大小之所以造得明显有别，当是表明其身份有高低差别。

贵族墓地分布在祭祀遗迹的附近，有将近 20 处，每处有一两个或五六个积石冢。每个积石冢中心有一座大墓，有砌得很讲究的石椁，主要随葬玉器等贵重物品。墓的四周用石头砌成两、三层方形边框，里面的边框稍高，形成很低的台阶，上面堆积着许多石块。外框每边约 20 米，外面竖置一周彩陶筒形器，很像三千多年以后的日本古坟上的埴轮。有的在台阶上面再埋若干小墓，也有石椁，有的也随葬玉器，死者当是墓主人的随从或近侍。在红山文化中，像牛河梁这样大规模的祭祀中心和贵族墓地还只有这么一处，其他地方也有个别的大型积石冢，说明这时的社会已经普遍分化，已经明显地分裂为贵族和平民两个阶层，而贵族自身也有等级差别，只有上层贵族死后才能归葬于牛河梁这块红山文化的圣地。这样的社会已经同过去那种人人平等、共同劳动、共同消费的原始共产主义社会有所不同了，这是走向文明社会所迈出的非常重要的一步。

3. 初级文明

铜石并用时代晚期（约公元前 2600~前 2000 年）的几百年是走向文明的决定性时期，这时生产技术又有较大的发展，除石器制作更加精良外，还能制造种类较多的小件铜器，如刀、削、锥、凿、斧、铃和指环等，河南登封王城岗发现过铜容器的残片，青海的齐家文化遗址中还发现了小型的铜镜。这些铜器的质地不尽相同，有些是红铜做的，也有少数是青铜或黄铜做的，后二者可能与矿石成分较杂有关。由于铜器在当时生活中已占有一定地位，过去把这个阶段的文化遗存统统划归新石器时代晚期的做法就不尽合适了，有必要单独划分出来而称之为铜石并用时代，并且依据出土铜器的多少和制作工艺的水平而划分为早晚两期。由于晚期的考古学文化主要是龙山文化及其同时代的诸文化，所以在考古学上又称为龙山时代。

龙山时代的农业较过去又有较大的发展，某些地方（例如长江下游的良渚文化）已经出现石犁等一整套水田农具，农产品的增加有力地支持了手工业的分离和许多大型土建工程的实施。手工业的成就更为突出，一是铜器的制造已于前述，二是制陶业中普遍使用快轮，三是玉器制造向着大规模和高精方向发展，四是作为工艺品的漆器出现，五是丝绸的发展。这些物品绝大多数出于贵族的墓葬中，说明这些高档手工业的成就大部分是为贵族所垄断的。

这个时期在建筑业中也有巨大的进步。在一些房屋建筑中已经大量地使用土坯砌墙，用石灰涂抹墙壁和地面。夯筑技术更是得到了广泛的应用，有的房屋有夯土台基，有些坟山也用夯土筑成。由于有了夯筑技术，使得营建大规模的城垣成为可能，各种类型的土筑城墙在这个时候出现就不是偶然的了。

至今发现的龙山时代的城址有 40 多处，分布于河南、山东、湖北、湖南、四川和内蒙古等省区。河南和山东境内现已发现 10 余座城址，其中较大的如河南辉县孟庄和山东章丘城子崖的面积都有 20 万平方米左右，较小的如河南淮阳平粮台则仅有 3.5 万平方米。但后者做得比较讲究，已发现有南、北两座城门，南门两边设有门卫房，门道的地面以下还设有通向城外的陶质排水管道。在其他城址中有的周围设壕沟，有的则由人工修成高坡。湖北和湖南境内发现了 8 座城址，有的呈方形，有的近似圆形或椭圆形，其中湖北天门石家河城址的面积达 120 万平方米，是目前所知龙山时代规模最大的一座城址。浙江省余杭市良渚遗址群的中心区也应是一座城址，周围还有若干祭坛和贵族坟山，组成一个巨大的遗址群。内蒙古的情况有所不同，那里多随山势用大石头砌筑城垣，这种山城往往坐落在险要的地方，多数应是军事城堡，少数较大的山城除用作军事防御外，里面也有数量不等的常住居民，只是社会分化的程度没有像黄河流域和长江流域看得那样清楚。

城防的出现应当是战争经常化和激烈化的产物，又是统治者权力的集中表现。这是由于生产的发展，加深了贫富分化的程度，人们创造的许多财富为少数贵族所占有。他们贪得无厌，还要觊觎别人的财物，于是发动一次又一次的掠夺性战争，自己也不免受到战争的痛苦。为了能够进攻敌人而又不至于被敌人消灭，于是不惜花费巨大的人力物力去修筑城防设施。这个时期出现了大量制作精致的石钺和石箭头，是军事活动激烈化的直接反映；各地还发现许多乱葬坑，坑中往往丢弃数具乃至十数具尸骨。有的身首异处，有的作挣扎状，有的骨骼上还带有射入的石箭头，显然也是战争激烈化的直接证明。有的地方发现有用人的头盖骨做碗饮酒和剥人头皮的风俗，显然也是战争经常化在意识形态上的反映。战争加速了权力的集中，修筑城防等大型工事同样加速了权力的集中，贵族阶级的地位越来越巩固，他们的首领成了事实上的国王，最初的国家就这样诞生了。中国古代把城叫作国，城里人叫作国人。国有时也包括部分乡村，即所谓野。包括城乡的政治实体有时也叫作邦。传说在夏代以前有一个五帝时代，为首的一位就是号称人文始祖的黄帝。传说黄帝时期用玉做兵器、采铜铸鼎、养蚕缫丝、造磬作律、制图作书等等，这些发明大部分可从龙山时代的考古资料中得到印证。传说黄帝时就有万国，尧舜的时候有万邦，大禹的时候也是"天下万国"。万字的意思是说很多，并不一定就准是一万个国家。总之那个时候是占地为王，小国林立。以后因为相互征伐兼并，到商汤时只剩了三千余国，周武王灭商时会于盟津的还有八百诸侯。龙山时代据放射性碳同位素测定刚好早于夏代，众多城址的发现证明那时已经是小国林立，与传说中的五帝时代大致相合。所以我认为龙山时代已进入初级文明时期，那是中国的英雄时代，或可称为古国时代。

4. 成熟文明

中国的青铜时代大概是从公元前2000年开始的，这个时代早期有代表性的考古学文化主要是分布于河南、山西南部和陕西东部的二里头文化。此外在山东和江苏北部有岳石文化，辽宁西部、内蒙古东南部和河北北部有夏家店下层文化，内蒙古中南部有朱开沟文化，长江下游有马桥文化等。这时已经比较普遍地出现小型的青铜器，个别中心遗址则已经有了中小型青铜器。河南偃师二里头规模极大，面积达900万平方米，有宫殿和宗庙基址，有大型铸铜作坊，显然是一座都城遗址。人们推测它是夏代的都城斟鄩，而二里头文化也就是夏文化。夏代既然建立了王朝，当然属于文明时代，所以中国大多数考古学家和历史学家都认为中国古代文明是从夏代开始的。这个意见固然不错，但文明的发生有一个过程已于前述，文明本身也有不同的发展阶段。例如商周的文明就比夏文明发达得多，秦汉文明又不同于商周文明。这是文明发展的阶段问题，不是文明的起源问题。

四　中国文明起源的模式

所谓中国文明起源的模式，主要是单中心或多中心，还是多元一体，即一方面是多中心，一方面又有某种程度的联系和统一性的问题。

在20世纪五六十年代，中原中心论或中原起源说是颇占优势的。一个最基本的事实是，夏、商、周三个彼此递嬗的朝代都是在中原或是以中原为核心地区的。

如果承认夏是中国历史上建立的第一个王朝，或者如当时一些人主张的那样，只有到商代中国才真正进入文明时代，那么中国文明无疑就是在中原首先发生的。何况夏、商、周都有一个独立走向文明的历史，那时在别的地方还没有发现任何文明起源的证据。无怪乎加拿大华裔学者何炳棣在系统论述中原地区在中国乃至东亚文明起源中的地位时，把中原黄土地带比拟为"东方（文明）的摇篮"（The Cradle of the East），并把它作为其专著的名称。有些学者甚至把文明起源的中原中心论加以延伸，认为中国史前文化也是以中原为中心的，这明显地与实际情况不相符合。针对这种情况，苏秉琦先生在 70 年代初就提出在全国范围内划分考古学文化的区系类型问题。开始是分为十区，后来又归并为六大区，这就是所谓多中心说。

到 20 世纪 80 年代，与文明起源相联系的考古新发现一个接着一个。先是在甘肃省秦安县大地湾发现了一个巨大的仰韶文化遗址，其中心建筑 901 号房子的面积达 290 平方米，分前堂、后室和东西两厢。前堂大柱子的直径达 90 厘米，地面和墙壁都抹上一种类似水泥的涂料，其规模和建造技术在中原的仰韶文化遗址中都还没有见过。与此同时，辽宁省朝阳牛河梁遗址发现了红山文化后期的祭祀建筑群和贵族墓地。正如前节所已经指出的那样，它是走向文明的重要信号，在中原地区同时期的文化遗存中也还没有类似的例子。

在长江流域也有重大的突破，例如浙江省余杭市的良渚遗址群中发现了巨大的夯土台基，推测它可能是一座城。其周围有人工筑成的反山、瑶山和汇观山等祭坛和贵族墓地，墓中随葬的玉器和漆器等，数量之多与品位之高，也是同一时期各文化中所仅见的。在湖北省天门市石家河发现的屈家岭文化晚期的城址，面积达 120 万平方米，是现知龙山时代城址中最大的一座。那里显然也存在一个文明起源的中心。最近在四川新津县也发现了一座面积达 60 万平方米的龙马古城，建筑技术与石家河古城十分相似。在附近的郫县三堰塘古城中更发现了长 50、进深 11 米的宫殿式建筑。

人们注意到上述地点都不在中原，而是分布在中原的四周地区。有的学者甚至认为这时中原是比较落后的，只是到夏以后才逐渐发展起来。其实中原也有像山西襄汾陶寺那样特大型的遗址（面积约 300 万平方米），只是至今还没有发现城址。不过总体说来，中原近年的考古工作做得不够，日后工作跟上去了，肯定还会有新的发现。即使到那个时候，也难说中原的文化发展水平就一定比周围地区高，更无法证明周围诸文明的发生一定是受中原文明的影响、传播的结果。其所以出现这种情况，就是因为黄河流域和长江流域范围很大，各地情况不尽相同，在新石器时代的几千年中就已经逐步形成了中原、海岱、燕辽、雁北、甘青、江浙、两湖和巴蜀等文化区。各区之间相互联系和相互影响，虽然有不平衡的情况，发展阶段还大体上是同步的。在走向文明的过程中，这种区域性的差别并未消失，只是统一性有所加强而已，其关系可以概括为多元一体。许多学者赞成中国文明起源多元论，并不是认为各地文明孤立起源，而是在相互联系和促进的基础上各自起步又各有特色，确切地说是多元一体论。

有的学者觉得文明起源固然不是在一个地方，但最后只有中原才形成了夏商周文明，别的地方几乎都没有了下文，这样实质上还只是一个中心。其实，在夏朝建立的时候山东就已经有一个有穷国，其实力之强大足以在一个时期夺取了夏的政权，即所谓后羿代夏，"因夏民以代夏政"。近年在山东章丘城子崖遗址发现了一座岳石文化的城址，面积达 20 万平方米，城垣版筑技术十分先进，证明当时东夷的确有自己的文明。到了商代，四川广汉三星堆发现的巨大城址和高度发达的青铜文化，并不比中原商文化逊色多少。江西新干大洋洲的青铜文化，也是一支不同于商文化的、具有很高水平的青铜文化。可见多中心起源论才是符合历史实际的。

中国文明既然是在若干地方起源的，各地方走向文明的道路或方式当然就有可能不大相同。苏秉琦先生曾经用裂变、撞击和融合比喻各地文明起源方式的不同[1]，这可以说是对文明起源模式的一种探索。张光直也注意到中国各地的新石器文化有明显的不同，他称之为区域文化；同时这些区域文化又有越来越密切的关系，从而组成为一种相互作用圈，或称之为文化互动圈。大约在公元前第三千年的龙山时代，在这个互动圈的基础上发生了中国文明的起源[2]，这是对文明起源模式的又一种探索。我过去根据中国自然地理环境和史前文化发展的特点，认为从新石器时代起就已经逐步形成一种重瓣花朵式的格局。中原区好比是花心，黄河、长江流域的其他各区好比是内圈的花瓣，围绕这个圈子以外的各文化区则是外圈的花瓣[3]。不过花心与内圈各个花瓣的区别在早先并不明显，倒是很像一个多头的大花心。只是因为中原区在地理上处于中心的位置，能够博采周围各区的文化成就而加以融合发展，故自夏以后的一个时期就逐渐成为文明发展水平最高和影响最大的地区，同时其他地区也还存在着别的文明。不过这些文明之间一直存在着紧密的联系和内聚的倾向，是一种多元一体的向心结构。秦始皇固然

〔1〕 苏秉琦：《中国文明起源新探》，香港商务印书馆，1997 年，99~106 页。

〔2〕 张光直：《中国相互作用圈与文明的形成》，《庆祝苏秉琦考古五十五年论文集》，文物出版社，1989 年。

〔3〕 严文明：《中国史前文化的统一性与多样性》，《文物》1987 年第 3 期。

是用暴力统一中国的，但如果统一以前的各国在经济、文化等方面缺乏统一的基础，这样的统一是不会长久的。事实上秦政权的短命是因为实行苛政和好大喜功，弄得民穷财尽而被推翻，统一的国家却为汉朝所继承和发展了。从此中国文明由多元一体进而发展为多元一统。以后虽然有过几次政治上的分裂，在社会、文化层面上的多元一统格局却始终没有改变，所以最终还是走向统一。其原因盖在于中国古代文明一直是以黄河流域和长江流域为核心的，它是一种超稳定结构，天然地具有凝聚、向心的作用，是中华民族特别强固的凝聚力所由产生的根源，保证了中国文明连续不断地发展。

有些外国学者在研究文明起源的模式或机制时曾经有一些不同的说法，其中有所谓公共职能（如水利管理）说、远地贸易说、战争说和阶级斗争说等，中国的情况究竟如何呢？

我们注意到在中国新石器时代中期和晚期的墓葬中，少数人的随葬物品（陶器、石器和骨角器等）比别人要多些，但差别并不悬殊。这很明显是受到了两个方面的限制。一是当时的劳动生产率十分低下，一个人很难生产出超过自己生存所必需的最低水平的消费物资。即使某些人（如部落酋长和祭司之类）有一定的权力，也无法从他人身上榨取多少“剩余”产品。二是当时的技术水平较低，无法生产那些技术和文化含量较多的高档手工业品。把粮食、陶器和石器等聚敛起来固然可以，超过一定数量就毫无意义。所以那个时候不可能形成明显的贫富分化，更不可能形成不同的阶级。但当生产发展到能够经常性地提供“剩余”产品的时候，一些人就可以从农业生产中分离出来专门从事某种手工业生产，技术水平就容易提高。他们制造出来的技术和劳动含量较高、文化蕴涵也颇丰富的产品必定会让人特别热爱，一些掌握某种权力的人会设法占有这些贵重的物品。我们看到在公元前3500年之后的大汶口文化和良渚文化中，物质财富明显比以前增加，比较贵重的物品总是同玉钺、玉琮一起随葬于大墓之中，说明这些墓主人既掌握着军权和宗教权，同时又拥有大量的财富，形成了贵族集团。良渚文化玉器上常见的人形图徽，就是贵族首领或国王的生动写照。不事生产的贵族必然会同那些辛勤劳动以创造财富的人发生矛盾，社会从此分裂为富人和穷人或者是贵族和平民两大阶层，出现了社会性的不平等现象。当富人和穷人的差距扩大，就会形成不同的阶级，出现阶级矛盾和阶级斗争。掌握经济、军事和宗教大权的贵族需要有一个更有效的统治机器，这样就出现了国家，而国家乃是文明的集中表现。文明是劳动创造出来的，文明又是在社会不平等的情况下挤压出来的。

当社会仅仅生产普通产品的时候，一般不会发生原料的问题。但是如果要制造玉器、铜器和漆器等贵重物品时，原料就不是到处都可以得到的了。为了争夺原料，或者直接抢夺别人的财宝，或者干脆连别人的土地、人民也要据为己有，贵族们不惜发动一次又一次的战争。龙山时代一下子出现那么多城址，还有那么多乱葬坑中的累累白骨，说明那个时候的战争有多么激烈和残酷。战争加速了权力的集中，军队本身又是国家机器的重要组成部分。从这个意义上来说，战争是国家的催生婆，也是文明社会的促进剂。

国家一旦建立，自然会注意一些影响全社会的公共工程。中国在尧舜的时候就注意治水，大禹更是一位治水的英雄而为人民所千古传颂。这样的工程有利于王权的进一步确立和国家的巩固，但不是国家产生的必要条件。至于远地贸易问题，在中国文明起源时期的地理环境和人文环境的条件下，远地贸易不可能大规模地进行，事实上在考古发现中也很少看到远地贸易的证迹，因而不可能是中国文明起源的重要原因。

五　在中国文明起源讨论中的几个问题

在中国文明起源问题的讨论中有几个问题需要说明一下。

一是文明起源的标志问题。有些学者认为判断中国文明是否已经发生至少应该有四个标志，即文字、青铜器、城市和礼仪性建筑，认为它们是文明的因素或文明的要素。这虽然有一定道理，却不可以机械地去理解。因为它没有说到文明的本质而只是说到它的某些重要的表现，文明的本质是在社会分工和分裂为不同阶级的基础上创造出前所未有的物质财富和精神财富。它们可以体现在文字、青铜器、城市和礼仪性建筑方面，也可以体现在别的方面。美洲的玛雅文明就没有青铜器，有的文明没有文字，人们并不因此而说它们不是文明。再说这四种因素也有一个发展过程。中国究竟什么时候出现文字？龙山时代那些像文字的符号是否就是文字？什么是礼仪性建筑？大地湾的大房子和牛河梁的女神庙算不算礼仪性建筑？还是只有像二里头一、二号宫殿基址那样的才能算礼仪性建筑？这些还都是值得商榷和需要进一步研究的问题。所以我认为应当从全部考古学遗存出发来研究文明起源时期社会的本质性变化，而这种变化是有阶段性的，不是四个因素一具备就一蹴而就的。

二是文明起源的时间问题。这同第一个问题有联系，有的学者就是根据所谓文明四要素出现的时间来确定文明起源的时间。因为对这些要素的理解不同，所以就出现了龙山时代说、夏代说和商代说等不同的说法。这很像日本国家起源的所谓七五三论争：有人说 7 世纪日本律令国家的成立才是日本国家的开始，有人说 5 世纪倭五王时期已经成立国家，也有人说 3 世纪的卑弥呼女王时期就已经有国家了。实际上这些不同的说法只不过是反映日本早期国家发展的几个阶段而已。中国的情况又何尝不是如此。正如我前面已经说过的那样，文明起源有一个过程，文明形成后也还有若干发展阶段。铜石并用时代早期迈开了走向文明的步伐，龙山时代建立了初级的文明社会，夏代文明渐趋成熟，商周时代才是中国古代文明繁盛的时期。现在商代以前的材料还不十分充分，今后的考古发现必定会补充许多新的材料，丰富和深化我们的认识。即使到那个时候，这里所说的几个发展阶段大概是不会有很大改变的。

最后一个是关于龙山、良渚和石家河等考古学文化衰落的原因，有灾变说、战争说和特化说等，一时成为许多人感兴趣的话题。这些文化是否真的衰落了？如果确实衰落了，又到底是什么原因造成的呢？

先说龙山文化的问题。人们注意到山东和江苏北部的龙山文化有很高的发展水平，继起的岳石文化似乎反而有些退化，至少在陶器制造技术上看起来是如此。于是设想龙山文化之后可能遭遇到了洪水的灾害，不然怎么会产生大禹治水的传说呢？不过直到现在并没有在龙山文化晚期的遗址上发现有任何洪水的痕迹，无法支持这一假说。再说岳石文化已经不止一次地出土青铜器，已进入早期青铜时代，龙山文化则还属于铜石并用时代晚期。岳石文化城墙的建筑技术也明显高于龙山文化。从这些方面来看，不能认为岳石文化比龙山文化退步。岳石文化发现的时间不长，至今还没有发现像样的聚落遗址和墓地，别的遗迹也发现得不多，不能充分地反映岳石文化的真正水平，仅仅根据陶器一项难以作出正确的判断。

再说石家河文化的问题。在两湖地区，屈家岭文化和石家河文化的早中期是一个兴旺发达的时期，许多城址都属于这个时期，到石家河文化晚期就被废弃。另一个值得注意的现象是到石家河文化晚期，中原龙山文化的因素明显增多，到二里头文化时期也是如此。联系到尧舜时期和大禹时期都曾大举征伐三苗，而石家河文化分布的地区正是三苗所居之地。历史传说和考古学文化的表现若合符节，似乎确实是因为战争而导致文化的衰落。不过由于石家河文化晚期以后的考古工作做得很少，这场战争到底给文化的发展造成了多么大的损失，现时的考古发现恐怕还不足以作出恰如其分的估计。两湖地区的文化此时是否真的衰落了也还要有更多的考古资料才能证明。

至于良渚文化的问题似乎比较复杂。这个文化发展水平之高，单是那数量众多和工艺先进的玉器就足以给人留下深刻的印象。然而良渚文化之后的马桥文化发展水平似乎远不如良渚文化，而且从文化内涵来分析，马桥文化也不是良渚文化的直接继承者，而只是继承了一部分并非最重要的因素。良渚文化消亡了！于是有人从洪水灾害或战争等方面去寻找原因，也有人认为是良渚文化本身特化发展的必然结果。关于洪水灾害的说法同龙山文化一样至今还没有找到必要的证据。战争说似乎有一定道理，因为马桥文化对于良渚文化好像是一种替代关系而不是继承关系。但马桥文化的力量似乎不足以打败良渚文化，因而有必要从良渚文化的内部去寻找原因。良渚文化的农业生产固然有很大的发展，但是它的消耗实在大得惊人。就拿玉器来说，单是反山和瑶山两处墓地出土的数量，就超过同时期全国各考古学文化中发现的玉器数目的总和，而且工艺水平最高，需要花费大量的劳力才能制造出来。其实这种不惜耗时费工、一味地追求精而又精的做法又何止表现在玉器方面，漆器、丝绸、象牙雕刻和某些高档陶器的制造莫不表现出同样的倾向。当社会把最优秀的工人和最尖端的技艺都用于这些不能为社会再生产带来任何好处，而只是为少数人的享受和巩固其统治服务时，便已隐含着一定的危机。更有甚者，当时的土建工程也十分浩大。例如莫角山就是一座由人工修整的巨大的长方形土台，有人计算由 5000 人施工，需要几年的时间才能完成。还有它旁边的反山也是人工堆筑的贵族坟山，瑶山和汇观山是人工修筑的祭坛，以后又改作贵族墓地。上海的福泉山、江苏吴县的草鞋山和张陵山、昆山的赵陵山等也都有人工堆筑的贵族坟山，这些巨大的工程该要耗费多少劳力！在良渚文化的兴旺时期还向周围不断扩大其势力范围，南到浙江南部，西到安徽、江西，北到江苏与山东交界的地方。江苏最北部的新沂花厅村墓地的埋葬情况，就清楚地反映了良渚文化的战士远征该地，与大汶口文化居民打仗并取得胜利的情景。这些看起来是生机勃勃、不可战胜，实际上埋伏着巨大的隐患。一旦精力耗尽就会陷于自身崩溃的边缘而不堪一击，马桥文化也许正是在这种情况下取代良渚文化的。不过由于良渚文化后期和马桥文化的考古工作做得不够，良渚文化是否真的衰亡了，马桥文化的发展水平是否还不如良渚文化，也还不能作出最后的结论。至于良渚文化的许多因素后来为夏商文化所继承，虽然是不争的事实，但其中的经过情形究竟怎样，现在还完全不清楚。

　　总之，现在关于中国文明起源的基本框架是清楚的，至于其中的一些具体问题，还需要做进一步的研究。

　　　　　　　　　　　　　　　（原载《农业发生与文明起源》，科学出版社，2000 年）

东方文明的摇篮

一　前言

1923 年，中国北洋政府的矿业顾问、瑞典地质学家安特生发表《中华远古之文化》[1]，认为他在河南等地发现的仰韶文化实为未有文字记载以前的汉族文化。从那以后，关于中国乃至东方文明的起源，不但再次成为学术界的热门话题，而且进入到实际探索的阶段。1930 年，日本近代考古学的先驱滨田耕作发表了一本小册子，名为《东亚文明的黎明》[2]。他力图从考古学的证据来阐述东亚文明是从中国黄河流域起源的，这在当时可说是一个全新的视角，所以他的书很快便有四种中文译本问世，足见其影响之大。不过由于当时中国的考古工作刚刚起步，证据还很不充分，他的论述不免显得贫乏无力。但他所谈的主题，却是长期吸引着人们去探索与研究的。1975 年，加拿大籍的中国学者何炳棣发表了一部大著《东方的摇篮》[3]，以翔实得多的证据，论证黄河中游的中原地区是农业和文明发生的核心地区，是东方文明的摇篮。他的这一论点实际上也代表了当时中国的许多学者的观点，在学术界有很大的影响。因为中国历史上关于早期国家的传说多发生在中原地区，中国的考古工作首先是从中原地区开始的，在一个相当长的时期内，考古工作的重点都在中原地区，其次是黄河流域的下游和上游，其他地方的工作做得较少。在那种背景下形成中原中心论的看法是很自然的。不过从 20世纪 50 年代起，长江流域和其他地区毕竟也做过一些工作，有一些重要的发现。了解情况的学者已经意识到过分强调中原地区的核心作用未必符合历史的实际。70 年代初期，苏秉琦先生在对吉林大学和北京大学考古专业的师生讲授专题课程时，就曾将中国新石器时代至青铜时代的考古学文化划分为十块，后来又归纳为

---

〔1〕　J. G. Andersson, 1923. An Early Chinese Culture. *Bulletin of the Geological Survey of China*, No. 5（安特生：《中华远古之文化》,《地质汇报》第 5 号，1923 年，1~68 页）.

〔2〕　滨田耕作：《東亞文明ノ黎明》，東京，1930 年，1~76 页。

〔3〕　Ho Ping-ti, 1975. *The Cradle of the East*, Hong Kong and Chicago, pp. 1–440.

六大区系。他说："过去有一种看法，认为黄河流域是中华民族的摇篮，我国的民族文化先从这里发展起来，然后向四处扩展。这种看法是不全面的。在历史上，黄河流域确曾起到重要的作用，特别是在文明时期，它常常居于主导的地位。但是，在同一时期内，其他地区的古代文化也以各自的特点和途径在发展着。"[1]这一观点后来被归纳为关于中国古代文化的多元论或多中心论，越来越多的考古发现证明这一观点是有道理的，因而为大多数学者所接受。

近年来关于中国文明起源的研究又有许多进展，一是文明起源的时间有所提前，二是文明起源的地区有所扩大，三是关于文明起源模式的认识有所变化，四是对中国文明在世界文明史上的地位的认识有所深化。我过去曾将中国史前文化形容为一个重瓣花朵[2]，因为在史前时期，中原地区的核心地位虽不明显，地理位置还是比较适中；而山东地区、燕辽地区、江浙地区和长江中游等地区在新石器时代的文化发展水平同中原相比都很接近。如果说当时确实存在某种核心的话，那就应该是包括以上各区在内的重瓣花朵的内圈，也就是黄河、长江这个大两河流域。燕辽地区现在虽然不属黄河流域，但历史上黄河是从现今的海河入海的，那时的黄河流域自然也可以把燕辽地区包括在内。这是一个大的核心，史前时期如此，进入历史时期以后的一个相当长的时期内也是如此。如果从文明起源这个角度来看，这个大核心地区就是一个大摇篮。摇篮里不止有一个文明，而是有好几个关系非常密切的文明，它们都是中国古代文明。如果把眼光再放大一点，那么这个文明大摇篮形成的背景甚至可以扩大到整个东方，即乌拉尔山到印度洋以东的亚洲大陆和太平洋地区。当年李济先生在分析殷商文化的背景时正是这样提出问题的[3]。由此可见，把整个黄河、长江流域都看成东方文明的摇篮是有道理的，是符合考古学研究的实际情况的。本文将就这个问题进一步申述自己的看法。

二 东方自然地理的态势

地理学家通常把我们居住的这个地球分为东西两个半球，倘若从人类发展的

---

〔1〕 苏秉琦：《关于考古学文化的区系类型问题》，《苏秉琦考古学论述选集》，文物出版社，1984 年，225、226 页。

〔2〕 严文明：《中国史前文化的统一性与多样性》，《文物》1987 年第 3 期。

〔3〕 李济：《中国上古史之重建工作及其问题》，《李济考古学论文选集》，文物出版社，1990 年，82 页。

历史来说，把东半球再分为东西两半的那条分界线也许是更具有重要意义的。据地质学家研究，现今的青藏高原在人类产生以前基本上是不存在的。第三纪末期，这里海拔只有一两千米。气候温湿，到处生长着温带阔叶林[1]。从那以后，这地方因为受到印度板块的挤压而不断升高，形成面积达 220 万平方千米，海拔4000 米以上的巨大高原，号称世界屋脊。不但如此，它的西南还耸立起一座世界最高的山脉——喜马拉雅山，加上从帕米尔高原发端的各大山系，严重阻隔了旧大陆东西两边的交通，同时也影响了行星风系，造成强烈的环境效应。使得东西两边的气候环境大不相同：东亚成为最大的季风区，夏季炎热多雨而冬季寒冷干燥；西亚、北非和南欧则为地中海气候，夏季炎热干旱而冬季冷凉多雨。在这种情况下，东西两边的人类分别经历了漫长时期的独立发展，自然会形成许多不同的特质。这就是学者们为什么常常将东西方的历史和文化进行对比研究的原因。

单就东方的自然地理环境来说也是有很大差别的。中国的青藏高原是高寒区，蒙新高原是内陆干旱区，人类的活动受到很大限制。不但史前文化不甚发达，人口稀少；就是到很晚的时期也是如此，因而难以成为文明起源的核心地区。东部的大片陆地和岛屿是最大的季风区，夏季因受海洋暖湿气流的影响，雨量较多，动植物生长繁茂，生活资源比较丰富，是人类活动的主要地区。不过由于这片地方南北纬度跨度极大，地形又十分复杂，各地的情况自然会有很大的差别。大致说来，中国的东北及其以北的地区纬度较高，年平均气温偏低，无霜期短，不大可能成为农业的起源地。只是到较晚的时期才从别的地方传入农业，也只是限于比较靠南的部分。所以在新石器时代和以后的一个时期内，这个地区的经济文化发展是相对滞后的。中国的华南和东南亚等地属于热带季风气候，长夏无冬，雨量甚多且年分布也比较均匀，植物繁茂。在人口不太多的情况下，通过采集和狩猎完全可以获得比较充足的生活资料。所以这里尽管有不少可能被栽培的植物，却没有主动地发展农业。再说这个地区多山地和岛屿，平地很少又不相连续，交通有所不便，也在一定程度上限制了人类经济文化的发展。同样的原因也制约了日本群岛农业的发生。

剩下的就只有黄河流域和长江流域了。这两大河流域位于东亚的核心地区，一个属暖温带半干旱至半湿润气候，并且有较大的平原；一个属亚热带湿润气候，也有较大的平原和湖沼，都是有可能发展农业，并且在农业发展的基础上较早地进入文明社会的。由此可见，东亚的自然地理环境的特点，为黄河、长江流域文明摇篮的形成提供了客观的物质基础。

―――――――――――――

[1]　中国科学院青藏高原综合科学考察队：《西藏第四纪地质》，科学出版社，1983 年。

三　两种农业起源的温床

现在让我们来分析一下，黄河流域和长江流域为什么和怎样成为农业起源的大温床的。

黄河全长 5464 千米，流域面积 752443 平方千米，是中国的第二大河。不过黄河的水量甚小，年径流量仅 480 亿立方米，还不及小小闽江的水量。原因是它的流域范围是著名的黄土地带，是干旱、半干旱和半湿润地区。黄土堆积本身就是干燥气候的产物。每年冬春季节，强劲而干燥的西北风吹扬起蒙古高原的黄沙，大量降落到黄河流域的中上游一带，造成了面积达 50 万平方千米的黄土高原。其黄土的厚度一般为 100 米左右，最厚处可达 200 米。黄土高原属暖温带大陆性季风气候，年降水量多在 400~500 毫米之间，虽然不多却非常集中，变率也很大。冬春长期干旱，夏秋之际常降暴雨。特别是山西、陕西之间的黄河峡谷一带，两岸的支流短，比降大，黄土深，植被少。一遇暴雨，冲刷大量泥沙急速入河，泥浆似的洪水猛涨。到下游地势平缓，洪水像脱缰的烈马四处奔跑，泥沙沉淀下来淤塞河道，形成周期性的决口改道。在有记载的两千多年中，黄河决口泛滥达 1593 次，大的改道有 26 次。一会儿夺海河经天津入海，一会儿夺淮河经淮阴入海，一会儿夺清河经利津入海，整个华北大平原几乎都成了黄河摆动的范围。所以整个黄河流域主要由两部分组成，中上游是黄土高原，下游主要是由黄土淤积而成的华北大平原，只是在山东半岛还有一片丘陵即山东丘陵，那里也是有黄土覆盖的。

黄土具有土层深厚、质地均一、结构疏松等特点，因而易于耕作。土中所含钙、磷、钾等矿物养分比较丰富，矿物表面裹有钙质胶膜，有利于土壤结构的发育和植物的吸收。不过由于黄土质地疏松，极易被水流冲刷，所以黄土高原形成了千沟万壑、塬峁相间的十分破碎的地貌。加以黄土持水力弱，植被发育不好。而渭河、汾河、洛河等河谷和山前地带的水肥条件都比较好，具有发展旱地农业的基本条件。华北平原和山东半岛因为距海较近，雨量稍稍多一些。尽管河流时常泛滥，但在一些较高而近水的地方和山前地带，同样有发展旱地农业的基本条件。

早在旧石器时代晚期，黄河流域已有许多居民，他们过着采集和狩猎的生活。进入全新世后，气候回暖，生产发展，人口增加，对食物的需求也迅速增加，而原先的生产方式难以满足这种不断增长的需求。黄河流域冬季较长而气温偏低，日平均温度在 0℃ 以下的时间在三个月以上，整个冬季长约五个月。最低气温可达 −30~−20℃，远较同纬度的其他地区为低，从而加剧了食物匮乏的矛盾。人们不得不寻求各种可储藏到冬季的食物。某些干果是可以储藏的，但自然界产量有限，且因植株结果期晚而不利于人工繁殖。某些禾本科的种子也是可食又可以长期储藏的，而较短的生长周期则是进行人工培育的良好条件。在黄河流域可供栽培的禾本科植物主要是狗尾草和野生黍，二者十分耐旱，对土壤肥力的要求也不高。它们的生长习性特别适应黄河流域的气候条件。因为黄河流域春季干旱多风，别的作物种下后难以发芽，出苗后又容易被干风吹死。这两种植物的种子对水分要求不高，黄土的毛细作用提供的少量水分就足以使它发芽。出苗后即使被干风吹破了叶子也不会枯死，雨季到来时正是它们需要大量水分的生长旺盛季节，如果没有特殊的情况，总是可以获得一定的收成。这样，黄河流域便成了最早栽培粟（*Setaria italica*，它的野生祖本就是狗尾草）和黍（*Panicum miliaceum*）的地方，成为种植这两种作物的旱地农业起源的大温床。考古发现表明，早在新石器时代中期（公元前 7000~前 5000 年）的遗址中便已广泛发现有粟和黍的遗存。例如在河北南部的磁山文化中发现有粟，河南的裴李岗文化中发现有粟和黍，甘肃秦安大地湾和辽宁沈阳新乐也都发现了黍。特别是在河北武安磁山遗址中发现了数百个储藏粮食的窖穴，其中有大量粟壳的朽灰。如果换算成新鲜谷物，重量可达五万千克以上[1]。与这些谷物遗存同时发现的，还有由舌形石铲、锯齿形石镰和有足的石磨谷器等形制规范的成套农具，说明当时的农业已经越出了最初的发展阶段，当地农业的起源也许可以追溯到新石器时代早期。河北徐水南庄头新石器时代早期遗址中发现有公元前 9000 年左右的石磨盘和石磨棒等加工谷物的工具，伴随出土的还有陶片和猪、狗、鹿等动物骨骼，虽然还不能肯定那就是农业的证迹，但至少可以认为是一个重要的线索。

　　长江为亚洲第一大河，全长 6300 千米，流域面积 180 余万平方千米。水量十分丰富，平均年径流量 9793 亿立方米，等于黄河的 20 倍以上。而且水质较清，平均每立方米含沙量仅及黄河的 1/20。长江流域正好位于西藏高原的东边，受高原隆起的影响，形成湿润的亚热带季风气候。冬冷夏热，四季分明，降水丰沛，水热同步，是地球上同纬度地区气候条件最好的地方。长江流域支流众多，湖泊沼泽星罗棋布，沿岸发育了非常肥沃而广阔的平原，生物资源十分丰富。在旧石器时代，这里就是人类生活的重要地区，至今留下了许多遗址。到旧石器时代晚期，有些地区的遗址已经非常稠密。进入全新世后，气候条件有所改善，自然会促进经济的发展和人口的增加。在原有狩猎、采集经济的状态下，估计春夏秋三季都能获取足够的生活资料，困难仍然发生在冬季。长江流域和地球上同纬度的

〔1〕　佟伟华：《磁山遗址的农业遗存及相关问题》，《农业考古》1984 年第 1 期。

其他地区相比，冬季较长而且气温偏低，中游冬季的气温更低。因为那里有宽广的江汉平原和洞庭湖平原，北接南阳盆地而没有山脉阻挡，北方冷空气长驱直入，使得 1 月份的等温线在这里向南呈舌状突出，绝对最低气温可达-10℃以下，汉口1977 年 1 月 30 日曾达到-18.1℃。因此，人们必须选择某种生长期短，又能够安全储藏到冬季的食物来进行培育以增加其产量。在当时采食的各种植物中，最符合这一条件的当为野生稻。近年来的调查表明，江西的东乡和湖南的茶陵至今生长着普通野生稻，浙江余姚河姆渡则发现了 7000 年前的普通野生稻标本，历史上更有许多关于在长江流域生长野生稻的记载，说明长江流域在全新世初期是可能有普通野生稻的。农学家一般认为在各种野生稻中，只有普通野生稻（*Oryza rufipogon*）才是栽培稻的直接祖本，而它的分布主要在华南、东南亚和印度，长江流域只是其分布的北部边缘。所以过去大多数农学家认为稻作农业应当起源于印度、东南亚或中国的华南地区，前些年又有一些学者主张起源于印度的阿萨姆、缅甸北部和中国云南的高山地带。不过近年来的考古发现证明这些说法是不正确的。

早在 20 世纪 70 年代中期浙江余姚的河姆渡发现了公元前 5000~前 4500 年的大量稻谷遗存之后，学术界就提出了长江起源说。后来湖南彭头山文化和湖北城背溪文化的一系列遗址中都发现了稻谷遗存。甚至陕西南部的老官台文化和河南南部的裴李岗文化的遗址中也发现了稻谷遗存。它们都属于新石器时代中期，年代可早到公元前 7000~前 5000 年，证明长江流域确实是稻作农业的重要起源地区。最近在江西万年仙人洞和湖南道县玉蟾岩都发现了公元前 1 万年以前的很可能是稻谷的花粉和植物硅酸体，在玉蟾岩更发现了几粒稻谷[1]。根据整体形态及其稃面双峰乳突的研究，说明它还保留有某些野生稻的特征而又不同于野生稻，是迄今所发现的最古老的栽培稻标本。至此，长江流域起源说已是学术界公认的事实了。

为什么稻作农业最重要的起源地区是在长江流域而不是在普通野生稻大量生长的热带地区，更不是在从阿萨姆到云南的山岳地带呢？因为热带地区长夏无冬，天然的生活资源十分丰富。在人口并不很多的史前时期，很难产生那种必须改变生产方式以增加食物生产的迫切的社会需求。所以尽管有许多野生稻，人们却不大愿意采集来食用，因为野生谷物的采集和加工都很麻烦，同其他食物相比也不见得特别好吃。即使偶尔采集来吃一点，也不会激发人们的欲念去加意繁殖。从阿萨姆到云南的山岳地带人烟稀少，史前文化的发展很慢，不能形成人口的压力，

---

〔1〕　严文明：《稻作起源研究的新进展》，《考古》1997 年第 9 期。

自然也不能产生发明农业的动力。长江流域史前文化十分发达，冬季较长而食物比较缺乏，即使野生稻能够储藏到冬季，也只能多少作一点弥补。因为那里是野生稻分布的北部边缘，数量不会很多。在这种情况下，人们不得不采取进一步的措施，那就是进行有意识的种植以增加产量。这就是为什么作为野生稻分布边缘的长江流域反而会成为稻作农业起源地区的根本原因。事实上由于长江流域的气候和土壤等自然条件特别好，稻作农业产生以后能够得到顺利的发展。到新石器时代中期就已经得到广泛传播，成为人们生活资源的重要组成部分。可见长江流域才是稻作农业起源的最重要的温床。

　　黄河流域的旱地农业发生以后，在相当长一个时期都是以种植粟和黍为主要作物。只是种植的数量逐渐增加，分布的范围也更加广泛。蔡莲珍等曾经用碳-13方法测定古代人的食谱，发现仰韶文化（公元前5000～前3000年）一些人的食谱中有近50%为 C_4 植物，中原龙山文化（公元前3000～前2000年）陶寺人的食谱中则已增加到70%〔1〕。粟和黍都是 C_4 植物，陶寺人食谱中 C_4 植物比重的增加，说明以这两种作物为主的旱地农业有了比较大的发展。与此同时，其他农作物也陆续被种植起来，已发现的有芥菜、白菜、油菜和大麻，有些水利条件较好的地方还从南方引种了水稻。农具不断改进，养畜业也不断发展，从而逐步形成为一个以粟作农业为主的旱地农业体系〔2〕。同样在长江流域的稻作农业发生以后，也经历了几个阶段的发展。如果说到新石器时代中期稻米才成为食物资源的重要组成部分，那么到新石器时代中晚期之交的河姆渡文化，稻作农业就比较发达了〔3〕。那里不但有数以万千克计的稻谷遗存，还有许多整治水田的农具，甚至陶器上都刻划着"稻熟猪肥"的图画。到新石器时代晚期（公元前5000～前3000年）的马家浜文化和大溪文化中，更发现了成片的水稻田和小型的灌溉设施，分别见于江苏吴县草鞋山和湖南澧县城头山。到了铜石并用时代的良渚文化的遗址中，更是普遍发现石犁（或石耜?）、破土器、耘田器、石刀和石镰等成套的农具，说明当时的农业生产水平又有明显的提高。与此同时，一些不易得到灌溉的较高的地方则从北方引种了粟等旱地作物，有些地方还种植了豆角、冬瓜、葫芦和麻类。已经比较普遍地养蚕缫丝，饲养猪、狗、羊、水牛和鸡等家畜和家禽，从而逐步形成一个以稻作农业为主的水田农业体系。由于两大农

〔1〕　蔡莲珍、仇士华：《碳十三测定和古代食谱研究》，《考古》1984年第10期。
〔2〕　严文明：《中国农业和养畜业的起源》，《辽海文物学刊》1989年第2期。
〔3〕　浙江省文物管理委员会、浙江省博物馆：《河姆渡遗址第一期发掘报告》，《考古学报》1978年第1期。

业体系的地区紧密相邻，相互之间很容易发生经济文化交流，进而影响两个农业体系本身及相互之间的关系。所以这两个农业体系好像是一个双子星座，结成了一种不可分割的关系（图一）。世界上最主要的农业起源中心，后来又形成具有自身特色的农业体系的只有四个地方：一个是西亚，那里是小麦、大麦以及绵羊、山羊起源的地方；在这一农业体系发展和传播的基础上，先后产生了美索不达米亚文明、尼罗河文明和印度河文明。一个是中美洲，那里是玉米和南瓜等首先被栽培的地方；在它的基础上后来产生了玛雅文明和安第斯文明。其余两个就是黄河流域和长江流域。前两个农业体系相距遥远，是完全独立发展的。只有黄河流域和长江流域的两个农业体系是相伴相生的，因而具有特别大的活力，能够形成十分雄厚的经济基础。这种情况对于东方文明的发生和发展，有着极为深刻的影响。

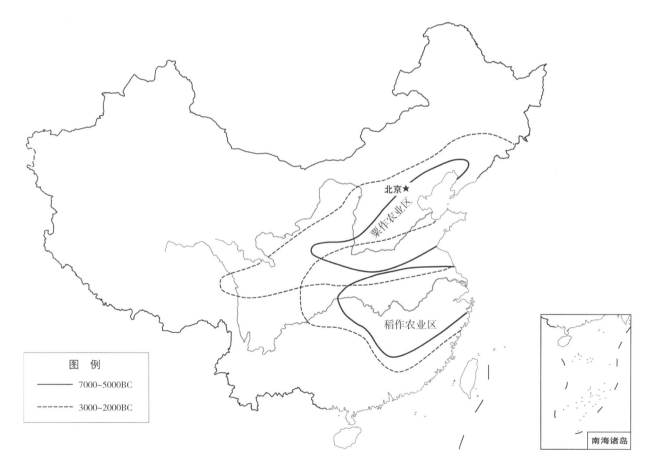

图一　中国史前两种农业体系分布图

四　新石器时代文化的发展

新石器时代农业的发生与初步发展，为人们提供了比较稳定的食物资源，从而有可能养活更多的人口，在考古学文化上则表现为遗址面积的扩大和数目的增加。不过黄河流域和长江流域的范围那么大，两地的自然环境和农业体系不同，反映到人类文化上必然有许多差别。例如黄河流域以旱地农业为主，就会有一套相适应的农具，耕地受地形限制较小，生产规模比较容易扩大，所以人口容易集中，聚落的规模就比较大。因为气候干燥，有比较长的寒冷的冬季，所以房屋多采用半地穴式。到新石器时代晚期以后，更进一步利用黄土的垂直节理，广泛营造冬暖夏凉的窑洞式建筑。长江流域以水田农业为主，田块受地形制约较大，难以做到大面积耕作，居民不易集中，所以聚落较多而单个聚落的规模较小。因为潮湿多雨，又有比较长的炎热的夏季，所以房屋多采用地面建筑、台基式建筑或干栏式建筑。其他方面也有诸多差异。不但如此，就是每一流域的上游、中游与下游之间也存在着许多不同之处。由于农业人口相对稳定，大区之间的交往虽然不断，总是存在着一定的限制。因而在长期的发展中，就会形成区域性的文化传统和发展谱系。

在黄河流域和长江流域，较大的文化系统至少有六个。即黄河中游的中原文化系统，下游的海岱文化系统；在古黄河的下游及其附近，即在今河北、辽宁和内蒙古交界的地方有一个燕辽文化系统；长江中游有两湖文化系统，下游有江浙文化系统，上游的四川有巴蜀文化系统。此外在甘青地区和雁北地区都有从中原文化系统分化出来的亚文化系统，在黄河中下游之间和长江中下游之间也还有一些亚文化系统（图二）。这些文化系统既是相对独立的，又是相互联系的。虽然存在着不平衡状态，各区系的发展还基本上是同步的。

如前所述，新石器时代早期的农业刚刚开始，主要经济仍然是采集和狩猎。到新石器时代中期（公元前 7000~前 5000 年），除四川不甚清楚外，各区系的农业都已有了一定程度的发展，而以黄河中下游交接地区的磁山—裴李岗文化和长江中游地区的彭头山—城背溪文化最为发达。此时一般聚落还比较小，有些聚落已有环壕，无论是聚落内部还是聚落之间都看不出明显的差别。

新石器时代晚期（公元前 5000~前 3000 年）的文化有较大发展，中原的仰韶文化、山东的大汶口文化、两湖的大溪文化和燕辽的红山文化等都是很发达的新石器文化。这些文化的前期聚落遗址增大，环壕设施增多，聚落的布局往往体现凝聚式和向心式特点，强调集体精神和平等原则。此时流行集体合葬，有时一墓

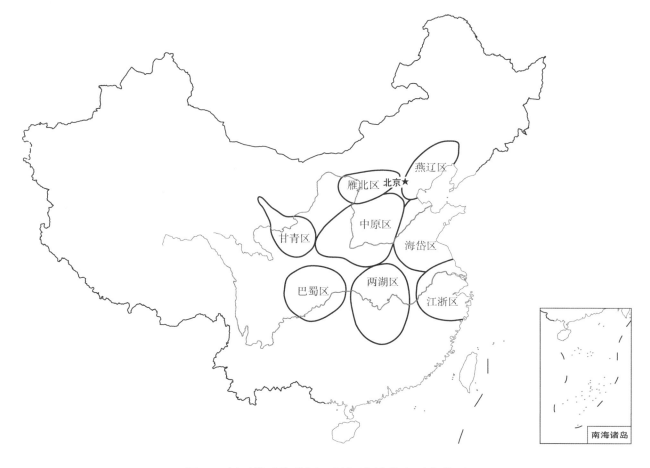

图二　新石器时代黄河、长江流域的主要文化区

埋葬数人以至数十人不等。葬制中强调血缘关系而非姻亲关系，同样强调集体精神和平等原则。这个时期的社会，很像是以氏族公社为基础的原始共产制氏族社会。

到了新石器时代晚期的最后阶段，即大约为公元前 3500～前 3000 年这一时期，社会发生了明显的变化，这主要表现在以下几个方面。

（1）农业和手工业有新发展。这时石铲形制的多样化和轻薄化，更适于不同的翻地作业，有利于提高农业生产。石器制造中普遍使用切割法和管钻法，既可节省材料，又可提高效率和加工精度。正是由于石器制作技术的发展，使得加工更加精美的玉器成为可能。所以在红山文化后期以及同时期的许多文化中都出现了玉器。陶器制造业也有较大的发展，例如大汶口文化的陶器种类就比以前复杂得多，除红陶、灰陶和彩陶外，还有黑陶、青灰陶和白陶等，品质也比以前提高了许多。一部分陶器还已采用了先进的轮制技术，从而大大提高了生产效率。更加值得注意的是这时的石器和陶器已经开始有了专业化生产。例如湖北宜都红花套和河南淅川下王岗的石器作坊和甘肃兰州白道沟坪的陶器作坊[1]，都是规模很大的专业化生产基地，很明显是为交换而进行生产的。

（2）贫富分化日益明显。产品交换的经常化使人们产生价值观念和关于财富的欲望，一些对个人并无实际使用价值的物品可以在产品交换的过程中实现其价值，使人们意识到积累产品就等于积累财富。正是在这时，发现有些墓随葬的同一种陶器往往达数十件乃至一百多件，远远超过实际的需要，显然是作为他个人的财产随葬的。这时大小墓葬的差别更加明显也更加普遍，大墓中不但随葬品多，质地也比较好，有时还随葬一些稀有的珍贵物品。在红山文化中，则出现了像牛河梁那样的贵族墓地，每座墓不但用大石板砌坑，随葬玉器等精美物品，而且在上面修筑巨大的积石冢[2]（图三）。说明这时确已存在着一个人数不多的贵族富有者阶层。

图三　辽宁朝阳牛河梁第二地点二号积石冢（约公元前 3000 年）

〔1〕　甘肃省文物工作队：《兰州新石器时代的文化遗存》，《考古学报》1957 年第 1 期。
〔2〕　辽宁省文物考古研究所：《辽宁牛河梁红山文化女神庙与积石冢群发掘简报》，《文物》1986 年第 8 期。

（3）中心聚落已经出现。这时期的聚落多数还同以前差不多，只是不大见那种严谨的向心结构了。变化是出现了少数面积甚大、规格颇高的中心聚落。前举大汶口和牛河梁便是两个典型的例子，甘肃秦安大地湾则是另一个典型例子。那个遗址位于一个凹形的山坡上，面积约 100 万平方米，断崖上暴露的房子有数百座，其中有一些大型的房子。最大的房子是 F901，有前堂、后室和东西两厢，前堂的四壁有很多粗大的附壁柱，中间更有两根直径达 90 厘米的大柱子。柱子间火塘的直径也有 2.5 米。这房子的地面铺一种颇像水泥的三合土，四壁和房顶则涂抹掺石灰的泥浆。房前还有两排柱洞和一排青石板，总面积达 450 平方米[1]（图四）。这样精心建造的大型房子，在那个时代是仅见的，足证其规格之高。人们称之为原始殿堂，表明它是贵族集团活动的处所。拥有这种房屋的聚落，明显是高于其他聚落的一种中心聚落，它的出现是社会分化的又一表现。

图四　秦安大地湾仰韶晚期的 901 号大型房屋基址

（4）随葬武器成为时尚。以前的墓很少用武器随葬，到这个时期，在山东的大汶口文化、江浙的崧泽文化、安徽的薛家岗文化和两湖地区的大溪文化晚期的

---

[1]　甘肃省文物工作队：《甘肃秦安大地湾 901 号房址发掘简报》，《文物》1986 年第 2 期。

墓葬中则普遍用石钺随葬。这些石钺一般制作精致，说明当时十分重视武器的配备。如果不是战争已成为经常性的社会现象，这种情况是不会发生的。

以上四点足以说明这个时期的社会正在酝酿着深刻的变革，黄河流域和长江流域的各部落集团从此迈开了走向文明社会的脚步。

五　龙山时代城址的出现

研究中国或者东方文明的起源，龙山时代（公元前 3000～前 2000 年）是特别值得注意的。这个时期农业和手工业又有了新的发展，陶器已经普遍实行轮制，个别地方甚至已发明原始青釉瓷器，玉器制作更加精良，丝绸、漆器和象牙雕刻等高档手工业制品也都相继出现。特别是不少地方出现了小件的铜器，因此考古学上把这一时代称为铜石并用时代。不过在新出现的各种文化因素中，最能说明当时社会性质变化的应该是众多城址的出现。

考古发现的最早城址当推湖南澧县的城头山。那里从大溪文化早期直到屈家岭文化中期先后有四次筑城活动，四个时期筑造的都是环壕土城。其次是河南郑州西山仰韶文化晚期的土城，规模甚小，毋宁视为一座设防的村寨。到龙山时代则一下子出现了许多城址，其中有些规模甚大，成为当时地平线上非常显著的景观。至今已经发现的龙山城址有 40 多处，可分五群或六群，全都分布在黄河流域和长江流域，它们是中国乃至整个东方最早的一批城址（图五）。现将各群城址的情况简单介绍如下。

（1）河南地区。现知有安阳后冈、登封王城岗、淮阳平粮台、密县古城寨、辉县孟庄和郾城郝家台六处。其中孟庄和古城寨城址最大，平粮台结构最清楚。孟庄城址略呈正方形，每边长 400 米，面积约 16 万平方米。主墙体底宽 8.5 米，两边筑附墙，城外修护城河。平粮台城址也呈方形，但每边长仅 185 米。南墙中间设正门，门道两边有门卫房，中间有陶质排水管道。城内房屋都用土坯砌筑，有的有夯土台基。房屋大小不等，但多分为若干房间，有的还有走廊，这在龙山时代的房屋中是比较讲究的[1]。

（2）山东地区。先后发现有章丘龙山镇城子崖、邹平丁公、临淄桐林、寿光边线王、五莲丹土村和阳谷景阳冈等多处。这些城址中以丹土村为最大，城内面积约有 23 万平方米，有数十座房址和大面积的夯土基址，城外有壕沟环绕。最

---

〔1〕　河南省文物研究所、周口地区文化局文物科：《河南淮阳平粮台龙山文化城址试掘简报》，《文物》1983 年第 3 期。

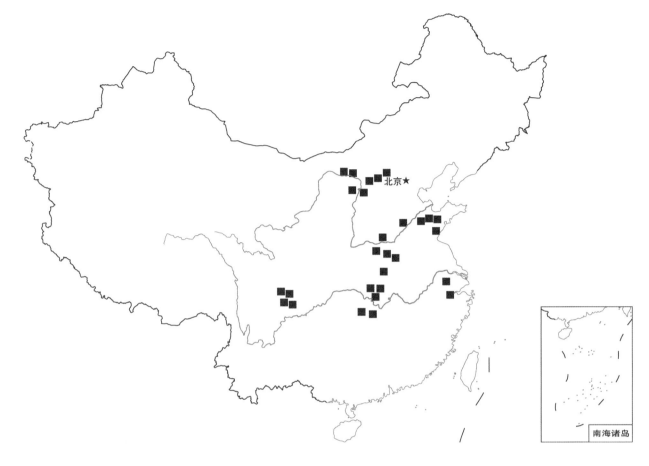

图五　龙山时代城址分布示意图（公元前 3000~前 2000 年）

小的是边线王城，平面呈不规则方形，面积只有 57000 平方米。城墙已被后期破坏，仅存墙基。在城墙基槽中每隔一定距离挖坑埋人和猪等动物，是用人牲作为奠基。

（3）内蒙古河套地区。这里是农业区的北部边界，再往北就是畜牧狩猎区了。为了防止北部牧人和猎人的袭击，往往把城址建在陡峭的山坡或高崖等险要的地方。其中包头东部的一组都位于黄河北岸的大青山南麓，有威俊和阿善等将近十处。清水河和准格尔的一组都在黄河两岸的高崖上，有寨子塔和后城咀等五六处。这两组全部是由石头筑起来的山城，其中以后城咀最大，约有 30 万平方米，当为中心聚落。其余每座不过数千平方米，形状依地势而不甚规则。城内往往有一座祭坛，几座石头砌的房子，很显然是军事性的城堡。稍东的岱海西北岸有一东北—西南走向的蛮汗山，在山的东南坡上有老虎山和西白玉等四五座城址。这些城也都是用石头砌筑的，面积从几万到十几万平方米不等。其中以老虎山最大，约13万平方米，因为修在山坡上，上下高差达一百余米。城内的住房主要是窑洞，因顶部大多被侵蚀破坏，现在看起来像是半地穴式的房屋。这城的最高处有祭坛，西南坡下有烧陶器的窑场。规模虽然比后城咀小，在当地却是最大的。

（4）两湖地区。比较集中于湖北的江汉平原和湖南的洞庭湖西北部平原。其中在江汉平原的有天门石家河、荆门马家垸、江陵阴湘城、应城门板湾、石首走马岭和公安鸡鸣城六处[1]，在洞庭湖西北部平原的有澧县城头山和鸡叫城两处。其中以城头山的发掘面积较大，研究得也比较清楚（图六）。这些城的平面呈圆形、椭圆形、长方形或圆角方形，面积多在10万至20万平方米之间，最大的石家河超过100万平方米，是同时代城址中最大的一座。这些城的大部分城垣至今仍耸立于地面上，外面往往有环城壕，城内有居民区、手工业作坊和宗教活动场所等。

图六　澧县城头山西北的城垣和城壕

---

　　[1]　张绪球：《长江中游新石器时代文化概论》第4章第4节，湖北科学技术出版社，1992年，212~224页。

（5）四川地区。近年来在四川的成都平原也发现了几处相当于龙山时代的城址，其中有新津的龙马古城、温江的鱼凫城、郫县的三道堰古城、都江堰的芒城和崇州的环河古城。这些城地面都还保存有很好的城垣，其夯筑方法同两湖地区的城址几乎是一样的。各城的面积也相差较大，最小的芒城有 12 万平方米，最大的龙马古城有 60 万平方米。在三道堰古城中还发现有长 50、进深 11 米的大型宫殿式建筑。

（6）江浙地区。至今还没有发现一处确定无疑的城址，但有一些重要的线索。例如良渚遗址群中的莫角山平面呈长方形，面积达 30 万平方米，周边是陡崖，有些地段用废弃的红烧土坯夯筑，很像城垣的基部。整个遗址像一个高出周围地面的土台子，或许也可像城子崖那样称为台城。据说江苏武进寺墩和昆山赵陵山也可能有土城和围壕。

上述城址可以明显地分为两类。一类是单纯的军事性城堡，目前只见于内蒙古河套地区，那里的大部分山城建于险要的地方，面积很小，其中只有祭坛和少量石砌的营房；另一类则是设防的中心聚落，包括内蒙古较大的城址和分布于其他各区的城址。目前对这些城址多只经过比较详细的勘察，经过发掘的较少，发掘面积也较小，因而难以全面地了解其结构和功能。不过根据已有的一些证据，还是可以对它们的性质作出基本的估计。

我们注意到在一些城址中有大型宫殿式建筑，如郫县三道堰古城；或者大型夯土台基，如良渚莫角山。后者与夯土台基同出的还有大批红烧土坯，并可能有大型梁柱结构。王城岗则发现有用多人奠基的情况，应当也是宫殿或宗庙一类礼制性建筑的遗迹。石家河有大片房屋遗迹，其中个别房子墙体厚达一米，也不像是一般性住宅。由此可见这些城址可能已是某种意义上的都城，是一定地区的政治中心。

有些城址内有明显的宗教遗迹，例如石家河城西北发现的宗教遗迹中有几个陶俑坑，出土约二百个陶塑的人抱鱼俑。他们几乎都戴着平顶或微弧顶浅沿帽，身穿细腰长袍，双膝跪地，手捧大鱼。很像是在举行某种宗教祈祷的仪式。同出的数千件动物俑（有猪、狗、羊、牛、鸡、猴、象、虎、龟、山鸡和孔雀等十余种）则可能是宗教仪式中应用的道具。这几个坑的旁边有一列陶质炮筒形器，每个有将近一米长，有的上面有几十道箍，有的中部鼓起，上面布满很长的乳丁，很可能也是一类宗教道具。这两类遗迹的旁边还有许多圜底陶缸口底相套，排列成直行或弧形，长达数米。有些缸的上半部最醒目的地方有一个刻划符号，主要的符号有镰刀、斧钺和杯子，分别代表农具、武器和祭器。杯子的形状同城里出土的粗红陶杯一模一样，只是里面插了一根棍子，显然不是饮器而可能是宗教用品。在城内西南部的三房湾有这种红陶杯的堆积，杯子的数量多得惊人，匡算起来总有 10 万多件，那里应该是另一个重要的宗教活动场所。良渚莫角山左近有瑶山和汇观山等祭坛，它们同莫角山应该是一个整体，具有重要的宗教功能。可见这些城址还可能是宗教活动的中心。

不少城址内有陶窑和其他手工业遗迹，例如城头山便有很大的陶窑群，老虎山的陶窑群在城外西南角，也应该是属于城内居民的。平粮台城内发现过铜炼渣，王城岗则发现过铜容器残片，可见铜器也是在城内制造的。从一些迹象来分析，这些城址很可能也是手工业中心，特别是一些高档手工业品，大抵都是在城里制造的。

由此可见，龙山时代的城址完全是一种新型的聚落形态，是区别于广大乡村的都城或城邑。同时我们也注意到有些没有城墙的大型遗址，如山西襄汾陶寺遗址也可能具有类似的性质。这个遗址有 300 万平方米，发现过石灰窑、石灰窖和有彩画的白灰墙壁残块，表明这里可能有宫殿一类的建筑。这里的公共墓地就有 3 万平方米，估计原有墓葬的数目可达 1 万座以上，说明在这里曾经集中了相当多的人口。根据少数大墓中随葬有大石磬和龙纹彩盘等特殊器物，有人推测为王者之墓。可见陶寺也可能是一个都城。

不论怎样，龙山时代不但出现了作为大型防御工事的城，还出现了许多不同于一般村落的城市。其中不但有人口的相对集中，而且居民结构也实行了重新组合。城市统治乡村，同时又必须依赖乡村提供人力和农畜产品。这样一种城乡结合体便成了崭新的社会组织形式，这同以氏族—部落为基础的社会是有本质区别的。

六　东方文明的黎明时期

过去人们把龙山时代划入原始社会末期的军事民主主义时期，近年有些学者根据新的考古发现认为已经进入文明时期，也有人根据瑟维斯的理论认为属于酋邦时期。说法不尽一致，实质上还是比较相似或相近的。我们从各方面来仔细考虑，觉得龙山时代很像是中国古史传说中的五帝时代。《国语·鲁语》引展禽的话说："黄帝能成命百物以明民共财，颛顼能修之，帝喾能序三辰以固民，尧能单均刑法以仪民，舜勤民事而野死。"这里把黄帝、颛顼、帝喾、尧和舜依次排列，已经隐含有五帝的意思。后来《大戴礼记》的《五帝德》《帝系》，《吕氏春秋》的《古乐》和《尊师》以及《史记·五帝本纪》等则明确将他们称为五帝，成为最有影响的一种说法。此外《战国策·赵策》《易·系辞》《庄子·缮性》《淮南子·俶真训》和《三统历》把伏羲、神农、黄帝、尧、舜称为五帝，其中从黄帝到尧舜的先后次序和前说相同，只是在黄帝后减去了两位名望相对稍低的帝而在前面加了两位年代更古远的帝。《吕氏春秋·十二纪》《礼记·月令》《淮南子·天文训·时则训》把太昊、炎帝、黄帝、少昊、颛顼称为五帝，因为当时把太昊视为伏羲，把炎帝视为神农，所以前三帝与第二说相同。把太昊和少昊都列入五帝可能是东方人民的一种说法。汉代以来的《世经》《帝王世纪》等则将五帝重排为少昊、颛顼、帝喾、帝尧和舜。此说和第一说基本相同，只是拿少昊代替了黄帝，同样反映了东方人的观点。事实上三代以前可以称帝的还有不少，如帝俊、帝鸿、帝江、帝丹朱等。因为战国以来流行五行说，许多事情都配伍成五的整数。所以帝虽甚多，人们往往把自认为最有影响的五位搭配在一起而称为五帝。实际情况究竟如何，连先秦的学者们也是很难说清楚的。不过在纷繁杂乱的各种说法中，可以看出三代以前曾经有一个万国林立、诸帝纷争的时代，这是各家颇为一致的看法，也应是五帝时代这一称谓的本义所在。

说五帝时代是万国林立的社会，在古文献中可以找到许多证据。例如《史记·五帝本纪》说黄帝时曾设左右大监以监于万国；《封禅书》也说黄帝时有万诸侯。《尚书·尧典》说尧时协和万邦。《左传·哀公七年》说"禹会诸侯于涂山，执玉帛者万国"。其他文献中也有类似的说法。古代的国往往有城。国字本作或。《说文》"或，邦也。从口从戈以守一。一，地也"。其说值得商榷。孙海波说："口象城形，从戈以守之，国之义也。"《史记·封禅书》引汉代方士的话，说黄帝时为五城十二楼，虽然不足为据，但也不能简单地视为子虚乌有之说。《五帝本纪》说黄帝"邑于涿鹿之阿"，邑字的本义是人在城旁，可见也是有城的。《史记正义》引《舆地志》说"涿鹿本名彭城，黄帝初都，迁有熊也"，说明黄帝曾先后建立两个都城。古书中还说太昊都陈，少昊都曲阜，颛顼都帝丘，喾都亳，尧都平阳，舜都蒲阪等，这些称为帝都的地方也应该是有城的。古书中还说舜所居住的地方一年成聚，二年成邑，三年成都。说明当时的聚落已经分化成不同的级别，已经有明显的城乡差别，这和龙山时代的聚落已有明显分化和普遍建城的情况是相符的。

国家是伴随着战争而产生的。五帝时代的诸帝差不多都是通过战争的洗礼而成长起来的。例如黄帝就是在同蚩尤反复较量，最终打败蚩尤后才一举成名的。《五帝本纪》说他"习用干戈以征不享"，还说"天下有不顺者，黄帝从而征之，平者去之。披山通道，未尝宁居……迁徙往来无常处，以师兵为营卫"。可见他的生活主要是在战争中度过的。尧用舜流共工于幽州，放驩兜于崇山，迁三苗于三危，殛鲧于羽山，四处讨伐，建立了赫赫战功，最终才继承尧位的。再看龙山时代的遗迹，其中可说到处都有战争的痕迹。一是武器大为改善，石钺和石镞不但数量大为增加，而且制作非常精致；二是普遍筑城已如前述，它是战争经常化和激烈化的产物；三是普遍出现乱葬坑，每一坑中横七竖八地扔进数人或十数人的尸骨，有的身首异处，有的作挣扎状，有的身上有明显的伤痕，有的骨骼上甚至还遗留下插入的石箭头；四是出现了反映战争的风俗，例如河北邯郸涧沟就发现过剥人头皮和用人头盖做杯子的风俗；五是出现了表现军事领袖的艺术形象，例如在良渚反山大墓随葬的玉钺和玉琮上就刻有头戴大冠、身披铠甲的王者兼军事领袖的形象；在石家河一件陶罐上刻有头戴花翎、身穿短裙和长靴、手举大钺的军事领袖的形象（图七）。这五点同五帝时代的情况两相比照，可说是若合符节。

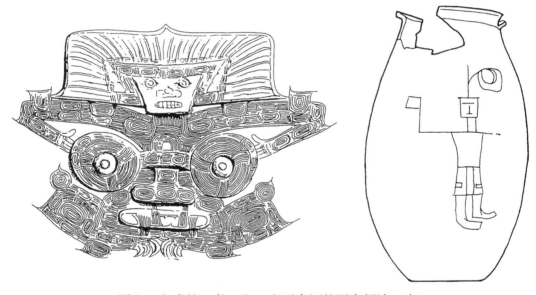

图七　良渚的王者（左）和石家河的军事领袖（右）

按照古书的说法，五帝之后就是夏代。近年来考古学界对夏文化的研究已有明显的进展，一般认为二里头文化就是夏文化。而二里头文化之前就是龙山时代的诸考古学文化。由此可见把龙山时代同传说中的五帝时代相比照，应该没有太大的问题。恩格斯在论述野蛮与文明时，把掠夺性战争同筑墙的城市联系起来，同时和文明的发生联系起来。他说："以前他们进行战争，仅仅为的报复侵犯，或者为的扩大已经感觉不够的领土；现在进行战争，则只是为的掠夺，战争成为经常的职业了。在新的设防城市的周围屹立着高峻的墙壁并非无故；它们的壕沟深陷为氏族制度的墓穴，而它们的城楼已经耸入文明时代了。"[1]这样看来，把龙山时代或五帝时代同文明的产生联系起来，并且把它看成东方文明的黎明时期，应该是说得过去的。

　　考古学上可以把龙山时代划分为前后两期。根据古史传说也可以把五帝时代分为两期，前期以黄帝为代表，后期以尧舜为代表。黄帝时虽说有许多国家，但规模和发展水平并不一致。其中黄帝所代表的国家应该是比较复杂的一个。因为黄帝在作战时，可以征发其他诸侯的军队，别的诸侯都要服从，这样他的国家就好像是一个联合体。他不但有强大的军队，还有一套官职，其中有监督他国的左右大监，有治理民事的风后、力牧、常先、大鸿。据说他的时代曾经以玉作为兵器（《越绝书·宝剑篇》），还曾采首山之铜铸鼎于荆山之下（《史记·封禅书》），他的妻子嫘祖劝民养蚕（《蚕经》）。他的统治集团中有不少人对人类文化作出过重要贡献，如雍父作杵臼，伯余作衣裳，共鼓、货狄作舟，史皇作图，沮诵仓颉作书，大桡作甲子，容成作调历，伶伦造磬作律等（均据《世本》）。如此多的发明创造都发生在黄帝时期，可信的程度究竟如何呢？过去因为传说本身太简单，无法考信，所以并不十分看重。现在由于考古学的发展，可以找到一个可靠的参照系来重新估计它们的价值。

　　现知龙山时代已有铜器，出土铜器的地点已达十几处。铜器种类多为手工工具和装饰品，也有个别乐器和容器残片。如果像黄帝那样的领袖人物要求采铜铸鼎，不管是否真有其事，至少在工艺上是可以做到的。以玉为兵器的说法，过去觉得不大可能。现在在大汶口文化、龙山文化和良渚文化的一些大墓中都发现有用玉钺随葬的现象，这些玉钺做得非常讲究，是贵族或军事领袖使用的，一般战士则用石钺。中国号称丝国，养蚕缫丝是一项重大的发明。良渚文化中已经发现了丝线、丝带和绸布残片，说明那时确实已用丝绸做高级服饰了。杵臼和船舶的发明可能更早一些，这时不过更普遍罢了。安徽含山凌家滩曾发现一块玉板，上面刻着象征天地和方位的复杂图案，并且夹在一个玉龟里面，这和作图之说可能有很大的关系。这个时期不少考古学文化的陶器上刻划了各种记号，比起以前的记号更像文字（图八），仓颉造字的说法也不能说没有一点道理。至于乐器是早就有的，中原龙山文化的陶寺遗址还出土过大石磬，看来伶伦造磬作律的说法也不是向壁虚造。总之，传说黄帝时期的所有创造发明中，凡属可以从实物方面表现的，差不多在龙山时代的遗存中都可以得到印证。说明这个时代确实处处闪耀着文明的火花，对于后世文明的形成和发展具有深远的影响。这样的时代自然会长

---

〔1〕　恩格斯：《家庭、私有制和国家的起源》，人民出版社，1972 年，162 页。

图八　山东丁公出土陶片上刻划的"文字"

期为人们所怀念，宜乎后人把黄帝推崇为人文始祖。

　　儒家言必称尧舜，把尧舜的时代看成三代以前的圣朝；墨家经常称虞夏商周，也是把尧舜的唐虞时代当作一个朝代来看待的，可见尧舜的国家又有了重要的发展，或者说更像国家一些了。从文献中可以看到它的官职更加复杂，有四岳、十二牧以及司空、司徒、后稷、士、共工、虞、秩宗、典乐、纳言等，舜还重用了各贵族集团的头面人物八元、八恺共十六人，组成了有相当规模的统治机构。尧舜也统治着许多小国，尧派舜五年一巡狩，各国首领也分别来朝拜。尧舜时还有比较复杂的刑法和执行刑法的一套办法，即所谓"象以典刑，流宥五刑，鞭作官刑，扑作教刑，金作赎刑，眚灾肆赦，怙终贼刑"。当时国家的大事，一是领导生产，包括治理洪水，依据天象授时以指导农事等；二是祭祀，包括祭祀天地和自己的祖先；三是打仗。所谓国之大事在祀与戎。而领导生产则可能是早期国家职能的重要特征。

　　尧舜时期挑选国家领导人的工作十分慎重，首领要召开会议征求意见，四岳在会上可以提名荐举。被初步选中的人还要经过各种政绩的考验，大家满意后才可在祖庙举行就职典礼。这是在氏族社会的民主选举制还起作用而家族世袭制还未确立的情况下出现的一种办法，是两种制度矛盾斗争的产物，并不是像儒家宣传的那样彬彬有礼地互相谦让。这时的官员往往是由下面各氏族或部落的酋长充任的，但他们都有明确的职能分工，管理整个社会的公共事务，不是作为本部落的代表来参加部落联盟的会议的。尽管尧舜的国家也可以视为某种联合体，但已明显不属于部落联盟的性质。用这样的观点来看待龙山时代的社会性质，也许是比较接近事实的。

七　中国早期文明的形成和扩大

在黄河流域和长江流域，继龙山时代之后发展起来一系列早期青铜文化：在河南省大部、山西南部和陕西东部有二里头文化，在河南北部和河北南部有下七垣文化，在山东和江苏北部有岳石文化，在河北北部、辽宁西部和内蒙古东南部有夏家店下层文化，在内蒙古中南部有朱开沟文化，在甘肃有四坝文化，在江浙地区有马桥文化，在两湖地区也有与二里头文化颇相类似的文化，不过暂时还没有给予命名。可以看出，这时期的考古学文化分布的格局大体上是与龙山时代相合的，只发生了较小的变动。如果把这些考古学文化同中国古代传说相结合来加以考察，便知道它们实际上反映了民族文化区的萌芽。

在这些早期青铜文化中，最受关注的是二里头文化。这个文化的范围虽然较大，但核心地区在河南西部的伊洛流域，中心遗址则是偃师二里头[1]。这个遗址位于洛阳之东，北邻洛河，面积达 6 平方千米（一说 9 平方千米），在这里发现有宫殿、宗庙、贵族宅第、手工业作坊、水井和墓葬等一大批遗迹。经过发掘的一号宫殿面积达一万多平方米，周围有回廊，南面有三个门道的门厅，进门是一个大庭院，北部是正殿，气势雄伟（图九）。它的东北部是一座宗庙遗迹，其布局略似一号宫殿，只是规模略小。其后院中间稍偏东有一座大墓，推测应为王墓，可惜所有随葬品都已盗掘一空。这两组大型建筑都筑在夯土台基上，遗址中类似的夯土台基还有多处，可见这个遗址的规模之大和规格之高。《左传·庄公二十八年》载"凡邑有宗庙先君之主曰都"，说明二里头应是一处都城遗址。

二里头手工业作坊遗址中最值得注意的是第四区的铸铜作坊遗址，它的面积达 1 万多平方米，其中有若干作坊建筑，有各种炼铜用的坩埚、炼炉、陶范和炼渣等。二里头遗址出土的铜器有容器类的爵、斝、盉、鼎，根据某些残片来看还可能有簋、尊等，武器类有戈、戚、镞等，手工工具有锛、凿、锥、刀、锯等，乐器和装饰品类有铃、泡、镶嵌绿松石的铜牌和铜盘，此外还有鱼钩。应当指出的是这些铜器大多出自小墓，如果发现大墓，肯定还会有更大型和更精美的铜器出土。铸铜作坊中某些陶范的个体就很大，花纹也很精致，说明当时青铜铸造业已经达到一定的水平，在最早进入青铜时代的诸考古学文化中，二里头文化是比较发达的。

---

〔1〕　郑光：《二里头遗址的发掘——中国考古学上的一个里程碑》，《夏文化研究论集》，中华书局，1996 年。

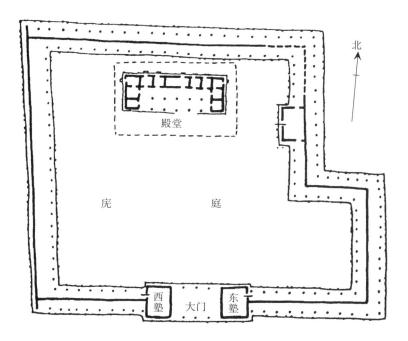

正立面图

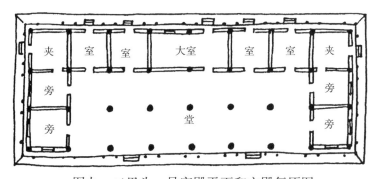

图九　二里头一号宫殿平面和主殿复原图

　　许多学者根据二里头文化的年代、分布地域、发展水平及其与商文化的关系等方面的考察，认定它就是夏代夏人的文化，而二里头遗址则是古本《竹书纪年》所说"太康居斟鄩，羿亦居之，桀又居之"的夏都斟鄩。不过二里头遗址的早期即第一期并不发达，看来那时还不是都城。而从第二期起直到第四期之初都是它的繁荣时期，都具有都城的规模，似乎与《竹书纪年》的说法相矛盾。所以有人认为在桀之前诸王也可能以斟鄩为都，只是古书上没有明说而已。这问题恐怕还需要进一步研究。

　　根据历史记载，夏代的东方是夷人的天下。夏代初年，夷人有穷国君后羿（又称夷羿）就曾夺取夏的政权，即所谓因夏民以代夏政。可见那时夷人已建立国家，并且势力甚强。近年发现的岳石文化，根据其年代、分布地域和发展水平来看，应当就是夏代夷人的文化。因为岳石文化中已不止一次地发现小件青铜器，说明它已进入青铜时代。在山东章丘城子崖发现有规模甚大的版筑城墙，建筑技术不在二里头文化之下，那里很可能就是一个小的都城。烟台芝水遗址的面积很大，出土器物的规格不同一般，因而也可能是一个都城。由此可见那时夷人的发展水平是不低的。处在河北、辽宁和内蒙古交接地区的夏家店下层文化不仅有小件青铜器，而且发现有成系列的山城，看来也已进入文明时代。综观这个时期各地方的考古学文化，虽然都已进入青铜时代，但以二里头文化最为发达；而且周围各文化都或多或少地受到二里头文化的影响。一个大体上是平等的多元一体格局正向以中原为核心的多元一体格局发展，这是中国早期文明形成的一个重要标志。

　　商在夏代便已建立了国家，商汤推翻夏王朝以后国势大振。从考古学文化来看，商文化不但较夏文化的发展水平高得多，分布的地域也广阔得多。不过要确认两个文化的分界却是一件非常困难的事，过去在这个问题上的争论颇多，最近由于偃师尸乡沟商城和郑州西北小双桥遗址的发现而似乎明朗一些了。论者多认为郑州商城为汤都亳，偃师商城是监视亡夏旧都的军事重镇或是别都，而小双桥则有可能是仲丁所迁的隞都。也有把偃师商城看作是亳都，而把郑州商城看作隞都的。不论怎样，都是把二里头文化和二里岗文化分别看作是夏文化和商代早期文化。近年河北邢台发现不少商代墓葬和生活遗迹，那里有可能是祖乙所居之邢。史书还记载河亶甲居相、南庚迁奄和盘庚迁殷，前两者至今没有找到下落，而后者早已证明就是安阳殷墟。我想如果再发现两三处都城级遗址，必将有助于各个都城的论定，从而也将最后解决夏、商文化的分界。

　　商文化分两大期，前期以郑州商城为中心，称二里岗文化；后期以盘庚至帝辛所都的安阳殷墟为中心，称小屯文化。二里岗文化早期的分布范围还比较小，到晚期即所谓二里岗上层文化时期则显著扩大，大致是以河南为主，包括山东中西部、河北中南部、山西南部、陕西东部、湖北大部和安徽北部，到小屯文化时期向东和东北方向又有所扩大。这个范围和文献记载的商代的政治统治区是基本一致的。

　　商文化是一个高度发达的青铜文化，在二里岗文化和小屯文化分布的范围及其周边，到处都有商代青铜器出土。根据这些铜器的特征及其埋藏的情况来看，绝大多数都是当地制造的。这就是说，到了商代，特别是商代后期，全国各地都有能力制造青铜器了，这是一个了不起的成就。当然做得最多最好的还是首都，在郑州商城和安阳殷墟都不止发现一处铸铜作坊遗址，单是殷墟苗圃北地的一处面积就达 1 万多平方米，出土陶范三四千块。做得最讲究的是各种青铜礼器，诸如鼎、簋、罍、觚、爵、尊等，种类繁多，造型庄重雅致，纹饰繁缛神秘。著名的司母戊方鼎重达 875 千克，工艺之先进和作器者之气魄均堪夸赞。青铜兵器的数量比容器更多，种类也颇复杂。它如车马器、手工工具、建筑部件和装饰品等也常用青铜制造，可以说当时青铜制品已经渗透到贵族生活的方方面面。至于当时在制造原始瓷器、漆器、玉器、丝绸以及建宫室、造舟车等方面的辉煌成就，还有表现在复杂的汉文字体系、天文、历法、美术、音乐等广泛领域所达到的高度水平，无不闪烁出早期东方文明的光辉。

　　不过在商王朝四邻并不都是蛮荒之地，四川成都平原的三星堆文化和江西北部的吴城文化便都是具有自身特色的高度发达的青铜文化。从湖南宁乡黄材等地出土的青铜器来看，那里也应有一个高度发达的青铜文化。北方的辽宁、内蒙古和甘肃等地也都有发达的青铜文化，一个以商文化为主体的众星灿烂的青铜文明群体出现在东方大地之上。

　　周武王灭商以后，为了有效地控制商朝及其周边诸国的领土，普遍采用了封邦建国的办法，把自己的亲属（主要是同宗的血亲，也有一些姻亲）和愿意臣服的异国首领封为诸侯，同时大大发展了宗法制度和一系列的礼制以图巩固其统治。尽管周天子对诸侯国的统治十分松散薄弱，但至少在名义上做到了"溥天之下莫非王土，率土之滨莫非王臣"。在中央政权大力推行王化和周礼的结果，使得在原本是多元文化的广大地区，在夏、商文明的基础上进一步扩大了中原的影响，同时加强了文化的融合和一体化的进程。到春秋战国时期，虽然各诸侯国在经济和军事上逐渐强大起来，不把天子放在眼里，相继出现五霸、七雄互争雄长的局面。但他们是争霸争雄而不是守土割据，这与在分封制度下各国经济和文化的交流与融合得以比较方便地进行是分不开的。后来秦始皇的统一则是把这一进程更加强化，从而建立起一个空前强大的中央集权制的大帝国，中国乃至东方的历史从此又翻开了新的一页。

八　大两河流域——东方文明的摇篮

前面的论述是想说明，由于黄河流域和长江流域特殊的自然环境和地理条件，远在 1 万多年以前就成为世界少有的两种农业起源的温床，并以此为契机，经过一段时期的发展而产生了东方最古老的文明。正如西亚有一个古老的两河流域文明一样，东方的这个古老文明也是一个两河流域文明，不过是一个大得多的两河流域文明。因为黄河和长江比底格里斯河和幼发拉底河都大得多，自然资源也丰富得多。这里的史前文化很早就形成了多元一体的格局，因而这里文明的起源和早期发展便走过了一条由大体上是平等的多元一体到以中原为核心的多元一体，再发展到多元一统的道路，这在世界文明发展史上可说是独一无二的。

西亚两河流域周围并没有难以逾越的地理障碍，所以那里以种植小麦为主的旱地农业体系形成以后，很快就向东西两个方向传播到纬度相近、地形和气候条件相似的尼罗河流域和印度河流域。在这三个地区农业充分发展的基础上分别产生了美索不达米亚文明、尼罗河文明和印度河文明。但这三个文明在地理上是分离的，无法形成相互补充和促进的统一的整体。它们每一个都可以发展到相当的高度，但是经不起外来势力的冲击，一个个都像流星似的消逝了，只有借助于考古学家的锄头才能把它们恢复起来。

东亚大两河流域古老文明的命运完全不同，她后来也经历过外来势力的严重冲击，不但没有灭亡，还从来没有中断过，虽有波折，却连绵不断地发展下来了。究其原因，可以从整个中国的自然环境和文化结构来看。中国的周围有高山和海洋作为屏障，本身是一个大型的地理单元。其中黄河流域和长江流域不但自然环境条件最好，文化最为发达，而且位置比较适中。中部地区先进的文化不断地吸引和影响周围地区，周围地区也会向往中部先进的地区，这就会很自然地产生一种向心作用，而中国古代文化的整体结构也便是一种向心结构。它是一种超稳定结构，是中国文明得以连续不断发展的根本原因。具体来说，当东方大两河流域文明兴起之时，外部环境是比较安定的，因为她距离其他早期文明发达的地区十分遥远，中间又有高山等严重的地理障碍；她的周边地区自然环境条件较差，文化发展相对滞后，在很长时期内都不曾对她形成威胁。加以她本身的幅员辽阔，资源丰富，有足够的回旋余地，外部的冲击不容易把她压倒。即使一时在军事、政治上受到挫折，也会反过来在经济文化上把对方征服和同化，把外部问题变成内部问题来加以消化，从而保持文化发展的连续性。

东亚大两河流域早期文明本身从多元一体到多元一统的格局，把文化的多样性和统一性辩证地结合起来，也是一个十分重要的特点。因为有多样性，就会有竞争，就会不断地打破旧的平衡而实现新的平衡，因而有无限的生命力和自我更新的能力。历史上的改朝换代并不是一种循环或简单的重复，而是一种曲折式的发展形式。把中国古代文化看作是保守的和停滞的说法，是不符合历史的实际的。

当东亚大两河流域的早期文明进入成熟阶段之后，其他地区的文明也陆续发展起来。在中国境内，南方的闽越、南越、滇和北方的匈奴等都先后进入文明并很快成为秦汉帝国的组成部分，或至少是在其势力的控制之下，以后又陆续产生了一些地方性文明。虽然中国古代文明的结构是向心的或内向的，因而是非扩张性的；但文化因素的传播还是很活跃的。在东北亚，黄河流域和长江流域的两种农业体系先后传入朝鲜半岛后，大大促进了当地经济文化的发展，加速了文明化的进程。同时稻作农业通过朝鲜传入日本，加上其他文化因素的影响，也促使日本社会发生深刻变化而走上了文明发展的道路。在东南亚，各地文明的发生几乎都与稻作农业的发展有关。但当地稻作农业究竟是本地起源的还是从中国或印度传入的，至今还难以作出明确的结论。不过那里早期文明的发生，特别是中南半岛早期文明的发生，是与中国的大两河流域文明的传播与影响分不开的。此后各地之间的文化交流日益发展，各民族在相互往来的过程中逐渐接近，以至于在风俗习惯、宗教信仰、思想感情、文化背景等方面都有许多相似或相通的地方，在物质文化上也有许多相近或相同的因素，这样实际上就形成了一个不同于西方文化的东方文化圈，或者称之为东方文明体系，而这个文明体系的摇篮就是黄河流域和长江流域。现在看来，东方文明孕育和发生的时期与西方三个古老文明不相上下，只是充分发展的时期稍晚一些。除此之外，美洲的玛雅文明也是在当地以玉米为主的农业体系发展到一定阶段后独立发生的，但这里农业起源的时间和文明起源的时间相对较晚，发展的程度相对较低，对后世历史的影响也比较小。再说美洲的原住民本来是从东北亚经白令海峡迁移过去的，他们与远东蒙古人种有相同的文化上的根基，所以张光直径直提出一个中国—玛雅连续体的概念[1]，在这个连续体中中国自然居于主导地位。所以从整个人类文明发展史来说，最主要的是两极，即以西亚两河流域为根基发展起来的西方文明和以东亚大两河流域为根基发展起来的东方文明。这是两个文明体系，它们是独立起源，在早期也基本上是自行发展的，只是到了西汉和罗马帝国的时期才发生具有重要意义的接触和交往。此后这两个文明体系本身的发展和相互关系，便构成了

〔1〕　张光直：《考古学专题六讲》第一讲，文物出版社，1986年，1~24页。

世界历史的主要内容。过去关于东西文化关系的研究往往夸大了传播的作用，对于东方文明自身起源和发展的历史研究得非常不够，没有把它放在和西方文明同等重要的地位来看待，也很少进行客观而深入的比较研究。但这个问题无疑是十分重要的，需要根据考古学等提供的大量新鲜资料，并且从新的视角进行实事求是的深入的研究。相信沿着这一思路做下去，古代世界历史的研究将出现一个崭新的局面！

为纪念苏秉琦先生九十华诞而作，1997 年 12 月于日本京都

（原载《农业发生与文明起源》，科学出版社，2000 年）

文明起源研究的回顾与思考

中国人历来认为自己是炎黄裔胄，黄帝是我们的人文始祖。究竟是不是那样，从来都不加以深究。可是进入近代以来，这个观念发生了动摇。当西方列强纷纷侵扰中国时，一些西方学者也忽然对中国古代文明的起源发生了兴趣。他们无视中国文明的整体特点，撷拾一鳞半爪随意比附，说什么中国文化乃至中国人种都是西方起源的，一时间弄得有些中国人也糊里糊涂。不过大多数学者并不相信那些说法，而早先的传说似也有重新研究的必要。总之，要把自己的历史弄清楚也不是那么简单的事情，需要有科学的方法，还需要做长时期的努力。五四时期的思想解放运动把许多学者推上了第一线，其间经历了许多思考和探索。正如著名历史学家翦伯赞所指出的那样，人们开始"由盲目的信古而进到疑古，更由消极的疑古，而进到积极的考古"[1]。中国古代文明的研究就是在这种历史背景下起步的。

用考古来探索中国早期文明是从 20 世纪 20 年代末开始的。当时中央研究院历史语言研究所考古组对河南安阳殷墟的大规模发掘，揭示了一个商代晚期的都城，伴随有一个巨大的帝王陵墓区，大量的出土遗物证实商代晚期已经有了高度发达的青铜冶铸业和成熟的文字体系，已经进入文明时代，但不像是文明的开始。主持安阳发掘的李济就曾说过："殷商以前仰韶以后黄河流域一定尚有一种青铜文化，等于欧洲青铜文化的早中二期，即中国传统历史的夏及商的前期。这个文化埋藏在什么地方，固然尚待考古学家的发现；但对于它的存在，根据我们考虑各方面事实的结果，却可以抱十分的信心。"[2]李济的预言到 50 年代就开始逐步验证了。从 1952 年起对郑州二里岗等处的发掘，不但确定了一个早于殷墟的二里岗文化，而且从 1955 年开始发现了一座商代前期的宏伟的都城遗址，其中包括有多

---

〔1〕　翦伯赞：《中国史纲》第一卷自序，重庆五十年代出版社，1944 年。

〔2〕　李济：《殷墟铜器五种及其相关之问题》，《庆祝蔡元培先生六十五岁论文集》，中央研究院历史语言研究所集刊外编第一种，1935 年。

处宫殿基址和铸铜、制骨、制陶等手工业作坊遗址。尽管它是不是成汤所建的亳都还有不同看法，但说它是一个都城级遗址，并且体现了较高的文明水准，则是没有争议的。

商代考古的重大进展以及一系列新石器时代考古学文化的发现，特别是龙山文化与商文化内在联系的识别，使许多学者坚信中国文明是本土起源的。例如梁思永早在 1939 年就从十个方面论证了龙山文化与殷文化的密切关系，明确提出龙山文化是中国文明的史前期之一[1]。英国考古学家丹尼尔在其所著《最初的文明：关于文明的起源的考古学研究》[2]一书中指出中国是世界最古老的六大文明起源地之一。何柄棣从自然生态环境、农业、养畜业、陶器、青铜器、文字和其他方面详细论证了中原黄土地带是中国文明乃至整个东方文明的摇篮[3]。张光直在其早年的著作中也明确地指出："中国的文化是一个具有特色的本地产物，是中国人民和他们的环境互相影响的结果。"[4]事实上，从 20 世纪 50 年代以来，世界上越来越多的学者认识到中国古代文明是本地起源的，是世界上少数几个独自发生的古代文明之一。

但中国古代文明并不是从商代才开始的，因而对于夏代文明的探索一直吸引着许多考古学家。1959 年为寻找夏墟而发现的河南偃师二里头，是一座规模很大的都城级遗址[5]。那里有大型的宫殿基址和一万平方米以上的铜器作坊遗址，大家都同意它已进入文明时代，而年代比郑州商城早。至于早到什么时候，是夏是商还是前夏后商，长时期存在着不同的看法。1983 年在二里头遗址附近的尸乡沟，发现一座晚于二里头而与郑州商城基本同时的大型城址[6]，学术界逐渐认识到它的始建可能与商汤灭夏的事件有关，从而二里头遗址为夏都，二里头文化为夏文化的见解便得到了学术界的普遍认同。鉴于二里头已有若干用青铜做的兵

---

[1]　Liang S. Y. , *The Longshan Culture：A Prehistoric Phase of Chinese Civilization*, *Proceedings Sixth Pacific Science Congress*, No. 4, pp. 69-79. 中译文载《考古学报》第七册，1954 年。

[2]　Glyn Daniel, 1968. *The First Civilization：The Archaeology of Their Origins*, Thames and Hudson.

[3]　Ho Pingti, 1975. *The Cradle of the East：An Inquiry into the Indigenous Origins of Techniques and Ideas of Neolithic and Early Historic China*, *5000-1000 BC*, Chicago and Hong Kong.

[4]　K-C. Chang, 1977. The continuing quest for China's origins. , *Archaeology*, Vol 30, No. 2&3. 引文据《考古学参考资料》第一册，1978 年，20 页。

[5]　中国科学院考古研究所洛阳发掘队：《河南偃师二里头遗址发掘简报》，《考古》1965 年第 5 期。

[6]　中国社会科学院考古研究所洛阳汉魏故城工作队：《偃师商城的初步勘探和发掘》，《考古》1984 年第 6 期。

器、礼器、乐器、工具、用具和装饰品等，并且有较大的铜器作坊；郑州商城则有更多、更大、制作也更精良的青铜器和规模更大的铜器作坊，至此李济关于夏和商代前期为青铜文化的预测便已得到完全的证实。而夏代不仅有青铜器，还有宫殿、宗庙和一系列典章制度，说它属于文明时代也已经是不争的事实。不过中国文明的起源似乎还要追溯到更早的时期。

　　考古发现告诉我们，在二里头文化之前是中原龙山文化，再以前是仰韶文化，三者在年代上是依次衔接的，中间并没有什么缺环。过去以为仰韶文化和龙山文化都是新石器时代晚期的文化，后来在龙山文化和中原龙山文化中都发现了不少小件铜器，甚至在仰韶文化的个别遗址中也发现有小铜器或铜器痕迹，说明那时已经不是严格意义上的新石器时代，而应该属于铜石并用时代[1]，是从新石器时代向青铜时代过渡的一个时代。这样二里头青铜文化的产生也就不显得那么突然了。同样的道理，以二里头为代表的夏代文明的产生也不是一朝一夕的事，前面必然有一个酝酿和逐渐走向文明的过程。从 20 世纪 70 年代末期以来的一系列考古发现，使这个问题日益明朗起来了。

　　在中原地区，从 1978 年开始发掘的山西襄汾陶寺遗址面积达 300 万平方米，那里的墓葬非常明显地分为大中小三类[2]，其比例大约是 1∶10∶90。大墓中随葬鼍鼓、大石磬、龙纹盘等大量高档次的物品，说明死者不仅富有，而且有很高的社会地位；小墓的死者则几乎一无所有。这种级差明显反映其社会已经形成等级分明的金字塔式的结构。1977 年在河南登封王城岗发现了龙山文化的城址[3]，1979～1980 年在同省的淮阳平粮台又发现一座龙山文化城址[4]。两处城址虽然都很小，但前者城内有大片夯土基址和用殉人奠基的情况，后者城内有当时少见的全部用土坯砌筑的分间式房屋、炼铜遗迹和复式地下排水管道等，似乎不是一般的军事城堡，倒有些像是贵族居住的小型统治中心。这些发现立即引起了热烈的讨论，有的认为是夏代遗存，有的认为早于夏代。不管怎样，它们都比二里头文化为早。因此它们的发现表明在探索中国文明起源的努力中，又向前迈出了关键性的一步。

---

〔1〕　严文明：《论中国的铜石并用时代》，《史前研究》1984 年第 1 期。

〔2〕　中国社会科学院考古研究所山西工作队、临汾地区文化局：《1978～1980 年山西襄汾陶寺墓地发掘简报》，《考古》1983 年第 1 期。

〔3〕　河南省文物研究所、中国历史博物馆考古部：《登封王城岗与阳城》，文物出版社，1992 年。

〔4〕　河南省文物研究所、周口地区文化局文物科：《河南淮阳平粮台龙山文化城址试掘简报》，《文物》1983 年第 3 期。

　　进入 20 世纪 80 年代以后，重要的发现一个接着一个。已经发掘了多年的甘肃秦安大地湾遗址，到 1983 年又有新的突破。在一个大型的仰韶文化晚期聚落中，发现了一座特大型的房屋[1]。有前堂、后室和东西两个厢房，仅前堂的面积就超过 130 平方米，前面还有很大的广场。前堂中有直径超过两米半的特大型火塘和直径达 90 厘米的顶梁大柱，地面铺类似于现代水泥的砂浆，墙壁和房顶都抹灰浆。如此规模宏大、设计严谨、工艺先进的房屋建筑，在以前的仰韶文化遗存中从来没有见过，显然不是一般性的公共建筑。有人称之为原始殿堂当不为过。大地湾除这座大型房屋外，还有几座结构和工艺相似的中型房屋和数百座小型房屋，是明显高于一般聚落的一处中心聚落。

　　在辽宁，从 1983 年开始发掘的凌源、建平两县交界的牛河梁则是一处大型的贵族坟山和祭祀中心[2]，属于红山文化晚期，与大地湾仰韶文化晚期聚落的年代相当。那里有许多巨大的积石冢，每冢有一座主墓，随葬猪龙等精美的玉器，上面还有一些陪葬的小墓。还有一座"女神庙"，出土了许多女性塑像的残块。其中一个人头跟真人的一般大，形象逼真；有些耳、鼻和手臂等残块竟有真人的三倍大，也许当时在多神中已经产生主神，反映当时的社会也已经有等级的差别。郭大顺等认为红山文化晚期的社会已进入原始文明阶段[3]。苏秉琦则认为当时"已经产生了植基于公社、又凌驾于公社之上的高一级的社会组织形式"[4]。

　　稍后不久，长江流域的史前文化中也露出了文明的曙光。1986 年和 1987 年，在浙江余杭县的良渚遗址群中，先后发掘了反山和瑶山两处。前者是人工筑成的贵族坟山[5]，后者原来是建造在小山上的祭坛，后来又改作贵族墓地[6]。在这两处贵族墓地中，出土了数千件工艺十分精巧的玉器，有的玉器上有近似微雕

〔1〕　甘肃省文物工作队：《甘肃秦安大地湾 901 号房址发掘简报》，《文物》1986 年第 2 期。

〔2〕　辽宁省文物考古研究所：《辽宁牛河梁红山文化女神庙与积石冢群发掘简报》，《文物》1986 年第 8 期。

〔3〕　孙守道、郭大顺：《论辽河流域的原始文明与龙的起源》，《文物》1984 年第 6 期。

〔4〕　苏秉琦：《辽西古文化古城古国——兼谈当前田野考古工作的重点或大课题》，《文物》1986 年第 8 期。

〔5〕　浙江省文物考古研究所反山考古队：《浙江余杭反山良渚墓地发掘简报》，《文物》1988 年第 1 期。

〔6〕　浙江省文物考古研究所：《余杭瑶山良渚文化祭坛遗址发掘简报》，《文物》1988 年第 1 期。

的王者形象或神徽。1987 年底因为扩建公路而在良渚遗址群中间偏西发现一座面积达 30 万平方米的"台城"，上面有数万平方米的夯土基址，推测应该是宫殿或宗庙一类大型礼制性建筑的地基。所有这些发现使人有理由推测良渚文化时期已经出现某种政治组织形式，论者多认为当时已进入初级文明社会。张忠培则认为当时已经是文明社会，只是在良渚文化分布范围内还没有形成处于一尊统治的局面，而是被众多权贵分割统治的若干具有国家性质的实体〔1〕。

在长江中游，早在 20 世纪 50 年代就已发现并且进行过多次发掘的湖北天门石家河遗址群，在 1990~1991 年春进行全面考察时，确定了一个始建于屈家岭文化而一直沿用至石家河文化早中期的古城〔2〕。它的面积超过 100 万平方米，是已知同时代的许多城址中规模最大的。对于城内外格局和出土遗迹遗物的分析，使调查者提出了"石家河文明"的概念。在此前后在长江中游还发现了若干屈家岭文化的古城，规模都不及石家河古城那么大，看来石家河一带有可能是整个屈家岭—石家河文化的中心区域或最发达的区域。

这些发现自然会引发人们的极大关注，同时激发考古学家们去寻找更多、更早的城址和高等级的大型聚落遗址。据个人不精确的统计，陆续发现的早于二里头文化的史前城址，1991 年以前有 20 多座，1995 年即增加到 30 多座，至 1997 年更达 40 多座，现在已知有 50 多座了，发展速度是十分迅猛的。这些城址分布的地域虽然遍及黄河中下游的河南、山东、内蒙古和长江流域的湖北、湖南、四川和浙江等省区，但还不能说已经非常普遍。一些很有希望的地方如河北、山西、陕西、安徽等省至今还没有发现。据说江苏已发现良渚文化的城址，也还没有得到确认。这些城址的年代大体相当于公元前 3000 年至前 2000 年，少数可能略早于公元前 3000 年。至于郑州西山的仰韶文化城址和湖南澧县城头山最早一期属于大溪文化的城址，则已达到或接近于公元前 4000 年，是现在所知道的年代最早的城址。

原本是新石器时代的文化，怎么一下子冒出来这么多城呢？这原因其实是不难解释的。过去因为考古工作做得不够充分，许多东西没有被发现出来，自然会低估某些考古学文化的发展水平。例如龙山时代的诸考古学文化理应属于铜石并用时代而不是严格意义上的新石器时代，这在前面已经讲过了。在这个时期不但有铜器，还有玉器、漆器、丝绸、象牙雕刻和快轮制作的精美陶器，个别遗址还

〔1〕　张忠培：《良渚文化的年代和其所处社会阶段》，《文物》1995 年第 5 期。
〔2〕　石家河考古队：《石家河遗址群调查报告》，《南方民族考古》（第五辑），四川科学技术出版社，1994 年。

发现有原始青瓷器[1]。在物质文化迅速发展的同时恰巧出现了一批礼制性建筑和较大的墓葬。从随葬品可以清楚地看到这些墓主往往掌握了军事、宗教等方面的特权和大量的财富。事实上这个时期物质文化的最新成就差不多全部为这些新生的权贵所垄断。权贵们不会满足于对本族平民的剥夺，在氏族血缘关系还没有发生根本性变化的情况下，这种剥夺自然还会受到相当程度的限制。于是他们把目标转向外部，为了掠夺资源和他人的财富不惜频繁地发动战争，正是在这个时期，专门性武器石钺等的出现与改进，表明战争越来越经常和激烈化了。在这种情况下，发动战争的人自己也难免受到强敌的掠夺。为了免受战争的惨祸，只好下决心组织大量人力物力来构筑防御工事。于是一大批城址就像雨后春笋一样地拔地而起。

在中国大地上出现的第一批土筑或石头砌筑的城址是一种非常醒目的人文景观，它好像是历史长河中一种高耸的里程碑，把野蛮和文明两个阶段清楚地区分开来，中国历史从此开始了新的篇章。但走向文明应该有一个过程，不是一个早上就能够从野蛮跨入文明，更不是一下子就能够达到一般意义上的文明的发展水平。但是无论如何，城址的出现应该视为走向文明的一种最显著的标志。

由于考古的发现总是要有一个比较长时间的过程，人们的认识也会根据考古发现的进展情况而有所调整和深化。在刚刚发现史前城址时，人们虽然会觉得很重要，但在估计其意义时难免有失准确，所以不少学者采取了比较慎重的态度。当发现越来越多，时间也越提越早的时候，人们就有可能通盘考虑中国史前文化的发展是如何一步一步地走向文明社会的，其中史前城址的出现和演变自然是其中的一个重要内容。

早年在讨论中国文明起源时，有的学者还提出首先要明白什么是文明，要弄清楚文明的概念，才可以明确进入文明社会的标志。大多数学者不赞成那种从概念出发的思维方式，而主张从中国历史的实际情况来进行分析。至于文明标志，不同的学者多有不同的说法，每个地区也可能有所不同，不能一概而论[2]。夏鼐先生在论述中国文明的起源时采取了一种非常平实的叙述方法，先从小屯殷墟谈起，接着谈郑州商城，然后谈二里头都城遗址[3]。这既反映了中国考古学探索古代文明的历程，又反映了中国古代文明的几个主要发展阶段。夏先生虽然明

---

[1]　中国社会科学院考古研究所、中国历史博物馆、山西省文物工作委员会 东下冯考古队：《山西夏县东下冯龙山文化遗址》，《考古学报》1983 年第 1 期。

[2]　童恩正：《有关文明起源的几个问题——与安志敏先生商榷》，《考古》1989 年第 1 期。

[3]　夏鼐：《中国文明的起源》，文物出版社，1985 年，82~96 页。

确提出都市、文字和青铜器可以作为中国古代文明的标志，但是他的主要立论根据却是上述几个都城。因为都城是国家物化形式的集中表现，是各种文明因素的总汇。

在夏先生发表那篇著名文章的时候，中国还只发现了几座不大的史前城址。所以他认为二里头文化，至少是它的晚期够得上称为文明。"如果不是中国文明的开始，也是接近于开始点了。比二里头更早的各文化，似乎都是属于中国的史前时期。"不过在同一篇文章中他又谈道："有人以为'文明'这一名称，也可以用低标准来衡量，把文明的起源放在新石器时代中。不管怎样，文明是由'野蛮'的新石器时代的人创造出来的。"[1]这个意见曾经被广泛接受。在1989年《考古》编辑部召开的关于中国文明起源学术座谈会上，则把文明要素的起源与文明社会的产生相区别，而究竟是什么时候进入文明社会，在会上就有不同的意见[2]。

在中国文明起源研究中，苏秉琦先生独树一帜。他高屋建瓴，在区系类型学说的基础上，先后提出了被归纳为多元论的条块说和满天星斗说；提出了文明起源的三种形式：裂变、碰撞与融合，以及文明起源的过程：古文化—古城—古国。与此相关还提出了国家发展的三部曲与三模式。他在最后完成的一部总结性著作《中国文明起源新探》中全面而系统地阐述了这些观点[3]。苏先生的研究充满辩证法。他注意到中国是世界的一部分，中国历史与世界历史有相通的一面；中国又是一个历史悠久的大国，有它自己的许多特点。我们要研究这些特点，才能认清中国在世界历史上的重要地位以及中国人对世界文明史的贡献。他在研究中国文明发展史时，总是不忘记从960万平方千米的全局出发，同时又充分注意地方的特点。他认为以中国之大和民族、文化之复杂，使它的文明起源不可能是单线条的和单个模式的。所以他在提出古文化—古城—古国和国家发展三部曲：古国—方国—帝国的时候，认为这一过程在中国的不同地区和不同时期，曾经以不同的方式一再重现过。所以中国文明起源与发展应该有不同的模式，有原生型，还有次生型和续生型，最后才形成现代以汉族为主体的多民族统一国家。他的这一思想在中国文明起源和发展的研究中无疑具有十分重要的指导作用。

苏先生关于古文化—古城—古国的理论最先是从辽西地区的工作提出来的，当时还不知道有像郑州西山和澧县城头山那样早的城址。如果我们根据苏先生的

---

〔1〕　夏鼐：《中国文明的起源》，文物出版社，1985年，96页。

〔2〕　白云翔、顾智界整理：《中国文明起源座谈纪要》，《考古》1989年第12期。

〔3〕　苏秉琦：《中国文明起源新探》，香港商务印书馆，1997年。

思路，将现在所知道的早于二里头文化的城址和中心级聚落的资料排比一下，大体上可以划分为三个阶段。

第一阶段相当于仰韶文化的庙底沟期、大溪文化的早中期和大汶口文化的早期等，年代约为公元前 4000~前 3500 年。除城头山外，据说还有大汶口文化早期的山东阳谷王家庄城[1]，但还没有见到详细资料。这是城址初现的时期，数量少，规模小，结构上还保留环壕聚落的一些特点。其中城头山城内有较大的制陶作坊和椭圆形祭坛等遗迹，说明那里是一个陶业中心和宗教中心；城内发现的墓葬表明其居民已经有初步的贫富分化和社会地位的分化[2]。在大汶口文化早期，至少在它的中心大汶口遗址已出现贵族墓和明显的贫富分化与社会地位分化现象[3]。仰韶文化庙底沟期则出现了像陕西华阴西关堡和华县泉护村等面积达数十万以至一百多万平方米的中心聚落。西关堡的白衣彩陶豆和泉护村的黑陶鹰鼎，是别的遗址所不见的精美重器。与此年代差不多的还有安徽含山凌家滩的祭坛与贵族坟山，那里出土了玉人、玉龟和刻有方位的玉牌等众多精美玉器。凡此都足以说明这个时期在一些较发达的文化中心，已经率先迈开了走向文明的坚定步伐。

第二阶段相当于仰韶文化后期包括庙底沟二期文化、红山文化晚期、大汶口文化中晚期、良渚文化、大溪文化晚期—屈家岭文化—石家河文化早中期等，年代大约为公元前 3500~前 2600 年，各地的年代容有一些差别。这是史前城址迅猛发展的时期，公元前 3000 年以后发展更为迅速。城址的数量大增，有的似有成组和分等级的现象，有的规模也十分可观。这个时期社会分化的现象在良渚文化、大汶口文化中晚期和红山文化晚期看得最为清楚，这几个文化的资料往往作为文明起源较早的重要证据，对于它们的个案研究也进行得比较深入。这时社会的分层已十分明显，甚至达到了比较尖锐的程度。尽管文化之间的联系、接触与碰撞大为增加，而各自仍然保持着相当独特的风格，走着不同的发展道路。按照苏先生的说法，它们都应该属于原生型的模式。目前对这个阶段的社会性质还有各种不同的认识，有的认为已经进入文明社会，有的则认为还是史前社会。不管怎样，这个时期已经比第一阶段进了一大步，文明化程度更高了，文明社会的色彩更浓了，则是不可否认的事实。

---

〔1〕　张学海：《东土古国探索》，《华夏考古》1997 年第 1 期。

〔2〕　湖南省文物考古研究所：《澧县城头山古城址 1997~1998 年度发掘简报》，《文物》1999 年第 6 期。

〔3〕　山东省文物考古研究所：《大汶口续集——大汶口遗址第二、三次发掘报告》，科学出版社，1997 年。

　　第三阶段即通常所说的龙山时代，年代约为公元前 2600~前 2000 年。这时长江流域和燕辽地区似乎出现了文化发展的低谷，而黄河流域则更加迅速地发展起来。这一带全局性的转变对中国文明起源和发展历史的影响之大是不言而喻的，以至吸引不少学者去探索发生这一变化的原因，只是至今还没有得出比较满意的结论。这个时期的城址和特大型聚落遗址也大多见于黄河流域，诸如山西的陶寺，河南的王城岗、平粮台和禹县瓦店等处，都曾被指认为某某都城，虽然不一定准确，也不失为一种探索的途径。这个时期的铜器已经比较普遍，制陶业已经从手制为主转变为轮制为主，建筑上大量使用白灰，有些建筑用人和牲畜奠基，人祭现象也时有发现，墓葬反映的阶级和等级分化更为尖锐。所有证据表明这个时期文明化的程度又提高了一步，也许确实可以看成是文明社会了。由于龙山时代已逼近二里头文化，而二里头文化又已被公认为夏文化[1]。所以龙山时代黄河流域的突出发展，就直接为夏商周文明的相继勃兴奠定了坚实的基础。不过碳－14所测二里头文化一至四期的年代约公元前 1900~前 1600 年，总积年仅 300 年，比古本《竹书纪年》所说"自禹至桀十七世，有王与无王，用岁四百七十一年"（《太平御览》卷八二皇王部引）差了许多，起始年代也比一般估计的晚了许多。而中原龙山文化已有许多测年的数据，似不可能比公元前 2000 年更晚。也许二里头一期的数据太少，又略有误差；也许中原龙山文化和二里头文化之间还有一个小小的缺环，这是需要在今后的工作中着重解决的问题。不论怎样，龙山时代应该大体上相当于古史传说的唐尧虞舜时代。根据古文献的记载，尧舜时代已经是初具规模的朝廷而不是什么部落联盟。如果说有一定的联盟性质，也应该是古国的联盟，是有政府有元首的联盟。《墨子》就经常把虞夏商周连称，孔子也说"唐虞禅，夏后殷周继，其义一也"（《孟子·万章》引述）。所以说龙山时代是文明初期的古国时代也是与古文献相合的。

　　在古国时代，各国的关系可能有联合，有对抗，有征服，有兼并。其中尧舜的国家可能是势力较强而为禹及其后人所继承的。在夏商周时期同样还有许多中小国家，也是有联合，有对抗，有征服，有兼并的。商周都经历过从部落到国家的过程，建立国家以后又分别为夏商所兼并。虽然如此，它们都还保持着相对独

----

　　[1]　关于二里头文化应属于夏文化，邹衡先生曾经进行过详细的论证，见所著《试论夏文化》（载《夏商周考古学论文集》，文物出版社，1980 年）及其后发表的许多文章。过去一些学者以为二里头是成汤所居之亳而反对此说。自从 1983 年于二里头遗址附近发现尸乡沟商城以来，特别是夏商周工程启动以后，大家已一致同意尸乡沟商城小城的始建应该作为成汤灭夏的一个标志，从而同意二里头一至四期都是夏文化。

立的地位，等到逐渐强大起来以后，又反过来灭掉夏、商。这种所谓灭也有点像改朝换代，是地方政权取代中央政权，所以文化上多有继承，只不过有所损益而已。这是在中原及其周围发生的事情，也是在古代文献中记载较多的事情。至于其他地方，也曾经历了从部落到国家的过程，也建立了许多中小国家，也有自己的文明。近年发现的岳石文化、夏家店下层文化、三星堆文化，包括大洋洲大墓在内的吴城文化，以及湖南宁乡黄材青铜器群所透露的高度发达的青铜文明等，就是最有力的证据。这些国家也发生过联合、对抗、征服和兼并的事情，只不过没有夏商周势力发展得那么大。其中有些势力也曾与夏商周发生过关系，从而为以后建立秦汉那样统一的大帝国奠定了基础。所以讲文明起源不能只讲到夏代以前，至少要包括夏商周，甚至还要包括周秦以后，因为在边疆的一些少数民族地区，还在走着从部落到国家的道路，其中有些甚至掌握了全国的政权，以致最后融入伟大的中华民族之中。由于年代较近，相关的文献记载较多，对它们文明化的过程可以了解得比较清楚，对于以前发生的文明化过程还可以有比较研究的价值，所以不可忽视。当然研究的重点还应该放在夏代以前或周秦以前。

回顾过去，对中国文明起源的研究虽然有七十多年的历史，而进展最快、成绩最大，从而引发观念的转变，真正切入到问题的实质，则不过是最近二十多年的事。现在我们认识到：

（1）中国文明的起源是一件具有世界意义的大事。在整个世界的东方，即从印度的马尔瓦高原向北经过帕米尔高原直到乌拉尔山脉一线以东的广大地区，中国文明是最先起源，发展水平最高，并且是最具有影响力的。她强大的生命力在世界上是独一无二的。

（2）中国文明的起源有一个很长的过程。最先发生社会分层和分化，从而迈开走向文明的第一步，当不晚于公元前 4000 年；公元前 3500～前 2600 年是普遍文明化的过程；公元前 2600～前 2000 年当已初步进入文明社会；夏商周是中国古代文明高度发达的时代。秦汉帝国建立以后进入新的发展时期，而在边疆的某些少数民族地区仍然经历着逐步文明化的过程。

（3）中国文明的起源不是在一个狭小的地方，也不是在边远地区，而是首先发生在地理位置适中，环境条件也最优越的黄河流域和长江流域的广大地区。各地情况不同，文明化的过程也有所不同。它们相互作用，此消彼长，逐渐从多元一体走向以中原为核心、以黄河流域和长江流域为主体的多元一统格局，再把周围地区也带动起来。这一格局的形成是中国古代文明的重要特点，也是她之所以具有无穷活力和强大凝聚力的重要原因，以至成为世界上几个古老文明中唯一没有中断而得到连续发展的伟大文明。

　　中国古代文明的内容非常丰富，包括物质文明、制度文明和精神文明等诸多方面。现在考古学揭示的主要是一个框架结构，具体内容的研究还很不够。例如对古城的研究看起来很热闹，实际内容不多。现在大多数古城仅仅找到一个城圈，城内有什么建筑设施，功能如何？城内和城外的关系如何？是否城市都要有城墙围护？如果不一定是，又如何确定城市的性质？凡此都要进行系统的考古发掘和深入的研究。仅此一例就可以知道要切实弄清楚中国文明的起源，不是短时期可以奏效的。需要有战略的眼光进行长期规划，把重点发掘和普遍勘察结合起来，把田野工作和室内研究结合起来，庶几可以收到事半功倍的效果。

　　我最近在一篇短文中指出〔1〕，研究古代文明及其起源，需要以考古学为基础，实行多学科合作，以便进行多角度和全方位的研究。这既是课题本身的要求，也是学科发展的必然趋势。关于考古学研究需要与人类学、民族学和各种自然科学合作已经谈论得很多了，这里不谈，不等于说不重要。这里我想特别强调一下古文字学和古文献学的重要性。因为考古发现的古代遗存，往往涉及十分广泛的社会历史内容，诸如城郭制度、宫庙制度、陵寝制度、棺椁制度、车马制度、礼器制度乃至各种器物的命名和用途等，都是中国古代文明的重要内容，讲文明起源不能不讲这些制度的起源，如果不结合古文字和古文献的研究，这些情况就难以彻底弄清楚。再如某些考古学文化族属的考订，某些上古地名特别是一些重要都城的认定等等，无不需要结合古文献和古文字的研究。有人认为强调与文献相结合会丧失考古学的特点，不足为法。我却认为这恰巧是中国考古学的特点和优点，必须发扬。如果把握得好，中国文明起源的研究必将取得更加辉煌的成果！

　　　　（原载《文物》1999 年第 10 期。后收录在《农业发生与文明起源》，
科学出版社，2000 年）

　　〔1〕　严文明：《以考古学为基础，全方位研究古代文明》，《古代文明研究通讯》第 1 期，1999 年。

中华文明的始原和早期发展

　　大约在距今五千年，人类历史发生了一次巨大的飞跃。西亚及其附近的北非诞生了苏美尔—阿卡德文明和古埃及文明，南亚诞生了印度河文明，在东亚的神州大地也出现了文明的曙光，一个崭新的时代开始了。世界那么大，人类历史那么长，为什么恰恰在这个时候和这几个地方首先发生文明，并且深深地影响往后整个人类历史的进程，其中其实是有深刻的地理环境和历史背景原因的。要讲清楚中华文明的始原，自然要从地理环境和历史背景的分析着手。

一　中华文明发生的地理环境和历史背景

　　中国位于亚洲的东部，西起帕米尔高原，东邻太平洋，北抵黑龙江边的漠河，南达南沙群岛南端的曾母暗沙，陆地面积约960万平方千米。伟大的中华文明就诞生在这一片神州大地上。

　　中国的地形西高东低，好像三级巨大的台阶：第一级台阶在东南沿海和近海地区，包括东北平原、华北平原、长江中下游平原、江南丘陵和珠江三角洲平原等，大部分海拔在200米以下，丘陵部分也多在500米以下；第二级台阶包括云贵高原、四川盆地、黄土高原、新疆和内蒙古高原等，平均海拔1000~2000米；第三级台阶就是号称世界屋脊的青藏高原，平均海拔在4000米以上，边境还有世界最高的山脉喜马拉雅山。因此整个中国地形的态势是西高东低，背靠亚洲腹地而面向浩瀚的太平洋。中国的海岸线长达18000多千米，有包括台湾岛和海南岛在内的5000多个岛屿，还有作为我国内海的渤海和宽阔的大陆架，海疆面积约300万平方千米，海洋资源十分丰富。可见中国不但是一个有着广阔腹地的大陆国家，同时也是一个面向海洋并且拥有广大海疆的海洋国家。在研究中华文明形成的地理环境时，不能不首先考虑这个基本情况。

　　由于地域辽阔，南北纬度相差甚大，气温有很大的变化，从北往南跨越了寒温带、温带、暖温带、北亚热带、中亚热带、南亚热带和热带。降水量因为距离海洋的远近也有很大的差别，从东南往西北可以分为湿润、半湿润、半干旱和干旱等区。加以地形复杂，所以各地的自然环境很不相同。

根据自然环境最主要因素的差异，可将全国划分为三个大自然区，就是东部季风区、西北干旱区和青藏高寒区[1]。东部季风区大约占全国面积的 46%（一说 45%），现今人口占全国的 96% 以上，是我国经济文化发展的主要地区。西北干旱区和青藏高寒区大约占全国面积的 55%，而人口不足 4%。前者地处内陆，干旱少雨，多沙漠和草原，历来是我国重要的牧场。后者地势特高，水分不足，植被发育不良，只有河谷地带才有一些森林，经济文化的发展自然会受到很大的制约。

即使在东部季风区，各地的自然环境也是有很大差异的。根据综合自然区划的原则，本区又被划分为东北、华北、华中、华南和西南五个地区。东北地区纬度最高，因为接近世界上最冷的地方——号称寒极的维尔霍扬斯克和奥伊米亚康，又受西伯利亚与蒙古高压气团的控制，所以冬季漫长而气候严寒，比世界上同纬度的其他地区平均低 10℃ 左右。植被多为冷湿性森林与草甸草原，森林资源十分丰富。在史前时期，这里是发展狩猎和采集经济的好地方，但是不适于发展农业。华南地区位于我国最南部分，年平均气温超过 20℃，年降水量约 1400～2000 毫米，是一个高温多雨、四季常绿的热带—亚热带区域，自然资源十分丰富，一年四季都可以比较容易地获取天然食物。如此优越的条件反而不易激发人们的创造精神，缺乏用人工方法生产食物的压力和动力，加以境内多山而少平地，农业的发生就相对滞后。西南地区的气候接近于华南地区，但是地势较高，更加多山而极少平地，也不利于农业的发展。世界上的古老文明都是在农业发达的基础上发生的，上述各地区既然不利于农业的发生和早期发展，自然也不利于文明的发生和早期发展。这样人们自然会把注意力集中到华北和华中两个地区。

华北地区的自然环境有三大特点。一是属于中纬度暖温带季风气候，夏季炎热多雨，水热同步。年降水量约 400～800 毫米，基本上是半湿润至半干旱状态。冬季受极地大陆气团控制，时有寒潮，气候寒冷，年平均气温比世界上同纬度的其他地区低 8～10℃。加上春季干旱且多风沙，大陆性气候的特点比较明显。二是黄土广泛分布。从更新世早期开始，定向的西北风把蒙古高原的沙尘吹向整个华北大地，形成世界上面积最大、堆积最厚和发育最全的黄土。黄土最集中的地方在黄土高原，中心地区的堆积厚达 100～200 米。一般地区也有 50～100 米。华北平原则主要是从黄土高原冲刷下来的黄土的再造堆积，但在山丘地带包括山东丘

〔1〕　中国自然地理编写组：《中国自然地理》（第二版），高等教育出版社，1984 年，153～160 页。

陵直至渤海与黄海之交的长岛也都有原生的黄土堆积。黄土质地疏松，易受侵蚀。而黄土高原又是我国著名的暴雨区，每年夏季暴雨的冲刷会造成千沟万壑，使黄土高原的地貌十分破碎，土壤发育不良。但在河谷和平原地带土壤比较肥沃，是发展旱地农业的好地方。三是黄河贯穿全境。黄河是中华民族的母亲河，也是中国的第二大河。它发源于青藏高原巴颜喀拉山支脉的卡日曲，经青藏高原、黄土高原和华北大平原注入渤海。在进入黄土高原时，一遇夏季暴雨，就有大量的泥沙汇入。据河南陕县水文站的记录，多年的平均含沙量高达每立方米 37 千克，是世界上大河中含沙量最高的。黄河的输沙量更是多得惊人，据陕县站的记录平均每年约 16 亿吨，1933 年曾经达到 39.1 亿吨。黄河在经过三门峡后地势平缓，大量泥沙沉淀下来，河床不断淤高，河流就不断改道。据有历史记载的 2000 多年中，黄河决口泛滥就有 1500 多次，大幅度的改道有 26 次。向北的决口破坏了海河的水系，甚至夺海河从天津注入渤海；向南的决口破坏了淮河水系，有时甚至夺淮入江。这是在有堤防时出现的情况，在史前时期更可以自由摆动。这样就造成了以郑州西北的沁河口为起点，北至天津，南到淮阴大约 25 万平方千米的平原地带，都是黄河泥沙淤积的范围。换句话说，整个华北大平原主要就是由黄河的泥沙淤积而成的。本区土壤发育较好，含矿物养分较高，适于发展旱地农业，水洼地带也可以发展水田农业。

华中地区位于北纬 25~34°，按照一般规律应该属于副热带高压控制的干旱气候。但是由于青藏高原的隆起导致行星风系的改变，使这里成为湿润的亚热带季风气候，冬温夏热，四季分明，降水丰沛且季节分配比较均匀，是全球同纬度气候条件最好的地区。本区年降水量约为 1000~1600 毫米，个别地方可达 2000 毫米以上。因此本区的江河纵横，平原地区水网密布，湖泊星罗棋布。中国最大的河流长江大部分流经本区，其流量是黄河的 20 倍。中国的四大淡水湖鄱阳湖、洞庭湖、太湖和洪泽湖都在华中地区，湖泊最多的湖北省更有千湖之省的称誉。加上有较长的海岸线和众多岛屿，所以水产资源十分丰富，水上交通也十分方便。本区有肥沃的长江中下游平原，水热条件都很优越，适宜于种植水稻等农作物，历来是我国农业和多种经济最发达的地区。

上面的分析说明，在广阔的神州大地上，最有利于农业发生和发展的事实上只有华北和华中两个地区，它们是农业发生与发展的两大温床。这两大温床比西亚和中美洲的两个农业温床要大得多，而且正好处在中国的核心地区。二者紧相毗连又各有特色，能够相互补充，这在世界上是独一无二的。它们的发展对于中华文明的起源、文明特点的形成以及往后的发展道路都具有十分深远的影响，是伟大的中华文明的摇篮。

在中国地理环境中还有一个特点是不能忽视的，就是在国境的周围有明显的天然屏障。最西部有帕米尔高原，从那里往东北走有天山、阿尔泰山、蒙古戈壁沙漠、大小兴安岭和黑龙江，往南折有长白山等；从帕米尔高原往东南走有喜马拉雅山、横断山脉和与中南半岛交界的一系列山脉；东部和东南部则是广阔的海洋。在史前或上古时期，这些屏障都是难以逾越的。加上世界上几个最古老的文明发祥地离中国都很远，同距离最近的古印度河文明中间恰巧又隔着世界最高的喜马拉雅山和青藏高原，同中华文明的核心区仍然很远而难以沟通。因此中华文明只能是本地起源的，在早期的发展中也很少与外界文化发生关系，是世界上少有的原生性文明之一。

中国从什么时候开始有人类居住，是考古学者一直关注的问题。一些迹象表明，在地质上的更新世早期，在现代中国的大地上就已经有人类活动。安徽繁昌人字洞、河北阳原泥河湾地区的马圈沟等地都发现了当时人类使用的石器，绝对年代都在 200 万年以前。据说重庆巫山也发现了 200 万年以前的石器，同时还有人类牙齿化石出土，并被命名为巫山人，但学界还有不同看法。云南元谋上那蚌更新世早期地层中也出土了石器和人类牙齿化石，据古地磁测定大约为 175 万年。此外在湖北建始高坪龙骨洞和郧县龙骨洞采集的人类牙齿化石也被认为是属于早更新世的早期直立人[1]。这些遗存尽管还比较零散而不丰富，但是涉及的范围很大，年代之早已经离人类起源的时期不远。所以有些学者认为在探讨人类起源和早期发展的问题时，除了要重视非洲，亚洲也应该受到必要的关注，尤其不能忽视中国的有关发现[2]。不过这些最早的年代记录都是由古地磁方法测定的，准确性不是很高。中国火山不甚发达，至今没有发现被火山灰覆盖的古人类遗址，无法像非洲那样用比较准确的钾氩法测定年代，选择古地磁法测年乃是不得已而为之。这样，在研究人类起源的实际年代时，亚洲（主要是中国）和非洲在一定程度上存在着不可比性。再者，由于亚洲至今还没有发现比直立人更早的相当于非洲能人的化石，没有证据说明亚洲有过南方古猿，早期直立人的材料又比较零散，多数学者还是认为人类最初起源于非洲，而后扩散到亚洲等地，由于遗传和选择因素的作用，造成了群体变异和地区性的连续性特征[3]。看来这个问题还

---

[1]　董兴仁：《中国的直立人》，《中国远古人类》第二章，科学出版社，1989 年，19 页。

[2]　张森水：《旧石器时代考古》，《中华人民共和国重大考古发现》（1949～1999），文物出版社，1999 年，20 页。

[3]　张森水：《旧石器时代考古》，《中华人民共和国重大考古发现》（1949～1999），文物出版社，1999 年，23 页。

不到下结论的时候，还需要进一步地研究。

相比之下，中国晚期直立人的资料是相当丰富的。其中比较重要的有陕西的蓝田人、北京的北京人、安徽的和县人、南京的汤山人和湖北的郧县人等。蓝田人化石包括一个中年女性的头骨和一个老年女性的下颌骨，分别发现于蓝田县的公王岭和陈家窝。二者在形态上也有差异，前者明显比北京人原始而后者则比较接近于北京人。据古地磁测量，前者的年代为 115 万~110 万年，而后者只有 65 万年〔1〕。北京人化石出自北京西南周口店第一地点的第 3~11 层，从 1927 年起连续多年的发掘，获得了属于 40 多个个体的大量标本。据裂变径迹、铀系、热释光和古地磁等多种方法的测定，其绝对年代为 46 万~23 万年。北京人是世界上最早发现的直立人之一，资料又十分丰富，长期以来成为研究直立人的典型标本。

中国早期智人的化石标本也很丰富，比较重要的有辽宁营口的金牛山人、陕西的大荔人、山西襄汾的丁村人、山西阳高的许家窑人、安徽的巢县人和广东曲江的马坝人等〔2〕。中国的晚期智人化石已经发现有 40 多处，其中出有比较完整头骨的有北京的山顶洞人、广西的柳江人、四川的资阳人、陕西的黄龙人和贵州的穿洞人等。在原河套人地点附近的萨拉乌苏层中就发现了 23 件人骨化石〔3〕。至于与晚期智人同时的旧石器时代晚期的文化遗址更是遍及全国各地。

从上述各个阶段的人骨化石中可以看出其发展有明显的承袭性与连续性。例如蒙古人种特有的铲形门齿，从最早的元谋人，经过北京人、金牛山人、丁村人到山顶洞人都是一脉相承的。一些重要的体质特征如面部较扁、鼻部较宽、鼻骨较直、上颌骨颧突与颧骨交接处有显著转折等，在各个阶段的化石人中都可以见到。这些特征的承袭与连续性，证明中国古人类的演化模式是以地区连续性进化为主，与周围地区的基因交流为辅〔4〕。现在有一种颇为流行的理论，认为全世界的现代人都起源于非洲，他们扩展到世界各地取代了原先在那里生活的早期智人。中国古人类化石研究的结果与这种理论是相冲突的，中国旧石器时代文化的

---

〔1〕　吴汝康：《陕西蓝田发现的猿人头骨化石》，《古脊椎动物与古人类》1966 年第 10 卷第 1 期。

〔2〕　吴新智：《中国的早期智人》，《中国远古人类》第三章，科学出版社，1989 年，24~41 页。

〔3〕　吴茂霖：《中国的晚期智人》，《中国远古人类》第四章，科学出版社，1989 年，42~61 页。

〔4〕　吴新智：《论中国古人类的连续发展》，《中国原始文化论集》，文物出版社，1989 年。

研究也是与这种理论不相符合的[1]。

人类进化到晚期智人，也就进化到了现代人，而现代人是有种族区别的。世界上有三大人种：蒙古人种、欧罗巴人种和尼格罗人种。人种的区别主要根据肤色、发色、眼色、发型、脸型、头型和身高等，其中不少与环境的长期影响有关，这与三大人种各有其主要分布区是不无关系的。不过这种分布区并不是在晚期智人形成的时候才出现的。早在直立人时期各大人种的主要分布区就已经有人类居住，没有证据证明这些人后来全部或绝大部分绝种了。所以人种某些特征的萌芽可以在早期智人乃至直立人化石上看到，蒙古人种尤其如此。据研究，欧罗巴人种和尼格罗人种之间的差别在童年时期比较小，到成年时期才比较显著；而蒙古人种在童年时期就与其他两个人种有显著的差别。这可能是因为蒙古人种的祖先同其他两个人种的祖先长期处于相当隔离的状态所致[2]。

中国是蒙古人种的主要分布区。在旧石器时代发现的晚期智人化石已经具备了蒙古人种的基本特征。在新石器时代遗址中发现了数以万计的人骨，其中经过鉴定研究的毫无例外地属于蒙古人种。韩康信和潘其风在全面研究我国古代人骨的体质特征后指出："黄河流域一些地点发现的新石器时代居民的遗骸一般地接近东亚或南亚人种，青铜时代居民接近东亚人种，与现代华北人有相当明显的关系。我国南方的早、晚新石器时代居民则有更明显的接近南亚人种的性质，并有同赤道人种相对比的性状。在我国北方和东北地区发现的青铜时代和更晚的古人骨骼上，较常见北亚人种或北亚和东亚人种混合的性质。"新疆没有发现青铜时代以前的人骨，从公元前 13 世纪以后才陆续有欧罗巴人种进入。所以他们得出结论说："中国的古代文明是在同其他人种成分相对隔离的基础上产生的，它对尔后中国古代文化长期持续稳定的发展起了重大的作用。"[3]总之，从人类学研究的成果来看，中国是蒙古人种的故乡，从古至今，中国的居民都是以东亚和南亚蒙古人种为主，兼有少量北亚蒙古人种，相互之间有不少混血的情况。从三千多年前起，一些欧罗巴人种进入新疆，以后更有少数人逐渐进入内地，华南一些地方甚至有尼格罗人种的成分。所以在人种的问题上，中国虽然一直以蒙古人种为主，但是对于少数其他种族的人，从来是采取四海之内皆兄弟的态度而不是相互排斥的。

---

〔1〕　王幼平：《更新世环境与中国南方旧石器文化发展》，北京大学出版社，1997 年，158 页。

〔2〕　见阿列克谢耶夫为罗金斯基和列文所著《人类学》一书中文版所写的序言（警官教育出版社，1993 年）。

〔3〕　韩康信、潘其风：《古代中国人种成分研究》，《考古学报》1984 年第 2 期，257、260 页。

如果说种族主要是依据人类体质特征来划分的，民族则主要是依据语言和文化等特征来划分的，与种族不是一个概念。中国现在是以汉族为主体，结合 55 个少数民族的统一多民族国家。汉族人口约占 92%，少数民族人口不足 8%[1]。其中 400 万人口以上的少数民族有壮、蒙古、藏、回、维吾尔、满、苗、彝 8 个。各民族有相对聚居的地方，也有一些是同汉族或别的民族杂居的，相互通婚的情况也不少，形成非常密切的关系。费孝通曾经把这种关系形成的格局称之为"多元一体格局"[2]。它是长期历史发展的结果，其始原甚至可以追溯到远古时期。

现在知道，中国的旧石器时代文化具有明显区别于非洲或欧洲旧石器文化的特点，同时自身又有不同的区系。到新石器时代，文化的区系更加明显，并且逐渐形成以中原地区为核心，以黄河流域和长江流域的若干文化区为主体，再联系周围许多个区域性文化的一种重瓣花朵式的格局[3]。从而为往后多元一体的民族格局奠定了基础。从古史传说的研究中也可以略知中华民族的起源是多元而非一元，同时在不同的部落集团之间又是有密切联系的。到夏商周华夏民族形成之时，其周围同时也出现了许多民族性群体。例如夏的东方就有一个强大的夷人族群，近年来发现于山东一带的岳石文化，是直接继承龙山文化而发展起来的早期青铜文化，一般认为它就是夏代东方夷人的文化[4]。事实上相当于夏王朝的东北方的夏家店下层文化、北方的朱开沟文化、西北方的四坝文化和东南方的马桥文化等都已经是青铜文化，应该初步形成了各自的民族群体，并且都与可能是夏文化的二里头文化发生不同程度的关系[5]。商族有自己的起源，但商的先公在

---

〔1〕　1953 年第一次全国人口普查，总人口为 5.826 亿，少数民族为 0.3532 亿，占全国人口的 6.06%；1964 年第二次全国人口普查，总人口为 6.9458 亿，少数民族为 0.3993 亿，占全国人口的 5.78%；1982 年第三次全国人口普查，总人口为 10.0871 亿，少数民族为 0.6729 亿，占全国人口的 6.7%；1990 年第四次全国人口普查，总人口为 11.3368 亿，少数民族为 0.912 亿，占全国人口的 8.04%。由于政府实行对少数民族适当优惠的政策，有些原来申报汉族的改报少数民族；加以对汉族和少数民族实行有区别的人口政策，使得少数民族的人口出生率比汉族为高，所以少数民族在全国人口中的比例有所上升。

〔2〕　费孝通：《中华民族多元一体格局》，中央民族学院出版社，1989 年。

〔3〕　严文明：《中国史前文化的统一性与多样性》，《文物》1987 年第 3 期。

〔4〕　岳石文化的个别遗存虽然在 20 世纪 30 年代就有所发现，但直到 80 年代才被确认并提出命名。现在确知这个文化是直接继承龙山文化而发展起来的早期青铜文化，绝对年代经多次碳-14 测定大约在公元前 19 世纪至前 17 世纪之间，正好落在夏代纪年范围之内。详见严文明：《夏代的东方》和《东夷文化的探索》，《史前考古论集》，科学出版社，1998 年，306~333 页。

〔5〕　李伯谦：《中国青铜文化的发展阶段与分区系统》，《华夏考古》1990 年第 2 期。

夏朝做官，事实上也属于夏。成汤革命，推翻了夏王朝而建立商朝，势力大为扩张。同样周族也有自己的起源，周文王原在商朝做官，当了西伯，所以周族的地方也应该属于商朝。武王革命，推翻了商朝而建立周朝，势力范围又扩大了许多。由于周朝统治的范围内包含了许多被征服的非华夏民族，除了周人故土和当时王畿范围以外，大多难以采取直接统治的方式。所以从武王时期起便广泛地实行封邦建国的办法，在各地建立了许多大大小小的诸侯国。为了能够对各诸侯国实行有效的控制，中央王朝便制礼作乐，在各封建国内大力推行王化，从而大大加速了华夏化的进程。春秋战国时期各国称霸称雄，周朝作为政治实体事实上已经分裂，但是在名义上大家还是承认有一个周天子，必要时要"假天子以令诸侯"。这个时期各国的经济文化有了很大的发展。由于大家使用同一种文字，只是写法稍有不同，相互交往并没有多大困难。一些学者可以到各国讲学，一些政治家也可以到不同的国家做官，促进了各国的接近，事实上也就是促进了各国的华夏化。华夏族形成和发展的过程，也就是华夏文明形成和发展的过程。由于华夏文明在中国处于核心地位，又是最先进和影响力最大的，所以成为中华文明上古时期的代表。

二　神话、传说和历史

中国人十分重视自己历史的记述。早在春秋时代各诸侯国就有了系统的历史记载。在此以前尚有所谓虞、夏、商、周之书。如果说商、周之书多是可靠的，那么所传虞、夏之书则多为后人的追述。再往以前追溯便只有零散的传说，在可能包含有历史真实的传说时代以前的荒远年代，已经越出历史记忆的范围之外，在考古学发生以前，人们不可能获得任何真实的知识，只能构建一个可以任意驰骋想象的神话世界。而传说时代的许多人物和事件，也往往附丽以神话的色彩。

关于开天辟地和创造人类的神话，有女娲和盘古的故事。女娲的故事出现得较早，《山海经》中有所谓"女娲之肠"。楚辞《天问》云："女娲有体，孰制匠之?"是说女娲造了人类，谁又造了女娲呢?《太平御览》卷七八引《风俗通》讲得比较详细："俗说天地开辟，未有人民。女娲抟黄土作人，剧务，力不暇供，乃引绳于絙泥中，举以为人。故富贵者，黄土人也;贫贱凡庸者，絙人也。"一说女娲和伏羲均为华胥所生，人身蛇躯，兄妹结婚以繁衍人类。在汉代的画像石和画像砖以及壁画墓中，多有伏羲、女娲人身蛇躯相互交尾的图像，说明这个故事在古代是流传很广的。女娲补天的事首见于《淮南子》，其《览冥训》云："往古之时，四极废，九州裂，天不兼覆，地不周载。火爁炎而不灭，水浩洋而不息。猛兽食颛民，鸷鸟攫老弱。于是女娲炼五色石以补苍天，断鳌足以立四极，杀黑龙以济冀州，积芦灰以止淫水。苍天补，四极正，淫水涸，冀州平，狡虫死，颛民生。"她创造了人类，还要给人类创造一个良好的生存环境，的确是一位值得纪念的天神。

盘古的故事较早见于三国徐整的《三五历记》，书中写道："天地混沌如鸡子，盘古生其中，万八千岁。天地开辟，阳清为天，阴浊为地。盘古在其中，一日九变，神于天，灵于地。天日高一丈，地日厚一丈，盘古日长一丈。如此万八千岁，天数极高，地数极深，盘古极长。后乃有三皇。"《五运历年记》又说："首生盘古，垂死化身。气成风云，声为雷霆，左眼为日，右眼为月，四肢五体为四极五岳，血液为江河，筋脉为地里，肌肉为田土，发髭为星辰，皮毛为草木，齿骨为金石，精髓为珠玉，汗流为雨泽，身之诸虫因风所感，化为黎甿。"这个故事可能首先产生于南方，而后在全国民间广为传播。创世神话中还有有巢氏构木为巢、燧人氏钻燧取火、伏羲氏制作网罟、神农氏教民稼穑等等，多系后人对往昔历史的逻辑推测，把人类产生之后一些最重大的发明附丽于几位想象中的圣王身上。

进入传说时代，涉及的人物和事件较多，加以各家说法不一，真假杂糅，董理实属不易。《尚书》仅追溯至尧舜，《史记》则以《五帝本纪》作为开篇。于是人们常常把五帝所处的时代作为传说时代，五帝的历史便成为传说时代的主要内容。实际上所谓五帝不过是一种整齐化的说法，在不同的著作中五帝的具体人物和排比秩序多有不同。《史记》主要依据《大戴礼记》的《五帝德》和《帝系》，把黄帝、颛顼、帝喾、帝尧、帝舜作为先后相继的五帝，《国语·鲁语》和《吕氏春秋·古乐》等也持这一说法。第二种说法是把伏羲、神农、黄帝、帝尧、帝舜列为五帝，见于《易·系辞》《战国策·赵策》《庄子·缮性》《淮南子·俶真训》等。第三种说法是把太昊、炎帝、黄帝、少昊、颛顼称为五帝，见于《吕氏春秋·十二纪》《礼记·月令》《淮南子·天文训》等书。第四种说法是把少昊、颛顼、帝喾、帝尧、帝舜作为先后相继的五帝，见于《世经》和《帝王世纪》。可见直到汉代，五帝的问题并没有形成定论，只是因为《史记》采取了第一种说法，所以影响较大。实际上传说中称为帝的人物还有不少，例如帝俊在《山海经》中的地位就非常显赫，他如帝鸿、帝江、帝丹朱等还有许多。反映当时大约是一种万国林立的局面，那些所谓帝大约就是各个大大小小国家或部落的首领。他们出现的先后次序除了尧舜较晚似乎没有异议以外，其他多不易确定。

蒙文通注意到不同的传说出自不同的史学系统，他认为晚周史学可以分为东系、北系和南系〔1〕。各系所传承的古史系统不同，追根溯源，可知其远祖有可能属于不同的族系，可以相应地划分为河洛民族、海岱民族和江汉民族〔2〕。而徐旭生的《中国古史的传说时代》则划分为华夏集团、东夷集团和苗蛮集团，并且有更加详细的分析〔3〕。这种划分虽然难以十分准确，但是如果同新石器时代的考古学文化系统相互参照，大致上还是符合的，说明这种划分的确反映了一定的历史真实。

反映各民族集团关系的事件中，最有影响的有两件事，较早是黄帝与蚩尤的战争，较晚是尧、舜、禹连续征伐三苗的战争。此外见于先秦文献的还有许多大大小小的战争，这是行将进入文明社会的重要前兆。如果说黄帝与蚩尤的战争在考古学文化上还难以得到印证，那么征伐三苗的事则可以看到一些比较明确的迹象，证明这一类传说并非空穴来风，而是包含有真实历史成分的。

各种五帝说的前三帝多有矛盾，也许根本就没有传承关系。但是后二帝尧舜以及禹的关系则是比较清楚的。在先秦古籍中，舜继尧、禹继舜是没有不同说法的。但是儒家和墨家认为这种传承是依据选贤举能的原则，是禅让。而在古本《竹书纪年》和法家的著作中则说成是争夺，是斗争。尧本属陶唐氏，地处冀方；舜本属有虞氏，地望偏东；禹为夏后氏，地望略偏南。三者有些像联盟的关系。尧把两个女儿嫁给舜，又有联姻的关系。据《尧典》所述，尧舜的政府机构已经比较复杂，而且有刑法和军队。政府的职官并不是各个氏族或部落的代表，而是负责各专业部门的管理。因此已经是名副其实的国家，而不是什么部落联盟了。而且在尧舜寻找继承人的时候，首先被举荐的都是他们的儿子。只不过他们觉得自己的儿子担负不了那么重大的责任，才采取选贤举能的办法。禹也曾先后举皋陶和伯益，授之政，禹死后才由他的儿子即位。所以孔子说"唐虞禅，夏后殷周继，其义一也"（《孟子·万章》）。

传说时代的各项事件中，影响最大，并且几千年来传诵不息的莫过于大禹治水的故事了。在先秦的古籍中，讲到大禹治水最生动的是《孟子·滕文公上》的一段话。孟子说："当尧之时，天下犹未平，洪水横流，泛滥于天下。草木畅茂，禽兽繁殖，五谷不登，禽兽逼人，兽蹄鸟迹之道交于中国。尧独忧之，举舜而敷治焉……禹疏九河，瀹济漯而注诸海，决汝汉排淮泗而注之江，然后中国可得而食也。当是时也，禹八年于外，三过其门而不入。"《孟子·滕文公下》也有很生

---

〔1〕　蒙文通：《中国史学史》，《蒙文通文集》第三卷《经史抉原》，巴蜀书社，1995年。
〔2〕　蒙文通：《古史甄微》，商务印书馆，1933年。
〔3〕　徐旭生：《中国古史的传说时代》（增订本），文物出版社，1985年。

动的描述。此外，《尚书》中的《尧典》《皋陶谟》和《禹贡》，《诗经》《论语》
《墨子》《左传》《国语》《庄子》《荀子》《韩非子》《尸子》和《吕氏春秋》等，
也都有关于大禹治水的记载或者赞颂之词。例如《诗经》中的《商颂·长发》就
有"洪水茫茫，禹敷下土方"的诗句；《大雅·文王有声》："丰水东流，维禹之
绩。"《鲁颂·閟宫》："奄有下土，缵禹之绪。"莫不是颂扬大禹的丰功伟绩。大
概由于他的事迹过于神奇，所以在有些书中又把大禹描述为神。

　　在传说中讲到洪水的地方还有很多，所以大多数人相信中国远古时代曾经有
过一个时期给人类造成重大灾害的大洪水。治水的人物也有很多，例如共工就是
一位著名的治水人物，但是有的书又说"共工振滔洪水，以薄穷桑"（《淮南子·
本经训》），《国语·周语下》也有类似的说法，成了一个反面的神话人物。但共
工的后裔佐禹治水还是有功的。《左传·昭公元年》说金天氏和他的儿子台骀疏通
了汾水和洮水，后来成为汾水之神。《左传·昭公二十九年》引蔡墨曰："少昊氏
有四叔，曰重曰该曰修曰熙……修及熙为玄冥，世不失职，遂济穷桑。"可见修和
熙是专职的治水官，而且很有成绩。至于大禹的父亲鲧治水失败因而被诛的故事
更是大家所熟知的。治水难，在技术水平比较低下的远古时代更难，而大禹获得
成功，无怪乎人们对他是那样地崇敬。

　　传说时代的创造发明，最集中地见于《世本·作篇》。但《世本》早已失传，
根据他书所引，大致有伯余作衣裳，史皇作图，沮诵仓颉作书，大桡作甲子，鲧
作城郭，尧作宫室，化益作井，祝融作市，仪狄作酒，夔作乐，昆吾作陶，芒氏
作罗，棣首作算数，容成作调历，伶伦造磬作律，蚩尤以金作兵，巫咸作筮，巫
彭作医，奚仲作车，共鼓货狄作舟，垂作规矩准绳，咎繇作耒耜，挥作弓，夷牟
作矢，雍父作杵臼，胲作服牛，相土作乘马，宿沙煮盐等等，惜多语焉不详。其
他许多先秦古籍也有不少关于创造发明的记述。把所有创造发明都系于个人不一
定正确，何况有些说法又相互矛盾，所以不足凭信。但这些发明大多可以与现今
的考古发现相参照，显然并非向壁虚构。如果我们不拘泥于个人而把那些发明看
成那个时代的产物，可能更加接近于真实。由此可见，在传说时代，涉及人们的
衣食住行、社会生活、文物典章制度等各个方面都已略具雏形，从而为文明社会
的成立奠定了充分的物质基础。

　　传说时代还有一件重要事情是专职巫师的出现。《国语·楚语下》记观射父对
昭王问曰："古者民神不杂……及少昊之衰也，九黎乱德，民神杂糅，不可方
物……颛顼受之，乃命南正重司天以属神，命火正黎司地以属民。使复旧常，无
相侵渎，是谓绝地天通。"这就是说，在颛顼之前是民神杂糅，家为巫史，没有专
职的巫师。而颛顼时则设立专职巫师，只有他们才能够沟通民神与天地。这是世

界宗教发展史上的通例，是走向文明的重要步骤。关于颛顼的宗教改革，徐旭生有过非常详细的论述[1]。应当指出的是，由于有专职司天司地的巫师，他们不但执行宗教职事，还有足够的时间和经验注意天文和地上的变化，于是就有可能创造出历法。传说中的颛顼历大概就是在这个时候创造出来的。

从以上情况来看，传说时代是一个社会发生深刻变化的时代：一方面生机勃勃，充满着创造发明；一方面社会剧烈动荡，冲突不断，英雄辈出。那是中国的英雄时代，文明的曙光就是在那个时代开始从东方显露出来。

如果说传说的历史不免掺杂许多后人的想象，或者如徐旭生先生所说，一些学者为了理出一个大致能够自圆其说的系统，把一些不相干的人物和事件硬拉上关系，因而在一定程度上失去了历史的真实。那么自从考古学出现以来，对于这段历史的情况就越来越清楚了。

在中国，以田野调查和发掘为基础的考古学是从 1921 年河南渑池县仰韶村遗址的发掘才起步的。仰韶村遗址距今约 7000~5000 年，稍后对北京周口店遗址的发掘，又发现了距今将近 50 万年的北京人及其文化遗存。至于河南安阳殷墟的大规模发掘，更是使商代晚期以来的中国文明史得到了丰富的地下实物遗存的确证。不过那时的考古工作还处在初创阶段，只是在少数遗址上有较大的突破，仅仅根据那些资料还无法对中国的史前史和早期历史形成比较全面而系统的认识。

近 50 年来，中国考古学得到了迅速的发展。初步理清了史前文化的发展谱系和复杂的结构，基本上弄清了农业的起源及其早期发展，以及由此而形成的全国史前经济的格局及其对社会与文化发展的影响。对聚落演变的研究又有力地促进了中国文明起源的探索。对夏文化的探索有明显的进展，对商周文化的研究日益深入，而且对夏商周周围的诸多青铜文化有了基本的体系性的认识。特别是近年来甲骨文（包括西周甲骨文）、金文、简牍、帛书等古文字资料大量涌现，大大充实了我们关于先秦历史的知识。

三　中华文明的曙光

前面谈到中国有两个农业起源的温床，而且实际上形成了两个农业起源中心。这两个农业起源中心后来发展为两大农业区，并且形成两大农业体系。至此整个中国的经济区划以及由不同经济对文化造成的影响而形成的格局，事实上已经基本上奠定了。这是在新石器时代中晚期发生的事，也就是距今 9000~5000 年之间

---

〔1〕　徐旭生：《中国古史的传说时代》（增订本），文物出版社，1985 年，74~87 页。

发生的事情。这个格局的基本情况是：

（1）以黄河流域为主的华北地区为旱地农业区，主要种植粟和黍，也有少量水稻，可能还有大豆。有成套的适应耜耕农业的农具。饲养家畜以猪为主，其次有狗、牛、羊，但没有马。居室多采用单间半地穴式或窑洞式，可以称为旱地农业经济文化区。

（2）以长江流域为主的华中地区为水田农业区，主要种植水稻，也有少量粟和黍，有成套的适应水田耕作的农具。主要养猪，也养水牛、狗和羊。居室多为分间长屋，采用台基式或干栏式，可以称为水田农业经济文化区。

（3）华南地区自然资源丰富，采集经济发达，同时受华中地区的影响而有一定的水田稻作农业，沿海地带则主要是渔捞采集经济，这里有比较多的洞穴遗址和贝丘遗址，是半农半采集经济文化区。

（4）东北地区史前文化中常有较多的细石器，是狩猎经济比较发达的表现。同时因受华北地区的影响而有一定的旱地粟作农业，北部兴安岭一带则主要是狩猎兼采集经济，是半农半狩猎经济文化区。

（5）内蒙古、新疆和青藏高原，也就是自然地理区划中的西北干旱区和青藏高寒区，在新石器时代人烟稀少，也没有发展农业的条件，是狩猎采集经济文化区，后来发展为我国主要的畜牧经济区。

从这个经济文化区的基本格局便可以看出，至迟在新石器时代中晚期，全国的经济文化重心已经确立为华北和华中，或者说是黄河流域和长江流域。

在华北和华中地区不但农业经济比较发达，手工业也是比较发达的，正是农业经济的发展，为手工业的发展提供了坚实的物质基础。开始手工业是与农业紧密地结合在一起的。一个人农忙的时候务农，农闲的时候从事各种生活必需品的制造，没有专门的手工业者，只有一些在某些专业上比较能干的人。到了铜石并用时代（大约为公元前 3000～前 2100 年）情况就发生了明显的变化，一些高档的、技术要求很高而并非日常生活所必需的手工业品发达起来了。例如玉器、漆器、象牙雕刻、丝绸、铜器和高档陶器等，其中大部分早在新石器时代中晚期就已出现，只是规模不大，技术水平也不甚高。这时则完全为贵族所控制，不但有了一定的规模，技术水平也大为提高。这样就出现了两种手工业：一种是与一般人日常生活与生产紧密相连的，例如石器、木器、陶器、骨角器的制造，筐篮的编织和普通的纺织与衣服制作等，不一定要专门的手工业者，普通人就可以做，可以叫作普通手工业。一种是高档手工业，必须有专门的手艺匠人，他们有较高的技艺、智慧和文化素养，却是专门为贵族服务的。因此手工业的分化又加强了社会的分化和等级化，进而又促进了社会文明化的进程。我们注意到一些高档次的手工业有明显的区域性，例如玉器最发达的地方在长江下游，其次在燕辽地区，再次在陕甘地区；漆器和丝绸主要在长江中下游；最高档的陶器蛋壳黑陶和有细密针刻花纹的磨光黑陶分别出于山东的龙山文化和长江下游的良渚文化之中，而这些地方文化的文明化程度也比较高，应该不是偶然的。

　　由于农业和手工业的发展，导致了所有制关系、交换关系和分配关系的发展，导致了社会的进步，促进了从村落到国家的演变历程。这种情况，从聚落形态演变的过程中可以比较明显地反映出来[1]。新石器时代早期，由于农业的发生以及集约性采集经济的发展，人们普遍地走向定居，出现了一些规模甚小的聚落。到新石器时代中期，主要是由于农业的发展，农业区的聚落明显扩大，一个聚落中有几十座以至上百座房屋。聚落的布局往往是凝聚式的，房屋虽然略有大小但没有质的区别，反映一种自给自足的平等的有组织的社区生活。新石器时代晚期聚落规模又有所扩大，至少在农业区是如此。聚落布局往往是凝聚式和内向式的，同时内部又是有区划的。从房屋、墓葬和一些生产设施反映的情况来看，当时的社区经济仍然是自给自足的。人们之间的关系是基本平等的、有组织的和有相当凝聚力的。不过有些产品的交换还是经常发生的，例如长江三峡地区土地狭窄不宜农耕，而江边的砾石则是制造石器的好原料。那里的许多聚落便以制造石器为生，并且初步形成了一个石器交换网。类似的情况在别处也能够看到一些。在一些文化最发达的地区出现了个别的中心聚落，其中房屋和墓葬都发生了一定程度的分化，个别聚落甚至筑土城防护，预示社会将有一个显著的变化。

　　到铜石并用时代，聚落内部和聚落之间都发生了分化，大经济文化区之间的发展不平衡现象也突显出来。在一个考古学文化的范围内，有时可以看出中心聚落、次中心聚落和普通聚落的金字塔式的结构。在中心聚落的内部，有时可以看到殿堂式的建筑、高等级房屋和普通房屋的差别，而这种差别在墓葬中表现更为明显，说明这时的社会已经分裂为不同的等级。从前武器和狩猎工具是不分的，现在则普遍出现了专门用作武器的石钺，军事指挥者则用玉钺。到处都有被杀死者的乱葬坑，说明战争已经成为社会生活中的严重问题。为了有效地保护自己，一些中心聚落的贵族们便组织大量人力修筑城池。到目前为止，在全国发现的史

　　[1]　严文明：《中国新石器时代聚落形态的考察》，《史前考古论集》，科学出版社，1998年。

前城址已经达到 50 多处[1]，其中有的只是军事城堡，有的则可能是古国的都城。例如山西襄汾陶寺古城的城内面积就超过 200 万平方米[2]，城内有多处夯土台基和高等级建筑的残迹；有估计超过一万座墓葬的公共墓地，有可能是王者的大贵族墓葬。说明城中聚集有相当数量的人口，而且很可能在一定程度上打破了氏族—部落的界限。从这些情况来看，陶寺古城已基本具备了都城的性质，说明这时很可能产生了最初的国家，而且此类国家大大小小还有许多，是一种小国林立的状态。中华大地上出现了文明的曙光，这与传说中的五帝时代的情况是基本上相合的。

上述变化并不是在一朝一夕之间实现的，更不是沿着直线顺利发展的，期间还有不少跌宕起伏。在铜石并用时代早期，长江流域中下游、黄河流域中下游和燕辽地区文明化的势头都很旺，甚至有进入初级文明的许多证据。但是到铜石并用时代晚期，长江流域中下游和燕辽地区的发展明显走向低谷，而黄河流域中下游则继续发展，从而为夏商周文明的相继勃兴奠定了基础。这种全局性的转变之所以发生，可能有多方面的原因。就长江中游而言，可能与尧舜禹时期连续征伐三苗有关；在长江下游，也许与良渚文化的过分特化，将过多的社会资财用于非生产性的工程和宗教性活动有关，加上自然灾害和外族的入侵，自然就会衰败下来。不过这只是文明发展进程中一时的起伏，并不是黄河周围的文化都消失了。只要看一看东周时期各大国的疆域同新石器时代以来的几个大文化区的范围基本相合，就知道几个暂时走入低谷的文化，其实还保存有深厚的底蕴。

在中华文明起源的研究中，夏鼐和苏秉琦都提出过十分重要的见解。夏先生认为文明的起源应该追溯到新石器时代[3]。苏先生则认为中国文明的起源是一个非常复杂的过程，应该有不同的模式。有原生型，还有次生型和续生型，最后才形成以汉族为主体的多民族统一国家[4]。他们的论述是符合实际情况的。

四　灿烂的夏商周三代文明

如果说龙山时代或五帝时代还只是初露文明的曙光，只能算是中华文明的前

---

〔1〕　赵辉、魏峻：《中国新石器时代城址的发现与研究》，《古代文明》（第 1 卷），文物出版社，2002 年。

〔2〕　何驽、严志斌：《黄河流域史前最大城址进一步探明》，《中国文物报》2002 年 2 月 8 日。

〔3〕　夏鼐：《中国文明的起源》，文物出版社，1985 年，96 页。

〔4〕　苏秉琦：《中国文明起源新探》，香港商务印书馆，1997 年，107~140 页。

奏，那么夏代就应该是中华文明的开始，商周便是中华文明第一次走向繁荣的时期。先秦文献中常常以三代指称夏、商、周，把夏看成和商周一样的王朝，只是时间有先后，发展水平当然也会有高低。可是夏代没有文献流传下来，所谓《夏书》至多不过是后人的追记。这样所谓夏代实际上也只是一个传说的时代。自从王国维于 1916 年发表《殷卜辞中所见先公先王考》和《续考》二文，看到卜辞中的殷世系与《史记·殷本纪》所记基本相同，证明《殷本纪》所记是可靠的。而殷的先公适当夏王朝之世。既然司马迁对殷先公的世次还很清楚，那么他在《史记·夏本纪》中所记夏王朝的世次和有关事迹也不会是没有根据的。至于从考古学上探索夏文化，基本上是从 1959 年以来才逐步展开的，并且取得了显著的成绩。一般认为，分布于河南西部和山西南部的二里头文化，无论从相对年代、分布地域、发展水平还是某些文化特征来看，都应该是夏文化。在这方面邹衡[1]和郑杰祥[2]有比较详细的研究，但是也还有一些不同的看法，这问题还不能认为已经最终解决。

比起夏王朝来，商代的历史就明确得多了。除了有为数不多但十分珍贵的文献史料外，还有超过 15 万片甲骨卜辞及数量巨大的田野考古资料。这些资料不但使整个商代的历史成为信史，而且对商代文明发展的高度及其丰富内容都可以有比较清楚的认识。周代特别是东周的历史文献已经比较丰富了，举凡政治、军事、哲学、思想、礼制、历史、地理、文学艺术等方面莫不有开创性的著作。周代考古也有许多重要的发现，诸如列国都城勘察和诸侯墓地的发掘，大批金文和简帛文书的发现，都极大地充实了周代文明史的内容。

根据文献记载，夏、商和周既不完全是一脉相承的，也不完全是并行发展的不同文化。固然在夏朝时商人就已经建立了自己的国家，但是二者关系密切，地域相邻。据说商汤的重臣伊尹曾经五就于桀，另一位重臣仲虺则是夏车正奚仲的后人。根据文献记载，商灭夏并不是异族的征伐，而是因为夏桀昏庸无道，人民痛苦不堪，而汤行仁政，他灭夏是打着诛无道以拯救百姓的旗号。汤在推翻夏朝以后所建立的商朝，是"尽有夏商之民，尽有夏商之地，尽有夏商之财"（《吕氏春秋·分职》），不但全面继承了夏和自己祖先的基业，而且又有很大的发展。周人灭商之前也有自己的国家，但是周文王曾经受商朝封为西伯，成了商朝的地方官，关系是很密切的。周人的文字就是商人使用的文字，周人的青铜器也是仿效商人的青铜器而发展起来的。至于周人的封建制度和宗法制度等，也应该是在商

---

〔1〕 邹衡：《试论夏文化》，《夏商周考古学论文集》，文物出版社，1980 年。

〔2〕 郑杰祥：《夏史初探》，中州古籍出版社，1988 年。

人有关制度的基础上发展完善起来的。所以孔子说殷因于夏礼，有所损益；周因于殷礼，有所损益[1]。总之，夏、商、周三代虽有差别，但是从整个中国历史来看，还是应该视为一个整体，代表中国文明的第一个高峰——上古时期的华夏文明。

　　这个时期国家的显著特点是分封世袭制，社会上氏族组织长期存在，统治集团则在氏族制的基础上逐渐发展为一种严密的宗法制，这在周代表现得特别明显。周初大封建，除了都城附近的王畿之地由王朝的官吏直接统辖外，绝大部分地方都被分封给王室近亲或当地首领以建立诸侯国。所谓分封，就是把一个地区的土地和人民都授予一位诸侯全权管理，即所谓授民授疆土，代代世袭。诸侯对王室的义务则是要镇守疆土，按时朝觐纳贡，必要时还要率领军队勤王。同样诸侯在自己的封疆内也可以把土地和人民授予亲属和亲信以为卿大夫，卿大夫又可以按照同样的道理封赐家臣。这样层层分封既是一种国体，又是一种政体。由于强调嫡长子继承和大宗小宗的区别，使得这种体制能够把政权和族权乃至神权巧妙地结合起来。既能保证中央和地方政权的巩固，又能够照顾到各个地方的具体情况，维系广大领域内不同族系和不同文化传统的各诸侯国的统治，并使之逐渐华夏化，为往后建立更加统一的中央集权制帝国奠定了基础。

　　分封制与土地制度密切相关。既然周天子可以把土地和人民分封给下属，那么说"溥天之下，莫非王土；率土之滨，莫非王臣"（《诗·小雅·北山》），就不能看成只是名义上的或只具有象征意义。在诸侯国内也是一样。《左传·昭公七年》说："封略之内，何非君土；食土之毛，谁非君臣。"诸侯以下的情况应该也是一样。除了层层分封，土地还常常作为对下属的赏赐。这样土地事实上成了从天子到以下各级贵族官吏多级所有的公产即所谓公田。先秦文献中常常把公田和私田对举，而且常常和井田制相联系[2]，说明农民是被组织起来的，他们的私田也只可能是按期分配的份田而不是真正意义上的私田。这种土地制度还深深地影响到赋税制度和军事制度，农民不仅要服劳役，也还要服兵役。从一定意义上

---

　　[1]　《论语·为政》：子曰："殷因于夏礼，所损益可知也；周因于殷礼，所损益可知也；其或继周者，虽百世可知也。"

　　[2]　先秦的井田制的具体情形究竟怎样，甚至是不是真有井田制那么一回事，学术界多有不同的看法。有些学者认为所谓井田制虽然不会像孟子讲的那么规整划一，但是如果把它看成基层的社会组织和农业生产单位，其中有公田和份地，代表着一种从原始公社所有制向私有制过渡的农村公社制度，应该是比较符合实际的。这种制度可能从夏代就开始实行，直到战国废井田开阡陌才完全改变，是三代实行的根本制度之一。参见徐喜辰：《井田制度研究》，吉林人民出版社，1982年。

来说，整个三代文明就是建立在这些根本制度之上的。

这个时期的物质文明不仅在许多方面是开创性的，而且是光辉灿烂的。例如都城的建设就达到了很大的规模。可能为夏代都城的二里头遗址面积在 6 平方千米以上，可能为商代早期亳都的郑州商城有内城和外郭，内城有 3 平方千米以上，外郭则近 20 平方千米[1]。新近发现的安阳花园庄商代中期的都城规模甚至更大，而安阳殷墟侯家庄西北岗王陵规模之宏大，殉葬人牲之多，也是罕见的。到东周时期，随着诸侯国势力的膨胀，他们的都城也得到极大的扩展，甚至功能也发生了相应的变化。如果说以前的外郭城仅是偶见，那么到东周就几乎成为定制。所谓"筑城以卫君，造郭以守民"（《吴越春秋》），说明都城的居民有所增加，对他们的安全不能不有进一步的考虑。这是都城制度的一个转变[2]。

三代物质文明的集中表现是青铜器。现在知道，中国的青铜时代基本上是与夏商周三代相始终的。江西瑞昌的铜岭、湖北大冶的铜绿山、安徽的铜陵和南陵等地都发现了商周时期的大型铜矿遗址，井巷系统和采矿设备都已十分完备。一些都城级的遗址如相当于夏代的二里头、早商的郑州商城、晚商的安阳殷墟、西周的洛阳北窑和东周晋国的新田（山西侯马）等处都发现了巨大的铸铜作坊遗址。制造的青铜器主要有鼎、簋、瓿、爵、鬲、尊、盘等包括炊器、食器、酒器、盛储器等通常作为礼器的容器，钟、铙、铃等乐器，钺、戈、矛、剑等兵器，軎、辖、衔、銮等车马器，斧、锛、凿、锯等手工工具，耒、镈等农具，镜、带钩等生活用具，以及货币和各种装饰品等，涉及社会生活的方方面面，其中尤以种类繁多、造型优美、纹饰独特的礼乐器，堪为中国青铜文化的一大特色。

近年来的研究证明，在夏商周青铜文明的周围还有一系列青铜文化。例如四川盆地的三星堆文化中有大量神人和假面具的造型，还有高大的神树，表现丰富的神话故事；江西大洋洲的青铜器中也有反映神话的内容，同时还有大量的农具；湖南宁乡发现的特大型铙也是别的地方所不见的。它们固然都受到夏商周青铜文明不同程度的影响，但是都有自己的特点，并且也在一定程度上影响了夏商周青铜文明。至于长城以北的广大地区内以游牧民族或半农半牧的民族为主体所创造的青铜文化，其青铜器多武器、用具和装饰品，体量轻巧易于携带，其装饰多用圆雕或半圆雕的鹿、羊、马、骆驼等动物形象。因此中国青铜文明是以夏商周为主体，同时结合不同系统的大青铜文明。只有全面地了解这些青铜文明的发展及

〔1〕　河南省文物考古研究所：《郑州商城——1953～1985 年考古发掘报告》，文物出版社，2001 年。

〔2〕　许宏：《先秦城市考古学研究》，北京燕山出版社，2000 年。

其相互关系，才能更深刻地了解夏商周青铜文明的成就和历史地位[1]。

在青铜文化的推动下，一些具有中国特色的手工业品这时也纷纷涌现，例如原始青瓷器、玉器、丝绸和漆器等。原始青瓷器在商代早期就多有发现，到西周更加普遍。中国瓷器的大发展虽然在唐宋以后，其始原则应追溯到商周时期。丝绸虽然是在新石器时代就已肇其端倪，大发展却是在商周时期。至迟在商代就有提花的文绮，还有刺绣，到东周各种织法的丝绸都已面世，花纹活泼流畅。从此丝绸在我国历久不衰，成为中国服饰的一大特色。

三代的精神文明集中表现在一大批古文献资料上，这与作为其载体的古文字（指作为中国主体文字的汉字的早期形式）的形成和广泛应用是分不开的。汉语的特点是词根语，单音节词发达，即使双音节词和多音节词也多是由单音节词组合演变而成的。汉语的这种特点，使得汉字长期保持一字一词，一字一音，而同音字用不同的造型来表达不同的意义，成为以形声字为主体并且将形音义巧妙地结合在一起的文字体系。与拼音文字特别强调发音准确不同，汉字可以用不同的方言朗读。在一个方言众多且发音差别极大的社会里，汉字可以毫无阻碍地起到沟通思想和传递信息的作用，甚至不同族系的人都可以比较容易地认识以至借用为自己的书面语言。中华文明之所以能够长期传承而不中断，并且有很强的亲和力，原因固然是多方面的，汉字的推广无疑也发挥了积极的作用[2]。

三代在天文、历法、算学、医药、哲学、史学、文学、音乐等许多方面都有开创性的成就，成为后来有关学科发展的重要基础。

历法是与农业生产密切相关的，由于农业的发展使得中国古代很早就产生了历法。传说最早有所谓黄帝历和颛顼历，后来又有夏历、殷历和周历。孔子提倡行夏之时，可能那时是夏历和周历并用。直到现在民间还是喜欢用夏历，它是一种改进了的阴阳合历。传说为夏历的《夏小正》成书虽晚，也可能反映夏历的基本精神。至于殷历则由于甲骨文的研究而有较多的了解。殷历也是以太阴纪月、太阳纪年的阴阳合历。用干支记日，一年分春秋两季并划分为十二个月，多余的天数设闰月来调整。由于历法还不十分精密，需要根据星象来进行调整，因此观

---

[1] 李伯谦：《中国青铜文化结构体系研究》，科学出版社，1998 年。

[2] 由于汉族的重大影响，历史上一些少数民族也仿照汉字来创造自己的文字。例如历史上曾经使用过的契丹文、西夏文、女真文以及壮族、瑶族、白族、水族和布依族等民间使用的土俗字，无不是以汉字为蓝本制定出来的。汉语和汉字还曾经对东亚一些国家产生过重大影响。例如朝鲜、日本和越南在古代就长期用汉语作为书面语言，或者用汉字语音记录自己的语言，形成一个超越国界的汉字文化圈。后来出现的朝鲜的谚文、日本的假名和越南的字喃等都是借用汉字的笔画、偏旁或方块字的构形创造出来的。

象授时成为政府的重要职能〔1〕。

三代思想文化的发展，到春秋、战国时期而臻于鼎盛。这个时期各诸侯国都在酝酿深刻的改革：废井田开阡陌，履亩计税，设郡县，改革世袭官制等等。社会经济与政治的转型，乡校的设立和士人的兴起，打破了文化教育完全由官方垄断的旧传统，开始出现私人讲学，学术思想也空前活跃起来。首先创办私学的是孔子，他提倡有教无类和诲人不倦，并且很重视因材施教。他的门徒号称有三千人，其中有不少著名的学者和社会活动家。孔子虽然相信天命，但着力研究的是人世间的问题而不大愿意谈鬼神。他提倡周礼，主张为国以礼和为政以德，当政者要节用而爱人，反对苛政暴政。孔子思想的核心和最高道德标准是仁，仁者爱人，做人要有仁爱之心。孔子自称是述而不作，但在整理和传播古代文献典籍方面还是做出了杰出的贡献。他说"吾自卫返鲁，然后乐正，雅颂各得其所"（《论语·子罕》）。据说经他删订过的有《诗》《书》《礼》《乐》《易》《春秋》等书籍，后来被视为儒家经典而流传至今，成为研究商周时期历史文化的最重要的典籍。孔子和以他为首的儒家学派的思想，在中国古代社会长期受到推崇而发挥极大的作用，他本人则被尊崇为至圣先师，成为上古时期最伟大的教育家和思想家。

比孔子稍后的墨子和他创立的墨家学派，在战国时期和儒家一样被视为显学。墨子主张兼爱，爱无差等。延伸到国家关系上就反对相互攻伐即非攻。他的尚贤比儒家的选贤举能更为彻底："虽在农与工肆之人，有能则举之"，要做到"官无常贵，民无终贱"（均见《墨子·尚贤》上），反对贵族的世官世禄。他的节葬和非乐等主张也是和儒家思想相对立的。

战国时期，兼并战争连绵不断，各国国君和贵族为了寻求富国强兵乃至统一天下的方略而争相礼贤下士，养士之风盛行。在这种情况下，士人的队伍空前扩大，他们著书立说，各成一家。除儒、墨外，还有以老、庄为代表的道家，以韩非为代表的法家，以及兵家、名辩家和阴阳家等。即使在同一家内也分成不同的派，所谓"儒分为八，墨离为三"（《韩非子·显学》）。儒家中最有名的孟子和荀子就属于不同的学派。可谓学派林立，群星灿烂，大师辈出。各个学派的代表人物可以不分国界地到处游说讲学，而当权者也多不主一家，允许各家之间相互批判和论争，从而形成了我国学术历史上少有的"百家争鸣"的盛况。各家的著述内容或有短长，但都有理有据，自成体系，处处闪烁着华夏文明的光辉，不但是整个中华文明的重要财富，也是对世界文明史的伟大贡献。

三代在精神文明方面的成就是多方面的，除了前面谈到的以外，在史学、文

---

〔1〕　常玉芝：《殷商历法研究》，吉林文史出版社，1998 年。

学和艺术等方面也都有开创性的成绩。

先秦古籍中多次引用《夏书》，其中有不少内容是今文《尚书》中没有的。《尚书·多士》中谈到"唯殷先人有册有典"，大概夏、商时期都已经有了官方的典册文书。到了西周，除了《尚书》中的周书以外，《诗》中的雅、颂有不少可以看作是商、周及其祖先的史诗。到西周晚期，周王朝和各诸侯国先后设史官修编年体的国史，有的卿大夫也编家史，可惜这些书都没有流传下来。到春秋末年，孔子主要依据鲁国的国史新编了一部《春秋》，除非常简练地叙述史实外，还包含有对历史事件和人物的评价。所谓笔则笔、削则削，寓褒贬、别善恶，以至于使乱臣贼子惧。《春秋》之后出现了一系列历史著作，其中有号称春秋三传的《左传》《公羊传》《榖梁传》和被称为春秋外传的《国语》，还有《世本》和后来发现的《竹书纪年》等。这些大部分是私人著作，体裁不一，有编年体、纪传体、纪事本末体和典志体等，其中以《左传》所记史实最为翔实。《竹书纪年》自黄帝、夏殷周写至战国时期的魏襄王，《世本》自黄帝写至春秋或战国末年，已带有通史性质。由于这个时期历史撰述不拘体裁和形式在多方面的实践，为后来史学的大发展准备了充分的条件。

商周时期是文学形成和初步发展的时期，主要的文体是散文和诗歌。春秋以前，《尚书》的一些篇章和某些铜器铭文可以视为最初的散文，文风古朴简练。到春秋战国时文风为之一转，特别是《左传》和诸子的一些著作，语言渐趋通俗化，记事条理清晰，形象生动，常常引用神话寓言和历史典故，富有说服力和感染力。诸子中的庄子更是具有极高的文学天才和驱使语言的能力，他思想豁达，感情奔放，气质浪漫，文章如行云流水，不可遏止，成为后世散文的范本。这个时期诗歌的成就集中表现在《诗经》和《楚辞》上。《诗经》是西周到春秋时期的诗歌总集，分为风、雅、颂三类。既有王室庙堂的乐诗，又有各诸侯国的许多民歌。当时有一种采风制度，采集反映民间生活和风俗的诗歌再经过文人加工便成了《诗经》中的国风。《诗经》多为四言体，能够配乐歌唱，是中国诗歌的开山之作。战国时期，在南方的楚国出现了一种被称为《楚辞》的骚体诗，其代表作是屈原的《离骚》，这首诗长达 337 行，是我国古典文学中篇幅最长的个人抒情诗。《楚辞》是一种与《诗经》不同的诗体，其中大量引用神话传说，思想丰富，文采华丽，感情奔放，富有浪漫色彩，在中国文学史上具有十分重要的地位。

这个时期在艺术方面的成就也是多方面的。由于考古学的发展，人们对当时的绘画、雕塑和工艺美术开始有了比较深刻的印象。当时在音乐方面也达到了很高的水平。周人礼、乐并重。前举《诗经》和《楚辞》很多是可以配乐歌唱的。许多音乐还跟舞蹈结合在一起。孔子是很懂音乐的，他特别喜欢韶乐而不喜欢郑声，他在齐国听韶乐听得入神，以至于三月不知肉味。可惜那些音乐没有曲谱留下来，只可以从乐器组成情况约略推知一二。例如湖北随州发现的曾侯乙墓中随葬了用于庙堂的整套乐器，包括编钟、编磬、鼓、琴、瑟、笙、排箫和篪等，编钟、编磬都挂在架上，俨然一个演奏室的样子。编钟上有错金的乐律铭文，其音域极宽，达到五个半八度。中心音域的三个半八度 12 个半音齐备，可以旋宫转调，可以演奏各种复杂的乐曲，令当今音乐理论家为之惊叹。可是曾侯只是一个小国的国君，就能够达到如此的气派，由此可以想见当时音乐景况之盛与水平之高。

上面的叙述说明，夏商周时期的华夏文明，不论在物质方面、制度方面还是精神方面都有了开创性的成就和相当的发展，多元一体格局已基本奠立，中华文明的特质已基本形成，不但大大丰富了世界文明史的宝库，而且为往后更高水平的发展奠定了坚实的基础。

[原载《国学研究》（第 12 卷），北京大学出版社，2003 年。后收录在《中华文明的始原》，文物出版社，2011 年]

中华文明史绪论

一　中华文明发生的地理环境

中国位于亚洲的东部，西起帕米尔高原，东邻太平洋，北抵黑龙江边的漠河，南达南沙群岛南端的曾母暗沙，陆地面积约 960 万平方千米。伟大的中华文明就诞生在这一片神州大地上。

中国的地形西高东低，好像三级巨大的台阶：第一级台阶在东南沿海和近海地区，包括东北平原、华北平原、长江中下游平原、江南丘陵和珠江三角洲平原等，大部分海拔在 200 米以下，丘陵部分也多在 500 米以下；第二级台阶包括云贵高原、四川盆地、黄土高原、新疆和内蒙古高原等，平均海拔 1000~2000 米；第三级台阶就是号称世界屋脊的青藏高原，平均海拔在 4000 米以上，边境还有世界最高的山脉喜马拉雅山。因此整个中国地形的态势是背靠亚洲腹地而面向浩瀚的太平洋。中国的海岸线长达 18000 多千米，有包括台湾岛和海南岛在内的 5000 多个岛屿，还有作为我国内海的渤海和宽阔的大陆架，海疆面积约 300 万平方千米，海洋资源十分丰富。可见中国不但是一个有着广阔腹地的大陆国家，同时也是一个面向海洋并且拥有广大海疆的海洋国家。

由于地域辽阔，南北纬度相差甚大，气温有很大的变化，从北往南跨越了寒温带、温带、暖温带、北亚热带、中亚热带、南亚热带和热带。降水量因为距离海洋的远近也有很大的差别，从东南往西北可以分为湿润、半湿润、半干旱和干旱等区。加以地形复杂，所以各地的自然环境很不相同。

根据自然环境最主要因素的差异，可将全国划分为三个大自然区，就是东部季风区、西北干旱区和青藏高寒区[1]。东部季风区大约占全国面积的 46%（一

---

[1]　中国自然地理编写组：《中国自然地理》（第二版），高等教育出版社，1984 年，153~160 页。

说45%），现今人口占全国的96%以上，是我国经济文化发展的主要地区。本区大部分滨海或近海，是世界上著名的季风区，风向、降水和温度均随季节而有明显的变化。特别是夏季来自海洋的东南季风带来大范围的降水，湿润程度较高，天然植被丰富。西北干旱区大约占全国面积的27.3%（一说30%），而人口仅占3%。由于地处内陆且四周多山，来自海洋的水汽很难进入，故干旱少雨，又多风沙。几个大沙漠都集中在本区。沙漠周围有广阔的荒漠草原和干草原，历来是我国重要的牧场。山麓因为有冰雪融水和雨水的补充，往往形成绿洲，可以发展农牧业，是居民比较集中的地方。青藏高寒区大约占全国面积的26.7%（一说25%），由于地势特高，空气稀薄，气温低，风力强，水分不足，土壤发育不良。植被稀薄，以荒漠和高山草甸灌丛为主，只有河谷地带才有一些森林。历来人烟稀少，至今全区人口还不及全国的1%，经济文化的发展自然会受到很大的制约。

即使在东部季风区，各地的自然环境也是有很大差异的。根据综合自然区划的原则，本区又被划分为东北、华北、华中、华南和西南五个地区。东北地区纬度最高，因为接近世界上最冷的地方——号称寒极的维尔霍扬斯克和奥伊米亚康，又受西伯利亚与蒙古高压气团的控制，所以冬季漫长而气候严寒，比世界上同纬度的其他地区平均低10℃左右。由于气温低，蒸发微弱，降水量适中，所以植被多为冷湿性森林与草甸草原，森林资源十分丰富。在史前时期，这里是发展狩猎和采集经济的好地方，但是不适于发展农业。到历史时期才逐渐发展为重要的农业区和林业区。

华北地区的自然环境有三大特点。一是属于中纬度暖温带季风气候，夏季炎热多雨，水热同步。年降水量约400~800毫米，且变率很大，基本上是半湿润至半干旱状态。冬季受极地大陆气团控制，时有寒潮，气候寒冷，年平均气温比世界上同纬度的其他地区低8~10℃。加上春季干旱且多风沙，大陆性气候的特点比较明显。二是黄土广泛分布。从更新世早期开始，定向的西北风把蒙古高原的沙尘吹向整个华北大地，形成世界上面积最大、堆积最厚和发育最全的黄土。更新世早期的称为午城黄土，中期的称为离石黄土，晚期的称为马兰黄土，全新世的是新黄土。黄土集中的地方在黄土高原，中心地区的堆积厚达100~200米。一般地区也有50~100米。华北平原则主要是从黄土高原冲刷下来的黄土的再造堆积，但在山丘地带包括山东丘陵直至渤海与黄海之交的长岛也都有原生的黄土堆积。黄土质地疏松，易受侵蚀。而黄土高原又是我国著名的暴雨区，每年夏季暴雨的冲刷会造成千沟万壑，使黄土高原的地貌十分破碎，土壤发育不良。但在河谷和平原地带土壤比较肥沃，是发展旱地农业的好地方。三是黄河贯穿全境。黄河是中华民族的母亲河，也是中国的第二大河。她发源于青藏高原巴颜喀拉山支脉的卡日曲，经青藏高原、黄土高原和华北大平原注入渤海。在进入黄土高原时，一遇夏季暴雨，就有大量的泥沙汇入。据河南陕县水文站的记录，多年的平均含沙量高达每立方米 37 千克，是世界上大河中含沙量最高的。黄河的输沙量更是多得惊人，据陕县站的记录平均每年约 16 亿吨，1933 年曾经达到 39.1 亿吨。黄河在经过三门峡后地势平缓，大量泥沙沉淀下来，河床不断淤高，河流就不断改道。据有历史记载的 2000 多年中，黄河决口泛滥就有 1500 多次，大幅度的改道有 26 次。向北的决口破坏了海河的水系，甚至夺海河从天津注入渤海；向南的决口破坏了淮河水系，有时甚至夺淮入江。这是在有堤防时出现的情况，在史前时期更可以自由摆动。这样就造成了以郑州西北的沁河口为起点，北至天津，南到淮阴大约 25 万平方千米的平原地带，都是黄河泥沙淤积的范围。换句话说，整个华北大平原主要就是由黄河的泥沙淤积而成的。本区土壤发育较好，含矿物养分较高，适于发展旱地农业，水洼地带也可以发展水田农业。

华中地区位于北纬 25~34°，按照一般规律应该属于副热带高压控制的干旱气候。但是由于青藏高原的隆起导致行星风系的改变，使这里成为湿润的亚热带季风气候，冬温夏热，四季分明，降水丰沛且季节分配比较均匀，是全球同纬度气候条件最好的地区。本区年降水量约为 1000~1600 毫米，个别地方可达 2000 毫米以上。因此本区的江河纵横，平原地区水网密布，湖泊星罗棋布。中国最大的河流长江大部分流经本区，其流量是黄河的 20 倍。中国的四大淡水湖鄱阳湖、洞庭湖、太湖和洪泽湖都在华中地区，湖泊最多的湖北省更有千湖之省的称誉。加上有较长的海岸线和众多岛屿，所以水产资源十分丰富，水上交通也十分方便。本区有肥沃的长江中下游平原，水热条件都很优越，适宜于种植水稻等农作物，历来是我国农业和多种经济最发达的地区。

西南地区气候条件与华中地区相近，而且同属于长江流域，只是地势较高，大部分位于长江的上游。本区多山而少有平地，交通多有不便；自然资源虽然丰富却难以发展大规模农业，所以人口分散而民族复杂，民族文化多姿多彩而经济相对滞后。

华南地区位于我国最南部，年平均气温超过 20℃，年降水量约 1400~2000 毫米，是一个高温多雨、四季常绿的热带—南亚热带区域，自然资源十分丰富。本区海岸线特长，且多岛屿，水上交通便利，但是夏季易受台风侵袭。陆地多山而平地较少，所以农业发展滞后，而海外贸易开展较早而且是比较发达的。

自然环境虽然是经常变化的，但是相对于人类社会的发展来说却是比较稳定的。上述自然区域的划分主要是根据现在的情况，在整个全新世也基本上是适用的。至于自然环境对于人类社会来说究竟是好是坏也不完全是绝对的。例如在采集经济时代，华南地区无疑是十分优越的，但正是因为那里一年四季都可以比较容易地获取天然食物，缺乏用人工方法生产食物的压力和动力，那里的农业就发生得比较晚。在别的地方农业经济发展起来以后，华南的经济文化就显得滞后。东北地区可能是最适于狩猎的地方，对于猎人固然很好，但是对整个社会发展来说则是另一回事。因为气候寒冷，发展农业有相当的困难，而狩猎—采集经济的发展总是有很大局限的。在较晚的历史时期，沿海地带在发展渔业和海外交通与贸易方面无疑具有极大的优势。但是在史前或上古时期，有关这方面的技术和知识都十分有限，因而不可能有很大的发展，不可能成为经济文化发展的重心。在史前时期，对于整个社会经济文化的发展具有决定性影响的当首推农业的发明，而最有利于农业发生和发展的事实上只有华北和华中两个地区，它们是农业发生与发展的两大温床。这两大温床紧相毗连，各有特色又相互补充，这在世界上是独一无二的。它们的发展对于中华文明的起源、文明特点的形成以及往后的发展道路都具有十分深远的影响，是伟大中华文明的摇篮。

在中国地理环境中还有一个特点是不能忽视的，就是在国境的周围有明显的天然屏障。最西部有帕米尔高原，从那里往东北走有天山、阿尔泰山、蒙古戈壁沙漠、大小兴安岭和黑龙江，往南折有长白山等；从帕米尔高原往东南走有喜马拉雅山、横断山脉和与中南半岛交界的一系列山脉；东部和东南部则是广阔的海洋。在史前或上古时期，这些屏障都是难以逾越的。加上世界上几个最古老的文明发祥地离中国都很远，同距离最近的古印度文明中间恰巧又隔着世界最高的喜马拉雅山和青藏高原，同中华文明的核心区仍然很远而难以沟通。因此中华文明只能是本地起源的，在早期的发展中也很少与外界文化发生关系，是世界上少有的原生性文明之一。

二　神州大地的古代居民

中国从什么时候开始有人类居住，是考古学者一直关注的问题。一些迹象表明，在地质上的更新世早期，在现代中国的大地上就已经有人类活动。安徽繁昌人字洞、河北阳原泥河湾地区的马圈沟等地都发现了当时人类使用的石器，绝对年代都在 200 万年以前。据说重庆巫山也发现了 200 万年以前的石器，同时还有人类牙齿化石出土，并被命名为巫山人，但学界还有不同看法。云南元谋上那蚌更新世早期地层中也出土了石器和人类牙齿化石，据古地磁测定大约为 175 万年。此外在湖北建始高坪龙骨洞和郧县龙骨洞采集的人类牙齿化石也被认为是属于早更新世的早期直立人[1]。这些遗存尽管还比较零散而不丰富，但是涉及的范围很大，年代之早已经离人类起源的时期不远。所以有些学者认为在探讨人类起源和早期发展的问题时，除了要重视非洲，亚洲也应该受到必要的关注，尤其不能忽视中国的有关发现[2]。不过这些最早的年代记录都是由古地磁方法测定的，准确性不是很高。中国火山不甚发达，至今没有发现被火山灰覆盖的古人类遗址，无法像非洲那样用比较准确的钾氩法测定年代，选择古地磁法测年乃是不得已而为之。这样，在研究人类起源的实际年代时，亚洲（主要是中国）和非洲在一定程度上存在着不可比性。再者，由于亚洲至今还没有发现比直立人更早的相当于非洲能人的化石，没有证据说明亚洲有过南方古猿，早期直立人的材料又比较零散，多数学者还是认为人类最初起源于非洲，而后扩散到亚洲等地，由于遗传和选择因素的作用，造成了群体变异和地区性的连续性特征[3]。看来这个问题还不到下结论的时候，还需要进一步的研究。

相比之下，中国晚期直立人的资料是相当丰富的。其中比较重要的有陕西的蓝田人、北京的北京人、安徽的和县人、南京的汤山人和湖北的郧县人等。蓝田人化石包括一个中年女性的头骨和一个老年女性的下颌骨，分别发现于蓝田县的公王岭和陈家窝。二者在形态上也有差异，前者明显比北京人原始而后者则比较接近于北京人。据古地磁测量，前者的年代为距今 115 万~110 万年，而后者只有65 万年[4]。北京人化石出自北京西南周口店第一地点的第 3~11 层，从 1927 年起连续多年的发掘，获得了属于 40 多个个体的大量标本。据裂变径迹、铀系、热释光和古地磁等多种方法的测定，其绝对年代为距今 46 万~23 万年。北京人是世界上最早发现的直立人之一，资料又十分丰富，长期以来成为研究直立人的典型标本。

中国早期智人的化石标本也很丰富，比较重要的有辽宁营口的金牛山人、陕西的大荔人、山西襄汾的丁村人、山西阳高的许家窑人、安徽的巢县人和广东曲江的马坝人等[5]。中国的晚期智人化石已经发现有 40 多处，其中出有比

---

　[1]　董兴仁：《中国的直立人》，《中国远古人类》第二章，科学出版社，1989 年，19 页。
　[2]　张森水：《旧石器时代考古》，《中华人民共和国重大考古发现》（1949~1999），文物出版社，1999 年，20 页。
　[3]　张森水：《旧石器时代考古》，《中华人民共和国重大考古发现》（1949~1999），文物出版社，1999 年，23 页。
　[4]　吴汝康：《陕西蓝田发现的猿人头骨化石》，《古脊椎动物与古人类》1966 年第 10 卷第 1 期。
　[5]　吴新智：《中国的早期智人》，《中国远古人类》第三章，科学出版社，1989 年。

较完整头骨的有北京的山顶洞人、广西的柳江人、四川的资阳人、陕西的黄龙人和贵州的穿洞人等。在原河套人地点附近的萨拉乌苏层中就发现了23件人骨化石[1]。至于与晚期智人同时的旧石器时代晚期的文化遗址更是遍及全国各地。

从上述各个阶段的人骨化石中可以看出其发展有明显的承袭性与连续性。例如蒙古人种特有的铲形门齿，从最早的元谋人，经过北京人、金牛山人、丁村人到山顶洞人都是一脉相承的。一些重要的体质特征如面部较扁、鼻部较宽、鼻骨较直，上颌骨颧突与颧骨交接处有显著转折等，在各个阶段的化石人中都可以见到。这些特征的承袭与连续性，证明中国古人类的演化模式是以地区连续性进化为主，与周围地区的基因交流为辅[2]。现在有一种颇为流行的理论，认为全世界的现代人都起源于非洲，他们扩展到世界各地取代了原先在那里生活的早期智人。中国古人类化石研究的结果与这种理论是相冲突的，中国旧石器时代文化的研究也是与这种理论不相符合的[3]。

人类进化到晚期智人，也就进化到了现代人，而现代人是有种族区别的。世界上有三大人种：蒙古人种、欧罗巴人种和尼格罗人种。人种的区别主要根据肤色、发色、眼色、发型、脸型、头型和身高等，其中不少与环境的长期影响有关，这与三大人种各有其主要分布区是不无关系的。不过这种分布区并不是在晚期智人形成的时候才出现的。早在直立人时期各大人种的主要分布区就已经有人类居住，没有证据证明这些人后来全部或绝大部分绝种了。所以人种某些特征的萌芽可以在早期智人乃至直立人化石上看到，蒙古人种尤其如此。据研究，欧罗巴人种和尼格罗人种之间的差别在童年时期比较小，到成年时期才比较显著；而蒙古人种在童年时期就与其他两个人种有显著的差别。这可能是因为蒙古人种的祖先同其他两个人种的祖先长期处于相当隔离的状态所致[4]。

中国是蒙古人种的主要分布区。在旧石器时代发现的晚期智人化石已经具备了蒙古人种的基本特征。在新石器时代遗址中发现了数以万计的人骨，其中经过鉴定研究的毫无例外地属于蒙古人种。韩康信和潘其风在全面研究我国古代人骨

〔1〕　吴茂霖：《中国的晚期智人》，《中国远古人类》第四章，科学出版社，1989年。

〔2〕　吴新智：《论中国古人类的连续发展》，《中国原始文化论集》，文物出版社，1989年。

〔3〕　王幼平：《更新世环境与中国南方旧石器文化发展》，北京大学出版社，1997年，158页。

〔4〕　见阿列克谢耶夫为罗金斯基和列文所著《人类学》（警官教育出版社，1993年）一书中文版所写的序言。

的体质特征后指出："黄河流域一些地点发现的新石器时代居民的遗骸一般接近东亚或南亚人种，青铜时代居民接近东亚人种，与现代华北人有相当明显的关系。我国南方的早、晚新石器时代居民则有更明显的接近南亚人种的性质，并有同赤道人种相对比的性状。在我国北方和东北地区发现的青铜时代和更晚的古人骨骼上，较常见北亚人种或北亚与东亚人种混合的性质。"新疆没有发现青铜时代以前的人骨，从公元前 13 世纪以后才陆续有欧罗巴人种进入。所以他们得出结论说："中国的古代文明是在同其他人种成分相对隔离的基础上产生的，它对尔后中国古代文化长期持续稳定的发展起了重大的作用。"〔1〕总之，从人类学研究的成果来看，中国是蒙古人种的故乡，从古至今，中国的居民都是以东亚和南亚蒙古人种为主，兼有少量北亚蒙古人种，相互之间有不少混血的情况。从三千多年前起，一些欧罗巴人种进入新疆，以后更有少数人逐渐进入内地，华南一些地方甚至有尼格罗人种的成分。所以在人种的问题上，中国从来是采取四海之内皆兄弟的态度而不是相互排斥的。

如果说种族主要是依据人类体质特征来划分的，民族则主要是依据语言和文化等特征来划分的，与种族不是一个概念。中国现在是以汉族为主体，结合 55 个少数民族的统一多民族国家。汉族人口约占 92%，少数民族人口不足 8%〔2〕。其中 400 万人口以上的少数民族有壮、蒙古、藏、回、维吾尔、满、苗、彝 8 个。各民族有相对聚居的地方，也有一些是同汉族或别的民族杂居的，相互通婚的情况也不少，形成非常密切的关系。费孝通曾经把这种关系形成的格局称之为"多元一体格局"〔3〕。它是长期历史发展的结果，其始原甚至可以追溯到远古时期。

现在知道，中国的旧石器时代文化具有明显区别于非洲或欧洲旧石器文化的特点，同时自身又有不同的区系。到新石器时代，文化的区系更加明显，并且逐渐形成以中原地区为核心，以黄河流域和长江流域的若干文化区为主体，再联系

---

〔1〕 韩康信、潘其风：《古代中国人种成分研究》，《考古学报》1984 年第 2 期，257、260 页。

〔2〕 1953 年第一次全国人口普查，总人口为 5.826 亿，少数民族为 0.3532 亿，占全国人口的 6.06%；1964 年第二次全国人口普查，总人口为 6.9458 亿，少数民族为 0.3993 亿，占全国人口的 5.78%；1982 年第三次全国人口普查，总人口为 10.0871 亿，少数民族为 0.6729 亿，占全国人口的 6.7%；1990 年第四次全国人口普查，总人口为 11.3368 亿，少数民族为 0.912 亿，占全国人口的 8.04%。由于政府实行对少数民族适当优惠的政策，有些原来申报汉族的改报少数民族；加以对汉族和少数民族实行有区别的人口政策，使得少数民族的人口出生率比汉族为高，所以少数民族在全国人口中的比例有所上升。

〔3〕 费孝通：《中华民族多元一体格局》，中央民族学院出版社，1989 年。

周围许多个区域性文化的一种重瓣花朵式的格局〔1〕。从而为往后多元一体的民族格局奠定了基础。从古史传说的研究中也可以略知中华民族的起源是多元而非一元，同时在不同的部落集团之间又是有密切联系的。到夏商周华夏民族形成之时，其周围同时也出现了许多民族性群体。例如夏的东方就有一个强大的夷人族群，他们建立了一个有穷国，曾经一度夺取了夏的政权，即所谓"因夏民以代夏政"。近年来发现于山东一带的岳石文化，是直接继承龙山文化而发展起来的早期青铜文化，一般认为它就是夏代东方夷人的文化〔2〕。事实上相当于夏王朝的东北方的夏家店下层文化、北方的朱开沟文化、西北方的四坝文化和东南方的马桥文化等都已经是青铜文化，应该初步形成了各自的民族群体，并且都与可能是夏文化的二里头文化发生不同程度的关系〔3〕。商族有自己的起源，但商的先公在夏朝做官，事实上也属于夏。成汤革命，推翻了夏王朝而建立商朝，势力大为扩张。同样周族也有自己的起源，周文王原在商朝做官，当了西伯，所以周族的地方也应该属于商朝。武王革命，推翻了商朝而建立周朝，势力范围又扩大了许多。由于周朝统治的范围内包含了许多被征服的和非华夏的民族，除了周人故土和当时王畿范围以外，大多难以采取直接统治的方式。所以从武王时期起便广泛地实行封邦建国的办法，在各地建立了许多大大小小的诸侯国。为了能够对各诸侯国实行有效的控制，中央王朝便制礼作乐，在各封建国内大力推行王化，从而大大加速了华夏化的进程。各国的情况不同，推行的方式也不相同。例如东方的齐国和鲁国都有大量夷人，齐国的政策是"因其俗，简其礼"，因势利导；而鲁国的政策则是"变其俗，革其礼"，强制推行华夏化〔4〕。春秋战国时期各国称霸称雄，周朝作为政治实体事实上已经分裂，但是在名义上大家还是承认有一个周天子，必要时要"假天子以令诸侯"。这个时期各国的经济文化有了很大的发展。由于大家使用同一种文字，只是写法稍有不同，相互交往并没有多大困难，一些学者可以到各国讲学，一些政治家也可以到不同的国家做官，促进了各国的接近，事实上也就是促进了各国的华夏化。这个时期兼并战争不断，一些非华夏族的小国往往被华夏族的大国所兼并。例如秦穆公就曾经"益国十二，遂霸西戎"，兼并了

〔1〕 严文明：《中国史前文化的统一性与多样性》，《文物》1987年第3期。

〔2〕 岳石文化的个别遗存虽然在20世纪30年代就有所发现，但直到80年代才被确认并提出命名。现在确知这个文化是直接继承龙山文化而发展起来的早期青铜文化，绝对年代经多次碳-14测定大约在公元前19世纪至前17世纪之间，正好落在夏代纪年范围之内。详见严文明：《夏代的东方》和《东夷文化的探索》，《史前考古论集》，科学出版社，1998年。

〔3〕 李伯谦：《中国青铜文化的发展阶段与分区系统》，《华夏考古》1990年第2期。

〔4〕 事见《史记·齐世家》和《鲁世家》。

12 个西戎小国。楚国也先后兼并了 45 个属于群蛮或百濮的小国。本来东方还有许多夷人小国，在这种形势下也都被齐、鲁兼并而逐渐华夏化了。由此可见华夏族是逐步扩大的，其中融入了许多原本是非华夏族的人民。同时其影响更远及于尚未华夏化的周围各族人民，从而在民族关系上初步形成了以华夏族为主体的多元一体格局。华夏族形成和发展的过程，也就是华夏文明形成和发展的过程。由于华夏文明在中国处于核心地位，又是最先进和影响力最大的，所以成为中华文明上古期的代表，并且深深地影响着往后整个中华文明的发展。

要了解古代各族的语言和信仰是很困难的，但是我们可以拿现在的情况作参考。现在中国 56 个民族的语言分别属于汉藏、阿尔泰、南亚、南岛和印欧五大语系。其中绝大多数属于汉藏语系，如果按人口计算占 98% 以上，单是讲汉语的占 94% 以上。其次是阿尔泰语系，全部分布在中国的北方，主要有维吾尔族、蒙古族和满族（现在的满族多讲汉语），总人口不到 1.5%。属南亚语系的民族主要在云南南部，人数很少。台湾的少数民族语言属南岛语系。在古代，属于南亚语系和南岛语系的人口按比例也许比现在要多一些，只是后来一部分融入汉族和其他民族中去了。至于属印欧语系的只有俄罗斯人和塔吉克族，俄罗斯人是后来迁入的，人数极少；塔吉克族也只有 3 万多人。

在汉藏语系中汉语是主体，其余有藏缅语族、壮侗语族和苗瑶语族。藏缅语族主要分布在西藏、云南和四川西部，壮侗语族分布在广西、云南和贵州部分地区，苗瑶语族分布在贵州和湖南西部等地区。事实上有不少少数民族也会讲汉语，汉语已逐渐成为全国各族的共同语言，并且是世界上最有影响的语言之一。现在的汉语有北方、吴、闽、粤、湘、赣和客家七大方言。在古代有些方言也许是独立的语言，只是由于华夏族大量融合相近的民族，独立的语言逐渐变成了方言。在语言形态分类中，汉语是所谓词根语，语言简练，语词的意义与词性常常依据它在句子中的次序来决定，与带有前置词或前缀、词尾和助词等附加成分，有的又有变位和变格等复杂结构的粘着语和屈折语大不相同。古汉语多属单音节词，并且有四声的变化。随着语言的发展，需要表达的内容越来越丰富，又产生了不少双音节词和少量多音节词，这些双音节词和多音节词也多是由单音节词组合而成的。

古代人的信仰可以从商代大量的甲骨卜辞和先秦文献中窥知一二。《礼记·表记》说："殷人尊神，率民以事神，先鬼而后礼。"殷人相信天神、地上的山川河岳和四方风等自然神，也十分相信和崇敬自己的祖先神。各种天神中有一位至高无上的帝或上帝，他是天地万物的主宰，也能够左右人事。殷人相信他们的先公先王都具有神力，能够宾于帝或配于天，也就是处在上帝左右，关心或干预现实世界的事务。所以殷人凡事都要敬神问卜。殷墟的甲骨卜辞主要是商王占卜的记录，一般的商殷遗址也常常发现卜骨，说明各地的殷人也实行占卜。周人相信天命，只是更加强调德治，即所谓以德配天。周人为了推行宗法制度，更加强调祭祀祖先神，同时也祭祀天神地祇。在占卜方法上除了龟卜还有卜卦。《周易》本是占卦用的卦书，不过里面包含有重要的哲学思想和历史掌故，所以后来被视为儒家的经典。

在古代人的信仰中龙似乎占有特殊的位置。中国是龙的故乡，中国人对于龙的崇拜、颂扬和喜爱历久不衰。但龙在自然界是不存在的，是我们的祖先创造出来的。传说"太昊氏以龙纪，故为龙师而龙名"（《左传》昭公十七年引郯子语）。另一传说讲黄帝令应龙蓄水攻蚩尤（《山海经·大荒北经》）。至夏代传说有豢龙氏和御龙氏，龙是为人所用的。商代甲骨文中有龙字，但形态极不统一。商代的青铜器上也常常有夔龙纹的装饰。《周易》乾卦的爻辞就五次提到龙，有"初九潜龙勿用""九二见龙在田""九五飞龙在天""上九亢龙有悔""用九见群龙无首"，还有"九四或跃在渊"的"或"也应该指龙，可见龙是极富于变化的神物。《管子·水地》篇说："龙生于水，被五色而游，故神。欲小则化为蚕蠋，欲大则藏于天下，欲尚（上）则凌于云气，欲下则入于深泉。变化无日，上下无时。"龙既然如此神奇，人们自然会顶礼膜拜，又想利用它的神力。《山海经·大荒西经》和《海外西经》都谈到夏后启乘两龙上天的事。龙能够播云降雨，所以历史上常常有建龙王庙、画龙、塑土龙以祈雨的事。人们喜爱龙，用龙作建筑和各种物品上的装饰，百家姓中有龙，十二生肖中有龙，赞颂美好的婚姻叫龙凤呈祥，春节舞龙灯、端午赛龙舟，凡此等等，龙几乎渗透到中国人生活的方方面面，已经逐渐脱离开原有的迷信色彩。龙能够腾云驾雾，薄光影，撼震电，威武奋发，更成了中华民族自强不息、腾飞向上精神的象征[1]。

不过总起来说，中国人的宗教观念是比较淡薄的。一个显著的事实是，在先秦时期一直没有形成一个有教宗、教义和教规的宗教组织。虽然从汉代以来产生了道教，以后又从域外传来了佛教和其他宗教，但是由于儒家在思想领域占有统治地位，孔子不语怪力乱神和敬鬼神而远之的态度具有广泛的影响，宗教势力不能不受到很大的限制。除了某些少数民族以外，信教的人只有一小部分。一些宗

---

〔1〕 近人有把中国人说成是龙的子孙或龙的传人，其实在古文献中并没有这种说法。只是从汉代以来，有些帝王把自己比附为龙的化身，长的面相是龙颜，穿的是龙袍，坐的是龙椅，睡的是龙床，用以显示其威严和地位的神圣。见刘志雄、杨静荣：《龙与中国文化》，人民出版社，1992年。

教为了吸引更多的信徒，也往往吸收某些儒家的思想。在这种环境下，各种宗教共存而不相互倾轧，没有一种宗教占绝对统治的地位，更从来没有形成一个全民信奉的国教。

三　神话、传说和历史

中国人十分重视自己历史的记述。早在春秋时代各诸侯国就有了系统的历史记载。在此以前尚有所谓虞、夏、商、周之书。如果说商、周之书多是可靠的，那么所传虞、夏之书则多为后人的追述。再往以前追溯便只有零散的传说，在可能包含有历史真实的传说时代以前的荒远年代，已经越出历史记忆的范围之外，在考古学发生以前，人们不可能获得任何真实的知识，只能构建一个可以任意驰骋想象的神话世界。而传说时代的许多人物和事件，也往往附丽以神话的色彩。

关于开天辟地和创造人类的神话，有女娲和盘古的故事。女娲的故事出现得较早，《山海经》中有所谓"女娲之肠"。楚辞《天问》云："女娲有体，孰制匠之?"是说女娲造了人类，谁又造了女娲呢?《太平御览》卷七八引《风俗通》讲得比较详细："俗说天地开辟，未有人民。女娲抟黄土作人，剧务，力不暇供，乃引绳于缊泥中，举以为人。故富贵者，黄土人也；贫贱凡庸者，缊人也。"一说女娲和伏羲均为华胥所生，人身蛇躯，兄妹结婚以繁衍人类。在汉代的画像石和画像砖以及壁画墓中，多有伏羲、女娲人身蛇躯相互交尾的图像，说明这个故事在古代是流传很广的。女娲补天的事首见于《淮南子》，其《览冥训》云："往古之时，四极废，九州裂，天不兼覆，地不周载。火爁炎而不灭，水浩洋而不息。猛兽食颛民，鸷鸟攫老弱。于是女娲炼五色石以补苍天，断鳌足以立四极，杀黑龙以济冀州，积芦灰以止淫水。苍天补，四极正，淫水涸，冀州平，狡虫死，颛民生。"她创造了人类，还要给人类创造一个良好的生存环境，的确是一位值得纪念的天神。

盘古的故事较早见于三国徐整的《三五历记》，书中写道："天地混沌如鸡子，盘古生其中，万八千岁。天地开辟，阳清为天，阴浊为地。盘古在其中，一日九变，神于天，灵于地。天日高一丈，地日厚一丈，盘古日长一丈。如此万八千岁，天数极高，地数极深，盘古极长。后乃有三皇。"《五运历年记》又说："首生盘古，垂死化身：气成风云，声为雷霆，左眼为日，右眼为月，四肢五体为四极五岳，血液为江河，筋脉为地里，肌肉为田土，发髭为星辰，皮毛为草木，齿骨为金石，精髓为珠玉，汗流为雨泽，身之诸虫因风所感，化为黎甿。"这个故事可能首先产生于南方，而后在全国民间广为传播。创世神话中还有有巢氏构木为巢、燧人氏钻燧取火、伏羲氏制作网罟、神农氏教民稼穑等等，多系后人对往昔历史的逻辑推测，把人类产生之后一些最重大的发明附丽于几位想象中的圣王身上。

进入传说时代，涉及的人物和事件较多，加以各家说法不一，真假杂糅，董理实属不易。《尚书》仅追溯至尧舜，《史记》则以《五帝本纪》作为开篇。于是人们常常把五帝所处的时代作为传说时代，五帝的历史便成为传说时代的主要内容。实际上所谓五帝不过是一种整齐化的说法，在不同的著作中五帝的具体人物和排比秩序多有不同。《史记》主要依据《大戴礼记》的《五帝德》和《帝系》，把黄帝、颛顼、帝喾、帝尧、帝舜作为先后相继的五帝，《国语·鲁语》和《吕氏春秋·古乐》等也持这一说法。第二种说法是把伏羲、神农、黄帝、帝尧、帝舜列为五帝，见于《易·系辞》《战国策·赵策》《庄子·缮性》《淮南子·俶真训》等。第三种说法是把太昊、炎帝、黄帝、少昊、颛顼称为五帝，见于《吕氏春秋·十二纪》《礼记·月令》《淮南子·天文训》等书。第四种说法是把少昊、颛顼、帝喾、帝尧、帝舜作为先后相继的五帝，见于《世经》和《帝王世纪》。可见直到汉代，五帝的问题并没有形成定论，只是因为《史记》采取了第一种说法，所以影响较大。实际上传说中称为帝的人物还有不少，例如帝俊在《山海经》中的地位就非常显赫，他如帝鸿、帝江、帝丹朱等还有许多。反映当时大约是一种万国林立的局面，那些所谓帝大约就是各个大大小小国家或部落的首领。他们出现的先后次序除了尧舜较晚似乎没有异议以外，其他多不易确定。

蒙文通注意到不同的传说出自不同的史学系统，他认为晚周史学可以分为东系、北系和南系[1]。各系所传承的古史系统，其人民可以相应地划分为河洛民族、海岱民族和江汉民族[2]。而徐旭生的《中国古史的传说时代》则划分为华夏集团、东夷集团和苗蛮集团，并且有更加详细的分析[3]。这种划分虽然难以十分准确，但是如果同新石器时代的考古学文化系统相互参照，大致上还是符合的，说明这种划分的确反映了一定的历史真实。

反映各民族集团关系的事件中，最有影响的有两件事，较早是黄帝与蚩尤的战争，较晚是尧、舜、禹连续征伐三苗的战争。此外见于先秦文献的还有许多大大小小的战争，这是行将进入文明社会的重要前兆。如果说黄帝与蚩尤的战争在考古学文化上还难以得到印证，那么征伐三苗的事则可以看到一些比较明确的迹

---

〔1〕 蒙文通：《中国史学史》，《蒙文通文集》第三卷《经史抉原》，巴蜀书社，1995 年。

〔2〕 蒙文通：《古史甄微》，商务印书馆，1933 年。

〔3〕 徐旭生：《中国古史的传说时代》（增订本），文物出版社，1985 年。

象，证明这一类传说并非空穴来风，而是包含有真实历史成分的。

各种五帝说的前三帝多有矛盾，也许根本就没有传承关系。但是后二帝尧舜以及禹的关系则是比较清楚的。在先秦古籍中，舜继尧、禹继舜是没有不同说法的。但是儒家和墨家认为这种传承是依据选贤举能的原则，是禅让。而在古本《竹书纪年》和法家的著作中则说成是争夺，是斗争。尧本属陶唐氏，地处冀方；舜本属有虞氏，地望偏东；禹为夏后氏，地望略偏南。三者有些像联盟的关系。尧把两个女儿嫁给舜，又有联姻的关系。据《尧典》所述，尧舜的政府机构已经比较复杂，而且有刑法有军队。政府的职官并不是各个氏族或部落的代表，而是负责各专业部门的管理。因此已经是名副其实的国家，而不是什么部落联盟了。而且在尧舜寻找继承人的时候，首先被举荐的都是他们的儿子。只不过他们觉得自己的儿子担负不了那么重大的责任，才采取选贤举能的办法。禹也曾先后举皋陶和伯益，授之政，禹死后才由他的儿子即位。所以孔子说"唐虞禅，夏后殷周继，其义一也"（《孟子·万章》）。

传说时代的各项事件中，影响最大，并且几千年来传诵不息的莫过于大禹治水的故事了。在先秦的古籍中，讲到大禹治水最生动的是《孟子·滕文公上》的一段话。孟子说："当尧之时，天下犹未平，洪水横流，泛滥于天下。草木畅茂，禽兽繁殖，五谷不登，禽兽逼人，兽蹄鸟迹之道交于中国。尧独忧之，举舜而敷治焉……禹疏九河，瀹济漯而注诸海，决汝汉排淮泗而注之江，然后中国可得而食也。当是时也，禹八年于外，三过其门而不入。"《孟子·滕文公下》也有很生动的描述。此外，《尚书》中的《尧典》《皋陶谟》和《禹贡》，《诗经》《论语》《墨子》《左传》《国语》《庄子》《荀子》《韩非子》《尸子》和《吕氏春秋》等，也都有关于大禹治水的记载或者赞颂之词。例如《诗经》中的《商颂·长发》就有"洪水茫茫，禹敷下土方"的诗句；《大雅·文王有声》："丰水东流，维禹之绩。"《鲁颂·閟宫》："奄有下土，缵禹之绪。"莫不是颂扬大禹的丰功伟绩。大概由于他的事迹过于神奇，所以在有些书中又把大禹描述为神。

在传说中讲到洪水的地方还有很多，所以大多数人相信中国远古时代曾经有过一个时期给人类造成重大灾害的大洪水。治水的人物也有很多，例如共工就是一位著名的治水人物，但是有的书又说"共工振滔洪水，以薄穷桑"（《淮南子·本经训》），《国语·周语下》也有类似的说法，成了一个反面的神话人物。但共工的后裔佐禹治水还是有功的。《左传·昭公元年》说金天氏和他的儿子台骀疏通了汾水和洮水，后来成为汾水之神。《左传·昭公二十九年》引蔡墨曰："少昊氏有四叔，曰重曰该曰修曰熙……修及熙为玄冥，世不失职，遂济穷桑。"可见修和熙是专职的治水官，而且很有成绩。至于大禹的父亲鲧治水失败因而被诛的故事更是大家所熟知的。治水难，在技术水平比较低下的远古时代更难，而大禹获得成功，无怪乎人们对他是那样崇敬。

传说时代的创造发明，最集中地见于《世本·作篇》。但《世本》早已失传，根据他书所引，大致有伯余作衣裳，史皇作图，沮诵仓颉作书，大桡作甲子，鲧作城郭，尧作宫室，化益作井，祝融作市，仪狄作酒，夔作乐，昆吾作陶，芒氏作罗，隶首作算数，容成作调历，伶伦造磬作律，蚩尤以金作兵，巫咸作筮，巫彭作医，奚仲作车，共鼓货狄作舟，垂作规矩准绳，咎繇作耒耜，挥作弓，夷牟作矢，雍父作杵臼，胲作服牛，相土作乘马，宿沙煮盐等等，惜多语焉不详。其他许多先秦古籍也有不少关于创造发明的记述。把所有创造发明都系于个人不一定正确，何况有些说法又相互矛盾，所以不足凭信。但这些发明大多可以与现今的考古发现相参照，显然并非向壁虚构。如果我们不拘泥于个人而把那些发明看成那个时代的产物，可能更加接近于真实。由此可见，在传说时代，涉及人们的衣食住行、社会生活、文物典章制度等各个方面都已略具雏形，从而为文明社会的成立奠定了充分的物质基础。

传说时代还有一件重要事情是专职巫师的出现。《国语·楚语下》记观射父对昭王问曰："古者民神不杂……及少昊之衰也，九黎乱德，民神杂糅，不可方物。颛顼受之，乃命南正重司天以属神，命火正黎司地以属民。使复旧常，无相侵渎，是谓绝地天通。"这就是说，在颛顼之前是民神杂糅，家为巫史，没有专职的巫师。而颛顼时则设立专职巫师，只有他们才能够沟通民神与天地。这是世界宗教发展史上的通例，是走向文明的重要步骤。关于颛顼的宗教改革，徐旭生有过非常详细的论述[1]。应当指出的是，由于有专职司天司地的巫师，他们不但执行宗教职事，还有足够的时间和经验注意天文和地上的变化，于是就有可能创造出历法。传说中的颛顼历大概就是在这个时候创造出来的。

从以上情况来看，传说时代是一个社会发生深刻变化的时代；一方面生机勃勃，充满着创造发明；一方面社会剧烈动荡，冲突不断，英雄辈出。那是中国的英雄时代，文明的曙光开始从东方显露出来。

如果说传说的历史不免掺杂许多后人的想象，或者如徐旭生先生所说，一些学者为了理出一个大致能够自圆其说的系统，把一些不相干的人物和事件硬拉上关系，因而在一定程度上失去了历史的真实。那么自从考古学出现以来，对于这段历史的情况就越来越清楚了。

在我国，以田野调查和发掘为基础的考古学是从 1921 年河南渑池县仰韶村遗

---

〔1〕　徐旭生：《中国古史的传说时代》（增订本），文物出版社，1985 年，74~87 页。

址的发掘才起步的。仰韶村遗址距今约 7000～5000 年，稍后对北京周口店遗址的发掘，又发现了距今将近 50 万年的北京人及其文化遗存。至于河南安阳殷墟的大规模发掘，更是使商代晚期以来的中国文明史得到了丰富的地下实物遗存的确证。不过那时的考古工作还处在初创阶段，只是在少数遗址上有较大的突破，仅仅根据那些资料还无法对中国的史前史和早期历史形成比较全面而系统的认识。

近 50 年来，中国考古学得到了迅速的发展。初步理清了史前文化的发展谱系和复杂的结构，基本上弄清了农业的起源及其早期发展，以及由此而形成的全国史前经济的格局及其对社会与文化发展的影响。对聚落演变的研究又有力地促进了中国文明起源的探索。对夏文化的探索有明显的进展，对商周文化的研究日益深入，而且对夏商周周围的诸多青铜文化有了基本的体系性的认识。特别是近年来甲骨文（包括西周甲骨文）、金文、简牍、帛书等古文字资料大量涌现，大大充实了我们关于先秦历史的知识。这就使本书第一卷包含了相当多的考古学资料和研究成果，成为本卷的一大特色。

前面谈到中国有两个农业起源的温床，而且实际上形成了两个农业起源中心。这两个农业起源中心后来发展为两大农业区，并且形成两大农业体系。至此整个中国的经济区划以及由不同经济对文化造成的影响而形成的格局，事实上已经基本上奠定了。这是在新石器时代中晚期发生的事，也就是距今 9000～5000 年之间发生的事情。这个格局的基本情况是：1）以黄河流域为主的华北地区为旱地农业区，主要种植粟和黍，也有少量水稻，可能还有大豆。有成套的适应粗耕农业的农具。饲养家畜以猪为主，其次有狗、牛、羊，但没有马。居室多采用单间半地穴式或窑洞式，可以称为旱地农业经济文化区。2）以长江流域为主的华中地区为水田农业区，主要种植水稻，也有少量粟和黍，有成套的适应水田耕作的农具。主要养猪，也养水牛、狗和羊。居室多为分间长屋，分台基式或干栏式，可以称为水田农业经济文化区。3）华南地区自然资源丰富，采集经济发达，同时受华中地区的影响而有一定的水田稻作农业，沿海地带则主要是渔捞采集经济，这里有比较多的洞穴遗址和贝丘遗址，是半农半采集经济文化区。4）东北地区史前文化中常有较多的细石器，是狩猎经济比较发达的表现。同时因受华北地区的影响而有一定的旱地粟作农业，北部兴安岭一带则主要是狩猎兼采集经济，是半农半狩猎经济文化区。5）内蒙古、新疆和青藏高原，也就是自然地理区划中的西北干旱区和青藏高寒区，在新石器时代人烟稀少，也没有发展农业的条件，是狩猎采集经济文化区，后来发展为我国主要的畜牧经济区。从这个经济文化区的基本格局便可以看出，至迟在新石器时代中晚期，全国的经济文化重心已经确立为华北和华中，或者说是黄河流域和长江流域。这对于往后中国历史的发展起着十分重大而深远的影响。

在华北和华中地区不但农业经济比较发达，手工业也是比较发达的，正是农业经济的发展，为手工业的发展提供了坚实的物质基础。开始手工业是与农业紧密地结合在一起的。一个人农忙的时候务农，农闲的时候从事各种生活必需品的制造，没有专门的手工业者，只有一些在某些专业上比较能干的人。到了铜石并用时代情况就发生了明显的变化，一些高档的、技术要求很高而并非日常生活所必需的手工业品发达起来了。例如玉器、漆器、象牙雕刻、丝绸、铜器和高档陶器等，其中大部分早在新石器时代中晚期就已出现，只是规模不大，技术水平也不甚高。这时则完全为贵族所控制，不但有了一定的规模，技术水平也大为提高。这样就出现了两种手工业，一种是与一般人日常生活与生产紧密联系的，例如石器、木器、陶器、骨角器的制造，筐篮的编织和普通的纺织与衣服制作等，不一定要专门的手工业者，普通人就可以做，可以叫作普通手工业。一种是高档手工业，必须有专门的手艺匠人，他们有较高的技艺、智慧和文化素养，却是专门为贵族服务的。因此手工业的分化又加强了社会的分化和等级化，进而又促进了社会文明化的进程。我们注意到一些高档次的手工业有明显的区域性，例如玉器最发达的地方在长江下游，其次在燕辽地区，再次在陕甘地区；漆器和丝绸主要在长江下游；最高档的陶器蛋壳黑陶和有细密针刻花纹的磨光黑陶分别出于山东的龙山文化和长江下游的良渚文化之中，从而这些地方文化的文明化程度也比较高，应该不是偶然的。

由于农业和手工业的发展，导致了所有制关系、交换关系和分配关系的发展，导致了社会的进步，促进了从村落到国家的演变历程。这种情况，从聚落形态演变的过程中可以比较明显地反映出来[1]。新石器时代早期，由于农业的发生以及集约性采集经济的发展，人们普遍地走向定居，出现了一些规模甚小的聚落；到新石器时代中期，主要是由于农业的发展，农业区的聚落明显扩大，一个聚落中有几十座以至上百座房屋。聚落的布局往往是凝聚式的，房屋虽然略有大小但没有质地之别，反映一种自给自足的平等的有组织的社区生活。新石器时代晚期聚落规模又有所扩大，至少在农业区是如此。聚落布局往往是凝聚式和内向式的，同时内部又是有区划的。从房屋、墓葬和一些生产设施反映的情况来看，当时的社区经济仍然是自给自足的。人们之间的关系是基本平等的、有组织的和有相当凝聚力的。不过有些产品的交换还是经常发生的，例如长江三峡地区土地狭窄不

---

〔1〕　严文明：《中国新石器时代聚落形态的考察》，《史前考古论集》，科学出版社，1998年。

宜农耕，而江边的砾石则是制造石器的好原料。那里的许多聚落便以制造石器为生，并且初步形成了一个石器交换网。类似的情况在别处也能够看到一些。在一些文化最发达的地区出现了个别的中心聚落，其中房屋和墓葬都发生了一定程度的分化，个别聚落甚至筑土城防护，预示社会将有一个显著的变化。

到铜石并用时代，聚落内部和聚落之间都发生了分化，大经济文化区之间的发展不平衡现象也突显出来。在一个考古学文化的范围内，有时可以看出中心聚落、次中心聚落和普通聚落的金字塔式的结构。在中心聚落的内部，有时可以看到殿堂式的建筑、高等级房屋和普通房屋的差别，而这种差别在墓葬中表现更为明显，说明这时的社会已经分裂为不同的等级。从前武器和狩猎工具是不分的，现在则普遍出现了专门用作武器的石钺，军事指挥者则用玉钺。到处都有被杀死者的乱葬坑，说明战争已经成为社会生活中的严重问题。为了有效地保护自己，一些中心聚落的贵族们便组织大量人力修筑城池。到目前为止，在全国发现的史前城址已经达到 50 多处[1]，其中有的只是军事城堡，有的则可能是古国的都城。例如山西襄汾陶寺古城的城内面积就超过 200 万平方米[2]，城内有多处夯土台基和高等级建筑的残迹；有估计超过一万座墓葬的公共墓地，有可能是王者的大贵族墓葬。说明城中聚集有相当数量的人口，而且很可能在一定程度上打破了氏族—部落的界限。从这些情况来看，陶寺古城已基本具备了都城的性质，说明这时很可能产生了最初的国家，而且此类国家大大小小还有许多，是一种小国林立的状态。与传说中的五帝时代的情况是基本上相合的。

上述变化并不是在一朝一夕之间实现的，更不是沿着直线顺利发展的，期间还有不少跌宕起伏。在铜石并用时代早期，长江流域中下游、黄河流域中下游和燕辽地区文明化的势头都很旺，甚至有进入初级文明的许多证据。但是到铜石并用时代晚期，长江流域中下游和燕辽地区的发展明显走向低谷，而黄河流域中下游则继续发展，从而为夏商周文明的相继勃兴奠定了基础。这种全局性的转变之所以发生，可能有多方面的原因。就长江中游而言，可能与尧舜禹时期连续征伐三苗有关；在长江下游，也许与良渚文化的过分特化，将过多的社会资财用于非生产性的工程和宗教性活动有关，加上自然灾害和外族的入侵，自然就会衰败下来。不过这只是文明发展进程中一时的起伏，并不是黄河周围的文化都消失了。只要看一看东周时期各大国的疆域同从新石器时代以来的几个大文化区的范围基

---

〔1〕 赵辉、魏峻：《中国新石器时代城址的发现与研究》，《古代文明》（第一卷），文物出版社，2002 年。

〔2〕 何驽、严志斌：《黄河流域史前最大城址进一步探明》，《中国文物报》2002 年 2 月 8 日。

本相合，就知道几个暂时走入低谷的文化，其实还保存有深厚的底蕴。

在中华文明起源的研究中，夏鼐和苏秉琦都提出过十分重要的见解。夏先生认为文明的起源应该追溯到新石器时代[1]。苏先生则认为中国文明的起源是一个非常复杂的过程，应该有不同的模式。有原生型，还有次生型和续生型，最后才形成以汉族为主体的多民族统一国家[2]。他们的论述是符合实际情况的。

四　中华文明的第一个高峰

如果说龙山时代或五帝时代还只是初露文明的曙光，只能算是中华文明的前奏，那么夏代就应该是中华文明的开始，商周便是中华文明第一次走向繁荣的时期。先秦文献中常常以三代指称夏、商、周，把夏看成和商周一样的王朝，只是时间有先后，发展水平当然也会有高低。可是夏代没有文献流传下来，所谓《夏书》至多不过是后人的追记。这样所谓夏代实际上也只是一个传说的时代。自从王国维于1916年发表《殷卜辞中所见先公先王考》和《续考》二文，看到卜辞中的殷世系与《史记·殷本纪》所记基本相同，证明《殷本纪》所记是可靠的。而殷的先公适当夏王朝之世。既然司马迁对殷先公的世次还很清楚，那么他在《史记·夏本纪》中所记夏王朝的世次和有关事迹也不会是没有根据的。至于从考古学上探索夏文化，基本上是从1959年以来才逐步展开的，并且取得了显著的成绩。一般认为，分布于河南西部和山西南部的二里头文化，无论从相对年代、分布地域、发展水平还是某些文化特征来看，都应该是夏文化。在这方面邹衡[3]和郑杰祥[4]有比较详细的研究，但是也还有一些不同的看法，这个问题还不能认为已经最终解决。

比起夏王朝来，商代的历史就明确得多了。除了有为数不多但十分珍贵的文献史料外，还有超过15万片甲骨卜辞及数量巨大的田野考古资料。这些资料不但使整个商代的历史成为信史，而且对商代文明发展的高度及其丰富内容都可以有比较清楚的认识。周代特别是东周的历史文献已经比较丰富了，举凡政治、军事、哲学、思想、礼制、历史、地理、文学艺术等方面莫不有开创性的著作。周代考古也有许多重要的发现，诸如列国都城勘察和诸侯墓地的发掘，大批金文和简帛文书的发现，都极大地充实了周代文明史的内容。

---

〔1〕　夏鼐：《中国文明的起源》，文物出版社，1985年，96页。

〔2〕　苏秉琦：《中国文明起源新探》，香港商务印书馆，1997年，107～140页。

〔3〕　邹衡：《试论夏文化》，《夏商周考古学论文集》，文物出版社，1980年。

〔4〕　郑杰祥：《夏史初探》，中州古籍出版社，1988年。

　　根据历史记载，夏、商和周既不完全是一脉相承的，也不完全是并行发展的不同文化。固然在夏朝时商人就已经建立了自己的国家，但是二者关系密切，地域相邻。据说商汤的重臣伊尹曾经五就于桀，另一位重臣仲虺则是夏车正奚仲的后人。根据文献记载，商灭夏并不是异族的征伐，而是因为夏桀昏庸无道，人民痛苦不堪，而汤行仁政，他灭夏是打着诛无道以拯救百姓的旗号。汤在推翻夏朝以后所建立的商朝，是"尽有夏商之民，尽有夏商之地，尽有夏商之财"（《吕氏春秋·分职》），不但全面继承了夏和自己祖先的基业，而且又有很大的发展。周人灭商之前也有自己的国家，但是周文王曾经受商朝封为西伯，成了商朝的地方政权，关系是很密切的。周人的文字就是商人使用的文字，周人的青铜器也是仿效商人的青铜器而发展起来的。至于周人的封建制度和宗法制度等，也应该是在商人的有关制度的基础上发展完善起来的。所以孔子说殷因于夏礼，有所损益；周因于殷礼，有所损益[1]。总之，夏、商、周三代虽有差别，但是从整个中国历史来看，还是应该视为一个整体，代表中国文明的第一个高峰——上古时期的华夏文明。

　　这个时期国家的显著特点是分封世袭制，社会上氏族组织长期存在，统治集团则在氏族制的基础上逐渐发展为一种严密的宗法制，这在周代表现得特别明显。周初大封建，除了都城附近的王畿之地由王朝的官吏直接统辖外，绝大部分地方都被分封给王室近亲以建立诸侯国。所谓分封，就是把一个地区的土地和人民都授予一位诸侯全权管理，即所谓授民授疆土，代代世袭。诸侯对王室的义务则是要镇守疆土，按时朝觐纳贡，必要时还要率领军队勤王。同样诸侯在自己的封疆内也可以把土地和人民授予亲属和亲信以为卿大夫，卿大夫又可以按照同样的道理封赐家臣。这样层层分封既是一种国体，又是一种政体。由于强调嫡长子继承和大宗小宗的区别，使得这种体制能够把政权和族权乃至神权巧妙地结合起来。既能保证中央和地方政权的巩固，又能够照顾到各个地方的具体情况，维系广大领域内不同族系和不同文化传统的各诸侯国的统治，并使之逐渐华夏化，为往后建立更加统一的中央集权制帝国奠定了基础。

　　分封制与土地制度密切相关。既然周天子可以把土地和人民分封给下属，那么说"溥天之下，莫非王土；率土之滨，莫非王臣"（《诗·小雅·北山》），就不能看成只是名义上的或只具有象征意义。在诸侯国内也是一样。《左传·昭公七年》说："封略之内，何非君土；食土之毛，谁非君臣。"诸侯以下的情况应该也是一样。除了层层分封，土地还常常作为对下属的赏赐。这样土地事实上成了从

---

　　[1]《论语·为政》：子曰："殷因于夏礼，所损益可知也；周因于殷礼，所损益可知也；其或继周者，虽百世可知也。"

天子到以下各级贵族官吏多级所有的公产即所谓公田。先秦文献中常常把公田和私田对举，而且常常和井田制相联系〔1〕，说明农民是被组织起来的，他们的私田也只可能是按期分配的份田而不是真正意义上的私田。这种土地制度还深深地影响到赋税制度和军事制度，农民不仅要服劳役，也还要服兵役。从一定意义上来说，整个三代文明就是建立在这些根本制度之上的。

　　这个时期的物质文明不仅在许多方面是开创性的，而且是光辉灿烂的。例如都城的建设就达到了很大的规模。可能为夏代都城的二里头遗址面积在 6 平方千米以上，可能为商代早期亳都的郑州商城有内城和外郭，内城有 3 平方千米以上，外郭则近 20 平方千米〔2〕。新近发现的安阳花园庄商代中期的都城规模甚至更大，而安阳殷墟侯家庄西北岗王陵规模之宏大，殉葬人牲之多，也是罕见的。到东周时期，随着诸侯国势力的膨胀，他们的都城也得到极大的扩展，甚至功能也发生了相应的变化。如果说以前的外郭城仅是偶见，那么到东周就几乎成为定制。所谓"筑城以卫君，造郭以守民"（《吴越春秋》），说明都城的居民有所增加，对他们的安全不能不有进一步的考虑。这是都城制度的一个转变〔3〕。

　　三代物质文明的集中表现是青铜器。现在知道，中国的青铜时代基本上是与夏商周三代相始终的。江西瑞昌的铜岭、湖北大冶的铜绿山、安徽的铜陵和南陵等地都发现了商周时期的大型铜矿遗址，井巷系统和采矿设备都已十分完备。一些都城级的遗址如相当于夏代的二里头、早商的郑州商城、晚商的安阳殷墟、西周的洛阳北窑和东周晋国的新田（在山西侯马）等处都发现了巨大的铸铜作坊遗址。制造的青铜器主要有鼎、簋、瓿、爵、斝、尊、盘等包括炊器、食器、酒器、盛储器等通常作为礼器的容器，钟、铙、铃等乐器，钺、戈、矛、剑等兵器，轭、辖、衔、銮等车马器，斧、锛、凿、锯等手工工具，耜、镈等农具，镜、带钩等生活用具，以及货币和各种装饰品等，涉及社会生活的方方面面，其中尤以种类繁多，造型优美，纹饰独特的礼乐器，堪为中国青铜文化的一大特色。

----

〔1〕　先秦的井田制的具体情形究竟怎样，甚至是不是真有井田制那么一回事，学术界多有不同的看法。有些学者认为所谓井田制虽然不会像孟子讲的那么规整划一，但是如果把它看成基层的社会组织和农业生产单位，其中有公田和份地，代表着一种从原始公社所有制向私有制过渡的农村公社制度，应该是比较符合实际的。这种制度可能从夏代就开始实行，直到战国废井田开阡陌才完全改变，是三代实行的根本制度之一。参见徐喜辰：《井田制度研究》，吉林人民出版社，1982 年。

〔2〕　河南省文物考古研究所：《郑州商城——1953～1985 年考古发掘报告》，文物出版社，2001 年。

〔3〕　许宏：《先秦城市考古学研究》，北京燕山出版社，2000 年。

　　近年来的研究证明，在夏商周青铜文明的周围还有一系列青铜文化。例如四川盆地的三星堆文化中有大量神人和假面具的造型，还有高大的神树，表现丰富的神话故事；江西大洋洲的青铜器中也有反映神话的内容，同时还有大量的农具；湖南宁乡发现的特大型铙也是别的地方所不见的。它们固然都受到夏商周青铜文明不同程度的影响，但是都有自己的特点，并且也在一定程度上影响了夏商周青铜文明。至于长城以北的广大地区内以游牧民族或半农半牧的民族为主体所创造的青铜文化，其青铜器多武器、用具和装饰品，体量轻巧易于携带，其装饰多用圆雕或半圆雕的鹿、羊、马、骆驼等动物形象。因此中国青铜文明是以夏商周为主体，同时结合不同系统的大青铜文明。只有全面地了解这些青铜文明的发展及其相互关系，才能更深刻地了解夏商周青铜文明的成就和历史地位[1]。

　　在青铜文化的推动下，一些具有中国特色的手工业品这时也纷纷涌现。例如原始青瓷器、玉器、丝绸和漆器等。原始青瓷器在商代早期就多有发现，到西周更加普遍。中国瓷器的大发展虽然在唐宋以后，起始原则应追溯到商周时期。丝绸虽然是在新石器时代就已肇其端倪，大发展却是在商周时期。至迟在商代就有提花的文绮，还有刺绣，到东周各种织法的丝绸都已面世，花纹活泼流畅。从此丝绸在我国历久不衰，成为中国服饰的一大特色。

　　三代的精神文明集中表现在一大批古文献资料上，这与作为其载体的古文字（指作为中国主体文字的汉字的早期形式）的形成和广泛应用是分不开的。前面谈到汉语的特点是词根语，单音节词发达，即使双音节词和多音节词也多是由单音节词组合演变而成的。汉语的这种特点，使得汉字长期保持一字一词，一字一音，而同音字用不同的造型来表达不同的意义，成为以形声字为主体并且将形音义巧妙地结合在一起的文字体系。与拼音文字特别强调发音准确不同，汉字可以用不同的方言朗读。在一个方言众多且发音差别极大的社会里，汉字可以毫无阻碍地起到沟通思想和传递信息的作用，甚至不同族系的人都可以比较容易地认识以至借用为自己的书面语言。中华文明之所以能够长期传承而不中断，并且有很强的亲和力，原因固然是多方面的，汉字的推广无疑也发挥了积极的作用[2]。

---

　　[1]　李伯谦：《中国青铜文化结构体系研究》，科学出版社，1998 年。
　　[2]　由于汉族的重大影响，历史上一些少数民族也仿照汉字来创造自己的文字。例如历史上曾经使用过的契丹文、西夏文、女真文以及壮族、瑶族、白族、水族和布依族等民间使用的土俗字，无不是以汉字为蓝本制定出来的。汉语和汉字还曾经对东亚一些国家产生过重大影响。例如朝鲜、日本和越南在古代就长期用汉语作为书面语言，或者用汉字语音记录自己的语言，形成一个超越国界的汉字文化圈。后来出现的朝鲜的谚文、日本的假名和越南的字喃等都是借用汉字的笔画、偏旁或方块字的构形创造出来的。

　　三代在天文、历法、算学、医药、哲学、史学、文学、音乐等许多方面都有开创性的成就，成为后来有关学科发展的重要基础。

　　历法是与农业生产密切相关的，由于农业的发展使得中国古代很早就产生了历法。传说最早有所谓黄帝历和颛顼历，后来又有夏历、殷历和周历。孔子提倡行夏之时，可能那时是夏历和周历并用。直到现在民间还是喜欢用夏历，它是一种改进了的阴阳合历。传说为夏历的《夏小正》成书虽晚，也可能反映夏历的基本精神。至于殷历则由于甲骨文的研究而有较多的了解。殷历也是以太阴纪月、太阳纪年的阴阳合历。用干支记日，一年分春秋两季并划分为十二个月，多余的天数设闰月来调整。由于历法还不十分精密，需要根据星象来进行调整，因此观象授时成为政府的重要职能[1]。

　　三代思想文化的发展，到春秋、战国时期而臻于鼎盛。这个时期各诸侯国都在酝酿深刻的改革：废井田开阡陌，履亩计税，设郡县，改革世袭官制等等。社会经济与政治的转型，乡校的设立和士人的兴起，打破了文化教育完全由官方垄断的旧传统，开始出现私人讲学，学术思想也空前活跃起来。首先创办私学的是孔子，他提倡有教无类和诲人不倦，并且很重视因材施教。他的门徒号称有三千人，其中有不少著名的学者和社会活动家。孔子虽然相信天命，但着力研究的是人世间的问题而不大愿意谈鬼神。他提倡周礼，主张为国以礼和为政以德，当政者要节用而爱人，反对苛政暴政。孔子思想的核心和最高道德标准是仁，仁者爱人，做人要有仁爱之心。孔子自称是述而不作，但在整理和传播古代文献典籍方面还是做出了杰出的贡献。他说"吾自卫返鲁，然后乐正，雅颂各得其所"（《论语·子罕》）。据说经他删订过的有《诗》《书》《易》《礼》《春秋》等书籍，后来被视为儒家经典而流传至今，成为研究商周时期历史文化的最重要的典籍。孔子和以他为首的儒家学派的思想，在中国古代社会长期受到推崇而发挥极大的作用，他本人则被尊崇为至圣先师，成为上古时期最伟大的教育家和思想家。

　　比孔子稍后的墨子和他创立的墨家学派，在战国时期和儒家一样被视为显学。墨子主张兼爱，爱无差等。延伸到国家关系上就反对相互攻伐即非攻。他的尚贤比儒家的选贤举能更为彻底："虽在农与工肆之人，有能则举之"，要做到"官无常贵，民无终贱"（均见《墨子·尚贤》上），反对贵族的世官世禄。他的节葬和非乐等主张也是和儒家思想相对立的。

　　战国时期，兼并战争连绵不断，各国国君和贵族为了寻求富国强兵乃至统一天下的方略而争相礼贤下士，养士之风盛行。在这种情况下，士人的队伍空前扩

---

〔1〕　常玉芝：《殷商历法研究》，吉林文史出版社，1998 年。

大，他们著书立说，各成一家。除儒、墨外，还有以老、庄为代表的道家，以韩非为代表的法家，以及兵家、名辩家和阴阳家等。即使在同一家内也分成不同的派，所谓"儒分为八，墨离为三"。儒家中最有名的孟子和荀子就属于不同的学派。可谓学派林立，群星灿烂，大师辈出。各个学派的代表人物可以不分国界地到处游说讲学，而当权者也多不主一家，允许各家之间相互批判和论争，从而形成了我国学术历史上少有的"百家争鸣"的盛况。各家的著述内容或有短长，但都有理有据，自成体系，处处闪烁着华夏文明的光辉，不但是整个中华文明的重要财富，也是对世界文明史的伟大贡献。

三代在精神文明方面的成就是多方面的，除了前面谈到以外，在史学、文学和艺术等方面也都有开创性的成绩。

先秦古籍中多次引用《夏书》，其中有不少内容是今文《尚书》中没有的。《尚书·多士》中谈到"唯殷先人有册有典"，大概夏、商时期都已经有了官方的典册文书。到了西周，除了《尚书》中的周书以外，《诗》中的雅、颂有不少可以看作是商、周及其祖先的史诗。到西周晚期，周王朝和各诸侯国先后设史官修编年体的国史，有的卿大夫也编家史，可惜这些书都没有流传下来。到春秋末年，孔子主要依据鲁国的国史新编了一部《春秋》，除非常简练地叙述史实外，还包含有对历史事件和人物的评价。所谓笔则笔、削则削，寓褒贬、别善恶，以至于使乱臣贼子惧。《春秋》之后出现了一系列历史著作，其中有号称春秋三传的《左传》《公羊传》《穀梁传》和被称为春秋外传的《国语》，还有《世本》和后来发现的《竹书纪年》等。这些大部分是私人著作，体裁不一，有编年体、纪传体、纪事本末体和典志体等，其中以《左传》所记史事最为翔实。《竹书纪年》自夏殷周写至魏襄王，《世本》自黄帝写至战国末年，已带有通史性质。由于这时期历史撰述不拘体裁和形式在多方面的实践，为后来史学的大发展准备了充分的条件。

商周是文学形成和初步发展的时期，主要的文体是散文和诗歌。春秋以前，《尚书》的一些篇章和某些铜器铭文可以视为最初的散文，文风古朴简练。到春秋战国时文风为之一转，特别是《左传》和诸子的一些著作，语言渐趋通俗化，记事条理清晰，形象生动，常常引用神话寓言和历史典故，富有说服力和感染力。诸子中的庄子更是具有极高的文学天才和驱使语言的能力，他思想豁达，感情奔放，气质浪漫，文章如行云流水，不可遏止，成为后世散文的范本。这时期诗歌的成就集中表现在《诗经》和《楚辞》上。《诗经》是西周到春秋时期的诗歌总集，分为风、雅、颂三类。既有王室庙堂的乐诗，又有各诸侯国的许多民歌。当时有一种采风制度，采集反映民间生活和风俗的诗歌再经过文人加工便成了《诗经》中的国风。《诗经》多为四言体，能够配乐歌唱，是中国诗歌的开山之作。

战国时期，在南方的楚国出现了一种被称为《楚辞》的骚体诗，其代表作是屈原的《离骚》。这首诗长达 337 行，是我国古典文学中篇幅最长的个人抒情诗。《楚辞》是一种与《诗经》不同的诗体，其中大量引用神话传说，思想丰富，文采华丽，感情奔放，富有浪漫色彩。在中国文学史上具有十分重要的地位。

这个时期在艺术方面的成就也是多方面的。由于考古学的发展，人们对当时的绘画、雕塑和工艺美术开始有了比较深刻的印象。当时在音乐方面也达到了很高的水平。周人礼、乐并重。前举《诗经》和《楚辞》很多是可以配乐歌唱的。许多音乐还跟舞蹈结合在一起。孔子是很懂音乐的，他特别喜欢韶乐而不喜欢郑声。他在齐国听韶乐听得入神，以至于三月不知肉味。可惜那些音乐没有曲谱留下来，只可以从乐器组成情况约略推知一二。例如湖北随州发现的曾侯乙墓中随葬了用于庙堂的整套乐器，包括编钟、编磬、鼓、琴、瑟、笙、排箫和篪等，编钟、编磬都挂在架上，俨然一个演奏室的样子。编钟上有错金的乐律铭文，其音域极宽，达到五个半八度。中心音域的三个半八度 12 个半音齐备，可以旋宫转调，可以演奏各种复杂的乐曲，令当今音乐理论家为之惊叹。可是曾侯只是一个小国的国君，就能够达到如此的气派，于此可以想见当时音乐景况之盛与水平之高。

上面的叙述说明，夏商周时期的华夏文明，不论在物质方面、制度方面还是精神方面都有了开创性的成就和相当的发展，而且是一代比一代前进，是中华文明发展的第一个高峰。其中最重要的当为多元一体格局的奠立和中华文明基本特质的形成，从而为往后更高水平的发展奠定了坚实的基础。

［原为《中华文明史》（第一卷）"绪论"部分，北京大学出版社，2006 年］

中国文明起源研究之我见

什么是文明？人们有许多种解释，我这里专指文明社会而言。人类学家把人类的历史划分为蒙昧、野蛮和文明三大阶段，有些学者觉得前两个称谓含有贬义而改称史前或原始社会。讲中国文明社会的起源，就是讲在中国这块号称神州的大地上是如何从史前状态走向文明社会的。

1. 农业是产生文明的基础

打开世界历史地图，你会发现几个最古老的文明都发生在北回归线以北的温带地区。这些地方同时也是农业发生的中心地区。例如西亚是最早种植小麦和大麦的地区，后来出现了苏美尔—阿卡德文明以及巴比伦文明；麦作农业传播到北非的尼罗河流域，后来出现了古埃及文明；传播到南亚印度河流域，后来出现了古印度文明；中美洲墨西哥等地是最早种植玉米的地区，后来出现了玛雅文明。中国是最早种植小米（粟、黍）和稻米的地区，后来产生了伟大的中华文明。为什么会出现这种情况？因为农业总是发生在气候最适宜的地方。种植农业不但要了解作物的生长习性，还要了解季节的变化而把握农时，找到合适的地块并进行适当的加工，作物生长期要随时关照，黄熟了要及时收割，以及储藏、加工等等，形成一整套农业文化。农人必须定居并且结成一定规模的社群，这有利于交流和传承文化，也有利于手工业的发展。当生产发展到一定程度，就必然出现分工，一些制造技术含量甚高的精美产品的手工业者从农人中分离出来。有的人专门从事宗教活动，有的人创造文字，发展文化艺术。社会开始分层，有富人和穷人、贵族和平民的区别。社会复杂化了以后就需要有一个政治组织，就是早期的国家，这个社会才进入了文明。这种情况在单纯从事狩猎和采集的人群中是不可能实现的，个别从事畜牧的民族也是在农业文明的影响下才步入文明的。

中国的黄河流域是粟作农业的起源地和最先发达的地区，长江流域是稻作农业的起源地和最先发达的地区。两者各具特色又相互补充，而且涵盖的远远超过其他农业起源的地区，成为中华文明起源和发展的雄厚的物质基础。

2. 中国文明起源的几个阶段

中国文明的起源有一个过程，大约经历了以下几个发展阶段。

准备时期：从新石器时代早期农业发生的时候起，就可以认为是进入了文明起源的准备时期，年代大约为公元前 10000~前 4000 年。

走向文明：到新石器时代晚期，特别是到仰韶文化的庙底沟期，在黄河流域和长江流域的一些主要文化区开始出现高于一般聚落的中心聚落，其中的墓葬已经有所分化。个别地方出现了夯筑的城墙，明显迈开了走向文明的步伐。年代为公元前 4000~前 3500 年。

泛文明化：相当于仰韶文化的后期，整个黄河流域和长江流域的农业都有显著的发展，精美玉器等高档手工业品大量涌现。出现了一大批城址和专门的武器，说明战争频繁。墓葬的两极分化也很明显，进入了普遍文明化的阶段。年代为公元前 3500~前 2600 年。

初级文明：相当于龙山时代，年代为公元前 2600~前 2000 年。这时长江流域和燕辽地区的文明化进程出现停滞，而黄河流域则得到迅速的发展。城址的规模更大，墓葬不但分化明显，而且出现了礼制，显然已进入初级文明，并且为夏商周文明的产生奠定了基础。从夏代开始便进入了成熟文明的时期。

以上是黄河流域和长江流域的大致情形。至于广大的周边地区，多是在主体地区的影响下才逐渐步入文明化的进程的。年代虽然比较晚，但也是中华文明起源的有机组成部分。

3. 重瓣花朵和多元一体

1986 年 6 月，我在美国艾尔莱召开的一次学术会议上提交的论文中，首先提出中国史前文化有一种重瓣花朵式的格局，而且影响到文明的起源和往后的发展。花心在中原地区，那里早先有磁山—裴李岗文化，以后依次发展为仰韶文化和中原龙山文化，再依次发展为夏商周文明。内圈的花瓣主要有山东地区、江浙地区、两湖地区、燕辽地区和巴蜀地区等，在新石器时代以至夏商时期，这些地区都有自身的文化系统，到周代虽然实现了一定程度的统一，却仍然表现出齐鲁、吴越、荆楚、燕和巴蜀等几个大国的文明，大国之间还有一些小国的文明。外圈就是他们的周边地区，在新石器时代也已经形成若干文化区，后来在中心和内圈的双重影响下走向了文明化的进程，只不过时间要晚了许多。这些文化和文明中心虽然各有特色，又是紧密地相互联系和相互影响的，共同构成了一个中华文明的美丽花朵。后来费孝通先生在论述中国的民族关系时提出了多元一体的说法，我们觉得跟考古学文化上重瓣花朵式的格局有相通之处，而表达更为简练，所以有时也借用来说明史前和文明起源时期的文化格局，或者说是中国文明起源的模式。

4．中华文明特质的初现

中国文明起源的模式本身就充分表达了中华文明既有主体又有多样性的特点，也表达了中华文明具有强大的凝聚力和向心力的特点。

（未完稿）

中国古代文明起源的探索

主持人：在北大考古文博学院有一位大教授，叫严文明，严先生一辈子研究的就是文明。今天我把他请来给大家作一场学术报告，题目就叫作"中国古代文明的起源"。严先生，您开始选择考古专业是您的理想吗？

严文明：不是，我想读理论物理，因为我非常崇拜爱因斯坦。

主持人：20世纪50年代初，做爱因斯坦可以给国家做更大的贡献，但是后来基于什么样的理由，您没有学物理，而是学了考古？

严文明：我是不自量力，以为自己挺聪明。其实很一般，不过是理科成绩比较好，成绩最不好的是历史课，对历史也没有兴趣。可是历史跟我开了个玩笑，我报考北大物理系理论物理专业，没有想到一个物理题答错了，别的成绩也不理想，一下子名落孙山，把我录取到了历史系。我再不愿意也没有办法。后来考古教研室主任苏秉琦动员我学考古，于是就学了考古。不过话又说回来，考古学虽然也是研究历史的，但是研究方法离不开自然科学。有一点理科常识，对于学考古是大有帮助的。

主持人：您开始关心中国古代文明是什么时候？

严文明：我学考古以后，知道中国有很古老的文明，至于这个文明怎么起源的，有各种各样的说法，没一个有说服力。我想弄一个究竟，但知识和研究能力有限，主要是学习。到20世纪80年代才着力进行研究。

主持人：后来严文明先生一直研究中国古代文明。下面我们就听一听他的研究成果——中国古代文明的起源。

严文明：关于中国古代文明起源的探索很早就开始了，直到最近才形成高潮，为什么会是这样呢？我想有两个原因。

一个是政治原因。过去中国受帝国主义侵略，经济落后，民生凋敝。有些西方学者不研究这个根本原因，反而认为中国文明的本质是保守的、落后的。这很明显是一种偏见，可惜有很多人相信。革命让中国人顶天立地地站起来了，经过了一些波折，我们的经济也起飞了，中国的发展速度非常快，出乎很多西方人的想象，还有亚洲四小龙，都是地道的中国文化。可见中国的文化并不落后保守，而是一种先进的优秀文化。对于这个文化的本质，包括她的起源，应当重新进行研究。

第二个是学术上的原因。最近一些年，中国考古有很大的发展，重要的发现不断涌现。西方一些学者认为现在是中国考古学的黄金时代，这话是有道理的。由于这些考古发现，使我们研究中国文明的起源有了实际的可能。但是，这个课题，是一个需要很多人、很多学科、经过很长时间的努力才能够取得成果的，不是一朝一夕就能够完全回答的问题。所以我今天讲的题目，不是"中国古代文明的起源"，而是"中国古代文明起源的探索"。当然不是漫无目的的探索，我们已经取得了很多成果，但是我们仍然在探索之中。

下面我将分四个题目来讲一讲。

第一个题目，考古学对探索中国文明起源的特殊作用。

人类在历史上从事生产和各种社会活动，留下来了很多生产工具、生活用具、艺术品和宗教用品等实物的遗存，其中绝大部分都已经湮没在地下了。这需要有一个特殊的学科来揭示这些遗存、解释这些遗存，这个学科就是考古学。中国的考古学的前身，也就是对古器物研究的所谓金石学有一千多年的历史，但是跟后来的科学意义上的考古学还不太一样。科学意义上的考古学是以田野考古为基础的，有田野发掘、田野调查，还有地层学、类型学、考古学文化等一套方法和理论，这样才可以把这个学科建立在科学的基础上。而它研究的内容可以非常广泛，涵盖整个人类的史前史和古代史。考古学基本上不依靠文字记载，我们现在说人类的起源有 200 多万年，哪里会有 200 多万年的文字呢？考古学研究不受时间的限制，什么时候有人、什么时候有历史，它就可以从什么时候开始；也不受地域的限制，古代的文明只是在世界上几个很小的地方，大部分地方还没有产生文明，没有文字，那些地方的历史也可以靠考古学来恢复。考古学它又是研究实物的，可以运用各种自然科学手段来进行研究，以获取尽可能多的科学信息。随着科学不断发展，它研究的深度和科学性也会不断提高。有了这么一个手段，对于中国古代文明起源的研究，就会一步一个脚印地走下去。中国在 1928 年成立了一个专门的考古机构，对河南省安阳的殷墟进行了连续多年的大规模发掘，发现了许多宫殿和宗庙基址，还有商代晚期诸王的陵墓出土了大量精美的青铜器和甲骨文等，证明那里是商代晚期的都城，说明那时已进入文明时代。20 世纪 50 年代在郑州发现了比殷墟更早的属于商代早期的都城，说明那时也已经进入文明时代。从 20 世纪 60 年代开始，中国科学院考古研究所又在河南偃师二里头发现了一个具有宫殿和青铜作坊的大型遗址。年代比郑州商城还早。根据碳-14 的年代测定，大部分落在夏纪年的范围以内，说明二里头应该是夏代的都城，这样中国文明社会的开始理所当然地推进到了夏代。而中国文明的起源自然还应该上推到更早的年代。这都是考古工作者辛勤劳动的结果。

下面我讲第二个题目，中国文明起源的自然环境和人文环境。

中国的自然环境，你们看一看中国的地形图，中国现在是有 960 万平方千米，位于亚洲的东部，它周围有明显的天然屏障，由于有这样一个天然屏障，中国史前的人类要跟外面交通不是太方便，这是一个很明显的特点。在这个大的地理单元里面，又可以分成三大块：一块是青藏高原，有 200 多万平方千米，人口稀少，经济文化不发达；第二大块是西北干旱区，纬度比较高，大部分都处在内陆地带，同样也是人口稀少，经济文化也不甚发达；第三大块是东方季风区，里面又分东北、华北、华中和华南四个小区，其中最好的地方就是华中的长江流域跟华北的黄河流域，这两个地方四季分明，有比较长的冬季，冬季的天然食物稀少，需要想法子加以补充。夏秋的天然食物很多，其中新鲜的食物难以储存，只有干果和谷物才可以长期储藏。而结干果的树木生长期太长，不便于种植。谷类都是一年生植物，易种易收，这样就选择了谷类作物。长江流域之所以发明了水稻，黄河流域发明了粟和黍，就是这个道理。其实全世界也都是这样，几个农业发达区都在北温带，都是因为有冬季的食粮供应问题，而且也都选择了谷物。比如西亚是培植小麦和大麦的地方，以后这种经济传播到埃及和印度，埃及、印度、西亚这些地方的文化就发展起来，往后就产生了世界最早的文明。中美洲是种植玉米的地方，后来产生了玛雅文明。中国也是这样，最早发明农业、人口迅速增加、文化发展水平最高的就在黄河和长江流域。这不是一个小地方，是一个很大的地方，而且就全中国来讲，又是处于比较核心的地方，而不是在边上。这样它就很自然地形成了一个核心地区，一个对周围文化有吸引力的地区，这是中国自然环境的又一个重要特点，使得中国往后的发展老是有一个核心，老是有一个主体地区。从文化上来讲，总是在这个地区最发达，周围相应的要比较低一点。从民族来讲，汉族总是一个主体，周围就是一些少数民族，它就形成了巨大而持久的向心力和凝聚力。这是中国文明之所以能够长期发展而不中断的原因之一，是有自然环境方面的客观基础的。

再讲一下人文环境。人文环境主要是讲在文明起源的时候，或者文明起源以前，中国有没有人呢？如果在中国文明起源以前中国没有人，那当然人家说中国人种和中国文明都是外来的也是可以说得通的了。如果中国原来有人，这些人又没有迁到别的地方去，又没有自行消灭，那他总得有子孙。近年来的考古证明，在中国境内，差不多从 200 万年前就已经有人类在这里生活了。从那个时候起，中国的历史就一直没有中断，文化一直很发达。在中国文明起源的时期，在中国的周围有没有高度发达的强势文化呢？没有。离中国最近的比较发达的文明中心是哪里呢？是古代的印度，就是现在的巴基斯坦这个地方，印度河流域的文明。那个地方离中国的边界虽然很近，但是跟中国文明的中心却是很远的。即使那里有比较发达的文化，也不可能对中国境内的早期文明形成什么重要的影响。所以讲中国文明的起源只能是本土的而不可能是外来的，从内部的和外部的自然环境与人文环境的分析就可以知道一个大概。

下面讲第三个题目，中国古代文明起源的历程。

很多人关心中国文明是什么时候起源的，什么时候开始进入文明？但是我们经常不这样直接回答问题，因为我也好，任何别的学者也好，无法回答是哪一个早上我们中国就进入文明了，跑到文明这个门槛里来了。我们只能说，我们看得出来这个文明是一步一步从一个原始的野蛮的状态，逐步地向文明社会前进。前面讲过，文明是在农业发展到一定阶段以后才发生的，而农业是在新石器时代早期才开始的。中国的新石器时代可以划分为早期、中期、晚期三个阶段，在新石器时代和青铜时代之间，还有一个铜石并用时代，这是考古学划分年代的办法。刚才我讲到的二里头文化，就是相当于夏代的文化，很明显是已经进入青铜时代了，很多人认为那时已经是文明社会。那么，中国文明的起源就应当在青铜时代以前。我们现在看到，在新石器时代的中期和早期，一些聚落、一些村落的房子都差不多，你看不出有什么住得很好的房子或者很差的房子。那个时候的墓葬也有很多，里面随葬的东西也好，墓圹的修整也好，都差不太多。差别当然是有的，但多是个体的，看不出明显的阶层性的差别。哪一部分人是富人，哪一部分人是穷人，根本就看不出来。但是到了新石器时代晚期，特别是新石器时代晚期的后半，这个情况就开始出现变化。个别地方出现了中心聚落，大墓和小墓随葬物品的数量和质量都有了显著的差别，看得出来这个社会开始在分层。这是在约公元前4000～前3500年发生的事情。但是在这个时期的中心聚落，仅仅是几个文化最发达的中心才有。到铜石并用时代早期，各地都出现了大大小小的中心聚落，并且出现了一大批城址。有些地方还有祭坛和人工筑造的巨大坟山。墓葬的分化更加显著。一些前所未见或极为稀少的高档手工业品如玉器、漆器、象牙器、铜器和丝绸等都制造出来了，而这些贵重物品仅仅发现于贵族的大墓之中。不少地方发现了可能是原始文字或至少是文字前身的记事符号系统。所以说这个时期已经普遍走向文明化了，而且这种文明化的进程不是在一个地方，而是在很多地方出现，各个地方都有各自的特色。到铜石并用时代晚期，文明化的进程出现了一个战略性的转变。原来比较发达的长江流域和燕辽地区进入了低谷，而黄河流域则更快地发展起来，从而为往后夏商周文明的发展奠定了坚实的基础。

最后讲第四个题目，中国文明起源的模式。

我刚才讲中国文明化的进程是从各个地方开始的，各个地方有各自的特色。这说明文明起源是多元的，不是一元的，不是一个中心而是多个中心，过去的中原中心论应该重新审视。但是这些多元的文明不是彼此孤立的，而是不断地相互发生关系，不论是战争的关系还是和平的关系，总之是有密切的关系。在一个很大的范围以内共同地发生作用，我过去曾经把这种关系形象地比喻为重瓣花朵式的结构。每一个花瓣是一个区域性文明起源中心，所有花瓣共同组成一个美丽的花朵，就是中华文明的花朵。花朵的各个部分是不可分割的，是相互联系的一个整体。因为相互之间有很多联系，所以也就有很多共同点。各个地方发展的步骤基本上是一致的，正如我们刚才划分的几个阶段一样，这是多样性和统一性两个方面的辩证统一。后来费孝通先生在讲中华民族关系的时候也注意到了这个特点，提出来一个多元一体的概念，说我们中国的民族关系是多元一体的关系。我们也就借用这个词，说我们中国文明的起源和早期发展是多元一体的，这就是中国文明起源的模式。当我们分析各个地方的文化时，可以看出各自的特点，说这个是内蒙古的、那个是甘肃的或者河南的等等。其实在外国人看来这些都是中国文化，差不太多，如果跟外国的文化比，那个差别就大了。所以说中国文明的基础在文明起源的时期就奠定了。我在这里要强调的是，中国文明的起源和早期发展不但是多元的，还是有主体的，这个主体就在黄河流域和长江流域。到了夏商周这个阶段，中原的地位就凸显出来了，形成了一种以中原为核心，以黄河流域和长江流域广大地区为主体，在全国 960 万平方千米内多种文化相互连接的这么一个格局。中国历史的这个特点是非常突出的，研究中国的文明就要牢牢地把握住这个特点。

因为中国文明是多元的，所以内容十分丰富多彩，具有无穷的活力和生命力；同时因为中国文明是有核心有主体的，所以有强大的向心力和凝聚力。这就是中国文明为什么会在几千年的长期发展中从不中断，虽然有多次波折和起伏而仍然能够永不衰败，不断创造辉煌的最主要的原因。

主持人：好，先来看一下来自凤凰网站的问题，这位网友的名字叫"如果昨日能够重现"，网友的名字很长，他说"我很佩服您的历史研究和毕生的考古业绩，知道自己民族文明源远流长，至少有一个好处，那就是可以增强民族自豪感和自信心，但是思来想去，我还是有一丝担心，担心我们的历史研究和考古发掘是'螳螂捕蝉，却不知黄雀在后'，您知道吗？北京现在都快被沙土给埋上了，您、我半截身子都埋在沙子里了，可您还在研究起源。齐白石老人 70 岁才改行学画虾，您不想改行研究环保吗?"

严文明：你这个问题很有意思，实际上我刚才讲的内容里面，已经充分地注意到了我们中国的环境的特点，只是有些问题我没有展开。我们中国有四个环境带，以长城为界的北面是沙漠草原地带，是游牧人住的地方，那里气候环境一旦变得不好，草就长得不好，牲畜没有草吃长不了膘，有的饿死了，人们的生活发生了问题。怎么办? 最方便的就是到南边农业区去谋生路。牧民又不会干农活，硬要人家的东西人家又不让，只好抢，免不了要发生战争。农业民族为了防止来自北方的侵扰就修了一道长城，它也是两种环境之间的界线。长城不是隔断双方的往来，而只是防止破坏。双方往来可以通过关口有控制地进行，就是通关互市。淮河秦岭也是一条重要的界线，以北是旱地农业区，以南是水稻区。水稻区的人比较安定，因为水田开辟出来不容易，不能随便给抛弃了。旱田可以，这里不能种可以另外找个地方，早期的旱田多半实行轮作制。所以北方的人好动，南方的人好静。中国历史上都希望统一，谁来统一有争执，有时候会发生战争，这个战争很多情况下是北方人打南方人，或者北方人往南方迁移，好几次的南渡，这些多是与自然环境有关的；所以研究历史的动向也要研究环境的变迁。刚才讲沙尘暴，沙尘暴不是现在才有的，早就有。但是现在这个问题加剧了，这就提醒我们人类，你的活动不要超过了自然的限度。研究历史不是面对古代、背对现代，我们也是为了现代，是想从历史里面引出某些带规律性的认识，吸取历史的经验和教训，以求正确地处理现代的挑战和规划我们的未来。

主持人：我可以告诉这位网友，不用让严先生改行，古代的研究可以古为今用。

接下来再看一下网友的问题。这位网友叫"红色战刀"，他说："我觉得从常识上讲，大家都非常理解中华民族起源的多元性，但为什么有的先生非要主张只有黄河流域才是中国文明唯一的发祥地，怎么可能一大片都是空地，只有一个地点冒出了我们的祖先呢? 请问严先生能否告诉我，他后来有了变化没有? 如果还没有，您会怎么去说服他?"

严文明：学术界有不同的观点是很正常的，有的先生以前比较强调中原中心，原因是他对中原以外的情况不太了解。后来他慢慢了解周围的情况以后也有一些改变。现在多元一体观已经成为学术界的主流思想。认识事物往往有一个从不太正确到比较正确的过程，我自己也不例外。我可能一个时期这么认为，以后看的资料多了，就可能改变原来的看法。只是不要固执己见，明明是自己错了也不承认。

观众：我想请问您一个问题，据我所知，很多文明的起源和发展都是和宗教紧密联系在一起的，比如说印度，比如说阿拉伯文化。请问在中国文化发展中宗教的作用如何？请问您对这个问题有没有什么研究？

严文明：人类越到早期，因为科学知识不发达，对于自然的事情、人类社会的事情和人自己本身的事情，不知道的地方太多了，所以就容易形成一些非科学的想法。这些想法一系统化，有的就变成了宗教，宗教是一种信仰，你可以不听某人的话，却不可以不听上帝的话。这样就容易被一些统治阶级所利用，形成政教合一的制度。中国古代不是没有宗教，但是在道教兴起以前没有形成任何有教宗和教规的某种教派。研究商代历史和考古的人都知道，商代文化的神秘色彩很多，什么事情都要占卜，问鬼神，主要是商王来占，宗教意识是很强的，是最高统治者十分关心的。但是中国古代从来没有发展到一种宗教的势力凌驾于世俗政治势力之上的局面，没有。多半都是为帝王所利用。它这个位置，跟埃及、印度或者希腊相比就很不同。我们中有好多人看过希腊神话，那里有很多神，是神在主宰世界。而我们中国的神，我们中国除了一个天神，多半都是祖先神。中国古代的庙宇多半是宗庙，也就是祖庙。后来形成一个制度，叫作左祖右社，左边是祖庙，右边是社稷坛。社稷坛是祭天、祭地，是为了祈求丰收的；祭祖是为了传宗接代，弘扬传统文化，没有把它凌驾在政治势力之上的意思。后来发生了道教，有些皇帝也信道教，但是他没有被道教所支配，没有达到这个程度。再后来传来了佛教，历史上就有好几次兴佛、毁佛。有的皇帝重视，觉得有用就修庙，觉得有妨碍就把它毁了。中国从来没有什么全民族的宗教，像一些伊斯兰国家的那种情况，从来没有。

这可能有很多种原因。其中一个原因可能与中国的一个主导思想，就是从孔子开始形成的儒家思想有关。儒家思想比较讲究现实，《论语》说"子不语怪力乱神"，就是孔夫子不讲怪力乱神这些事儿。有人问他人死了怎么样，他说"未知生、焉知死"，我生的事儿都还说不清楚，死的事儿我怎么能知道呢？他的这种思想，至少是在知识分子阶层是很有影响的。自从汉武帝独尊儒术以来，历代都把孔夫子推崇到很高的位置，占了思想界的主导地位。中国的宗教在很大程度上是在民间活动，不像刚才讲的那些个古代文明，宗教势力达到那么高的位置，中国历史上从来没有过这样的情况。

主持人：下面再看一下来自凤凰网站的提问。网友"杞人忧天"说，"我有一种担心，我们的文明起源观点，总是被当下的考古发现牵着鼻子走，先发现的那个文明地点，就被想象成是文明的发祥地，有一天如果在它旁边发现了另一个文明地点，甚至比原来发现的地点更老，我们又会说新发现的文明点是整个文明的起点，考古家总是一次又一次地修改自己的定论，使我们不断发现，其实还是台湾流行音乐家说的最准确——明天会更好。"

严文明：考古遗址都在地下，考古学家需要通过调查、发掘才会知道。可是古代遗址那么多，考古工作只可能一步一步地做。在开始阶段，就像"瞎子摸象"，摸到了象的耳朵，说象像个蒲扇；摸到了象的腿，说象像个柱子，如果把象的整体都摸了一下，他就不会有这样片面认识了。现在中国的考古学就进入了这个阶段。我刚才讲的文明起源的几个阶段和文明起源的多元一体的模式或结构的认识，是在把它全体都摸了一下以后得到了一个结论。下一步的研究在这个大格局上是不会有太大变动的，主要是细部研究，就是对象的肉体和内脏一步一步地解剖它，还要研究象的行为、性情和生活习惯、跟其他动物的关系等，那是进一步的研究，以求对这个文明有更深刻的了解和认识。

考古研究有一个过程，在这个过程中，除了资料会越来越丰富以外，运用的科学技术手段也会越来越先进，能够研究的问题也会越来越广泛和深入，越来越接近于历史的真实。不会像刚才那位网友讲的，今天说这是一个文明起源中心，明天旁边又弄了一个中心，好像一点准头都没有，不可能是那种情况。

主持人：可见即使是瞎子摸象的话，这个瞎子也会摸好几遍，如果这个瞎子只能摸一遍的话，好多瞎子一起摸，也会比原来的要完全得多，所以不用过于担心。下一个网友叫"two bears"说："我有两个问题，第一，我看过一篇文章说，考察文明起源，其标志既不是文字，也不是城市、青铜器和宗教建筑，而应该是古代政治家们推崇的礼仪或礼制，您同意这种观点吗？第二，最近有一些有历史偏好的人写文章，说经过史料分析，得知秦始皇从形体上说不是伟丈夫，而是一个小瘪三、小赤佬，只比武大郎高一点，是一米五，这么一个侏儒怎么可能稳住那么多大将军呢？"

严文明：我们讲文明的起源，有些人就很自然地会想到，你根据什么，也就是说文明有什么标志没有？那有人就去查书，一查书对于文明的解释大概有六十几种，六十几种你要哪一种啊，你不能都要，所以先弄清楚文明的概念再去研究文明，不是一个正确的道路，我们研究问题，都应该从事实出发，不是从概念出发。因为这些概念都是前人根据某些事实做出来的概括。我们现在有很多新的事实，自然应该有新的概括。至于文明起源是不是有一个统一的标志，如果有又是什么？有人说是文字，但是有一些文明很明显是没有文字的；有人说是城市，可是中美洲的古代文明没有城市；有人说是铁器，欧洲进入文明时代就是考古学上的铁器时代。那我们中国的夏、商都没有铁器，周也是到后期才有铁器，中国的古代文明主要是在青铜器发达的基础上产生的，所以有人就说中国文明的起源应该是以青铜器的出现为标志。我想既然不同的地方有不同的标志，实际上就是没有统一的标志。只能具体情况具体对待。文明是什么？文明应该是社会发展的比较高级的阶段，文明社会以前叫野蛮社会或原始社会，它的物质生产比较低下，精神文化不大丰富，社会组织也比较简单。只有到物质生产发展到一定水平，社会开始分层，就是有贵族、有平民，有统治阶级、有被统治阶级，这个时候才能分化出一部分人来从事劳作，生产高档的物质产品，创造文字，发展文化艺术。社会复杂化了以后就需要有一个政治组织，就是早期的国家，这个社会才进入了文明。所以我前面关于文明起源的分析，就是从社会分层开始讲起的。

主持人：最后他关心秦始皇的身高。

严文明：这不好说了。一个人的能力不是由身高决定的，这种观念不科学。至于秦始皇究竟长得怎么样，现在谁知道？我们又没有挖出来，挖出来也要尸体保存得好才行。

主持人：网友"相信童话的女孩"说："中央电视台拍摄的专题片《源》，通过大量的考古发现，展示了人在文明创造中的作用。我就奇怪，一些别有用心的人居然发明了什么中华文明西来说，那些洋鬼子顶多是给我们带来了些碳-14。我觉得您老也别跟他们怄气，这根本用不着讨论，您要是非要跟他们过不去的话，还要挖很多我们的祖坟，破坏我们老祖宗的万古安宁。"这位网友实际上是提了两个观点，一个是批判中华文明西来说；一个是问您挖祖坟的问题。

严文明：西来说是不能成立的，因为它不符合事实，现在也不必搞什么批判。因为西来说者，你不能都把他打倒。在一个学术课题刚刚冒头的时候，应该允许有各种推测。比如说考古界最早提出西来说的学者，是瑞典的一个很有名的地质学家安特生。他是当时中国政府聘请的矿政顾问，对中国的地质学有很大贡献，中国的第一次田野考古工作是他做的。他非常崇敬中华民族，所以他的第一本考古著作就叫《中华远古之文化》。他发掘的第一个遗址是河南的仰韶村，在那里发现了彩陶。中国历史上从来没有讲过彩陶的事儿，他拿着回去跟西方的一些考古学家请教。人家说这个中亚有，西亚也有，都差不多，中国的彩陶应该跟西方的彩陶有关系，彩陶"西来说"就这么产生了。以后他根据新的资料又改变了自己的观点，你不能把他同那些怀有偏见的人一起批。

主持人：但是挖祖坟的问题还是有人讲。

严文明：挖祖坟的问题是这样的，现在中国盗墓的风气是一个大问题，到处都有人盗墓、盗宝，古董这个行业给炒得不问青红皂白，弄得一些人唯利是图也就不要祖宗了，管他挖坏不挖坏，我自己能捞到钱就行。

观众：考古除了发掘方面的工作，还有很重要的就是保护的工作，想请您谈谈这两方面的关系。

严文明：我们国家有文物保护法，我们的方针是"保护为主，抢救第一"。绝大部分遗址要保护，特别是国家级的保护单位，基本上不主动发掘。用有限的力量去抢救那些最容易遭到破坏的遗址。可是最近一些年，盗墓挖宝的活动十分猖獗，一定要坚决打击。工程建设也时常破坏古代遗址，有的是不知道，有的是单纯经济观点，只要能够赚钱，什么祖宗的文化遗产也就顾不上了。所以必须加强宣传和执法的力度。至于已经发掘过的遗迹怎么保护？这在全世界都是一个没有很好解决的问题，也是保存科学研究的首要问题。在没有妥善保存方法的情况下，最好是把它又埋起来。因为它在土里已经待了那么多年，没有坏，再埋起来也不会坏。可是群众要看你挖出来的到底是什么样的东西，所以不得已只好选择重点进行展示。比如半坡博物馆、秦俑坑博物馆，造价很高，可是里面的遗迹和文物还是在渐渐损坏。这是不得已的。对于古代遗存的研究和保护，也是建设民族文化的一个方面，除专业人员外，还希望有社会各界的广泛参与。

主持人：谢谢，最后，我还得考问您一下，请您用一句话形容中国古代文明的起源。

严文明：中国古代文明的起源很早，既是多元的，又是有中心有主体的，对中国往后的发展具有深远的影响，是中华文明延续几千年而不中断的重要原因。

（本文为 21 世纪初凤凰卫视"世纪大讲堂"第 1 部第 20 集讲演整理稿，主持人为阿忆）

黄河流域文明的发祥与发展[*]

　　历来认为黄河流域是中国文明的摇篮，近年来，由于长江流域乃至辽河流域都有一些事关文明起源的重大考古发现，黄河流域作为中国文明起源的唯一地区的观念发生了动摇。尽管如此，它在中国文明发生和早期发展中的特殊地位仍然是不能够忽视的。

　　黄河流域的文明可以说是在旱地粟作农业的基础上发展起来的。早在公元前六千多年以前，黄河流域就已经种植粟、黍等旱地作物。以后逐渐增加了小麦、大豆、高粱和稻谷的栽培，但产量不多。大约直到汉代以前，都是以粟和黍这两种小米为主要粮食作物的。农业的发生对人类社会生活产生了全面的影响：技术进步，经济发展，人口增加，文化生活的内容大为丰富。这是一场影响深远的革命，从而为往后走向文明社会奠定了初步的基础。

　　大约从公元前 5000 年开始，黄河中游出现了仰韶文化。其分布范围之大和遗址数目之多，为中国新石器时代诸考古学文化中所仅见。与此同时或略晚一些，黄河下游发生了大汶口文化，其水平与仰韶文化不相上下，从而初步形成了东西对峙的两个文化中心。从仰韶文化和大汶口文化的前期的聚落和公共墓地的情况来看，可知那时是以血缘为基础组成社群的。人们在经济生活和社会关系上基本是平等的，同一地区的社群之间也看不出明显的差别。但从仰韶文化和大汶口文化的后期开始，社会生产有了较大的发展，石器、玉器、陶器等的制造比以前有了明显的进步。一些家族开始积累财富，从而在社会上出现了贫富分化和社会地位的分化，这从墓葬大小和随葬品质量与数量的鲜明对比中可以看得十分清楚。中心聚落的出现则表明这时已存在包括若干社群的较大的社会组织，而社群之间也出现了权力上的分化。

　　大约从公元前 3000 年开始黄河流域进入龙山时代。这时手工业生产有了更大

　　*　本文为 1995 年 8 月 4 日在日本大阪经济法科大学举行的东亚原始、古代文明再检讨——5000 年前的东亚国际研讨会上的发言。

的进步，并且向专业化方向发展。新出现了制铜工业，陶器生产中普遍采用了快轮技术，玉器制作更加精美且数量大增，漆木器和丝绸等手工业生产也已发展起来。专业化的生产不但创造出了许多前所未有的物质财富，而且促进了产品的交换。而不等价的交换自然又会扩大贫富分化的程度。财富观念的加深使得掠夺他人财物的事情不断发生，保护自己的财物和人身安全也便成为必须面对的现实。社群或族群之间的战争从此变得越来越频繁和激烈，规模也越来越大了。

反映战争扩大化的证据是很多的，主要表现在三个方面：一是武器的改进，二是城堡的出现，三是战死者的乱葬坑到处可见。

这时的武器明显地分为两类：手持武器和远射武器。手持武器主要是石钺，这是在仰韶文化和大汶口文化后期就已流行的，这时不过更普遍化了，并且新出现了少量石矛。远射武器主要是弓箭。在仰韶文化和大汶口文化的时期箭头多为骨制，一般认为那种弓箭应主要用于狩猎。龙山时代的箭头多用石制，并且磨制很精，结构合理。大多分为锋、身、铤三个部分，前端剖面呈三角形或菱形，后者与商周时代的青铜镞非常相像。推测这时期箭头质地和制作技术的明显改进应该意味着功能的改变。换句话说，这时的石箭头大多是作为武器用的。有的地方发现死者骨骼上遗留有插入的石箭头，说明这种推测是有根据的。有些形状像石箭头而个体大两三倍者，如果不是作矛头用，则很可能是石弩，其杀伤力自然又超过一般的弓箭。

龙山时代是否有城，过去是并不清楚的。直到20世纪70年代末期在河南相继发现王城岗和平粮台两座城址后，才得到学术界的确认。在此后的十多年中，又陆续发现了三十多座城址，其中位于黄河中下游的即有二十多处，这在中国文明起源问题的研究中无疑是一个重大的突破。我国的考古学者们根据这一情况调整了田野工作计划，加紧对早期城址的探查。最近在河南郑州的西山遗址发现了仰韶文化后期的城垣，从残存的西北部分来看，大体呈抹角方形，估计面积有3万平方米。这一发现虽然把中国城堡出现的年代提前了几百年，但大量城堡的出现还是要到龙山时代。

现知黄河流域的龙山城址共有三群，分别位于河南、山东和内蒙古三个省区。河南的城址有王城岗、平粮台、孟庄、郝家台，安阳后冈也发现过一段城垣。这些城堡都呈方形或长方形。其中以孟庄最大，约有20万平方米。平粮台结构最清楚，除西边尚未查清外，其余三边都有城门。南门有专设的门卫房，南门和东门都安装了陶质的地下排水管道。城内房屋比较讲究，并有陶窑和炼铜残迹，可见它不仅是一个军事堡垒，还可能是贵族和手工业者的居所。山东的龙山城址有城子崖、丁公、桐林和边线王四处，也都呈方形或长方形，只有城子崖北边因地势关系向外突出一块。各城址的大小不同，其中城子崖有 20 万平方米，出土器物规格较高，当是贵族的统治中心。丁公有 11 万平方米，曾出土一块刻有 11 个字的陶片，引起了学术界的极大注意。

内蒙古的龙山城址主要分布在黄河前套及其附近，全部都是用石头砌筑的山城。其中包头市东部的威俊（三座）、阿善（两座）、西园、莎木佳（两座）和黑麻板等石城都建筑在黄河北岸的大青山南麓，依坡势而建，形势险要。各城的形状都不规则，面积多仅几千平方米，最大的也不过一两万平方米，城内往往设有祭坛和一些石头房子。在黄河向南拐弯处的东西两岸地势也很险要，那里分布着寨子塔、寨子上（两座）、马路塔和后城咀等石城，大小和建筑方法一如包头东郊者。估计这些都是军事性城堡。离黄河稍远的岱海岸边有老虎山、西白玉、板城和大庙坡等石城，它们虽也依山而建，但规模较大。如老虎山就有 13 万平方米，城内有成百座房屋，城边有烧陶器的窑场。这显然不仅是一座军事城堡，还应是一个中心聚落所在。

龙山时代的乱葬坑可说是随处可见，有的一坑只埋一人，有的则埋数人乃至十几人不等，横七竖八，显然是随便扔弃的。其中有的作挣扎状，有的手脚被捆，有的身首异处，有的双脚被砍，有的头部被砸出一个大窟窿，有的则有明显的砍伤痕迹。其中不排除有些是因犯禁而被处死的，但数量那么多，特别是有时一坑就扔弃或埋葬十几人，如果不是对战死者的处置是不大容易解释的。

由于战争频繁，善战者被视为英雄，他自己也往往以英勇善战夸示于人。在河北邯郸的涧沟遗址中，曾在两个浅坑（一说是半地穴式房屋）中各发现三个用人头盖骨作的大杯，即所谓头盖杯。上面还有明显的剥头皮的痕迹。这种风俗后来曾广泛流行于欧亚北方大陆，古希腊的历史之父希罗多德就不止一次地记载斯基泰人猎取敌人头颅作头盖杯，并把剥下的头皮做成手帕的情况。

战争使已经存在的贫富分化更加突出，紧跟着社会地位的分化也更为显著。在山东泗水尹家城和临朐西朱封都发现了一棺一椁和一棺两椁的大墓，山西襄汾陶寺的大墓中随葬大石磬、龙纹大陶盆和用鳄鱼皮蒙的鼓，发掘者以为那是王者身份的标志。而将近 90% 的小墓中几乎没有任何随葬品。不但如此，这时在筑城墙或盖房屋时还用人或猪等牲口奠基，例如山东寿光边线王的城墙基槽中就发现有许多用人或用猪的奠基坑，陕西临潼康家、河南安阳后冈和永城王油坊都有一些房屋用小孩奠基，登封王城岗的城址中也发现有奠基坑。这种到商代晚期的殷墟广为流行的风俗竟然在龙山时代就已出现，这个事实在以前是不知道的。以前我们只知道龙山时代已普遍使用卜骨。此种用兽肩胛骨占卜的风俗到夏商时期日益兴盛，到商代晚期更发展为龟卜。中国考古学的先驱李济先生虽然一再强调龙山卜骨的重要性，但一般人还是难以得到深刻的认识。现在把它同用人牲奠基的风俗联系起来，则可证明在龙山时代大概即已存在类似于商代的专门的巫师或贞人集团，其权力足可以把人当作牲口一样用于祭奠。可见当时社会的分化与对立达到了何等尖锐的程度。如果再把这种情况进一步同城址的普遍发现联系起来，自然就要求我们用新的眼光来看待龙山时代的社会性质了。

过去人们总是说龙山时代属于原始社会的后期即父系氏族社会，后来不少人主张属于军事民主制社会。现在有些学者提出龙山时代是城邦社会，或者依据瑟维斯（Service，1962）把早期社会划分为游群、部落、酋邦和国家四个发展阶段的理论，认定龙山时代是酋邦社会。此种酋邦社会，按照厄尔勒（Earle，1991）的说法，是"一个控制有数千人口的地域，在政治经济上存在某种程度等级分化的，中央集权的政治实体"。龙山时代大部分地方的发展水平也许是基本符合于厄尔勒对酋邦社会的概括，但我们还可以从另外一个更符合中国实际情况的角度来进行阐述。中国古代把用城垣圈起来的社会单元叫作国，把城里人叫作国人。把城和由城里人统治的郊野合在一起称为邦，城是邦的中心和当然代表，所以邦也可叫作国。

中国的第一部历史巨著《史记》的首篇《五帝本纪》中说，黄帝"置左右大监，监于万国"。《封禅书》也说"黄帝时万诸侯，而神灵之封居七千"。此种万国林立的局面一直继续到夏代以前。例如《尚书·尧典》说尧时"百姓昭明，协和万邦"。《左传·哀公七年》说"禹会诸侯于涂山，执玉帛者万国"。类似的记载还有许多。这些邦国应都是有城的。《世本》《吕氏春秋》《吴越春秋》等都说是鲧始作城，但《封禅书》则说"方士有言：黄帝时为五城十二楼"，比前说要早许多年。实则古书上所说太昊"作都于陈"，少昊"徙都于曲阜"，颛顼"都于帝丘"，帝喾"都于亳"，帝尧"都平阳"，帝舜"都蒲阪"等等，也都应该是有城的。可见五帝时代是一个普遍筑城建国的时代，这恰恰与考古学上的龙山时代相合。

正如龙山城址大小差别十分显著所表明的那样，中国历史上最初出现的这批国家的等级大小也是有差别的，这在文献记载中看得十分清楚。按照古史传说，位于今河南新郑的有熊国就应该是一个较大和等级较高的国家。据说黄帝居有熊，为有熊国君。《五帝本纪》说他"习用干戈以征不享，诸侯咸来宾从"。等他联合各诸侯国先后打败炎帝和蚩尤之后，"诸侯咸尊轩辕为天子"。从宾从这种比较松散的关系到尊为天子，应该是一个实质性的变化，等于承认他是"中央政府"的首脑。可见黄帝的国家比一般国家的级别要高些。它已经有了一套官职："置左右大监，监于万国。""举风后、力牧、常先、大鸿以治民。"它还有一支很有战斗力的军队。它的贵族统治集团中有许多对人类文化作出重要贡献的人，如"宁封为陶正"（《五帝本纪》），"史皇作图""诅诵、仓颉作书""共鼓、货狄作舟""伯余作衣裳""容成作调历"（均据《世本》）等等。可见这是一个有一定规模的新兴国家。至于尧的国家陶唐就更加完善了。按照《尧典》的记载，当时的官职有四岳、十二牧及司空、司徒、后稷、士、共工、虞、秩宗、典乐、纳言等，比黄帝时复杂多了。据说尧将全国分为十二州，同时还统治许多小国。所以尧要"五载一巡狩，群后四朝"。当时已经有成套的刑法和一支强大的军队，这些都是国家重要的统治机器。由此可见尧时的国家机构比黄帝时期已有较大的发展。尧舜禹时遴选国家首脑的继承人是很郑重的一件事情。首领要召开"枢密院"会议，四岳可提名荐举。被初步选中的人还要经过若干年的各种政绩的考验，经判定合格者还得在文祖庙堂举行禅让典礼，才能正式登位。实际上在几次禅让的过程中都是有争夺和斗争的，不会像孟子等讲的那样彬彬有礼地互相谦让，这在许多先秦著作中都讲得很清楚。我想禅让制的实质在于氏族社会的民主选举制还以残余的形式存在，而家族的世袭制又还没有确立，最初政权的组织大概就是在这种矛盾的过程中进行的。过去有一种看法，认为《尧典》中关于尧舜禅让的说法是仿照墨家巨子禅让制度而演绎出来的。这从表面上看起来似乎有些道理，但如果进一步考虑墨家巨子的禅让制度又是从何而来的话，就觉得说不通了。因为周代严格的世袭制度是与禅让思想格格不入的。如果反过来说墨家巨子的禅让制度乃是仿照尧舜禅让的传说而实行的，倒是更合乎情理一些。更加普遍的看法是说尧舜禅让正好反映了氏族制度的民主本质，尧舜等人不过是部落联盟的酋长而根本不是什么帝或天子，他的那些官员也都是部落或氏族的酋长。不过他们虽然来自某些部落，却并不是作为本部落的代表来参加"联盟会议"的。他们都有明确的职能分工，管理社会的公共事务。那一整套内容复杂的刑法也不同于部落的习惯法。所以尧舜所领导的应该是一个国家的政府而不是什么联盟会议。因为《尧典》是后人根据传说追记的，其中一些名号如"天子""诸侯"等等可能不是当时就有，而是用后人的概念套上去的。尽管如此，其中所记政府机构及其运作方式与后世的商周制度颇不相同，而与龙山时代考古学文化反映的社会情况大致相符，应该说是基本可信的，不能认为是什么向壁虚造。

根据古书的记载，所谓五帝时代又可分为两个阶段。尧以前以黄帝为代表是一个阶段，尧舜是第二个阶段。如果套用酋邦的说法，似乎就是简单酋邦和复杂酋邦。但黄帝的国家本身就好像是复杂酋邦了。那时的黄河流域似乎应该是复杂酋邦+简单酋邦。尧舜时代则似乎是最复杂酋邦+复杂酋邦+简单酋邦。具体情况究竟如何，一时还很难说得清楚。所以我主张先不要去硬套，就用中国古代习用的名称叫国。因为这时的国刚刚从部落社会中脱胎出来，还保留浓厚的部落社会的印记。为了跟后来比较成熟形态的国家相区别，可以称为原始国家或古国，代表中国古代文明的黎明时期。

在黄河中游，龙山时代之后有二里头文化和下七垣文化等；在黄河下游则有岳石文化。一般认为二里头文化是夏文化，下七垣文化是先商文化，而岳石文化是夏代的夷人文化。

二里头文化是中国青铜器时代早期最重要的一个考古学文化，主要分布于河南省中西部和山西省南部。据《史记·殷本纪》引商汤的话说："古禹、皋陶久劳于外，其有功于民，民乃有安。东为江，北为济，西为河，南为淮。四渎已修，万民乃有居。"这里讲的虽然是大禹治水的事情，而实际上反映了夏代疆域的四至。因为商汤刚刚灭夏，对夏王朝的情况应该是很了解的。而这个范围与二里头文化的分布正好相合，夏代都城和所封同姓十一国的位置据考证也大体在这个范围以内，所以二里头文化应该就是夏文化了。

在二里头文化中经过大面积发掘的最重要的中心遗址，是河南偃师县的二里头遗址。它的面积达375万平方米，下层即有较大的夯土台基，上层的夯土台基更大。其中一号位于遗址中部，略呈方形，面积约1万平方米。中部偏北有一座殿堂，面阔八间，进深三间，外部有檐廊，显得很有气派。它的南面是一个长宽约70米的广场，最南面是大门，周围是回廊。这样规模宏大、布局严谨的建筑群体，无疑是当时的宫殿。二号台基在一号台基东北约150米，略呈长方形，面积约4200平方米。同一号一样在北面是正殿，南面是广场，最南边是大门，周围有回廊环绕，形成一个布局严谨的封闭性建筑群体。这座建筑不仅比一号小，而且在正殿后面的正中位置有一座大墓，其规模是至今在二里头文化中所发现的为数不多的墓葬中最大的一座。这说明墓主人的身份不同一般，很可能是夏代的某位帝王。可惜因墓中器物被盗，无法得到更进一步的说明。从总体情况来看，二号建筑更像是宗庙。《左传·庄公二十八年》说："凡邑有宗庙先君之主曰都。"二里头既有宗庙，应当是夏代的一座都城。二里头文化的农具虽然还都是石器，但由于耕作和管理制度的改进，当时的农业还是有了较大的发展。据说夏代已有比较成熟的历法，中国农村中至今还在采用的农历就叫作夏历，它是农业生产已有重大发展的反映。夏代饮酒之风已很盛行。《世本》说"杜康造酒""少康作秫酒""仪狄始作酒"。二里头墓葬的随葬品中数量最多的就是酒器。饮酒成风固然说明贵族生活的奢靡，同时也说明农业生产已能提供大量剩余的粮食了。二里头文化已有为数不多的青铜器，其中有工具、武器、容器、乐器和装饰品等。武器中的戈、钺和容器中的爵、鼎等都是在商周时代广为流行，并且极富中国特色的器物。在二里头遗址的上下层都发现了铜器作坊遗址，出土了许多炼铜的坩埚残片和铸铜的陶范。这说明夏代已进入青铜时代，当时的青铜制造业是受到高层统治集团所控制的。

二里头文化的玉器多数出自较大的墓葬，种类有戈、钺、牙璋、琮、璜等，多属礼器、仪仗或装饰品，是贵族享用的奢侈品。据说夏代有一种极名贵的玉璜，后世称之为"夏后氏之璜"。《淮南子·精神训》写道："夫有夏后氏之璜者，匣柜而藏之，宝之至也。"二里头遗址中还发现有许多卜骨，表明占卜风俗有了进一步的发展。岳石文化分布于山东和江苏北部一带，同样发现有青铜器、玉器和大量卜骨。在山东章丘的城子崖更发现了一座城址。该城略呈方形，面积约 20 万平方米。城墙运用版筑技术，夯筑得非常结实，比龙山文化城墙的夯筑技术要成熟得多。文献记载在夏代建立初年，有所谓"益干启位，启杀之"（《竹书纪年》）的事。益是夷人领袖，禹本来要传位给他，结果被禹的儿子夏启杀掉了，开启了夷夏斗争的序幕。而对黄河中游的夏人来说，则是开启了一个家天下的新时代。此后不久又发生了夷人有穷国君后羿夺取夏朝政权，因夏民以代夏政的事，启子太康因而失国。后经仲康、相，到第四代少康才借助外人的力量恢复夏朝政权，史称少康中兴，夏朝从此才稳固下来。如前所述，夏朝的统治地区并不很大，那时不但东方仍然是夷人的天下，夷夏之间又兴起一个颇有实力的商国。商灭夏后建立了一个幅员更加广大、力量更加雄厚的商朝，中国的青铜文化此时发展到了高峰。但这并不是说当时的中国就只有一个商朝，黄河流域的下游就还有许多夷人的国家。仅商朝四百多年中就曾有多次与夷人作战的记录，甲骨文中有许多征人方即夷方的卜辞。至于长江流域，近年来在四川成都平原发现的三星堆文化，已有巨大的都城和高度发达的青铜文化，那里显然有一个强大的王国。江西新干大洋洲出土的大批青铜器，年代相当于商而文化特征颇不相同，可能也是一个强大的王国所在。在中国考古学中，商代考古研究的成果是比较突出的。商代晚期王都和王陵的确认，甲骨文的发现与研究，整个商文化的分期与先商文化的初步辨识，一系列早期城址的发现等等，大大拓展和加深了商代历史研究的内容。但商代早期都城的定位则颇多争论。最近郑州西北又发现了一座都城级商城，引起了学术界的普遍关注。我想只要工作更深入一些，这个问题总是可以解决的。

周本来是陕西渭河流域的一个小国，后来成了商的一个诸侯国。周武王联合许多小国灭商以后，层层分封，建立了许多诸侯国，其中大部分是由本族的人去管理。《荀子·儒效篇》说，当时共"立七十一国，姬姓独居五十三人"。其余异姓国有的是亲戚，有的是古代帝王的后裔，有的是归顺周朝的小国。采取的办法是"使帅其宗氏，辑其分族，将其类丑"（《左传》），大体都是保持原来的宗族不变。其实这不一定是周人的发明，夏商两朝也有类似的做法。这样，夏商周三代所实行的制度，乃是一种保持氏族制残余的宗法制度。各诸侯国高度自治，以下各级亦然。当时的官吏，既是贵族，又是宗亲，盘根错节，且多为世袭。农村的邑聚往往以族来分，还保留着氏族公社的某些特点。鉴于商周的最高统治者都称为王，所以这个阶段的国家可称为王国。这个时期是中国古代文明形成和大发展的时期。到战国时代，一些国家酝酿着深刻的变革。到秦代实行郡县制和高度的中央集权，则是中国国家制度发展的第三个阶段，可称之为帝国阶段。直到清朝末年，两千年中发生了许多次朝代更迭，国家制度也小有变化，基本上还属于同一大的阶段，是中国古代文明发展的主要阶段。黄河流域文明的发生和发展都不是孤立的。早在龙山时代，长江流域中下游也已达到了相似的发展水平。有些地方甚至还要超过黄河流域。例如湖北天门石家河发现的城址，规模远大于黄河流域的龙山城址。浙江余杭良渚遗址的巨大夯土台基、祭坛和贵族坟山组成的复合体，也是黄河流域还没有发现的。良渚文化中十分发达的琮、璧等玉器和云雷纹饰，都为以后的商周文化所继承。到夏商周三代，黄河中游的中心地位日益突出，但周围仍然有许多国家，创造了各具特色的文化。其中许多因素为夏商周文明所继承，中原文明的许多因素也影响到周围地区，从而形成一种非常复杂的复合体。在这个复合体中，黄河流域始终起着重要的作用。

（原载《华夏考古》1997 年第 1 期。后收录在《农业发生与文明起源》，科学出版社，2000 年）

《华夏文明之源》序

近年来，关于中国文明起源的问题受到了越来越广泛的关注。一些与文明有关的考古发现接踵而至，许多学者发表文章、讲话或举行座谈，提出了不少新颖的见解，从而形成了一股研究中国文明起源的新潮流。李绍莲同志所著《华夏文明之源》，就是在这股潮流中产生的一部力作。

在 20 世纪 50 年代和 60 年代，学术界批判了中国文明西方起源的假说而普遍主张本土起源说。那时黄河中游的考古工作做得较多，先后发现的郑州商城、偃师二里头遗址以及一系列相关的遗址，使学术界有可能把中国古代文明的历史从商代晚期一直上溯到早期乃至夏代。大家相信夏代就是中国古代文明史的开端，所谓本土起源说实际上成了中原起源说，人们对此并没有提出异议。

从 20 世纪 70 年代后期起，在中原以外的地区不断传来与文明起源有关的考古发现的消息。例如在辽宁朝阳牛河梁就发现了红山文化后期的祭坛和大规模的积石墓，与祭坛相关的半地穴房址中还有许多比真人还大的泥塑像。这是一个巨大的贵族陵墓区和宗教圣地。如果社会没有分化为贵族和平民两大阶层，没有出现足以控制若干部落的某种统治机构，上述遗迹是难以出现的。在甘肃秦安大地湾有一个仰韶晚期的聚落遗址，面积达 100 多万平方米。那里有座被称为"原始殿堂"的大房子，分前堂、后室和东西两厢，地面用类似水泥的三合土铺筑，室内大圆柱直径近 90 厘米。房前还有两排柱洞和一排石板，总面积约 420 平方米。这样的聚落和这样讲究的房子看来也很难为一般部落所有，而很像是若干部落的控制中心，它所代表的社会意义与牛河梁是相通的，年代都在公元前 3000 年左右！与这个年代十分接近的良渚文化的发现更加引人注目。例如在浙江余杭瑶山也发现了用三色土筑成的祭坛，祭坛废弃后又用为贵族墓地。附近的反山则完全是人工筑成的贵族坟山，用土量达 2 万立方米之巨！这两处都出土数以千计的玉器，包括琮、璧、钺和各种装饰品与宗教用品等。在玉器上刻镂的各种花纹中，有一种头戴大冠、身披皮甲和兽面护胸的人形象，很像是良渚文化居民的守护神，故被称为神徽。人们根据良渚文化的这些发现，认为其发展水平已更加逼近文明社会，是完全合乎情理的。最近在山东龙山文化的遗存中不止一次地发现了两椁一棺的大墓，随葬品十分精致，同时在章丘城子崖发现了面积达 20 多万平方米的城址。这样大的城址很可能已具有都城的性质，如此则龙山文化很可能已初步进入文明时代了。所有这些发现，或者远离中原地区，即使有的属于广义的中原而文化性质与河南等中原核心地区的很不相同，因而在学术界普遍认为中国文明的起源比较复杂，似应有若干起源中心而不是一个中心，这就是中国文明起源的多元论或多中心论。

本书作者赞成多元论或多中心论，也赞成文明的起源应从比夏代更早的新石器时代末期或铜石并用时代中去寻找。他认为像中国这样一个幅员辽阔、历史悠久、民族众多的国家，说它的文明只是起源于一时一地不仅难以令人信服，也与近年来的考古发现不相符合。不过，说中国文明的起源不止一个中心，又并不是说处处都是文明发祥地。他认为发展水平较高而又较早进入文明社会的还应是中原地区。那里的居民古称华夏或分别称为华与夏，探讨中原地区文明的起源，自然就是追溯华夏文明之源。我认为这是很有见地的，比单纯讲一元论或单中心论，用中原文明的起源代替全国文明的起源的说法固然要好得多；就是比只讲多元或多中心，对于不同中心的地位和作用不加区别的说法也更符合历史实际，因而也更有说服力。只是目前积累的考古资料还不足以对全中国古代文明的起源进行全面而深入的研讨，在这种情况下，作者选择大家最关心的华夏文明之源作为本书的主题，作为进一步研究整个中国文明起源的基础，也是很恰当的。

近来探讨中国文明起源的著作往往强调文明因素的起源，而究竟哪些是文明的基本因素，不同地方可以有很大的不同。中国文明的基本因素是什么？有的学者认为是城市、文字和青铜器，有的学者则把龙作为中国文明的象征和特殊标志。这些都是很有见地的。但这些因素只是文明在实物遗存上的表现而不是它的本质特征。作者认为文明的本质特征是私有制、阶级和国家政权。任何文明都具有这些本质特征，而在物质上的表现形式则可以有很大的差别。如果不把从考古遗存上观察到的表现形式，也就是一般所指称的文明因素同文明本质特征联系起来进行考察，便不容易把握分寸而容易犯片面性的错误。例如中国文字究竟是什么时候产生的就很不容易判断。史书记载说是仓颉造字，那比商代甲骨文要早得多。但这一记载的真实性便很值得怀疑。有人说大汶口文化陶尊上的刻划记号是文字，也有人说仰韶文化半坡类型陶钵上的刻划记号是文字，还有人说贾湖裴李岗文化龟甲上的刻划记号与文字有关系。这样的问题既不能肯定，也缺乏充足的理由加以否定。以此来判断文明的起源就很难得出确切的结论。再如龙的形象，现在有濮阳龙、红山龙、陶寺龙和良渚龙等，如果他们都是龙，而龙又是中国文明特有的标志，那么中国文明就可追溯到仰韶早期，这同所属考古学文化的物质遗存的总体特征是相矛盾的。因为仰韶早期还看不出明显的贫富分化，没有私有制，没有阶级，更谈不上国家的存在，怎么可以同文明相联系呢？反之，如果我们不首先从文明的某些因素的分析出发，而是从全部考古遗存中分析私有制、阶级和国家的起源，在这个基础上讨论文明的起源就会实在得多，有把握得多。而本书的作者正是这样做的。所以我认为《华夏文明之源》是一部好书，有价值的书，很乐意向读者推荐。是为序。

（原为李绍连著《华夏文明之源》序，河南人民出版社，1992 年。后收录在《农业发生与文明起源》，科学出版社，2000 年）

禹会村遗址与淮河文明*

各位女士、先生们：

大家上午好！

首先，感谢东道主邀请我参加这次学术盛会。为什么说这是一次学术盛会？首先是因为我们讨论的课题非常重要，第二是因为到会的各位学者在这方面都有很深的研究。我个人尽管也看过一些资料，知道禹会村发掘的大致情况和主要收获，但是我还是第一次到这里来，所以我抱着一个态度，就是来学习，想亲身感受一下。会上安排要我先讲几句，我只好答应。

首先，我觉得这个会的主题非常好。题目是禹会村遗址与淮河流域文明研讨会，禹会村聚落遗址经过了几年的发掘，获得了重大的收获。遗址面积比较大，在淮河流域同一个时期的遗址里面算是比较大的。它的一系列重大的发现，首先是有三十多个长方形坑的大型礼仪性建筑，我当时看到简报感到非常震撼，在中国考古历史上还是第一次发现。怎么解读呢？在它的西边，靠淮河这边挖了个沟，沟里面有很多陶器。这些陶器的火候不高，却很有特色，反映了不同的文化渊源。沟里面有很多动物骨骼，还有一些粮食痕迹。怎么会出现这种情况？我们一般在考古遗址中发现陶器比较集中的地方，要么是一个房子里面放着很多陶器，这个房子被火烧掉了，陶器压在里面了，那也不是太多；要么是一个灰坑，在灰坑里面扔了很多破破烂烂的陶器；要么是一般的垃圾堆，陶器损坏了以后往里面扔。禹会沟中的陶器这么集中，明显是有意识地埋进去的，并且与礼仪性遗迹联系在一起，就不能不令人深思这是什么性质的遗址。

发掘者认为这是一个祭祀遗址，而且很可能与"禹会诸侯"的涂山有联系，是在这里会合诸侯的时候举行大型仪典的地方，这个想法是有道理的。历史上关于大禹的传说非常丰富，但是矛盾很多，哪一个能坐实呢？大禹和涂山氏的关系是大家所关注的，但涂山的地望也有五种不同的说法。比较起来，禹会村旁的涂

---

　　*　本文为 2013 年 12 月 21 日在禹会村遗址与淮河流域文明研讨会上的发言。

山似乎更近于事实。所以发掘者把它跟"禹会诸侯于涂山",或者按《左传》说的"禹合诸侯于涂山"联系起来,这些想法是很有道理的。《左传》上记载为"禹合诸侯",《史记》上记载为"禹会诸侯",我想了一下,这个"会"是什么意思?历史上多有诸侯会盟的记载。"合"呢,文献上有"纠合诸侯","合"有"纠合"的意思,恐怕"禹合"更符合历史,但是历史已经那么讲了,那也不必去改历史。这就是说,历史文献的记载、历史的传说有它真实的一面,但是如果跟考古遗址相联系,这是一个验证的过程。我认为,现在有这些想法可以,但是说一定是,百分之百肯定,我们还不到那个时候。我们以后还要做一些工作。这个遗址这么大,不只是有这个遗迹,还应该有别的遗迹,能够做这么大的礼仪性建筑,一定还有别的支撑的地方,所以我跟王吉怀研究员讲,他有做聚落的经验,我们应该把这个遗址作为整个聚落来继续考察,并且纳入中华文明探源工程,要继续做些工作,把这个遗址整体的面貌、性质和演变的过程弄清楚,要考虑有没有其他性质的建筑和墓地等。所以下一步首先是遗址要保护好,千万不能再破坏了;同时要继续研究、考察、发掘,把问题进一步搞清楚,这是我的期望和初步想法。

我为什么说这个会议的题目出得好,因为它跟淮河流域的文明相联系。中国的历史,过去大家认为重头戏在黄河流域,所以一般的人以为中国的文明就是黄河文明。后来我们在长江流域也做了很多工作,发现长江流域的文明起源也不晚,文化发展的水平也很高,各有特色,所以中国的文明应该叫作两大河文明。中国的两河文明比西亚的两河文明大得多,有很大的基盘和回旋余地,她的厚重的历史也从未中断,这些特点都是西亚的两河文明无法比拟的。但是黄河和长江中间还有个淮河。淮河和秦岭在地理学的研究里是中国南北的一个分界线,但是从文化上来讲,淮河还是一个沟通的渠道。淮河文明有自己的特点,同时又是一个东西南北大融合的熔炉,我们从这些遗存也可以看得出来。所以淮河流域的文化研究,淮河流域文明起源的研究,应当纳入我们的中华文明探源工程。

前不久河南舞阳贾湖遗址开过学术研讨会,它的发掘成果我们就很吃惊,那么早就有那么发达的文化。其实我们往东看一下,蚌埠还有双墩遗址,双墩文化年代也很早,文化也很发达,再往东还有江苏的顺山集遗址,安徽还有侯家寨遗址,在7000多年以前,淮河流域的文化其实就已经很发达了。它还有一个演变的历史,一是它自身的演变,二是和东西南北文化的交流、融合的过程,这应该是中华文明探源的一个非常重要的内容,所以我说这个会的主题非常好。而且我到了以后才知道禹会村的发掘刚结束没多久,发掘报告就已经出版了，考古界很少有这种情况，虽然不是说唯一的，但是比较少，这是与中国社会科学院考古研究所、与王吉怀研究员工作的认真分不开的。一会儿还有发掘报告的发布会，我先对大会表示祝贺，对你们的工作表示祝贺，谢谢大家！

（原载《丹霞集——考古学拾零》，文物出版社，2019 年）

早期中国是怎样的？

前一段时间，首都博物馆推出了"早期中国"的展览，集中展现几十年来关于早期中国历史探索的成果，很有意义。

什么是早期中国？各人的理解可能不完全相同。我个人认为应该从祖国大地上最早出现国家组织算起，到历史记载比较明确的商代晚期之前为止。展览大致框定在公元前 3500 年至前 1400 年之间，是比较合适的。

一般认为，我国有五千年的文明史，黄帝是我国的人文初祖。但据后人拟定的黄帝纪元，今年只是 4707 年。当然，这都只是一种传说和推想，不必深究。汉代司马迁所著《史记》是中国第一部纪传体的历史巨著，其中第一篇《五帝本纪》就是从黄帝讲起的。他说舜是黄帝的第八代孙，禹是黄帝的第四代孙。禹被他的第四代孙舜所重用，舜则把帝位禅让给他的老祖宗禹。更有甚者，在《史记》的《三代世表》中，商纣王是黄帝的第三十三代孙，周武王是黄帝的第十九代孙，按照世次算应该是商纣王的第十四世祖。可是他亲自率兵讨伐纣王，并且把商王朝给推翻了。

如此颠倒的历史是很荒唐的。所以，自宋至清都不断有人对这种古史系统提出质疑。到近代以顾颉刚为首的古史辨派更是要彻底推倒两千多年层累地造成的古史系统，以此作为新文化运动反封建的一项重要任务。可是推倒了旧有的古史体系，真正的中国古代历史究竟是怎样的呢？顾颉刚曾经明确地指出，应该借助考古学来重建中国的古代史。这是很有见地的，尽管他自己并不从事考古学研究。

在近代考古学开展以前，有一件事情产生了极大的影响，那就是 1898 年商代甲骨文的发现和被确认。之后各家竞相研究，成绩卓著。就此王国维先后发表《殷卜辞中所见先公先王考》和《续考》以及《殷周制度论》，影响尤大。他用二重证据法证明《史记》中的《殷本纪》所述殷先公先王的世系基本上是正确的，并且广泛地考察了殷周的制度和社会的方方面面，从而使殷代的历史成为信史。这一研究后来成为引发对安阳殷墟进行大规模考古发掘的契机和出发点。所以当 20 世纪 50 年代初发现郑州商城遗址的时候，虽然看到它比殷墟的年代要早，却仍然可以蛮有把握地认定那也是商文化，是商代早期的都城级遗址。同样当从 20 世纪 60 年代开始对河南偃师二里头进行考古发掘，发现了比郑州商城更早的都城级遗址时，却可以从文化内容的分析认定那不是商文化或先商文化，而可能是夏文化，从此又开始了夏文化的探索。比夏文化更早的新石器时代或史前考古学文化如何同夏文化接轨，虽然是学术界很早就提出的课题，但直到这时才有了进一步探索的基础。早期中国历史的构建工作，就是这样一步一步地开展起来的。

在远古中国的大地上，各大文化区都以自己的方式建立各具特色的文明

夏商周三代在考古学文化上属于青铜时代，在它以前是新石器时代。过去以为新石器时代主要是仰韶文化和龙山文化，现在知道的情况远为复杂。最早的新石器时代文化可以上溯到公元前 1 万年以前，之后经历早、中、晚、末四期，总共有八九千年。在晚期的后半和末期因为发现了一些小件铜器，故又可以称为铜石并用时期，其时大约在公元前 3500 年至前 2000 年。大量考古资料证明，这是中国历史开始走向文明以至产生最初国家的重要时期。

这个时期的总体特征是农业和手工业有较大的发展，手工业开始分化，出现了专门为贵族生产的高档手工业部门。从聚落和墓葬的等级分化可以明显地看到社会的分层化，原先基本平等的氏族—部落成员开始被分化为贵族和平民。不少中心聚落筑起了防卫性的城墙，同时出现了用于战争的专门性武器，到处都有战死者或非正常死者的乱葬坑，这都说明那个时期的社会已经发生明显的变化，迈出了从部落到国家的关键一步。在这个过程中，走在前面的是中原地区的仰韶文化，山东地区的大汶口文化，两湖地区的大溪—屈家岭—石家河文化，江浙地区的崧泽—良渚文化以及燕辽地区的红山—小河沿文化等。在如此广袤的大地上，各个大文化区的主体文化都以自己的方式建立各具特色的文明，成为中国历史发展的一个重要转折点。

仰韶文化早期各个聚落的差别还不显著，到中期开始分化，出现了整个文化的中心聚落——河南灵宝西坡遗址。那里有仰韶文化中期最大的房子和最大的墓葬（图一）。随葬器物虽然不多但很特别，完全是为死者定做的。几乎每座墓都有玉钺，上面有明显的线切割和管钻的痕迹，代表着当时最高的技术水平。而钺是从石斧中分化出来的第一种专门性武器，说明当时已经出现了真正意义的战争。而领袖人物首先是握有最大权力的军事首领。仰韶文化中期对周围文化有强烈的

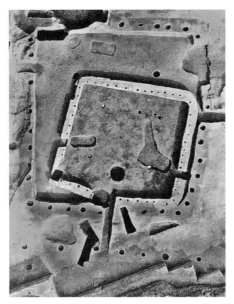

图一　河南灵宝西坡仰韶文化大型房址

影响，是否与军事扩张有关，值得研究。西坡遗址的规模并不很大，风格也比较朴素。同一时期在各地还有一些规模更大但规格似乎稍低的次中心聚落，如陕西华县泉护村、高陵杨官寨、山西夏县西阴村和河南洛阳王湾等，说明当时的社会确实走上了分化的道路。到仰韶文化晚期则分化更加明显：甘肃秦安大地湾的中心聚落中出现了建筑规格甚高的所谓原始殿堂，山西芮城清凉寺墓地中发现有殉人的现象，郑州西山则出现了最早的城堡。

大汶口文化的中心即位于山东泰安大汶口遗址。该遗址面积约 80 万平方米，曾经发现有许多大型柱洞（表明有大型建筑遗迹）和同时期最大的陶窑。墓葬从早期（约公元前 4000 年至前 3500 年）起即可看出一定程度的分化，到中晚期分化更加显著。大墓有棺有椁，随葬玉钺、象牙梳、鼍鼓（只剩下蒙鼓的鳄鱼皮鳞板）以及大量精美的白陶、黑陶和彩陶器等，还有数目不等的猪头。这在同一时期的墓葬中是绝无仅有的。其余的墓葬显然级别较低，最低等的墓葬仅有人骨，没有任何随葬品。由此可见，社会的等级分化十分明显。这个文化的次中心聚落有曲阜西夏侯、五莲丹土村、诸城前寨、莒县陵阳河与大朱村和安徽蒙城尉迟寺等处。后四处在随葬的大陶尊上有刻划的原始文字。据说有的地方发现有城墙遗迹。相对仰韶文化而言，大汶口文化也强调军事，而贵族垄断的高档手工业更为发达，社会分化更为明显。

红山—小河沿文化的年代大体与仰韶文化相当。早期的聚落同样没有明显的差异，到中晚期则为之一变，出现了整个文化的中心——辽宁朝阳牛河梁。在约

50 平方千米的范围内，分布有 40 多个遗址点。其中有"女神庙"、大小祭坛、广场（周边用石头砌筑的方形山台）和多处规模巨大的积石冢。女神庙中有彩绘壁画，有多个巨型似女性的泥塑残块。如果复原起来，小的如真人一般，大的超过真人一两倍！积石冢的规模极大，较早的为圆形，较晚的多为方形或长方形。每边长约 20 米上下，用石头砌边，逐级收缩成三级台阶。最外边砌的石头内侧密密麻麻地摆放成列的彩陶筒形器，冢上覆土积石，正中安放一大型彩陶塔形器，十分壮观。每个积石冢有一座中心大墓，并随葬多件精美的玉器；同时有若干较小的陪葬墓，其中有些也随葬玉器，有的则一无所有——一个等级分化的社会明确地展现在眼前。除牛河梁外，其他有积石冢的遗址还有多处，只是没有牛河梁那样的规模。

红山文化的经济并不十分发达，却能调集大量的人力资源，在一个选定的地区营建宗庙、祭坛和巨大的贵族冢墓，所能凭借的只能是强烈的宗教信仰和强大的组织力量。红山文化玉器中的猪龙或熊龙，形态非常特殊又非常统一，论者多认为可能是红山人的图腾，这表明红山文化的人民有着统一的宗教信仰。这种信仰一经同某种权力机构结合起来，就会产生巨大的力量。传统的氏族—部落是做不到这一点的，因此说红山文化时期已经产生某种国家政权是合乎情理的。大概正是因为过分地使用了人力和物力而难以长期支撑，红山文化之后的小河沿文化时期很快就衰落了。红山文化虽然是一个强势文化，它对外面的影响却很有限，军事色彩也不明显。只有玉器对南部的山东地区有些影响，陶器反而受仰韶文化的强烈影响，到小河沿文化时期又受到大汶口文化的影响。

崧泽—良渚文化的崧泽文化阶段社会分化并不明显，但到良渚文化时期（约公元前 3300 年至前 2500 年）便有急速的发展。良渚文化的中心在浙江杭州市西北郊，那里不只是一个遗址，而是在 40 多平方千米的范围内有一百多个遗址点的遗址群。这里的核心是一座 290 万平方米的良渚古城。城墙的基部铺满石头，上面用经过选择的黄色黏土夯筑。城内的中心部位有一座 30 万平方米的长方形台城，上面有 3 万多平方米的夯土基址，说明原先应该有宫殿之类的高等级建筑。台城的左近有最高等级的贵族甚至是王室的墓地。大城的周围还有不同等级的房屋基址，有制玉等手工业作坊，有两处专门营建的祭坛和另外的贵族墓地。在良渚港还发现有大量木桩和跳板等可能是码头的设施。种种迹象表明，这是一处人口密集、设施齐全而且规格很高的都城级遗址群。

良渚文化主要分布在太湖周围，可以分为几大区块，每个区块都有自己的中心。太湖以北的中心遗址有江阴高城墩和武进寺墩，东北区块的中心有苏州草鞋山和赵陵山，东部区块的中心有上海福泉山，东南区块的中心有桐乡普安桥等，南部区块的中心就是良渚古城。各个中心都有人工筑造的贵族坟山，随葬同良渚相似的玉器，特别是反映宗教信仰与仪式的琮、璧等法器和代表军事指挥权的玉钺等。

良渚文化的经济发展水平不但远远高于红山文化，而且是五大区块的主体文化中最发达的。良渚文化的宗教色彩表现在具有自己独特的神徽和玉璧、玉琮等相当统一的宗教法器（图二）。一些祭坛最后又成为贵族墓地，表明宗教的权力掌握在贵族手里。良渚文化修城池、盖"宫庙"、筑祭坛、造坟山，土木工程之巨远远超过红山文化和同时期的任何文化，必然要消耗巨大的人力物力。良渚文化的玉器数量之多和工艺水平之高也远远超过同时期的任何文化，同时还有漆器、象牙器、丝绸和精美陶器等高档手工业，全部都是为贵族所享用的，对于发展经济并无直接的好处。良渚文化的墓葬几乎都随葬石钺，贵族则随葬玉钺，差不多是全民武装。到晚期更是大力向外扩张，尽管实力强大，毕竟经不起这样的消耗，最终也只能像红山文化一样快速衰落。

图二　良渚文化玉琮上的神人兽面纹神徽

大溪—屈家岭—石家河文化的年代也大致与仰韶文化相若。早在大溪文化时期就出现了一些规模较大的遗址如湖北枝江关庙山，有些地方更建造了夯土城墙，如湖北江陵阴湘城和湖南澧县城头山等。到屈家岭文化时期便出现了许多城址，大都分布于湖北的江汉平原和湖南洞庭湖西北平原上（图三），其中以湖北天门石家河古城为最大。这个城始建于屈家岭文化时期，持续使用到石家河文化时期，即相当于大汶口文化或良渚文化的中晚期。全城大约有 120 万平方米，城垣基底宽约 50 米，残高约 5 米，护城壕宽约 60～70 米，工程巨大。城内有中心居住区、

图三　湖南澧县城头山屈家岭文化城址

宗教活动区和墓地等。屈家岭文化时期在宗教活动区发现有祭坛和象征陶祖的巨大"筒形器"，石家河文化时期则有数以百计的大陶尊相互套接，有的陶尊上有刻划的原始文字，器物造型和刻划方式都跟大汶口文化的陶尊十分相似，只是"文字"不同。更有甚者，在这些大陶尊附近还发现有数以千计的人形和各种动物形陶偶，人偶跪坐抱鱼作祈祷状，显然也是进行宗教法事活动的遗留。可见这座古城既是政治中心，也是重要的宗教中心，犹如良渚古城一样，只是规模略小而已。这个文化的经济也比较发达，同样也很重视武装，墓葬中多随葬石钺。它凭借自己的实力，曾经一度扩张到河南南部，但是后来也忽然衰败了。究其原因可能与历史传说中尧舜禹时期大规模征讨三苗的事迹有关。这个文化修建的土城比同时期任何文化都多，明显是为了防卫的需要。而且在石家河文化之后的所谓后石家河文化中大量出现中原龙山文化的因素也反映了这一事实。

　　除了五大区块的主体文化以外，安徽的凌家滩—薛家岗文化、江西的樊城堆文化、广东北部的石峡文化和甘肃、青海的马家窑文化等也都达到了较高的发展水平（图四、图五）。不过相对而言，五大区块的主体文化的发展势头是最强的，而且大约在公元前3500年都十分明确地走上了文明化的道路。只是文明化的具体进程和表现形式不大相同，对相邻文化影响的程度也不相同。

　　比较起来，红山文化和良渚文化的宗教色彩是最浓的，其次是屈家岭—石家

河文化。红山文化和良渚文化发展得十分快速，
在达到顶峰以后衰落得也很快。真是其兴也骤，
其衰也忽。石家河文化的衰落则另有原因。仰韶
文化和大汶口文化的宗教色彩比较淡薄，也没有
那么多巨大的工程，发展是比较平稳的，但二者
之间也有差异。这里显然存在着几种不同的发展
模式，其结果就很不相同。

到新石器时代末期的龙山时代，即从约公元
前 2500 年到前 2000 年，继续顺利发展的事实上
只有继承仰韶文化的中原龙山文化和继承大汶口
文化的山东龙山文化了，二者都在黄河流域，长
江流域和燕辽地区的文明化进程暂时转入低谷。
这一具有历史意义的转变，对于往后中国历史的
发展具有十分深远的影响。

中原龙山文化本身是一个复合体，它包括了

图四　凌家滩文化玉人

河南的王湾三期文化或王湾文化、山西的陶寺文
化和陕西的客省庄二期文化或客省庄文化等一系列亚文化。其中首先发展起来的
是位于山西南部的陶寺文化，那里发现有几个大型遗址，最大的就是襄汾的陶寺。
陶寺遗址的早期就已建立夯土城墙，到中期修建的大城面积已达 280 万平方米以
上。城内有大型建筑的夯土基址，从毁弃的建筑残迹中，发现墙壁上抹白灰并有

图五　马家窑文化旋涡纹四系彩陶罐

彩画，屋顶有呈方块状的"平瓦"，说明此建筑的规格不同一般，应该是属于宫殿级别一类的。陶寺的墓地规模极大，据估计有上万座墓葬，并且分为几个墓区。说明城内居住有不同身份的大量人口。在已发掘的一千多座墓葬中，随葬100件器物以上的大墓不到1%，随葬少量器物的中等墓约占10%，而将近90%的小墓则没有任何随葬品。大墓中的随葬品不但数量多，而且规格高，有不少是表现权力和身份的，如玉钺、鼍鼓、龙纹盘等。它反映出当时已经形成金字塔式的社会结构，少数人占有大量的社会财富，并掌握着最高的统治权力，明显具备了国家的基本特征。有的学者认为陶寺为尧都平阳的遗址，可备一说。

中原龙山文化的后期，社会发展的重心已经转移到河南西部的王湾文化。那里发现有登封王城岗和密县古城寨等一系列城址。古城寨的城墙至今还高达15米，夯筑技术有明显的进步。王城岗城址至少有30万平方米，不算太大。旁边的东周城址出土有多个"阳城仓记"戳印的陶器残片，所以发掘者认为王城岗就是传说中"禹居阳城"的那个地方。果真如此，则王湾文化的晚期当已进入夏的纪年。

图六 大汶口文化
蛋壳黑陶高柄杯

这个时期在山东的龙山文化也有较大的发展，出现了章丘城子崖、邹平丁公、临淄桐林、茌平教场铺、阳谷景阳冈和日照两城镇等许多城址。临朐西朱封和泗水尹家城都发现有一棺二椁的大墓，说明这时社会的分层又进了一步，在贵族中也已经有明确的等级划分了。山东龙山文化的陶器制作技术的水平是最高的，绝大部分陶器是直接由快轮拉坯成型的。其中尤以薄如蛋壳、漆黑发亮、造型优美的黑陶杯最为上乘（图六）。有些大墓中出土的玉器也极为精美。

综上所述，在公元前3500年前后，黄河中下游和长江中下游以及燕辽地区都已经步入文明化的轨道，出现了许多象征国家的大型聚落或城址。古代城就是国，城里人叫国人，广大的乡村叫野或鄙。所以大量城址的出现就意味着小国林立局面的形成。这些小国的统治者往往握有政权、军权、财权和神权，这只要看看那些最高等级的墓葬的随葬品就明白了。各国的情况不同，在相互的斗争和交往中，有的兴盛了一段时期就衰落了，有的只是昙花一现，有的则不断发展壮大，社会也更加复杂化，从而为下一阶段世袭王朝的建立做好了充分的准备。古史传说中常常提到古有万国或万邦，说黄帝时曾经筑五城，又说鲧作城；说黄帝战炎帝，战蚩尤，禹征三苗等等。又说黄帝设左右大监等官职，尧舜时官职更加复杂，还有各种刑法等等。这跟考古发现的情况是基本相符的。说明许多古史传说的资料确实包含有真实历史的素地，不能一概抹杀，而要参照考古资料去重新整理。但传说毕竟不是信史，不能拿考古资料去一一对号，这个道理应该是很明白的。

夏商时期，华夏文明在更广泛的范围内传播，奠定了往后中国的发展基础

大约在公元前 2000 年，中国历史上第一个世袭制王朝夏诞生了。夏代究竟应该从大禹算起还是从他的儿子夏启算起，学术界有不同的看法。按照古本《竹书纪年》的说法，启曾经同益争夺王位，把益杀了。启又曾经与有扈氏打了一大仗，政权还没有稳固，到他的儿子太康时就被东夷有穷国的后羿推翻了。后来羿又被寒浞推翻，等到太康的重孙少康在别人的帮助下才得以复国，史称"少康中兴"，夏朝的统治才稳固下来。在考古上要把这一段历史弄清楚是十分困难的，但是最近的研究似乎有了一定的进展。

前面提到登封王城岗可能是大禹居住过的阳城。近年在河南新密市的新砦也发现了一座约 30 万平方米的龙山晚期的城址，同时在稍晚的新砦期包着龙山城又筑起了一道城墙，里面发现有大型建筑遗迹。在新砦期的遗物中可以看出有不少东方的因素，所以有的学者认为它就是后羿代夏时期的都城，有的则认为是少康中兴时期的都城。因为考古工作才开始不久，许多情况还不明白，难以作出确切的判断。

现在人们公认的夏代都城级遗址在河南偃师二里头。那个遗址有 600 万平方米，发现有多处宫殿遗迹，其中 1 号宫殿基址就有 1 万平方米，上面有宫殿、门厅和回廊，中间是一个大庭院。二号宫殿略小，但结构更加规整。围绕宫殿有道路和城墙，城内面积达 10 多万平方米，明显是一座宫城。照理外面还应该有更大的城圈，也就是王城的城墙，可惜至今没有找到。不过既然有这么大的宫殿和宫城，自然应该是王都所在。二里头遗址可以分为四期，宫殿主要在二、三期，延续使用至四期之末。一期虽然没有发现宫殿，但一些迹象表明其规格不同一般。例如在一座不大的墓葬中就随葬有迄今所知形体最大、制作最精美的龙形物。它是用 2000 多片绿松石和玉质组件拼装而成的高档工艺品。可见在二里头一期就可能是一个都城级遗址，只不过到二、三期有了更大的发展。二里头一期早段大约与新砦期同时，一期晚段则比新砦期略晚，所以有人认为二里头可能是从少康直到最后一位帝王夏桀时期的都城，这与文献的记载略有不同。

二里头遗址除宫殿外，还有面积达 1 万平方米的铜器作坊遗址。在一些中小贵族墓中出土的青铜器有鼎、斝、爵、盉、铃等礼乐器，戈、钺、戚、镞等兵器，

锛、凿、钻、锥、刀和鱼钩等工具，还有镶嵌绿松石的铜牌饰等。从铜器作坊遗址中出土的铸铜陶范来看应该还有更多更大的器物。可以说在后来商周时期各主要类别的青铜器在此时都已初具规模，从而开启了中国青铜时代的先河。这跟此前的古国时代相比显然是一个划时代的进步。单是从考古学的视角来看，把夏同商周合在一起称为三代也是合乎情理的。

应该强调的是夏王朝并不是孤立的，和夏王朝同时还有其他国家或王朝。从《殷本纪》和甲骨文所见商先公的世系和事迹来看，那时的商人也建立了一个与夏王朝并立的世袭王朝。过去以为商的先人起自东方的山东一带，现在看来并不正确。真正代表商先公时期的考古学文化应该是先商文化，它分布于河北省的中南部和河南省北部，与代表夏的二里头文化相邻，只是至今还没有发现一处先商的都城遗址。最近在河南濮阳戚城发现一处龙山时期的城址，是否与商人早期的活动有关，值得注意。与夏朝发生关系较多的是东夷。近年在山东、河南东部和江苏北部发现的岳石文化已被证明是夏代东夷的文化，它是继承山东龙山文化而发展起来的。其中心可能是章丘的城子崖，那里发现的岳石文化城址颇具规模，城墙的版筑技术已很成熟，说明其文化发展水平不低。

把眼光放大一点，跟夏代基本同时的还有燕辽地区的夏家店下层文化，内蒙古中南部的朱开沟文化，甘肃、青海地区的晚期齐家文化，四川地区的宝墩文化，江汉地区的"二里头文化"以及江浙地区的钱山漾文化等。这些文化都或多或少出土过一些青铜器，开始步入了青铜时代，并且直接间接地与中原的夏文化发生过各种关系。商灭夏后不但尽有夏商之民和尽有夏商之地，并且进一步扩大控制的范围，建立了一个比夏朝版图大得多的统一王朝。作为商代早期都城的郑州商城，其规模之大与规格之高又远非夏朝都城的二里头可以比拟（图七）。由此华夏文明进入了繁荣昌盛时期，并得以在更加广泛的范围内传播，为往后中国的发展奠定了更加坚实的基础。

中国确实存在着五千年以上的文明史

早期中国历史的重建虽然是长期的工作，今后还有许多事情要做，但至今已经取得了重要的阶段性成果，说明中国确实存在着五千年以上的文明史。我们现在看到的早期文明古国的资料可能还不够完整，它本身也还不够成熟，毕竟跟以前的原始社会有了本质上的区别。

早期中国文明是在黄河流域、长江流域和辽河西南部这一广大地区发生的。由于各地的自然环境和文化传统不同，早期文明发展的模式也不相同，其中有许

图七　河南郑州商城出土的兽面纹铜大方鼎

多跌宕起伏。尽管如此，各早期文明之间仍然有许多因素的交流、渗透与碰撞，很多情况是你中有我、我中有你。如果从更高的层次来看，实际上还是一个相互联系的整体。由于各种内部和外部的原因，从古国后期开始出现了具有历史意义的转变，黄河流域的力量逐步加强，并且进一步集中到中原地区，又由中原向四周扩展。这与中原地区文化本身不尚浮华，强调王权而不过分渲染宗教的神力，在文化方面不故步自封而乐于吸收周围地区的优秀成果有关。而它所处的地理位置又给它提供了其他文化所不具备的特别便利的条件，因而得以持续发展。

　　早期中国发展到商代早期，它所代表的华夏文明已经十分强大，并给予周邻的文化以巨大的影响。四川的三星堆文化、湖北的荆南寺文化、湖南黄材的青铜器、江西的吴城文化和大洋洲青铜器、辽宁喀左的青铜器和内蒙古鄂尔多斯青铜器等，都是在商文化影响下发展起来并具有自身特色的青铜文化。这些文化又对更外围的文化以积极的影响，形成一个以华夏为主体的多元一体的中华古文明体系，这个体系具有很强的凝聚力和内部活力，深深地影响到往后中国历史的发展。中华文明在几千年的发展过程中虽有不少波折，而文明本身却从未中断，一直持续发展下来，与早期中国所奠定的有核心、有主体的多元一体格局的基础是有很大关系的。

（原载《光明日报》2010 年 1 月 14 日第 10、11 版）

重建早期中国的历史

一　为什么要重建早期中国的历史

重建早期中国历史的任务不是现在才提出来的。早在五四新文化运动时期，为了打破封建的史学体系，一些学者对先秦史籍进行了广泛而深入的考辨，觉得很不可靠，必须推倒重建。经过几十年的努力，现在总算有了初步的结果，若是要有更加清楚的认识，则还需要进行长期的努力。为了更清楚地说明问题，首先要了解中国传统的古史系统是什么。

1. 中国传统的古史系统

中国很早就有编写史书的传统，到春秋战国时期，各诸侯国都有一些官修或半官修的史书问世。其中有些是纪年体，有的则记述帝王谱系，追溯较远的多是从黄帝开始。最早提出古帝王谱系的当为《世本》中的《帝系》篇。《汉书·艺文志》载："《世本》，十五篇。"班固解释说，《世本》是"古史官记黄帝以来，迄春秋时诸侯大夫……"书中除《帝系》外，还有《王侯世》《卿大夫世》《氏族》《作篇》《居篇》和《谥法》等篇，古书多有引用，可惜到宋代就失传了[1]。其中《帝系》篇又曾收入《大戴礼记》中。二书文本基本相同而略有出入。《大戴礼记》叙述商人先祖世系至契为止，周人先祖世系至稷为止；《世本》则多了契子昭明至天乙汤，稷子不窋至文王。关于楚人先世的说法也不尽相同。古本《竹书纪年》的帝王谱系也是从黄帝算起的，继而叙述夏商周直到战国魏襄王时为止的历史。而此书即出于魏襄王的墓中，是一部纪年体的通史，只是文句简略。相比之下，《帝系》仅写到春秋，似乎成文比《纪年》要早[2]。成书于战国早

---

[1]　清代以来有多位学者在古书中辑录所引《世本》原文，其中以雷学淇和茆泮林的两种辑本较佳。见《世本八种》，商务印书馆，1959 年。

[2]　刘起釪根据《世本》书中写赵王迁为今王迁，认为成书之年应该在战国末年。见所著《古史续辨》，中国社会科学出版社，1991 年，32 页。

期的《国语》和《左传》讲述古史也多从黄帝说起，这大概是当时许多人的共识，所以后来司马迁写《史记·五帝本纪》也是从黄帝讲起的。

一些史书把古代比较著名的领袖人物称为帝某或某帝，例如黄帝、炎帝、帝尧、帝舜之类。帝的本义是禘祭，首先是对神的祭祀，跟着就有对已故首领的祭祀。被祭的神称为某帝，被祭的人王也可称为某帝。以黄帝为始祖的谱系中也有不少是没有帝名的，他们是不是当过首领不得而知。到了战国五行说盛行，一些学者往往把自认为最有名或最有影响的帝找出五位而称为五帝。《孔子家语·五帝》假托孔子答季康子问时说"天有五行……其神谓之五帝。古之王者，易代而改号，取法五行"，是为五帝，其名称为太昊、炎帝、黄帝、少昊、颛顼。《礼记·月令》《吕氏春秋·十二纪》《淮南子》的《天文训》和《时则训》等也有同样的说法，但此说影响不大。

较早出现的五帝排序见于《国语·鲁语》，其中写道："黄帝能成命百物以明民共财，颛顼能修之，帝喾能序三辰以固民，尧能单均刑法以仪民，舜勤民事而野死。"《大戴礼记·五帝德》假托宰我问孔子五帝的事，排序就是黄帝、颛顼、帝喾、帝尧、帝舜。这是最有影响的一种五帝说。《吕氏春秋》的《古乐》和《尊师》两篇也引用此说。到《史记·五帝本纪》引用此说后便成为最权威的一种说法。

还有别的五帝说。例如《战国策·赵策》《易·系辞下》和《庄子·缮性》等便以伏羲、神农、黄帝、尧、舜为五帝。伪《古文尚书》序则以少昊、颛顼、帝喾、尧、舜为五帝。甚至到王莽和萧梁时期又各排出了新的五帝。主要因为《史记》的权威，《五帝本纪》所排定的五帝为大多数人所尊重。其中所述五帝的事迹基本上是照抄《五帝德》和《帝系》。

在战国时代还有所谓三皇的说法，据说那是比五帝时代更早的一个时代。有各种各样的三皇，但没有一种说法具有权威性，内容也更加虚无缥缈，所以司马迁没有采用。《史记》之后，历代都有官修的史书，也都依照司马迁所定的古史体系，这就是传统的中国古代历史的系统。可是有些人觉得中国历史应该比五帝更早，起码要追溯到所谓三皇的时代。到唐代司马贞作《史记索隐》时，干脆在前面加了一个《史记补》，叫作《三皇本纪》，可谓画蛇添足，受到一些人的批评。

其实司马迁也是很无奈的。他明明知道有些记载是不可靠的，有些记载是矛盾的，却要想法子捏合到一起。他在《史记》卷十三的《三代世表》中说："五帝三代之记尚矣！自殷以前诸侯不可得而谱，周以来乃颇可著。孔子因史文次春秋纪元年正时日月，盖其详哉！至于序《尚书》则略无年月，或颇有，然多缺不可录。故疑则传疑，盖其慎也。余读谍记，黄帝以来皆有年数。稽其历谱牒，终始五德之传，古文咸不同乖异。夫子之弗论次其年月，岂虚哉！"这些话讲得多么好！说明他对于古代历史的传说有比较清醒的认识。可是他对于那些传说舍不得割爱，紧接着就说"于是以五帝系谍尚书集世纪黄帝以来讫共和为世表"。我们把他所制世表加以简明化，一眼就可以看出他的矛盾之处。例如《五帝本纪》根据《尚书·尧典》说尧把天子位传给舜，舜又传给禹。可是表中这三个人都是黄帝的后裔，而尧和禹是同辈，都比舜长四辈，怎么能说得通呢〔1〕？至于夏商周先人的世次矛盾就更大了。显然司马迁的本意还是"疑则传疑"，并没有把它看成真实的信史。

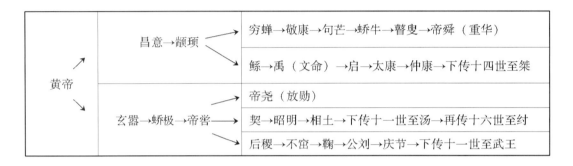

2. 对传统古史系统的质疑

很早就有人对《帝系》和司马迁《三代世表》所拟定的古史系统提出疑问。宋代的大学者欧阳修在《欧阳文忠公全集》卷四十三《帝王世次图序》中说："迁所作《本纪》出于《大戴礼》《世本》诸书，今依其说图而考之，尧、舜、夏、商、周皆同出于黄帝。尧之崩也，下传其四世孙舜；舜之崩也，复上传其四世祖禹。而舜禹皆寿百岁。稷、契为高辛之子，乃同父异母之兄弟。今以其世次而下之，汤与王季同世，汤下传十六世而为纣，王季下传一世而为文王，二世而成武王。是文王以十五世祖臣事十五世孙纣，而武王以十四世祖伐十四世孙纣而代之王。何其谬哉！"

欧阳修主要是说世表中世次的紊乱达到了荒谬的程度，更为荒谬的是表中把不同族系的人硬派上血亲关系，说他们都是黄帝的子孙，黄帝就成了千古一系的人文初祖。封建史学体系的核心就是以帝王为中心，帝系和世表正是以帝王为中

---

〔1〕《汉书·律历志》引《帝系》说："颛顼五世而生鲧，鲧生禹。"王逸注《楚辞·离骚》，也引《帝系》说"颛顼后五世而生鲧"。可能那时所传《帝系》有不同的版本，抑或有人看到有矛盾而有意加以调和。

心的历史观的代表作。其实商王的始祖契和周王的始祖稷都是知母而不知父的，有点像母系氏族社会的情形。夏后的先祖也只能上推到鲧。这些情况司马迁是知道的。他在《殷本纪》一开头就说"殷契母曰简狄，有娀氏之女……三人行浴，见玄鸟堕其卵，简狄取吞之，因孕生契"。《诗·商颂·玄鸟》开头也说"天命玄鸟，降而生商，宅殷土芒芒"。《史记·周本纪》开头就说"周后稷，名弃，其母有邰氏女曰姜原……姜原出野，见巨人迹，心忻然说，欲践之，践之而身动如孕者，居期而生子"。《诗·大雅·生民》开头也说"厥初生民，时维姜嫄……履帝武敏歆……载生载育，时维后稷"。这里都说得清清楚楚。可是这位太史公觉得契和稷不能没有父亲，于是按照《帝系》的说法，硬说简狄"为帝喾次妃"，说"姜嫄为帝喾元妃"，殷人的始祖契和周人的始祖稷这两位毫不相干的人物便变成了同父异母兄弟，自然也都成了黄帝的裔孙！这样编排的古史系统怎么能令人相信呢？

对于《帝系》和司马迁等确立的古史系统质疑的不止一人，清代的阎若璩和崔述等就曾经做过详细的辨正工作。到 20 世纪初期"新文化运动"时期，以顾颉刚为首的一批学者以《古史辨》为阵地，做了大量考辨古史的工作。诚如顾先生自己所说："以考证方式发现新事实，推倒伪史书，自宋至清不断地在工作，《古史辨》只是承接其流而已。"这是实话，也是谦辞。他们比以前的学者站得更高，方法更科学，而且目标明确，就是要彻底推倒两千多年层累地造成的古史系统，作为"新文化运动"反封建的一项重要任务。可是推倒了旧有的古史体系，真正的中国古代历史究竟是怎样的呢？顾颉刚曾经明确地指出，应该借重考古学来重建中国的古代史[1]，这是很有见地的，尽管他自己并不从事考古学研究。

但是在近代考古学开展以前，有一件事情产生了极大的影响，那就是商代甲骨文的发现和被确认。

二　甲骨文研究的贡献

1899 年时任清代光绪朝国子监祭酒的王懿荣发现中药的所谓"龙骨"实际上是古代的龟甲片，上面发现有刻划的文字，于是委托古董商购买更多的有字甲骨，

---

〔1〕　顾颉刚在《答李玄伯先生》一文中说："读到李玄伯先生的《古史问题的唯一解决方法》，非常高兴。李先生所说的'用载记来证古史，只能得其大概……要想解决古史，唯一的方法就是考古学；我们若想解决这些问题，还要努力向发掘方面走'，确是极正确的方法。"载《现代评论》第 1 卷第 10 期，1925 年。

认出其中有祖乙、祖辛等商王名号，断定是殷商遗物。之后各家竞相收藏和进行研究，成绩卓著。王国维 1917 年发表《殷卜辞中所见先公先王考》[1]，接着又发表《续考》和《殷周制度论》等宏文，影响颇大。他用二重证据法证明《史记》中的《殷本纪》所述殷先公先王的世系基本上是正确的。而《史记·殷本纪》主要是根据《世本》的《帝系》篇。由此看来，《帝系》所记也应该有它的根据，不能因为前面谈到的一些自相矛盾之处而一概否定。

至今殷代的甲骨文已经发现 15 万片之多。王国维之后经过董作宾、郭沫若、陈梦家和胡厚宣等许多著名学者的研究，对于商代社会历史的方方面面已经有了相当详细的了解，只要看看陈梦家的《殷虚卜辞综述》[2]和由郭沫若主编的《甲骨文合集》[3]就会明白，现在殷代的历史已经成为信史。至于殷代以前的历史，根据甲骨文的研究也可以获得不少信息和有益的启示。因为商代王室实行周祭，不仅祭祀商汤以下诸先王，还要祭祀汤以前的所谓先公。因此甲骨文中就有从始祖契以来诸先公的名号，排列的顺序跟《帝系》和《殷本纪》基本相同。这个商先公谱系的确定有着十分重要的意义。因为先公所处的年代适当夏朝的年代。按照《帝系》和《史记·夏本纪》，夏朝自禹至桀共十六世，商先公自契至汤是十三世。每世的年数总是或短或长，十六世和十三世的年数便有可能是相当的。商先公时期曾经有八次迁徙，是很不稳定的，其谱系还能传到春秋战国之世而没有发生大的错误。夏朝虽然一开始也有些不稳定，但自少康以后就相当巩固了，国力远比先商的小朝廷要强。先秦古籍中常常征引《夏书》，不管是夏代的书还是夏朝后人追溯历史所写的书，都说明直到春秋战国时还是有人多少了解夏朝的历史的。所以孔子才说要"行夏之时"（《论语·卫灵公》），还说"夏礼吾能言之"，同"殷礼吾能言之"相并列（《论语·八佾》）。虽然感到"文献不足"，却并非全然不知。由此可知《帝系》和《夏本纪》所载夏朝世系是有一定根据的，说契曾经佐禹治水也不是没有可能的。有些学者因为没有发现夏朝的文书而怀疑夏朝的存在是大可不必的。

三　考古学家的追求

中国考古学家一开始就肩负着重建早期中国历史的使命，而早期甲骨文的研

究直接引发对安阳殷墟进行有计划的大规模考古发掘。1928 年中央研究院历史语言研究所成立考古组，主要工作就是发掘殷墟遗址。从 1928 年至 1937 年连续进行了 15 次发掘，发现了商代晚期成组的宫殿宗庙基址、巨大的王室陵墓、大量的窖穴、祭祀坑和殉人、殉牲等遗迹，其中的 H127 甲骨文坑出土刻有文字的甲骨一万七千多片，不啻一座商代卜辞的大型档案库。至于出土的青铜器、陶器、玉石器、骨器、蚌器和象牙雕刻等更是不计其数，为此发表了大批田野考古报告和研究著作，商代晚期的历史由此大大丰富起来。但作为一个都城遗址还有许多问题有待厘清，所以从 1950 年中国科学院考古研究所成立时起即恢复了殷墟的发掘，除"文化大革命"耽误了几年，一直持续至今。一般认为殷墟是盘庚迁殷以后直到末代纣王的都城，证实了《古本竹书纪年》中"自盘庚迁殷至纣之灭，二百七十三年更不徙都"的说法[1]。近年来在殷墟东北发现了一座巨大的洹北商城，年代略早于以小屯为中心的殷墟，或谓那就是盘庚迁殷始建的都城，而小屯殷墟则为武丁以后的都城[2]，这是后话。盘庚以前的都城究竟在哪里，自然成为考古学家关注的焦点。

　　1950 年，在河南郑州发现一处可能属于商代的遗址，1952 ~ 1955 年陆续发掘了制铜、制骨和制陶的手工业作坊遗址，并且发现了早于殷墟晚商文化的地层关系。当时即有学者意识到这可能是一个早于殷墟的都城遗址，并推测可能是仲丁所都之隞[3]。后来的发现越来越多，特别是发现了略呈长方形的城垣遗迹，城内面积约 3 平方千米，东北部有宫殿遗迹群，还有给排水系统和大型青铜器的窖藏等。后来又发现了规模更大的外郭城[4]，从而越来越受到学界的重视。在分析郑州商文化遗存时，人们发现其建都年代应该在商代初期，于是提出了所谓郑亳说[5]。到 1983 年又在洛阳附近发现了偃师商城，其始建年代同郑州一样早。学者多认为它应该是古文献上所说的西亳。两个亳都是什么关系，成为学者们探讨的新课题。

　　进一步的问题，自然是寻找夏文化和重建夏代的历史了。

---

〔1〕　中国社会科学院考古研究所：《殷墟的发现与研究》，科学出版社，1994 年。

〔2〕　中国社会科学院考古研究所：《中国考古学·夏商卷》，中国社会科学出版社，2003 年，276、277 页。

〔3〕　邹衡：《试论郑州新发现的殷商文化遗址》，《考古学报》1956 年第 3 期。

〔4〕　河南省文物考古研究所：《郑州商城——1953 ~ 1985 年考古发掘报告》，文物出版社，2001 年。

〔5〕　邹衡：《郑州商城即汤都亳说》，《文物》1978 年第 2 期。

四　夏代历史的探索

根据历史记载，大约在公元前 2000 年，中国历史上第一个世袭制王朝夏诞生了。夏代究竟应该从大禹算起还是从他的儿子夏启算起，学术界虽有不同的看法，却无关宏旨。按照《古本竹书纪年》的说法，启曾经同益争夺王位，把益杀了。又曾经与有扈氏打了一大仗，政权还没有稳固，到他的儿子太康时就被东夷有穷国的后羿推翻了。后来羿又被寒浞推翻，等到太康的重孙少康在别人的帮助下才得以复国，史称"少康中兴"，夏朝的统治才稳固下来，在考古上要把这一段历史弄清楚是十分困难的。用已知推未知的方法，还是应该从早商文化往前推，把夏代晚期的遗存找出来，再来探讨早期夏文化的问题。

距离河南偃师商城以西约 6 千米有一个二里头遗址，那是著名的古史学家徐旭生先生 1959 年为寻找夏墟而发现的。遗址规模之大和遗物之丰富让徐先生特别关注，认为那应该是一个都城级的遗址。可是徐先生并没有把它判断为夏墟，而推测"为商汤都城的可能性很不小"[1]。那个遗址现存约 300 万平方米。由于遗址的北边被洛河冲毁了一部分，估计原先应该有 400 万平方米[2]。发现有多处宫殿遗迹，其中 1 号宫殿基址就有 1 万平方米，上面有宫殿、门厅和回廊，中间是一个大庭院。二号宫殿略小，但结构更加规整。前不久又新发现了几座宫殿基址。所有宫殿都是坐北朝南，方向一致。围绕宫殿有道路和城墙，城内面积达 10 多万平方米，明显是一座宫城。照理外面还应该有更大的城圈，也就是王城的城墙，可惜至今没有找到。不过既然有这么大的宫殿和宫城，自然应该是王都所在。二里头遗址可以分为四期，宫殿主要在二、三期，延续使用至四期之末。一期虽然没有发现宫殿，但一些迹象表明其规格不同一般。出土物中有稀有的白陶、象牙器和绿松石制品等，还有青铜工具，这些都不是一般聚落所可能有的。从一开始就有这种规模和规格，应该是有计划建设的都城。只是由于后期的破坏比较严重，整个布局还不太清楚。

二里头遗址除宫殿外，还有面积达 1 万平方米的铜器作坊遗址。在一些中小贵族墓中出土的青铜器有鼎、斝、爵、盉、铃等礼乐器，戈、钺、戚、镞等兵器，锛、凿、钻、锥、刀和鱼钩等工具，还有镶嵌绿松石的铜牌饰等。从铜器作坊遗址中出土的铸铜陶范来看应该还有更多更大的器物。可以说在后来商周时期各主

---

〔1〕　徐旭生：《1959 年夏豫西调查夏墟的初步报告》，《考古》1959 年第 11 期。

〔2〕　许宏：《最早的中国》，科学出版社，2009 年，65 页。

要类别的青铜器在此时都已初具规模，从而开启了中国青铜时代的先河。二里头宫城外的道路上还遗留有双轮车的车辙痕迹，这一发现与所谓夏代奚仲造车的传说不谋而合。

二里头一期到四期的文化发展是连续的，第四期之后突然衰败，此时正是偃师商城兴建之时。许多学者认为这一兴一衰，正是夏商王朝更迭最直接的物证，是划分夏商两代之间最好的界标。结合两者文化特征的比较分析，推测二里头遗址应该是夏代的王都，是中国第一个世袭王朝的都城。不过二里头遗址的年代，据碳-14方法测定，大约在公元前19世纪中叶至前16世纪中叶，前后只有300年左右〔1〕，最多只相当于从少康中兴直到最后一位帝王夏桀的时期。

至于夏代早期的都城，由于那时政局的不稳定性，要在考古遗存上找到确切的证据颇不容易。不过最近找到的一些线索，也许为进一步的探寻提供了一线希望。一个是河南登封王城岗城址，属于中原龙山文化的晚期。有大城和小城，大城至少有30万平方米，其中有多处用人牲奠基的情况。旁边的东周城址出土有多个"阳城仓记"戳印的陶器残片，所以发掘者认为王城岗就是传说中"禹居阳城"的那个地方。碳-14测年大约在公元前2000年，也与夏代早期的年代基本相合〔2〕。二个是河南新密市的新砦遗址，那里也有一座30万平方米的属于中原龙山文化晚期的城址，在稍晚的新砦期又包着龙山文化的城址筑城。在后者城内有大型建筑基址，遗物中可以看出不少东方的因素〔3〕。所以有的学者推测它可能是后羿代夏时期的都城。这两个地方的考古工作都还仅仅是个开始，是否真是夏代早期的都城当然还需要进一步地发掘和研究。

应该强调的是夏王朝并不是孤立的，和夏王朝同时还有其他国家或王朝，只是夏王朝的势力最强，文化先进，因而影响也最大。从《殷本纪》和甲骨文所见商先公的世系和事迹来看，那时的商人也建立了一个与夏王朝并立的世袭王朝。过去以为商的先人起自东方的山东一带，现在看来并不正确。真正代表商先公时期的考古学文化应该是所谓漳河型的先商文化，这是从文化特征的比较分析中得出的结论。它分布于河北省的中南部和河南省北部，与代表夏的二里头文化相邻，

────────────

〔1〕　中国社会科学院考古研究所：《中国考古学·夏商卷》，中国社会科学出版社，2003年，80、81页。

〔2〕　河南省文物考古研究所、中国历史博物馆考古部：《登封王城岗与阳城》，文物出版社，1992年；北京大学考古文博学院、河南省文物考古研究所：《登封王城岗考古发现与研究》（2002~2005），大象出版社，2007年。

〔3〕　北京大学震旦古代文明研究中心、郑州市文物考古研究院：《新密新砦——1999~2000年田野考古发掘报告》，文物出版社，2008年。

只是至今还没有发现一处先商的都城遗址。最近在河南濮阳戚城发现一处龙山时期的城址，是否与商人早期的活动有关，值得注意。与夏朝发生关系较多的是东夷。近年在山东、河南东部和江苏北部发现的岳石文化已被证明是夏代至商代初期的东夷的文化，它是继承山东龙山文化而发展起来的。其中心可能是章丘的城子崖，那里发现的岳石文化城址颇具规模，城墙的版筑技术已很成熟，说明其文化发展水平不低。

如果从考古学文化的角度来看，夏文化影响的范围更为广大。例如远在内蒙古东南部地区，属于夏家店下层文化的敖汉旗大甸子墓地中，就有 13 座出土陶鬶（或盉）和陶爵，形制和二里头的出品十分相似[1]。在甘肃、青海地区的晚期齐家文化，四川成都平原的早期三星堆文化，江汉地区的"二里头文化"以及江浙地区的马桥文化等，也都出土了类似的器物。这些文化还或多或少出土过一些青铜器，开始步入了青铜时代。如果说夏文化在中原地区的崛起代表着华夏文明基本特质的形成，那么它在整个中华文明形成和发展中的核心作用和辐射作用，则为往后中华文明的发展奠定了坚实的基础。

五　古国历史的重建

从夏代历史再往前推，按照传统的说法就到了五帝时代。正如本文一开始就提到的，所谓五帝的说法跟战国时期流行的五行说有关。各人的观点不同或掌握的情况不同，就产生了各种不同的五帝说，莫衷一是。实际上那时并没有统一的国家或统一的王朝，而是小国林立，即所谓天下万国。这在古史传说中也是多次提到的。例如《荀子·富国》篇说："古有万国，今无十数焉。"《史记·五帝本纪》说黄帝时"置左右大监，监于万国"。《尚书·尧典》说尧时"百姓昭明，协和万邦"。《史记·五帝本纪》转述作"百姓昭明，合和万国"。《战国策·赵策》说："古者四海之内分为万国。"《战国策·齐策》记颜斶对齐宣王的话说："斶闻古大禹之时诸侯万国。"《左传·哀公七年》也说："禹会诸侯于涂山，执玉帛者万国。"所谓万国当然不是实数，只是说有众多国家的意思。这种观念差不多已经成为先秦时期许多学者的共识。考古学上是不是也可以看到这种小国林立的局面呢？

我们知道夏代在考古学文化上属于早期青铜时代，在它以前是铜石并用时代，

〔1〕　中国社会科学院考古研究所：《大甸子——夏家店下层文化遗址与墓地发掘报告》，科学出版社，1996 年。

绝对年代大约在公元前 3000 年至前 2000 年[1]。大量考古资料证明，这是中国历史开始走向文明以至产生最初国家的重要时期。

这个时期的总体特征是农业和手工业有较大的发展，手工业开始分化，出现了专门为贵族生产的高档手工业部门。从聚落和墓葬的等级分化可以明显地看到社会的分层化，原先基本平等的氏族—部落成员开始被分化为贵族和平民。不少中心聚落筑起了防卫性的城墙，同时出现了用于战争的专门性的武器，到处都有战死者或非正常死者的乱葬坑，有些地方还发现了用人牲为城墙或房屋奠基或用人为贵族殉葬的情况。这些都说明这个时期的社会已经发生明显的变化，迈出了从部落到国家的关键一步。在这个过程中，走在前面的是中原地区的仰韶文化，山东地区的大汶口文化，两湖地区的屈家岭—石家河文化，江浙地区的崧泽—良渚文化以及燕辽地区的红山文化，稍晚在四川成都平原也出现了水平相近的宝墩文化。在如此广袤的大地上，各个大文化区的主体文化都以自己的方式建立各具特色的文明，成为中国历史发展的一个重要转折点。

下面将着重阐述各大文化区主体文化的基本情况和各自文明化的进程与特点。

1. 中原地区的仰韶文化

这个文化主要分布于中原的河南、山西和陕西三省，外及河北、内蒙古和甘肃的部分地区。大致可分为早中晚三期，最后还有一个末期——庙底沟二期文化，其特征表现为从仰韶文化向中原龙山文化过渡的状态，所以有时又被划入中原龙山文化的早期。在仰韶文化早期，各个聚落的差别还不显著，到中期即庙底沟期开始分化，出现了若干中心聚落。其中以河南灵宝的北阳平和西坡遗址表现得最为清楚。仰韶文化分布的主体有三个地区，即陕西的渭水流域、山西的汾水流域和河南的伊洛河流域，灵宝适处在三区的交会地带，也就是仰韶文化的核心位置。北阳平遗址有将近百万平方米，从遗址旁边的断崖上可以清楚地看到大型的房屋基址。在近旁的西坡遗址应该是以北阳平为中心的聚落群的重要组成部分，它有由自然冲沟和人工壕沟所构成的防御系统，聚落的中心有两座建筑讲究的大型房屋。其中的 F106 室内面积有 240 平方米，如果包括墙体则有 296 平方米。地面和墙壁经过多层夯筑，表面还特地涂成朱红色。F105 室内面积 204 平方米，略小于前者，但设有回廊，门道上也架棚，总面积达 516 平方米，附近还有蓄水池等设

---

〔1〕　严文明：《论中国的铜石并用时代》，《史前考古论集》，科学出版社，1998 年。

施〔1〕。在聚落的南边，隔着人工壕沟有一片墓地，其中墓葬明显有大中小的等级差别。大墓一般在 10 平方米以上，最大的墓葬有 16.9 平方米。有棺板，上面覆盖麻布，脚下有专门的器物坑。有 8 座墓人体的手臂旁放置玉钺，上面有明显的线切割和管钻的痕迹，代表着当时最高的技术水平〔2〕。钺是从石斧中分化出来的第一种专门性武器，西坡墓地是最早用玉钺随葬的，说明当时的贵族已经握有专门的武装，也说明当时出现了真正意义的战争。而掌握军权的首领是最有可能建立王权的。仰韶文化中期是一个大发展的时期，对周围文化有强烈的影响〔3〕，是否与军事扩张有关，值得研究。

仰韶文化中期在各地还有一些规模较大的中心聚落，如陕西华县泉护村、高陵杨官寨及山西夏县西阴村和河南洛阳王湾等，说明当时的社会确实走上了分化的道路。泉护村有大房子 F201，其形制酷似西坡的 F206，只是后半部分因临近断崖而塌毁了。它的前墙宽 15 米，F206 宽 15.7 米，二者大小十分接近，形状和结构几乎完全相同。在这座大房子的南边约 300 米的地方发现的墓葬 M701，也是在脚下随葬多件陶器，其中的单耳小口壶与西坡墓中所出别无二致。墓中一件穿孔石斧也可能是石钺。同出的陶器中还有一件黑陶大鹰鼎，更是罕见的重器〔4〕。此墓的主人很可能是一位贵族中的首领级人物。河南中部嵩山周围的阎村类型以所谓伊川缸的成年人瓮棺葬为特点，其中心在汝州一带。在汝州阎村有一位首领的瓮棺葬，瓮棺上画了一幅寓意深刻的"鹳鱼石斧图"。那"石斧"很可能也是玉钺，与灵宝西坡的墓葬随葬玉钺者有异曲同工之妙〔5〕。洛阳王湾则发现过长 21、宽约 10 米，面积约 210 平方米的长方形房基，只是过于残破而难于复原。附近的 H421 为一椭圆形灰坑，直径达 4.5~5.5 米，深 2.5 米，如此巨大的坑很像西坡的储水池〔6〕。据此可以说明王湾也不是一般的聚落遗址。

仰韶文化晚期大约是从公元前 3000 年开始的。此时生产有所发展，地方差别明显扩大，社会分化现象也有若干表现。在甘肃东部的中心聚落有秦安大地湾遗

〔1〕 河南省文物考古研究所、中国社会科学院考古研究所河南一队、三门峡市文物考古研究所等：《河南灵宝西坡遗址 105 号仰韶文化房址》，《文物》2003 年第 8 期。

〔2〕 中国社会科学院考古研究所、河南省文物考古研究所：《灵宝西坡墓地》，文物出版社，2010 年。

〔3〕 严文明：《略论仰韶文化的起源和发展阶段》，《仰韶文化研究》，文物出版社，1989 年。

〔4〕 北京大学考古学系著，中国社会科学院考古研究所编：《华县泉护村》，科学出版社，2003 年，27~29、73~77 页。

〔5〕 严文明：《鹳鱼石斧图跋》，《仰韶文化研究》（增订本），文物出版社，2009 年。

〔6〕 北京大学考古文博学院：《洛阳王湾》，北京大学出版社，2002 年，图三。

址。那里出现了体量甚大、建筑规格甚高的所谓原始殿堂。它有前堂、后室和东西两厢，面积达 290 平方米。地面用三合土铺砌，十分坚硬光滑。房前有广场，有立柱等设施[1]。这样的房屋是前所未见的，而庆阳南佐疙瘩发现了另一种形式的原始殿堂，规模更大。陕西高陵杨官寨在聚落旁的断崖边一字排开有 12 座窑洞式的小型房屋，旁边几乎都有陶窑，附近还有一个盛陶器的仓库或大型窖穴，里面存放了许多陶器，光是小口尖底瓶就有 18 件之多。这里应当是一处专门生产陶器的作坊遗址，说明当时已出现专门化的，而不是像以前那样与农业紧密结合的手工业生产。生产的专门化自然会提高劳动生产率，进而加速社会分工和社会分层化的进程。河南郑州西山虽然是一个不大的聚落，却出现了夯土筑成的城墙，可见当时对于防卫设施已十分关注。而郑州大河村遗址远比西山为大，出土遗迹遗物的档次也更高，显然也是一个中心聚落。

通观仰韶文化中晚期的情况，可以看出生产力稳步发展，实力有较大的提升，因而有能力对外扩张，成为一个强势的文化。从房屋建筑特别是墓葬的情况来看，比较强调军权和王权，讲求气派（如大型房屋和大型墓葬）却不尚浮华，即使最大的墓葬，随葬器物也不很多，缺乏高档的手工业品。也没有看到特别的宗教遗迹。晚期大量吸收周邻文化的积极因素并加以融合，让人看到一种比较务实进取的精神。

2. 山东地区的大汶口文化

这个文化分布于黄河下游的山东全境，南至江苏北部和安徽北部，西至河南东部。其中心即位于山东泰安大汶口遗址。该遗址面积约 80 万平方米，曾经发现有许多大型柱洞（表明有大型建筑遗迹）和同时期最大的陶窑。墓葬从早期（约公元前 3000 年前，相当于仰韶文化的中期阶段）起即可看出一定程度的分化。其中最大的 2005 号墓有两级二层台，随葬器物达 104 件，包括石器、陶器、骨器、象牙器等，还有若干猪下颌骨和一个牛头骨。小墓仅有几件普通器物，有的一件也没有[2]。到中晚期分化更加显著。晚期的大墓如 M10 有棺有椁，随葬玉钺、象牙梳、鼍鼓（只剩下蒙鼓的鳄鱼皮鳞板）以及大量精美的白陶、黑陶和彩陶器等，还有数目不等的猪头。这在同一时期的墓葬中是绝无仅有的。其余的墓葬显然级别较低，最低等的墓葬仅有人骨，没有任何随葬品。社会的等级分化十分明

---

〔1〕 甘肃省文物考古研究所：《秦安大地湾》，文物出版社，2006 年，413~428 页。
〔2〕 山东省文物考古研究所：《大汶口续集——大汶口遗址第二、三次发掘报告》，科学出版社，1997 年，106~141 页。

显[1]。这个文化的次中心聚落有曲阜西夏侯、邹县野店、五莲丹土村、诸城前寨、莒县陵阳河与大朱村等处。后三处在随葬的大陶尊上有刻划的原始文字。据说有的地方发现有城墙遗迹。大汶口文化也强调军事。作为专门性武器的石钺在早期即已出现，但数量不多，中晚期逐渐增加，在大墓中还有精致的玉钺。贵族垄断的高档手工业如玉器、象牙器、高档陶器等制造业甚为发达，社会分化也更为明显。大汶口文化也是一个强势文化，它同仰韶文化一起并立于黄河的中游和下游，相互之间有密切的关系。在大汶口文化早期受仰韶文化的影响较多，到晚期反过来大力向西扩张，其势力差不多到了河南省中部仰韶文化的核心地区。向南则到达江苏和安徽省的北部，并与南方的良渚文化发生激烈的冲突。这也是由于它的经济发展水平较高，因而实力较强的一种表现。

3. 燕辽地区的红山文化

这个文化主要分布于内蒙古东南部和辽宁省西部、南部及河北省的东北部。年代大体与仰韶文化相当，晚期发展为小河沿文化。早期的聚落同样没有明显的差异，到中晚期则为之一变，出现了整个文化的中心——辽宁凌源、建平两县交界处的牛河梁遗址群，在约 50 平方千米的范围内，分布有 40 多个遗址点。其中有"女神庙"、大小祭坛、广场（周边用石头砌筑的方形山台）和多处规模巨大的积石冢。女神庙中有彩绘壁画，有多个巨型似女性的泥塑残块。如果复原起来，小的如真人一般，大的超过真人一两倍！积石冢的规模极大，较早的为圆形，较晚的多为方形或长方形。每边长约 20 米，用石头砌边，逐级收缩成三级台阶。最外边砌的石头内侧摆放成列的彩陶筒形器，冢上覆土积石，正中安放一大型彩陶塔形器，十分壮观。每个积石冢有一座中心大墓，并随葬多件精美的玉器；同时有若干较小的陪葬墓，其中有些也随葬玉器，有的则一无所有，一个等级分化的社会明确地展现在眼前[2]。我们注意到在牛河梁附近并没有发现与之相称的大型聚落遗址，似乎还没有建立起一个强有力的政治中心。分散在牛河梁各个山梁上的众多积石冢当是不同地方的首领级人物及其亲属或近侍死后远道运送到这个神圣的地方来安葬的。女神庙、山台和特大型祭坛很明显是统一规划下建造的，也可能还有统一的大型宗教活动或祭祖仪式。这种有组织的宗教和祭祖活动，在

[1]　山东省文物管理处、济南市博物馆：《大汶口——新石器时代墓葬发掘报告》，文物出版社，1974 年，3~33 页。

[2]　辽宁省文物考古研究所：《牛河梁——红山文化遗址发掘报告（1980~2003 年度）》，文物出版社，2012 年。

进一步的发展中必然会导致统一的政治组织的形成。除牛河梁外，其他有积石冢的遗址还有多处，只是没有牛河梁那样的规模。例如在内蒙古敖汉旗草帽山就有几个积石冢排成一列，出土的石雕人头像头顶挽髻，面带微笑，艺术造诣与牛河梁泥塑人头像不相上下。这类有积石冢的地点当为红山文化的次中心所在。这些次中心跟牛河梁是什么关系，应该是值得深入研究的。

牛河梁积石冢中的随葬器物几乎全部是玉器，虽不丰富但规格甚高。其内容主要是宗教用品和装饰品，缺乏生产工具和武器。不过在墓葬中经常随葬一种有刃的"璧形器"，一般为圆角，方形、长方形或梯形，中间有大孔，三边有刃，背端钻一二小孔。有的学者认为它是玉钺或石钺衍生而来佩于萨满身上的神器。由此可以推知当时也许有实用的武器钺，只是至今还没有发现。

红山文化的经济虽然有较大的发展，但比起仰韶文化或大汶口文化等来说还是有较大的差距。从生产工具中还有较多的细石器来看，狩猎业显然还占有较大的比重。在众多红山文化的遗址中至今还没有发现一处大型的规格较高的聚落遗址，也与其经济形态的特点有关。在这种情况下却能调集大量的人力资源，在一个选定的地区营建宗庙、祭坛和巨大的贵族冢墓，所能凭借的似乎不是武力，而应当是强烈的宗教信仰和有效的组织能力。红山文化玉器中的猪龙或熊龙，形态非常特殊，可称为红山文化的标志物，论者多认为可能是红山人的图腾，表明红山文化的人民有着统一的宗教信仰。这种信仰一经同某种权力机构结合起来，就会产生巨大的力量。传统的氏族—部落是做不到这一点的，因此说红山文化时期已经产生某种"基于公社又高于公社的政治实体"（苏秉琦语）是合乎情理的。大概正是因为过分地使用了人力和物力而难以长期支撑，红山文化之后的小河沿文化时期很快就衰落了。红山文化虽然颇为发达，它对外面的影响却很有限，军事色彩也不明显。只有玉器对南部的山东地区有些影响，陶器反而受仰韶文化的强烈影响，到小河沿文化时期又受到仰韶文化和大汶口文化的双重影响。

4. 江浙地区的崧泽—良渚文化

崧泽文化和良渚文化主要分布在江苏南部和浙江北部，二者基本上是属于同一文化系统的前后两大阶段。崧泽文化的年代大体与大汶口文化早期相当或略晚，此时开始出现中心聚落。例如江苏张家港市东山村遗址，在已发掘的局部范围内，发现在居址东西各有一片墓地。东部20多座都是小墓，西部的10多座都是大墓，社会分化十分明显。在大墓中一般随葬石钺、石锛、玉璜、玉玦、玉环、玉珠和数十件陶器，普遍随葬石钺是其特点。与崧泽文化大体同时的安徽凌家滩文化的发展水平更高，社会分化更为明显。含山凌家滩墓地明显分为几个墓区，其中有大贵族墓区、玉石匠等手工业者墓区和穷人墓区等[1]。最高等级的墓为 07M23，其墓坑长 3.45、宽 2.1、深 0.3 米，规模并不算大，但随葬器物之多而精，则是前所未见的。其中仅玉器即达 200 件，加上石器和陶器等，总数达 330 件之多。其中有玉钺、大批石钺、石锛等武器和手工工具，特别值得注意的是有几件玉龟形器内放置玉签，墓上还有重达 88 千克的玉猪，说明墓主人在手工业生产、军事和宗教方面都有举足轻重的地位[2]。其他墓葬中出土的特殊玉器有玉人、玉猪翅鹰、玉龟及玉杖等。此墓地随葬玉钺和石钺特别多，仅 87M6 就有石钺 32 件之多。年代如此早的凌家滩社会发展到如此高度是很少见的。不过凌家滩文化之后的情况至今还不大清楚。至于玉器工业更为发达的良渚文化是直接继承崧泽文化而不是凌家滩文化，而崧泽文化的玉器工业远不如凌家滩文化。也许良渚文化玉器工业的高度发达与凌家滩玉文化和技术的转移有关。

　　从崧泽文化到良渚文化似乎有一个急速的发展，其标志可能是其政治中心的建立[3]。这个中心不在良渚文化分布区的中心位置而在偏于南边的杭州市西北郊。那里在马家浜文化和崧泽文化时期仅有个别小型遗址，到良渚文化早期就突然出现了多处遗址，其中就有贵族坟山和祭坛等。到中期更有巨大的发展，在 40 多平方千米的范围内逐步形成一个有一百多个遗址点的遗址群。这里的核心是一座 290 多万平方米的良渚古城。城墙的基部铺满石头，上面用经过选择的黄色黏土夯筑。城内的中心部位有一座 30 万平方米的长方形台城——莫角山，上面有 3 万多平方米的夯土基址，说明原先应该有宫殿之类的高等级建筑。如果是这样，这个台城便具有宫城的性质[4]。大城的周围还有不同等级的房屋基址，有制玉等手工作坊，有两处专门营建的祭坛和另外的贵族墓地。在良渚港还发现有大量木桩和跳板等可能是码头的设施。种种迹象表明，这是一处人口密集、设施齐全而且规格很高的都城级遗址群。紧靠莫角山宫城的西北不远处有最高等级的贵族甚至是王室的墓地——反山[5]。这个墓地原先是

　　〔1〕　严文明：《凌家滩——田野考古发掘报告之一》序，文物出版社，2006 年。

　　〔2〕　安徽省文物考古研究所：《安徽含山县凌家滩遗址第五次发掘的新发现》，《考古》2008 年第 3 期。

　　〔3〕　严文明：《良渚文化与中国文明的起源》，《文明的曙光——良渚文化文物精品集》，中国社会科学出版社，2005 年。

　　〔4〕　浙江省文物考古研究所：《杭州市余杭区良渚古城遗址 2006～2007 年的发掘》，《考古》2008 年第 7 期。

　　〔5〕　浙江省文物考古研究所：《反山》，文物出版社，2005 年。

在一块小高地上由人工堆筑起来的坟山，土方量将近 2 万立方米。在已发掘的十多座贵族墓中以 M12 最为显赫。它有漆棺，随葬品中仅玉器就有 647 件之多，其中有重达 6.5 千克的"琮王"。同时还有镶玉的漆盘和漆杯等品位极高的器物。在玉琮、玉钺、玉柱形器和玉权杖头上都雕刻有人形兽面纹的所谓神徽，也许就是良渚国王神化的形象。因此 M12 应该是一座王墓，而良渚古城即应是良渚古国的首都。

良渚文化本身可以分为几大区块，每个区块都有自己的中心。太湖以北的中心遗址有江阴高城墩和武进寺墩，东北区块的中心有苏州草鞋山和赵陵山，东部区块的中心有上海福泉山，东南区块的中心有桐乡普安桥等，南部区块的中心就是良渚古城。各个中心都有人工筑造的贵族坟山，随葬同良渚相似的玉器，特别是反映宗教信仰与仪式的琮、璧等法器和代表军事指挥权的玉钺等。

良渚文化的经济发展水平不但远远高于红山文化，而且是五大区块主体文化中最发达的。良渚文化的宗教色彩表现在具有自己独特的神徽和玉璧、玉琮等相当统一的宗教法器。一些祭坛最后又成为贵族墓地，表明宗教的权力掌握在贵族手里。良渚文化修城池、盖"宫庙"、筑祭坛、造坟山，土木工程之巨远远超过红山文化和同时期的任何文化，必然要消耗巨大的人力物力。良渚文化的玉器数量之多和工艺水平之高也远远超过同时期的任何文化，同时还有漆器、象牙器、丝绸和精美陶器等高档手工业，全部都是为贵族所享用的，对于发展经济并无直接的好处，但其精湛无比的手工技术和独具匠心的造型艺术却处处闪耀着早期文明的光辉。良渚文化的墓葬几乎都随葬石钺，贵族则随葬玉钺，差不多是全民武装。到晚期更是大力向外扩张，北到江苏北界，西到安徽、江西，南到浙江南部，至于影响所及的范围就大得多。有一个例子可以很好地说明良渚文化的扩张情况：江苏新沂花厅村本是大汶口文化分布范围，这里早期墓葬全部属于大汶口文化，晚期出现了大墓，且与早期墓地明显隔开。其中除随葬有部分大汶口文化的器物外，还有良渚文化的玉器和部分陶器。特别值得注意的是在这些墓中有不少殉人，主要是儿童和个别妇女，把他们同猪狗放在一起。在其他地方的大汶口文化的大墓中从来没有发现这种情况。这说明是良渚文化的战士侵占了大汶口文化的领地，后者的男子或战死或逃亡。而良渚文化的战死者则像英雄一样给予厚葬，并且把大汶口文化居民中逃不掉的孩子和个别妇女同猪狗一起殉葬[1]。这种情况在当时应该不是个别的例子。不过尽管良渚文化实力强大，毕竟经不起这样的消耗，最终也只能像红山文化一样快速衰落。

---

　〔1〕 严文明：《碰撞与征服》，《史前考古论集》，科学出版社，1998 年。

5. 湘鄂地区的屈家岭—石家河文化

屈家岭—石家河文化的年代大致相当于仰韶文化的晚期，与良渚文化的年代相若。早在其前的大溪文化时期就出现了一些规模较大的遗址如湖北枝江关庙山，有些地方更建造了夯土城墙，如湖北江陵阴湘城和湖南澧县城头山等[1]。到屈家岭文化时期便出现了许多城址，大都分布于湖北的江汉平原和湖南洞庭湖西北平原上，其中以湖北天门石家河古城为最大。这个城始建于屈家岭文化时期，持续使用到石家河文化时期。全城大约有 120 万平方米，城垣基底宽约 50 米，残高约 5 米，护城壕宽约 60~70 米，工程巨大。城内有中心居住区、宗教活动区和墓地等[2]。屈家岭文化时期在宗教活动区发现有祭坛和象征陶祖的巨大"筒形器"，石家河文化时期则有数以百计的大陶尊相互套接，有的陶尊上有刻划的原始文字，器物造型和刻划方式都跟大汶口文化的陶尊十分相似，只是"文字"不同。更有进者，在这些大陶尊附近还发现有数以千计的人形和各种动物形陶偶，人偶跪坐抱鱼做祈祷状，显然也是进行宗教法事活动的遗留[3]。可见这座古城既是政治中心，也是重要的宗教中心，犹如良渚古城一样，只是规模略小而已。这个文化的经济也比较发达，同样也很重视武装，墓葬中多随葬石钺。有一个陶罐上还刻划一位军事首领高举石钺或玉钺进行指挥的形象[4]。这个文化凭借自己的实力，曾经一度扩张到河南南部，但是后来也忽然衰败了。究其原因可能与历史传说中尧舜禹时期大规模征讨三苗的事迹有关。这个文化修建的上城比同时期任何文化都多，明显是为了防卫的需要。而且在石家河文化之后的所谓后石家河文化中大量出现中原龙山文化的因素也反映了这一事实。

除了五大区块的主体文化以外，安徽的凌家滩—薛家岗文化、江西的樊城堆文化、广东北部的石峡文化和甘肃、青海的马家窑文化等也都达到了较高的发展水平。不过相对而言，五大区块的主体文化的发展势头是最强的，而且大约在公元前 3500 年都十分明确地走上了文明化的道路。只是文明化的具体进程和表现形式不大相同，对相邻文化影响的程度也不相同。

比较起来，红山文化和良渚文化的宗教色彩是最浓的，其次是屈家岭—石家

〔1〕　湖南省文物考古研究所：《澧县城头山》，文物出版社，2007 年。

〔2〕　石家河考古队：《石家河遗址群调查报告》，《南方民族考古》（第五辑），四川科学技术出版社，1992 年。

〔3〕　石家河考古队：《邓家湾》，文物出版社，2003 年。

〔4〕　石家河考古队：《肖家屋脊》，文物出版社，1999 年，161 页，图一二七。

河文化。红山文化和良渚文化发展得十分快速，在达到顶峰以后衰落得也很快。真是其兴也骤，其衰也忽。共同的原因是过分地消耗了人力物力。石家河文化的衰落则另有原因。仰韶文化和大汶口文化的宗教色彩比较淡薄，也没有那么多巨大的工程。而且文化中心与次中心的差距并不十分突出，说明各地的发展比较平衡，整个文化的发展也比较平稳。但二者之间也有差异，这里显然存在着几种不同的发展模式，其结果就很不相同。

6. 龙山时代的大变动

到铜石并用时代晚期的龙山时代，即从约公元前 2500 年到前 2000 年，继续顺利发展的事实上只有继承仰韶文化的中原龙山文化和继承大汶口文化的山东龙山文化了，二者都在黄河流域。长江中下游和燕辽地区的文明化进程暂时转入低谷，这一具有历史意义的转变，对于往后中国历史的发展具有十分深远的影响。有趣的是原来悄无声息的成都平原就在这时反而冒出了一个水平不太低的宝墩文化，它有以新津宝墩为中心的一系列城址，并且是后来更高发展水平的三星堆文化的主要源头[1]。不过由于交通不便，它同其他主要文化区的联系十分有限，对当时中国主体文化的影响也小。

中原龙山文化本身是一个复合体，它包括了河南中西部的王湾三期文化或王湾文化、河南北部和河北中南部的后冈二期文化、山西的陶寺文化和陕西的客省庄二期文化或客省庄文化等一系列亚文化。其中首先发展起来的是位于山西南部的陶寺文化，那里发现有几个大型遗址，最大的就是襄汾的陶寺。陶寺遗址的早期就已建立夯土城墙，到中期修建的大城面积已达 280 万平方米以上[2]。城内有面积达 1 万平方米的夯土基址，夯层中有多处奠基的人骨。基址上有大型柱网结构。从毁弃的建筑残迹中，发现墙壁上抹白灰并有彩画，说明此建筑的规格不同一般，应该是属于宫殿级别一类的[3]。陶寺的墓地规模极大，据估计有上万座墓葬，并且分为几个墓区。说明城内居住有不同身份的大量人口。在已发掘的一千多座墓葬中，主要属于早期。随葬 100 件器物以上的大墓不到 1%，随葬少量器物的中等墓约占 10%，而将近 90% 的小墓则没有任何随葬品。大墓中的随葬品

〔1〕 江章华、王毅、张擎：《成都平原早期城址及其考古学文化初论》，《苏秉琦与当代中国考古学》，科学出版社，2001 年。

〔2〕 中国社会科学院考古研究所山西队、山西省考古研究所、临汾市文物局：《山西襄汾陶寺城址 2002 年发掘报告》，《考古学报》2005 年第 3 期。

〔3〕 中国社会科学院考古研究所山西队、山西省考古研究所、临汾市文物局：《山西襄汾县陶寺城址发现陶寺文化中期大型夯土建筑基址》，《考古》2008 年第 3 期。

不但数量多，而且规格高，有不少是表现权力和身份的，如玉钺、鼍鼓、特磬和龙纹盘等。到中期的贵族墓规模更大，其中的 M22 长 5、宽 3.65、深约 7 米，总容积达 130 立方米以上。墓中木棺系用巨大的整木挖凿而成，长 2.7、宽 1.2 米，厚仅 3 厘米，里外均涂红彩。棺内置尸床，墓主人即置尸床之上。墓内随葬品有漆柄玉钺、玉戚、玉璧、玉璜、木弓 2 张、骨镞 8 组、多格木盒、厨刀、木案板、猪肉、带漆木架的彩绘陶盆、绿松石和子安贝等，还有全都劈成两半的 10 头猪。该墓四周近底部有 11 个放置随葬器物的壁龛，其中有装漆觚的彩画漆箱、彩绘陶簋、陶罐和彩色草编篮筐等〔1〕。如此豪华又气派的埋葬，在同时期的墓葬中是前所未有的。山西芮城清凉寺与陶寺同一时期的墓葬中还有不少殉人的现象，它反映出当时已经出现了初步的阶级分化，形成了金字塔式的社会结构，少数人占有大量的社会财富，并掌握着最高的统治权力，明显具备了国家的基本特征。有的学者认为陶寺为尧都平阳的遗址，可备一说。

中原龙山文化的后期，社会发展的重心已经转移到河南西部的王湾文化。那里发现有登封王城岗、新密新砦和密县古城寨等一系列城址。古城寨的城墙至今还高达 15 米，夯筑技术有明显的进步。而王湾文化的进一步发展，经过新砦期之后便是二里头文化，成为夏文化构成的主体部分。

这个时期在山东的龙山文化也有较大的发展，出现了章丘城子崖、邹平丁公、临淄桐林、寿光边线王、阳谷景阳冈、五莲丹土村和日照两城镇等许多城址。其中较大的城子崖和桐林两处城址均仅 20 万平方米〔2〕，远比良渚或陶寺的城址为小。不过临朐西朱封和泗水尹家城都发现有一棺二椁的大墓〔3〕，开启了往后贵族多重棺椁埋葬制度的先河。说明这时社会的分层又进了一步，在贵族中也已经有明确的等级划分了。边线王的城墙基槽中有多处用人或猪狗奠基的情况。山东龙山文化的陶器制作技术水平是最高的，绝大部分陶器是直接由快轮拉坯成型的。其中尤以薄如蛋壳、漆黑发亮、造型优美的黑陶杯最为上乘。有些大墓中出土的玉器也极为精美。正因为山东龙山文化的发展水平较高，所以在夏代早期才有可能发生后羿代夏的重大政治事件。而这在考古遗存中也多有形迹可寻。

---

〔1〕　中国社会科学院考古研究所山西队、山西省考古研究所、临汾市文物局：《陶寺城址发现陶寺文化中期墓葬》，《考古》2003 年第 9 期。

〔2〕　山东省文物考古研究所：《山东 20 世纪的考古发现和研究》，科学出版社，2005 年，231～236 页。

〔3〕　中国社会科学院考古研究所山东工作队：《山东临朐朱封龙山文化墓葬》，《考古》1990 年第 7 期；山东大学历史系考古专业教研室：《泗水尹家城》，文物出版社，1990 年，44～46 页。

7. 古国或是邦国？

综上所述，在公元前 3000 年前后，黄河中下游和长江中下游以及燕辽地区都已经步入文明化的轨道，出现了许多象征都城的大型聚落或城址。古代城就是国，城里人叫国人，广大的乡村叫野或鄙。所以大量城址的出现，就意味着小国林立局面的形成。这些小国的统治者往往握有政权、军权、财权和神权，这只要看看那些最高等级的墓葬的随葬品就明白了。但各地的文明化进程不同，发展模式不同，最后的结果也颇不相同。各国在相互的斗争和交往中，有的兴盛了一段时期就衰落了，有的只是昙花一现，有的被征服或被兼并了，有的则不断发展壮大，社会也更加复杂化，从而为下一阶段世袭王朝的建立做好了充分的准备。古史传说中常常提到古有万国或万邦，研究古史传说的学者则把它们区分为不同的民族或集团。例如蒙文通在《古史甄微》中曾将其区分为河洛民族、海岱民族和江汉民族〔1〕。徐旭生的划分与其相仿，只是改称为华夏集团、东夷集团和苗蛮集团〔2〕。这跟几个进入文明化时期的主体文化的分布范围十分接近。至于长江下游、燕辽地区和四川盆地文明化过程的发生虽略有先后，但并不很晚，而相关的传说不多，则可能与这些地方完全华夏化的时间较晚，又不处在华夏化的中心或主体的地理位置有关。

有些古史传说跟考古发现的情况大致相合，例如《史记·封禅书》说"黄帝时为五城十二楼"，《世本·作篇》则说是鲧作城，在考古发现中正是在这时出现了很多城址；《越绝书·宝剑篇》说"轩辕、神农、赫胥之时以石为兵……黄帝之时以玉为兵"，考古发现最早的贵族墓葬，如在仰韶文化的西坡遗址、崧泽文化时期的凌家滩遗址和东山村遗址中所见的那样，都是以玉钺随葬的，在此以前从来没有这种情况。传说黄帝战炎帝、战蚩尤，尧舜禹征三苗等等，可以说是战争不断，也与这时普遍发现专门性武器石钺和玉钺以及许多战争的遗迹大致相符。传说黄帝设左右大监等官职，尧舜时官职更加复杂，还有各种刑法等等，表明这时已经出现了初级形态的国家政权，这跟考古发现的情况也是基本相符的。由此说明许多古史传说的资料确实包含有真实历史的素地，不能一概抹杀，而要参照考古资料去重新整理。但传说毕竟不是信史，其中往往掺进了许多后人的揣测或误传，矛盾百出，莫衷一是，不可能拿考古资料去一一对号，这个道理应该是很明白的。

〔1〕　蒙文通：《古史甄微》，商务印书馆，1933 年。
〔2〕　徐旭生：《中国古史的传说时代》，科学出版社，1960 年。

我们现在看到的早期文明古国的资料可能还不够完整，它本身也还不够成熟，毕竟跟以前以血缘纽带为基础的氏族社会有本质上的区别。有人称这个时期的社会为酋邦，但什么是酋邦，各人的解读并不一致。有人参照欧洲早期的政治组织称为城邦更不合适，因为中国早期的国和野或都和鄙是联系在一起而不可分的，不存在典型的城邦国家。我国先秦古籍多将黄帝以下至夏代以前的社会称为万国或万邦，邦是有封疆的国，国是有都城的邦。所以有的学者就把那个阶段称为邦国时期，以与后来以世袭王朝为特征的王国时期相区别，不啻一个较好的办法。不过商周及其以后的国家也可以称为邦或国或邦国，所以一些学者又倾向于称为古国。或者用一种比较模糊的说法，叫作早期国家也未尝不可。而更为关键的问题是这个时期的国家的实质内容到底有哪些，能不能明确地概括出几条特点。这既要做大量的实际工作，又要有更加深入的理论思考。

六　今后的任务

早期中国历史的重建是一项十分艰巨的工作，通过几代人近百年的不懈努力，至今总算取得了重要的阶段性成果。

如前所述，早期中国文明最初是在黄河流域、长江流域和辽河西南部这一广大地区发生的。由于各地的自然环境和文化传统不同，早期文明发展的模式也不相同，其中有许多跌宕起伏。尽管如此，各早期文明之间仍然有许多因素的交流、渗透与碰撞，很多情况是你中有我、我中有你。如果从更高的层次来看，实际上还是一个相互联系的整体，其中心位置在中原地区，从而为往后发展为多元一统的中华文明奠定了初步的基础。我们把这个时期称为古国或邦国时期。这个时期开始的具体年代各地略有先后。黄河中下游和长江中下游大致在公元前 3000 年或略早一点，燕辽地区可能要晚二三百年，其他地区更晚一些。这种文化发展不平衡的状态正是中华文明发展的一个重要特点。

由于各种内部和外部的原因，从古国或邦国后期开始出现了具有历史意义的转变，黄河流域的力量逐步加强，并且进一步集中到中原地区，从而产生了中国历史上的第一个世袭王朝——夏。夏朝的实际统治地区不大，却占据了古代称为中国或天下之中的核心地区，经济发展快速而平稳。其文化具有很强的包容性，善于吸收周围地区的优秀成果；同时又有很强的辐射能力，使得周围地区往后逐渐华夏化。这与中原地区文化本身不尚浮华而重实际，强调王权而不过分渲染宗教的神力，在文化方面比较开放而不故步自封的传统有关。

早期中国发展到商代早期，它所代表的华夏文明已经十分强大，并给予周邻的文化以巨大的影响。四川的三星堆文化、湖北的荆南寺文化、湖南黄材的青铜器、江西的吴城文化和大洋洲青铜器、辽宁喀左的青铜器和内蒙古鄂尔多斯青铜器等，都是在商文化影响下发展起来并具有自身特色的青铜文化。这些文化又对更外围的文化以积极的影响，形成一个以华夏为主体的多元一体的中华古文明体系，这个体系具有很强的凝聚力和内部活力，深深地影响到往后中国历史的发展。

我们现在所了解的早期中国的状况大致如此。这还只是一个粗线条的，还有许多问题没有解决，需要做出长期不懈的努力。

商代的历史因为有甲骨文和包括几个都城级遗址的大量考古发现，已经是比较清楚的了。但甲骨文只见于商代晚期，而且已经是比较成熟的文字，所以许多学者推测商代早期乃至夏代都应该有了文字和官方的文献，今后在都城级遗址的考古发掘中应该特别留意。史载商人曾经多次迁都，有所谓前八后五的说法。现在发现的都城级遗址还凑不够这个数目。郑州商城和偃师商城到底是什么关系？总不能两个都是成汤的亳都吧。郑州商城嚣都说到底有没有一点道理，洹北商城又是何王所建，这些都还存在不同的看法。再说这几个都城级遗址近旁至今还没有发现王陵级的大墓，势必影响对当时社会结构和发展水平的估计。至于商代各方国的情况就更不清楚了，大量乡村遗址几乎没有一个是经过全面发掘的，对基层社会的了解就十分有限。

（原载《中华文明的始原》，文物出版社，2011年）

追寻中国文化的根

上海学林出版社的雷群明先生先后约了石兴邦先生、张忠培先生和我，要我们主编一部中国原始文化的大型图书，作为中国文化系列丛书的第一册。要求是要体现考古发现和研究的最新成果，图文并茂，特别是要有几百幅质量上乘的彩色图版。我们知道这件事做起来很难，首先弄那么多彩色照片就非常不容易。不过就这件事本身来说还是很有意义的，出版社雷先生的热情也很使我们感动，思虑再三，还是乐意地接受了。我们随即约请了几位对中国原始文化颇有研究的学者一起商量，并且进行了初步的分工。大家积极努力，仍然几经周折，花费了许多时间，现在终于完成，可以付梓了。我们所做的事情可以归结为一句话，就是追寻中国文化的根！

世人都知道中国历史上有过非常灿烂的文化，中国人的祖先对人类文化宝库做出过许多杰出的贡献。至于中国文化是怎样起源的，则是要花大力气进行探索才能说清楚的。从 20 世纪初期开始，主要是由于考古学家们孜孜不倦地努力，对中国文化的孕育和早期发展，至今方才有了一个基本的认识。我们现在知道，中国文化乃生活在中国这块土地上的人们不断地认识和利用周围的环境，在不断地解决人地关系和人与人之间关系的过程中发展起来的。中国自然地理的基本情况及其对文化发展的影响主要表现在以下四个方面：一是幅员辽阔，有 960 万平方千米，周围有高山大海的屏障，自成一个独立的地理单元，这使得中国文化只能从本土起源，并且能够成长为一种极富特色的大型文化。二是地势西高东低，有三级阶梯，最好的地方在东部的一级阶梯。东部和南部有 18000 多千米的海岸线和广阔的海疆，有台湾岛、海南岛、舟山群岛、西沙、东沙、中沙和南沙群岛等岛屿，所以中国不但是大陆国家，也是面向海洋的国家，中国文化自然是既有大陆性特点，又具有海洋性特点。三是地形复杂，各地气候、水文、土壤、植被和动物群落等千差万别，而条件最优越的地方在中部偏东的黄河流域和长江流域，这就使得中国文化一开始不可能是统一的，而是多头发展，异彩纷呈。同时又是有主体的，有强大凝聚力的，以至逐步发展为多元一体和多元一统的格局，它是使中国文化得以连续发展而长久不衰的重要原因，也是使得中国最终形成以汉族为主体，结合几十个少数民族的多民族统一国家的重要原因。四是中国国境附近在古代没有强势文化，不可能对中国文化的发展造成重大影响。中外文化的交流主要是通过三个方向的三条路线来实现的，第一条是东北方向经朝鲜到日本的所谓稻米之路，第二条是西北方向从新疆到中亚以至西亚的丝绸之路，第三条是南方通过中南半岛、南洋群岛直到西亚、北非的所谓海上丝绸与香料之路。这些路线是逐步开发的，在史前时期的交流十分有限。即使在开发以后，相互的交流也是有起有伏，逐渐增加的。由于中国古代文化是一个大型的强势文化，所以一直是文化交流的主体，外来文化固然对中国文化有过多方面的影响，却从来没有从根本上改变中国文化的特色和发展方向。

中国文化的根到底可以追溯到多么古远，这是一个很难用几句话说清楚的问题。我们只能说，至少在200万年以前就已经有人类生活在神州大地上了，他们应该是中国人的祖先，也可能是其他地方的人特别是东亚和美洲人的祖先。200万年距离人类诞生的年代已经非常逼近了，所以中国是不是人类起源的摇篮之一，成了学术界非常关注的问题。从那以后，以中国为主体的整个东亚地区，就发展了一种以砍砸器和石片石器为特征的旧石器文化，明显区别于西亚、北非和欧洲的旧石器文化。

中国的旧石器文化大致可以区分为早中晚三期，每期又都可以分为北部和南部两大地区，南北的文化面貌有所不同。甚至北部地区的北半部与南半部以及南部地区的华中、华南与西南也存在一些区别，从而构成了中国旧石器文化的基本发展谱系。

中国新石器时代文化是在旧石器时代晚期文化的基础上发展起来的，其间是不是还有一个过渡时期，学术界还存在着不同的看法，这里暂时不去讨论。由于旧石器文化已然出现区域化的情况，所以新石器时代文化一开始就是多源的，而不是从一个地方首先发生的。新石器时代最大的成就是农业的发明。由于农业经济对于自然环境的要求较之采集—狩猎经济更为严格，有的地方可以发展水田农业，有的地方只能发展旱地农业，有的地方暂时还难以发展农业而仍然实行采集—狩猎经济，从而逐步形成为不同的经济文化区，这也是新石器时代文化呈现多元化倾向的一个重要原因。所以，在新石器时代考古学研究中，区域性文化及其相互关系的研究占了很重要的位置。尽管如此，中国新石器时代文化毕竟还有大致相同的发展规律，从而可以统一地划分为几个连续的发展阶段。

大致说来，新石器时代早期是发明农业、陶器和磨制石器的时期。这些部门虽然在技术上还很落后，在整个经济生活中的比重不大，但是它们的出现是划时代的大事。特别是农业的发明，是人类经历的最重大的革命之一，以至于大大改变了往后历史的面貌。不过中国新石器时代早期文化遗存的发现还不大普遍，对于它的全貌还不大清楚，甚至它的起始年代都不容易确定，这是以后要加强调查和研究的重要课题。

新石器时代中期无论在农业、陶器和磨制石器等方面都有显著的发展，已经可以明确地划分为几个经济文化区。华北是旱地农业经济文化区，华中是水田农业经济文化区，东北是旱地农业和狩猎经济文化区，华南是水田农业和采集经济文化区，广大的西北和青藏高原人口稀少，可能是狩猎、采集也不很发达的经济文化区。每个经济文化区都有一些区域性考古学文化，例如华北区有磁山·裴李岗文化、后李文化和老官台文化等，华中区有彭头山文化和城背溪文化等，其年代大致在公元前 7000~前 5000 年，有的地方的起始年代可能稍晚。

新石器时代晚期是一个经济文化大发展的时期，聚落遗址的数目成倍增加，反映人口大幅度增长。区域性的考古学文化进一步发展，其中最著名的有华北的仰韶文化和大汶口文化，华中的大溪文化、马家浜文化和崧泽文化等，年代大约为公元前 5000~前 3000 年。由于文化发展的不平衡，有些地方的年代稍有出入。

大约从公元前 3000 年甚或从公元前 3500 年开始进入铜石并用时代，到公元前 2000 年基本结束，它是从新石器时代到青铜时代之间的一个过渡时代。这时期发明了铜器，主要是制作小件的工具、用具和装饰品。铜器的质地不纯，还不会有意识地冶炼青铜器，也不会制作大型器具。这时农业和手工业都有较大的发展，社会开始分化为贵族和平民两大阶层，这从墓葬的规模和随葬品的情况可以看得非常清楚。新发展的高档手工业品差不多都为贵族所有。这时武器有很大改进，到处都发现有尸骨凌乱的所谓乱葬坑，说明战争已经成为严重的社会问题。为了防止敌人的进攻，在一些最重要的地方筑起了城壕，中国最早的一批城址就是在这个时候出现的。这时整个社会都在酝酿着深刻的变化，预示着一个崭新的文明社会即将来临。正是在这原始社会行将走完它的最后历程的时期，原始文化也发展到了它的顶峰。中国文化的许多光辉成就，其根基都可以追溯到这个时期，有的还可以追溯到更古时期。下面我想举几个例子来加以说明。

先说农业。人们常说中国是以农立国，这话并不是没有一定道理。因为中国农业有悠久的历史，有许多重要的成就，从而支持了中国古代文明大厦的建立与发展。但中国农业究竟是什么时候发生和怎样发生的，一般人并不清楚。近年来的考古研究表明，中国的农业至少可以追溯到公元前 1 万年以前，并且有两个起源中心。华中的长江流域是稻作农业的起源中心，华北的黄河流域是粟作农业的起源中心。以后在这两个起源中心的基础上发展成两个相辅相成的农业体系，这在世界上是独一无二的。我国的农业从一开始就是有畜农业，就是与作物的种植相伴还有家畜的饲养，而首先被饲养的主要家畜是猪。直到现在，中国人最爱吃的还是猪肉。

与农业有密切关系的是纺织。我国最早用于纺织的纤维是麻，第二种就是蚕丝。传说黄帝的妻子嫘祖劝民养蚕，现在知道至少在公元前4000年的仰韶文化中期便已经有丝织物了，到公元前3000年左右的良渚文化遗存中更发现有织得很好的丝绸。从此以后，丝绸成为中国人的上好衣料，并且通过漫长的丝绸之路传到西方。人们对丝绸钟爱有加，以至于把中国称为丝国。

中国的陶瓷也是世界驰名的，英文的瓷器和中国是同一个字。现在知道我国至少在公元前1万年以前就已经发明陶器了。各地陶器的品种、造型和纹饰风格可说是千差万别，丰富多彩。仰韶文化时期的彩陶和龙山文化时期的黑陶都达到了很高的工艺水平。在公元前2000多年的中原龙山文化遗存中甚至出现了个别的原始青瓷，可说是我国瓷器的鼻祖。

中国的房屋建筑在世界上别具一格，其中有不少特点可以一直追溯到史前时期。例如在布局上讲究中轴对称、前堂后室，在结构上常用柱网和梁架，大量使用木材等，在新石器时代都已初露端倪。至于房屋建筑在与环境的适应与协调方面更是有许多方面的创造，例如北方气候寒冷干燥，居室往往作成地穴或半地穴式；南方炎热潮湿，所以往往先打地桩，在上面铺设地板，再来架设梁柱和屋顶，这就是所谓干栏式建筑，至今在华南和云南等地还能够经常见到。在黄土地带挖掘窑洞更是利用黄土特性的一种巧妙的创造，因为它几乎不需要别的建筑材料，主要靠人工挖掘，冬暖夏凉，四时相宜。早在龙山文化时期，这种窑洞式房屋就已经广泛分布于内蒙古、山西、陕西和甘肃的黄土高原地区，直到现在这些地方的民居还常常采用窑洞的形式。

丧葬制度也往往能够反映一个民族的文化特点。我国多数民族实行土葬和厚葬，把许多好东西都埋到地下了。不过这也有助于考古学者了解历代的埋葬习俗和丧葬制度。在新石器时代，我国各地的埋葬习俗虽然有很大的不同，但也存在着相似的发展规律。一般都有较大的公共墓地，墓葬按一定秩序排列，它是后来族坟墓制度的始原。较早的墓葬都比较小，随葬的东西也少，反映那时的生活水平不高，人与人之间的关系基本上是平等的。后来出现了少数贵族的大墓，与多数平民的小墓形成鲜明的对比。而贵族墓又有明显的等级之别，一些墓中开始随葬礼器，成为后来丧葬礼制的嚆矢。

在原始文化中，造型艺术是一项重要内容，其中主要是绘画和雕塑两类。在欧洲，早在旧石器时代晚期的一些洞穴中就出现了很好的壁画。我国至今没有发现，只是在各地发现了许多岩画，其年代最早恐怕也只能到新石器时代。所谓岩画有的是用颜色画的，多数则是琢刻而成，应当属于雕刻的范畴。我国史前的绘画大多数发现在陶器上，那种陶器因而得名为彩陶和彩绘陶。花纹的内容多半是几何形图案，也有人物、动植物和日月星辰等，除单个图像外，偶尔也有成组的图画。有单色也有多色的，画法上有勾勒、平涂，也有点染。屈家岭文化中那种用浓淡不同的墨色晕染再点上浓墨的画法，很有点后世国画的风韵。史前的雕刻品较绘画更为普遍，所用材料有玉、石、骨、牙、蚌、木、陶等多种，技法有线雕、浮雕和圆雕等。此外还有泥塑，有的泥塑被烧成陶质。雕塑的题材十分广泛，举凡人物、动物、植物、神怪、天象和各色各样的图案花纹都有。良渚文化玉器上刻的神人兽面纹，精细程度已接近于微雕。辽宁凌源、建平两县交界处的牛河梁的泥塑女神像不但造型逼真，而且个体比真人还大，实为史前雕塑的巨擘。

玉器在中国古代文化中占有特殊的位置。现在知道早在新石器时代中期就已经有玉玦等装饰品，但数量很少。新石器时代晚期略有发展。到铜石并用时代，随着贵族阶层的出现，玉器的制作便得到极大的发展，玉器加工技术更是达到了登峰造极的地步，其中除各种装饰品和镶嵌物品外，最重要的是象征军事指挥权的玉钺和用以沟通天地神明的法器玉琮和玉璧等，它们还往往用作表示身份的礼器。

最后我想讲一下中国文字的始原。因为文字是文明的象征，在文化史上的地位是不待言的。汉字的构成虽然有六书之说，但主要是指事和象形两种，其他各种都是由这两种拼凑或孳乳而成的。现在发现最早的文字是商代的甲骨文，那是一种很成熟的文字，明显不像最初文字的样子，可见汉字的起源还可以追溯到更早的时期。考古学者在新石器时代中期就发现有个别的刻划符号，到新石器时代晚期数目显著增加，并且可以分为几个不同的系统，其中几乎没有象形的。到铜石并用时代除有某些可以归入指事一类的符号外，还出现了不少象形的符号，它们也有几个不同的系统。由于它们主要是刻划在陶器上，除极个别有几个符号联系在一起外，绝大多数都是以单个符号出现的，所以无法识别。其中有一些符号明显与商代的甲骨文和金文相同或相似，我们虽然不能因为它们相同或相似就认为它们是某某字，但如果说后来的汉字就是在这些符号的基础上创造发展出来的，应该是没有问题的。由于汉字走上了以形声字为主体的道路，形、音、义有机地结合在一起，很适于汉语的特点，各种方言都可以读，所以一直沿用至今。中国几千年光辉灿烂的文化，是与汉字的发展紧密地联系在一起的。

以上所举各项，既包括物质文化也包括精神文化，其始原都可以追溯到有文字记载以前的时期，可见中国文化源远流长，她的根基深植于遥远的史前时期。

因此我们编写《原始文化》这部书的目的，就是要追寻中国文化的根。中国的原始文化是十分丰富的，而且随着考古学的不断发展，我们对于中国原始文化的了解会越来越深，越来越丰富多彩。在这部书有限的篇幅中，事实上难以全面地反映它的方方面面及其发展过程。我们经过认真地讨论，决定选择一些最主要而且是目前研究比较好的方面编成本书，希望她能够基本上反映当前的研究水平，并且尽可能提供读者感兴趣的一些有用的知识。我们深知要达到这个目的并不容易，如果有选材或论述不恰当的地方，诚恳地欢迎读者批评指正。

（原是为上海学林出版社拟出版的《原始文化》所写的序言，未出版。原载《中华文明的始原》，文物出版社，2011 年）

中国古代文化三系统说

中国古代文化究竟是一个系统还是几个系统，是一元还是多元，长期存在着不同的看法。在考古学界，似乎一开始就是二元或多元发展论占据优势。例如中国考古学的先驱、著名后冈三叠层的发现者梁思永先生 1935 年 1 月发表的《小屯龙山与仰韶》一文中，就明确指出仰韶文化、龙山文化和以小屯为代表的殷文化不单是先后关系，而是各有其起源和发展序列的。这大概是考古界最早提出的三系统说〔1〕。最早担任中国考古机构领导者的李济先生也有同样的看法。他在 1953 年第八届太平洋学术会议上宣读的论文中指出："彩陶民族首先在西北与蒙古交界沿线地方发展其文化，这种文化可能为夏朝所继承而后再予发扬。第二个文化地区位于东部沿海一带，以黑陶民族为代表，亦即历史上的东夷。但是无论是历史方法或是考古学的方法，都不能证实商朝的祖先具有上述的两种传统。"他认为商文化的传统应该源自当时还没有发现的"原商文化"〔2〕。这种认识，是与当时历史学界江汉、河洛、海岱三民族说〔3〕，或华夏、东夷、苗蛮三集团说〔4〕和夷夏东西说〔5〕相呼应的。到 20 世纪 50~60 年代，以中原为中心的一元论似乎颇为流行，不过随着田野考古工作的进一步开展，中国史前文化的区域性特征越来越明显地表现出来，一元论难以做出合理的解释。夏鼐先生在其《碳-14 测定年代和中国史前考古学》一文中指出，长江流域和东南沿海的史前文

〔1〕 梁思永：《小屯龙山与仰韶》，《庆祝蔡元培先生六十五岁论文集》，中央研究院历史语言研究所集刊外编第一种，1935 年。

〔2〕 Li Chi, 1955. *Diverse Background of the Decorative Art of the Shang Dynasty*. 第八届太平洋学术会议记录，菲律宾奎松市。

〔3〕 蒙文通：《古史甄微》，商务印书馆，1933 年。

〔4〕 徐旭生：《中国古史的传说时代》，科学出版社，1960 年。

〔5〕 傅斯年：《夷夏东西说》，《庆祝蔡元培先生六十五岁论文集》，中央研究院历史语言研究所集刊外编第一种，1935 年。

化与黄河流域史前文化的类型不同，并且有不同的来源和发展过程[1]。再次确认中国史前文化是多元的。苏秉琦先生不但把中国古代文化划分为六大区域十大区，而且力图在理论上加以说明，首次提出了划分文化区系类型的理论[2]，此后多元论差不多已成了大家的共识。不过在主张多元论的学者中，实际上存在着两种不同的认识。一种是区块式或散点式的，各文化系统相互并列与相对独立，彼此虽有各种各样的联系，但在整个中国古代文化中的地位和作用上不分伯仲。另一种是有机结构式的，各文化系统既是相对独立的，又是有机地结合在一起的。在这个有机整体中，各文化系统的地位和作用是不尽相同的，好像一个重瓣花朵，有的文化系统处在花心的位置，有的好像是里圈的花瓣，有的则好像外圈的花瓣。是一个有核心、有主体、有不同层次、不同文化结合成的整体。这就是我过去曾经提出来的重瓣花理论或多元一体说[3]。此后不久，费孝通先生从中华民族发展史的角度也提出了多元一体格局的学说[4]，得到学术界普遍的响应。不过中国古代文化究竟应该划分为几大系统，各人的看法并不一致，而且同一作者从不同的角度也可以有不同的划分方法。我个人认为，从考古学文化的主要成分来进行分析，似乎划分为三元或三个大的文化系统更能反映历史的实际。这就是（1）以中原为核心的华北系统。这里最早产生陶鬲，在龙山时代和夏商周三代，鬲都是最具有代表性的一种器物，所以也可以称为鬲文化系统；（2）以长江中下游为主体，包括淮河流域、山东及东南沿海地区的东南系统。这里最早发明陶釜，而后又最早发明陶鼎并长期广泛使用这种器物，所以可称为鼎文化系统；（3）以辽河流域为中心，包括整个东北、内蒙古东部和河北东北部的东北系统。这里在史前时代一直以直筒形平底罐作为炊器和主要的盛储器，所以也可以称为直筒罐文化系统，或简称为罐文化系统。除了这三个文化系统之外，自然也还有别的文化系统，例如位于西北、华南和西南地区的一些文化系统，但它们在中国历史上的作用和影响都远不如上述三个系统。从这个意义上来说，三个文化系统的成立及其相互关系的演变，构成了中国古代历史的主要内容。

---

[1]　夏鼐：《碳-14测定年代和中国史前考古学》，《考古》1977年第4期。

[2]　苏秉琦：《关于考古学文化的区系类型问题》，《文物》1981年第5期；又载《苏秉琦考古学论述选集》，文物出版社，1984年。

[3]　严文明：《中国史前文化的统一性与多样性》，《文物》1987年第3期。

[4]　费孝通：《中华民族的多元一体格局》，《北京大学学报》（哲学社会科学版）1989年第4期。

一 华北的鬲文化系统

这个文化系统所分布的地区，大体上位于长城以南，黄河和渭河以北，大运河以西和甘青边境以东的广大区域，与著名的黄土高原和华北平原的分布范围大致相当。这个地区曾经有过非常发达的旧石器文化，从旧石器时代向新石器时代过渡时期，近年来已有一系列的发现，包括山西吉县柿子滩、陕西宜川龙王辿、河北徐水南庄头、北京门头沟东胡林和怀柔转年、山东沂源扁扁洞以及河南新密李家沟等，其中尤以李家沟最为重要。前两处和李家沟南区第 4 层〔1〕也许可以划归中石器时代；后四处和李家沟北区上文化层（4~6 层）〔2〕则应属新石器时代早期。在此之后，华北地区进入新石器时代中期，其代表性文化是白家文化和裴李岗文化。白家文化主要分布于陕西省和甘肃省东部的渭河流域，裴李岗文化分布于河南省的大部分地区。大约在公元前 5000 年开始进入新石器时代晚期，此时文化的统一性明显加强，出现了几乎涵盖华北全区的考古学文化即仰韶文化，而其最具有代表性的陶器则是小口尖底瓶。仰韶文化很明显是继承白家文化而发展起来的，也有一部分继承了裴李岗文化〔3〕。大约在公元前 3000 年进入铜石并用时代，其代表性文化即中原龙山文化。这个文化是直接继承仰韶文化而发展起来的。由于这个文化内部有所分化，故又被划分为庙底沟二期、后冈二期、王湾三期、陶寺文化、客省庄文化和老虎山文化等。称谓虽然颇不一致，其地位大致都相当于亚文化。它们之间有很多相同或相似的文化特征，其中最突出的一种就是陶鬲。

1. 鬲的起源

鬲之为物，曾经引起许多学者的注意。中国近代考古学的先驱安特生（J. G. Andersson）最早提出"鬲为中国文化上之一种表征"，并且认为"对于早期鬲族之考求，实可以阐明华北文化起源之疑问"〔4〕。最早对陶鬲进行过专门研究

---

〔1〕 北京大学中国考古学研究中心、郑州市文物考古研究院：《河南新密李家沟遗址南区 2009 年发掘报告》，《古代文明》（第 9 卷），文物出版社，2013 年。

〔2〕 郑州市文物考古研究院、北京大学中国考古学研究中心：《河南新密李家沟遗址北区 2009 年发掘报告》，《古代文明》（第 9 卷），文物出版社，2013 年。

〔3〕 严文明：《略论仰韶文化的起源和发展阶段》，《仰韶文化研究》，文物出版社，1989 年。

〔4〕 安特生：《甘肃考古记》，《地质专报》甲种第 5 号，1925 年，41 页。

的苏秉琦先生也曾指出："瓦鬲不但可以目为中华古文化的代表化石，对于追溯中华古文化的始原与流变问题更具有特别的意义。"〔1〕为什么把鬲看得如此重要，而鬲又是怎样起源的呢？

如前所述，在华北地区进入铜石并用时代之时，也就是中国文明起源之时，鬲就成为普遍使用的炊器。以后历经夏、商、周三代，鬲的地位更为突出，其形制变化的轨迹在很大程度上反映了它所流行的地区的文化发展变化进程。所以考古学家往往从研究鬲的谱系出发，进而探讨文化的谱系与文化关系。这就是许多研究中国文明起源和夏商周考古的著作，都把鬲的研究放在重要位置的原因。

关于鬲的起源，曾经有几种说法。安特生认为鬲是专门为安插尖底器而作，因为有三足，可以解决放置平稳的问题；如用作炊器，又加大了受热面积，使其易于烹煮〔2〕。裴文中对此表示怀疑，认为可能由鼎演化而来，由实足改为空足也是为了加大受热面积〔3〕。苏秉琦认为鬲是起源于斝形袋足器的〔4〕。柯昊认为鬲起于斝，同时吸收了釜灶的某些特点；斝起于鼎，同时吸收了釜和尖底瓶的某些特征〔5〕。以上诸说，代表了研究的不断深化。但对作为鬲前身的"斝"的命名，则容有重新考虑之必要。

按斝原是与爵同类的一种酒器。《说文解字》谓："斝，玉爵也。夏曰斚，殷曰斝，周曰爵。"《韩诗外传》更谓"爵、觚、觯、角、斝，总名曰爵"。这是说斝的功用同爵一样，都是酒器。至于器形，经过罗振玉、李济等考证，认为斝与爵都是有两柱一把和三足的，区别只在于爵有流或更有尾而斝无流无尾，爵把在倾倒方向（即流的方向）的右侧，两者的延长线相交呈直角，而斝把在倾倒方向的正后方，两者的延长线重合为一条等分器物的直线。

鬲的情况则颇为不同。《尔雅·释器》说"鼎款足者谓之鬲"，索引曰："款者空也，言其足中空也。"《汉书·郊祀志》更明白地说"鼎空足曰鬲"，是知鼎、鬲有密切关系，差别仅在于实足与空足。鼎、鬲的用途也很相近，都是炊器，只是到商周铜鼎出现后才有所分化。《仪礼·士丧礼》云"夏祝鬻余饭，用二鬲于

〔1〕　苏秉琦：《陕西省宝鸡县斗鸡台发掘所得瓦鬲的研究》，《苏秉琦考古学论述选集》，文物出版社，1984 年，105 页。

〔2〕　安特生：《甘肃考古记》，《地质专报》甲种第 5 号，1925 年，41 页。

〔3〕　裴文中：《中国古代陶鬲及陶鼎之研究》，《裴文中史前考古学论文集》，文物出版社，1987 年，118 页注①。

〔4〕　苏秉琦：《陕西省宝鸡县斗鸡台发掘所得瓦鬲的研究》补序，《苏秉琦考古学论述选集》，文物出版社，1984 年，95 页。

〔5〕　柯昊：《斝、鬲渊源试探》，《北方文物》1990 年第 4 期。

西墙下"，《说苑·反质篇》云"鲁有俭者，瓦鬲煮食"，都说明鬲是煮饭食的。陕西省周原庄白一号窖藏中出土的伯先父鬲和微伯鬲等，都是自铭为鬲的，它们的形态正与通常所称的陶鬲相近而与铜斝相去甚远。

现在考古中所出土最早的"陶斝"，不论是见于庙底沟二期、陶寺早期还是老虎山文化者，形态大多似鼎下加三空足，其功能无疑是炊器而非酒器。如按《汉书·郊祀志》的说法就应该称为鬲。从类型学的角度来说，之所以称之为斝，无非是因为有一个平底，空足相对较小。其实并不恰当。从小空足演变为大空足，主要是为了加大受热面积，平底自然就会不断缩小而变为裆。再说它们又都是大家所公认的鬲的前身，那么把它称为鬲而不称为斝不是更符合历史的实际吗？如果一定要同以后出现的鬲相区别，尽可以称之为原始鬲，而不宜称之为斝。如果这一看法不至于大错，则鬲的起源可一直追溯到公元前 3000 年左右。

现知原始鬲的分布地区主要有以下几处。

（1）渭河流域：主要见于陕西省华县泉护村[1]、武功浒西庄[2]和扶风案板等地[3]，它如华阴、临潼、洛南等地也有发现。

（2）汾河与河曲地区：主要见于河南省陕县庙底沟[4]、山西省襄汾陶寺等地[5]，它如垣曲古城和万荣荆村等地也有发现。

（3）伊河与洛河流域：主要见于河南偃师二里头[6]和宜阳水沟庙等处。

（4）内蒙古中南部：主要见于凉城岱海岸边的老虎山、西白玉、园子沟等处[7]。此外在湖北省西北部的郧县青龙泉遗址也出过原始鬲，当是受上述地区文化影响的结果。

上述几个地区基本上是连在一起的，其范围大致是东西 500 千米，南北约 700 千米，适当黄土高原的主要分布区。

---

〔1〕 黄河水库考古队华县队：《陕西华县柳子镇考古发掘简报》，《考古》1959 年第 2 期。

〔2〕 中国社会科学院考古研究所：《武功发掘报告》，文物出版社，1988 年，图版 16 之 1~4。

〔3〕 西北大学历史系考古专业：《陕西扶风案板遗址第二次发掘》，《考古》1987 年第 10 期。

〔4〕 中国科学院考古研究所：《庙底沟与三里桥》，科学出版社，1959 年。

〔5〕 中国社会科学院考古研究所山西队：《山西襄汾县陶寺遗址发掘简报》，《考古》1980 年第 1 期。

〔6〕 中国社会科学院考古研究所二里头队：《河南偃师二里头遗址发现龙山文化早期遗存》，《考古》1992 年第 5 期。

〔7〕 田广金：《内蒙古中南部龙山时代文化遗存研究》，《内蒙古中南部原始文化研究文集》，海洋出版社，1991 年。

这些原始鬲所属的文化遗存，在渭河流域与河曲地带为庙底沟二期文化，在汾河流域为陶寺早期，在伊洛流域为谷水河类型，在内蒙古中南部为老虎山文化。它们都属于中原龙山文化的早期，绝对年代大约相当于公元前 3000～前 2600 年。目前对于这些文化类型本身的分期还不够完善和细密，无法进行更加精确的年代对比，从而难以确定这些原始鬲究竟是首先在一个地区发生，然后在一个不很长的时期内传播到整个华北地区，还是基本上同时在整个地区发生的。

原始鬲的形态可大致为三种，一种是直腹釜下加三空足。腹壁常有一对鋬手，其上腹很像同时期的鼎，武功浒西庄的一件（H33：17）袋足做得很细，外形也很像鼎足，这是原始鬲起源于鼎的有力证据。不过这种鼎形制特别，只见于渭河流域，尤以浒西庄为多，并不是普遍流行的形式，因而仅此一例还不能证明所有原始鬲都是从鼎演变而来的。第二种是侈口高领鼓腹釜下加三空足，见于渭河流域、黄河河曲和伊洛流域，湖北郧县青龙泉的一件也属于这种类型，是当时最流行的一种形态。它在浒西庄与第一种原始鬲共存，可证是同时期的产物。第三种是侈口鼓腹釜下加三空足，其特征与第二种比较相近，只是釜身比较矮，影响全器也显得矮。其分布主要在汾河的陶寺早期和内蒙古中南部的老虎山文化，位置比较偏北。同一个地点存在着明显不同的类型，说明这种器物刚刚产生，还在进行各种试验；而同一种形态差不多同时出现在广大地区的许多遗址中，则说明这种器物很受欢迎，说明在中原龙山文化的范围内存在着密切的文化交流与互动效应。这是我们把华北地区划分为一个文化系统，并且以鬲为这个系统的代表性器物的一个重要原因。

2. 鬲的发展

铜石并用时代晚期，鬲在华北地区得到广泛的发展，其中尤以渭河流域、汾河流域与海河水系所在地区为最。在陕西省临潼县康家遗址 1987 年的发掘资料中，鬲片占陶片总数的 23.78%，斝（其实是另一种鬲）占 10.88%，两者合计占 34.16%[1]。可见这种器物在当时人们的日常生活中达到了何等重要的地位。从原始鬲发展为比较成熟的鬲，是沿着两个方向进行的。一个是将上腹逐渐缩小，足部逐渐增大，并使底逐渐缩小而终成为裆，从而变为通常所说的鬲。这一过程无论在内蒙古中南部、山西中南部或渭河流域都可清楚地看出来。另一个是保持上身的釜形，足部较小而互不靠近，这就是通常被称为斝的一种陶鬲。这一分化

---

[1]　陕西省考古研究所康家考古队：《陕西省临潼县康家遗址 1987 年发掘简报》，《考古与文物》1992 年第 4 期。

是每个地方都发生的。其所以会有这种情形，大概与功用的分化有些关系，即炊煮不同的食物，或用不同的方式行炊。例如大袋足鬲上可以置甑，而小空足鬲则不便置甑，只能自炊。在比例上大袋足鬲远多于小空足鬲。大袋足鬲又可分为两个系统。一个是单把鬲系统，主要流行于渭河流域和黄河河曲一带，例如在临潼康家发现的数十件陶鬲，几乎全都是这一类型的。稍后这种单把鬲也曾向山西和内蒙古中南部发展。另一个是双鋬鬲系统，主要分布于内蒙古中南部、海河水系和汾河流域，个别的进入黄河河曲一带，但始终未进入渭河流域。这两种鬲在功能上应无多大区别，只是一种地方性文化传统的反映。

小空足鬲形态变化较多。一般地说，渭河流域者陶质较粗，器形较大，多饰篮纹和附加堆纹，上腹有双耳；山西、河北和内蒙古中南部者多饰绳纹，上腹有双鋬；而伊洛郑州地区者则多泥质，器身磨光，足部有时饰篮纹或绳纹。这种情况同样是地区性文化传统的反映，并且与大袋足鬲有一定的对应关系。

除形制上的变化外，这一时期的陶鬲与铜石并用时代早期的相比还有几项发展。一是陶鬲的分布范围有所扩大，北到长城，南到黄河与渭河岸边，西到甘青边境，齐家文化中也出现少量陶鬲。东到大运河，个别地方已伸入到山东地区的龙山文化中去。二是鬲在炊器上的主导地位进一步确立，在前一阶段，与原始鬲共存的还有釜灶和砂罐，有的地方还有鼎；这时上述炊器大多消失，鬲的数量大增，从而担负了主要的炊事任务。三是一个以鬲为主并且与鬲有极为密切关系的新炊器群的出现，这个炊器群可称之为鬲族陶器，它包括甑（它是与鬲合用的配套器物）和甗（它是把鬲和甑连接起来的一种新器物）。这几种器物直到整个商周时代都是主要的炊器。至此，一个以鬲为标志的文化系统就基本上形成了。

3. 鬲文化系统的基本特征

由于鬲文化系统大体分布于黄土高原，黄土的特征加上半干旱半湿润的暖温带大陆性季风气候，因而成为我国旱地农业起源区，而且在新石器时代就已初步形成以种粟和黍为主的旱地农业体系[1]，流行石铲（耕）和爪镰（包括石刀、陶刀和蚌刀）等农具，人们充分利用黄土较为松软和具有垂直节理的特点，广泛地发展了窑洞居室。例如山西的石楼岔沟、太谷白燕、襄汾陶寺、夏县东下冯，内蒙古的凉城园子沟和老虎山，宁夏的海原菜园，甘肃的宁县阳洼，陕西的武功赵家来、宝鸡石咀头等处便都发现过若干窑洞居址，其年代从仰韶晚期到龙山时代，而且此后经夏商周直到现代，窑洞式居室连绵不断，成为黄土高原的一大特

---

[1] 严文明：《中国农业和养畜业的起源》，《史前考古论集》，科学出版社，1998 年。

色〔1〕。此外这里还流行半地穴式的圆形或方形的单间房屋。也是与黄土的特性和半干旱的大陆性气候有关的。

这个系统史前居民的体质是研究得最详细的。韩康信和潘其风在一篇全面考察中国古代人种成分的文章中指出："黄河流域一些地点发现的新石器时代居民的遗骸一般地接近东亚或南亚人种，青铜时代居民接近东亚人种，与现代华北人有相当明显的关系。"〔2〕又说："大约在公元前第五至四千年，生活在黄河中游的具有中颅型，高颅，中等面宽和面高，中等偏低的眶型，较宽的鼻型，比较扁平的面和上齿槽突颌，中等身高等特征占优势的新石器时代居民可能与传说中的华夏集团有关。"〔3〕这个论点是值得注意的，因为传说中华夏族的始祖黄帝出生和活动的主要领域就在华北地区。

这个系统的史前居民一般为中等偏矮的身材，据张振标的计算〔4〕，属于仰韶文化几处墓地的男性人骨统计是（单位：厘米），半坡组 167.78，宝鸡组（北首岭）167.69，华县组（元君庙）165.42，横阵组 167.70，以上均属半坡类型；庙底沟组（庙底沟二期）166.00，平均身高为 166.92 厘米。他（她）们一般总挽发髻，遗址中发现许多骨笄即证明。身上很少佩玉，在三大文化系统中华北的鬲文化系统是用玉最少也最晚的，直到商周时代才有了根本的变化。而铜器的发明则较其他系统为早。

这个系统的陶器始终以平底器为多。同时有少量尖底、圜底、三足、圈足等类器物，而尖底器是这一系统的仰韶文化时期所特有的。鬲之所以在这个文化系统中发生，可能是与从白家文化到仰韶文化的三足器与尖底器的工艺传统有关，而东南文化系统的鼎和鬶的影响则可能是一种催化剂。陶器的种类在各时期有较大变化，在白家文化和磁山—裴李岗文化时期，主要是碗（平底或圈足）、钵（圜底或三足）、罐（平底或三足）三种；仰韶文化时期则主要是钵（碗）、盆、瓶（尖底或平底）、罐（平底夹砂罐多为炊器，泥质罐多为盛器）、瓮五种，兼有少量釜、灶、甑、壶、盂等器；中原龙山文化时期除鬲族器物外，还有罐、碗、盆、双腹盆、瓮等器物。先后流行绳纹、篮纹和方格纹等拍印纹饰。在仰韶文化时期，这里是彩陶最发达的地区，其西部的甘肃、青海地区，彩陶持续到整个青

---

〔1〕 埃韦丽娜：《中国新石器时代至早期青铜时代黄土地区的民居建筑》，北京大学博士学位论文，1992 年。

〔2〕 韩康信、潘其风：《古代中国人种成分研究》，《考古学报》1984 年第 2 期，257 页。

〔3〕 韩康信、潘其风：《古代中国人种成分研究》，《考古学报》1984 年第 2 期，258、259 页。

〔4〕 张振标：《中国新石器时代人类遗骸》，《中国远古人类》，科学出版社，1989 年，第五章 70 页，表 5-5。

铜时代，论者多以黄土地带宜于发展彩陶为说。

二　东南地区的鼎文化系统

鼎文化系统大致分布于长江中下游、淮河流域和山东半岛，其外围可达东南沿海。这个地区的旧石器时代文化近年已有较多的发现，其特点是大型石器较多，同华北旧石器有所不同。新石器时代早期文化在广东、广西较为发达，在江西、湖南也曾发现过一些洞穴遗址，浙江有上山文化和跨湖桥文化。属于新石器时代中期的主要有湖南的彭头山文化和湖北的城背溪文化。其后的大溪文化大概是在这两个文化的基础上发展起来的。长江下游的序列则是河姆渡文化、马家浜文化和崧泽文化，江西有樊城堆文化，安徽有侯家寨文化和薛家岗文化，而山东则为后李文化、北辛文化和大汶口文化。大约到公元前 3000 年进入龙山时代，在长江中游有屈家岭文化和石家河文化，在长江下游有良渚文化、钱山漾文化和广富林文化，在山东、苏北则为龙山文化。不难看出，这个地区的考古学文化比华北地区复杂得多，但同时也有不少共同的文化特征。就陶器方面而言，最有代表性的就是鼎。

1. 鼎的起源

《玉篇》"鼎，所以熟食器也"，说明鼎是炊器。《说文》"鼎，三足两耳，和五味之宝器也"，说明其形态是三足两耳，没有说明是什么样的足。至于其功用也没有说得十分明确，从文意似可理解为可供炊煮，又可做上等食具的宝器。这大概是单指商周以来的铜鼎而言。不少有铭文的周代铜鼎上，往往铸有某某作宝鼎的字样，无例外是三实足，口沿上有对称的两耳。而陶鼎因其质地远没有铜鼎那么坚固，无法安环形耳（仿铜陶鼎例外），只有极少数腹部有一对鋬手。

现知最早的陶鼎出自山东的北辛文化和河南的裴李岗文化晚期，湖北的城背溪文化晚期也曾见个别陶鼎。到新石器时代晚期和铜石并用时代，鼎便成为整个东南地区最主要的炊器。在此以前的新石器时代早期和中期，这个地区的炊器是圜底陶釜，或者是陶釜加陶支脚。最早的陶釜见于湖南道县玉蟾岩和江西万年仙人洞[1]，那时还没有出现陶支脚。到新石器时代中期，山东的后李文化有圜底

---

〔1〕　江西省文物管理委员会：《江西万年大源仙人洞洞穴遗址试掘》，《考古学报》1963年第 1 期。

陶釜，并多用自然石头作为支脚，偶尔也见陶支脚〔1〕，这是用陶支脚的开始。稍后的北辛文化以及湖北的城背溪文化和湖南的彭头山文化，还有新石器时代中晚期之交的河姆渡文化等也已广泛地使用圜底陶釜和陶支脚，到新石器时代晚期的大汶口文化早期、后冈一期文化、马家浜文化和大溪文化仍然大量地使用陶釜和陶支脚〔2〕。

最早用鼎的当数裴李岗文化，但数量很少。最早大量用鼎的是山东境内的北辛文化，此后的大汶口文化、后冈一期文化、马家浜文化和大溪文化等都有一个同时用釜、支脚和用鼎的交替过程，就是釜和支脚逐渐减少而鼎逐渐加多，最后则几乎都为鼎所代替了。

在陶釜、支脚和陶鼎的关系上，我们注意到以下几点基本的事实。

第一，史前陶鼎和陶釜、陶支脚的分布地区基本相同。

第二，在所有同出陶鼎和陶釜、陶支脚的地区，陶鼎出现的时间都比后两者出现的时间为晚。

第三，在原先使用陶釜和支脚的地方，只要出现了陶鼎，前者总是逐渐减少而后者相应地逐渐增加，终至完全取代前者。

由此可以得出结论，陶鼎最初就是起源于陶釜和支脚。只要将支脚形状适当改变并且大大减轻重量，三个一组地连接在釜的底部，陶鼎就出现了。不过在陶鼎产生之初，渭河流域的白家文化和河南的裴李岗文化已有不少三足罐和三足钵，因足部甚矮，还不能说是鼎。裴李岗文化中的个别陶器则可以认为是鼎了。在这种复杂的情况之下，是否可以设想大批陶鼎的产生，是原先用釜和支脚的人们在西部三足器的启发下把两者结合起来才得以实现的。有趣的是，原先用三足器的人们后来抛弃了三足而热衷于平底器，过了很长时间才造出三空足的陶鬲，形成鬲文化系统，而东南部则走上了以陶鼎为主要炊器的道路，逐步形成为鼎文化系统。

2. 鼎的谱系

鼎文化系统是非常复杂的。在史前时期，至少有（1）北辛文化—大汶口文化—龙山文化，（2）马家浜文化—崧泽文化—良渚文化，（3）大溪文化—屈家岭文化—石家河文化这样三个亚系统，此外还有再次一级的系统。而每一亚系统中的鼎也并非单纯一系，有时还可分出若干支系或局部性变异，以至要做出一个比

〔1〕 栾丰实：《试论后李文化》，《海岱地区考古研究》，山东大学出版社，1997年。

〔2〕 严文明：《中国古代的陶支脚》，《考古》1982年第6期。

较完整的陶鼎谱系图显得十分困难。在此就只能勾画出一个大致的轮廓了。

在北辛文化的系统中，早期鼎多为圜底釜形，由于安装三足使器身抬高，故釜身相应地稍稍变矮，有的已接近圜底盆了。足多为圆锥形，个别为侧扁形。受北辛文化影响的后冈一期文化（仰韶文化的后冈类型）的鼎则多圆柱形。到大汶口文化时期明显地出现两类鼎，一种是继承北辛文化而发展起来的釜形鼎。其釜身有诸多变化，并由圜底演变为平底，足部则变为凿形。另一种则是继承磁山—裴李岗文化而发展起来的钵形鼎，钵身多为泥质陶，足部亦为凿形或鸭嘴形。这明显是一种食器，故有的著作中称之为三足钵。到龙山文化时期，鼎的形制变化更为复杂，但大致仍可分为两大类，一种是平底釜形，其中又有深浅之别。深者可称罐形鼎，浅者或可称盆形鼎，均系夹砂陶制，是专门的炊器。另一种是泥质陶质，器身呈盆形或盒形，当是食器。鼎足则从窄铲形演变为鸟头形（鬼脸式）和侧扁三角形。

马家浜文化系统中，马家浜文化时期才出现鼎，较北辛文化略晚。这时的鼎为釜形，足多为扁方柱形。崧泽文化时期鼎已成为主要炊器，但仍有釜和支脚，这时的鼎身仍为圜底釜形，有较深和较浅两种，同时也有少量钵形鼎。足则多为窄铲形，也有个别凿形或侧扁形者。到良渚文化时期鼎身仍多为圜底釜形，仅个别为平底者。足多为横剖面呈"T"字形，少数为鱼鳍形。有些大墓中随葬的陶鼎上有非常复杂而美丽的针刻花纹，则很可能是一种祭器或礼器。

在大溪文化系统中，大体也是在大溪文化时期才出现鼎的。这时鼎身多呈圜底釜形，足以扁方柱形和扁方锥形者为多。屈家岭文化的鼎也分两类，一种器身呈釜形或罐形，另一种呈盘形或钵形，足多为窄铲形。石家河文化的陶鼎器身仍为圜底釜形，有深腹与浅腹两种。足多为铲形，少数为侧扁三角形。

在安徽，大约相当于大汶口文化时期的侯家寨二期即已有许多陶鼎，其造型也和大汶口文化的陶鼎相近，而侯家寨一期仅有陶釜和陶支脚。长江沿岸的薛家岗文化则以刻划铲形足鼎为其特征。江西的樊城堆文化和广东的石峡文化鼎身可分釜形和盒形两种，鼎足变化甚多，以窄铲形和三棱形者较为普遍。福建的昙石山文化也有少量陶鼎。

上述情况表明，我国史前陶鼎尽管谱系复杂，但仍存在着相似的发展规律。一般器身以釜形为主，钵形较少，早期形制比较简单，晚期则变得复杂多样，早期足部多柱形或锥形，稍晚多凿形，最后多铲形、侧扁三角形或三棱形等。其分布面则从北往南逐渐扩大，相互连接为一个椭圆形区域，同鬲文化系统的分布区明显不同，仅在河南等地有某些交错的情况。

在陶鼎发展的同时，还出现了一些与鼎有密切关系的器物，如在大汶口文化和良渚文化中都有少量的鼎形甗，其外形像鼎而腹内中段有隔，可以放箅子蒸饭。与鼎配套的器物有甑，它是放在鼎上用来蒸饭的。有的则把鼎和甑连接起来成为鼎式甗，这种器物不大普遍，在龙山文化中有一些；而更多的是袋足甗，那是受了中原龙山文化影响的结果。

3. 鼎文化系统的基本特征

鼎文化系统的居民在历史上曾被分别称为夷、越和苗，他们同华夏族发生过非常密切或比较密切的关系，而他们自身之间的关系及文化上的共同性则一直没有得到充分的注意。据近年来的考古学和古人类学研究，这里的居民比较接近于远东蒙古人种的南亚类型。他们普遍流行拔牙的风俗[1]，据不完全统计，在山东发现拔牙标本的地点有泰安大汶口、兖州王因、曲阜西夏侯、邹县野店、泗水尹家城、茌平尚庄、莱阳于家店、诸城呈子、长岛北庄（以上属大汶口文化）、章丘城子崖（龙山文化）和胶县三里河（大汶口文化和龙山文化均有）等处，在江苏有邳县大墩子（大汶口文化）、常州圩墩（马家浜文化），安徽有亳县富庄，上海有青浦崧泽，湖北有房县七里河，河南有淅川下王岗（屈家岭文化），广东有增城金兰寺、南海鱿鱼岗和佛山河宕，福建有闽侯县石山，台湾有恒春垦丁寮、鹅銮鼻，台北圆山、芝山岩，台东卑南和澎湖锁港等处[2]。不少地方有人工头骨枕部变形的风俗，如山东兖州王因、泰安大汶口、曲阜西夏侯、邹县野店、诸城呈子、胶县三里河和江苏邳县大墩子的大汶口文化遗存中，以及江苏南部的常州圩墩、河南淅川下王岗等处都有这样的标本。据文献记载，这个地区的居民还流行披发文身的风俗。

近年来的研究证明，早在公元前 1 万年以前，长江中下游便已种植水稻，是稻作农业的起源地区。从那以后，稻作农业的工具主要有用牛等大动物肩胛骨做的骨锹，以后又发明了石犁等。基本上不见华北系统的那种收割工具陶刀，也很少见到石刀和石镰。谷物加工也不用石磨盘和石磨棒，而多用杵臼。

石器中的木工工具斧、锛、凿等比较发达，加工也比较精致，其中有段石锛和有肩石斧乃本区所特有的石器。

这个系统的玉器特别发达，早在新石器时代晚期的大溪文化、马家浜文化和江苏北阴阳营、安徽凌家滩等地就出土许多玉器，以璜、玦、环、镯等佩饰和坠

---

〔1〕 严文明：《大汶口文化居民的拔牙风俗和族属问题》，《大汶口文化讨论文集》，齐鲁书社，1979 年。

〔2〕 韩康信、潘其风：《我国拔牙风俗的源流及其意义》，《考古》1981 年第 1 期。

饰为多，在大汶口文化和崧泽文化中也有一些。到铜石并用时代玉器有极大的发展，最突出的是良渚文化，以琮、璧、钺及装饰品等为代表，种类繁多，雕工精细。龙山文化和石家河文化等虽没有良渚文化的那样多，但所出一些钺、锛、笄、人头像、动物形饰品和牌饰等，雕工都极精致，远远超过华北系统和东北系统者。

这个系统的房屋也很有特色，由于气候炎热多雨而潮湿，所以房子不能像华北那样挖窑洞或做成半地穴式的，一般都由地面起建，有的更筑起高出地面的房基。有些沼泽或河湖边沿有时要先打许多木桩，在上面架空铺起地板，再在上面盖起房屋，通常称为高脚屋，也就是中国古籍上所说的干栏式建筑。这两种房屋都往往建成包含许多房间的长屋。例如浙江河姆渡文化和马家浜文化就都有干栏式长屋，大汶口文化和屈家岭文化等都有地面起建的长屋。

这个系统的陶器在新石器时代早期和中期多饰绳纹，流行圜底器，中期开始即流行圈足器。从新石器时代晚期到铜石并用时代，陶器风格为之一变，一般都是素面无纹或打磨光滑，再辅以局部性镂孔、戳印纹或刻划纹，显得素雅大方。这时器形也变得非常复杂，其中三足器以鼎为主，包括釜式、罐式、盆式、钵式和盒式，还有鬶、甗和鼎式甗等，圈足器数量更多，有豆、碗、盘、簋、罐、壶等，还有平底器和圜底器。许多器物有嘴、流、耳、把、鼻等附件，还有各式各样的盖，显得精巧别致。特别是到了铜石并用时代，绝大部分器物都用快轮制造，显得规整匀称，是我国史前时期制陶水平最高的一个地区。

三　东北地区的罐文化系统

罐的形态颇为复杂，这里主要指一种直筒形平底罐。以罐为标志的文化系统主要分布于东部地区，包括东北三省、内蒙古东部和河北省北部。这里在旧石器时代也已广泛地为人类所居住，但向新石器时代过渡的情况还不大清楚。过去曾把内蒙古的扎赉诺尔和黑龙江的顾乡屯的细石器遗存列入中石器时代，但至今无法确认。

在这个区域内现知最早的新石器时代文化是北京地区的东胡林文化[1]和河北徐水南庄头遗址等，两者都属于新石器时代早期。其次是内蒙古敖汉旗一带的小河西文化，现仅发现十几处遗址，也许可划入新石器时代早期之末。继承小河西文化的是兴隆洼文化，其后是赵宝沟文化，它们都属于新石器时代中期。大体

---

〔1〕 赵朝洪、王涛、员雪梅等：《北京东胡林遗址 2005 年发掘又获重要成果》，《2005 中国重要考古发现》，文物出版社，2006 年。

相当于这一时期的还有北京地区的上宅文化、下辽河流域的新乐文化、吉林的左家山下层文化和黑龙江的新开流文化等。继赵宝沟文化发展起来的是红山文化，大体相当于这一时期的有辽东的后洼文化、吉林的左家山中层文化、黑龙江的亚布力文化等，年代约当新石器时代晚期。相当于铜石并用时代的则有小河沿文化、偏堡子文化和昂昂溪文化等[1]。所有这些文化的共同特征就是大量地使用直筒形平底罐，所以我们把它称为罐文化系统。

1. 直筒形平底罐的谱系

河北徐水南庄头所出新石器时代早期陶片中，有几片带平底者，腹壁较直，素面无纹或饰浅绳纹和附加堆纹。而北京东胡林和转年都有直壁平底的盆，形制应与南庄头的陶器相近。到新石器时代中期的河北易县北福地一期文化，这种直壁平底盆成为主要的陶器，同时有个别的直筒形罐[2]。这种直壁盆与直筒罐的造型十分相近，应该是直筒罐的一个别支。直到目前，可确认为东北系直筒形罐中最早的标本是出自内蒙古敖汉旗小河西和榆树山等处属于小河西文化的素面筒形罐。这种罐一般为褐陶或灰褐陶，通体素面，有些则在口沿下饰戳点纹或附加小条堆纹。兴隆洼文化的筒形罐在形制上与小河西文化者基本相同，唯唇部加厚，通体有纹饰。纹饰常分三段，靠近口沿一段多弦纹，稍下有一凸起的环带，再下面才是主体纹饰。往往是用小棍之类的东西交叉压划，有的则压划成横行"之"字纹。赵宝沟文化的筒形罐在形制上变得粗矮一些，除有横行和竖行"之"字纹外，还有双线勾画的曲折纹和似菱形纹等。有的罐有两层纹饰，即以篦点"之"字纹为地纹，上面再用双线勾画曲折纹等。红山文化的筒形罐更加粗矮，口沿外有时有乳丁或一道附加堆纹，通体饰竖行或横行篦点"之"字纹、交叉篦刷纹。小河沿文化筒形罐已经逐渐衰落，数量较少，有时口沿附加一道堆纹，或于腹部安一对鸡冠耳或半环耳，有时通体饰交叉划纹，有时仅腹部中段有纹饰。以内蒙古奈曼旗福盛泉为代表的遗存显然晚于小河沿文化，其筒形罐形态与小河沿者相近，唯多素面，另出现一种平行竖线类似蛇形纹的陶罐。

以上可以看作是筒形罐的基本的或主干的谱系。在河北北部和北京市北部，是兴隆洼文化和赵宝沟文化分布的南界。这里的筒形罐也遵循前两个文化的发展规律，但进入红山文化时期，这里为南来的文化所侵占（镇江营、燕落寨及雪山一、二期等），筒形罐的发展中断了。

---

〔1〕　赵宾福：《东北石器时代考古》，吉林大学出版社，2003年。
〔2〕　河北省文物研究所：《北福地——易水流域史前遗址》，文物出版社，2007年。

在辽东，较早的筒形罐出于沈阳新乐、长海小珠山下层和东沟后洼下层等处，其年代分别与兴隆洼文化和赵宝沟文化相当，形制也与两者相近。在后来的发展中，辽东半岛受到山东大汶口文化和龙山文化的强烈影响，而其他地方则仍按筒形罐文化传统继续发展。吉长地区较早阶段基本上是按左家山一至三期文化的轨迹向前发展的，这里的筒形罐一般较瘦高，底部相对较小。较早的纹饰常分为口部纹饰和主体纹饰两部分，流行"之"字纹；较晚的则有篦点纹和刻划纹等。这个系统的筒形罐在往后的发展中与朝鲜半岛的筒形罐有较密切的联系。

黑龙江东部的新开流文化也有筒形罐，但形体较粗矮，通体饰两段或三段纹饰，多为仿编织物或鱼鳞的压印纹，俄国学者常称之为黑龙江编织纹。它与俄国境内的马雷舍沃文化等有较多联系。

由上可知整个东北地区的新石器时代文化都以筒形平底罐为基本器物，只是各地区各时期在具体形态和纹饰上略有不同。即使如此，它们的发展规律仍是相似的，并且影响到朝鲜半岛和俄罗斯远东地区，从而构成了一个筒形罐文化系统，简称为罐文化系统。

2. 直筒罐文化系统的基本特征

一般认为东北地区西部古代居民属东胡族系，东部则是肃慎族系。在体质特征上，据少数青铜时代人骨的研究，比较接近于远东蒙古人种的北亚类型。因为这个地区纬度较高，在一定程度上限制了原始农业的发展。与前两大系统分别为水田稻作农业和旱地粟作农业起源地不同，这里不是农业的起源地，而是华北旱作农业的传播地区。在很长时期内，以种植黍和粟为主的农业仅限于南部地区，北部地区的主要生业是采集、捕鱼和狩猎。松花江流域、嫩江流域、牡丹江流域都有比较发达的捕鱼业。兴凯湖上的新开流遗址还曾经发现 5000 年以前的大批鱼窖。古代东部地区有所谓鱼皮布，用鱼皮制作衣服，他们可能是生活在松花江和乌苏里江一带的赫哲族人的祖先。生产工具南北也有比较大的差别。南部多打制石器和磨制石器，其中大多与农业生产有关；同时还有比较多的细石器，应该与狩猎经济相关。北部地区多细石器和骨器，特别是有不少细石器镶嵌骨柄的鱼叉、标枪和刀子，都是与比较发达的渔猎经济相适应的。

这个系统的玉器起源甚早，在公元前 6000 多年的兴隆洼文化就有制作精美的玉玦和匕形器等[1]。红山文化是本系统玉器最发达的时期，玉猪龙、斜口箍形

---

[1]　中国社会科学院考古研究所、香港中文大学中国考古艺术研究中心：《玉器起源探索——兴隆洼文化玉器研究及图录》，香港中文大学中国考古艺术研究中心出版，2007 年。

器和勾云形器是其最具特色的器物。但到红山文化之后玉器就逐渐衰落了。在全国三大玉器系统中，东北玉器系统是起源最早、衰落也最早的。其中心在辽西和内蒙古东南地区，传播范围则达到整个东北乃至境外俄罗斯远东地区和朝鲜半岛的一些地方。

这个系统的房屋在新石器时代几乎全部是地窖式的，没有高出地面的墙壁。到青铜时代开始出现火墙和火炕，这与东北的冬天比较长又比较寒冷有关。南部的聚落多半是凝聚式的。居址延续的时间一般不长，搬迁的频率比较高。所以遗址的文化层不厚也不复杂。这可能与农业耕地的肥力不足、需要不时抛荒有关。北部的聚落规模较小，其分布多与食物资源富集的地区相关。

四　鼎、鬲文化系统的碰撞与合流

1. 夷夏斗争与齐鲁文化的确立

傅斯年 1935 年发表《夷夏东西说》[1]，从上古传说到夏商周，极言夷夏之别及其相互交往与斗争的史实。从考古学文化上来看，这个说法是有道理的。

夷人及其先祖活动的大本营在山东，此地从新石器时代中期的后李文化起，继而有北辛文化、大汶口文化、龙山文化、岳石文化和珍珠门文化，彼此一脉相承，自成系统。其陶器自始至终都以素面为主，颇富特色。从北辛文化到龙山文化的炊器都以鼎为主，基本上属于鼎文化系统。

夏人及其先祖活动的中心地区在山西南部和河南西部，这里在新石器时代中期有裴李岗文化，之后有仰韶文化、中原龙山文化、二里头文化、二里岗文化和殷周文化等，是中原地区的华夏文化的主流。这里的陶器大多饰以绳纹为显著特征。开初的裴李岗文化虽然有少量鼎，到仰韶文化则几乎不用鼎，而以夹砂罐和釜、灶、甑等为炊器。之后的庙底沟二期文化开始用原始鬲，到中原龙山文化及此后的二里头文化东夏冯类型、二里岗文化和殷周文化都大量使用鬲，从而形成鬲文化系统。

这两个系统一东一西，紧密相邻。大约从公元前 4500 年起，双方就发生了此消彼长非常密切的关系。开始是北辛文化的鼎向西传播，影响到早期仰韶文化之一的后冈一期文化。可是到公元前 4000 年前后的仰韶文化中期势力大盛并向周围

〔1〕　傅斯年：《夷夏东西说》，《庆祝蔡元培先生六十五岁论文集》，中央研究院历史语言研究所集刊外编第一种，1935 年。

扩张，其中以花瓣纹为主的彩陶盆钵等向东传播，影响早期的大汶口文化。这是第一次转折。时隔不久，在大汶口文化晚期和仰韶文化晚期又发生了逆转，前者发展迅速而后者明显衰退。此时的大汶口文化不但向西占据了河南东部，影响所及还几乎达到了河南全省。在郑州大河村和洛阳王湾等大型仰韶文化的遗址中出现了大量鼎、豆、壶等大汶口文化的因素。更有甚者，在大河村四期的 M9 随葬仅有的两件陶器竟然是大汶口文化的典型器物背水壶[1]。由此往西的偃师滑城 M1 随葬的全部陶器也与大汶口文化的典型器物别无二致[2]。在郸城段寨发现两座墓葬，其中 M1 为一拔除了侧门齿的成年女性，这种风俗是大汶口文化所流行的，仰韶文化从来未见。M2 随葬鼎、豆、背水壶和黑陶杯，全部是大汶口文化的典型器物[3]。这些墓葬的死者也许就是大汶口文化的移民！

大约从公元前 2500 年开始进入龙山时代。此时东部是龙山文化，西部是中原龙山文化。龙山文化继承大汶口文化而又有较大的发展。陶器绝大部分为快轮制造，形制规整而不尚纹饰，显得素雅大方。炊器中仍以鼎为主，鬶为其特色器物。那种薄如蛋壳的高柄杯，技术之精湛已达于极致。中原龙山文化本身又包含若干亚文化，就中偏西北的客省庄文化、陶寺文化和老虎山文化等的炊器均以鬲为主，极少见鼎，绳纹十分发达。偏东的王湾三期文化、后冈二期文化和造律台文化等，因受龙山文化的影响，陶鬲较少，并有少量鼎、鬶等龙山文化的器物，部分陶器也用快轮制造。总的趋势是东方强于西方。龙山文化中即使也有极少的素面鬲，显然也都被龙山文化所改造过了。

龙山时代的晚期已经进入夏代纪年的范围。传说在夏代初年，东夷有穷国君后羿向西灭夏，因夏民以代夏政。此后后羿又被寒浞取代，夷人因内部斗争力量有所削弱。从考古学文化来看，继承龙山文化而起的岳石文化势力虽已大不如前，但对西部仍然有一定影响。例如在豫西新砦期的遗存中就有若干岳石文化的因素。等到少康中兴，夏王朝开始强大起来。一般认为分布于豫西、晋南的二里头文化就是这个时期的夏文化。此时夷夏之间虽有交往，却基本上保持平稳状态。到了商代局势发生明显变化。商人原处夷夏之间，商灭夏后势力大盛，四处用兵。古本《竹书纪年》有仲丁征蓝夷的记载。甲骨文中更有大量帝乙帝辛东征人方即夷方的记载。从考古学文化来看，大体相当于仲丁时期的二里岗文化晚期已进入山东西部，

〔1〕　郑州市文物考古研究所：《郑州大河村》（上），科学出版社，2001 年，291 页。

〔2〕　中国科学院考古研究所洛阳发掘队：《河南偃师滑城考古调查简报》，《考古》1964 年第 1 期。

〔3〕　河南省文物研究所：《河南考古四十年》，河南人民出版社，1994 年，92 页。

济南大辛庄便是商文化向东拓展的一个重要据点。那个遗址有 30 万平方米，大致可以分为七期，年代相当于二里岗文化晚期到殷墟的晚商文化。前期土著的夷文化还占有相当比例，往后商文化的因素越来越占主导地位。出土有大批商式青铜器，还有多达 24 字的甲骨文残片[1]。到商代晚期，典型的商文化已侵入东夷文化的核心地区。青州苏埠屯 1 号大墓有四条墓道和 48 个殉人，出土大批高等级的商式青铜器，其中的青铜大钺上有亚醜铭文，其规格几乎与殷墟王墓相当[2]。可能是商人建立的名为亚醜方国国君的墓葬，也可能是受商文化同化的东夷薄姑氏国君的墓葬。西周建立之初，东夷的力量还很强大。姜太公初封齐国时都营丘，就跟莱夷打了一仗。虽然齐国取得了胜利，但对夷人也只能"因其俗，简其礼"。

2. 鬲文化的南侵与楚文化的形成

3. 太伯奔吴的传说与吴越文化

4. 鬲文化的西传北播与异化问题

5. 商周文化再检讨

五　罐文化与鼎鬲文化的错综关系

1. 早期的接触——磁山文化与红山文化

2. 从夏家店下层文化到燕文化的形成

3. 鲜卑以来向南方的经略

六　以华夏为主体的中国古代文化的形成

1. 夏商周时期的中国古代文化

2. 汉唐以来的中国古代文化

3. 从三位一体到多元一统格局的形成与演变

附记：我在 1986 年写《中国史前文化的统一性与多样性》文章的时候，即曾考虑中国古代文化的主体是否可以概括为三大系统。1993 年 10 月在访问日本时，就写了一个初稿。10 月 10 日即在九州大学召开的日本中国考古学会第四届年会上

---

〔1〕　山东大学历史系考古专业、山东省文物考古研究所、济南市博物馆：《1984 年秋济南大辛庄遗址试掘述要》，《文物》1995 年第 6 期。

〔2〕　山东省博物馆：《山东益都苏埠屯第一号奴隶殉葬墓》，《文物》1972 年第 8 期。

作初步报告，摘要发表在 1994 年 4 月 15 日出版的《日本中国考古学会会报》第四号上。1998 年 8 月 12 日在内蒙古赤峰召开的红山文化研讨会上又作了《中国古代文化三系统说——兼论赤峰地区在中国古代文化发展中的地位》的报告，内容发表在《中国北方古代文化国际学术研讨会论文集》（中国文史出版社，1995年）。2008 年开始写正式文稿的前三节，2013 年写第四节之一，2016 年续写。后面还有一大部分虽有设想，但限于精力，虽然列出了题目，却难以完成了。只好暂时作罢以待后贤。

（原载《丹霞集——考古学拾零》，文物出版社，2019 年）

早期中国说

一　何谓早期中国？

很多人以为中国一名是在民国时期才开始正式称呼起来的，在此以前只有王朝的名称，如汉朝、唐朝、宋朝、明朝之类。此话乍看起来似乎有一定道理，但并不确切。因为中国一名是早就有的，在先秦文献中已经多次出现，秦汉以后在对外交往中也每以中国自称，武汉大学的冯天瑜先生有比较详细的说明〔1〕。例如《史记·大宛列传》即以中国与西域的大宛、大夏和安息等国对称。《后汉书·西域传》则以中国与天竺（印度）对称。《唐会要·大秦寺》以中国和波斯、大秦（罗马）对称。元朝派往日本的使臣所持国书亦称自己的国家为中国。明清沿袭这种做法。清康熙与俄罗斯于 1689 年签订的尼布楚条约，也明确称己方为中国而不是大清。仔细研究早期中国的概念和历代传承变化的情况，就知道现代中国无非是早期中国的继续和发展。而对早期中国实际情况的认识，除了应该对有关文献进行研究外，考古学的探索更是必不可少的途径。

让我们首先看看先秦文献和相关资料是怎样讲的。

《孟子·万章》篇引孟子的话说："尧崩，三年之丧毕，舜避尧之子于南河之南，天下诸侯朝觐者不之尧之子而之舜，讼狱者不之尧之子而之舜，讴歌者不之尧之子而之舜。夫然后之中国践天子位焉。"这段话说明早在尧舜时期就有了中国这个名称，而南河之南不在中国，所以要从那里"之中国"，即到中国去。《孟子·离娄》篇写道："孟子曰：舜生于诸冯，迁于负夏，卒于鸣条，东夷之人也。文王生于岐周，卒于毕郢，西夷之人也。地之相去也千有余里，世之相后也千有余岁，得志行乎中国，若合符节。"这里说舜和文王虽不是中国之人（文王曾自称"西土之人"，见《尚书·牧誓》），志向却都在中国，要在中国实现自己的抱负。这段话再次说明从尧舜到商周之际都有一个中国的名称，指的也是同一个地区。

---

〔1〕　冯天瑜：《中国词义考》，《北京日报》2013 年 3 月 11 日 20 版《文史专论》。

这个地区既与东夷和西夷对举，显然是中央之国的意思。

《尚书·禹贡》有"庶土交正，底慎财赋。咸则三壤，成赋中邦"的话，《史记》将"中邦"转述为"中国"。孙星衍曰："史迁邦作国者，非避讳字。后遇国字率改为邦，误矣！是《禹贡》邦字当从《史记》作国。"说明《禹贡》原文应该是"成赋中国"，这是一个总结性的语句。前面是讲大禹在九州治水的情况，治水成功后要按照土壤的等级纳赋，纳赋的范围当然是涵盖整个九州。所以孔颖达《尚书正义》解释说"九州即是中邦"，说明这里所说的中国是包括冀、兖、青、徐、扬、荆、豫、梁、雍整个九州在内的。《禹贡》写成的年代难以确指，一般认为是战国时期的作品，也有学者认为应该形成于西周初年[1]。总之是后人追记大禹的功绩，其事迹则在尧舜时期。此时中国的概念又与九州联系在一起了。

《尚书·梓材》篇有西周初年周公教他的弟弟康叔如何治理殷商故地的话，他说"皇天既付中国民越厥疆土于先王"，意思是说周灭殷是所谓"皇天受命"，是上天要让周人来统治殷商故地的中国民和他们的土地。这里所说的中国民应该是居住在原来殷人统治区域的民众。既然称呼他们为中国民，他们居住的土地自然就是中国。

近年来发现的青铜器何尊乃西周早期的礼器，其铭文有"唯武王既克大邑商，则廷告于天曰：余其宅兹中国，自兹乂民"。这里关于中国一名的记述，年代上与《尚书·梓材》所述前后相继，含义应该相同。意思是说我现在既然把商朝推翻了，就应该在商朝统治的中国建都。后来因为实际建都的地方在洛邑，即今天的洛阳，有的学者就说何尊说的中国就是指洛阳地区，恐怕与本意不合。

先秦文献还有不少是把中国与四方或四夷对举的，意思是中央之国。既是方位的称呼，又是对文明化程度的表示。例如《诗·大雅·民劳》："惠此中国，以绥四方……惠此中国，以为民逑……惠此京师，以绥四国……惠此中国，俾民忧泄……惠此中国，国无有残。"这里把中国同四方对举，又把京师同四国对举，值得注意。

《礼记·王制》曰："中国戎夷五方之民皆有性也，不可推移。"又曰："中国、夷、蛮、戎、狄皆有安居、和味、宜服、利用、备器。五方之民言语不通，嗜欲不同。"这里把中国作为一方同夷、蛮、戎、狄四方之民对举，明显是中央之国的意思。

《左传·僖公二十五年》："仓葛呼曰：'德以柔中国，刑以威四夷'。"把中国同四夷对举，意思与《王制》同。

---

[1] 邵望平：《〈禹贡〉"九州"的考古学研究》，《九州学刊》1987 年第 2 卷第 1、2 期。

由上述文献的初步解读，可知先秦关于中国的概念实际上包括从尧舜到夏商周三代约两千年的整个时期，其地理范围就是各代王朝直接统治的区域。所以中国一名是早就有的，现代中国无非是早期中国的继续和发展。

二 考古学家的探索

以田野考古为基础的中国考古学肇始于20世纪20年代初，一开始就以探索中国文明的起源为主要目标。而所谓文明起源的核心就是国家起源，探索中国文明起源，实际上就是探索早期中国的历史。中国有文献记载的历史基本上是从周代才开始的，在此以前的商代晚期只有《尚书·盘庚》等少数几篇。要探索早期中国的历史，就要从商代晚期往前追溯才是。著名考古学家夏鼐先生曾经把这个探索的过程表述得非常清楚。他从20世纪30年代河南安阳殷墟的考古发现谈起，因为那里有宫殿基址，有国王的陵墓，有大量甲骨文，还有非常发达的青铜器。根据文献和出土文物，可以断定那里是商代晚期的都城，无疑已经进入文明时代。到50年代发现了郑州商城，规模宏大，也有发达的青铜器，应该是商代早期的都城。之后在50年代末发现了河南偃师二里头遗址，经过多年的发掘，发现有宫殿和青铜礼器等，其年代比郑州商城更早。有的学者认为那里即夏代的都城遗址，夏先生根据当时发现的情况，认为暂时还没有确切的证据把它跟夏朝和夏民族联系起来。但认为"至少它的晚期是够得上称为文明，而又有中国文明的一些特征"[1]。夏先生的这些观点是1983年3月在日本的一次学术报告中披露的。从那以后，中国考古学又有了很大的进展。特别是在"探源工程"启动以来，对于早期中国的研究又更加深入了一层。所谓探源工程就是探索中国文明起源的一个大型项目，集中了全国许多单位的学者共同努力，以期对中国文明的起源和早期中国的实际情况有较深入的了解。其中也包括对二里头遗址和二里头文化的深入研究。多年主持二里头遗址发掘的许宏在前不久发表了《最早的中国》一书[2]，比较全面地介绍了二里头考古的情况及其对早期中国研究的重要意义。现在二里头遗址已经发现有包含多座宫殿和宗庙的宫城，出土了成套的青铜礼乐器和兵器以及铸造这些青铜器的作坊遗址。有规划整齐的道路系统，有的路面还留有双轮车辙的印痕。而这个遗址又正好处在号称天下之中的洛阳盆地。因此许宏认为二里头遗址应该是中国最早的王都所在，可称为"华夏第一王都"。我们注意到由二

---

〔1〕 夏鼐：《中国文明的起源》第三章，文物出版社，1985年。
〔2〕 许宏：《最早的中国》，科学出版社，2009年。

里头遗址所代表的二里头文化主要分布在河南省中西部和山西南部，也就是历史上所称中央之国的地方。不但如此，其辐射范围还远远超过这个地区。例如在内蒙古敖汉旗的大甸子墓地中，有 13 座规格较高的墓葬随葬有二里头风格的爵、鬶、盉等酒器[1]。长江下游的马桥文化中也发现有二里头风格的爵、鬶、觚等酒器。长江中游的湖北和长江上游的四川也常见有二里头风格的觚、盉等酒器。至于二里头风格的玉器如玉璋等更是传布到整个长江流域及东南沿海的广大地区。与此同时，二里头文化也广泛吸收各地的优秀文化因素以丰富自己。这种情况自然有深厚的历史背景，也为往后中国的发展创造了一定的条件。一般认为二里头文化即夏文化，至少是夏代中晚期的文化。根据前文所引历史文献，早期中国还应该往前追溯。近年来在河南登封王城岗发现了一座龙山文化晚期的城址，面积约 30 万平方米。旁边的东周城址里面发现多块陶片上有"阳城"戳记。知道那里古代就是阳城所在。《古本竹书纪年》说"禹居阳城"，《世本》载"禹都阳城"。《孟子·万章》篇记孟子说"禹避舜之子于阳城"。王城岗龙山城的碳-14 年代也与大禹或夏初的年代相近，论者多认为王城岗可能就是禹都阳城。郦道元《水经注》说伯益避夏启大位也在此地，不知何据。史载夏启的儿子太康沉迷于田猎，被东夷的后羿夺去了政权，即所谓"因夏民以代夏政"。直到少康中兴，才又恢复了夏朝的统治。此事在《左传·襄公四年》和同书《哀公元年》等文献中讲得很清楚。近年在河南新密新砦发现的所谓新砦期城址，年代晚于王城岗而早于二里头，遗物中发现有不少山东岳石文化的因素。一般认为岳石文化应该是夏代东夷的文化[2]。这段扑朔迷离的历史终于找到了一些考古学遗存的踪影。夏代以前应该是传说中的五帝时代，这个时代究竟相当于哪些考古学文化遗存，需要认真地进行分析。有的学者已经做过比较详细的论述[3]。具体看法虽有不同，但在夏文化之前的考古学文化遗存确实出现了可以视为古国都城的遗址则是没有疑问的。例如山西襄汾的陶寺遗址，有土筑的城墙，城内面积将近 300 万平方米。有宫殿基址和手工业作坊区，有数以千计的墓葬，大小和规格分化十分明显。出土有铜铃、铜环和铜容器残片，还有玉钺和龙纹盘等大型彩绘陶器，明显是一个都城的规格。论者推测可能是尧都平阳所在。再如浙江余杭的良渚古城，年代比陶

　　〔1〕　中国社会科学院考古研究所：《大甸子——夏家店下层文化遗址与墓地发掘报告》，科学出版社，1996 年。

　　〔2〕　严文明：《夏代的东方》，《夏史论丛》，齐鲁书社，1985 年。

　　〔3〕　郭大顺：《追寻五帝》，香港商务印书馆，2000 年；韩建业、杨新改：《五帝时代——以华夏为核心的古史体系的考古学观察》，学苑出版社，2006 年。

寺还早一些，面积虽也是 300 万平方米，工程量却比陶寺大得多。城内有莫角山宫殿区，城外有反山、瑶山、汇观山等祭坛兼贵族墓地。墓中出土大量玉器和漆器等高档手工业品。反山的 M12 就出土玉器 647 件之多，其中的玉琮王四面雕刻八个完全一样的神人兽面纹，刻工技术的精致实在无与伦比。同墓还有镶嵌大量玉料的彩绘漆盘和漆杯等。不难看出墓主人的身份应当是集神权、军权、财权和政权于一身的国王级人物。良渚古城所依托的良渚文化分布于江苏南部和浙江北部，那里还有许多高等级的遗址和墓地，都与良渚古城有密切的关系。在长江中游的湖北和湖南北部有以天门石家河古城为中心的一系列城址，在四川成都平原有以新津宝墩为中心的一系列城址，在黄河流域以至长城地带同样发现有许多史前时期的城址。先秦的文献常常提到古有万国或万邦，考古发现可以证实那时确实已出现许多大大小小的国家。她们又是怎么走到一起来的呢？

三　早期中国的体制结构

中国国家的起源同世界其他地方一样，也是由氏族—部落通过酋邦逐渐演变而来的。氏族—部落的聚居地在中国古代称为聚或邑。随着社会的发展，聚落即邑开始分化。《史记·五帝本纪》赞美舜为人好，大家喜欢搬迁到他住的地方，以至于人越来越多，聚落等级也越来越高。据说他"一年而所居成聚，二年成邑，三年成都"。这当然是溢美之词，也过分夸张。但也说明当时的聚落已经出现了不同的等级，在一定条件下，普通聚落可以发展为都城。根据考古学研究，在新石器时代早期和中期的聚落规模有限，也看不出有明显的分化。一直到新石器时代晚期才开始出现少量中心聚落，以后中心聚落本身也有分化，有明显的等级差别。有的地方甚至出现了土筑的城垣，从而出现了最初的国。后来有城垣的中心聚落越来越多，形成小国林立的局面。先秦的学者往往把夏代以前的形势描述为"天下万国"，应该是近乎实际的。后来各小国相互兼并或联合，才出现较大的国。再进一步就出现了联合许多邑聚和小国的中央王国。林沄曾经仔细论证中国早期国家的形式[1]，认为最初的国家是由占优势地位的邑发展为都，并联合若干有密切关系的邑而形成的。被联合于都周围的邑可称为鄙，所以他把这种国称为一个"都鄙群"。较大的国则包括若干都鄙群，即国中有国，分级管理。早期中国的夏商周王朝就是在这样的基础上建立和发展起来的。这样的国家体制结构是把统一

---

[1]　林沄：《关于中国早期国家形式的几个问题》，《吉林大学社会科学学报》1986 年第 6 期。

和多元有机地结合起来，而不是简单的中央集权。具体地说，三代国家的体制结构基本上是有中央王朝、近畿地区、主要统治区即称为中国的地区、周围的方国和诸侯国，以及更外围的部落或部族等。古书上有所谓五服的说法，就是这种情况的反映。例如《尚书·禹贡》谓以京师为中心，由近及远，每隔五百里为一服，名曰甸服、侯服、绥服、要服、荒服。《周书·康诰》也讲到五服，只是名称改为侯、甸、男、采、卫，也没有说每服多少里。有的学者认为这不过是一种理想化的说法，不足为信。现在看来绝不是向壁虚构，而是有事实根据的，只是不一定有那么整齐罢了。需要强调的是这样一种圈层式结构是非常特殊，也是非常稳定的。结果是夏维持了400多年，商朝约600年，周代更长达800多年。对往后中国的发展也有深远的影响。

四　早期中国与华夏

先秦时期居住在中国的人称夏或华或华夏，犹如今天中国人自称华人或汉人或汉族，海外华人还自称唐人。《说文》："夏，中国之人也"，就是这个意思。夏不止一个，所以有诸夏的名称。例如《论语·八佾》引孔子的话说："夷狄之有君，不如诸夏之亡也。"又《左传·闵公元年》："诸夏亲昵，不可弃也。"此外还有大夏、东夏、西夏等称谓。大夏一名见于《左传·昭公元年》，"迁实沈于大夏，主参，唐人是因。"西夏的名称见于《逸周书·史记解》："昔有西夏，性仁非兵，城郭不修，武士无位……唐氏伐之，城郭不守，武士不用，西夏以亡。"东夏的名称始见于《尚书·微子之命》："庸建尔于上公，尹兹东夏。"《吕氏春秋·察今》也有"东夏之命"的说法。不管是东夏、西夏还是大夏、诸夏，总之都是与四夷相区别的夏。但这种区别又不是绝对的。孟子虽然说舜是东夷之人，文王是西夷之人，但当他们"得志行乎中国"以后，显然就不再是夷人而成了华夏的领袖人物。《史记·六国年表序》说"禹兴于西羌"，后来成了夏后氏之祖，同样是华夏的领袖人物。《左传·定公十年》有"裔不谋夏，胡不乱华"的说法，王国维认为裔即甲骨文中的衣，也即殷。这里把华和夏并举。孔颖达正义曰："夏也中国有礼仪之大，故称夏；有服章之美，谓之华。华夏一也。"可见先秦时期即有华夏的称谓，并且是中国人的自称。华夏族居住的地方很大，所以当时中国的地方也不会很小。只是暂时还不包括长江流域的楚国和越国等地，所以楚、越就不能称夏。《荀子·儒效》篇说："居楚而楚，居越而越，居夏而夏"，把楚、越和夏分别对待，明显不认为楚越属夏。但这也不是绝对的。

周人的中国虽然不包括楚、越或蛮夷戎狄四方之民，而周王却又自命为天子，即天下的共主。所谓"溥天之下莫非王土，率土之滨莫非王臣"。他是要"莅中国，抚四夷"，并不把蛮夷戎狄视为外国。孟子还说过"吾闻用夏变夷者，未闻变于夷者也"（见《孟子·滕文公上》）。说明夷夏的区别主要在文化程度的高低，是可以通过教育和学习而改变的。

　　实际上这种情况并不只是到周代才如此，在以前的商代，从政治结构和民族关系来看也颇相似。郑杰祥在《商代地理概论》一书中，详细论证当时的政治地理有都邑、王畿、田猎区、四土和部族方国几个层次，其中的王畿称商或大邑商，其地位即相当于周人所称的中国。四土也称四方，一如周人所称的四方[1]。这在甲骨文中就有十分清楚的表述。例如《小屯南地甲骨》1126号："南方、西方、北方、东方、商"。这跟《礼记·王制》把中国、夷、蛮、戎、狄称为"五方之民"简直是同一个意思，只不过把中国称商罢了。又如《甲骨文合集》之36975号："己巳王卜，贞□岁商受年？王□曰吉。东土受年？南土受年？吉。西土受年？吉。北土受年？吉。"这里把四方称为四土，意思完全相同。李伯谦通过对商代青铜器族徽的分析，证明商王朝所统辖或控制的范围十分广阔，北到河北北部，南到河南南部，西到陕西关中，东达山东东部，跟考古学中早商文化的分布范围基本相若，有的甚至深入到商文化分布的范围以外。在如此广大的区域内的统辖与控制措施是各不相同的。最能够直接统治的是都城周围的王畿地区，王畿之外多为臣服于商的异姓国族，大体相当于卜辞中所说的四土或四方。对这些异姓国族有保护其不受侵犯，督导其农业生产，选拔各类人才，让其参与某些宗庙祭祀活动并给予一定赏赐等。再外面的异姓部族则时服时叛，跟商朝有一种若即若离的关系[2]。

　　商代以前的夏代势力虽然比较小，但也已建立起中央王权。夏王朝的直接统治区在豫西和晋南，在其周围还有十多个同姓部族。终夏之世又与东方的夷人发生极为密切的关系，以至在夏代初期的太康便被东夷的有穷国君后羿夺去了政权，即所谓"后羿代夏"。但自少康中兴以后，政权就得以巩固和发展。考古界一直重视对夏文化的探索。一般认为分布于豫西和晋南的二里头文化就是夏代夏人的文化，至少是夏代中后期的文化，而洛阳附近的二里头遗址则应是夏代的主要都城遗址。至于夏文化的辐射和影响所及，则北达燕山以北，南到长江流域，东及豫

　　[1]　郑杰祥：《商代地理概论》，中州古籍出版社，1994年。
　　[2]　李伯谦：《从殷墟青铜器族徽所代表的族氏的地理分布看商王朝的统辖范围与统辖措施》，《文明探源与三代考古论集》，文物出版社，2011年。

鲁交界，西可至甘青一带〔1〕。其所以能够达到如此程度，则是因为夏文化的发展水平最高，实力最强，又有深厚的史前文化背景，那就是史前文化重瓣花朵式的格局〔2〕。考察中国新石器时代的文化，从早到晚逐渐形成了一个有中心有主体和外围的格局，夏商周的政治版图和文化态势无非是这一格局的继续发展。它是中国历史发展的一大特点，是中国历史之所以能够持续不断发展而从未中断的决定性因素。因此我们讲早期中国，不能仅从字面上看待当时称为中国或中土的有限范围，而要考虑更大范围的整体政治与文化格局，以及这一格局对往后中国发展的长远影响。

五　早期中国形成的背景

我个人因为长期研究中国新石器时代考古，总想从中国历史的开篇及往后的发展来探索中国历史之所以长盛不衰的根本原因。看看能不能对今天担当复兴大任的亿万中华儿女有一点启发。我首先注意的是对中国历史发展演变长期起作用的客观条件。我想最重要的有两条，一是中国所在的自然地理环境，二是生活在这块神州大地上的人民。这话听起来太一般，但只要稍加分析就不难明白这两条确实是最根本的长期起作用的因素。

中国的自然地理环境有什么特点呢？

一是地域广大，自成单元。单是陆地面积就有 960 万平方千米。四周有许多高大的山脉和辽阔的海洋作为天然的屏障。又因为远离世界上其他古老的文明，因而中国文明只能自己独立发展。外来的某些文化因素有一定的补充作用，但不可能影响中国文化的基本特质和发展方向。

二是地形复杂，又跨越几个气候带，使得各地的自然环境差别很大。按照综合自然地理区划，第一级可分为东部季风区、西北干旱区和青藏高寒区。前者又可分为东北、华北、华中、华南和西南五个亚区。其中气候条件最适于农业起源的只有华北和华中两个地区，是旱地粟作农业和水田稻作农业起源的温床。并且在近万年以前就形成了两个相互毗连的农业区。加以两区的地盘都比较大，如果在气候变动的情况下某些方面受到影响，还可以相互调剂和补充，使得经济文化的发展能够保持相对稳定的状态。两个农业起源中心相伴共生的情况在世界上是

〔1〕　许宏：《最早的中国》，科学出版社，2009 年，18 页。
〔2〕　严文明：《中国史前文化的统一性与多样性》，《史前考古论集》，科学出版社，2004 年。

独一无二的。

三是区位结构天然合理。因为经济文化最发达的华北和华中在地理上正好处在全国比较适中的位置，容易产生巨大的凝聚力和向心力。进而形成一个以中原为核心，以华北和华中所在的黄河流域和长江流域为主体的多层结构，即所谓重瓣花朵式的格局，长期影响中国历史文化的发展。夏商周分层次的政治文化版图就是最好的说明。

如果进一步分析中国各地区的自然环境对经济文化和社会发展的影响，可以看到北方的草原游牧区变动性较大，与稍南的农牧接触地带时有冲突，农业区的人民安土重迁，相对比较稳定。但即使两个农业区的情况也是有所不同的。华北旱地农业区多属黄土地带，因为地力递减有时不得不易地搬迁。加上黄河的泛滥和多次改道，以致一些重要的都城都要迁移。例如商人迁都有所谓前八后五的说法，前后迁都十几次。夏都和周都也多有变动。原因固然不止一端，但环境变化可能是主要的。比较而言，最稳定的当是长江流域的水田农业地带。因为水田开发不易，又可以自肥，农人不会轻易搬迁。加以自然资源比较丰富，经济发展水平历来较高，可以容纳较多的人口。所以中国历史上有时发生政治或民族矛盾而导致北人南迁，最后仍然能够在长江流域稳定下来。东晋和南宋的南渡就是最好的例子。北方的一些所谓"化外民族"南迁后被华夏民族所同化也是常有的事例。这些都与中国自然环境的特点有密切的关系。

生活在神州大地上的人民有什么特点呢？

我们知道中国这块地方至少在二百万年以前就有人类居住了。无论从人类化石还是从文化特征来看，都有明显的传承关系，外部影响只占次要的位置。从现代人产生和种族形成的时候起，这里就是蒙古人种的摇篮。从新石器时代成千人骨测定的情况来看，绝大多数属于东亚蒙古人种，只有少量的北亚蒙古人种。人种相同意味着血缘相近，容易产生相近的语言。居住地相近更会加强语言的沟通与融合。我们固然不知道最古的语言是什么状态，但从三千多年以前的甲骨文到后来的金文和古文献来看，无论文字的形态、读音、含义和组成文句的语法都是一脉相承而只有很少的变化。现代中国人的语言基本上属于汉藏语系，按人数计算大约占98%，单是讲汉语的就占94%，古代的情况应该相差不远。

这个语系在语言分类上属于词根语，语词的意义与词性多依在句子中的位置来决定。与带有前置词或前缀、词尾和助词等附加成分，或有所谓名词变格、动词变位的黏着语和屈折语大不相同。因此在制定文字的时候就没有走拼音的路，而是根据语言的特点确定为单字单音、一字一词、形音义相结合的造字法则。讲汉语的人太多，各地的语音差别极大，语言学家将其区分为七大方言。如果采用拼音字就会各说各话，难以沟通。采用汉字就可以很方便地各按方言来读，反正语法和字义是一样的。这个巧妙的发明既是语言本身所决定的，又在实践中大大促进了文化的交流与统一。我们大家都认为自己是炎黄子孙，炎黄不可能有这么多子孙，或者说所有的中国人或华人不可能只有一两位鼻祖。实际上是因为我们有共同的语言和文化传统。这种文化传统逐渐形成一种根深蒂固的集体历史记忆[1]。汉字的应用极大地加强了这种集体的历史记忆，加强了民族内部的凝聚力，是保持中华文明持续不断发展的重要原因之一。

中国人的亲族观念特强可能是文化得以持续发展的另一个原因。从历史记载来看，夏商周都有祖庙，祭祖是国之大事。《礼记·祭法》中说："有虞氏禘黄帝而郊喾，祖颛顼而宗尧；夏后氏亦禘黄帝而郊鲧，祖颛顼而宗禹；殷人禘喾而郊冥，祖契而宗汤；周人禘喾而郊稷，祖文王而宗武王。"实际上殷人对他们的先公先王都实行周祭。王国维把甲骨文中祭祀的先公先王与《史记·殷本纪》所记相互参验，证明《史记》的记载正确。从先公契到帝乙、帝辛历时一千多年，殷人都记得非常清楚。我想他们不会只记得人名，祖先的功德和相关历史也必定是一代一代传承下来的。到周代就更加注意自身的历史和文化的传承。从这些情况来看，更早的历史，从黄帝以来的古史传说，也绝不会是凭空虚构的。

早期中国究竟是一种什么形态呢？学术界曾经有不同的说法，其中林沄的说法最值得注意[2]。他认为最初的国家是由占优势地位的邑发展为都，并联合若干有密切关系的邑而形成的。后者相对于都可称为鄙，所以他把这种国称为一个"都鄙群"。较大的国则包括若干都鄙群，即国中之国。周天子所统治的王国无非是更高一层或几层的国，下面的诸侯实际有很大的独立性。独立的程度要看它的实力及与中央和周邻相处是否融洽等情况而定。诸侯下面被称为卿大夫的家也是有相当独立性的。例如晋国的韩、赵、魏、智氏、范氏、中行氏六家都有相当的实力，各据一方，相互兼并，最后前三者取胜，还把晋公室直接管辖的地方瓜分了，史称"三家分晋"。结果建立了韩、赵、魏三个平行的诸侯国，得到周天子的册封。各个家族的统治也是如此。实际上，在当时人口还比较稀少的情况下，各国的内部往往有不少空地，有的居住着别的民族，跟所在国不发生关系。各国之间也没有明确的边界。这样的国家形式自然不能跟现代国家相提并论。跟秦汉以

---

〔1〕　王明珂：《华夏边缘——历史记忆与族群认同》，台湾《允晨丛刊》65，2005 年。

〔2〕　林沄：《关于中国早期国家形式的几个问题》，《吉林大学社会科学学报》1986 年第 6 期。

后划分郡县以实行中央集权的国家形态也有很大的区别。但毕竟在那时已经有一个大中国的概念了，并且为以后更加统一的中国打下了一定的基础。

六　早期中国文明的成就及其对后世的影响

早期中国文明的成就是多方面的，要恰如其分地进行评估并不容易。我这里只想从几个方面做简单的介绍。

在物质文化方面，中国的农业，尤其是稻作农业是值得一提的。因为中国早在一万年以前就开始培育水稻了。考古资料说明，作为世界主要粮食作物的亚洲栽培稻的起源地在长江流域，往后才逐渐传播到东北亚和东南亚等地区，跟小麦一样成为世界最主要的粮食作物。中国农业的特点是精耕细作，这在早期中国便已经形成制度，使得在较少的耕地上生产较多的粮食。中国的人口从有记录时算起，一直占世界人口的五分之一上下；而耕地面积则不足十分之一甚至更少。这不能不归功于农业的特殊成就。

中国是发明丝绸的国家。传说是黄帝的妻子嫘祖发明了养蚕和缫丝，并"劝民养蚕"。考古发现证明在仰韶文化中期确实出现了丝绸织品，尽管是很粗糙的织品。例如在郑州青台遗址的瓮棺葬中就发现有包裹死婴的丝绸痕迹。到商代包裹铜器的丝绸就比较精细了。到战国时期的丝绸织品，曾经集中地发现于湖北江陵马山1号墓中，品种之多和织造的精细，见到的人莫不叹为观止。大概就在这时，中国的丝绸开始输往国外。俄罗斯阿尔泰地区的巴泽雷克墓葬中就发现不少战国时期的丝绸和铜镜。到汉唐时期，中国的丝绸更是大量输往西方，以至在历史上出现了著名的丝绸之路。

中国在两万年以前就发明了陶器，远比世界其他地区要早。中国史前陶器的种类复杂，造型丰富多样，功能齐全，制造技术精湛，在世界上无出其右。陶器的发展更为瓷器的产生奠定了坚实的基础。中国的瓷器也是很早就发明了的。相当于夏代的二里头文化中便已出现了原始瓷器。郑州和安阳等商代的遗址中都不止一次地发现原始瓷器。最近在浙江德清更发现了商代的原始瓷窑址群，说明当时原始瓷的烧制已经具备一定规模。这也为后来中国瓷器的发展和大量出口奠定了初步的基础。

历史上文化的传播往往是相互的，传播过程中也会有新的创造。中国的铜器和铁器出现得比较晚，最早的铜器和铁器可能有部分是从西方输入的，但在技术上却有后来居上之势。商周时期的青铜器品种之多和制作之精美是无与伦比的。中国的铸铁技术在战国时期便达到了很高的水平，比西方早了许多世纪。由此可见早期中国曾经对世界文明有不少贡献，同时也从其他文明中吸取了不少营养。例如小麦大约是在公元前两千多年的龙山时代从西方传入中国的，后来逐渐成为北方地区的主要粮食作物之一。羊和马也是先后从西方传入中国的。诸如此类还有一些。中国离不开世界，世界也不能没有中国，这是几千年的文明史所一再证明了的。

早期中国在制度文明和精神文明方面也都有许多成就，与其他古代文明相比，只是各具特色，难比高下。中国的文字产生不是太早，但是特别符合汉语的特点。在一个人口众多、方言十分复杂的国家，如果采用拼音文字，沟通起来就会十分困难。汉字采用一字一音、形音义相结合的造字法则，不但使全国各地各种方言的人都能够看懂读懂，而且在传承文化方面发挥了极大的作用。以至我们现代的人只要稍加学习指点就能够读懂先秦时期的大量文献，这是多么伟大的创造！没有第二种文字能够具有这样奇妙的功能。

早期中国文明留下的遗产是十分丰富的，至今仍然是现代中国继续发展时不可忽视的基础。这里我只想强调两点。一是早期中国的体制结构，二是中华文明的核心精神。

中国是世界文明古国中面积最大、人口最多、民族和文化最复杂的国家。中国按照自身的逻辑发展，几千年期间虽然有不少跌宕起伏，却从来没有中断，核心地区也没有多大变化。我们说的话跟早期中国人说的话基本相同，我们用的文字跟早期中国使用的文字也基本相同。我们没有失落的文明，只有早期或古代文明。这是一个世界奇迹！追根溯源，还是因为在早期中国的国家体制上打下了一个良好的基础。例如商朝统治的区域虽然很大，但同时有很多方国，实际上是一个以商王朝为中心，以商族分布区为主体的方国联盟。周朝号称邦畿千里，普天之下莫非王土，却分封了许多诸侯国。各诸侯国只有朝觐、纳贡和勤王的义务，内部是高度自治的。这是在当时的条件下比较好地解决了多元与一体的关系，使得三代的政权维持了特别长的时间。秦始皇不顾历史传统和各地的差别，施行暴政，强行统一，结果短命而亡。后来各朝代虽然也在一定程度上实行中央集权，但仍然注意保持地方特色和历史传统。行政区划的划分就是一个显著的例子。事实上我们现在的一些省或县大致就是沿袭古代的国演变而来，连名称都继承下来了。例如山东简称鲁、福建简称闽、湖北简称鄂、山西简称晋、四川简称蜀、云南简称滇等无不沿袭古代的国名。山东的滕县、莒县，天津的蓟县，江苏的徐州等就是古代滕国、莒国、蓟国、徐国的地方等等。随着经济文化的发展，统一性会逐渐加强，这是一个不可逆转的趋势，但不可以不顾客观条件强行统一。在一个有 960 万平方千米陆地面积和大片海疆、56 个民族（其实还有更多少数民族没有列入正式统计之中）和 13 亿多人口的大国，即使经济文化进一步发展，恐怕也不能忽视民族特色和地方差别，多元一体的格局在可以预见的将来还将长期存在。如何处理好多元与一体的关系，仍将是摆在我们中华儿女面前的一项重要任务。

　　至于中华文明的核心精神是什么？各人可能有不尽相同的解读。我想《易传》里面的两句话很有代表性。一是乾卦的"天行健，君子以自强不息"；二是坤卦的"地势坤，君子以厚德载物"。中华文明之所以持续几千年而不中断，正是因为中华儿女有一种自强不息的精神，克服前进中的一切困难而奋勇向前。同时又有像大地一样宽广的胸怀，能够容纳各种不同的事物，和而不同，让各自发挥其特长和优点，相互借鉴和吸收，和谐相处。我想正是因为有这种精神，中国的各族人民才能和睦相处，共同发展。正是因为有这种精神，在对外交往中总是强调王道而反对霸道，即使在自己强盛的时候也没有一块殖民地。这些精神都是值得永远继承和发扬的。

2011 年 7 月初稿，2013 年 7 月修改

　　（原载《高明先生九秩华诞庆寿论文集》，科学出版社，2016 年。后收录在《丹霞集——考古学拾零》，文物出版社，2019 年）

文化上早期中国的形成和发展*

　　这次文化上早期中国的形成和发展学术研讨会就要结束了，大家从各个不同的方面谈到早期中国的一些问题，对我很有启发。

　　最近日内瓦外交与国际学院的张维为出版的一本书《中国震撼》影响甚大。他提出中国具有超大人口规模，超广阔的疆域国土，超悠久的历史传统和超深厚的文化积淀，是世界上唯一没有中断的文明。它可以把西方文明的绝大多数内容吸收过来丰富自己，但是又绝不放弃自己。这种说法是现在大家所喜欢听到的，但是否完全是这样的呢？我们中国是怎么走来的，我们中国为什么会是现在这个样子，正如这次会议上提到的那样，中国为什么是一个多民族统一国家而不是多个民族国家？

　　我也长期琢磨这个问题。我不说这一定是一个优点，但这是一个事实，全世界没有第二个国家连续发展而没有中断。中国改朝换代多次，但是文化没有中断，我们讲早期中国一直可以追溯到史前。这是一个奇迹，而这一奇迹是如何产生的呢？我长期以来一直注意寻找它的客观基础，在最初写《中国史前文化的统一性与多样性》时就琢磨这个问题。过去一些中国的学者总讲中原中心论，什么都是中原对周边文化产生影响，这显然是错误的。中国疆域这么大，其文化一开始不可能那么统一，但是以后却朝着统一的方向上走，逐渐形成一个有中心、有主体、有外围的中国文化发展的结构，这首先要归因于地理环境这个基础。

　　中国这么大的地理单元存在两个对以后文明发展有极大影响的农业起源中心，一个是黄河流域的旱地农业，一个是长江流域的稻作农业，形成两个农业体系。这两个地方毗邻范围又很大。大家考虑一下世界上其他最早的文明中心，两河流域、尼罗河流域、印度河流域，与中国相比都显得很小。尼罗河流域每年定期涨水灌溉，相对最稳定。但因为范围小，农业又单一（小麦、大麦），一旦收成有问

---

　　*　本文为 2011 年 8 月 21 日在北京联合大学考古学研究中心主办的文化上早期中国的形成和发展学术研讨会闭幕式上的发言。

题就会产生很大的影响。同样因为范围太小，经受不了外界大的冲击。古埃及、古巴比伦、古印度文明都是被外力消灭的，那里的现代人和古代人没有直接的关系。只有中国文化是完整延续下来的。这说明农业基础非常重要，农业（主要是谷物农业）是产生文明的基础。中国的两大农业体系可以互补，一方歉收另一方可以弥补。地盘很大可以有回旋的余地。而两大农业体系又大致处于中国的中心位置，容易产生凝聚力和向心力。这就是中国能够比较稳定发展的物质基础。再加上中国周边有高山、沙漠、大海，几个最强势的古代文明距离中国核心地区都比较远，无法高强度地影响中国，所以中国就可以独自发展。当然不是说完全没有外来文明的因素，只是说它们不会影响中国文化的基本特质和发展方向。

当然在发展过程中也会有分裂，存在"合久必分，分久必合"的现象。这是因为各个地方的民族、文化不一，内部还是多元的，发展是不平衡的。地方势力强大，中央就会削藩平乱，平定不了就会暂时独立割据。但分了之后为什么会再合起来？因为这个基础还在。历史上很多人都想逐鹿中原、统一中国。比如三国时期的曹操、刘备、孙权都想统一中国，不甘愿长期独立、分裂。这就是中国的现实，历史事实是最好的说明。

中国的另一个基础就是人。中国人基本属于蒙古人种，其中绝大部分是东亚蒙古人种，少量北亚蒙古人种及南亚蒙古人种。同样一个人种，血缘相近，语言自然也会相近。中国的语言绝大部分属于汉藏语系，据统计98%的中国人使用的语言属于汉藏语系，而在汉藏语系中使用汉语的中国人占94%~95%，所以基本上是同一种语言。但是这个语言又有很多方言。据研究汉语有七大方言。外国有一部电视片"寻找失落的文明"，中央电视台有人问我是不是也可以拍一部"寻找失落的中国文明"，我说中国古代文明没有失落。比如给一个完全不懂甲骨文的人讲一讲，他很快就可以读出几句。说明中国的语言有很大的连续性和一致性，这种一致性应该跟人种的一致性有关系。中国语言的特点是什么？在语言分类中叫词根语，又叫孤立语，跟黏着语、屈折语大不一样。汉语是一词一字一音，这个特点决定了我们不会走拼音文字的道路。任何懂汉语的人都可以读汉字文书，可以用普通话，也可以用上海话、广东话、四川话读，不必统一语音，因为大家的语法基本上是一样的。统一的语言文字，在统一文化上起了很大作用。

上述是两个非常重要的基础，是别的文化所没有的。当然在这个过程中，有一些政治上的行为也很有成效。大家知道中国西周的时候实行宗法制和分封制。唐兰先生在讲古文字学的时候提到，不要以为分封制是周人创立的，殷人、夏人也可能实行分封。比如周人说"惟殷边侯田"，有侯有田，说明商代也是实行分封制的，周代不过是更加系统化。周朝实行"王化"，无非就是华夏化。由于是一种文字，各种制度、文化就容易得到统一。在中国的统一性上，夏商周就是统一的，无非是版图小一点。夏商周的统一方式与秦始皇不一样，他们更尊重地方，天子分封诸侯，诸侯又分封各个大夫，层层承包。这种制度有什么好处呢？一是可以充分发挥各地的自主权和优势，二是有一个中央统一管辖，实际上是王化和统一的过程，既是多元的又是统一的。到春秋战国时期，地方诸侯势力逐渐强大起来，称霸争雄。但是不管怎样，还是要挟天子以令诸侯，总是需要天子这样一个旗号的。有的人认为秦始皇统一了文字，其实不完全正确。我们本来就没有几种文字，秦和六国的文字就是一种文字，只是有不同的写法，秦始皇的臣僚只是统一了文字的写法。有人说他第一个统一了中国，我也不赞成，秦始皇只是建立了中央集权制度，同时全面实行郡县制。郡县制早在战国时期已经有一些国家实行了，秦无非是把这种制度推行到了全国。况且周朝的封建制在春秋战国时期已经有进一步统一的趋势。比如楚国就灭掉了 40 多个国家，别的国家也是一样，灭小国统一成大国。秦始皇不过是把几个大国进一步统一成一个更大的秦王朝。这个更大的王朝的基础还是周天子的天下，只是改变了统治的方式。但过分强调统一和集权并不是好事。周朝持续了 800 多年，秦朝仅维持了 15 年！中国的特点就应该是既统一又多元，尊重各个民族和地方的特点，当然还要有一个强有力的统一的国家。

在中国历史上，你要了解中国是个什么样的地方，中国有什么样的人民，才会知道应该采取什么样的政策治理这个国家。而治理这个国家应该管理一些最基本的东西，应该给各民族和各个地方一定的自由，这样国家才能和谐、稳定。我们应该考虑对早期中国的研究能够给现代社会的发展提供什么启示。我以前写过一篇文章《重建早期中国的历史》，发表在《中华文明的始原》（文物出版社，2012 年）一书中，大家可以参考。不对之处请大家多提意见。

（原载《丹霞集——考古学拾零》，文物出版社，2019 年）

文化上的早期中国说

　　中国作为一个政治实体虽然出现得不算太早，但从第一个王朝开始，一代接着一代，传承关系非常清楚。即使有分有合，分裂时不忘统一，统一时努力维护统一。成为世界上唯一连续发展而从未中断的文明古国。为什么会有这样的情况？原因很多，最重要的原因就是存在一个文化中国的基础。

　　韩建业很早就注意到在先秦乃至史前时期就存在一个文化上的早期中国，或早期中国文化圈。他经过深入的研究，认为这个文化上的早期中国萌芽于新石器时代中期的公元前 6000 年，而正式形成于新石器时代晚期的公元前 4000 年前后，直至商代晚期以前。

　　本书全面梳理了商代晚期以前的考古资料，从中可以清楚地看出早期中国文化圈的形成和发展过程。在旧石器时代长达 200 万年的时期中，从直立人、早期智人到晚期智人的许多化石标本上都能够看到门齿呈铲形的特点。最早研究北京人化石的著名古人类学家魏敦瑞就发现了铲形门齿，并且指出这是现代蒙古人种的特点。中国旧石器时代的石器多属砾石—石片工业传统，跟西方旧石器判然有别而自成系统。但中国地理范围那么大，不同地区的文化自然会有不小的差别。旧石器时代可以划分为南北两区和五六个小区，进入新石器时代早期就出现了五个文化系统。这说明中国的史前文化很早就呈现出多元的状态，这与各地区不同的自然环境和地理位置有很大关系。到新石器时代中期，情况开始发生微妙的变化。由于农业的发展，黄河流域和长江流域的经济文化水平明显超过了周围地区，主体地位初步显现。地处中原的裴李岗文化崭露头角，一方面向周围扩张，同时又吸收周围文化的有利因素，加强了相互之间的联系。一个以中原为核心，以黄河流域和长江流域为主体的圈层结构初步显现。这就是早期中国文化圈的萌芽。为什么这么早就萌生早期中国文化圈？韩建业在本书中归纳出五大特点，都是具有中国特色而与世界其他地区古文明的史前状态大不相同，同时又与中国文化的后续发展密切相关，是很有说服力的。

　　到新石器时代晚期，大约在公元前 4000 年，中原地区的仰韶文化迅速发展，分布范围大幅度扩张，对周围文化的影响也明显加强。尤其在其庙底沟期，文化发展十分强势，以致可以径直称为庙底沟时代。这时由于文化的扩展，自然形成三个层次的圈层结构：核心区在晋南、豫西关中东部，主体区在黄河中游及稍南的部分，也就是整个仰韶文化分布的地区，外层是仰韶文化影响所及的地区。这三个层次文化共同体的形成，无论从地理还是从文化的意义上来说，都为往后中国的发展奠定了初步的基础。早期中国文化圈到此时就正式形成了。

之后的铜石并用时代大致相当于传说中的古国时代。全国出现了许多文化中心，大地上涌现一大批古城，精美的玉器、漆器、象牙器、丝绸和高档陶器，以及少量铜器的出现或广泛流行，在闪耀着初级文明的光芒。早先形成的中原、东方和北方三种发展模式在这个时代仍然有所表现，但相互间的影响、渗透和交流更加广泛而密切，早期中国文化圈进一步扩大。大批具有中国特色的器物，如玉器中的琮、璧、圭、璋、钺，陶器中的鬲、斝、甗、鬶、盉，漆器中的觚以及丝绸等都是在这个时代涌现出来的，陶鼎是早就有的传统性器物，这些又都为后续的王国时代所继承和发展。

大约公元前2000年或稍后进入青铜时代，同时也就进入了王国时代。夏是中国第一个世袭制王朝。早期几经波折，到少康中兴才稳固下来。据考证河南偃师二里头遗址可能是少康直至夏朝末年的都城，那里有面积十多万平方米的宫城，城内有先后营建的十多座宫殿，所谓建中立极的格局颇显王气。宫城周围有贵族聚居区，有铸铜、制陶、制骨等作坊。第一次出土了鼎、斝、爵、盉等成组的青铜礼器。以二里头遗址为代表的二里头文化是一个强势文化，其影响几乎达到大半个中国。继二里头文化之后的二里岗文化有规模空前宏伟的郑州商城，城中有大片宫殿区和各种手工业作坊区，出土了大量青铜礼器，其中的兽面纹大方鼎竟高达1米，堪称镇国之宝。与郑州商城约略同时还有偃师商城，以及分布于各地较小的商城。二里岗文化更是拓展到全国大部分地区，明显形成以郑洛地区为核心，以二里头文化和二里岗文化为主体，外围有深受这两个文化影响的许多青铜文化，以及更外的地方文化，形成四级圈层结构，达到了早期中国文化圈的鼎盛时期。中国古代有所谓五服制的说法，实际上就是这种圈层结构的客观反映。

以上是本书关于文化上早期中国论述的基本框架。我的简要概括可能不大准确，但大致轮廓是清楚的。作者之所以写到商代晚期以前，我想是因为晚商不但有少量文献和铜器铭文，更有大量的甲骨文，已经属于信史的范围。而晚商以前是不是可以叫作早期中国，早期中国究竟应该从什么时候开始，都还有不同的认识。本书的论述是以考古学为基础，尽量收集了现有的全部考古资料，以陶器组合为标志，进行了极为细致的谱系和文化特征的分析。之所以这样做，我想是因为中国史前陶器是世界上最丰富多样的，陶器的特征和演变脉络十分明确而容易把握的缘故。在这种缜密分析的基础上，还要尽可能参照古史传说。因为传说反映的主要是华夏族群的历史记忆。华夏族群特别重视宗族传统和祖先崇拜，有关古史传说应该有较高的可信度。如果能够与相关考古学文化相互参照，更会提高其学术价值。建业多年从事古史传说的研究就是遵循的这一条路线。他也特别重视自然环境和人地关系的研究，因为自然环境在中国文化特质的形成和演变中都发挥了重要的作用，本书也特辟一章来进行讨论。以考古学为基础，结合古史传说的研究和历史环境的分析，就形成本书的一个重要特点，使得在众多讨论早期中国的著述中独树一帜，其优势是显而易见的。对早期中国有兴趣的读者是不可不读的。

2014 年 8 月 15 日于北大蓝旗营蜗居

（原为韩建业著《早期中国——中国文化圈的形成和发展》序，上海古籍出版社，2015 年。后收录在《丹霞集——考古学拾零》，文物出版社，2019 年）

中国新石器时代聚落形态的考察[*]

中国新石器时代聚落遗址的研究，在最近十多年来取得了颇大的进展，这主要表现在三个方面。

第一个方面是填补了若干时期和地域上的空白。从前的发现主要在中原地区，而且主要属于新石器时代晚期。近年来除中原外，在整个黄河流域、长江流域和辽河流域等都有许多新的发现；特别是大批新石器时代中期遗存的发现和铜石并用时代的被确认，使中国新石器时代文化有一个比较完整的编年体系，从而可以把聚落遗址的研究置于一个比较准确的时间和空间框架之中。

第二个方面是注意了聚落遗址的不同类型，并进而探讨了不同自然地理条件和社会发展阶段对聚落形态的影响。

第三个方面是对若干聚落遗址进行了比较深入的解剖，进而在探索当时的社会性质和社会组织结构的努力中取得了初步的、明显的成果。

最后还有一个并非不重要的方面，就是近年来我们在对聚落遗址进行发掘和研究的过程中，已经越来越注意同相关学科的学者们的合作，越来越注意现代科学技术手段的应用。

根据现有的资料，可以把中国新石器文化分为早中晚三期；在它的后面还有一个铜石并用时代，这个时代也可分为早晚两期[1]。下面我们将依据这一顺序，研究中国史前聚落遗址的发生和发展。

一 新石器时代早期：聚落遗址的发生

中国新石器早期的遗址目前发现尚少，而且多分布于长江以南地区，华北仅

---

[*] 本文为 1987 年 9 月 2 日史前学和原史学国际联盟在联邦德国美因茨市举行的第 11 届国际考古学会上的发言。

[1] 严文明：《中国史前文化的统一性与多样性》，《文物》1987 年第 3 期，44 页表二。

有个别地点有些线索。其年代经过一系列碳-14测定和校正，大约为公元前7500~前6000年。

这时期的遗址因受经济类型和发展水平的制约，多位于山坡和水边，且往往表现为洞穴遗址和贝丘遗址。

洞穴遗址中比较重要的有江西万年仙人洞[1]、广东英德青塘洞穴群[2]、广西桂林甑皮岩[3]和灵山滑岩洞等。洞穴中往往发现有多处火塘，有的是由石头砌成，有的则挖成小坑，泥土和石头都被火烧红或烧裂，周围则有许多灰烬、炭屑和烧骨等。洞穴中出土的石器多为打制，磨制也占一定比例，主要有砍砸器、盘状器、刮削器和斧等。骨器较多，有箭头、鱼镖和锥等，也有角器和蚌器。与生产工具伴出的动物骨骼甚多，其中以鹿类为主，其次有猪、猴、灵猫等，也有鸟类和鱼类；螺、蚌甚多，有时有成层的堆积。从工具和动物骨骼来看，当时的经济主要还是狩猎、捕鱼和采集，农业痕迹尚不明显。甑皮岩的猪85%都在2岁以下，推测已是家养的。但这种养畜业在整个经济生活中所占的比例并不很大。

贝丘遗址广泛分布于广东、广西沿海和西江两岸，主要有广东潮安石尾山，广西防城杯较山、马兰嘴山[4]，南宁豹子头，扶绥江西岸和敢造，邕宁长塘和横县西津等处[5]。遗址面积小者仅数百平方米，最大者约1万~2万平方米不等。

这些遗址的共同特点就是有大量的贝壳堆积，厚约1~3米，布满整个遗址。说明这些遗址的居民是以贝类为食物的重要来源。遗址中还常发现鹿类、鸟类和鱼类等遗骨，说明当时的经济还是以狩猎、捕鱼和采集贝类为主，没有明显的农业痕迹。遗址中发现的工具也说明了这一点，例如石器中多蚝蛎啄和网坠，骨器中多箭头和骨锥，无非是用作狩猎、捕鱼或敲剥贝类的工具。

---

〔1〕　江西省文物管理委员会：《江西万年大源仙人洞遗址试掘》，《考古学报》1963年第1期；江西省博物馆：《江西万年大源仙人洞洞穴遗址第二次发掘报告》，《文物》1976年第12期。

〔2〕　广东省博物馆：《广东翁源县青塘新石器时代遗址》，《考古》1961年第11期。

〔3〕　广西壮族自治区文物工作队、桂林市革命委员会文物管理委员会：《广西桂林甑皮岩洞穴遗址的试掘》，《考古》1976年第3期，北京大学历史系考古专业^{14}C实验室、中国社会科学院考古研究所^{14}C实验室：《石灰岩地区碳-14样品年代的可靠性与甑皮岩等遗址的年代问题》，《考古学报》1982年第2期。

〔4〕　广东省博物馆：《广东东兴新石器时代贝丘遗址》，《考古》1961年第12期。

〔5〕　广西壮族自治区文物考古培训班、广西壮族自治区文物工作队：《广西南宁地区新石器时代贝丘遗址》，《考古》1975年第5期。

洞穴遗址或贝丘遗址，应是某种聚落的遗存，只是因受发展水平和经济类型的制约，规模都比较小。仙人洞中先后发现过 22 处火塘或烧火堆，甑皮岩也曾发现多处类似的遗迹。这说明洞穴中的居民存在着较小的组织，他们各有自己的火塘而不与别人共用火塘。推测这种较小的组织应是某种家庭性质的结合。至于整个洞穴聚落居民的社会组织可能是以氏族为基础的小型公社。贝丘遗址既与洞穴遗址发展水平相近，规模也不很大，其居民的社会组织也应相仿。

无论在洞穴遗址或贝丘遗址中都曾发现过一些墓葬，共同特点都是以蹲葬为主，即人体姿势如同蹲踞在地上。在中国，除了黑龙江省的伊兰倭肯哈达发现过类似的葬式外，其他地点均不曾见，是一种很特殊的埋葬习俗。这些新石器早期居民的种属是人们关心的一个问题。根据对甑皮岩 14 具人骨的观察和测量，说明他们属蒙古人种，与南亚种族最为接近。若与旧石器时代晚期的化石人相比较，最相似的是发现于广西的柳江人，说明二者关系密切[1]。很有可能，广东、广西等地的新石器早期人类就是柳江人的子孙。

二　新石器时代中期：聚落遗址的扩大

新石器时代中期遗址主要是依据最近十年的考古发现才确定的，它包括中原地区的磁山文化，中原偏西的老官台文化，山东地区的北辛文化，辽河流域的兴隆洼文化，辽东半岛的小珠山下层文化，长江中游的城背溪文化和浙江北部的河姆渡文化等。这些文化的年代虽然并不完全一致，但十分相近。根据许多碳-14测量的数据并加以校正，大致为公元前 6000～前 5000 年。过去我们曾将这一时期的遗存称为新石器时代早期的偏晚阶段[2]，现在从全局出发，将这一阶段独立出来称为新石器时代中期，但相对年代和地位仍然是一样的。

这个时期的一个显著特征是农业普遍得到发展，并且逐步成为当时占支配地位的经济成分。在这时的聚落遗址中，往往发现成组的农具，包括石铲、石镰、石磨盘和石磨棒等，江南的一些遗址有用兽肩胛骨做的骨铲；有的遗址则发现大量农作物遗存。由于农业的发展，人们有可能拥有较大量和较长时期的食物储备，才能结成较大的社团聚居在同一村落。这时期的聚落遗址不但分布广泛，规模也远比新石器早期为大，其原因盖在于此。

---

〔1〕　张银运、王令红、董兴仁：《广西桂林甑皮岩新石器时代遗址的人类头骨》，《古脊椎动物与古人类》1997 年第 15 卷第 1 期。

〔2〕　严文明：《黄河流域新石器时代早期文化的新发现》，《考古》1979 年第 1 期。

　　中原地区较大的聚落遗址有河北武安磁山[1]、河南新郑裴李岗[2]和舞阳贾湖村等处。磁山遗址约 8 万平方米，除发现一些小型半地穴式房屋外，还有几百个储藏粮食的窖穴，其中发现的粟壳朽灰如换算成新鲜粮食可达 10 万斤以上[3]，说明这是一个规模颇大的农业村落。贾湖村遗址也有 5 万平方米，发掘表明，这个遗址的居住区和公共墓地是相联系的。居住区多小型半地穴式圆房，有的房屋似经几次扩大，旁边还有许多窖穴和陶窑。

　　如果说中原地区的聚落遗址因发掘面积所限尚不明了其整体布局，那么位于内蒙古东部敖汉旗的兴隆洼便可见到一个相当完整的聚落[4]。

　　这个聚落遗址虽然只挖掘了一小部分，但从地面显露的痕迹，仍可清楚地看出整个聚落的内部布局。聚落平面略呈不规则的椭圆形，长、短径分别为 183、166 米，周围有一道壕沟，宽约 1.5~2 米。壕沟以内的居住区布满房屋，排列不甚整齐，粗略分大约有十一二排，每排将近十座房屋，总数有一百余座。这些房屋相互间没有打破关系，显然是一次性布局。

　　房屋本身均为半地穴式，圆角方形或长方形，多数约 30 平方米，最大的近 60 平方米，最小的则不足 20 平方米。房子大小虽有不同，但结构和室内布置都没有什么差别，说明其功能并没有什么分化。一般中间有一圆坑形火塘，周围放置有石锄、石铲、骨锥、骨鱼镖等生产工具，陶钵、陶罐等生活用具，有的还有一些兽骨，当是食肉的遗存。由此可见，这些房屋都是供居住用的，生活在其中的人应组成为一个半生产和消费的单位。依据房屋大小的不同，大约每所房屋能住二至四人不等，这几人最多能组成一个对偶家庭。现在不能确定的是，房屋的分排是否与社会组织有联系。假如是有联系的话，那么每排房屋的居民大约会构成一个家庭，而整个聚落便可能是以氏族为基础的一个公社。这个公社的居民，总数在三百人左右。

　　中国南方的聚落形态与北方地区的显著不同，一般没有半地穴式房屋。在某

　　[1]　河北省文物管理处、邯郸市文物保管所：《河北武安磁山遗址》，《考古学报》1981年第 3 期。

　　[2]　开封地区文管会、新郑县文管会：《河南新郑裴李岗新石器时代遗址》，《考古》1978年第 2 期；开封地区文物管理委员会、新郑县文物管理委员会、郑州大学历史系考古专业：《裴李岗遗址一九七八年发掘简报》，《考古》1979 年第 3 期；中国社会科学院考古所河南一队：《1979 年裴李岗遗址发掘报告》，《考古学报》1984 年第 1 期。

　　[3]　佟伟华：《磁山遗址的原始农业遗存及其相关问题》，《农业考古》1984 年第 1 期。

　　[4]　中国社会科学院考古研究所内蒙古工作队：《内蒙古敖汉旗兴隆洼遗址发掘简报》，《考古》1985 年第 10 期。

些沼泽地区，为了避暑和防止潮湿，常常把房屋架设在木桩上，中国古代把这种房屋称为干栏。浙江余姚县河姆渡遗址便发现了许多这样的房屋[1]。

河姆渡的房屋遗迹属于第 4 文化层，据碳-14 测量约当公元前 5000～前 4500 年，比一般新石器中期文化稍晚，但其发展阶段还应属于新石器时代中期。这种房屋主要用树木架设而成，一般先在泥地打桩，承重的地方用方桩，围护部分用板桩或圆桩。桩上架地梁，梁上铺地板并立柱，设板壁和门窗，然后架屋顶。根据残存的遗迹，知道这种房子至少长 23 米，宽约 3.2 米，是一种桩上长屋，类似的房屋在现今东南亚的某些落后民族中仍可见到。每所长屋可能住一个家族，其中的许多小房间可能为对偶家庭而设，而河姆渡有许多长屋，那便很可能居住着一个以氏族为基础的公社。这个公社的人口数当不亚于兴隆洼，它以稻作农业为主，兼营养畜、狩猎、捕鱼和采集等生产活动。现已发现的稻谷、稻壳等遗存，如换算成新鲜稻谷，当在 100 吨以上。这样大量的稻谷生产，是河姆渡村社赖以维持的物质基础。

三 新石器时代晚期：聚落遗址的发展

新石器时代晚期的遗址几乎遍及全国，其中在黄河流域者主要属仰韶文化前期和大汶口文化前期，在长江流域主要属大溪文化前期和马家浜文化，在辽河流域主要属红山文化前期等。这些文化的年代大约为公元前 5000～前 3500 年。

这个时期农业有了新的发展，农业工具显著增加，农业在整个经济中的比重有所提高。与此相适应，这时聚落遗址的规模也有所扩大，聚落内部开始发生初步的分化。

这个时期的聚落遗址甚多，其中保存较好并经过大规模发掘的主要有陕西西安半坡[2]、临潼姜寨[3]、宝鸡北首岭[4]，甘肃秦安大地湾甲址[5]和山东长

〔1〕 浙江省文物管理委员会、浙江省博物馆：《河姆渡遗址第一期发掘报告》，《考古学报》1978 年第 1 期；河姆渡遗址考古队：《浙江河姆渡遗址第二次发掘的主要收获》，《文物》1980 年第 5 期。

〔2〕 中国科学院考古研究所、陕西省西安半坡博物馆：《西安半坡》，文物出版社，1963 年。

〔3〕 巩启明、严文明：《从姜寨早期村落布局探讨其居民的社会组织结构》，《考古与文物》1981 年第 1 期。

〔4〕 中国社会科学院考古研究所：《宝鸡北首岭》，文物出版社，1983 年。

〔5〕 甘肃省博物馆文物工作队：《甘肃秦安大地湾遗址 1978 至 1982 年发掘的主要收获》，《文物》1983 年第 11 期。

岛北庄遗址等〔1〕。不久以前，在江苏常州圩墩也发现了一处较大的聚落遗址。

这些聚落的一个显著特点是把居住区、生产区和埋葬区紧密地结合在一起，并且在范围上有明确的划分。例如姜寨，居住区居中，东边和南边是墓地，西南边是烧陶器的窑场；半坡居住区北边是墓地，东北是窑场。其余几个遗址虽没有单独的窑场，但仍有单独的居住区和墓葬区。从每个聚落发现的生产工具和动植物遗存的多样化来看，各种生产和经济活动都是在聚落内部或以聚落为单位来进行的。所以一个聚落的居民便是一个相对独立的和相当封闭的集体。他们的经济是一种自给自足的自然经济；他们的社会虽不是完全封闭的，但同其他村社的交往还是极少的。

正因为每个聚落的居民是相对独立和相当封闭的，所以内部的团结和相互保卫的意识甚强，反映在聚落的规划上就往往采取凝聚式和内向式格局，并且对防卫设施特别关心。我们曾经研究过，姜寨一期在同一时间的房屋有一百余座。这些房屋集中在一个 1.8 万～1.9 万平方米的范围内，紧靠着居住区又是窑场和墓地，居住区内还有牲畜圈栏和大量窖穴——其中许多就是粮食仓库，可算是十分凝聚的了。至于居住区内的房屋，都是背对外部而门朝中央，即北边的房子朝南，东边的房子朝西，南边和西边的房子则分别朝北和朝东，形成一个近似封闭的圆圈，这是典型的内向格局。这种格局一方面是内部团结和组织纪律性强的一种体现，另一方面也是为了防卫的需要。为了加强防卫，姜寨居住区周围设置了壕沟。我们曾根据某些迹象推测，壕沟内侧还应有篱笆或寨墙。在村寨的每边或寨门所在地还专门设置了哨所，这在当时已可算是最完善的防御工事了。

姜寨聚落的凝聚式和内向式格局，在仰韶文化前期几乎可以说是一种通例。其他一些聚落或与姜寨基本相同，如半坡和大地湾甲址；或将形式略加改变而仍然体现着相同的精神，如北首岭。

半坡和大地湾甲址居住区周围都有壕沟，内部集中大量房屋。大地湾甲址的房屋门向都是朝内，形成一个近似封闭的圆圈；半坡只发掘了遗址的西北部，房屋向南，对于整个聚落来说也就是向内，所以这两处也都是凝聚式和内向式的，防御性设施也与姜寨一样，只是没有发现哨所。

北首岭的居住区在北，墓地在南。居住区房子也比较集中，只是中间广场较大，显得靠得不紧。这些房屋的门都朝向广场，北边的朝南，西边的朝东，南边的朝北，东边因临近河崖已被破坏。从现存部分来看，这个聚落显然也是凝聚式

---

〔1〕 北京大学考古实习队、烟台地区文管会、长岛县博物馆：《山东长岛北庄遗址发掘简报》，《考古》1987 年第 5 期。

和内向式的。周围没有发现壕沟，可能是因为东边紧临河崖，西靠高山，南北通道都很狭窄，天然地形已提供良好的防御条件，因而不一定需要再设壕沟的缘故。

这个时期聚落的另一特点是内部都有明确的区划。姜寨居住区的房屋分为五组，每组有一座大房子，几座中型房子和十几座小型房子，总数约二十座。同组房屋聚集在一起，门向基本一致；而不同组别的房屋间均有一片空地，门向也不相同。这样的分组自然是有意规划的，而分组的原则首先应是人们的社会组织。如果我们把房屋的分组同各种房屋的功能结合起来进行考察，这一问题会更加清楚。

小型房屋的面积多数在 15~20 平方米之间，有火塘，有日常必需的生活用具，有的房子里的陶罐中发现有粮食朽灰，有的房子里的陶罐则装满螺蛳。进门左侧一般留有一片空地，有时更筑一低矮的土床，那是睡人的地方。这种房子一般能住二三人，最多不过三四人，他（她）们共同住宿，共同进食，但没有足够的粮食储藏，因此还只是一个半消费单位。据此我们推测小房子中的居民是一个没有自营经济的、不很稳固的对偶家庭。

中型房屋的面积大约为 20~60 平方米不等，也有火塘，有日常生活用具，只是进门两边都能睡人，有时两边都设低矮的土床。这种房屋能住五六人乃至十余人。不能把这种房屋的居民同小房子的居民分割开来而应当联系起来考虑。因为一座中型房屋总是同若干小房子紧靠在一起，它们的居民应该属于一个较大的集体。这个集体应为家族，而中型房子的居民可能是这个家族的长者以及其余不过婚姻生活的老人与少年。这个家族的粮食储备处应为房屋附近的窖穴群。家族的长者每隔一段时期开窖给每个对偶家庭分配粮食，就像某些北美印第安人的长屋居民所做的那样，所以小房子里有装粮食的陶罐。显然这种家族是一个完整的消费单位，在某些情形下也是一个生产单位。

大房子一般有 60~120 平方米，有火塘，有两个对称的土床。这房子显然也是住人的，但鉴于其中除土床以外的空地甚大，又似乎并非仅供食宿起居之用，还应有某些公用的功能，即供公众集会议事或举行宗教活动。在姜寨五组房屋中各自仅有一座大房子而同时有若干中小房子，因此每组房屋应居住着较家族更高更大的一个集体，这集体应是以氏族为基础的一个公社，可简称为氏族公社。鉴于在某些组房屋附近有单个的陶窑或牲畜圈栏，可见氏族公社是有自己独立的经济的，存在着公社一级的所有制。又鉴于各组房屋附近的陶窑和牲畜圈栏并不均衡，有的根本没有，说明各氏族公社的经济并非同一而是有差别的。因此，如果说一个聚落的集体的经济是相当封闭的、自给自足的，那么这集体内的各氏族公社间还是有劳动分工，因而有产品交换的。

姜寨存在着五个氏族公社，不但可从房屋的功能和布局的分析得到说明，还可从墓地的分布得到说明。姜寨居住区的东边和东南边有三处截然分开的墓地，估计北边现代村落还压着两处墓地，这样每组房屋都对应一处墓地。如果不是氏族一级的社会集团，很难想象会那样强调墓地的分割。既然如此，那么整个姜寨聚落的集体就当比氏族公社更高一级，规模也更大一些，其总人口据推测约有500人。这集体也应是一个公社，因为它有全集体所有的窑场，估计存在着整个聚落居民集体的经济。也许这一级的公有经济不如氏族公社的公有经济那样发达，但毕竟是存在的。所以，姜寨聚落所反映的社会形态，是一种以氏族公社所有制为主体的，同时至少存在家族所有制和高于氏族的集体所有制的社会形态，处于原始社会的较晚阶段而并非最后阶段。

在新石器时代晚期，像姜寨那样内部存在分划的聚落是很普遍的。例如已发掘的半坡西北部分即被小沟分隔为两部分。北首岭的北部、西部和南部各有一组房屋，各组房屋间相距数十米，互不连接，每组房屋门向基本一致而各组门向大不相同；特别是在每组房屋内也有大中小的差别。至于大地湾甲址就更接近于姜寨了。所以我们可以说，姜寨聚落所表现的情况，在很大程度上体现了新石器时代晚期聚落的共同特点。

最近几年，我们在山东省长岛县北庄发掘了一处新石器时代晚期的聚落遗址。遗址位于大黑山岛的东部，北依烽台山，东邻大海，南有小溪提供淡水。遗址的一些基本特征也同姜寨遗址接近，只是还有一些为适应海岛自然地理环境而带来的某些特点。例如这一聚落是凝聚式的，东边是居住区，西边是墓地，二者紧密相邻。居住区的房屋也相当密集，但布局并不是内向的，这可能与地形起伏不便于布置成封闭的圆圈有关，更可能是因为海岛的特殊地理环境所致。岛上只有一个村落，如果有任何外敌侵袭都必须越海才能过来，而海洋本身便是很好的一道天然防线。所以北庄不但在房屋布局上不采用内向式，也没有围村的壕沟。

从聚落中发现的遗物来看，应与山东半岛有较密切的文化关系，同辽东半岛也有一些关系，相互存在着一定的文化交流，这说明当时已经有海上交通。但毕竟限于当时的航海工具和能力，不可能也不一定要有经常性的来往，故北庄聚落居民的经济仍然是相当封闭的自给自足的自然经济。

北庄所在的大黑山岛是具有几种生态系统的良好处所，给当时的居民提供了多种多样的生活资源。它的后山有森林，溪边有草地，其中不但生活着本岛的许多动物，还是南来北往的候鸟停歇的中间站，所以在北庄遗址中发现有许多动物骨骼，其中就有不少鹿类和鸟类的骨骼。大黑山岛黄土发育较好，土壤中腐殖质较丰富，宜于旱地农业，所以北庄遗址中发现不少农业工具，还发现了黍子的皮壳——它们是作为抹墙泥土的掺和料而在被火烧毁的房屋遗址中被发现的。遗址中还发现了许多猪骨，说明当时已经养猪。黑山岛所在海域是鱼、虾东西洄游必经之地，岛边有许多浅滩和暗礁，又是各种海贝和海参等的栖息场所，所以北庄遗址中不但有很多网坠和鱼钩等渔具，而且有大量鱼骨和贝壳堆积。由此可见，北庄附近丰富的生活资源使这个聚落的居民能够实行一种自给自足的封闭性的自然经济，并能在相当长时期内维持下去。

北庄聚落的内部也是有明确划分的。现在这个遗址还没有发掘完毕，已发掘部分的房屋分为两排，每排宽 20 余米，长 60 余米，二者相距约 30 米。房屋总数一百余座，有复杂的叠压打破关系，就同一时期来说，大约有五十座，但如果把尚未发掘的部分考虑进去，这一数目自然还要大些。

两排房子中各有一座较大的房子，而绝大多数是约 10～15 平方米的小房子。房中有火塘，有各种生活用具。四五座小房子往往聚在一起成为一组，而每排都有若干组。所以这里也存在着几级社会组织，其组织的原则和反映在聚落规划上的原则同姜寨等聚落遗址基本相同。

在南方，浙江嘉兴马家浜和江苏常州圩墩两个遗址都是把墓地安排在居住区近旁，居住区中都发现有许多木构件，当是干栏式房屋的遗留，可惜由于发掘面积较小，遗迹保存也不甚好，整个房屋的结构和聚落布局不甚清楚。

四　铜石并用时代早期：聚落遗址的分化

种种迹象表明，在新石器时代晚期以后，即相当于仰韶文化后期的阶段，已经懂得冶炼和制造铜器，当已进入了铜石并用时代。但这时期遗存中出土铜器或有冶炼铜器迹象的遗址还很稀少，传统的石器等仍然占有绝对优势，故称之为铜石并用时代早期[1]。

属于这个时期的考古学文化，除中原地区为仰韶后期外，在甘肃、青海为马家窑文化，在内蒙古东南部和辽宁西部为红山文化后期，在山东和江苏北部为大汶口文化后期，在长江中游为大溪文化后期和屈家岭文化，在长江下游有薛家岗文化和崧泽文化等。这些文化的年代，据碳-14 测定的许多数据并加以校正和适当调整，大约在公元前 3500～前 2600 年。

与前一时期的聚落遗址大多比较相似的情况相反，这时期的聚落则已明显地出现了分化。这种分化既表现在聚落之间，也表现在聚落内部布局的改变和房屋类型的多样化等方面。

---

〔1〕　严文明：《论中国的铜石并用时代》，《史前研究》1984 年第 1 期。

聚落之间的分化是沿着两个方向进行的。一方面是聚落大小逐渐向两极分化，以至出现中心聚落和半从属的聚落这样不同的等级；另一方面是聚落功能的分化，除一般性居民点外，还出现了专业性经济中心和宗教中心等。

这时期较著名的大型聚落有甘肃秦安大地湾乙址〔1〕、河南郑州大河村〔2〕、山东泰安大汶口〔3〕和湖北京山屈家岭〔4〕等处。其中大河村近 30 万平方米，大地湾约 110 万平方米，大汶口 80 多万平方米，屈家岭可能更大，而同期一般性遗址仅有几万乃至几千平方米。单就面积来说，这种差别也是显著的。

大地湾乙址明显不同于一般聚落。它坐落在半山腰上，随地形变化而分为若干小区。每一小区中都有面积颇大、建筑技术甚高的大型房屋，而最突出的是中心区的 901 号房子。这房子是多间式的，前有辉煌的殿堂，后有居室，左右各有厢房。前堂有直径约 90 厘米的大圆柱，有直径 2.5 米以上的火塘。它的地面经过多层处理，最后用水泥掺陶质轻骨料铺垫，表面用水泥打磨光滑，其硬度至今不低于 100 号水泥。这房子前面有广场，广场上立两排柱子，柱子前面有一排青石板。房子本身有 290 平方米，连广场共约 420 平方米，是迄今所见这一时期的最大建筑。它显然是一种特殊的公用建筑，是部落首领们集会议事和举行宗教活动的中心会堂，房前的两排柱子很可能是代表各氏族或部落的图腾柱。这样规格的遗址，显然是一个中心聚落的遗址。

大汶口遗址主要清理了墓葬区，居住区似乎也分成若干小区，中心区有许多很大的柱洞，说明存在着大型建筑，但未经正式发掘。不过墓葬也能多少反映这个聚落的一些情况。这墓地的 133 座墓葬可明显地分为大中小三类。大墓有木椁，随葬品丰富，少的五六十件，多的达一百八十余件；中等墓少数也有木椁，随葬器物一般为一二十件或二三十件；小墓墓坑较小，仅随葬一两件器物，有的则一件也没有。不但如此，三类墓葬随葬品的种类和质量也有明显的不同。同样是陶器，中等墓的比小墓的要好，大墓的比中等墓的更好。最精致的黑陶、白陶和彩陶器几乎都出在大墓中。大墓中还有玉器（铲、环、珠、坠饰等）、象牙器（梳、琮、雕筒等）、鳄鱼鳞板（可能是用鳄鱼皮蒙鼓残留下来

〔1〕 甘肃省博物馆文物工作队：《甘肃秦安大地湾第九区发掘简报》，《文物》1983 年第 11 期；甘肃省博物馆文物工作队：《秦安大地湾 405 号新石器时代房屋遗址》，《文物》1983 年第 11 期；甘肃省文物工作队：《甘肃秦安大地湾 901 号房址发掘简报》，《文物》1986 年第 2 期。

〔2〕 郑州市博物馆：《郑州大河村遗址发掘报告》，《考古学报》1979 年第 3 期。

〔3〕 山东省文物管理处、济南市博物馆：《大汶口——新石器时代墓葬发掘报告》，文物出版社，1974 年。

〔4〕 中国科学院考古研究所：《京山屈家岭》，科学出版社，1965 年。

的遗物）及镶嵌绿松石的骨雕筒等，或因原料难得，或因做工精细，都是当时极珍贵的物品。不但同遗址的中小墓中不见，就是同一考古学文化的其他许多遗址中也不曾见。这说明大汶口这个聚落内部的居民已出现财富和社会地位上的分化。不过，在大汶口，大型墓占少数，小型墓也占少数，多数还是中型墓。而同一文化的别的墓地，如以大汶口作标准，则以中型墓占少数，小型墓占多数。有的墓地即使有大型墓，也没有玉器、象牙器、鳄鱼皮鼓等特殊器物。所以说，大汶口这个聚落的居民无论在财富上还是社会地位上都比别的聚落为高。它的贵族们不但统治本聚落的平民，还要统治其他聚落的人民。这种情况，尽管是从墓葬中观察出来的，却与大地湾乙址居住区反映的情况相当一致，说明二者不但同时，所处社会发展阶段及它们在同阶段中的地位都是相似的。它们都是当地许多聚落中的中心聚落。

大河村的情况稍稍有些特殊。它的中间有一条很小的古河道穿过，把遗址分为东西两半。河东的居住区临河，东北为墓地；河西居住区在北，南边为墓地。两个居住区的房屋都是东西排列，东区有三排，西区仅发掘一排。每排房子中有单间的，也有双间的，西区还有一座分为四间的。两区的房子都有叠压打破关系，表明这聚落持续了很长时期。有趣的是在很长时期内，房子尽管有毁坏，有新建，但排列位置总是不离原来的格局。

双间房和多间房的出现不应仅仅看作是建筑技术的一种进步，还应考虑到是否因为家庭形态的发展而对住房提出了改变格局的实际需求。分析那四间一套的房子，中间有一套间，实为五间。其中四间均有火塘，有空地，可以住人，旁边一小间可能是库房。室内发现有许多器物，其中炊煮器和饮食器都集中在1号房间，说明这栋房子住的是一个家庭，都在一个房间用餐。但由于人口较多，特别是过婚姻生活的不止一对，故有必要分间居住。这家庭的人口可能包括老年、青壮年和小孩，是一种比较完全的结构；它有自己的库房，在经济上应有一定的独立性，显然已不同于前一阶段的对偶家庭。但与这种多间和双间房子同时存在，并安排在同一排列中的，还有许多单间房屋，其中的居民仍可能是一种对偶家庭。所以，这时期的家庭形态已呈现一种多样化的倾向。

在这一时期，作为整个聚落布局，依然保持凝聚式特点，但不再是内向的了。大河村的聚落不但不是内向的，而且是双生的，两个聚落各是一个公社，但可能有联姻关系和相互援助的义务。内向格局的改变，反映封闭性在一定程度上的改变。

中心聚落同其他聚落的关系是改变封闭性的一个杠杆；而专业性经济中心的出现更是冲击封闭性的重要力量。从现有发掘资料来看，可视为专业性经济中心的有湖北宜都红花套石器制造场〔1〕和甘肃兰州白道沟坪陶器制造场〔2〕。

红花套位于长江西南岸，紧靠江边。江边有许多大大小小的砾石，是制造石器的理想的原料。这里有许多石器作坊，同时有许多住房，可见它不是临时的石器制造场，而是从事石器专业化生产和交换的一个经济中心。每个石器作坊都是一个半地穴式的圆形工棚，里面放几块像冬瓜一样大的砾石作为工作台和座椅。工棚内堆满原料（较小的砾石）、废料、工具和半成品。石器工具主要是用来打坯和琢制器身的各种石锤。用作工作台的大砾石上有许多打制石器时留下的酥点。还有磨光石器用的砺石等。值得注意的是，在红花套发现许多用管钻留下的石芯而很少发现管钻的完整器物；其他类型的完整器物也很少见，最多的是些残次品和废料。相反在红花套周围数百千米内的许多遗址中，则有许多与红花套石质相同、制法和类型相同的完整器物，而不见半成品、残次品和制石工具。这说明红花套的石器是供许多地方使用的，实际是一种商业性的生产。

白道沟坪位于黄河北岸，是一个马厂期的遗址。它的中间是居住区，西边是墓地，东南边是一个很大的陶器制造场。看来这个聚落的居民是以制造陶器为主要生业的。在陶器制造场中有和泥制坯的土坑，坑中附着已调好的胶泥，坑边发现许多胶泥块或已掺砂的泥块，还有搓成圆条形的泥条，而马厂陶器多是用泥条盘筑的。遗址中还发现了石研磨盘（研磨颜料的工具）和分格的调色陶碟，二者都残留有鲜艳的颜色，它们都是画彩陶花纹的专用工具。陶窑大多已残，有的已被完全破坏。现存的12座分为四组，北边一组4个，中间一组5个，南边一组2个，东边一组1个。每组中间有一个大坑，窑门均对着大坑，以便同时烧几个窑。假如每组都能像中间一组那样保存完好，四组当有20座窑，何况还有一些组已被全部破坏，故估计这一陶器制造场当有数十座陶窑。如此大规模的陶器制造场，在我国史前文化中是仅见的。它的产品绝不单纯是为着自身消费的需要，而主要应是为交换而生产的。

与中心聚落和专业性经济中心的出现同时，这时期还出现了规模很大的宗教中心，其中最重要的是辽宁凌源和建平交界处的牛河梁〔3〕和喀左东山嘴〔4〕两

〔1〕 红花套遗址是在20世纪70年代初由长江流域第二期考古人员训练班和北京大学考古专业等许多单位发掘的，资料待刊。

〔2〕 甘肃省文物管理委员会：《兰州新石器时代的文化遗存》，《考古学报》1957年第1期。

〔3〕 辽宁省文物考古研究所：《辽宁牛河梁红山文化"女神庙"与积石冢群发掘简报》，《文物》1986年第8期。

〔4〕 郭大顺、张克举：《辽宁省喀左县东山嘴红山文化建筑群址发掘简报》，《文物》1984年第11期。

处，二者都属于红山文化后期。

牛河梁位于努鲁儿虎山东麓丘陵地带。其东北部分有一祭祀中心，或可称为庙。庙的附近小山头上分布着许多积石冢，占地总面积近 10 平方千米。所谓庙是一个多室的半地穴建筑，长 18.4、宽约 2.5 米。中段向左右各分出一侧室。紧贴坑壁立木柱，结扎草把，敷草筋泥，最后抹细泥，绘黄底红色几何图形的壁画。根据倒塌的残迹判断，房顶也是木骨草筋，里外两面抹泥。庙内发现许多泥塑像残块，包括人物的头、肩、臂、手和乳房等部分，大约分属于五六个个体，大的超过真人一倍以上，小的也接近于真人大小。它们形体各异，年龄似亦有别，其中有的乳房突出，肌肤圆润，当为女性。与人像同出的还有动物形象，一为猪首龙身，一为猛禽爪，后者亦远大于真实个体。这房子尚未清理完毕，估计还会发现更多的塑像。在这样一个并不很大而建筑考究的房子里供奉如此众多的巨大塑像，显然是为了进行祭祀。在庙北 18 米处，还有一个人工修筑的巨大平台。南北长 175、东西宽约 159 米，周围用石头帮砌，中间对着庙有通道。这平台上的遗迹已毁，地表散见许多陶片及红烧土块，估计是举行大型宗教活动的场所。

牛河梁的积石冢规模甚大，一般为方形，每边长约 18 米，用加工的石头砌边。中间有较大的石椁，墓主人常随葬玉猪龙、玉箍、云形玉板、玉环、玉璧等。椁外常有一排或一周彩陶筒形器，从许多迹象来看，这种陶器是专门用作祭祀的。冢外侧常有许多小型石椁墓，有的也有少量玉器。这些墓主人的身份虽难以完全确定，但与中间大石椁墓主人是明显有别的，二者之间应是一种主从关系。在牛河梁，这样的积石冢共发现有十几座，构成一个巨大的积石冢群。

无论是庙及其后的平台，还是附近的积石冢群，并不属于某个特定的聚落，在整个红山文化中都是非常突出的。它无疑是一个宗教中心，而积石冢中掩埋的则应是统治氏族的成员。

东山嘴遗址位于一个小山头上，南边有一石砌的小圆圈，附近发现许多陶塑人像，大的坐像约高半米，小的立像仅十几厘米，有的乳房突出，肌肤丰满圆润，应为女像。从圆圈往北有一大方坛，周围砌石，方坛中有小方坛，中间有许多立石，周围发现许多彩陶筒形器残片及各种玉器，其格局颇像牛河梁的积石冢。但因未挖出墓葬及人骨，难以论定。东山嘴虽没有牛河梁规模那样大，但也颇为特殊，应是一个较小的宗教活动中心。

五　铜石并用时代晚期：早期城址的出现

铜石并用时代晚期相当于龙山时代。这时的考古学文化，在中原地区为中原龙山文化，山东、苏北为龙山文化，辽东为小珠山上层文化，甘肃、青海为齐家文化前期，长江中游为石家河文化，长江下游为良渚文化等。这时许多遗址都出土铜器，包括凿、锥、刀、匕、指环、铃、镜等许多种。质料以红铜为主，也有青铜和黄铜，后二者多半是利用共生矿的结果，而不一定是有意制造的合金，故仍将这一时期划归铜石并用时代晚期，或者是由铜石并用时代向青铜时代的过渡时期。这个时期的年代约为公元前 2600~前 2000 年前，约当我国第一个有历史记载的王朝夏的前夕。

前一时期聚落遗址的分化，到这时进一步发展为城市或城堡与一般聚落的对立。我国最早的城市或城堡，正是在这个时期出现的。

龙山时代的城堡，至今发现的有山东寿光边线王，河南淮阳平粮台〔1〕、登封王城岗〔2〕，湖北天门石家河和内蒙古凉城老虎山〔3〕等多处。这些城址都有坚固的城墙，一般用夯土筑成，只有老虎山是用石头包边的。这种用夯土筑城的技术，在中国历史上一直沿袭下来，只是后来在夯土外包砖罢了。城内包围的面积差别较大，约从 1 万到 10 万平方米不等，有的可能更大一些。有些城外也有居民区，看来当时有些城并不是把所有居民都包围在里面的。

在这些城址中，保存较好的是平粮台。这座城为正方形，边长 185 米。城墙为夯土筑成，底宽 13、顶宽 8~10 米，工程甚大。在南北城墙的中间均有城门，以南门较大。南门的两边均有用土坯砌成的门卫房，中间门道仅宽 1.7 米。门道下面有下水道，系用三根并拢的陶水管从城内引向城外，这种公共设施在我国以后的城市建设中是经常被采用的。城内房屋已发掘十余座，多为用土坯砌成的分间式房屋。如第 1 号房东西宽 12.54、南北进深 4.34 米，分为三室，全用土坯从平地砌筑。第 4 号房起建之前在地面先夯筑一高约 0.72 米的土台，再在上面用土坯砌墙，使房子显得高大。这房东西残宽 15 米多，南北进深 5.7 米。室内北边有一宽约 0.92 米的走廊，南边则用隔墙分为四间。这种建筑在当时可说是最讲究的了。这城里还发现有铜渣和陶窑，可见在里面还进行重要的手工业生产，显然不单纯是一个军事城堡，而可能是一个经济和社会权力的中心。

这个时期的一些经济、文化最发达的地区，往往形成非常密集的遗址群。如

─────────────

〔1〕　河南省文物研究所、周口地区文化局文物科：《河南淮阳平粮台龙山文化城址试掘简报》，《文物》1983 年第 3 期。

〔2〕　河南省文物研究所、中国历史博物馆考古部：《登封王城岗遗址的发掘》，《文物》1983 年第 3 期。

〔3〕　田广金：《凉城县老虎山遗址 1982~1983 年发掘简报》，《内蒙古文物考古》1986 年第 4 期。

湖北天门石河区和浙江余杭良渚镇，都是在不大的范围内集中了四五十处遗址，这显然也是经济和社会权力集中的一种表现。

城市的出现，使大多数聚落变为乡村，从而在历史上第一次出现了城乡对立。但城市对乡村不仅是剥削和压迫的关系，还有给乡村输送技术和文化的作用，而乡村又给城市以粮食和其他生活资源，所以城市和乡村又是互相联系、互相依存而不可分离的。

这时期的乡村聚落，如在河南汤阴白营[1]、安阳后冈[2]和永城王油坊[3]等地所见，仍然是凝聚式的。这些聚落的房子一般均较小，单间，排列十分密集，只是在建筑技术上有较大改进。许多房子地面和墙壁抹石灰，使室内显得白亮清洁，有些房子用夯土筑地基或墙壁，也有少数用土坯贴墙根。这些虽仍赶不上城里的建筑，但比起前一时期还是有进步的。

对于这一时期开始的城乡分化，从某些墓葬资料中也可窥见一斑。例如山西襄汾陶寺遗址[4]，700 多座墓葬两极分化十分显著，将近 90% 的小墓葬几乎一无所有，而少数大墓不但有木棺，还有一二百件随葬品，其中有些还有龙纹盘、鳄鱼皮蒙的鼓和大石磬等这些表示特殊身份的东西。可见这些大墓的主人不仅富有，社会地位也十分显贵。再如良渚文化的贵族墓和平民墓是分别安排在不同墓地的，贵族墓一般要筑起很大的土台，浙江余杭反山[5]和上海福泉山等就都是人工筑成的高台形墓地，每处需用土方两万多立方米，工程十分浩大。余杭瑶山墓地上还有长方形祭坛，并用不同颜色的土铺成里外几个层次，做工更为讲究。在这些墓地中的墓葬一般有木椁，随葬大量玉器、漆器和陶器等。其中做工最讲究的是玉琮和玉钺，它们加工精致，表面抛光，还有极纤细的阴刻花纹。有的琮和钺上刻着完整的人形，头戴大冠，身穿皮甲，显得十分威严。冠上有非常复杂的装饰，同墓中实物对比，可知许多都是玉质的。有趣的是玉器上线刻人物的形象和服饰与墓主人的随葬物品的安排有相似之处。假如这线刻的形象是神，那么墓主人显

〔1〕 河南省安阳地区文物管理委员会：《汤阴白营河南龙山文化村落遗址发掘报告》，《考古学集刊》（第 3 集），中国社会科学出版社，1983 年。

〔2〕 中国社会科学院考古研究所安阳工作队：《1979 年安阳后岗遗址发掘报告》，《考古学报》1985 年第 1 期。

〔3〕 中国社会科学院考古研究所河南二队、河南商丘地区文物管理委员会：《河南永城王油坊遗址发掘报告》，《考古学集刊》（第 5 集），中国社会科学出版社，1987 年。

〔4〕 高炜、高天麟、张岱海：《关于陶寺墓地的几个问题》，《考古》1983 年第 6 期。

〔5〕 浙江省文物考古研究所：《浙江余杭反山发现良渚文化重要墓地》，《文物》1986 年第 10 期。

然已把自己当作神的化身或代言人；假如线刻的形象就是墓主人本身，因这形象不只见于一墓，那就说明当时首领的服饰已有定制。这些墓主人手执玉钺，说明他掌握军队指挥权；随葬玉琮，说明他掌握贯通天地的特权和宗教权力[1]；墓中丰富的随葬品说明他具有经济特权；而营建那样巨大的墓地当然需要有征发劳力的权力。这样的人物自然已不是一般意义上的氏族和部落首领，而多少具有一些王者的特征了。这一发展与城市的出现是完全相合的，与宗教急速发展而普遍地出现卜骨的情况也是相合的。它代表了中国历史发展的一个关键时期，是文明起源的一个重要阶段。

六　小结

本文概述了中国新石器时代至铜石并用时代聚落形态的发展，并对每一阶段聚落形态的特点及其所反映的社会形态做了一个初步的探索。事实说明，中国新石器时代的聚落是随着农业的发展而迅速发达起来的，并因地理环境和经济类型的差异而表现为不同的形态，但总的说来是凝聚的、内向的、比较封闭的。进入铜石并用时代以后，经济的发展促进了社会内部的分化，中心聚落、专业性经济中心和宗教中心开始出现，聚落形态呈现多样化的倾向。到铜石并用时代晚期更出现了最初的城市，从而产生了城市与乡村的相互对立与相互依存的新的社会格局。城市成了经济文化的中心，并将逐步发展为政治中心。东方文明的曙光就这样在城头上冉冉升起！

（原载《庆祝苏秉琦考古五十五年论文集》，文物出版社，1989 年。后收录在《史前考古论集》，科学出版社，1998 年）

---

[1]　张光直：《谈"琮"及其在中国古史上的意义》，《文物与考古论集》，文物出版社，1987 年。

中国环壕聚落的演变[*]

　　在中国和日本的史前聚落中，有一些在居住区的周围设置壕沟以作为一种防卫设施，日本人习惯将这种聚落称为环壕集落，中国学界则还没有给予专门的名称，姑借用之以称为环壕聚落。

　　中国环壕聚落发生得很早。根据现有的考古资料，至少可以追溯到约公元前6000~前5000年的兴隆洼文化时期。这个文化分布于内蒙古东南部、辽宁省西部和河北省东北部一带，经过发掘的遗址有内蒙古敖汉旗兴隆洼[1]、林西县白音长汗[2]，辽宁省阜新市查海[3]和河北省迁西县东寨与西寨[4]等遗址。其中兴隆洼和白音长汗都发现了比较完整的环壕聚落，查海和东寨只发现了一段壕沟，很可能也是环壕聚落的遗存。

　　兴隆洼遗址位于内蒙古东南部的一个小丘岗上，高出地面约20米。遗址的北部和东部为牤牛河所环绕，紧贴遗址西南的小溪有终年不断的泉水。中国社会科学院考古研究所从1983年起先后进行了六次发掘，得知该处兴隆洼文化遗存可分早晚两期，其后还有红山文化和夏家店下层文化的遗存。兴隆洼文化早期的居民开始在这里建立村落时，就在周围挖起了一条壕沟，成为典型的环壕聚落。这壕

---

　　[*]　本文为1993年10月9日在日本福冈举行的环壕集落到宫室的成立国际学术会议上的发言。

　　[1]　中国社会科学院考古研究所内蒙古工作队：《内蒙古敖汉旗兴隆洼遗址发掘简报》，《考古》1985年第10期；中国社会科学院考古研究所内蒙古工作队：《兴隆洼聚落遗址发掘获硕果》，《中国文物报》1992年12月13日第一版。

　　[2]　郭治中、包青川、索秀芬：《林西县白音长汗遗址发掘述要》，《内蒙古东部区考古学文化研究文集》，海洋出版社，1991年。

　　[3]　方殿春：《阜新查海遗址的发掘与初步分析》，《辽海文物学刊》1991年第1期。

　　[4]　河北省文物研究所：《河北省迁西县东寨遗址发掘简报》，河北省文物研究所、唐山市文物管理处、迁西县文物管理所：《迁西西寨遗址1988年发掘报告》，均见《文物春秋》1992年增刊。

沟略呈椭圆形，长径 183、短径 166 米。现存壕沟宽约 2、深约 1 米。考虑到地表已被不同程度的侵蚀破坏，推测原来的壕沟应该更宽和更深。

壕沟内的房屋全部都是地穴式的，平面呈圆角长方形或接近方形。现存深度约 0.1~1 米不等。由于地面已遭受不同程度的破坏，推测原有地穴的深度当在 1 米以上。房屋平面一般长 8、10 米，宽 6、8 米，面积 50、80 平方米左右。所有房屋均按东北—西南方向排列，共 8 排，每排约 10 座。中间两座房屋最大，各有 140 余平方米，东北—西南并列，占据了两行的位置，房外的空地也较大。这很明显是以两座大房屋的主人为中心的凝聚式环壕聚落。

白音长汗遗址位于西拉木伦河北岸的小丘岗上，东侧有小溪流过。内蒙古文物考古研究所于 1988 年和 1989 年曾在此进行发掘，以后又陆续进行了清理。结果发现有南北两座兴隆洼文化的环壕聚落。北边的一座保存得比较完整，大约呈不规则椭圆形，长径 125、短径约 100 米。围沟宽 1~2 米，深 0.5~1 米不等，同样由于地表已被不同程度地破坏，原来的壕沟应该更深一些。由于聚落处在小丘岗的一侧，有一定坡度，所以其中的房子是按等高线排列的。从西南到东北逐级下降，分为四排，共 29 座房子。这些房子全是地穴式的，长方形或接近方形，东北侧有斜坡形门道。房屋面积多在 40~60 平方米不等，比兴隆洼者略小（图一）。

南边的一座东部稍残。原来也是不规则的椭圆形，周围有壕沟，房屋仅存三排 20 座左右，依坡势自西向东逐级下降，门道朝东。像这样同时存在的成对聚落，并且都是环壕聚落，在中国新石器时代文化中还是仅见的。

如果把兴隆洼文化的环壕聚落作为第一个发展阶段的话，第二个阶段则可以仰韶文化半坡类型和红山文化的环壕聚落为代表。半坡类型分布于陕西省和甘肃省东部的渭河流域，年代大约相当于公元前 5000~前 4000 年。分早晚两期。早期的环壕聚落有陕西省临潼县姜寨遗址[1]和西安市半坡遗址[2]，晚期的环壕聚落有甘肃省秦安县的大地湾甲址。

姜寨遗址的史前遗存共有五个文化期，只有它的早期或第一期保存最好，也是本阶段环壕聚落中保存最完整的一处[3]。这个聚落位于渭河支流临河的东北

[1]　半坡博物馆、陕西省考古研究所、临潼县博物馆：《姜寨——新石器时代遗址发掘报告》，文物出版社，1988 年。

[2]　中国科学院考古研究所、陕西省西安半坡博物馆：《西安半坡》，文物出版社，1963 年。

[3]　严文明：《姜寨早期的村落布局》，《仰韶文化研究》，文物出版社，1989 年；又《史前聚落考古的重要成果——〈姜寨〉评述》，《文物》1990 年第 12 期。

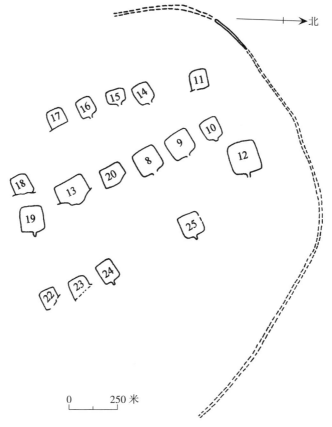

图一　内蒙古白音长汗的环壕聚落（约公元前 6000～前 5500 年）

（图中数字为房址编号）

岸，其北不远即为渭河的古河道，遗址实处于渭河与临河相交汇的三角地带。因地势较周围略高，故又名岗寨。这聚落很明显地分为居住区、生产区（主要是烧陶窑区）和丧葬区三个部分。居住区位于中央，周围有壕沟环绕。东部、东南部共有三片墓地，北部也可能有一片墓地，居住区中央还有一片墓地。烧陶窑区则在居住区西南的临河岸边上。这样分区安排的情况同样见于半坡和大地湾甲址，还以稍稍变动的情况出现于宝鸡北首岭遗址，看来是半坡类型的通例，而在兴隆洼文化时期是还没有见过的（图二）。

居住区中房屋的安排也与兴隆洼文化大不相同。姜寨房屋共分五组，每组有一座大房子，两三座中等房子，近 20 座小房子。每两组房屋间有一片空地，或布满窖穴。五组房子排成一个圆圈，且所有房子均朝向中央而背对壕沟，形成一种向心式结构。半坡遗址只发掘了西北一部分，虽不知全貌，也与向心结构不矛盾。看来这又是半坡类型的一个共同特征。

北

路面
路面
路面

牲畜夜宿场
牲畜夜宿场

窑场

临
河

墓地
墓地

0　　　15 米

图二　陕西姜寨的环壕聚落（约公元前 5000~前 4500 年）

　　这时期的居室普遍变小，一般约为 15~20 平方米。另外还有一些没有火塘设施的小房，面积仅 8~9 平方米。这可能反映家庭形态的变化，即对偶家庭的发育和家庭功能的发展。而大小房屋的分化与联结，又反映家庭与社会组织的复杂化与分级化。

　　在兴隆洼文化时期，一个聚落就是一个整体，所以表现为凝聚式的。在半坡类型时期，一个聚落既是一个整体，内部又有若干分体。正因为有分体的存在，就更需要强调整体性，所以表现为凝聚式和向心式的。另一方面，这种向心式结构也更有利于加强防御功能。在壕沟边每隔一段设一个哨所也是为了加强防卫的需要。可见这时期社群之间的战斗已更为严重，因而不得不更为人们所关注了。

仰韶文化在半坡类型之后的庙底沟期有很大的发展，但因对这个时期的聚落遗址缺乏大规模的发掘，至今还没有发现环壕聚落，不能肯定这个时期是否流行这种聚落形式。到了仰韶文化晚期，在它的东北部即内蒙古中南部地区分布着海生不浪类型的遗存。据说最近在凉城县王墓山坡中一处属于海生不浪类型早期的遗址中，发现有一批房子外面围绕着壕沟的情况，年代大约在公元前 3500 ~ 前 3000 年。这当是仰韶文化中年代最晚的一处环壕聚落遗址。

红山文化的分布范围基本上与兴隆洼文化相同，只是稍扩大了一点。它的陶器也同样是以筒形罐为主，并且同样流行"之"字纹，所以红山文化应该是兴隆洼文化的继承者而又有明显的改进与发展，同时又受仰韶文化的相当影响。其年代约为公元前 4500 ~ 前 3000 年，大体与仰韶文化相当，只是开始的年代稍稍偏晚。

田野调查表明红山文化的遗址比兴隆洼文化要多得多。例如在内蒙古敖汉旗，经过非常仔细的调查，共发现兴隆洼文化遗址 60 处，相当于兴隆洼文化晚期的赵宝沟文化遗址也是 60 处，而红山文化的遗址则达 502 处。据此推测整个红山文化的遗址当在 2000 处以上。这些遗址通常位于河流岸边，依河流走向形成像葡萄串似的分布。遗址面积差别较大，小的仅四五千平方米，大的则达数万以至数十万平方米。

不少遗址的地面可见一些灰色的圆片和条带，前者是房屋的痕迹，后者则是壕沟的标志。根据调查，红山文化遗址中大约有十分之一为环壕聚落，每个聚落中大约有 30 ~ 40 座房子，较大的可达 100 多座房子。例如位于兴隆洼遗址东侧的一处红山文化遗址即发现 40 余座房子，并设有环壕，只是受到后期的严重破坏，布局不甚清楚。在牤牛河北岸的刘家屯遗址群中，11 座遗址中有 3 座发现了环壕。在刘家屯以西约 7 千米处，有一个以王家营子的西台为中心的遗址群。其中西台经过发掘，发现了两个相连的长方形环壕聚落。这或者与白音长汗兴隆洼文化成对的环壕聚落有些关系。

第三阶段的环壕聚落开始发生本质的变化，其最好的例子是在长江中游属于屈家岭文化晚期到石家河文化早期的一系列所谓"城址"。包括湖北省天门市的石家河、荆门市的马家垸、江陵县的阴湘城和湖南省澧县的城头山等处[1]。年代大约相当于公元前 3000 ~ 前 2600 年。

石家河遗址位于天门市石河镇北约 1 千米处，原是一处以谭家岭为中心的遗址群，1955 年曾进行过首次发掘。从 1987 年起，北京大学考古系、湖北省文物考

---

〔1〕 张绪球：《长江中游新石器时代文化概论》，湖北科学技术出版社，1992 年。

古研究所和荆州地区博物馆联合组成石家河考古队，连续多年进行了较大规模的发掘。与此同时还对整个遗址群进行了仔细考察，确认那里有一座规模巨大的城址。

该城略呈长方形，南北1000余米，东西900余米，总面积约1平方千米。西城垣保存较好，残高约3~4米，顶宽约5~6米，底宽约20米。由夯土筑成，但夯层不平而略呈拱形，夯窝也不明显，当是最原始的夯筑方法所为。南墙与西墙连接甚好，但东端一段有较大缺口，不知是以后破坏了还是本来就没有筑。因为那里需要过水，可能是用栅栏或荆篱一类的东西代替城垣起防护作用。北墙东头和东墙两端也不完整，东北角可能因后代修筑土城而遭受破坏。这城外面有巨大的壕沟，西城垣外的壕沟宽数十米，现在仍然蓄水。

城内遗址似以谭家岭为中心，那里发现有大片的房屋遗迹，有单间也有多间的，有的房子已使用了土坯。这是中国史前遗址中所见最早的土坯。城的西北部为邓家湾遗址，那里有大片的墓地，同时发现有成串套接的陶缸。一些陶缸上有刻划记号，与大汶口文化陶缸上的刻划记号的作风很相似，只是记号图形不同。这里还发现了数以千计的陶塑动物，包括猪、狗、羊、猴、象、鸡、长尾鸟、鱼、鳖等许多种，以及数以百计的陶塑人像。这些人像一般是头戴平顶帽，身穿长袍，抱鱼跪坐，似为祈祷状。可见邓家湾应是一处宗教性遗址。城的西南部为三房湾遗址，那里有数以万计的红陶杯堆积；而城东部的蓄树岭遗址则有许多陶盆，似是有意安放者。这说明城内各部分的功能性质是有区别的，当已存在着一定的规划。

走马岭遗址位于石首市焦山河乡，城垣呈椭圆形。城内外地面高差约5米，当是在一个小土岗上筑成的。四边各有一个缺口，可能是城门所在。

城头山遗址位于澧县东溪乡，城垣略呈不规则圆形，直径约310米，四边也有城门，形制与走马岭很相似。城垣坡度内缓外陡，外面有宽35~50米的护城河，当是利用自然河道再加以拓展改建而成。

这些"城址"有两点值得注意。一是大城和小城明显分化，再加上大部分聚落并没有城防设施，从聚落形态演化的角度来看，这时的分化显然比前一个阶段更加明显。它意味着社会的分化与分裂也比以前更加明显，所以人们不惜耗费巨大人力物力来修筑城池以加强防卫的能力。二是城防建筑技术还不大完善，实际上是把挖掘壕沟时的大量泥土筑成一道垄，以加强壕沟防卫作用的一种措施。由于这些遗址多分布在湖泊岸边或小河近旁，所以常常利用一部分天然的河沟，再加上人工挖成的壕沟，构成一个防护圈。只有少数才是完全由人工挖成的。这些壕沟除起防卫作用外，还有排泄洪水的功能，所以一般较大。往往深数米，宽十余米乃至数十米不等。堆在内侧的泥土有些经过夯筑，层次分明；但大多数见不到夯窝，不像通常意义上所讲的夯土。况且土层不平整，从剖面看多呈拱形，难以形成比较陡直的城墙壁，所以大多数城垣的内外坡都较缓，与后来的城墙明显不同。如果没有外面的壕沟，是很难起到有效的防卫作用的。所以这些"城址"应当是环壕聚落向真正城邑转变过程中的一种中间形态。

到公元前第三千年后半，即大约在公元前 2600～前 2100 年时，黄河中下游的龙山文化和中原龙山文化的一系列城址，有些也当是从环壕聚落向真正的城邑转变的一种中间形态，只不过更加接近于真正的城邑罢了。其中保存较好的有河南省辉县的孟庄[1]和淮阳县的平粮台等处[2]。山东省邹平县的丁公遗址，据说在城垣外也发现了城壕的遗迹，详细情况还不大清楚。

孟庄遗址位于辉县孟庄镇东部的坡地上，城垣呈正方形，每边长约 400 米。城墙残高 0.2～1.2 米不等，部分地段高约 2 米。主墙顶宽 5.5、底宽 8.5 米，另在墙内外各加筑宽约 10 米的夯土。整个城墙用集束木棍夯筑，夯层厚 8～15 厘米。城墙外面有一周护城河，深约 5.7 米。

平粮台城垣也呈正方形，只是规模较小，每边只有 185 米。但这城夯筑较好，有门卫房和地下陶水管道设施，城内房子均用土坯砌筑，有的还有台基，比屈家岭—石家河文化的城址讲究多了。但这些城墙的外壁仍不陡直，必须与外壕联系起来才能起到有效的防卫作用，跟后来的古城还是有区别的。

中国的古城建筑技术大约要到夏商才臻于成熟，例如山东省章丘县城子崖属于岳石文化的城址，河南省郑州市的商城址和偃师县尸乡沟的商城址都是建筑技术比较成熟的例子。在这个时期没有发现过典型的环壕聚落，但在山西省夏县东下冯遗址曾发现一个很像环壕聚落但性质很不相同的遗址[3]。

在东下冯的二里头文化遗存中，发现有内外两重环沟，平面近似正方形，外沟每边长 150～200 米不等，沟宽 3～4、深 2～3 米，底部铺砾石，上有路土，显然不是蓄水而是做通道用的。在沟的两侧开挖有窑洞式房子和储藏室，现仅分别残存 5 座和 4 座。距外沟 10 米左右有一内沟，每边长 120～150 米不等。沟口宽 5～5.5、深 2～3 米。底部平展，先铺一层胶泥，再铺砾石，上面是路土。同样在沟两边开挖许多窑洞式房屋和储藏室，现存房子 17 座，储藏室 8 个，由于两条沟都曾

[1]　袁广阔：《辉县孟庄发现龙山文化城址》，《中国文物报》1992 年 12 月 6 日第一版。
[2]　河南省文物研究所、周口地区文化局文物科：《河南淮阳平粮台龙山文化城址试掘简报》，《文物》1983 年第 3 期。
[3]　中国社会科学院考古研究所：《夏县东下冯》，文物出版社，1988 年。

经过后期的严重破坏，故现存房屋和储藏室的数目应远远低于本来的数目。这种建筑，从外表看起来很像是环壕聚落，而且是双重环壕的聚落，很可能它的平面格局就是受到了早先的环壕聚落的影响，但它的功能是为窑洞式房屋创造人工陡壁，从而成为以后流行于晋南、豫西的天井式窑洞的始原。

综上所说，中国的环壕聚落经历了几个发展阶段，最后逐步向城邑过渡。在地域分布上也有差异，开始是北方较多，后来似有向南发展的趋势。但南方（长江以南）典型的环壕聚落至今还没有发现。在往后的发展中，中国的都邑和地方性政治、文化中心往往设城，这些城一般都设有护城河，或称为池，合称城池。而一些较小的村落则只有寨墙，个别的有环壕设施。江南的一些村子乃至个人的农庄也有用壕沟环绕的。

［原载《国学研究》（第 2 卷），北京大学出版社，1994 年。后收录在《农业发生与文明起源》，科学出版社，2000 年］

近年聚落考古的进展

　　中国的聚落考古或聚落形态的考古学研究，大致是从 20 世纪 50 年代西安半坡遗址的发掘开始的。30 年代对安阳殷墟的发掘虽然也是对作为都城的聚落进行考察，但那时还没有形成聚落考古的意识，更没有一套相应的作业方法，只能算是聚落考古的萌芽。50 年代至 60 年代是中国聚落考古的早期阶段，那时曾较大规模地发掘了几处新石器时代的村落遗址和墓地，并试图对其居民的社会形态进行复原。历史时期的考古则主要是对城址的勘探，其中以东周城址的勘探较有成绩。到 70 年代聚落考古又有一些进展。先后发掘了陕西临潼姜寨、甘肃秦安大地湾甲址和浙江余姚河姆渡等保存比较完好的新石器时代聚落遗址，并且开展了初步的研究。

　　20 世纪 80 年代以来，聚落考古受到普遍重视。一是保存较好的新石器时代村落遗址继续有所发现，类型也渐趋复杂化，通过聚落的形态结构来探讨当时的社会形态和社会组织结构的工作有所进展；二是陆续发现了一大批龙山时代的城址，夏商时期的城址也有新的重要发现，从而大大推动了中国文明起源和早期发展的研究；三是把聚落遗址的形态分类与地理分布同自然环境的考察紧密结合起来，推动了环境考古学在中国的发展。1987 年我在德意志联邦共和国参加史前学和原史学国际联盟第十一届年会时的大会发言中，曾对中国新石器时代聚落形态的演变作过一番考察。现在看来，那时划分的几个阶段及各阶段聚落的基本特征大致是正确的。但由于最近几年有组织地开展聚落考古研究，内容已大为丰富了。旧石器时代的聚落形态研究已经起步，新石器时代的聚落又有许多新的发现，同往后文明时代的衔接也更为清楚了。

　　旧石器时代的聚落一般面积甚小。华中和华北南部多露天遗址，华北北部则多洞穴遗址。华中地区的旧石器早、中期的遗址有些有中心营地和其他活动地点，往往呈放射状分布。例如安徽宣州水阳江流域就有这样形态的聚落。到旧石器时代晚期的聚落遗址往往内涵比较复杂，相互间没有明显的等级差别。有时在一个小区内同时分布好几个遗址，可称之为环状分布。偶尔也可发现一些专门的石器制作场，如湖北江陵的鸡公山石器制作场便是。

根据一些新的测定和研究成果，新石器时代早期的起始年代也许应提早到公元前 1 万年甚至更早一些。广西柳州白莲洞、大龙潭、阳春独石仔和江西万年仙人洞与吊桶环等处，都曾发现过公元前 1 万年前后的磨制石器（多为局部磨制）、磨制骨器、穿孔砾石器和穿孔蚌器，大龙潭、仙人洞、吊桶环以及广西桂林庙岩、湖南道县玉蟾岩等处还出土了同一时期的陶片，玉蟾岩更有公元前 1 万年以前的栽培稻与接近野生的稻谷共出，仙人洞和吊桶环则有几乎同一时期的近似栽培稻的植硅石和粒度甚大的禾本科花粉。这些资料说明我国新石器时代的起始年代应比以前估计的为早，其下限则应在公元前 7000 年左右。这是种植农业发生的时期，照理应有一些位于山前或阶地的小型定居聚落遗址。但目前发现的遗址多为洞穴，也有少量贝丘和个别处于沼泽地带者。加以对这个时期遗址的考古发掘面积十分有限，故聚落的基本面貌都不甚了解。

新石器时代中期大约是从公元前 7000 年或前 6500 年（各地情况可能不尽一致）到前 5000 年，这个时期的聚落遗址以兴隆洼文化研究得比较清楚。兴隆洼文化位于内蒙古东南部、辽宁西部和河北东北部，包括北京市在内。经过大面积发掘而又保存比较完整的聚落遗址，有内蒙古敖汉旗兴隆洼、林西县白音长汗，辽宁阜新查海和沈阳新乐等处。前三者周围都有壕沟环绕，是现知中国最早的环壕聚落。兴隆洼遗址现已基本发掘完毕，得知可分早晚两期。早期聚落布局规整。房址分八排，每排约 10 座。过去估计有十一二排 100 余座，是把晚期的也包括进去了。早期房址均在环壕包围之中，是同壕沟一起规划和建设的。所有房址都是圆角长方形或接近方形的浅坑，没有发现门道。室内面积多为 50~80 平方米，是中国新石器时代聚落中单间房屋平均面积最大的一处。中间的两座房址更大，达 140 余平方米，并且占据了两排的位置，室外的空地也比较大。这很明显是以两座大房屋为中心的凝聚式统一体的聚落形态。兴隆洼晚期的聚落已不完整，房屋的面积较小，排列也不甚规整。聚落的位置已略向南移，有的房屋叠压或打破了早期的壕沟，显然不是早期聚落的直接继续。

查海遗址的年代跨度可能比兴隆洼遗址还大一些，白音长汗和新乐遗址的年代则大致相当于兴隆洼的晚期，房屋大小和样式也与兴隆洼晚期相近，只是白音长汗者有门道，排列比前两处稍稍整齐。查海和新乐也都有一座超过 100 平方米的大房子，白音长汗因部分遭到破坏，是否有中心大房子不甚清楚。根据以上情况，可知兴隆洼文化流行有中心建筑的凝聚式的环壕聚落，而每一聚落的房子大约有 50~80 座不等。白音长汗因为有两座环壕聚落并列在一起，所以每一聚落的房子较少。这种成对并列的聚落形态，在中国新石器时代文化中是不多见的。

　　黄河流域新石器时代中期的遗址近年来虽然发现不少，有些也经过较大面积的发掘，但至今没有找到一处保存比较完整的聚落，因而对其整体形态特征不甚明了。山东章丘小荆山和西河等后李文化的遗址中发现的房址，均为长方形浅坑，面积达40余平方米，其构造似与兴隆洼文化相近。但在河北、河南、陕西、甘肃的被分别称为磁山文化、裴李岗文化和老官台文化的一些遗址中发现的房子都很小，且多系圆形浅坑，面积仅三四平方米。如果作为工棚或库房倒比较合适，作为居室似乎太小，与兴隆洼文化和后李文化中的房子相比很不相称。而这些文化的经济发展水平，特别是旱作农业的发展水平是远较前二者为高的。

　　长江中游的彭头山文化的聚落，已知有环壕的设施，房址虽然发现不多，但已探明是平地起建的，平面近于方形，面积约30平方米。彭头山文化以及同时代的城背溪文化，都已有了比较发达的稻作农业，可以想见其聚落是有一定规模的。只是现在田野工作还没有达到那样的程度，暂时还不知其详。不过从整体方面来看，新石器时代中期的房子是较大的，尤其是靠北方的房子更大。这可能与家庭形态有关，也应与气候条件有关。北方的冬季外面很冷，房子不仅供居住用，有些生产与社会活动也只好在房子里做。例如兴隆洼的房屋中除有火塘和日用陶器外，有的还有加工谷物的石磨盘和石磨棒，有的有成堆的小石片，似乎是家庭石器加工场。有的房子内有猪头或鹿头，有的房子里甚至埋人。可见这些房子除住人外，还可以进行许多种活动，这可能是房子较大的原因之一。

　　浙江北部的河姆渡文化，按其文化面貌（例如陶器与石器的类别和加工技术等）应属新石器时代中期，但其绝对年代实已步入新石器时代晚期之初。河姆渡文化的房址，是建筑在沼泽边缘的干栏式建筑。即先在泥地打桩，桩上架地梁和地板，再在上面建造墙壁和屋顶。根据残存的木桩等的分布情况来看，这种房屋一般宽六七米，长度不等，可能有两排房间和走廊。第二次发掘时发现的一座房址正好位于第一次发掘的最长的一座房址的延长线上，只是中间尚未发掘，不知是否连成一体。假如真是连在一起的话，则至少长80米以上，其规模可与近代缅甸和巴布亚新几内亚的长屋相比。

　　新石器时代晚期是一个彩陶兴盛的时期，也是经济文化全面发展的时期。在北方，兴隆洼文化之后，经过赵宝沟文化而发展为红山文化。在那里，凡属经过详细调查过的地方，红山文化的遗址往往比兴隆洼文化的多若干倍，表明那时的聚落与人口数已较此前有了显著的发展。根据内蒙古敖汉旗的调查，在500多处红山文化的遗址中，大约有十分之一为环壕聚落。没有发现环壕的也许是因为后来破坏了，也许原来就是没有。总之，当时存在着有环壕和无环壕两种类型的聚落，是一个值得注意的现象。经过发掘的王家营子的西台遗址，发现有两个相连的长方形环壕聚落，似乎与白音长汗成对的环壕聚落有些关系。

在黄河流域，仰韶文化前期的陕西西安半坡、临潼姜寨、宝鸡北首岭和甘肃秦安大地湾甲址都有比较完整的聚落。其中房址均分为若干组并围成圆圈，门朝中心，而中心为广场或墓地。其中除北首岭外都有围壕，陕西合阳吴家营更有双重围壕，只是因发掘面积较小，壕沟的全貌还不甚清楚。这类聚落一般在围壕外还有成片的墓地和烧陶器的窑场，几乎成为一种定式。因此仰韶前期的聚落特征可概括为内部有分化的向心式的联合体。

这时期黄河下游聚落的特征不甚明了，仅在山东长岛北庄发掘过一个比较完整的村落遗址，发现单间式房址约 100 座。该遗址因为在海岛东岸向阳的坡地上，故聚落因坡势分为上下两片，上片房屋的数目略多于下片者，二者相距约 30 米，推测其居民的社群可能也是一分为二的联合体。

这时期长江流域的中下游分别有大溪文化和马家浜文化等，虽然都发现过一些房屋基址，但整个聚落的形态并不清楚。最近在湖南澧县城头山发现了大溪文化的环壕聚落，其壕沟与附近的河道相通，沟内堆积中发现了船桨和稻谷等许多植物种子，可见这壕沟除了有一定的防卫作用外，还担负着给水、排水和运输等多种功能。马家浜文化的一些遗址如浙江桐乡罗家角和江苏常州圩墩等处，都发现了干栏式建筑的木构件和稻谷遗存。看来那里仍像以前的河姆渡文化一样，以稻作农业为主要经济而居住干栏式建筑。不过有些地方也有平地起建的房屋，这种房子周围立木柱，用木板做柱础。有时一个遗址中两种房屋遗迹都可见到，究竟采用哪种房屋样式，可能是依所在地点的条件而决定的。

大约在公元前 3500 年进入铜石并用时代。此时经济进一步发展，聚落内部与聚落之间都开始出现分化，从而迈出了走向文明社会的最初步伐。

北方的红山文化发展到后期，其聚落已明显地分化为三个级别。最高级别当推辽宁凌源、建平两县交界处的牛河梁遗址，其主体部分大约有 10 平方千米，包括近 20 处遗迹地点。它的中心也许是位于山坡较高处的"女神庙"和祭坛。祭坛紧贴庙北，规模极大。根据一些迹象来看，它的北边还可能有一个上庙，两庙之间有明显的通道。这一组建筑应该是举行大规模的宗教活动的场所。其余十几个地点都是积石冢，每个地点有一两个或五六个冢。大部分积石冢呈方形，也有少数是圆形的。根据第二地点各冢的叠压打破关系，圆形的比方形的要早。方的每边长约 18 米，圆的直径约 20 米。都用石头砌成两三级台阶，周围立一圈或两圈彩陶筒形器，很像日本古坟上的埴轮。每个积石冢的中心有一个大墓，周围有若干小墓，有的还有两三座中等墓。可以设想大墓的主人应是首领级人物，而与他葬在一起的中小墓的死者当是他的近亲或侍从。无论大墓或小墓都只随葬玉器，有一墓还随葬一件铜环。玉器中最富特征的是猪龙、勾云形佩饰、斜口箍形器和飞翔的猫头鹰等动物形饰件，没有一件实用器物。从这些墓葬的规模和随葬品来看，其墓主人一定是掌握统治权力的贵族阶层。

第二级聚落见于喀左、阜新、朝阳、北票、敖汉旗和河北平泉等地，均有积石冢，构造与牛河梁者基本相同，只是规模略小，数量也少。每处只有一两座，也随葬玉器，其主人当是第二级贵族。第三级聚落则为一般的村落遗址。由此看来，红山文化的社会应有别于原始社会的氏族部落，而可能存在某种宗教与政治组织了。

这时期黄河流域的聚落也已有了明显的分化。例如山东等地的大汶口文化便也存在三级聚落。最高一级即大汶口遗址本身，曲阜西夏侯、邹县野店、诸诚前寨、莒县陵阳河和大朱村等遗址当为二级聚落，而大量的小遗址则为第三级的普通村落。另一个突出的例子是甘肃秦安大地湾乙址。它坐落在半山腰上，有数百座房址并分为若干小区。中心的 901 号房子面积大，有前堂后室和左右两厢，建筑技术高超，为仰韶文化中所仅见。可见大地湾至少是仰韶文化西部的一个中心。中原地区的情况一直不太清楚，但最近在郑州西山发现了一座仰韶文化晚期的城址，它是迄今所发现的许多城址中年代最早的一座。可见中原此时也开始了走向文明的进程。

在长江以北的汉水流域和淮河流域，最近发现了一系列铜石并用时代早期的聚落遗址。其中保存较完整的首推安徽蒙城尉迟寺遗址。这是一处大汶口文化晚期的环壕聚落，直径 230 米左右，接近圆形。壕沟本身宽约 20 米，南边不相连续，应是聚落居民进出的通道。聚落中心较高，现在尚未发掘，估计是墓葬或祭坛所在。它的东南西北四边都有房屋，但不是像仰韶早期那样门朝中心的向心式结构，而是有主有从。主体建筑在北边，一排两栋分别有六间和五间，坐北朝南。两边厢房的位置也各有一栋多间房屋，分别朝东和朝西。这种房屋有些像河姆渡的长屋，但不是干栏而是从地面起建的。聚落西边的房子多为双开间，东边和南边房屋的间数也较少，可能这些房子在功能上有些差别。在汉水中游的一些聚落，也往往采用长屋或将房屋成排布局的做法。例如河南淅川下王岗一座仰韶晚期的长房就有三十二间之多。邓州八里岗已发掘的两排房子南北相向，每排有若干座房，每座房又分三个五个或八个单元，每个单元有一间主房和一至二间配房，形成相当复杂的层次结构，为探讨当时的家庭和社会组织提供了十分珍贵的资料。湖北枣阳的雕龙碑遗址在文化属性上与上述两处是同一类型，但规模却大得多。其中两座较大的房子呈方形和长方形，各分七间。无论从房屋面积还是从木柱大小和墙壁厚度来看都是当地最大的建筑。所用陶器等也都较大和较为讲究，很明显是一个中心聚落。由此可见，在铜石并用时代早期，无论是北面的辽河流域，还是较南的黄河流域或长江流域，聚落的分化已是一个十分明显的事实。它反映了当时的社会也在走向分化，并向更高级阶段发展。

大约从公元前 3000~前 2100 年为铜石并用时代晚期，在考古学上称为龙山时代。此时铜器、玉器、陶器、漆木器和丝绸等手工业都有较大发展，贫富分化及贵族与贫民的分化也都更加显著。有些地方已出现用人殉葬或用人奠基的事情。武器已有很大改进，到处都有战死者的乱葬坑，而大量城址的发现，是近年聚落考古和文明起源探索中最引人注目的重要成果之一。

现已发现的龙山城址有 30 多处，主要分布在河南、山东、湖北、湖南和内蒙古等地，最近四川成都平原也发现了几座。内蒙古多石头砌筑的山城，面积仅数千至数万平方米，个别有超过 10 万平方米的。黄河流域有由环壕聚落发展起来的城，也有由岗阜发展起来的台城。还有一些遗址规模极大但至今没有发现城垣建筑，例如山西襄汾陶寺遗址有 300 万平方米，并有规模很大的墓地，应该是一个中心聚落，或者说是一个统治中心。长江流域则多是从环壕聚落发展起来的城。例如湖南澧县城头山和湖北江陵阴湘城原来都是大溪文化的环壕聚落，到屈家岭文化晚期就在原址的壕沟上筑城，再在外面开一条更大的壕沟。这类城的面积一般有七八万到 20 万平方米。湖北天门石家河的城址最大，有 100 万平方米。四川的城址则在十万到二三十万平方米之间。长江下游至今还没有发现一处确凿无疑的城址，只有良渚文化的莫角山可能是一个台城，面积约 30 万平方米。城内有大面积的夯土基址，原先可能有宫殿建筑。不同大小的城址反映当时存在不同级别的统治中心。看来这时的中国大地已是小国林立的局面，正好同史书上关于夏代以前的五帝时期万国万邦的记载相照应。

夏代的城址至今没有找到，但我们相信河南偃师二里头应是夏代的首都之一。有趣的是近年已经找到了夏代东方夷人的城址，它正好压在城子崖龙山文化城址之上，修筑技术则比龙山文化进步多了。

商代城址现已发现有河南郑州、偃师尸乡沟、山西垣曲古城和湖北黄陂盘龙城等多处。前二者是都城级的，后二者很像是地方性军事驻点。商代晚期首都殷墟至今没有发现城垣，而四川广汉三星堆却发现了与商代同时期的古蜀国都城，不能不认为是中国田野考古中的一件大事。对于从龙山直到商代的许多城址，多数只探清了城垣走向及结构等技术上的问题，城内外有什么遗迹，如何布局，各个城的功能如何，城乡之间有什么关系等问题都还很不清楚。今后还要做许多工作，才能对其在中国历史发展上的地位与作用做出适当的评价。

关于自然地理与气候环境对聚落形态和分布的影响，近年来着重在沿海和长城地带做了一些工作。沿海又以珠江三角洲、上海、天津和山东等地考察得较多。珠江三角洲和山东沿海都有大量的贝丘遗址，贝壳种类的变化反映了遗址所在地当时距海岸的远近，同时也可以了解海岸线的变迁。沿长城地带是我国历史上农牧业区的分界线，也是一个气候敏感带。通过对不同性质遗址的考察，可以了解历史上这条分界线南北移动的规律，进而有助于说明历史上许多重大事件发生的原因。最近对湖北先秦遗址的调查，对了解古云梦泽的范围很有帮助。目前这一类工作都在积极地进行之中，相信不久的将来，对中国历史上人与自然的关系会有一个比较明确的认识，进而对当前环境的保护也会提供有益的启示。

参考书目

严文明：《中国新石器时代聚落形态的考察》，《庆祝苏秉琦考古五十五年论文集》，文物出版社，1989 年。

严文明：《中国环壕聚落的演变》，《国学研究》（第二卷），北京大学出版社，1994 年。

严文明：《龙山时代城址的初步研究》，《中国考古学与历史学之整合研究》，史语所出版品编辑委员会，1997 年。

李非、李水城、水涛：《葫芦河流域的古文化与古环境》，《考古》1993 年第 9 期。

石家河考古队：《石家河遗址群调查报告》，《南方民族考古》（第五辑），四川科学技术出版社，1994 年。

王妙发：《黄河流域的史前聚落》，《历史地理》（第六辑），上海人民出版社，1988 年。

Liu Li, 1996. *Settlement Patterns, Chiefdom Variability, and the Development of Early States in North China*, National Museum of Natural History, Smithsonian Institution.

（原载《考古与文物》1997 年第 12 期。后收录在《农业发生与文明起源》，科学出版社，2000 年）

中国史前聚落的考古研究

　　中国史前聚落的考古研究肇始于 20 世纪 50 年代，在此以前的史前考古，大多着重于文化特征的描述和文化关系与年代的推断，基本上不涉及聚落形态的研究。到 50 年代，随着国民经济建设的大规模开展，田野考古工作得到迅速的发展，调查发现和发掘了一大批新石器时代的文化遗址，从而为聚落考古研究提供了客观的基础。当时在全国范围开展的关于马克思主义社会发展史的宣传和学习，也激励考古学者通过聚落形态的揭示来研究原始社会的组织结构和不同的发展阶段。其中最有影响的一项工作就是西安半坡遗址的发掘。

　　半坡遗址是 1953 年春发现的，1954 年秋至 1957 年春在石兴邦先生主持下进行了大规模的发掘，发掘面积约 1 万平方米，发现房屋遗迹 40 多座，土坑墓和瓮棺葬等共 200 多座，还有大围沟和烧陶窑址等遗迹，第一次获知仰韶文化村落的大致轮廓，揭开了通过考古发掘来探讨氏族社会制度的序幕。这个遗址位于浐河东岸，居住区、墓葬区和陶窑区划分清楚。发掘报告中认为："从物质文化遗存的特点来观察，半坡原始氏族部落是处在发达的新石器时代阶段，即恩格斯所论述的野蛮时代的中级阶段。从社会发展的阶段来说，相当于母系氏族公社的繁荣时期。"[1] 书中有不少关于半坡氏族或半坡氏族部落的提法，并且就这个氏族部落的发展阶段、人口数目、生产水平和经济特点、生活状况乃至精神文化等诸多方面都进行了推测，反映了力图全面复原社会历史的急切愿望。在组织发掘半坡遗址时，由于缺乏经验，特地介绍了 20 世纪 30 年代苏联考古学家全面发掘乌克兰特里波列文化居址的方法与经验[2]。可是特里波列基本上是一个时期的居址，几乎没有遗迹相互叠压打破的情况，发掘时主要考虑平面布局的问题。而半坡遗址有好几个时期的堆积，叠压打破关系非常复杂，发掘时虽然作了一些努力，最

---

　　〔1〕　中国科学院考古研究所、陕西省西安半坡博物馆：《西安半坡》，文物出版社，1963 年，226 页。

　　〔2〕　Т. С. 帕谢克：《特黎波里居址的田野考查方法》，《考古通讯》1956 年第 3 期。

终还是主要从平面考虑问题而忽视了不同时期聚落的变化〔1〕。如果最初就严格掌握地层，从地层关系出发，注意不同时期聚落布局的变化，情况可能会好一些。不过这是中国考古学家第一次做这样的工作，参加的人又特别多，出现一些不足也是可以理解的。

在 20 世纪 50 年代发掘的另一处重要的仰韶文化聚落遗址位于陕西省宝鸡北首岭。这个遗址虽然也有不同时期的堆积，但主要是属于仰韶文化半坡类型的，所以聚落布局比半坡遗址看得清楚一些〔2〕，只是发掘报告没有正确地处理分期问题，以致在聚落布局的研究方面也发生差错〔3〕。遗址在金陵河西岸，居住区和墓葬区同样划分清楚。居住区的房屋明显分成三组，北组的房屋朝南，南组的房屋朝北偏西，西组的房屋朝东。据说东边也有房屋，后来被河水冲刷塌毁了。而中间是一个广场。由此可见这个村落既是凝聚和内向式的，内部又是有区划的，当初应该存在着至少两级社会组织。

半坡和北首岭都有很大的墓地。20 世纪 50 年代发掘的同属于半坡类型的墓地还有华阴横阵村和华县元君庙。这些墓地都是聚落的重要组成部分，通过这些墓地的研究来探讨仰韶文化的社会制度，成为当时新石器时代考古最受关注的研究课题。当时关于墓地的研究，有不少是引用民族志资料来加以说明的，其中大多数学者主张仰韶文化母系说，只有个别人主张父系说。主张母系说的有人主张处在群婚阶段，有人主张处在对偶婚阶段，有人认为既有群婚也有对偶婚。这些研究往往是从概念到概念，显得空泛而没有说服力。也有不少文章是对考古资料进行分析的，这些文章既注意到墓葬的分片分排，更注意了单个墓葬的差别，特别是不同性别、年龄死者随葬品的差别，以及合葬墓中不同性别年龄的配伍关系，借以研究当时的社会组织和社会性质，这个思路是很好的。但是在对发掘资料按照同一思路来进行研究时往往得出不同的结论，从而引起了非常热烈的争论。例如有的学者主张所有仰韶文化的墓地都是氏族墓地，有的则认为是部落墓地；有的认为像元君庙那样成排的墓葬或像横阵村那样的复式合葬大墓是以氏族为单位的，有的则主张属于母系大家族。有的认为单个的合葬墓代表母系家族，有的则

〔1〕　严文明：《半坡仰韶文化的分期与类型问题》，《仰韶文化研究》，文物出版社，1989 年。

〔2〕　中国社会科学院考古研究所：《宝鸡北首岭》，文物出版社，1983 年。

〔3〕　严文明：《北首岭史前遗存剖析》，《仰韶文化研究》，文物出版社，1989 年。

认为属于对偶家庭〔1〕。其所以有如此不同的看法，主要是发掘资料还没有经过详细整理，更没有发表正式发掘报告，仅仅根据考古简报或参观得来的初步印象来写文章。掌握的资料不全面又不准确，得出的结论就难免不发生差错，张忠培就曾经尖锐地指出这一缺点〔2〕。事实上任何墓地都不是一次形成的，往往经过了较长的一段时期，因此首先要了解墓葬的早晚关系，看看是不是可以进行分期。假如有明确的早晚关系而错误地当作同一时期来研究社会组织结构，自然会得出不正确的结论。例如横阵的三座复式合葬墓明显是有先后关系的，假如一座复式合葬墓代表一个氏族，三座复式合葬墓就应该是同一氏族在不同时期的埋葬，而不是代表三个氏族〔3〕。这个道理是容易明白的。

在上述四个墓地中，只有元君庙是经过仔细研究的〔4〕。张忠培在1964年写成而在1979年中国考古学会第一次年会上宣读的论文中，将整个墓地分成三期，结合墓葬排列位置观察，发现整个墓地分成两个墓区，墓穴安葬的顺序都是从北向南，再从东往西。由此他得出结论："元君庙墓地是两个氏族墓区组成的部落墓地。"〔5〕接着他着重分析了在墓地中大量存在的合葬墓，鉴于绝大多数合葬墓中的死者是属于不同性别和年龄等级的，他（她）们应该是按照血缘关系组成的亲族集团在一定时期内死亡的，这个亲族集团应该是小于氏族的家族。元君庙的家族—氏族—部落究竟处在哪一个历史发展阶段？作者通过详细的分析后，认为"元君庙的母系氏族制，早已脱离了它的前期形态，而迈入发达的母系氏族制了，即母权制时代"〔6〕。后来关于渭南史家墓地的分析，也是按照这种思路进行的〔7〕。

20世纪70年代在聚落考古方面有几项重要的发现。首先是半坡博物馆等单位

〔1〕 这一类讨论文章其多，主要有以下几种：吴汝祚：《从墓葬发掘来看仰韶文化的社会性质》，《考古》1961年第12期；方扬：《仰韶文化合葬习俗的几点补充解释》，《考古》1962年第3期；张忠培：《关于根据半坡类型的埋葬制度探讨仰韶文化社会制度的商榷》，《考古》1962年第7期；邵望平：《横阵仰韶文化墓地的性质与葬俗》，《考古》1976年第3期；李文杰：《华阴横阵母系氏族墓地剖析》，《考古》1976年第3期。

〔2〕 张忠培：《关于根据半坡类型的埋葬制度探讨仰韶文化社会制度的商榷》，《考古》1962年第7期。

〔3〕 严文明：《横阵墓地试析》，《文物与考古论集》，文物出版社，1986年。

〔4〕 北京大学历史系考古教研室：《元君庙仰韶墓地》，文物出版社，1983年。

〔5〕 张忠培：《元君庙墓地反映的社会组织初探》，《中国考古学会第一次年会论文集》，文物出版社，1980年。

〔6〕 张忠培：《元君庙墓地反映的社会组织初探》，《中国考古学会第一次年会论文集》，文物出版社，1980年，31页。

〔7〕 张忠培：《史家村墓地的研究》，《考古学报》1981年第2期。

于 1972～1979 年对临潼姜寨的大规模发掘，揭露面积达 17084 平方米，发现了一个仰韶文化半坡类型的村落遗址[1]。发掘规模之大和村落布局保存之完好，在中国史前聚落遗址中是首屈一指的。姜寨的新石器时代文化遗存可分五期，其中保存最好的是属于半坡类型前段的第一期遗存，其次是属于半坡类型后段或被称为史家类型的第二期遗存。姜寨一期有一个比较完整的居住区，其中发现的房屋有 120 座，零星的灶坑有 181 个，如果一个灶坑代表一所房子，就应该有 301 座房子。发掘报告认为这些房子是分成三批建造的，属于同一时期的只有 100 多座。这些房屋分成五组，大致上围成一个圆圈，组与组间有一定的间隔。每组各有一所大房子、一两所中等大小的房子和一二十座小房子，门道都无例外地朝向中央，而中央是一片墓地。应当说明的是，我在没有看到正式发掘报告的时候，根据不充分的资料以为中间的墓葬全部属于姜寨二期，在姜寨一期中间没有什么遗迹，推测可能是广场[2]，这一点应予纠正。根据《姜寨——新石器时代遗址发掘报告》，我们看到被划归姜寨二期的 M74、M84、M195、M197、M236、M241、M243、M244、M250、M253、M257 等墓葬实际上都是属于姜寨一期的，而这些墓葬全部在一期居住区的中央，因此中央应该是墓地而不是广场[3]。同半坡一样，姜寨一期村落周围也设有围壕，并且在寨门和沿壕的地方设了几处哨所，可见对村落的安全防御是十分关注的。在围壕之外的东部、东北和东南各有一片墓地，据说北部在现代村落所在的位置也有一片墓地，加上聚落中心的墓地共有 5 片，正好与 5 组房屋相对应。这似乎不是偶然的现象，半坡和北首岭的墓地也是分片的，也可能与房屋的分组相关。姜寨一期既有集中的烧陶窑场，也有与某一组房屋相联系的陶窑，说明陶器的生产是分别在两级社会组织中进行的，由此也可以推知当时至少存在着两级所有制，即以整个聚落为代表的社群所有制和以某一组房屋为代表的较小社群的所有制，甚至还有更小一级的所有制，这是一个重要的发现。

姜寨遗址发掘之后不久，在甘肃秦安大地湾甲址又发现了一个从半坡期后段到庙底沟期的聚落遗址，其布局同姜寨十分相似，只是保存得没有姜寨那么完整。由于有姜寨的发掘，使我们有可能对那些保存状况稍差的半坡、北首岭

〔1〕　半坡博物馆、陕西省考古研究所、临潼县博物馆：《姜寨——新石器时代遗址发掘报告》，文物出版社，1988 年。

〔2〕　巩启明、严文明：《从姜寨早期村落布局探讨其居民的社会组织结构》，《考古与文物》1981 年第 1 期。

〔3〕　严文明：《史前聚落考古的重要成果》，《文物》1990 年第 12 期。

和大地湾甲址等有了进一步的了解。这几个分布于渭河流域的大体上属于仰韶文化早期的村落有许多共同的特征。

（1）居住区、生产区（主要指窑场）和墓葬区有明显的划分，同时又紧密地联系在一起。

（2）居住区依据地形的特点一般规划为圆形或椭圆形，房屋也往往围成圆圈，门朝中央，外有围壕，是一种凝聚式和内向式的聚落，反映整个社群具有强烈的集体意识和组织观念。各聚落的经济大致是以旱地粟作农业为主，结合养猪、渔猎、采集和各种手工业在一起的，是一种综合性的自给自足性经济，聚落之间在经济上的交换并不显著，从而也加强了聚落的凝聚性。另一方面，聚落之间在文化上的交往还是比较密切的，因而在相当大的范围内的文化面貌十分相似或相同。

（3）各聚落的规模差别不大，还没有形成高于一般聚落的中心聚落。一个聚落的房屋约有数十座到百座，其中少数大房子可能是公共活动的场所，绝大多数小房子则是日常的住所。以此匡算，居民当有数百人之多。每个聚落内部的房屋又明确地分成若干组，而墓地也往往分成若干片，说明存在着比聚落要小的社会单位。换句话说，一个聚落内的居民至少存在着两级社会组织。

（4）当时的家庭形态，可以从日常居住的小房子中看出端倪。有些房子中有土床，有些房子虽然没有土床，但其中相当于土床的位置没有摆放任何器物，可以判断是睡卧的地方，其面积一般只有 2 米多长、1.5 米宽，只可能睡两三个人。这种房子内都有灶，有储藏罐而没有粮食窖穴，只能是一个半消费单位。两三个人的半消费单位不可能是一个完整的家庭而应该是对偶家庭，几个对偶家庭才组成一个比较完整的家庭。这是一项重大的发现。

（5）聚落有统一的规划和拥有不属于某一组房屋的公共烧陶窑场的事实，说明当时存在着以聚落为单位的所有制；同时存在着有些陶窑和牲畜圈栏明确与某一组房屋相联系的事实则说明还有小于聚落的所有制，即以一组房屋的居民为单位的所有制。至少存在着两级所有制的情况为原始氏族公社埋藏了走向分化的种子。不过从总体情况来看，聚落的房屋虽然有大小之分而没有质量上的差别。墓葬的随葬品虽然有多少的差别，但是并不显著，质量上也没有什么明显的不同。说明这时的公社制还很巩固，社会基本上是平等的，没有明显的贫富分化和社会地位的分化。

以上便是仰韶文化前期聚落的基本情况。仰韶文化后期的聚落形态发生了明显的变化，这主要是通过大河村和大地湾乙址等处的发掘而得知的。

大河村遗址位于郑州市郊区，面积约 30 万平方米，文化堆积从仰韶文化早期到中原龙山文化可以分成许多期，其中以三、四期遗存最为丰富，可以大致看出聚落的形态[1]。这个遗址的中间有一条东北—西南走向的古河道，把遗址分成东西两个部分。河东的聚落居住区在南边，墓葬区在北边。在居住区发现有三排房子，北边一排与中间一排相距 20 米，中间一排与南边一排相距只有 5 米。其中有单间的也有套间的。房子之间虽然有叠压打破关系，但是后来的房子总是建在原先的排列中，可见这种排列是预先规划好的。由于发掘规模有限，原先究竟有几排房子，每排究竟有多长，有几座房子，都还无法确定。河西的聚落居住区在北边，墓葬区在南边，与河东区正好相反。更加有意思的是河东的墓葬头朝西南，而河西的墓葬头朝东方，两两相向，说明二者有特殊亲密的关系而丧葬习俗有所不同。因此大河村三、四期应该是两个聚落而不是一个。这两个聚落有相同的房子，有类似的聚落布局；在埋葬习俗方面，成年人用土坑墓和婴儿用瓮棺葬都是相同的，葬式也差不多，只是与居住区的相对位置相反，头向也不相同。从这些情况来看，它们应该是两个相邻而居并且有亲密关系的聚落。与仰韶文化前期的不同主要表现在凝聚内向式聚落格局的打破、分间房屋的出现与集体合葬墓的消失，说明这时的家庭形态发生了变化。至于社会的变化，从大地湾可以看得更清楚一些。

大地湾位于甘肃省秦安县五营乡，在渭河上游的支流葫芦河的分支五营河的南岸。遗址总面积有 110 万平方米，文化堆积可分为五大期，即老官台文化、仰韶文化早中晚三期和常山下层文化，其中以仰韶文化早期和晚期的遗存最为丰富。仰韶文化早期的聚落位于河岸阶地上，我们称之为大地湾甲址，其大致情况已于前述。仰韶文化晚期的聚落基本上在山坡上，最高处超过河面 200 米以上，范围与甲址明显不同，我们称之为大地湾乙址。乙址本身大致呈扇形分布，扇柄部分最低，地势也比较平，就在那里建造了一所大型的中心殿堂，编号为 F901[2]。它是一所多间式房屋建筑，有前堂、后室和东西两间厢房。前堂的建筑标准最高，它的中间有两根直径约 90 厘米的大圆柱，柱间有直径达 250 厘米的大灶台，地面经过多层处理，上面用石灰、细沙掺人工烧制的陶质轻骨料混合铺垫，表面用类似水泥的物质抹平并加以打磨光滑，看起来很像现代的水泥。柱子表面、墙壁和房顶也都用类似水泥的泥浆抹平。整个房屋占地约 290 平方米，房前还有广场，有两排柱子洞，洞前还有一排青石板。这些设施的具体用意虽然难以揣摩，但是把它们同房子联系起来，就显得非常特别。房子里面的出土遗物个体大，形态特

---

〔1〕　郑州市博物馆：《郑州大河村遗址发掘报告》，《考古学报》1979 年第 3 期。

〔2〕　甘肃省文物工作队：《甘肃秦安大地湾 901 号房址发掘简报》，《文物》1986 年第 2 期。

别，也不像是日常生活用品。因此 F901 绝不是一般的住房，而是一所全聚落的中心建筑，发掘者称之为原始殿堂，是有道理的。

大地湾乙址并没有经过全面发掘，详细情况不得而知，但大致可以看出有几个小区。每个小区也有一所标准比较高的大型建筑，例如 F405 和 F901 前堂的样式几乎是一样的，只是规模较小而已〔1〕。小型房屋也不完全是居室，有的房屋地面抹白灰，并且用黑颜色作画。画面上有一个长方形物体上放着两个动物，似乎是牺牲；后面有两个人，姿势完全一样，都是左手抚头，右手持棒，双腿交叉，似舞蹈状，或是像巫师作法的样子。这显然是一幅宗教画，如果是单纯的艺术作品，画在墙上的效果会更好些，其所以画在地上一定有某种特别的需要，很可能这是一所为巫师专用的宗教性建筑。把这些情况联系起来，可以看出大地湾乙址明显不同于仰韶文化晚期的一般聚落，而是一个规模很大又非常特殊的中心聚落。

在仰韶文化晚期，类似大地湾乙址的中心聚落还有甘肃庆阳南佐疙瘩等处。总括这个时期聚落形态的变化，至少可以看出以下几点。

（1）聚落的大小差别显著，功能也有所不同，少数聚落得到特别的发展而成为中心聚落，意味着在聚落之间已经发生明显的分化。

（2）在中心聚落内部不但有明显的分区，而且有统一的中心建筑，说明各区之间不是完全平等的关系而可能是统属关系，而一般聚落则没有这种情况。

（3）住所除单间以外还出现有套间房，说明家庭形态和生活内容都发生了变化。结合墓葬中集体合葬习俗的消失，也许暗示着基于血缘关系的集体观念与平等意识有所改变。

仰韶文化聚落形态演变的研究，到 20 世纪 80 年代已有相当的进展，聚落演变的轨迹已经比较清楚，为此我曾试图梳理出某些带规律性的认识〔2〕。现在看来这些认识还是基本上符合实际情况的。

从 20 世纪 70 年代到 80 年代，中国新石器时代考古有了重要的发展。首先是由于一系列较早新石器时代文化的发现，以及由于龙山文化及同时代诸文化中铜器的发现而划分出一个铜石并用时代，中国新石器时代的总分期得以初步确立；其次是黄河流域以外一些重要文化区的初步识别，从而为建立中国新石器时代文化发展谱系打下了初步的基础。在这个基础上广泛开展的聚落考古，

---

〔1〕　甘肃省博物馆文物工作队：《秦安大地湾 405 号新石器时代房屋遗址》，《文物》1983年第 11 期。

〔2〕　严文明：《仰韶房屋和聚落形态研究》，《仰韶文化研究》，文物出版社，1989 年。

则把史前社会历史的研究推进到了一个新的高度〔1〕。

新石器时代早期大约相当于公元前 10000~前 7000 年，北方的年代可能比较晚些。这是发明农业的时期，也是定居聚落初步建立的时期。但是由于考古工作比较薄弱，对于这个时期的聚落形态了解甚少。

北方属于这个时期的遗址有河北徐水南庄头、北京门头沟东胡林和怀柔转年等处。南庄头遗址位于沼泽边，有许多泥炭堆积。出土遗物中有不少磨谷用的石磨盘和石磨棒，动物骨骼以猪骨和鹿骨为最多，还有少量陶片，推测已经有农业的萌芽〔2〕。而东胡林和转年则还看不出农业的痕迹。

南方新石器时代早期多属洞穴和贝丘遗址，其中比较重要的有湖南道县玉蟾岩和江西万年仙人洞，二者都是洞穴遗址，并且都有烧火堆等遗迹。玉蟾岩的出土物中最引人注目的是原始古稻和尖圜底陶釜〔3〕，说明当时已经有农业的萌芽，但狩猎—采集经济仍然占主导地位。仙人洞虽然没有发现稻谷，但是发现了水稻的植物硅酸体，其他情况都和玉蟾岩相似。由于农业还没有充分发展起来，难以形成较大的定居聚落，所以这个时期的聚落都很小。

新石器时代中期大约为公元前 7000~前 5000 年，有些地方可能稍晚。这时农业已经有较大的发展。在华北和东北南部主要是种植粟和黍的旱地农业，有成套的农具，饲养猪、狗和鸡。住房为地穴式或半地穴式，面积较大。例如内蒙古敖汉旗兴隆洼遗址的住房一般为 40~60 平方米，山东章丘西河遗址的住房多为 30~40 平方米。聚落的面积也比较大，例如经过全面揭露的兴隆洼早期聚落平面呈不甚规则的椭圆形，长、短径分别为 183、166 米，面积约 23000 平方米，周围有壕沟环绕。壕沟内房屋整齐地成排排列，中间有两座各约 140 平方米的大房子，显然是一种凝聚式的向心结构〔4〕。同属于兴隆洼文化的内蒙古敖汉旗兴隆沟、林西县的白音长汗和辽宁阜新查海等遗址的聚落结构都和兴隆洼相似，也是凝聚式的向心结构；文化面貌十分相似的沈阳新乐下层也是如此。兴隆沟虽然还没有全面发掘，但从地表也大致可以看出聚落的全貌，规模甚至比兴隆洼还大。这大概

〔1〕　严文明：《中国新石器时代聚落形态的考察》，《庆祝苏秉琦考古五十五年论文集》，文物出版社，1989 年。

〔2〕　郭瑞海、李珺：《从南庄头遗址看华北地区农业和陶器的起源》，《稻作 陶器和都市的起源》，文物出版社，2000 年。

〔3〕　袁家荣：《湖南道县玉蟾岩一万年以前的稻谷和陶器》，《稻作 陶器和都市的起源》，文物出版社，2000 年。

〔4〕　中国社会科学院考古研究所内蒙古工作队：《内蒙古敖汉旗兴隆洼遗址发掘简报》，《考古》1985 年第 10 期。

是本期北方聚落的一个特点。

这时期黄河流域的聚落至今还没有一个是经过全面揭露的，具体形态不甚清楚，但是多少还可以看出一些迹象。例如河北武安磁山遗址有 8 万平方米，发现有大量的农具，包括石铲、石镰、石磨盘和石磨棒等；还有数百个储藏粮食的长方形窖穴，其中不少遗留有粮食朽壳[1]。这既说明当时的农业生产已经有一定的规模，同时也说明磁山是一个很大聚落的遗址。河南新郑裴李岗[2]、密县莪沟北岗、郏县水泉和舞阳贾湖等这些裴李岗文化的遗址都有比较大的墓地，并且与居住区紧密相连。墓地内往往可以比较清楚地区分为若干片。例如裴李岗、莪沟北岗和水泉的墓地都有相邻的三片，贾湖早期墓地有两片，中晚期墓地有六片[3]。说明每个聚落都有相当的规模，其中的居民至少有两级社会组织。

在南方的长江流域，由于稻作农业的初步发展，同样也出现了许多定居的聚落，主要集中在长江中游的湖南北部和湖北西南部。现在在湖南北部的一般被称为彭头山文化和皂市下层文化[4]，在湖北西南部的被称为城背溪文化，也有统称为彭头山文化或城背溪文化的[5]。这些聚落都已经从事稻作农业的生产，许多陶器的泥胎中用稻壳和稻草末做掺和料，一些墙壁的表面也用掺稻壳的泥土抹平。在湖南澧县八十垱更发现了成万粒的稻谷和稻米[6]。这个遗址有 3 万平方米，是南方同时期遗址中最大的一个。一般的遗址多在 1 万平方米以下，有的甚至只有几百平方米。这可能与稻作农业的特点有关。因为稻田需要水平，完全水平的地方毕竟很少，当时又不可能进行大规模的造田活动。既然在一定范围内的稻田数量有限，人们的聚落自然就不可能很大。直到今天，南方的农村仍然比北方农村小得多，这是由于水田农业生产和旱地农业生产的特点所造成的。

浙江东北部的河姆渡文化，年代虽已进入新石器时代晚期之初，但是基本的

---

〔1〕　河北省文物管理处、邯郸市文物保管所：《河北武安磁山遗址》，《考古学报》1981年第 3 期。

〔2〕　中国社会科学院考古所河南一队：《1979 年裴李岗遗址发掘报告》，《考古学报》1984 年第 1 期。

〔3〕　河南省文物考古研究所：《舞阳贾湖》，科学出版社，1999 年。

〔4〕　何介钧：《长江中游原始文化再论》，《长江中游史前文化暨第二届亚洲文明学术讨论会论文集》，岳麓书社，1996 年。

〔5〕　张绪球：《长江中游新石器时代文化概论》，湖北科学技术出版社，1992 年，14~53 页。

〔6〕　裴安平：《八十垱遗址》，《中华人民共和国重大考古发现》（1949~1999），文物出版社，1999 年。

文化特征实应划归新石器时代中期之末[1]。这个文化的典型遗址为余姚河姆渡，它依山面水，在滨海的沼泽边缘，经过发掘知道有四期文化遗存，其中第一期和第二期属于河姆渡文化，尤以第一期文化最为丰富，是一个以干栏式长屋组成的聚落遗址。这种房屋的营建方式是先在地上打桩，承重的地方用方桩或圆桩，作为维护或区隔者用板桩。桩上用大圆木架地龙骨，上面铺地板，使地板离地面约1米高，然后在地板上面立柱、架梁、盖屋顶。所有这些木构件在遗址中发现有数千根，有的桩木至今还成排地立在地中。在一些木构件上发现有榫头和卯眼，地板用企口板，还有直棂栏杆和刻花的构件，可见这些房屋还是很讲究的。根据桩木的走向和间距，可知有的房屋进深约7米，还有1.3米宽的走廊。房屋的长度因受发掘范围的限制难以确定，据第一次发掘的情况看至少超过23米。第二次发掘的房屋有与第一次发掘的房屋连成一线的，其总长度将近100米，只是中间没有挖开，不知道是不是真正连在一起。不论怎样，这种房屋是很长的。在比较炎热和潮湿的南方采用干栏式建筑，可以较好地解决通风和防潮的问题，也比地面建筑容易保持卫生，所以直到近代还广泛流行于华南和东南亚地区。想不到这种干栏式长屋的源头可以上溯到7000年以前的河姆渡，实在令人惊叹不已。

河姆渡遗址有4万平方米，现在仅仅发掘了很小的一部分。在这一部分地方大约有六七栋干栏式长屋，如果全部发掘自然会发现更多的长屋，可见这是一个不小的聚落。其所以能够维持如此大的聚落，应当与它所在的特殊地理环境和比较发达的多种经济成分有很大的关系。遗址近旁有丘陵、平原、沼泽与河流，距离海岸也不远，自然资源十分丰富。遗址中发现了大面积的稻谷和稻草堆积，其数当以万斤计算。种稻需要整治田块，挖泥整田用的骨耜就发现有170多件，说明稻作农业已经有相当的规模。家畜主要有猪、牛和狗。有的陶器上刻划有黄熟的稻子低垂着稻穗，旁边有猪在觅食的画面，生动地表现出农家乐的图景。遗址中还有许多兽类、鸟类和水生动物的骨骼，还有成坑的橡子、菱角和芡实等，说明渔猎和采集经济也很发达。这一切使得河姆渡文化有条件得到充分的发展。

在这个时期，华南的经济仍然以渔猎和采集为主，广西南宁地区的顶蛳山文化是研究较好的，有一定的代表性。这个文化的聚落多数是分布在西江及其支流沿岸的贝丘遗址，其典型遗址为邕宁县的顶蛳山第二、三期。遗址位于八尺河和清水泉的交汇处，东部临水为住地，中西部为墓地，共发现有149座墓葬，以各种形式的屈肢葬和肢解葬为主，还有华南特有的蹲踞葬，是同类聚落

---

[1] 刘军、姚仲源：《中国河姆渡文化》，浙江人民出版社，1993年。

遗址中较大的一处〔1〕。遗址上堆满各种螺蛳等水生贝类的介壳，还有许多陆生动物的骨骼，可见其经济是以渔猎和采集为主，没有发现农业的痕迹。华南其他地区的情况也大致如此，只是还有不少洞穴遗址。

总之，在新石器时代中期由于农业的初步发展，出现了有一定规模的定居聚落，其结构多是凝聚式和向心式的，有些聚落内部也是有分化的。由于自然环境的不同，在黄河流域和东北南部多以旱地农业为主的聚落，规模一般较大，房屋多采用地穴式或半地穴式；长江流域多以水田农业为主的聚落，规模较小，房屋多采用地面式或干栏式建筑。而华南多以渔猎、采集为主要经济的聚落，规模更小。其他地区的情况现时还不大清楚。

新石器时代晚期大约为公元前 5000～前 3500 年。这时在黄河流域除仰韶文化前期遗存外，还有黄河下游的大汶口文化前期，东北南部的红山文化前期，长江流域的大溪文化、薛家岗文化、马家浜文化和崧泽文化等。仰韶文化前期的情况已于前述。大汶口文化前期的聚落以山东长岛县的北庄遗址保存较好，并且进行过比较全面的发掘〔2〕。这个遗址位于大黑山岛的东部海岸边，发现的房屋约有100 座，分为南北两群，西边是墓地，其中有 2 座较大的合葬墓，均被较晚的灰坑打破，残剩人骨分别有 39 具和 54 具，如果不被破坏，原先的人数还要多些。除了房屋没有围成圆圈，其他方面包括房屋建筑的样式和埋葬习俗等都和仰韶文化半坡类型的聚落形态相似，反映的社会形态也应当相似。大汶口文化前期的其他聚落遗址虽然没有进行大面积发掘，但从其规模和出土遗物来看并没有太大的差别，只有个别遗址出现了初步的分化现象。例如泰安大汶口遗址便是如此。在这个遗址的第二、三次发掘时发现有大汶口文化前期的墓葬46 座，分为 4 组，其中有的墓规模较大〔3〕。例如 M2005 葬一成年男性，随葬器物 104件，还有猪颌骨和牛头骨等；M2009 为成年男性，随葬器物 80 件；M2019 为成年男性，随葬器物 96 件；M2007 为一 6 岁左右的小孩，随葬器物也有 39 件，另外还有猪骨和猪蹄等。另外一些墓则只有很少的器物，表明聚落内部已经发生贫富分化。而且在整个大汶口文化前期的遗址中，像大汶口遗址的只有一处，其他都是比较小的墓葬，说明这时聚落之间也已发生初步的分化，中心聚落已

〔1〕　中国社会科学院考古研究所广西工作队、广西壮族自治区文物工作队、南宁博物馆：《广西邕宁县顶蛳山遗址的发掘》，《考古》1998 年第 11 期。

〔2〕　北京大学考古实习队、烟台地区文管会、长岛县博物馆：《山东长岛北庄遗址发掘简报》，《考古》1987 年第 5 期。

〔3〕　山东省文物考古研究所：《大汶口续集——大汶口遗址第二、三次发掘报告》，科学出版社，1997 年。

经初步形成。但是大汶口同时存在着几座同性合葬墓，这又和仰韶文化前期的情况基本相同，而有别于大汶口文化中晚期的情况。

关于大溪文化的聚落目前还研究得很不够。湖北境内的枝城红花套、枝江关庙山、京山屈家岭和江陵朱家台等遗址都发现了大面积的被火烧毁的房屋遗迹。其中关庙山曾经发掘出十多座房子，一般为地面建筑，平面为方形或长方形，面积 30～60 平方米不等。湖南澧县城头山更发现了这个时期的城址〔1〕。该城基本上呈圆形，内部直径 300 多米，面积约 8 万平方米。始建于大溪文化早期，中晚期又加高加厚一次。环城有壕沟，直通外河。壕沟内曾经发现船桨、船艄和大量有机物遗存，其中包括竹席、苇席、稻谷、豆荚、瓜类、菱角和许多种类的植物种子。城内有房屋、墓葬、椭圆形祭坛和制陶作坊等。这个制陶作坊有 8 座陶窑、多条取土坑道，还有许多储水坑和泥坑等，是这个时期所见最大的制陶作坊。墓葬中有个别较大的，随葬玉器和 30 多件陶器，明显不同于一般墓葬。可见这个聚落内部已有分化，而它本身又是地方性的中心聚落。

这个时期其他地方的居住址发掘较少，墓葬发现较多，其所反映的情况大致与仰韶文化前期、大汶口文化前期和大溪文化相似，这里就不多说了。

铜石并用时代早期大约相当于公元前 3500～前 2600 年。这时在一些遗址中发现有极少量的小铜器或冶炼铜器的迹象，与典型的新石器时代已经有所不同，所以划入铜石并用时代早期。属于这个时期的考古学文化，在中原为仰韶文化后期已于前述，在黄河上游为马家窑文化，黄河下游为大汶口文化后期，东北南部为红山文化后期和小河沿文化，长江中游为屈家岭文化和石家河文化早期，长江下游为良渚文化前期，广东有石峡文化等。前一时期表现于个别聚落的微弱的分化现象，这时已经成为相当普遍的事了，其突出表现是中心聚落和古城的出现。

大汶口文化后期的居住遗址至今知道得很少，安徽蒙城县尉迟寺是唯一经过较大面积发掘的遗址〔2〕。这个聚落平面呈椭圆形，南北约 240、东西约 220 米，周围有壕沟环绕。房屋大多集中在北部，全部是分间式的，每座有二间、四间、五间或六间不等，大致构成两大排或两个大的单元。西边只有几座两间一套的房子，南边也有五间的长房。整体布局是有主体、有区划而又基本保持凝聚式的结构，与仰韶文化前期的聚落有所不同。类似的多间式房屋多见于中国南方和北方之间的过渡地带，位于汉水流域的河南淅川黄楝树和下王岗、邓州八里岗、湖北

---

〔1〕 湖南省文物考古研究所：《澧县城头山古城址 1997～1998 年度发掘简报》，《文物》1999 年第 6 期。

〔2〕 王吉怀：《尉迟寺聚落遗址的初步探讨》，《考古与文物》2001 年第 4 期。

枣阳雕龙碑等都有相似的建筑，其所以如此，可能是受到南方干栏式长屋的影响。

墓地发现较多，整体情况还比较清楚。大体上可以分成三个等级，最高等级就是第一次发掘的大汶口墓地[1]。已经发掘的 133 座墓葬可以明显地分为大中小三类，少数大墓有较大墓坑，有木椁和较多的随葬品。例如 M10 的墓坑有 13.5 平方米，有棺有椁，随葬器物 180 多件，其中有玉钺、玉镯、玉指环、象牙梳、象牙雕筒、绿松石项饰、鳄鱼鳞板、猪头和大量精致的白陶、黑陶和彩陶器皿，单是陶瓶就有 38 件之多。鳄鱼鳞板一堆有 84 片，可能是蒙鼓的鳄鱼皮的残余物。这种鼓古时称为鼍鼓，《诗·大雅·灵台》："鼍鼓逢逢，矇瞍奏公。"这鼍鼓是周文王所造灵台上使用的乐器，是高级贵族享用的物品。中等墓占绝大多数，随葬20~40 件器物不等。小墓也很少，有的随葬一两件质量很差的器物，有的一件器物也没有。可见大汶口聚落内部的分化是很明显的，而作为整体，它在大汶口文化中是最突出的，是整个文化的中心聚落的墓地。第二等级的墓地有曲阜西夏侯、莒县陵阳河与大朱村、诸城前寨等处，其中每个墓地内部都有明显的分化，少数为较大的墓葬，而多数为小型墓。大墓中随葬物品相当丰富，但是缺乏像大汶口大墓中那些高档的物品，在级别上只相当于大汶口的中等墓，应该是次中心聚落的墓地。其余大多数墓地中基本上都是小型墓，内部分化不明显，应该是一般聚落的墓地。由此可见，大汶口文化后期的聚落形态已经形成金字塔形，表明这时的社会已经发生了深刻的变化。

目前关于红山文化的居住遗址也不甚清楚，但是从墓葬等资料可以更加清楚地看出金字塔式的结构。那里最高等级的中心遗址是位于凌源、建平两县交界的牛河梁，它是由祭坛、庙宇和积石冢等将近 20 个地点组成的宗教圣地和贵族坟山[2]。其中第二地点中间为直径 22 米的圆形祭坛，东西两边各有两个长方形积石冢，坛和冢都砌成三级台阶，周围都竖立成百件彩陶筒形器。每个积石冢中间有一座大墓，有的在大墓埋好后又埋若干石砌的小墓，工程浩大，蔚为壮观。牛河梁最引人注意的是在接近梁顶的"女神庙"，包括庙北的巨大平台和周围的窖穴。庙址尚未发掘完毕，仅表面清理就发现有大约属于 6 个个体的女神塑像。其中小的有真人大小，大的还要大两三倍。这样以"坛庙冢"相结合的巨大遗迹群，在中国史前文化中是独一无二的。如果当时的社会没有产生掌握大量人力物力资源和宗教大权的贵族阶层，营建这样巨大的工程是无法想象的。在红山文化中，类似牛河

---

〔1〕 山东省文物管理处、济南市博物馆：《大汶口——新石器时代墓葬发掘报告》，文物出版社，1974 年。

〔2〕 辽宁省文物考古研究所：《牛河梁红山文化遗址与玉器精粹》，文物出版社，1997 年。

梁的积石冢在辽宁阜新、朝阳、北票、喀左及河北平泉、内蒙古敖汉旗等有多处，但多只有一个石冢而没有坛庙，应该是一些次中心的地方贵族的坟墓。在它们的下面是大量的普通聚落，仅敖汉旗就有 500 多处。

这个时期社会的变化在长江流域的文化中也表现得非常明显。长江中游的屈家岭—石家河文化已经普遍地出现了土城遗址，其中湖北有天门石家河、荆门马家垸、江陵阴湘城、石首走马岭等，湖南有澧县鸡叫城和城头山，后者是在大溪文化古城的基础上扩建而成的。各个土城的规模差别较大，小的 7 万 ~ 8 万平方米，中等的约 20 万平方米，最大的石家河有 120 万平方米[1]。后者不但规模巨大，而且发现有多处宗教性遗迹，出土数百件大陶缸或臼、上万件可能是做法事用的红陶杯、上万件陶塑动物和陶偶。陶缸上刻划着像是图画文字的各种符号。这些在别的遗址都是从来没有见到的，足以证明它在屈家岭—石家河文化中是地位最高的中心聚落，而其他城址和某些规模较大的遗址如京山屈家岭等当为次中心聚落。

长江下游的良渚文化因为出土数量极多的精美玉器而闻名于世，但是它的发达程度绝不仅仅表现于玉器一个方面。这个文化的中心聚落在浙江余杭的良渚遗址群[2]，它是以莫角山城址和礼制性建筑基址为中心，兼有反山、瑶山和汇观山等祭坛和贵族墓地连同 100 多处遗址在内的巨大遗址群。其规模之大和等级之高，在同时期诸遗址群中无出其右。至于上海福泉山、江苏吴县草鞋山、昆山赵陵山、江阴高城墩和武进寺墩等处也都有人工筑成的大型土台和贵族大墓，并且出土不少玉器等高档物品，应该是属于次中心聚落的。普通聚落的墓地，如最近在浙江桐乡新地里所见者，当是良渚社会最基层的遗留。

这个时期社会分层的情况甚至在岭南也能够看得出来。例如广东曲江县的石峡遗址就应该是一个中心聚落遗址，内部也有明显的分层现象[3]。在发掘区的北面、西面和南面都有房子，基本上围成一个方框，中间是一个大型墓地。北面的房子有 9 米进深，长 45 米还不到头，不像是一般的居室而可能是某种礼制性建筑。墓地里面明显有大墓和小墓，有的大墓出土玉钺、石钺和 100 多个石箭头，还有许多陶器，可能是军事领袖。目前在华南这种规格的遗址还只有石峡一处。

---

〔1〕 石家河考古队：《石家河遗址群调查报告》，《南方民族考古》（第五辑），四川科学技术出版社，1994 年。

〔2〕 林华东：《良渚文化研究》，浙江教育出版社，1998 年；徐湖平：《东方文明之光——良渚文化发现 60 周年纪念文集》，海南国际新闻出版中心，1996 年。

〔3〕 广东省博物馆、曲江县文化局 石峡发掘小组：《广东曲江石峡墓葬发掘简报》，《文物》1978 年第 7 期。

总之，铜石并用时代早期是聚落形态普遍发生重大变化的时期，也是普遍走向文明化进程的时期，只是各地表现的形式不同，文明化的具体内容也有差别。同时各地文化发展的水平也不尽一致。甘肃、青海的马家窑文化就还看不出明显分化的迹象，至于西南、新疆和东北北部基本上还是狩猎—采集经济，更谈不上聚落的分化与社会变化了。

如果说在铜石并用时代早期聚落的变化和文明化的进程是比较普遍的大范围的，那么到铜石并用时代晚期似乎发生了一种战略性的转变。前一时期比较发达的长江流域和东北南部此时似乎走入低谷，而黄河流域则比较迅速地发展起来。这个时期的城址和特大型遗址多发现在黄河流域，例如山西襄汾的陶寺遗址有 300 万平方米，其墓地估计有 1 万座墓葬，是全国史前墓地中规模最大的一处[1]。在已经发掘的 1000 多座墓葬中，将近 90% 的小墓几乎没有任何随葬品，不到 1% 的大墓不但有木椁，还有鼍鼓、特磬和龙纹盘等高级贵族才能拥有的物品随葬，连同其他物品在内一座墓可以随葬一二百件。处在二者之间的中等墓大约占 10%。这是一种非常典型的金字塔结构，表明陶寺聚落的阶级对立已经达到十分尖锐的程度。这是在山西南部的情况，在河南似乎没有那么突出。赵春青曾经专门研究作为中原核心的伊洛—郑州地区史前聚落演变的情况[2]，在铜石并用时代的主要变化是：1）城址数量显著增加，有的城址建设的比较讲究。例如淮阳平粮台有门卫房和用陶水管铺设的地下水道。新密古城寨的城垣夯筑技术是同时期最高的，至今耸立于地上的墙体还有 15 米高。但这些城址的规模都远不如陶寺那么大，看不出有哪一个是超出其他城址的唯一中心。2）由于发明了水井，在离开天然水源较远的地方也可以建立聚落，于是人们大举向平原迁移，聚落数目也大为增加。聚落的分布形成大小不同的、似乎有主从之分的群体。3）墓葬至今发现很少，而乱葬坑随处可见，还有用人同牲畜一起奠基或用作祭祀的情况。这些同样反映了阶级的对立和社会的重大变化，只是表现形式和山西南部有所不同罢了。这时在山东也发现了许多城址，规模同河南差不多，只是建筑技术略逊一筹。山东发现了不少墓地，其中临朐朱封的 3 座大墓墓坑各有 27 平方米左右，有棺有椁，有的是两椁一棺，还有置放器物的边箱和脚箱，其规格又远远超出陶寺大墓，也许可以算是王者之墓了。

这时在长江流域文化的发展是不平衡的。中游的石家河文化晚期虽然没有从

---

〔1〕　中国社会科学院考古研究所山西工作队、临汾地区文化局：《1978～1980 年山西襄汾陶寺墓地发掘简报》，《考古》1983 年第 1 期。

〔2〕　赵春青：《郑洛地区新石器时代聚落的演变》，北京大学出版社，2001 年。

前那种恢宏的气势，但也不是没有进步。例如肖家屋脊一座瓮棺中就随葬了 56 件
玉器，其中有雕刻十分精致的人头像和虎头、飞鹰与蝉等[1]，这种情况在黄河
流域也是少见的，只有山东龙山文化的大墓差可比拟。下游的良渚文化到晚期似
乎衰落了，但是最近在浙江西南部遂昌县的好川发现了一个很大的墓地，其中的
大墓规格仍不很低。至于长江上游的四川，最近也发现了以新津宝墩为代表的一
系列古城址，说明这时四川盆地文化的发展基本上赶上了长江中游前一时期的
水平。

以上就是中国史前聚落发展演变轨迹的基本轮廓，同十四年前勾画的轮廓相
比已经清晰得多了[2]。它说明农业和某些特殊手工业的发展如何促进经济文化
的发展和聚落的演进。从新石器时代早期数量稀少的很小而又不甚稳定的聚落，
演进到中期较多较大而又相对稳定的聚落；从中期凝聚式和向心式聚落演进到晚
期的凝聚式和内部有区划的内向式聚落；从新石器时代晚期个别中心聚落的出现
到铜石并用时代早期一大批中心聚落和城址的涌现，再进一步某些级别较高的城
址就向都城转变，它是夏商周大型都城级聚落的前奏，从而为中国早期文明的产
生奠定了基础。由于中国幅员辽阔，各地情况千差万别，聚落的具体形态也不相
同。首先是南北的差别，其次是各大文化区的差别，加上不同时期不同地区之间
的不同程度的文化交流与碰撞，造成了非常复杂的情况，但是基本的演变轨迹还
是相似的。

中国史前聚落考古虽然有不小的进展，但是要做的事情还有很多。近年来
一些地方注意了小区的聚落考古研究，例如内蒙古中南部的岱海周边的聚落考
古，揭示了从仰韶到龙山各个时期的聚落形态及其演变的轨迹，并且与小区的
环境考古研究结合起来，收到了很好的效果[3]。事实上现在有不少遗址的发
掘都是在聚落考古的思想指导下进行的，有些还是以小区为单位的聚落考古研
究，例如石家河遗址群和良渚遗址群的考古规划与研究，湖南澧阳平原史前遗
址的考古研究和安徽尉迟寺及其周边遗址的考古研究等都是如此。要深入开展
聚落考古研究，还需要多种学科的有效合作，在这方面现在也有不少进展，但
今后还需要做更大的努力。一些聚落考古的著作已经陆续出版，除了前举赵春

〔1〕　石家河考古队：《肖家屋脊》，文物出版社，1999 年，296~298 页。

〔2〕　严文明：《中国新石器时代聚落形态的考察》，《庆祝苏秉琦考古五十五年论文集》，
文物出版社，1989 年。

〔3〕　内蒙古文物考古研究所：《岱海考古（一）——老虎山文化遗址发掘报告集》，科
学出版社，2000 年。

青的著作外，还有钱耀鹏关于史前城址的研究〔1〕，许宏关于先秦城址的研究〔2〕等多种。关于聚落考古方法论的研究也有一些〔3〕，毕竟还是凤毛麟角，今后应该大力加强。相信随着整个考古学科的发展，中国史前聚落考古的研究会有新的更大的发展。

（原载《二十世纪的中国考古学——庆祝佟柱臣先生八十五华诞学术文集》，文物出版社，2006 年。后收录在《中华文明的始原》，文物出版社，2011 年）

---

〔1〕　钱耀鹏：《中国史前城址与文明起源研究》，西北大学出版社，2001 年。

〔2〕　许宏：《先秦城市考古学研究》，北京燕山出版社，2000 年。

〔3〕　严文明：《聚落考古与史前社会研究》，《走向 21 世纪的考古学》，三秦出版社，1997 年；张忠培：《聚落考古初论》，《中国考古学——走近历史真实之道》，科学出版社，1999 年。

《聚落演变与早期文明》前言

　　2000 年 7 月，北京大学中国考古学研究中心成立。按照规定，中心的学术委员必须有三分之二的校外学者参加，研究人员也必须由校内外学者共同组成。研究课题应能反映学科发展的前沿状况和当前备受关注的话题。我们经过研究，确定把"聚落演变与早期文明"作为中心开展研究的第一个课题。之所以选择这个课题，主要是基于两方面的考虑。一是从 20 世纪 80 年代以来，关于中国文明的起源越来越成为考古界普遍关注的重大课题。不少学者从不同的方面或视角进行研究，但多是从某个重要发现或某个方面的问题进行探索，认识颇不一致，从全局进行的综合性研究不多也不够深入。作为一个号称中国考古学研究中心的机构，不能回避这样一个关系全局的重大课题。二是现在的研究多是由个人分散进行，在资料和认识上不免受到一些局限。研究中心为了改变这种局面，特别提倡吸收其他单位的相关学者共同进行研究。而本课题恰好是最适合用这种方式来进行研究的。

　　本课题由我和赵辉主持，先后邀请了郭大顺、田广金、栾丰实、杨建华、张弛、孙华、韩建业、魏峻和秦岭等学者参加。他们之中有的是在考古学领域颇有建树的知名学者和领导者，有的是十分优秀的年轻学者，对聚落考古和文明起源都有深入的研究和独到的见解。2000 年 7 月 16 日，课题组在研究中心召开第一次会议，初步讨论和研究了本课题的设想、基本思路和大致结构，并且做了初步的分工。2001 年 10 月 15～23 日，课题组成员赴山东考察了城子崖、西朱封、桐林、陵阳河、大朱村、丹土村、两城镇、东海峪等一系列史前聚落和早期城址，顺便对课题的进行情况交换了意见。接着又于 2001 年 12 月 11～13 日召开了一次国际学术研讨会。到会的除本课题成员外，还有来自日本、韩国、美国、以色列和国内对本课题有兴趣并有所研究的学者。这次研讨对本课题的推进提供了不少启示和帮助。2002 年 11 月 25～27 日，课题组在北京陶然宾馆召开讨论会，每人汇报了初稿完成的情况和主要内容，并且进行了认真而比较深入地讨论。我把课题的基本要求再次做了说明，并且把下一步的工作做了部署。2003 年虽然基本结项，但还有一些内容需要进行加工和修改。大家平时工作都比较繁忙，只能断断续续挤时间来做，这样一拖就是几年。现在终于可以付梓了。在课题进行的过程中，因为田广金生病，他负责的项目只好全部由韩建业承担。更不幸的是他竟然抗不过病魔的折磨而过早地离开了我们，让同仁们感到十分悲痛。

从考古遗址分析出各种形态的聚落，又从各种形态的聚落分析出各种形态的社会单元和社会结构，再从聚落形态的演变探索社会形态的演变，就是聚落考古的研究方法，也是现代考古学的重要分支之一的社会考古学的首要任务。1928～1935年安阳殷墟的发掘便开启了聚落考古的先河，但那时还没有自觉进行聚落考古的理念。1954～1957年西安半坡的发掘明确提出从聚落形态分析社会组织结构和社会形态，但田野考古方法不过关，分析不得要领。直到20世纪70年代末和80年代，先是苏秉琦先生提出划分文化区系类型的理论并得到广泛的响应，接着又在各地大力推行聚落考古的研究方法，使中国史前考古的面貌发生了极大的变化。人们开始认识到中国的史前文化是多元的，各个地方的文化都有自己的起源和自己的发展道路，形成了自己的特色；同时各个地方之间又是有各种各样的联系和相互作用的，从而逐步形成一种多元一体的格局，为往后中华文明的发展和特色的形成奠定了坚实的基础。虽然这种研究基本上还是属于文化历史范畴的，如果要进行社会历史范畴的研究，还得有新的理论和方法，其中最重要的方法就是聚落考古。这一点现在已经为越来越多的学者认同了。不过用聚落考古的方法研究社会历史的发展需要有一个前提或基础，那就是考古学文化区系类型的梳理。如果连文化历史发展的脉络都没有弄清楚，又如何研究社会历史的演变呢？很明显，只有在文化历史的研究取得积极成果的基础上，才有条件进行社会历史层面的研究。这正好说明为什么聚落考古理念的产生虽然很早，却要等到文化区系类型的研究取得重要进展的情况下才得以较快地推行起来。

按照考古学文化区系类型梳理出来的时空框架和文化谱系来考察聚落形态的演变情况，很容易看出聚落由小到大，由差别不大到等次分明，由最初中心聚落的出现到城乡二元结构的产生，它反映一般社会发展的前进性和阶段性。但这只是问题的一个方面。聚落演变和文化的发展是既有联系又有区别的。有时文化上是延续的，聚落形态却发生了变化；有时文化上出现了明显的变化，而聚落形态并没有随之发生变化。如果从较大的范围来分析，就会看出各地聚落的特点和演变轨迹都有明显的差别。这里有自然环境和经济类型等方面的原因，有历史文化传统的作用，有来自不同文化的影响，还有社会内部各种矛盾冲突和意识形态的反映等等，情形是很复杂的。这只有对具体问题进行具体的分析，并且在广泛比较的基础上，才能得出某种带规律性的结论。

　　在 20 世纪 50 年代末到 80 年代，学术界通过对墓地和墓葬埋葬制度的研究来探讨社会性质和社会组织结构做了许多努力，取得了一些成绩，也走了一些弯路。从 80 年代开始才把注意力集中到对整个聚落的研究，包括房屋形态和功能的研究、单个聚落形态结构的研究、墓地与聚落关系的研究、聚落分布与聚落之间关系的研究以及聚落形态演变的研究等。由于这类研究的开展，便把从 80 年代开始的探索中国文明起源的热潮迅速地纳入一条全新的正确轨道。由于各地考古工作很不平衡，这类研究的内容和认识的深度自然会有较大的差别。无论如何，这样的研究方法比起那种从概念出发，先问什么是文明，再找一些文明的标志来对号入座的方法会更加切合历史发展的实际情况。

　　我们的研究方法是首先对全国的几个主要文化区分别进行文化区系和聚落形态演变的研究，然后对各区文化进行比较和必要的概括，以期得到一些基本的认识。还特地与西亚地区做了初步的比较。因为那里的聚落考古和文明起源的研究是做得比较好的，具有一定的参考价值。为了保持各人研究的特点，在某些概念和表述方式上不强求一律。这样每一篇都可以看作独立的论文，全书又基本是一个整体。我们深知自己的工作还很有限，认识也难免有些肤浅。因此本书的出版自然不是为了提出一个明确的结论，主要还是想探索一条研究中国文明的起源和早期发展的正确道路。希望以此得到学术界同仁们的指教。

（原载《聚落演变与早期文明》，文物出版社，2015 年。后收录在《丹霞集——考古学拾零》，文物出版社，2019 年）

郑洛地区新石器时代聚落演变的研究

　　近年来关于中国文明起源地的考古学研究中，位于江浙地区的良渚文化和燕辽地区的红山文化成为大家关注的焦点，同时在海岱地区、两湖地区、川西平原乃至陇东山地也都有十分重要的发现而为大家所瞩目。相比之下，一向被人们所特别关注的中原，特别是作为中原核心的伊洛—郑州地区，反而显得不那么突出。这种情况使得许多人对于中国文明究竟是不是从中原发源的产生了怀疑，觉得有必要对中国文明起源的模式进行深刻的反思。于是多元论或多元一体说应运而生。这是一个重大的转变，由此人们对中国早期文明发生发展进程的复杂性开始有了崭新的认识，因而也是一个明显的进步。但如果走到另一个极端，以为中原在中国文明发生期仅仅处于无足轻重的地位，那也绝不符合事实。中原不但有特殊优越的地理位置，而且有十分深厚的文化底蕴。远的不说，至少从七八千年以前的裴李岗文化起，这里的新石器时代文化就一直是比较发达的，在与周邻文化的关系上从来不是处在消极的一方。在仰韶文化的庙底沟期还曾经对周围地区的文化产生过很大的影响，此后社会即发生明显的分化。直到铜石并用时代晚期的龙山时代，当燕辽地区和长江中下游的史前文化相继走入低谷，而黄河上游甘青地区的史前文化也进展迟缓的时候，黄河中下游的史前文化则继续快速向前发展。接着位于中原地区的华夏族在与东方夷人的长期斗争中又取得了决定性的胜利，从而奠定了夏商周文明的基础，这是一个基本的事实。要探讨夏商周文明的始原，固然不能局限于中原地区的史前文化。有必要拓宽视野，看看周边文化发生过什么影响，起过什么样的作用。而更重要的是要看中原地区的史前文化究竟是如何在与周边文化发生这样那样关系的情况下一步一步地走向文明时代，这也是不言而喻的。

　　作为中原核心的伊洛—郑州地区是我国考古工作开展得最早的地区，历年发现的新石器时代遗址甚多。当一些人对仰韶文化和龙山文化关系的认识还很模糊的时候，1954 年洛阳孙旗屯的发掘，便首次提出从仰韶文化向龙山文化过渡的问题。1959~1960 年，北京大学考古专业的师生在洛阳地区进行田野考古基础实习，大规模地发掘了王湾遗址，同时在伊河和洛河两岸开展了广泛的调查和试掘。之后又进行过两次专题实习，对个别重点遗址进行了复查和试掘。几次实习的资料极为丰富。当仰韶文化被划分为半坡类型和庙底沟类型为时不久，对两个类型孰早孰晚还争论不休的时候，我们却在进行更加细密的文化分期和研究发展谱系的工作。经过初步整理，我们认识到那里的新石器时代文化自成体系，从仰韶到龙山至少可以分为八个时期；如果细致划分甚至可以分到十期以上，发展脉络十分清楚。可惜这批资料至今没有整理发表，以至于学术界难以充分利用。不过从探索文明起源的要求来说，仅仅是文化分期和谱系研究是远远不够的，它可以作为进一步研究的出发点，而更重要的还是要弄清楚直接反映社会发展状态的聚落形态的演变。这方面的研究虽然起步较晚，也还是做了不少工作。尤其是从大河村、裴李岗和王城岗等遗址发掘以来有了明显的进展，同时也发表了一些聚落形态研究的文章。目前存在的问题主要有二：一是没有发现像大汶口、牛河梁、良渚或陶寺那样高规格的中心聚落遗址，因而在估量某些较晚阶段的文化发展水平时难以做到准确地把握。二是缺乏全面而系统的综合研究，更缺乏在这种研究基础上进行的理论性探索。第一点需要通过广泛而深入的田野考古工作来验证，这不是可以计日程功的。其结果可能发现高规格的中心聚落遗址，也可能没有发现或根本就没有那样的遗址，从而表明其社会形态有其特殊的性质。究竟是哪一种情况，鉴于目前的田野考古水平，似乎还不足以作出肯定的判断。第二点是现在就可以做的，也正是我们想着手进行的，而赵春青则是最适合于担当这一任务的人选之一。所以在考虑他博士学位论文的题目时，很自然地选择了郑州—洛阳地区新石器时代聚落演变与文明起源这样一个主题。

赵春青在大学毕业后曾经在洛阳地区从事文物考古工作多年，对那个地区的情况十分了解。在北大攻读硕士和博士学位期间，对于聚落考古的概念和作业方法也有所了解。他有丰富的田野工作经验，又有相当的研究能力，在学习期间就发表过多篇论文，其中有的与聚落考古相关。因此我们就把这个题目定下来了。在实际的操作中，第一步是收集资料，包括文献资料和实物资料。前者主要是已经发表的田野考古资料和研究论著，后者则主要是分散在省、地、县各级文物考古机构和博物馆的藏品中。感谢这些兄弟单位和同行的无私帮助，使得这一任务得以顺利完成。第二步对现有资料进行整理和分析，发现有些遗址的资料不够翔实，需要进行实地勘察。而聚落遗址的分布与演进，除了与人类社会的发展密切相关以外，还与当地的自然环境有密切的关系。可是过去很少注意环境考古的研究，这次一定要补上一课。我们决定请第四纪地质与地貌专家夏正楷教授参加并进行指导。第三步是进行实地勘察。在有关单位的协助与支持下，先后复查和勘探了 100 多个遗址，对一些重点遗址做了地形测量和详细的记录，有不少新的收获。赵春青曾经因为车祸受过伤，健康状况不算很好。可是他一到田野就像个拼命三郎，总想多调查一些遗址，多掌握一些实际情况。个别特别重要的遗址他还想发掘一下。我为他的精神所感动，但考虑到时间有限，目标不能定得太高，能够做出一个较好的阶段性成果就可以了。调查回来就进行第四步，就是研究资料，拟出提纲。可以有多种方法来安排论文提纲，但既然是要讲聚落的演变，自然是以聚落形态的阶段性变化为主轴来安排较为适宜。我们发现如果按照裴李岗期、仰韶前期、仰韶后期和龙山时期四大阶段来划分，最能体现当地史前聚落的发展阶段和演变轨迹，又与文化发展的阶段性相一致，不啻一种比较好的方案。考虑到伊洛—郑州地区至今还没有发现新石器时代早期的遗存，缺乏一个农业聚落的萌芽时期。这是今后考古调查时应特别注意弥补的。裴李岗文化时期的农业已经有了一定的规模，成套的农具已然出现，大体上已初步进入人们所说的锄耕或耜耕农业阶段，或者说是从刀耕火种农业向锄耕农业转变的阶段。当时已经有定居的村落，只是规模还不很大，且多分布在嵩山周围的山前地带。从一些墓地既集中又分片的情况来看，当时似乎存在着以氏族为基本单位的两级社会组织。

仰韶文化前期的农业有所发展。聚落数目显著增加，规模扩大。为开辟新的农地，分布范围几乎扩及所有河旁阶地。尽管这时出现了一些较大的聚落，但房屋和墓葬都还没有明显的差别，有些地方还流行大规模合葬的习俗。从这些情况来看，当时的社会似乎还没有发生明显的分化。

如果说仰韶文化前期对周邻文化的影响是主导方面，而且十分显著的话；那么仰韶文化后期则出现了一个明显的转变，文化影响的主导方面倒过来了。郑州—伊洛地区也不例外。到处都可以看到从南方的屈家岭文化和东方的大汶口文化传来的器物，一些房屋建筑的形式也受到南方多间式房屋的影响。这种影响的积极方面大致有二：一是造成了文化的复杂化和丰富多彩，二是外部的压力引起了内部的反弹，从而加强了自身的进取精神。个别城址和某些乱葬坑的出现等可以看作是这种反弹的表现。这时的工具和武器有了明显的改进，生产发展了，中心聚落更为突出，墓葬的大小差别显著。在多数小墓几乎没有随葬品的情况下，少数大墓用玉器和象牙制品随葬，数量尽管不多，毕竟显得有些特殊。这些大墓的主人应当是新生的氏族权贵，说明这时的社会已经发生深刻的变化，已经走上了文明化的道路。

龙山时期在郑州—伊洛地区是一个大发展的时期。由于发明了水井，在离开天然水源较远的地方也可以建立聚落，于是人们大批地向平原迁移。聚落的数目大为增加，聚落的分布出现了大小不同的群体，而且似乎有主从之分。城址的数量明显增加，功能也发生了改变，有的似乎像个小小的都城，说明这时可能已是邦国林立。这时期的墓葬发现得很少，而乱葬坑随处可见，用人奠基或作为祭祀人牲的情况也时有发现。说明社会在剧烈分化，阶层或阶级之间的矛盾也尖锐化起来了。再进一步，便将发展到以二里头文化为代表的早期青铜文明了。

　　以上便是从郑州—伊洛地区史前聚落形态演变的研究中得出的基本结论，也就是赵春青博士学位论文的主旨。论文在答辩中获得好评，也提出了一些建设性的意见。之后作者又做了认真的修改和补充，并作为专著由北京大学出版社出版，这就是本书产生的经过。正如前文所指出的，通过聚落形态的演变来研究中原地区文明的起源是一项关系重大而又十分艰巨的任务，需要许多人的长期努力。本书只是将已有的阶段性成果用聚落考古的方法加以综合和系统化，就此提出了一些看法。有些看法也不能认为是很成熟的，有些议论则显得套话过多而缺少新意。不过总起来说还是一次有益而成功的尝试，希望它既是过去研究的一个小结，又能够作为进一步研究的基础。作者本人也很清楚本书并不是任务的完成而只是万里长征走完了第一步。他是一个既有抱负又不怕艰苦肯于脚踏实地工作的人。毕业后立即就读北大的博士后，全力投入河南新密市新砦遗址的发掘与资料整理。在那里除发现有许多中原龙山文化和二里头文化的遗存外，还获得了一大批由龙山向二里头过渡的被称为新砦期的遗存，从而把中原地区文明起源以及夏文化的探索又向前推进了一步。百尺竿头，更进一步。希望春青继续努力，在这块大有希望的园地上做出更大的成绩。

　　　　（原为赵春青著《郑洛地区新石器时代聚落的演变》序，北京大学
　　　　出版社，2001 年。后发表在《中国文物报》2001 年 8 月 26 日，因发表
　　　　需要，文章题目改为《郑洛地区新石器时代聚落演变的研究》）

垣曲盆地的聚落考古研究

通过考古调查来了解一定区域一定时期聚落遗址的分布及相互联系的状况，进而探讨它所反映的社会状况的工作，可以追溯到 20 世纪 50 年代渭水流域仰韶文化的调查，尤其是对西安附近渭水支流浐河和灞河流域的调查做得较为详细。但当时并没有形成一套科学的调查研究方法，所以工作比较粗疏，用那样的资料研究聚落分布的状况及其演变轨迹，进而研究它所反映的社会实无可能，而且那些资料至今没有正式发表，无从进行进一步的研究。从 20 世纪 80 年代起，美国 G. R. 威利等在维鲁河谷及其他地方进行聚落考古的方法被介绍进来，聚落考古的研究日益成为一些考古学者的自觉行为。不少学者通过实际的工作，从不同角度探索如何进行聚落考古的方法。例如北京大学、湖北省文物考古所和荆州地区博物馆在天门石家河的考古工作，内蒙古自治区文物考古研究所在岱海周围的考古工作，山东大学参加的中美考古队在日照两城镇一带的考古工作，吉林大学等参加的中美联合考古队在赤峰地区的考古工作，浙江省文物考古研究所对良渚遗址群的勘察研究工作，以及中国社会科学院考古研究所等单位在河南洛阳等地的考古工作等，都取得了相当的成果。垣曲的聚落考古调查与研究是这一系列工作的继续，同时又具有自己的特点。

垣曲是山西南部的一个小盆地，也是黄河中游谷地的一部分。她像一个人的手掌，几条从中条山发源的小河就像手指汇聚到掌心，其中以亳清河和沇河较大，河谷两旁和盆地中央的遗址较多。通过多年的调查和本课题实施期间的扎实工作，共发现 85 处遗址，时间跨度从前仰韶的裴李岗文化到商代前期，可以划分为 10 个或 11 个文化期。不少遗址包含有几个时期的文化遗存，单纯为一个文化期的遗址很少。各个文化期遗址的数目和规模差别很大，在一定程度上反映了文化发展过程中起伏曲折的状况。据统计，属于裴李岗文化的聚落有 3 处，均在黄河南岸，规模都很小。相当于枣园文化的东关一期文化的聚落有 9 处，主要分布于盆地中。其中东关聚落最大，有 12 万平方米，1 万~4 万平方米的聚落也有几个，说明这时期文化比较发达，从文化面貌和分布区域看似不是裴李岗文化的继承者。仰韶文化半坡期的聚落只有 5 处，而且都很小，没有一个超过 1 万平方米的。这期文化不大像是直接继承东关一期发展而来，而更像是从陕西关中的半坡类型迁移而来，或是在半坡类型的强烈影响下发生的。由于资料甚少，对其文化的全貌难以做出确切的判断，跟东关一期的关系也有待进一步的研究。不管怎样，这时垣曲盆地内文化的发展明显处于低谷的状态。可是到仰韶文化的庙底沟期，文化的发展几乎呈现一种爆发式的状态。这时期的聚落多达 39 处，而且规模也大，9 万平方米以上的聚落就有 6 个，最大的北堡头聚落竟达 30 万平方米。这种状况应该与整个仰韶文化的发展有关，不但垣曲盆地如此，整个黄河中游地区也是如此。到仰韶文化晚期的西王村类型，发展势头又有所减弱。聚落缩回到盆地中自然环境较好的地方，总数仅有 26 处，规模也有所缩小，最大的东关聚落只有 14 万平方米。到庙底沟二期文化则有所复兴，聚落增加到 34 处，规模也略有回升，最大的东关聚落有 20 万平方米。到中原龙山文化进一步发展，聚落多达 38 处，规模也更大了，最大的丰村聚落达 30 万平方米，龙王崖和东关聚落也都在 15 万平方米以上。到二里头文化早期又进入一个新的低谷，只有聚落 6 处，其中西关聚落还不到 5 万平方米。而到二里头文化晚期又有一个爆发式的发展，聚落多达 41 处，规模也略大，最大的丰村聚落有 20 万平方米，在古城南关建立了有围壕的核心聚落。到商代的二里岗文化又明显回落，下层时期只有 12 处聚落，上层时期只有 10 处聚落。不过商人在占领垣曲盆地后不久，就在夏人核心聚落的南关筑城。该城的面积有 13 万平方米，有考究的防卫和道路设施，有建立在夯土台基上的贵族官邸，成为商王朝控制下的一个重要的资源输送地和军事据点。总之，通过对垣曲盆地商代及其以前聚落遗址的全面考察，不但可以了解到当地考古学文化的发展序列及与周邻地区的文化关系，而且对各个时期聚落变迁及社会演进的状态有了一个比较全面的认识，这正是聚落考古所应追求的目标。

垣曲盆地范围狭小，但资源丰富，地理位置十分重要，这三点乃是观察当地文化发展与聚落演变的基本出发点。因为范围狭小，区域内的人口有限，自始至终就没有构成一个单独的文化区，而只是某个更大的考古学文化中的一个小区。因此文化的变迁不仅受区内自然环境和社群关系的制约，主要还受到更大范围文化变迁的影响。因为资源丰富，既适于旱地农作，也适于渔猎、采集，还有采之不尽的石材和木材，谁都觊觎这块沃土，所以常常表现为文化的更替而不仅仅是自身的发展与承袭。这种情况越到后来文明起源和早期发展阶段就越发明显。因为中条山有丰富的铜矿，它是制造青铜礼器、兵器和工具等不可缺少的战略物资。这地方离夏商王朝的腹心地区又近，中央王朝必然会设法加以控制。同时垣曲盆地又是从豫西的郑洛地区通往晋南运城盆地和临汾盆地的交通要道，军事上也特别重要。所以盆地内二里头文化替代中原龙山文化，二里岗文化又替代二里头文化，其背后都反映了夏商王朝政治与军事势力的角逐与消长，目的在于争夺资源、控制军事重地和交通要津。

垣曲盆地聚落考古研究是已故好友俞伟超创导的。在他光辉的学术生涯中，总是不忘考古学的目标乃是尽可能真实地探知人类社会的历史。为此他对于考古学的理论和方法的探索倾注了极大的热情，对国外同行有关的研究也十分关注，聚落考古的方法也是他关注的一个方面。他知道任何理论和方法都必须经过实践的检验，即使正确的方法也要在实际的考古工作中加以充实和提高。他培养了一支很好的队伍，既有较高的理论素养，又有锲而不舍的实干精神。从发掘垣曲古城和渑池班村到垣曲盆地的聚落考古研究，前后达20年之久，都是贯彻着这种不断探索和追求的精神，这是非常令人高兴的。

垣曲盆地聚落考古研究历时4年，工作做得很细。首先有一个预设的目标和实施的计划，在工作中又不断探索和总结经验。诸如垣曲盆地的特点是什么？如何根据这些特点来设定聚落考古的目标？用什么方法来达到这个目标？各种方法在运用中的效果如何等等，都进行了比较深入的思考和探索。在聚落考古开展之前，垣曲盆地已做过多次考古调查和发掘，初步建立了比较完整的年代序列。但因不是从聚落考古的要求进行的工作，所获资料有很大的局限。所以实施计划中首先要充分利用这些资料，并且从新的视角重新整理这些资料。在此基础上进行全面的调查和重点遗址的试掘。鉴于盆地及周边的地形复杂，不可能也没有必要全部进行小区调查中常用的拉网式方法。但对重点遗址不但进行拉网式调查，还结合钻探和断崖上暴露的地层与遗迹、遗物进行适当清理和采样，力求获得比较详细的资料。同时还请有关专家对地形地貌和生态环境进行了考察，以了解不同时期的生态环境及人与自然的关系。

报告在综合所有信息的基础上，考察每个时期聚落的内部结构，考察不同结构可能代表的社会组织的性质。同时考察聚落之间的相互关系，发现不同时期有不同的聚落群，每个聚落群有一个中心聚落，此外还有少量不聚群的分散聚落。在行将进入文明社会的阶段，社会的组织化明显加强，出现了整个盆地的核心或大中心聚落，最后更出现了控制整个盆地的城堡。这种分析环环入扣，从聚落演变探索社会历史变迁的过程，有相当的说服力。不过历史留下的实物遗存毕竟是有限的，通过聚落考古的方法所能获得的信息更加有限。不管我们怎样优化理论设置和改进工作方法，都不免有疏漏和不准确的地方。正如报告所指出的，有的遗址调查了多少遍，都只发现了一两个时期的遗存，经过发掘却发现更多时期的遗存。所以仅仅根据调查而勾画出的聚落演变的蓝图，跟真实的情况还是有距离的。我们只有不断地提高理论水平和改进田野工作方法，才能不断地接近预期的目标。垣曲盆地聚落考古正是本着这一理念进行了不懈的努力，工作中的探索精神和取得的成果都是弥足珍贵的，希望百尺竿头更进一步，还希望今后有更多聚落考古的新成果问世。

（原为中国国家博物馆考古部编著《垣曲盆地聚落考古研究》序，科学出版社，2007 年。后收录在《中华文明的始原》，文物出版社，2011 年）

龙山时代考古新发现的思考[*]

　　十年前，为纪念城子崖遗址发掘暨龙山文化发现 50 周年，我曾发表一篇文章，提出由于考古工作的发展，龙山文化这一概念所涵盖的内容日益庞杂而逐渐改变了本来的含义，应该根据实际情况将其分为若干考古学文化。考虑到这些文化毕竟属于同一时代，相互间又有比较密切的关系；加上同样属于一个时代，并且也有比较密切关系的良渚文化和齐家文化，应该有一个共同的名称，我建议称之为龙山时代〔1〕。根据用放射性碳素等方法所测定的一系列年代数据，这个时代大体上相当于文献记载中夏以前的唐虞时代，其社会发展阶段大约相当于从原始社会到阶级社会的转变时期。因而加强对这一时代考古学遗存的发掘与研究，无论在理论上还是实际上都具有重要意义。

　　从那以后，属于龙山时代的考古新发现一个接着一个不断地涌现出来，人们关于这个时代的认识也日见深刻。在一些著作中，龙山时代的概念也有所延伸，即把相当于庙底沟二期文化这一阶段的遗存也包括在内。所谓庙底沟二期文化，实际上是由仰韶文化向中原龙山文化过渡期间的一种考古学文化。由于它保留有若干仰韶文化因素，可以划归仰韶文化的末期。但从另一角度来看，由于它出现了一些仰韶文化所不具备而在往后的中原龙山文化中得到进一步发展的新因素，因而也可以划入中原龙山文化的早期。其他地方属于这一时期的考古学文化，还有大汶口文化的晚期、良渚文化、屈家岭文化、马家窑文化的半山马厂期和内蒙古中南部的老虎山文化等。我们可以把这一系列考古学文化所代表的时期看成由仰韶时代向龙山时代的过渡时期，或者干脆划归龙山时代的早期。如果这样处理，龙山时代的年代大约是公元前 3000~前 2000 年，持续时间达 1000 年。

　　关于十年来龙山时代考古的重要成果，首推一系列城址的发现。十年前我们

　　＊　　本文据 1991 年 10 月 15 日在纪念城子崖遗址发掘六十周年国际学术讨论会上的发言修改。

　　〔1〕　严文明：《龙山文化和龙山时代》，《文物》1981 年第 6 期。

只知道河南的王城岗和平粮台两座城址，一则年代偏晚，二则规模很小（王城岗不足 1 万平方米，平粮台也只有 3 万多平方米），难以对它们所代表的社会意义作出足够的估计。现在发现的城址一下子增加到了 20 多处，规模都比平粮台大，有的甚至大几十倍，年代也比以前提早了许多。以前只是对城址本身做了一些初步的考察，现在则开始注意到城内外各种遗迹的联系以及城与城之间的联系，这不能不说是一个巨大的进步。

这些城址主要分布于长江中游、黄河中下游和内蒙古长城地带。长江下游虽然至今还没有发现确凿无疑的城址，但良渚文化的一些遗迹，其所代表的社会意义当不在早期城址之下。

关于内蒙古的早期城址，田广金已作了比较全面的介绍[1]。大致上可分三群：第一群在凉城岱海地区，有老虎山、西白玉、板城和大庙坡等古城遗址。这些城址都在蛮汗山的东南坡上，面向岱海和与岱海相连的开阔盆地，相互间距离均约 5 千米，很是整齐。这些城址都依山坡用石头筑起围墙，大小不一，其中以老虎山面积最大，约 13 万平方米，其他几处均仅数万平方米。老虎山的城墙先用黄土筑基，上砌石头，石墙外部平齐，内侧不甚规整，估计原来是土墙外包石头护墙，城内房址多为窑洞，估计有数百座。坡下城墙外有数座陶窑，窑室直径均在 1.5 米以上，是迄今所见最大的史前窑址。从这些情况来看，老虎山可能是一个中心城址，年代在公元前 2800 年以内，与庙底沟二期文化大体同时或略晚。第二群在包头大青山南麓，有威俊（三座）、阿善（两座）、西园、莎木佳（两座）和黑麻板等多处，均有石砌围墙，但规模均甚小，一般仅数千至一两万平方米不等。城址所在地形坡度陡峻，城内有的有石砌房基，有的则有台阶式祭坛，估计都是一些军事防卫性城堡。其年代也在公元前 2800 年以内。第三群在准格尔旗和清水河县之间的黄河两岸的峭壁上，有寨子塔、寨子塔上（两座）、马路塔和后城嘴等处，也都有石砌围墙，规模小，大约也是城堡性质，年代在公元前 2800～前 2300 年之间。

长江中游发现的城址有湖北天门石家河、荆门马家垸、江陵阴湘城、石首走马岭和湖南澧县南岳城头山等处，其年代大约都属于石家河文化早期，有的甚至可以早到属屈家岭文化晚期，即大约相当于公元前 3000～前 2600 年。其中石家河城址最大，有将近 100 万平方米；马家垸将近 20 万平方米，其他几处均仅数万平方米。

---

〔1〕　田广金：《内蒙古长城地带石城聚落遗址及相关诸问题》，《纪念城子崖遗址发掘 60 周年国际学术讨论会文集》，齐鲁书社，1993 年。

　　石家河城址略呈长方形，南北长 1000 余米，东西宽 900 余米，西墙保存较好，东北与东南还有较大的缺口有待进一步勘探。城垣由夯土筑成，层次分明，但夯窝不清楚。城外有壕沟环绕。这城的中心部分是谭家岭遗址，试掘了几个地点，全部碰到房屋基址，应是主要的居住区所在。西北部的邓家湾曾发现许多塔形陶器，估计是宗教用品；有几处用大陶缸相套排列成弧形或直条形，其中有些陶缸上有刻划符号，估计也与宗教活动有关；有几个灰坑内出土了几千件陶塑动物，包括猪、狗、羊、牛、鸡、猴、象、长尾鸟、龟、鱼等等，还有成百件人抱鱼像，这显然是一处宗教活动中心。西南部的三房湾遗址发现有大量红陶杯，其数目可能有数十万件之巨，杯子十分粗糙，显然不是实用器，可能也是宗教用品。这说明当时有一种不同于邓家湾的持续进行的大规模宗教活动，并且存在着某种陶器的专业化生产。由于工作刚刚开始，有关石家河城址的许多问题还说不清楚，但现有的迹象已足以使我们对于长江中游史前文化的发展水平留下十分深刻的印象。重要的是那里不但很早就出现了城，似乎还有一个由不同大小等级的城构成的一个网络，这的确是发人深思的。

　　长江下游太湖流域的良渚文化虽然至今还没有发现城址，但一些迹象表明它也有类似石家河城址网络似的结构，其中心地就在浙江余杭县的良渚遗址群。良渚遗址虽然发现很早，但长期以来并没有见到特别引人注目的遗址，直到 20 世纪 80 年代中期反山、瑶山的相继发掘，才使人为之耳目一新。反山、瑶山的重要性不仅仅因为两地都出土了成千件工艺高超、精美绝伦的玉器，还在于这两处都是专供贵族使用的墓地。反山是由人工建造的坟山，用土量估计有两万多立方米。瑶山原是一座祭坛，它上面的红、黄、灰各种颜色的土大多是由山下抬上去的。既然废弃后只给贵族埋葬，说明那祭坛原先也是为贵族所控制的。以后在反山西部发掘的汇观山遗址，情形几乎和瑶山一模一样。面对着这些重大发现，使我们不能不产生更深一层的思考：既然当时已经存在脱离一般群众的贵族集团，他们能够聚敛巨大的财富，拥有如此大量精美玉器和漆器等；他们能够控制祭坛以把持和操纵重大的宗教仪典；他们还能组织和驱使大量的劳力为自己建造坟地，那么他们居住和行使权力的地方一定更加有气派，工程规模一定更加巨大而宏伟。

　　1987 年冬，由于扩建公路，在反山东南的大观山果园发现了大量的被火烧过的土坯。从剖面来看，东边的一段东西伸展约有 130 米长，这段往西两三百米处还有约 30 米长的一段，宽度不详。省文物考古研究所配合工程开了一些探方，发现熟土深达 7 米左右。也就是说，这地方原是人工填筑起来的，到接近地面时使用了一些被火烧过的破碎土坯并加以一层一层地夯实，剖面上那些层次还可清楚地分辨出来。这意味着当时曾在附近建造过大规模的土坯房子！进一步的勘察表明，这些房子应是盖在一个巨大的土台子上的。这土台子东西长约 670 米，南北宽约 450 米，总面积约 30 万平方米，当是利用自然土岗加以修平补齐才成为后来这个样子的。这土台子的上面还有三个更高的土台子，分别称为大莫角山、小莫角山和乌龟山。20 世纪 40 年代的航空照片和地形测量图上清楚地显现这些只有人工才能形成的遗址。而今在大莫角山上发现有红烧土，推测原先是有建筑物的。在大莫角山前的平台子上，省文物考古研究所又清理出成千平方米的夯土，估计整个台子都是经过夯筑的。据说在莫角山下，过去在修筑围墙时发现有一条壕沟，沟内曾出土数米长的大方木。不久以前在这个土台子东北部的马金口良渚文化层里也出土过同样的大方木！由此我们推测，这夯土台子上原先一定有大规模地用土坯砌墙并有许多大型梁柱等木构件的房屋建筑，因某种原因被火烧毁了，那些土坯才会烧得像红砖一样。此时良渚文化的人并没有通通搬走，他们把那些被火烧过的土坯砸碎铺地，并且加意地夯筑结实，以便在废墟上再造家园。这样大规模的台基和这样高规格的建筑，该要耗费多少人力物力！它的主人难道只是一般的贵族而不是组成了某种强大权力机构的贵族集团吗？

现在知道，在良渚文化中已经形成若干中心。例如嘉兴雀幕桥附近集中有 20 多个遗址，很像是一个中心；又如上海福泉山附近也有一群遗址，福泉山明显是其中心；武进寺墩等处应该是另一个中心。在所有中心遗址中良渚遗址的规模最大，规格最高，是中心的中心。这同石家河文化城址网络所见的情况实具有异曲同工之妙。

地处黄河下游的山东，史前文化比较发达，这是很多人都知道的。早在大汶口文化时期便已出现中心聚落，到龙山文化时更出现了一系列城址。我们这次开会纪念城子崖遗址发掘 60 周年，也由于该处龙山城的确定而大大增加了纪念的内容和意义。当 60 年前首次发掘城子崖时即已注意到那环绕遗址的城墙基址，并且对它的大小、结构与层次关系进行了考察。发掘报告指出："此墙当为黑陶时期之城子崖居民所建筑，并且是他们在城子崖居住了相当时间后才开始建筑的。"[1] 长期以来，人们只知道城子崖下层的黑陶文化就是龙山文化，而龙山文化在发现之后几十年内都没有发现别的城址，是故人们对城子崖城址是否属于龙山文化时期表示怀疑，我个人也是怀疑者之一。但从其建筑技术来看似又不大像是上层周代的遗迹。1984 年，我曾同赵辉对城址进行了一次考察，发现夯土墙内有岳石文

----

〔1〕 傅斯年、李济、董作宾等：《城子崖——山东历城县龙山镇之黑陶文化遗址》，中央研究院历史语言研究所，1934 年，28 页。

化的陶片，其夯土结构同二里头文化的比较接近，所以我认为那可能是岳石文化的城址。这次经过省文物考古研究所的试掘，发现城子崖有龙山、岳石和东周三个时期的城址，并证实60年以前发现的城址属于岳石文化。这是一次重大的突破，也证明发掘报告的判断是完全正确的。因为岳石文化只是在20世纪80年代初才被认识和正式提出命名的〔1〕，它的陶器也多为黑色，以前被视为黑陶文化的一部分是很自然的。报告明言该城址是在黑陶时期之居民"在城子崖居住了相当时间后才开始建筑的"，现在看来，这"相当时间"大体就是指当地龙山文化层所经历的时间。

应当强调的是，这次城子崖的龙山城应是一个新的发现。其面积约20万平方米，在山东是最大的，从全国范围来说也是比较大的一个。非常凑巧，在城子崖以东约50千米的邹平丁公遗址也发现了一处龙山文化的城址，面积约12万平方米。在那里的一个灰坑中还发现了一块刻有11个文字的陶片，从此证明龙山时代确实已有文字而不仅是某种记号了。接着在丁公城以东约50千米的临淄桐林遗址又发现了一个龙山城址，面积约15万平方米。几年以前，在更东一些的寿光边线王曾发掘到一座龙山城址，面积约5万平方米。尽管这些城址的结构和内部布局还不大清楚，大体上仍可看出都是地区性的政治文化中心，而且也似乎有等级的差别。

相比之下，中原地区的发现似乎没有那么引人注意。在河南省，继王城岗和平粮台之后，接着又在郾城郝家台和辉县孟庄相继发现两座龙山城址。如果把20世纪30年代在安阳后冈发现的那段约70米长的夯土墙基也视为城址的残迹，那么河南省至今已发现了5座龙山城址。其中以孟庄城址的规模最大，长宽均为400米，面积约16万平方米，周有城壕，是一座相当规整且保存甚好的城址。如果从规模和分布情况来看，河南龙山时代的城址似乎也存在着级别和某种联系的网络。

从以上的情况来看，年代较早且发展水平也较高的应在长江中游和下游。内蒙古长城地带城址发现的年代也比中原为早。山东城址出现的年代虽同河南相同，但规模却相对大一些。这是否说明在龙山时代，中原的发展反而比周围地区落后了呢？我认为并不能得出这样的结论。现在龙山时代城址的考古工作还刚刚起步，发展还很不平衡。今天还没有发现的地方以后不见得不会发现；今天只发现一些小城的地方以后不见得不会发现大城，仅仅凭现在的一些发现就断定哪个地方先进哪个地方落后还为时过早。这些年中原的考古工作做得不够，没有在大型遗址上下功夫。现在中原发现的龙山城址规模虽比较小，有些做得似乎比其他地方讲

〔1〕 严文明：《龙山文化和龙山时代》，《文物》1981年第6期。

究一些，如平粮台和孟庄城址都是四方四正很有章法的，说明其发展水平并不很低，当地很可能还有更早和形态更原始的城址。山西襄汾陶寺遗址的发现也给我们以很大的启发[1]。这个遗址的面积 300 多万平方米，是已知龙山时代遗址中最大的一个，其中墓地也有约 3 万平方米。在已经发掘的近千座墓葬中，百分之八九十是小墓，其中往往一件随葬品也没有。而极少数的大墓则不但有成百件的随葬品，而且其中包括有特磬、鼍鼓和绘有龙纹的陶盆等特殊物品，表明墓主人的身份不同一般。更为重要的是这些大墓都属于该遗址的早期，年代接近于公元前 3000 年。如果在继续发掘时能够发现中晚期的大墓，规模肯定会更大些。如果能发现相应的城址，恐怕也不会比石家河的小多少。根据我们多年考古工作的经验，深知河南龙山时代文化的发展水平绝对不会低于山西，也许还会稍高一些。由此可见，不能因为考古发掘工作暂时的不平衡，就认为在龙山时代中原地区反而落后了。否则我们就会很难理解为什么夏商周文明先后都是在中原建立起来的事实。

前面提到的一系列城址及相关遗存的发现，有些是预料之中的，有些则多少超出了我们预期的水平。不管是哪一种情况，都大大加速了我们对龙山时代文化与社会发展水平的认识，引发我们进行深入的思考。

首先要思考的一个问题是，我们所说的龙山时代的社会到底发展到了一个什么样的阶段了呢？近来考古学界讨论文明的起源非常热烈。有的认为大汶口文化时期便已进入文明时代；有的从分析牛河梁的资料出发，认为红山文化晚期便已进入"原始文明"时期；有的学者虽然也注意到了龙山时代乃至更早一些年代的考古新发现，还是认为真正的文明时代应从夏代算起，其代表性考古学文化则是二里头文化。对于龙山时代，大体上有两种看法：一种认为大体上处于军事民主时期，或已进入文明社会的边缘；一种认为已属早期青铜文化，并已进入了文明时代。

我个人认为，这个问题现在还远不到下结论的时候，各种观点尽可以自由讨论，在讨论中寻求解决问题的方法。当然更重要的还是要扎扎实实地开展田野考古工作，以便把问题的探索一步一步地引向深入。根据现在已经发现的资料，最多只能提出一种倾向性的意见。我想文明的起源应当有一个过程。仰韶晚期（包括大汶口文化和红山文化晚期等）大概就已经迈开了走向文明的步伐，龙山时代大概出现了许多酋邦或城邦国家，那大概也可以算是一种初级文明，到夏商则应

---

[1]　中国社会科学院考古研究所山西工作队、临汾地区文化局：《1978～1980 年山西襄汾陶寺墓地发掘简报》，《考古》1983 年第 1 期。

进入了比较成熟的文明。

古文献中往往把夏代以前的一个时期称为五帝时代。为首的黄帝是一个划时代的英雄，是开国元勋，是许多典章制度的奠立者。甚至在血统上他也成了中华民族的当然的祖先，我们这些人的血管里还都流着黄帝的血液。历史上五帝有几种说法，按照《史记》的说法是黄帝、帝颛顼、帝喾、帝尧、帝舜。似乎前三者代表一个时期，后二者又是一个时期。儒家常常把尧、舜视为圣人，把尧舜的时代称为唐虞时代。墨家则经常以虞、夏、商、周连称，认为有虞是历史上的第一个朝代。如果把这些传说同考古学文化相比照，似乎前三帝大体相当于龙山时代前期，尧、舜则相当于龙山时代后期。这当然只是一种倾向性意见，在当前还很难证实。

传说黄帝曾置左右大监以监于万国，禹也曾会诸侯于涂山，执玉帛者万国。古代城就是国，城里人被称为国人。万国之万，只是形容其数目众多，并不一定就是一万个。这种国家自然只是一种城邦小国，黄帝以至尧、舜、禹的国家只不过是众多城邦小国中的较大和较有影响的。它们的政治制度还带有民主色彩，即所谓禅让选举的制度。禅让制虽被儒家和墨家过分理想化了，掩盖了各种集团间的斗争和权力争夺，但与夏代以降的父死子继、兄终弟及的家天下总归是不相同的。我想假如我们能把龙山时代的研究同传说历史结合起来，把当时的社会制度研究清楚，就不仅对中国历史的研究是一个重大贡献，就是对于整个东方乃至世界范围的文明起源史的研究，也是有很大参考价值和理论意义的。

我思考的第二个问题是中国文明起源的模式。过去考古界有一种大一统的思想，总认为中国文明都起源于中原地区。后来发现这个看法难以解释众多的考古新发现，于是又出现了多元说。到底哪种看法更符合事实呢？我认为这不单纯是一元或多元的问题，而应该从各地文明的特性和相互间的联系两个方面进行统一的考察。前面讲到的那些新的发现应足以证明中国文明的起源是多元的而不是一元的。不要以为五帝的主要活动地区在中原就认为中原才是文明的起源地区。其实有好多历史事实虽被过去史家千古一系的思想所掩盖或歪曲了，也还可以窥见一些真实的影子。例如《尧典》中就讲尧时"窜三苗于三危"，舜时又"分北三苗"。《墨子·非攻》讲"禹亲把天之瑞令以征有苗"。《兼爱》引《禹誓》说："蠢兹有苗用天之罚，若予既率尔群对诸群以征有苗。"如果三苗不是很强大的以至于对中原构成威胁，尧、舜、禹是不会一而再，再而三地去征讨的。如果同石家河等城址的情况对照起来看，则三苗完全有可能已经建立城邦国家而进入初级文明了，否则不会有那么大的战斗力的。《墨子·节葬》还说道："尧北教乎八狄，道死、葬巩山之阴。"可见北方也有势力强盛的部落。

结合内蒙古长城地带一系列石城的发现，不是也有可能已建立城邦国家而步入初级文明了吗？

山东的情况更是如此。这里历来是夷人活动的地区，孟子甚至说舜是"东夷之人也"，那舜的小朝廷就成了东夷的王国，或被东夷所控制的华夏城邦。夷人还建立了一个有穷国，它的国君后羿早在夏王朝建立不久就从太康手中夺取了政权。以后又为另一夷人寒浞所夺。这些都说明夷人早已建立国家，从而也进入了初级文明。结合山东发现的一系列龙山文化乃至岳石文化的城址来看，这问题不是更加清楚了吗？至于良渚文化的情况，说是已进入初级文明，自然也不会是言过其实的。由此可见，中国文明的起源是多元的。

不过我要特别强调的是，龙山时代的各个文明起源的中心并不是彼此孤立的，它们不但在地理位置上紧连，而且在文化内涵上也有十分密切的关系。它们在发展过程中虽然也有些不平衡的现象，但步调还大致是相同的。我们中国人自己可以把它们析分为一个一个的文明，而在一个外国人看起来则依然是一个统一的中国文明。由此可见中国文明起源的模式应该是多元一体的，或者说是如一个重瓣花朵般的，而不是简单的多元化模式。

我思考的第三个问题是，为了把我国古代文明起源的探索更加有成效地开展下去，有必要把龙山时代的考古提到头等重要的位置，并且把田野考古工作进行必要的调整与改进。最近一些年，我们已开始注意聚落形态的考古研究，但还只是一部分人在努力，没有成为普遍的行动。为了更加有成效地开展工作，有必要在全国范围内提倡这种研究方法。例如我们过去只知道石家河遗址在一个不大的范围内就集中分布了几十个地点，并且有一些为它处所没有的特殊现象。我们就集中地进行田野工作，结果就发现了一个很大的城址，相关的诸遗存之间的关系也就比较清楚了。又如良渚遗址，也是因为在几平方千米内集聚了几十个遗址，并且历来有许多精美玉器发现，后来集中力量进行探索，才逐步发现反山、瑶山乃至大观山果园那样巨大的建筑台基，从而把良渚文化的研究推进了一大步。山东的情况又何尝不是这样，因为有城子崖龙山城的突破，就接着有丁公、桐林城址的发现。只要沿着这条路线走下去，山东的工作肯定还会有更大的进展。现在大家都很关心中原的工作，希望在近期内有一个突破，我想陶寺及其附近就是一个很值得注意的地方。这不仅因为陶寺遗址特别大而且发现过一些发人深思的迹象，还因为附近有一大群同类型的遗址，其中曲沃、翼城两县交界处的开化遗址和方城——南石遗址的面积也都在 100 万平方米以上，前者多陶寺早期遗存，后者则多晚期遗存。二者相距仅 3 千米，西距陶寺也不过 20 千米。在这一带寻找城址是大有希望的。再者我们现在虽然发现了不少城址，但工作都还没有充分展开。

有必要选择一批典型城址有计划地做些勘查，以便全面地了解其结构、内部布局、各个部位的性质与功能以及城外的情况等等。如果有可能的话还应该研究城乡的关系以及诸城址之间的关系。只有这样才能把我们的研究水平在一个不太长的时期内再向前推进一大步。

（原载《纪念城子崖遗址发掘 60 周年国际学术讨论会文集》，齐鲁书社，1993 年。后收录在《农业发生与文明起源》，科学出版社，2000 年）

龙山时代城址的初步研究*

　　在关于中国文明起源的各种探索中，早期城址的考察与研究一直占据着一个很重要的位置。早在 20 世纪 30 年代初，为了探索"中国黎明期的历史"（李济语），中央研究院历史语言研究所考古组对山东省历城县城子崖（现属章丘县）进行了发掘，结果发现了一座"黑陶时期"的城址。梁思永在对城墙的结构进行分析后指出："此墙当为黑陶时期之城子崖居民所建筑，且是他们在城子崖居住了相当时间后才开始建筑的。"[1]当时所谓黑陶时期或黑陶文化乃是指城子崖下层的龙山文化。所以人们在追溯龙山时代城址发现的历史时，总是要首先提到城子崖城址的发掘。但同时也有不少学者对那座城址的年代是否真有那么早表示怀疑。直到 70 年代末在河南省登封县王城岗和淮阳县平粮台相继发现两座龙山时代的城堡遗址后，人们才确信龙山时代已经出现城邑，并且把它看成文明起源的重要标志。近十多年中，考古学界加紧了对龙山时代城址的调查，至今发现的城址已接近 30 处。在这个大发现的浪潮中，对城子崖城址也重新进行了勘查与试掘，结果证明 1931 年发掘的黑陶文化后期的城址属于岳石文化而不是龙山文化。岳石文化是在 80 年代初才被认识和确定的，年代约当夏代至商代初年，一般认为它是夏代东夷的文化。由于它的陶器仍以黑陶为多，所以梁思永先生判断为黑陶文化后期仍然是正确的。更有甚者，这次发掘在岳石文化城址之下新发现了一个龙山文化的城址，从而把对龙山时代城址的探索又向前推进了一步。

一　龙山城址的地理分布与基本形态

　　现知属于龙山时代的城址大致可以分为三群。一群在内蒙古中南部，几乎都

---

　　*　本文为 1994 年 1 月 19 日在台北举行的中国考古学与历史学之整合研究会议上的发言。

　　〔1〕　傅斯年、李济、董作宾等：《城子崖——山东历城县龙山镇之黑陶文化遗存》，中央研究院历史语言研究所，1934 年，28 页。

是山城；一群在长江中游，都有较大的城壕，像是由环壕聚落向真正城邑演变的中间形态；还有一群在黄河中下游。前二者属龙山早期，后者属于龙山晚期。长江下游虽然还没有见到确实可以证明为城址的遗迹，但良渚文化中的个别大型遗址，也有一些颇像城址的迹象，值得今后进一步探寻（图一）。

图一　龙山时代城址分布示意图

　　（1）内蒙古中南部的龙山早期城址，大体分布于黄河前套及其附近，分三个小区[1]。一区在凉城县的岱海岸边，有老虎山、西白玉、板城和大庙坡等处。岱海是一个长椭圆形的内陆湖，长轴呈东北—西南走向，其西北岸边有蛮汗山脉作为屏障，正好挡住冬季来自西北方向的寒风。这些城址便都筑在蛮汗山的东南坡上，面向岱海和海边的开阔平地，其中以老虎山的面积最大（图二）。

　　————————————

　　[1]　田广金：《内蒙古长城地带石城聚落址及相关诸问题》，《纪念城子崖遗址发掘60周年国际学术讨论会文集》，齐鲁书社，1993年。

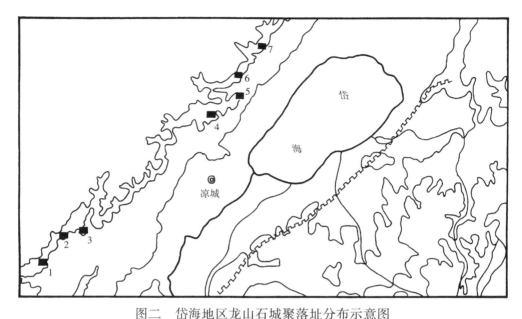

图二　岱海地区龙山石城聚落址分布示意图
1. 西白玉　2. 老虎山　3. 板城　4. 圪臭沟　5. 园子沟　6. 大庙坡　7. 合同窑

　　老虎山城址位于山坡凹地上〔1〕，两边依山脊筑成城垣，直达山顶。坡下城垣已大部塌毁，根据残迹可大致复原其走向。整个城址像一个斜立的簸箕，面积约 13 万平方米，上下高差超过 100 米，形势险要（图三）。

　　城垣系黄土筑成，宽约 5 米，外侧用石块错缝砌筑，残存最高处还有 1.2 米。城垣内大致依等高线修成若干层阶梯，每层阶梯上修筑若干窑洞式房屋。城的最高处即山顶部分筑有约 40 米见方的石头祭坛，最低处的西南部城外是窑场，分布着几座规模很大的陶窑，附近还有和泥坑和制坯的工作台，同出大量的陶坯和泥条等。从这个城址的规模及祭坛、窑场等情况来看，似应是岱海边一群龙山期遗址中的一个中心遗址。

　　老虎山城址右边，即西南方约 5 千米有西白玉城址，左边即东北方约 5 千米有板城城址。二者的结构都与老虎山城址相似，只是规模要小得多。西白玉城垣每边长度大约只有老虎山的一半，板城的城垣还略小一些。二者很像是老虎山的卫星城，它们在防卫上显然是相互照应的，在社会组织上也应当是有联系的。

　　从板城往东北走，依次发现有面坡、圪臭沟、园子沟、合同窑和大庙坡等遗址，其中除大庙坡外都没有发现城垣建筑。而且除园子沟外，规模都比较小。

────────────────

　　〔1〕　田广金：《凉城县老虎山遗址 1982~1983 年发掘简报》，《内蒙古文物考古》1986 年第 4 期。

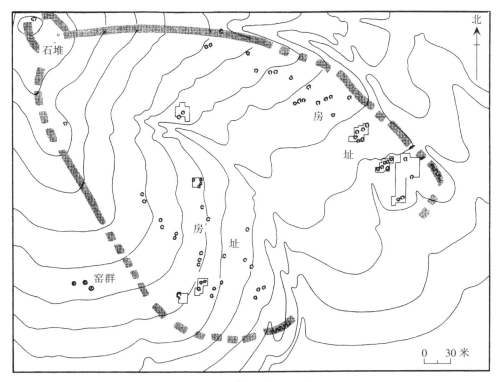

图三　老虎山城址地形图

第二区在包头市以东的大青山南麓，前邻黄河和富饶的河套平原。在这里发现的城址有威俊（三座）、阿善（两座）、西园、莎木佳（两座）和黑麻板等多处。这些城址都用石块砌墙，面积仅数千至一两万平方米。城址所在地形坡度陡峻，又多石头，即使古代也不会有多少树木，要从事生产活动必须到坡下的河套平原去。城内有的有石砌房基，有的有台阶式祭坛，估计都是一些军事防卫性城堡或祭祀场所（图四）。

第三区在黄河向南拐弯处的两岸峭壁上，有准格尔旗的寨子塔、寨子上（两座）和清水河县的马路塔、后城咀等处。都有石砌围墙，有的是先筑土垅再砌石墙。面积仅数千至一两万平方米。

（2）长江中游发现的龙山早期城址有湖北省天门市的石家河、荆门市的马家垸、石首市的走马岭、江陵县的阴湘城、湖南省澧县的城头山和鸡叫城等处[1]，其始建的年代大约在屈家岭文化晚期到石家河文化早期，亦即相当于龙山时代早期。这些城址的规模相差很大，最大的石家河城址的面积约 100 万平方米，马家

---

〔1〕 张绪球：《长江中游新石器时代文化概论》第 4 章第 4 节，湖北科学技术出版社，1992 年。

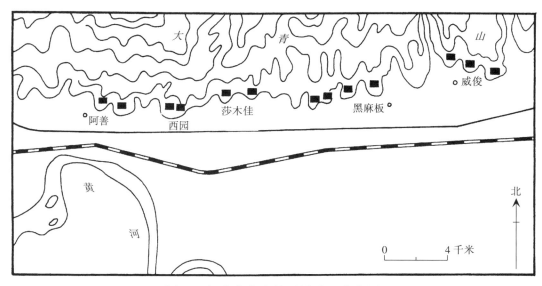

图四 包头大青山前石城遗址分布图

坑将近 20 万平方米，其余几处均仅数万平方米。

　　石家河城址位于天门市石河镇北约 1 千米处，北为丘陵，南部有北港湖。从丘陵南流的两条小河——东河与西河在石河镇附近汇合流入北港湖，城址即位于两河汇合处的三角形地带，至今从地面上仍能看到大部分城垣和一部分城壕。经过初步勘查，得知城址略呈长方形，南北长 1000 余米，东西宽约 900 余米。西城垣保存最好，南、北、东三面城垣都不完整，东北与东南部还有较大的缺口有待进一步勘查。西部城墙经过解剖，得知系由夯土分两次或三次筑成，夯层厚薄不甚均匀，也没有明显的夯窝，只是土质坚硬，层理分明，内含少量屈家岭文化晚期的陶片。在西南角城垣上发现部分被石家河文化早期地层叠压的现象，故知此城年代当不越出屈家岭文化晚期到石家河文化早期的范围（图五）。

　　城垣底宽大约有四五十米，残高有三四米，坡度甚缓。环城壕沟宽度也有数十米，两者配合起来才能起到有效的防卫作用。城的中心部分是谭家岭遗址，试掘了几个地点全部碰到了房屋基址，应是主要的居住区所在。个别房子里发现土坯，或者有特别厚的墙体，虽因发掘面积过小而暂时还不知其全貌，但这些迹象已显示那些房子非同一般，应是比较特殊的建筑。

　　城址西北部的邓家湾是一处墓地，相伴有一些宗教性的建筑。一般用碎陶片掺土筑成地基，周围用篮纹陶缸横卧并相互套接作为边框，其中有些陶缸上有刻划符号，其作风与大汶口文化的陶缸（或称大口尊）十分相似。旁边还有一些塔形或管形陶器相互套接。用意不明。紧靠这些遗迹还有几个不规则形坑。内中出土了几千件陶塑动物，包括猪、狗、牛、羊、鸡、猴、象、长尾鸟、龟、鱼等等。

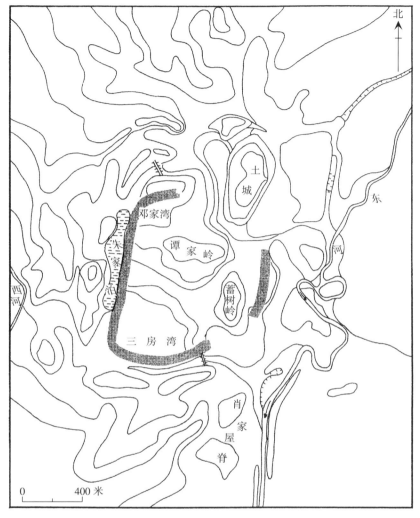

图五　石家河城址地形图

还有成百件人抱鱼像，其人均戴平顶帽，身着长袍，跪坐抱鱼，似祈祷状。这显然是一处宗教活动中心。西南部的三房湾遗址发现有大量红陶杯，数目以十万计。杯子十分粗糙，当非实用器，可能也是宗教用品。果真如此，那么这里就应有一种与邓家湾不同的持续进行的大规模宗教活动。设若不然，这样大量的陶杯集于一处，至少也反映当时存在着某种专业化生产。东边的蓄树岭则发现许多陶盆，且有一定的摆放方式。由此可见这个城的内部的各个区域存在着功能上的差别，这显然是有意规划的结果。

城头山城址是在一个大溪文化的环壕聚落的原有基址上建立起来的。为了不影响环壕以内的建筑设施，便在环壕外另开壕沟，而把原有壕沟填死，在上面筑起一道城垣。现存城垣略呈圆形，外径 325 米。墙体宽 10 余米，残高 4~5 米，很

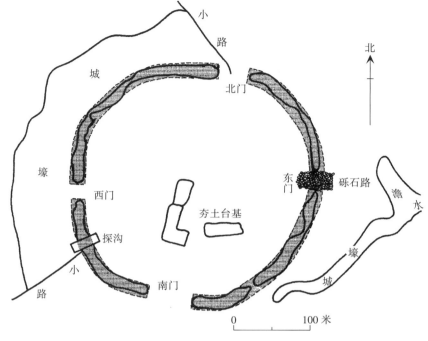

图六　城头山城址平面图

远就能望见（图六）〔1〕。经过试掘，得知原有壕沟填死后在上面铺一层黄土夹红烧土，再铺一层草木灰，然后一层一层地夯筑，外墙基多用黄胶泥和青胶泥，其余部分土质较杂，夯层面上有用大砾石砸成的夯窝。外墙坡度约 50°，内坡较缓。城墙的东南西北边各有一门。其中东城门地面铺砾石，以防雨天泥泞。

北城门直通环城壕，是水上运输的主要通道。护城壕大部为人工挖成的，只有东南部利用了一段自然河道。现在西边及西北边城壕仍然蓄水，南边和东北边则已辟为稻田，但原有城壕形状仍可看出。整个护城河宽达 30 多米，与自然河道相通，除与城墙一起构成防卫屏障外，还应有运输和供水排水的功能。城内中心略偏西南有曲尺形夯土台基，当是主要建筑所在，西北部则为墓葬区，有成人土坑墓和大量瓮棺葬。

走马岭城址的规模和构筑方式都与城头山相似，只是呈椭圆形，四边也各有一个缺口，应是城门的遗迹。

虽然在长江下游至今还没有发现城址，但一些迹象表明在良渚文化的中心聚落中很可能是有城的。这个中心聚落位于浙江省杭州市西北约 25 千米的余杭县良

〔1〕　湖南省文物考古研究所、湖南省澧县文物管理所：《澧县城头山屈家岭文化城址调查与试掘》，《文物》1993 年第 12 期。

渚镇附近，现名莫角山遗址[1]。它的平面略呈长方形，东西约 670、南北约 450米，面积 30 余万平方米。地势较高，海拔约 10~15 米，而周围地面海拔仅 2~5米，看起来就像一个巨大的平台。台上更有大莫角山、小莫角山和乌龟山三个高约 5 米的小土台子。1987 年秋，因为扩建公路在遗址东南部的公路北侧和西南部的公路南侧发现了大量被火烧过的土坯，被分层夯筑。分布面积达数百平方米。其位置正好在土台南边形成东西向的一条宽带，拟为城墙或加固土台边缘的一种措施。后来在遗址的北部也发现了类似的堆积。同时这也说明遗址平台上曾有用土坯建造的大型建筑物。1992~1993 年，浙江省文物考古研究所在大莫角山南发掘了一个大型夯土基址，发掘的 1400 平方米夯土是一个整体，四周都不到边。另在遗址西南也发现一片夯土，上面遗留三排直径颇大的柱洞。据说在大莫角山下，过去在修筑围墙时曾发现一条壕沟，沟内曾出土数米长的大方木。不久以前在莫角山遗址东北角的马金口良渚文化层里也出土过同样的大方木。可以设想，在莫角山遗址上类似的夯土基址应不止一处，它的上面原先一定有许多用土坯砌墙用大方木作梁柱的大型房屋建筑。其中有些建筑因某种原因被火烧毁了，那些土坯才会烧得像砖一样。人们把那些倒塌的土坯运走去加固台边，且加意地夯筑结实，所以我们看到那些土坯及其碎块总是一层一层地铺起来的。然后又在废墟上再造屋宇。像这样巨大的夯土台基和这样高规格的房屋建筑，在良渚文化乃至龙山时代诸考古学文化中都是头一次见到，它的主人理应是组成了某种强大权力机构的贵族集团。如果别的地方都已出现城防，这里就更应该有坚固的防卫设施。从种种迹象来考察，那个 30 万平方米的长方形台子，应是依托一个漫坡形土岗，由人工裁弯取直、填平补齐才会形成那么整齐的形状。它的边缘坡度甚陡，从外面看就像一个巨大的土台子。爬上这个台子就很不容易。如果在边缘再修个土坨或类似城垣的设施，或者设置荆篱鹿砦，都可起到有效的防卫作用。也许它本身就是一个台城，也未可知。

　　如果把周围的情况联系起来，莫角山遗址的地位就会看得更加清楚。它的西北不过 200 米处就是反山，那是一处人工筑成的贵族坟山，用土约 2 万立方米。已发掘的十几座墓葬全都随葬大量工艺高超、精美绝伦的玉器和漆器；西南亦不过 200 米的桑树头曾出土大型玉璧等玉器，很可能也是一处贵族墓地；东北约 500余米的马金口遗址曾出土大量的良渚文化陶器和巨型方木，当是一重要的建筑遗迹；东南约 500 余米的钟家村也曾发现过玉器。稍远一点，东北方向有瑶山，原是一个方形祭坛，从山下运上去红、灰、黄三种土筑成大小相套的三个方块，周

---

　　[1]　杨楠、赵晔：《余杭莫角山清理大型建筑基址》，《中国文物报》1993 年 10 月 10 日。

围砌石头护坡，工程之艰难可想而知。祭坛废弃后又做贵族墓地，发掘的十几座墓同样随葬了成千件的精美玉器，其规格可与反山相伯仲。往西到瓶窑镇有汇观山祭坛遗址，其结构与瑶山十分相似，也是在废弃后做了贵族墓地，只是这些墓随葬品的规格略逊于反山、瑶山罢了。此外在莫角山周围大约 23 平方千米的范围内分布着 40 多个遗址，其中大多数都出土过玉器，它们都应与莫角山有联系，甚至是有一定规划的。由此可见这是良渚文化的一个中心区域。

良渚文化不止一个中心。例如嘉兴雀幕桥附近集中有 20 多个遗址，有的遗址规模较大，很像是一个中心。上海福泉山、江苏的武进寺墩、吴县草鞋山等处都出土过不少玉器，附近又都有一群遗址，也像是一些小的中心。而莫角山遗址群当是中心的中心。这同石家河文化中大小城址的格局实具有同等的意义。

（3）黄河中下游的龙山城址目前仅见于山东与河南两省。山东省的龙山文化城址有章丘县城子崖、邹平县丁公、淄博市田旺和寿光县边线王四处[1]。城子崖龙山城是 1990 年春发现的，平面略呈长方形，东南西三边平直，北边因地势关系向外凸出，面积约 20 万平方米。这城是依托天然的漫土岗改造而成的，所以城内比城外高出许多。从外面看是一个大陡坡，挖出的土堆在周边形成土垅，仅略加夯打，从城里看坡度甚缓，也很矮，似可将其称为台城（图七）。丁公城址在城子崖以东约 50 千米，1991 年发现。平面呈圆角方形，面积约 11 万平方米，外面有城壕。在东城墙之内的一个窖穴中曾出土一块刻有 11 个文字的陶片，引起了学术界的极人关注[2]。接着于 1992 年 3 月又在丁公以东约 50 千米处发现了田旺城址，平面呈圆角竖长方形，面积约 15 万平方米。城内地势较高，大约也是一个台城。

边线王城址在田旺城以东数十千米，1986 年发现。城址地面以上已破坏无存，仅剩城墙下面的基槽。经前后两次修建。较早的呈不规则方形，面积仅 1 万平方米，东西北三面均有门，南面可能也有门而被破坏了。较晚的城明显扩大而把原先的城套起来了，平面也呈不规则方形，面积近 57000 平方米。东北两面有门，西面已被破坏，南面压在村下。城的基槽修筑比较讲究，一般口宽 6~8 米，底宽 2~4 米，深 3~4 米甚至 5~6 米。内筑夯土。有的地方在夯筑后挖坑埋人或猪等，再筑夯土，很明显是奠基坑。

这几个城址中以城子崖和田旺最大，且都出土过一些个体特别大或制作特别

〔1〕 张学海：《泰沂山北侧的龙山文化城》，《中国文物报》1993 年 5 月 23 日。

〔2〕 山东大学历史系考古专业：《山东邹平丁公遗址第四、五次发掘简报》，《考古》1993 年第 4 期；《专家笔谈丁公遗址出土陶文》，《考古》1993 年第 4 期。

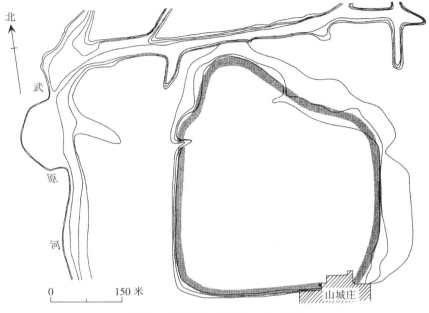

北

武

原

河

0　　　150 米

山城庄

图七　城子崖龙山城址位置图

精美的陶器。丁公有陶文，边线王筑城技术较高。它们周围都有许多中小规模的
龙山文化遗址。这些城址很明显都是一个区域的政治文化中心，从而在军事防务
上才会给予特别的关注。

　　河南发现的龙山城址有辉县孟庄、郾城县郝家台、淮阳县平粮台和登封县王
城岗等处。20 世纪 30 年代在安阳市高楼庄后冈曾发现 70 米长的一段夯土墙，可
能也有一个小城。

　　孟庄城址在辉县市孟庄镇，1992 年发现〔1〕。平面呈正方形，每边长约 400
米，面积约 16 万平方米。主墙体底宽 8.5 米，由夯土筑成，另在主墙体内外各加
筑宽约 10 米的夯土。城外有护城河，河底深约 5.7 米。这是一座规模较大、形制
规整、建造讲究的城址。其余几座城址规模都很小，其中以平粮台城址的结构比
较清楚〔2〕。该城也呈正方形，每边长只有 185 米。城垣夯筑甚好，南城垣正中设
一门，两边有门卫房，正中有地下陶水管道，将城内废水排出城外。城内的房子一
般有夯土台基，用土坯砌筑，且均分为若干房间，显然是贵族的住宅。城内还有陶
窑和炼铜渣，可见它不仅仅是一个军事城堡而更像是具有多种功能的城邑（图八）。

　　〔1〕　袁广阔：《辉县孟庄发现龙山文化城址》，《中国文物报》1992 年 12 月 6 日。
　　〔2〕　河南省文物研究所、周口地区文化局文物科：《河南淮阳平粮台龙山文化城址试掘简
报》，《文物》1983 年第 3 期。

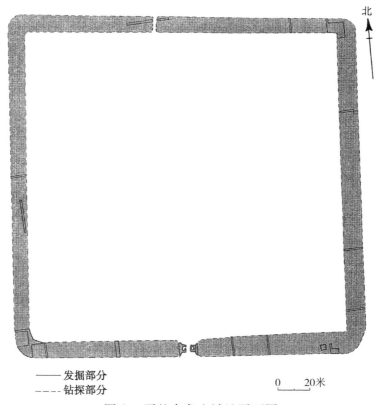

北

—— 发掘部分
---- 钻探部分

0　　20米

图八　平粮台龙山城址平面图

以上就是龙山时代城址的基本情况。它说明在最近十几年中对早期城址的探索确实有了很大的进展，这些新发现的资料对于研究中国文明的起源无疑具有十分重要的意义。但是我们也不应忘记考古界对于龙山城址的调查与发掘工作还仅仅是一个开始，有的地方至今还没有列入议事日程，不能认为那些地方以后就不会发现城址。今天只发现少量小城的地方以后不见得不会发现更多和更大的城。仅仅凭今天的一些情况还远不足以勾划出中国早期城邑发生和发展的全面情况。

根据现在的情况，中原的龙山城址不但比湖北、内蒙古的年代要晚，规模也相对较小，比同时期的山东龙山城也小。有人就认为这说明中原文化的发展相对滞后，有助于进一步破除中原中心论。其实不然。这些年中原的考古工作做得不够，没有在大型遗址上下足够的功夫，所以没有突破性的发现。但从已知的一些迹象来看，绝对不可低估中原的潜力。例如平粮台和孟庄城址虽不是很大，但都是四方四正，很有章法。平粮台的门卫房和陶质地下水道是其他城址所不见的，其筑城技术也是比较高的。特别是两者所处的遗址不是很大，中原还有不少比它们大得多的遗址，很难说以后就不会发现规模更大甚至年代更早的城址。比如山西省襄汾县的陶寺遗址就是应该特别注意的一处〔1〕。这个遗址的面积有 300 多万平方米，是已知龙山时代遗址中最大的一个。其中墓地也有约 3 万平方米，同样是龙山墓地中所仅见的。在已经发掘的近千座墓葬中，百分之八九十是小墓，往往一件随葬品都没有。约 10% 的中等墓一般有一二十件随葬品。而极少数大墓则不但有成百件的随葬品，而且其中有大石磬、鳄鱼皮蒙的鼓和绘有龙纹的大陶盆等特殊物品，这说明当时已经存在明显的阶级分化和金字塔式的社会结构。更重要的是这些大墓年代偏早，大约在公元前 3000～前 2800 年。如果在继续发掘时能够发现较晚的大墓，规格肯定会更高一些。如果能够发现城址，其规模恐怕是很大的。陶寺的附近还有一系列龙山时代的遗址，有的面积也在百万平方米以上。可见那里应是一个很大的文化中心，甚至有一个城邑与乡村的网络结构。这些情况说明，不能因为中原地区龙山城址暂时发现得少，就认为中原的文化落后了。否则就很难理解为什么在龙山时代之后的夏商周文明都不是发生在别处而恰恰是在中原的事实。

在充分考虑上述背景情况的前提下，回头再看龙山时代城址与中国文明起源的关系，当会看得比较清楚一些。

二 龙山城址的出现与中国文明的起源

城是聚落发展到一定阶段的产物〔2〕。我国较早的聚落一般都很小，也没有特别的防卫设施。大约到新石器时代中期，聚落规模扩大，其中一些在周围挖掘壕沟，称为环壕聚落。较早的如内蒙古敖汉旗的兴隆洼和林西县的白音长汗，较晚的如陕西省西安市的半坡和临潼县的姜寨等处都是。这个时期各聚落之间差别不大，在聚落内部的各个房屋遗迹或墓葬规格也没有明显的不同，据此可以认为当时不论在家庭之间还是在社区之间都还不存在明显的贫富分化。这时候即使有"战争"，也应当是属于遭遇战或血亲复仇的性质，一般规模较小，持续时间较短，所以防卫设施也比较简单。大约到仰韶文化晚期，各地聚落开始出现了分化。少数聚落不但规模大，房屋建筑也特别讲究，其规格明显地高踞于其他聚落之上。此外还出现了一些专业性经济中心和宗教中心。在聚落内部，房屋的大小和建造

〔1〕 中国社会科学院考古研究所山西工作队、临汾地区文化局：《1978～1980 年山西襄汾陶寺墓地发掘简报》，《考古》1983 年第 1 期。

〔2〕 严文明：《中国新石器时代聚落形态的考察》，《庆祝苏秉琦考古五十五年论文集》，文物出版社，1989 年。

技术也有不同。此种差别在墓葬中表现得特别明显，例如在山东省泰安市的大汶口墓地中，大中小墓分化明显，大墓不但有较大的墓圹，还有棺椁，随葬品又多又好，其中包括一些在当时极为难得的象牙制品、鳄鱼皮蒙的鼓和精美玉器等。这表明人们的财产和社会地位已经发生了明显的分化。而大汶口的大墓是别的墓地中所未见的，它的中等墓就相当于其他墓地中大墓的规格。这又说明大汶口墓地的主人以及他们所在的聚落是高踞于其他聚落之上的。我们把这种聚落称为中心聚落。

家庭贫富的分化和聚落之间经济状况的差别，使得一些人觊觎他人的财产而发动掠夺性战争。这个时期墓葬中往往随葬石钺等兵器，就是战争趋于频繁的一种反映。战争的经常化和激烈化必然导致对于防御能力的关切，而最受关切的当然是那些集聚了较多财富、拥有较大权力和较高社会地位的贵族集团。他们的居处就是所谓中心聚落。虽然至今还没有在这样的中心聚落中发现城墙遗迹，但不能排除以后发现的可能性。无论如何，龙山时代是已经出现若干城址了，而这些城址大部分就是在中心聚落的基础上建立起来的。只有内蒙古的城址稍有不同，后文将进行专门分析。

为了明确这些城址的性质，让我们首先对石家河城址稍作分析。这个城址不但城圈特别大，而且作为一个聚落遗址来看，也是长江中游同时期遗址中面积最大、文化内涵最丰富的，可以想见聚集在那里的人口也会是相当多的。这些人口中按职能分至少有四个部分：一是行政管理人员，那么大一个城，要处理那么多的事情，没有行政管理人员是不可想象的。二是军队，修那么大的城，需要许多劳力，没有强制性力量是不行的，而最有强制性力量的就是军队。再说在城内防卫要军队，向敌人进攻更需要军队，而军队需要有很高权威的首领。石家河曾出土一件陶罐，上面刻画着一位首领，头戴羽冠，脚蹬长靴，右手高举石钺，英姿勃发，俨然在指挥军队的样子，便是一个绝好的说明。三是祭司，石家河城内有那么多宗教遗迹，必定有若干祭司职掌宗教、巫术等活动。四是手工业者，如陶工、玉工和制铜工匠等等。此外也可能还有一些农民，但大部分农民应是住在城外的各个较小的聚落中。石家河城址附近相当密集地分布将近 40 处遗址，它们不但面积较小，没有城墙，而且没有发现什么特殊的遗迹和遗物。居民的经济成分应主要是农业，他们同城内居民在经济上应该是一种分工和相互依存的关系。从身份上来看，当时显然已有贵族与平民之分，而贵族是住在城里的。石家河曾经发现过随葬数十件陶器的较大的墓，还发现过随葬 56 件玉器的婴儿瓮棺葬。如果以后再做一些发掘，肯定还会发现更大的墓，它们显然是属于贵族的。但城西北的邓家湾则多中小墓，说明城里也住平民。而城外诸聚落遗址中主要是平民。这样城邑与城外各聚落的关系，就不单纯是一种分工和相互依存的关系，例如各聚落给城里提供粮食和其他农产品，从城里换回生活所必需的手工制品，战时还可依赖城里的保护。但城里贵族既然掌握了巨大的权力，他们就会根据自己的需要来征召徭役从事某些巨大的工程，强迫人们贡献财物。所以城与乡又形成一种控制与被控制的对立关系。

这样看来，城和周围的聚落是密不可分的，它们应已构成一个统一的社会组织，这样的社会组织应当就是最初的国或者邦。国字的原始字形当作 **或** （字见西周早期的保卣铭文[1]），其中方块是城，四周短线表示城外的领域，戈是守城的武装（如作会意字讲），也有认为是声符的（如作形声字讲）。邦是城邑外有封疆，跟国字表达的意义基本上是相同的。如果石家河城址及其周围的聚落代表一个国，那么其他的小城及其周围的聚落也可能构成较小的国。长江中游的龙山城址应不止现知的 6 个，那么当时的国也不止 6 个。如果考察长江下游良渚文化的中心聚落与一般聚落的关系，也可以得到与石家河相似的结果。对于山东地区龙山文化的几个城址以及河南的龙山城址与周围聚落的关系，也应作如是观。暂时还没有发现城址的地方，只要存在着比较大的中心聚落址，例如像山西的陶寺那样，自然也可能出现了国。这就是说，在龙山时代，中国实已处于小国林立的状态，只不过相对而言有大有小，相互关系有亲有疏。大些的国实力强些，影响也就会大些。这就是为什么中国古书上总是讲在夏商以前天下有万国或万邦[2]，而留下名字的仅有很少的数目的缘故。较大的国家对于较小的国家不是统治与被统治的关系，而可能是像黄帝那样设大监，监于万国，以便施加自己的影响。如果有不顺者，"黄帝从而征之"，就以兵刃相见。或者像帝尧那样"流共工于幽州，放驩兜于崇山，窜三苗于三危，殛鲧于羽山，四罪而天下咸服"（《尧典》），以求得"协和万邦"。

中国的五帝时代虽被儒家歌颂为大同世界，但战争还是非常频繁而激烈，这正是龙山时代出现一系列城防的根本原因。内蒙古龙山早期的城，也是在这个历史背景下产生的。不过其结构和功能与黄河、长江流域的城址不大相同。

内蒙古多数龙山早期的城址往往建在地势险要的陡坡上，用石头砌筑，规模

---

[1]　于省吾：《商周金文录遗》，科学出版社影印本，1957 年，276 页。
[2]　例如《史记·五帝本纪》说黄帝"置左右大监，监于万国"。《尚书·尧典》说尧时"百姓昭明，协和万邦"。《左传·哀公七年》说"禹会诸侯于涂山，执玉帛者万国"。《战国策·齐策》记齐宣王时颜斶的话说"斶闻古大禹时，诸侯万国"。《荀子·富国篇》也说"古有万国，今有十数焉"。

又很小，显然不是原有聚落自然发展的结果，而是有意建造的军事城堡。为了能够守得住，里面也可能住些人，但无论从生产还是日常生活来说都有诸多不便。所以多数居民应不是住在这些小城圈子里。只有老虎山等少数较大的城，才是把经常性的居民点同防卫设施结合起来的。由于至今还没有发现比较高级的房屋遗迹或可被视为贵族的墓葬，因而无法肯定它是否是从一般聚落中分化出来凌驾于其他聚落之上的、具有中心聚落性质的城。其他小城更是如此。因此，要正确复原内蒙古龙山时代的社会，还必须对除石城以外的数量更多的聚落遗址进行广泛的调查和发掘，只是这项工作现在还做得太少。有一个现象是值得注意的，就是在内蒙古龙山时代之后的夏家店下层文化中，出现了更多的石砌山城。而一般认为夏家店下层文化已进入文明时代。把这两个阶段的城址联系起来考虑，将有助于对当地龙山早期城址的正确估价。

根据上述情况，我认为中国在仰韶晚期便已迈开了走向文明的脚步。到龙山时代大量城址出现之时，便已进入小国林立的局面。这种国不能简单地比附为类似古希腊的那种城邦（polis），而是有城有乡，有都有鄙的区域性政治集团。这种城或都相对于乡或鄙的土地面积来说当然是很小的，它的人口虽较为集中，但比后者的总和还是少得多。因而最初的城对于乡的控制或统治必定是少数人对多数人的统治，这同氏族—部落集团所实行的民主制和原始共产制是有本质区别的。过去一些著作往往把中国历史上最先出现的"国"转译为"部落"，把传说中的黄帝、尧、舜等说成是部落联盟的酋长，看来是不确切的。《史记》从《五帝本纪》写起，把黄帝看成中国历史上第一位帝王。先秦儒家和墨家言必称尧舜，也是把他们看成最早的圣王，是后世帝王可以效仿的榜样。而他们所建的国，自然可以被看成进入文明时代的标志。总而言之，我认为龙山时代大体上相当于古史传说的五帝时代，当时有了城也就有了国，从而也就有了最初的文明。如果为了表示同以后夏、商、周那样成熟的文明相区别，则不妨称之为早期文明。

（原载《中国考古学与历史学之整合研究》，史语所出版品编辑委员会，1997 年。后收录在《农业发生与文明起源》，科学出版社，2000 年）

中国都城发展的轨道（提要）*

　　都城是同国家一起出现的。但中国在什么时候才出现国家，学术界有不同的看法。种种迹象表明，龙山时代（公元前3000~前2100年）已经出现了许多小国或城邦，因而产生了许多小的都城。其中比较著名的有山西陶寺、湖北石家河和浙江良渚等处。它们有的有城垣，有的有宫殿或宗庙基址，有的附近有王墓或大贵族墓地，形制上还没有形成一定的规格。

　　夏商周是中国都城早期发展的重要时期。夏的都城不止一处，但至今可初步确定的只有河南偃师二里头一处。那里发现了宫殿和宗庙基址、祭祀坑和铜器作坊等重要遗迹，推测为斟鄩所在。商都至少发现了三处，即河南郑州商城、偃师尸乡沟商城和安阳殷墟。西周都城丰镐也发现了一些宫殿基址。这时的都城一般有宫殿和宗庙、重要的手工业作坊、祭祀场所等，有的有规模宏大的城垣，有的旁边设置王陵区（如殷墟），但在规划上似乎还没有一定的制度。强调宗庙或干脆把宗庙与宫殿合在一起，是与这一时期实行宗法制度相适应的。都城内集中重要的手工业作坊而不设市，说明这些手工业都是为王室所严格控制的。

　　周代后期的春秋战国时期，列国争雄，战争不断，各国都城都修起了巨大而坚固的城墙。由于手工业和商业的发达，城市居民增加，所以在城外又设郭城，城郭制度就这样形成了。

　　秦汉建立了统一的中央集权的大帝国，所以都城的气势宏伟。秦的咸阳城与汉的长安城和洛阳城的规模都十分宏大，其中都以宫殿为主，宗庙退居次要位置，这是与前一时期大不相同的。城内官署、苑囿、武库和手工业作坊等占据主要的地方，同时设市。不过大部分手工业和商业的活动都在城外，形成广大的京畿地区。与此同时在全国广建郡县城，以便推行中央集权的行政制度。

　　战国时代成书的《考工记》说到周代"匠人营国，方九里，旁三门，左祖右社，面朝后市"，可能只是一种理想的说法，与周代都城制度并不相符。但从王莽

　　*　本文为1996年11月5日在韩国釜山东亚大学的学术报告。

托古改制以后，这种非常规整的棋盘格式的规划思想便越来越为后代都城的建设所采用。东汉的洛阳城已露端倪，曹魏邺都北城则开创了严格的中轴对称和棋盘格式的布局，隋唐长安城进一步发展。由于唐代国力昌盛，所以其都城的规划对东亚一些国家也有影响。宋代市民经济有较大发展，所以汴梁城的规划虽然仍很规整，但隋唐以前封闭式的里坊制度则一变而为开放式的街巷制度。以后历金中都、元大都直到明清北京城，大体都沿袭这一制度。

（原载《丹霞集——考古学拾零》，文物出版社，2019 年）

中国史前城址与文明的起源

　　近 20 年来一大批史前城址的发现与确认，是中国考古学的重大成就之一。由于这些前所未知的城址的发现，使人们不得不重新审视一向被视为原始氏族社会的这段历史，从而大大推动了中国文明起源和早期国家形成过程的研究与探索。这种研究与探索无论是对于考古学本身，还是对于城市史、文化史乃至社会发展理论的完善与发展，都具有十分深远的意义。

　　迄今为止，在中国境内发现的史前城址已经有 50 多处，范围遍及黄河流域中下游和长江流域，所属年代有先有后。初步排比大约可以划分为两大阶段，即萌芽期和发展期。

　　萌芽期大约从公元前 4000 多年或更早一些时候开始，直至公元前 3000 年左右。其中最早的首推湖南澧县城头山第一期城址，年代属于大溪文化早期。稍晚一些则有湖北江陵阴湘城一期城址、河南郑州西山仰韶文化晚期城址和山东大汶口文化的个别城址。这个时期的城址数量少、规模小，分布范围限于黄河流域的中下游和长江流域中游，也就是在当时最发达的文化区中。其渊源可能追溯到此前已经比较发达的环壕聚落，而发生的原因自然还是社会内部的演变。

　　发展期大约从公元前 3000 年至前 2000 年，绝大多数史前城址都属于这一时期。由于数量多，分布面广，明显地形成了一些地方特色，具体年代也有先后，从而可以将其划分为若干组群，诸如湘鄂组群、江浙组群、四川组群、中原组群、海岱组群和内蒙古组群等。大致说来，长江中下游城址的年代比较早，最发达的时期在屈家岭文化至石家河文化早中期以及良渚文化早中期。一般有较大的环壕，水道常与外河相通，以利于排水与运输。城垣筑造技术比较原始，坡度较缓。各个城址的规模相差甚大，说明可能有等级上的区分。值得注意的是，当长江流域中下游的城址发展到公元前 2600 年左右时就相继衰败了，而黄河流域中下游城址则进入大发展的时期。一些城址的建筑技术明显比长江流域的城址为高，尤以中原地区最为突出。例如河南新密市（原密县）古城寨的版夯技术就十分先进，淮阳平粮台的城门两边有建筑得很好的门卫房和向城外排水的陶制地下管道等。有些城墙或城内的夯土基址用人牲奠基，说明这时的社会发生了更加深刻的变化。而中原地区的突出发展便直接为以后夏商周文明的诞生奠定了坚实的基础。

人们一般认为城市的出现乃是文明和国家起源的重要标志之一，所以不少学者认为中国的铜石并用时代乃是中国历史走向文明化过程的重要时代，有的学者甚至主张当时便已进入初级文明社会。本书相当详细地探讨了这一问题。

本书的作者钱耀鹏在西北大学任教时即已关注中国文明的起源问题，为此他特别研究了尧舜禅让等传说史料，并且广泛收集了史前城址的资料，研究了城市起源与文明起源的关系。在准备博士论文时，我本来建议他写关于客省庄文化的内容，当我了解到上述情况后，随即同意以史前城址的综合研究为主题，从而顺利地完成了写作并且通过了论文的答辩。本书就是在博士论文的基础上，经过认真的修改与补充而完成的。它是第一部全面而系统地研究我国史前城址以探索文明起源的综合性著作，相信会得到学术界的关注与好评。

（原为钱耀鹏著《中国史前城址与文明起源研究》序，西北大学出版社，2001 年。后收录在《中华文明的始原》，文物出版社，2011 年）

略说城市与文明的关系[*]

　　上海是中国的第一大城市，也是一个文明化程度很高的城市，以"城市与文明"作为这次国际学术研讨会的中心议题，是非常合适的。

　　关于城市与文明的关系，我考虑用三句话来概括，是不是合适，与各位交流一下。

　　第一句，城市的出现是文明起源的重要标志。

　　关于文明起源的标志，一般认为最重要的是文字的发明，或者说要有文字、青铜器、城市三要素的出现，才算真正进入了文明社会。我看最重要的还是城市。从考古工作的角度来说，文字的发现是极为困难的。比如郑州商城，从城市规模上来说，没有人会怀疑当时已经进入文明阶段，但如此之大的城市仅发现一件刻字骨片，且并非发掘出土，只是青铜器的发现数量较多，且等级很高。至于偃师商城，不但没有发现文字，也没有发现青铜器，但谁也不能否认其已经进入文明阶段。因此不能认为只有三个标志同时出现才是文明起源。我认为，文明起源最重要的标志是城市的出现。

　　城市的出现有一个过程，是聚落演变到一定阶段的产物。聚落何时出现？目前的考古材料还不能证实旧石器时代是否存在聚落。进入新石器时代，特别是伴随着农业的产生，定居的生活方式随之出现，人们聚居在一起，共同从事农业生产，聚落逐渐形成。开始都比较小，以后逐渐扩大。从中国的情况看，到新石器时代中期的聚落就已经有相当的规模。例如东北地区的兴隆洼文化的聚落，每个都有数十乃至上百座排列整齐的房屋，周围有壕沟环绕。中原地区的裴李岗文化、贾湖文化，山东地区的后李文化以及湖南北部的彭头山文化等，都有数十座房屋组成的聚落，其中的房屋都极为相似，是一种凝聚式的聚落。到新石器时代晚期的仰韶文化，其早期聚落如半坡、姜寨、北首岭、大地湾等处所见，出现了由围壕及若干组房屋组成的向心式的聚落，聚落中的房屋分组或因血缘关系或因生产

---

　　* 　本文为 2014 年 8 月 21 日在上海城市与文明国际学术研讨会上的发言。

关系，在生产生活中，不同组之间开始出现差别。随着这个差别的进一步发展，聚落内部和聚落之间产生分化，至仰韶中晚期出现了中心聚落。即在一群聚落中，有的聚落在规模上和遗迹、遗物的规格上超过了其他聚落，河南灵宝西坡就是典型的例子。中心聚落进一步发展就产生了城市，城市是聚落演变、生产发展和社会分化到一定阶段的产物。

生产的发展导致社会分化，而社会分化在手工业上表现得最清楚。手工业有两类，一类是与生业紧密相关的，如石器时代的石器制作、陶器制作、家庭纺织，这类手工业的技术要求较为简单，其发展难以产生社会的分化；而诸如玉器漆器等高级手工业却能促使社会分化的产生。高级手工制品的制造从原料选择、加工等方面，都需要有掌握专门技术的工匠，他们不但拥有较高的技术，同时也具备较高的文化和艺术修养。诸如良渚文化的玉器、象牙雕刻和漆器等高级手工业产品，就是由这些工匠制作，他们不从事日常的生业活动，只有较大规模的聚落，或者说是中心聚落才能供养他们，他们的产品则专供聚落中的少数人群——贵族使用。贵族阶层在掌握了这些高级手工业的原料、技术、产品后，又进一步想控制更多的原料、更好的技术，同时觊觎其他聚落的相应资源，应运而生的就是武器，用以进行掠夺。为了应对这种武装掠夺，城是当时最为简单有效的手段，至此，由城墙防护的城市取代了中心聚落。城内的人群与城外的人群产生了差别，出现了城乡二元结构。城市集中了当时最高的技术、最好的产品、最高的文化，是文明因素集中的表现。

第二句，城市的发展是文明发展阶段的重要标志。

文明的发展集中体现在城市，文明发展的不同阶段自然也会在城市的发展变化上体现出来。例如欧洲中世纪的城市和资本主义工商业兴起以后的城市就大不一样，中国商周时期和汉唐以来的城市格局就不大一样，跟近代的城市更不相同。试比较一下明清时期的北京、长安等城市和近代兴起的上海、天津、广州和汉口等城市就会一目了然。普通聚落无法体现文明化的程度，比如河南三杨庄发现的汉代农村遗址，就跟近代农村的情况十分相像。汉代农业工具与近代农村使用的工具差别也不大。可见两千多年来社会有了很大发展，文明有了很大进步，而农村的变化极其缓慢，无法反映文明发展的脉络，从而无法代表文明发展的进程。不过城市是不能孤立发展的，一定要有广大的乡村作为依托，反过来也会在一定程度上带动乡村的发展。城市与乡村之间是一种相互依存的关系。知识、技术、文化集中于城市，城市的发展依赖于乡村供给粮食等农产品和各种原材料，以及丰富的劳力资源，而乡村的发展又需要城市提供农具等多种手工业制品。城市越发展，对乡村的支持会越大。城乡之间是相互依存而不是相互对立的。把城乡关系说成是统治与被统治、剥削和被剥削的关系是不正确的。城市的发展体现了文明的发展，城市发展水平越高，其文明发展程度越高。

第三句，城市形态是区分不同文明传统的重要标志。

城市既是文明的载体，不同的文明自然会在城市的风格上体现出来。比如中国的城市在形态上就区别于欧洲或美洲的城市。古代美洲的城市没有城墙，是以作为神庙的金字塔为中心而形成的城市，是一个宗教中心、政治中心和文化中心；而古代欧洲的城市虽然有城墙，但这些城墙只是用于保护贵族阶层的城堡的组成部分，大量依附于城堡的手工业人群是生活在城墙的周围，他们与从事一般生业活动的人群一样，都无法得到城墙的保护。因此不同的文明，有不同的文化传统，产生了不同的城市形态。换言之，不同城市形态就成为不同文明传统乃至不同文明发展阶段的重要标志。随着近现代工商业和交通的发达，文化交流越来越频繁，各地城市的面貌也有越来越接近的趋势。不过只要认真比较一下，各民族国家的城市还多少有自己独特的风格，比如西欧跟北欧或南欧的城市风貌和建筑风格就不大相同，跟俄罗斯等更不相同。同在东亚，中国跟日本或东南亚国家的城市和建筑风格也各具特色。可见不同的城市形态乃是区分不同文明传统的重要标志。

（原载《丹霞集——考古学拾零》，文物出版社，2019 年）

中国王墓的出现 *

　　历史上只有出现了国家并产生了国王以后，才可能有国王的坟墓。在漫长的原始社会是没有阶级和国家的；在中国新石器时代（大约公元前 10000～前 3000 年）数以万计的墓葬中是没有王墓的踪迹的。但在新石器时代行将结束之时（约公元前 3500～前 3000 年），社会开始酝酿着深刻的变化。首先是社群内部出现贫富分化和社会地位的分化，接着社群之间也出现分化，在考古学遗存中便是中心聚落和贵族墓葬的出现。

　　较早的中心聚落可以甘肃省秦安县大地湾遗址的仰韶晚期遗存为代表。那遗址总面积 100 多万平方米，有数百座房屋遗迹。它的中心建筑是一座大型殿堂，面积达 290 平方米。其中又分前堂、后室和东西两厢，这种格局开启了后世殿堂建筑的传统风格[1]。这座房屋用巨大的木柱组成柱网，地面和墙壁均抹一种用姜石末和细砂等调制成的灰浆，效果很像水泥。房前还有一个广场，有一排青石板和两排柱子洞，似为立旗杆或图腾柱的。这样大规模的殿堂建筑，在以前是不曾见过的。它应当是中心聚落的首领们聚会议事或举行宗教仪式的场所。这些首领既然如此讲究排场，显然是已经贵族化了。只是迄今还没有发现这些贵族的墓葬。

　　山东省泰安市大汶口也是一个中心聚落的遗址，只是居址部分未经大面积发掘，而墓地则揭露了很大一部分[2]。这个墓地的墓葬很明显可以分为大中小三个级别。大墓有木椁，有成百件随葬品，且多为一般墓葬中罕见的精品，如玉钺、玉石装饰品、象牙梳和象牙雕筒、鳄鱼皮蒙的鼓和白陶等。其中的玉钺和鼓等可

---

　　* 　本文为 1994 年 10 月 1 日在日本福冈市举行的"从墓制变化看国家的发生"学术研讨会上的基调讲演稿。

　　[1]　甘肃省文物工作队：《甘肃秦安大地湾 901 号房址发掘简报》，《文物》1986 年第 2 期。

　　[2]　山东省文物管理处、济南市博物馆：《大汶口——新石器时代墓葬发掘报告》，文物出版社，1974 年。

能是尊贵地位的标记物。说明少数贵族不但富有，在社会上也占据崇高的地位。

　　辽宁省朝阳牛河梁是一处特殊形态的遗址[1]。那里有一座房子中摆放着许多比真人还大的塑像，并被称为"女神庙"。那里还有一些方形或圆形的宗教活动场所或祭坛，十几处巨大的积石冢。每个积石冢的中心有用大石板砌成的主墓，四周用石头砌成，两层或三层台阶，上面铺满不规则形砾石。与最外一层砌石平行还紧密地竖立一排数以百计的彩陶筒，很像日本古坟时代的埴轮，却比埴轮要早三千多年。在积石冢上主墓的周围有时还有若干小墓，也用石板砌筑，有的也随葬玉器。他（她）们可能是墓主人的近侍或亲属。很明显，牛河梁是一处红山文化的宗教圣地和贵族坟山。这些贵族应该是已具有崇高社会地位，掌握相当政治权力和宗教权力的人物，离真正的国王大概也只有一步之遥了。

　　进入铜石并用时代（大约为公元前 3000~前 2100 年）之后，中国出现了一系列城址。其中最大的有 100 万平方米，多数为 10 万~20 万平方米。这是一个小国林立的时代。中国古书上讲黄帝、尧、舜的时代，总是说有万国或万邦。现在看来，这些传说是有根据的。既然有国家就必然有国王和国王的坟墓，现在是否已经找到了当时的王墓呢？我想浙江省余杭市的良渚、山西省襄汾县的陶寺和山东省临朐县的西朱封三处所发现的大墓，即使不能确定就是王墓，也应很接近于王墓了。

　　良渚是一个以莫角山为中心的遗址群，其中有 30 万平方米的莫角山台城，有瑶山、汇观山等祭坛，有反山等墓地以及瑶山等祭坛废弃以后改建的墓地，很像是一个小王国的都城遗址。反山位于莫角山城址的西北角，是一个人工筑成的坟山，在其西头发现了 11 座大墓[2]。如果全部挖开，估计至少有 30 座大墓。各墓规格不尽一致，其中以第 12 号墓为最大，有漆棺和木椁，随葬漆器、玉器和陶器等，总计达数百件之多。其中包括刻有神人兽面纹的玉琮和玉钺等稀世珍宝。反山墓地中，凡用玉琮和玉钺随葬者都是较大的墓。玉钺是一种仪仗性武器，是握有军权的象征。玉琮则是宗教法器，表明墓主人具有宗教领导权。墓主人及其家族既能调动那么多人力为自己修筑坟山，并能聚敛那么多漆器、玉器等珍贵物品，证明他们还掌握着巨大的行政权力和经济特权，这样的人物当然很像是最初的国王，而同葬于一个墓地中的贵族当为王室的重要成员。

---

　　〔1〕　辽宁省文物考古研究所：《辽宁牛河梁红山文化"女神庙"与积石冢群发掘简报》，《文物》1986 年第 8 期。

　　〔2〕　浙江省文物考古研究所反山考古队：《浙江余杭反山良渚墓地发掘简报》，《文物》1988 年第 1 期。

陶寺墓地约有 3 万平方米，现仅发掘一小部分，即已发现 1000 多座墓葬[1]。其中大墓只占 1% 稍多一点，中等墓 10% 稍多一点，小墓则将近 90%，阶级分化十分明显。中型墓不少有木棺，周围撒木炭屑，例如 1650 号墓就是如此。该墓主人系成年男性，身着不同颜色的衣服，头部与上身为白色，下身灰色，足部为橙黄色。身下垫麻布，身上盖麻布被，反复折叠达 10~12 层。棺上也盖麻布并捆以麻绳。大墓葬具都经后期破坏，可以想见会比中型墓更豪华更讲究。不过某些大型墓的随葬品还大致保存下来，例如第 3015 号墓就有玉石器、木器、骨器和陶器等 200 余件。其中最突出的是石磬、用鳄鱼皮蒙的鼓和一组很富特色的彩绘木器，包括木俎、木匣、木豆、木盘、木斗和木仓模型等，有的大墓的木盘内还有龙纹彩绘。这显然同一般人的身份不同，有的学者推测应为国王或王室贵族。

西朱封共发现 3 座大墓[2]。墓坑面积达 27~28 平方米，1 座为一棺一椁，2 座为一棺二椁，这是中国最早出现的重椁墓。有的墓还有边箱和脚箱，结构相当复杂。随葬器物有玉钺、玉簪和各种玉质或绿松石质的装饰品，还有大量鳄鱼甲板，可能是蒙鼓用的鳄鱼皮残迹。陶器几乎全部是精致的黑陶制品，有罍、罐、盆、豆、杯、盒、鼎、鬶等，往往成双成对，很可能都是礼器。发掘者认为墓主人具有特殊身份，地位显赫，是当地的统治者。换句话说，是当地某个小国的国王或王室的重要成员。

如果说龙山时代是否即已产生国家在学术界还有争论的话，那么夏代已产生国家这一点几乎是没有异议的。许多学者认为，分布于河南西部和山西南部的二里头文化就是夏代的文化，而位于河南省偃师县的二里头遗址则应是夏代的一个都城，很可能是太康所居的斟鄩。这遗址曾先后发现过两座宫殿基址。第一号宫殿基址的夯土台基略呈正方形，面积约 10000 平方米[3]。周围绕回廊，南面有大门，进门后有一个很大的广场，北部中央则是主殿所在。主殿面阔八间，进深三间，外设檐廊，显得庄严肃穆。正因为二里头有这样的宫殿，人们推测它理应是一座都城。

---

[1] 中国社会科学院考古研究所山西工作队、临汾地区文化局：《1978~1980 年山西襄汾陶寺墓地发掘简报》，《文物》1983 年第 1 期。

[2] 山东省文物考古研究所、临朐县文物保管所：《临朐县西朱封龙山文化重椁墓的清理》，《海岱考古》（第一辑），山东大学出版社，1989 年；中国社会科学院考古研究所山东工作队：《山东临朐朱封龙山文化墓葬》，《考古》1990 年第 7 期。

[3] 中国科学院考古研究所二里头工作队：《河南偃师二里头早商宫殿遗址发掘简报》，《考古》1974 年第 4 期。

值得注意的是距一号宫殿基址东北约 150 米处还有第二号建筑基址[1]。平面为长方形，面积约 4200 平方米，小于第一号基址。同样是周围有回廊，南面是大门，中间是广场，北面是大殿。所不同的是在大殿后面正中有一座大墓。墓坑长 5.2、宽 4.25 米，面积 22 平方米，是现知二里头文化中最大的一座墓葬。可惜因为过去被盗，棺椁结构不明，出土器物也不多。但根据它埋葬的特殊位置和墓坑的规模，足以把墓主人看成一位国王，同时也说明二号建筑乃是专为奉祭先王而设的宗庙，与一号宫殿的性质不同。

商代早期的都城有两个，一个位于河南省偃师县尸乡沟，学术界多以为它就是成汤所都的西亳。更大的一处在河南省郑州市，人们相信它是仲丁所迁的隞都，但还存在不同的看法。可惜在这两个地方至今还没有发现王墓。商代晚期，盘庚迁殷，就是把都城迁到河南省安阳市北面的殷墟，并且延续了 273 年。这时期去世的商王都埋在侯家庄西北岗的王陵区[2]。这王陵又分东西两区，西区有 7 座大墓和 1 座未建成即被放弃的墓坑，东区有 1 座大墓和 4 座较大的墓。在高楼庄后冈也有 4 座较大的墓。大墓的墓室呈方形或"亚"字形，有四个墓道，墓室面积二三百平方米，若把墓道所占面积合并起来，则可达七八百平方米。墓中除有大量随葬品外，还有许多殉人，10 匹殉马。较大墓的墓室为方形或长方形，有两个墓道，平面看略似"中"字形，例如武官村 1 号大墓就是。该墓除大量随葬品外，也有 79 个殉人和 59 个殉牲。此外，在墓地还有大量排葬坑，其中埋着许多人骨和牲畜骨骼，应当是人祭和牲祭的遗迹。据此可知当时存在着残酷的奴隶制度。

商代王室的墓如此，方国首领的墓也有仿效者。例如山东省青州市（原为益都县）苏埠屯 1 号大墓也有四个墓道，48 个殉人。

西周王墓（天子之墓）至今还没有发现，诸侯墓发现过一些。比较著名的有河南省浚县辛村卫侯墓地和三门峡市虢国墓地，山西省曲沃县曲村晋公墓地和北京市房山县琉璃河燕国墓地等处。埋葬制度基本上继承殷墓而又有所变化，殉人的数量也减少了。

东周以前的王墓绝大多数是平地挖坑埋葬的，埋好以后地面不造坟丘。只有牛河梁红山文化的墓葬上面积石，良渚文化有人工建造的贵族坟山，江南西周至

---

〔1〕　中国社会科学院考古研究所二里头队：《河南偃师二里头二号宫殿遗址》，《考古》1983 年第 3 期。

〔2〕　北京大学历史系考古教研室商周组：《商周考古》，文物出版社，1979 年，93～100 页。

春秋时代盛行土墩墓。这些和坟丘墓虽略相似但仍有本质区别。真正的坟丘墓是在春秋晚期以后才流行起来的[1]。秦始皇陵和汉代以降的帝王陵都有很大的陵园和坟丘，并且逐步发展出一套比较严格的陵寝制度，只是随着时代的变化而多少有些改变罢了。

（原载《考古与文物》1996 年第 1 期。后收录在《农业发生与文明起源》，科学出版社，2000 年）

---

[1]　王仲殊：《中国古代墓葬概说》，《考古》1981 年第 5 期；王世民：《中国春秋战国时代的冢墓》，《考古》1981 年第 5 期。

碰撞与征服

——花厅墓地埋葬情况的思考

最近，《文物》杂志发表了江苏新沂花厅村新石器时代墓地 1987 年的发掘简报[1]，《东南文化》也报道了同一墓地 1989 年发掘的主要收获[2]，受到学术界的普遍关注，也引发了我对于如何通过考古学遗存的表象来探索社会历史问题的深层思考。

花厅墓地是 1952 年发现的。南京博物院曾于当年 12 月和翌年 11 月进行过两次发掘[3]。1953 年发掘的 19 座墓都在南区，1987 年又在同区发掘 4 座墓葬。这23 座墓葬具有如下特点。

（1）规模较小，据统计，随葬品 40 件以上的有 3 座，30 多件的 1 座，20 多件的 4 座，10 多件的 10 座，10 件以下的 5 座，其中最少的只有 1 件，说明当时已有一定的贫富分化，但差别还不很大。

（2）文化性质单纯，所有可能辨明文化属性的遗物都属于大汶口文化。

（3）时间跨度较小，大体只相当于大汶口文化发展过程中的一个文化期，并曾被命名为花厅期。

1987 年和 1989 年发掘的墓葬主要在北区，与南区相距约 600 米。其中 1987年发掘 22 座，1989 年发掘 40 座，共为 62 座，这些墓具有以下特点。

（1）时间跨度较大，除有属花厅期的以外，还有一些相当于大汶口文化晚期前段和良渚文化早期的墓葬。

（2）文化性质复杂，除大汶口文化因素外，还有占很大比例的良渚文化因素，

---

〔1〕　南京博物院：《1987 年江苏新沂花厅遗址的发掘》，《文物》1990 年第 2 期。

〔2〕　南京博物院花厅考古队：《江苏新沂花厅遗址 1989 年发掘纪要》，《东南文化》1990年第 1、2 期。

〔3〕　南京博物院新沂工作组：《新沂花厅村新石器时代遗址概况》，《文物参考资料》1956年第 7 期。

两种因素往往共存于同一墓葬。

（3）墓葬规模差别较大，除中小墓葬外，还有 10 座大型墓葬，它们彼此相邻，自成一片，在墓地中显得非常突出，其中 8 座有殉人现象。

从表面上来看，似乎北区的贫富分化和社会地位的分化都比南区更为突出，以至于出现了最初的阶级对抗，达到将一部分人为另一部分人殉葬的地步。考虑到北区有些墓葬比南区晚，这一解释似乎是很符合社会发展的逻辑过程的。但如果把这一现象同第二条结合起来考虑，这种解释就未免有些肤浅。

为了把问题说清楚，有必要把这些大墓的具体情况做些介绍并进行初步的分析。这些大墓均为长方形土圹，长近 5、宽近 3 米。葬具均已朽烂，根据痕迹可以判断有些墓设有椁室。随葬品多达 100 余件，包括陶器、石器、玉器和彩绘木器（均已朽坏）。分析其中最能反映文化特质的各种因素，发现有很大部分具有良渚文化的作风。例如陶器中的"T"字形足鼎、双鼻壶、宽把带流杯、饰瓦楞纹或竹节纹的豆、圈足罐和小口高领弦纹罐等，都是良渚文化的器物。又如先后出土的 500 余件（组）玉器中，包括斧、钺、锛、琮、锥形器、琮形管、璜、瑗、环、珠管、指环、耳坠等，在良渚文化的遗址或墓地中差不多都能找到。其中有些是良渚文化所特有的，如饰简化神人兽面纹的琮和饰同样花纹、剖面呈方形的锥形器及某些佩饰均属此列；有些玉器则是良渚文化和大汶口文化所共有的，几乎没有一件是大汶口文化所特有的。在石器中的斧、钺、刀都是良渚文化和大汶口文化所共有的型式，有段锛和剖面菱形的带铤镞则是良渚文化的特点，大汶口文化仅偶尔见到，当是受良渚文化影响的结果。

花厅村遗址位于大汶口文化分布的南部边界，附近的刘林、大墩子等都是单纯的大汶口文化遗址。而良渚文化则分布在江苏南部和浙江北部，中心在太湖周围的沪宁杭地区，北部的边界不甚清楚，估计不会超过海安多远，距花厅将近 300 千米。为什么在花厅的墓葬中有那么多的良渚文化因素呢？这是耐人寻味和必须探究的问题。

大凡一个遗址中存在着不同文化来源的因素，不外有以下几种情形。

（1）因为同别的文化接触，发现那里有一些吸引人的东西，于是进行仿制，这些仿制品除具有原来文化的特征外，还常常带有仿制者所属文化的痕迹，花厅的情况有异于此。

（2）遗址处在两个或更多文化的交界处，同时受到各方的影响和熏陶，其文化特征常常表现为几种文化特征的融合，有时一件器物上就反映出不同文化的风格，花厅的情况亦有异于此。

（3）一个文化的居民因与其他文化的居民进行贸易或相互馈赠而获得了其他

文化的东西，他们会使用这些东西，死后也可能用它们随葬，从而在墓葬的随葬器物中出现不同文化的物品。

（4）通过掠夺性战争对其他文化的居民进行劫掠，或者强迫对方纳贡，也可获得其他文化的东西。如果用这些东西随葬，墓中也会出现不同文化的物品。

不论是用交换、馈赠等友好方式或掠夺、纳贡等强制方式，首先得到好处的是富人和有权有势的人，这似乎很符合花厅墓地中良渚文化物品主要出于大墓的情况。但有几点不易解释。一是良渚文化的物品不仅出于大墓，至少也出于中等墓。例如 M19，长 1.3、宽 0.6 米，随葬陶器 10 件、玉器 4 件及一组项饰，还有陶环和陶纺轮，并殉葬一狗，按墓圹只能算小墓，按随葬器物是中等墓。墓中的玉器和部分陶器如双鼻壶、瓦楞纹圈足豆、小口高领弦纹罐等都具有良渚文化作风。又如 M21，长 2.03、宽 0.93 米，随葬陶器数件及玉镯、玉项饰、绿松石坠饰等。其中的"T"字形足鼎、瓦楞纹圈足豆等也具有良渚文化作风。像这样规模的墓在南区也有，随葬器物却是单纯大汶口文化的物品，这是为什么？二是良渚文化距花厅甚远，大汶口文化的居民要获得良渚文化的物品，首先应是比较精美贵重而便于携带的玉器之类，个别特殊的陶器当然也是可能的。但花厅墓地中有大量良渚陶器，除造型和花纹特别外，功能上一点也不比大汶口文化的同类器物优越，究竟有什么必要从那么远通过交换或抢劫弄来呢？三是在良渚文化因素最集中的大墓中，绝大部分都有殉人，这二者之间必定存在着某种联系。不然的话，为什么在大汶口文化的其他墓地中，包括那些比花厅大墓规模更大、随葬器物也更多的大墓，从来都没有发现殉葬的现象；在良渚文化乃至龙山文化中，包括最近在山东临朐西朱封发现的那种有棺有椁，甚至还有重椁以及边箱、脚箱，随葬许多精美黑陶、玉器和彩绘木器，很明显是既富有又有很高身份等级的人的大墓中，也没有发现殉人现象呢？

上述情况要求我们不能只是从大汶口文化本身的发展来进行思考，而必须从大汶口文化和良渚文化双方关系的发展中求得正确的解释。

在新石器时代以及铜石并用时代，山东和苏北地区的文化发展谱系主要是北辛文化—大汶口文化—龙山文化，其中大汶口文化的前期位于鲁南苏北的遗存亦可称为青莲岗文化；苏南浙北的文化谱系则是河姆渡文化—马家浜文化（或称草鞋山文化）—良渚文化。二者虽属不同的文化谱系，并且代表着不同的族系，但因在地理位置上相互毗邻，很早就发生了比较密切的文化关系[1]，南京博物院

---

〔1〕　严文明：《论青莲岗文化和大汶口文化的关系》，《文物集刊》（1），文物出版社，1980 年。

曾经对此进行过详细的比较研究〔1〕。现在看来，这种文化关系不但有一个发展过程，而且根据其性质应划分为两大阶段。

在大汶口文化前期（或青莲岗文化时期）与马家浜文化时期，南北两地的新石器文化基本上处于平稳发展的阶段。从两个文化的一些重要墓地如邳县刘林、大墩子、邹县野店、兖州王因、常州圩墩、嘉兴马家浜、上海青浦崧泽等处来看，基本上都是较小的墓，随葬器物差别很小，反映当时的生产力水平还较低，分配中原始共产制还起主导作用，个人占有财富的观念还不甚强烈。因而在与不同族系的社群交往中，往往采取和平的方式。

到大汶口文化后期和良渚文化时期，生产力有了显著的发展，社会内部的贫富分化和社会地位的分化随之发生和发展起来。像大汶口文化的大汶口、西夏侯、陵阳河、大朱村等处都发现过一些随葬 100 多件器物、有木质葬具的大墓，墓主人显然较其他人富有，并具有较高的社会地位；良渚文化的反山、瑶山、福泉山等处也有类似的大墓。这些人之所以能富起来，一靠剥削本部落的人民，这从同一墓地中大小墓葬的对比即可清楚地看出来；二靠掠夺同族系的其他部落，这从同一文化系统各遗址和墓地的对比也可以很清楚地看出来。当一些人富起来并掌握一定权势之后，不会满足于对本族人民的掠夺；对财富的贪欲使他们觊觎经济文化比较发达的其他族系的人民。由于过去长期的交往，大汶口文化和良渚文化的居民之间是比较熟悉的，于是他们把触须首先伸向了过去的朋友，从而引发文化之间激烈的碰撞。

中国历史博物馆收藏了一件最长的良渚文化玉琮，它是一位热心人在 20 世纪 50 年代初从青岛旧货市场得到后，经张政烺先生介绍捐献给历史博物馆的。琮的上面刻了一个大汶口文化的图画文字。这分明是大汶口文化的某个部落南下远征，掳掠了良渚文化最神圣的宗教法器并刻上自己部落的记号以庆祝胜利。否则像这样的神物是不大可能通过和平交换的方式流入异族人手中的，良渚文化的人自己也不会把异族特有的图画文字刻在自己最神圣的法器上。可见这件玉琮即体现着激烈的文化碰撞，反映着大汶口文化的某个部落对良渚文化部落的征战与掳掠。

南京应该是良渚文化的分布地，但南京北阴阳营的 H2 中出土的一件陶鬶和一件陶尊却是大汶口文化的典型器物。特别是陶尊上刻了一个大汶口文化的图画文字，证明它确属大汶口文化的东西。这一事实证明大汶口文化的居民确曾把自己的势力发展到了良渚文化的领地。

---

〔1〕 南京博物院：《长江下游新石器时代文化若干问题的探析》，《文物集刊》（1），文物出版社，1980 年。

花厅的情况不过是两个文化发生碰撞的又一证明。这次是良渚文化的一支武装力量北上远征，打败原住花厅村的大汶口文化居民并实行占领。作战中自己一方阵亡的战士不可能运回老家，只有就地安葬。他们不用大汶口文化居民原有的墓地（南区），而在其北约 600 米的北区另设墓地。为了缅怀这些在异乡战死的英雄，特地给他们随葬了最能反映本族特色的玉器和陶器等物品，同时也随葬一些原属大汶口文化的战利品，甚至把敌方未能逃走的妇女儿童同猪狗一起殉葬！

其所以作这样的解释，还考虑到下列的情况。

第一，所有大墓的墓主都是中青年，性别可辨的 4 人中有 3 人是男性，另一人是 20 岁左右的青年女子，发掘简报指出她是意外死亡的。同一墓片中的中小墓葬的墓主，性别和年龄可辨的除一名男性老人和两名少年外，也都是中青年。这同一般大汶口文化墓地中老中青和儿童都有一定比例的情况大不相同，显然不是自然人口的正常死亡，而比较符合战士的年龄构成。

第二，殉葬的 17 人中，14 人是少儿或幼儿，2 人是妇女，只有 1 人是中年男性。后者是同 1 名妇女和 3 个幼儿一同殉葬的，这同商周殉人多为青壮年奴隶大不相同。说明这种殉葬不是阶级对抗发展的产物，而是一种对战败者的无情惩罚。身强力壮的中青年或者战死，或者逃走，惩罚就落到无力反抗又无法逃脱的妇女、儿童身上。

由此可见，花厅墓葬中的殉人现象是在军事民主制下对异族征服的产物，不是社会内部激烈的阶级对抗的体现。但早期的掠夺性战争迟早会引发奴隶制，只是花厅墓葬的时期还没有达到这样的程度。把这个问题凿通了，将有助于解释龙山时代一系列的考古学文化的现象，具有重要的理论意义。

（原载《文物天地》1990 年第 6 期。后收录在《史前考古论集》，科学出版社，1998 年）

玉文化与中国古代文明[*]

　　我们这个玉器和玉文化的高级研讨会是一个国际会议，因为参加的人员不但有来自中国各地的学者，还有日本和美国的朋友。各位对于中国的玉器和玉文化都有很多研究和很高的造诣，代表了当今玉器研究的最高水平，所以叫作高级研讨会。北京大学能够为这样一个会议做一点组织和服务的工作实在是一种荣幸。会议开得紧凑、热烈，富有成果。不但在会上充分发表意见，在会下也抓紧时间交流信息、资料和看法，有时谈到深夜，情景十分感人。研究玉器不能没有实物标本，这次有的先生带来了玉矿和玉料等标本，同时又安排了一整天到故宫博物院和中国社会科学院考古研究所参观，大家切磋琢磨，加深了认识。我想会议的成果不但会推动玉器的研究工作，对于北京大学考古系的教学和科研也将起到促进的作用。

　　世界上产玉的地方很多，但是像中国人那样，在八千多年以前就认识玉这种材料，用它制造工具、武器、生活用具、装饰品，后来又用作礼器和玩赏物品，并且赋予玉器那么丰富的文化意蕴，用玉来指称最美好的事物和最高尚的品德，以至于形成一个长久不衰的玉文化传统，实在是无与伦比的。这种现象本身就是值得很好地研究的一个课题。就像玉器的制造需要"如切、如磋、如琢、如磨"一样，对于玉器和玉文化的研究也要相互切磋，用心琢磨。

　　中国古代文明有很多特色，玉文化是其特色之一。研究古代文明通常包含物质文明、制度文明和精神文明三个方面，玉文化在这三个方面都有重要的表现。

　　玉是石头的一种，是石之美者。人类从一诞生就跟石头打交道，经历了两百多万年的旧石器时代，制造了各种打制石器，却完全不知道玉为何物。只是到一万多年前的新石器时代初期才偶尔见到玉器，到新石器时代中晚期才有很少的制成品，还没有形成大的气候。人类认识玉比认识普通石料之所以晚得多，是因为

＊　本文为 2001 年 11 月在北京大学赛克勒考古与艺术博物馆举行的中国古代玉器与玉文化高级研讨会上的总结发言。

玉料比较稀少而难于找寻，又比较难以加工。直到距今约 5500～4600 年的铜石并用时代早期，也就是中国文明起源的重要时期，玉器才形成一定的生产规模，成为相对独立的手工业部门。

这个时期的玉器生产有两个中心，一是燕辽地区的红山文化，二是长江下游的凌家滩文化和良渚文化。两者在制作工艺上都使用了线切割、浮雕、圆雕、减地、镂空、刻划、抛光锥钻和管钻等技术，远远超过一般石器的制作技术，代表当时技术发展的最高水平。但两者在原料来源、制作技术、器物门类、造型和纹饰样式等方面都有很大的差别，是两个各具特色的玉文化系统。

我们这次会议讨论的题材相当广泛，归纳起来，大致有以下六个方面。

（1）关于玉文化谱系的研究

主要是史前玉文化谱系的研究，也有区域性玉文化的研究。邓淑苹、黄翠梅、赵朝洪和冈村秀典都就史前玉器的谱系发表了自己的看法。邓淑苹过去提出三大系统，包括华西玉器系统。这次则细分为东北、黄河下、中、上游、长江中、下游和珠江流域七个地区，并且纵论各个地区的消长及其相互关系。她提到《尚书·禹贡》所划分的九州中扬州和雍州产玉，其中璧、琮、圭等成为三代玉礼器的主要品类。黄翠梅把史前玉器划分为原生与次生系统，两者又各划分为主系统和次系统。说齐家文化的玉器属于次生主系统。冈村秀典注意到龙山时代社会的大变动对玉器传播方式产生的影响，特别是关于石家河玉器的来源与传播的论述很有见地。此外刘国祥对东北史前玉器、杨美莉对齐家文化的玉器、杜金鹏对二里头文化的玉器、卢兆荫对汉代楚国的玉器也都进行了很好的研究。

（2）关于早期玉产地和加工技术的研究

过去多认为中国古代玉器的原料主要来自新疆和田一带，那是因为还不知道史前时期的玉器。周汉以来也许是如此，史前时期则难以想象。这次会议着重讨论史前玉料的来源问题。王时麒等提出辽宁岫岩玉矿可能是红山文化玉料的来源；江苏溧阳小梅岭有透闪石软玉矿，可能是良渚文化玉料的来源地。陆建芳更指出江苏句容丁沙地发现在良渚文化的灰坑中出土有 80 多块玉料，包括山料和籽玉，同时还有大量硅质岩做的细石器。后者可能是刻划玉器纹饰的工具。这确实是一个重要的发现，今后还应该努力寻找。

（3）关于用玉的习俗和礼制问题

这方面张永山和孙庆伟都做了有益的探讨。张永山指出玉璋在金文中是居于首位的礼器，用于赏赐、馈赠和重要礼仪之中。孙庆伟则主要以虢国墓地 M2001 为中心讨论了西周葬玉的传统习俗和礼制问题。

（4）关于某些玉器的名称、功用与含义的研究

牟永抗根据考古发掘所见玉玦随葬的部位等情况分析，不像是夹于耳垂的耳饰，应该与环、璜等一样作为坠挂装饰用，是一种纯美学的追求。蒋卫东根据海盐周家浜 M30 随葬的象牙梳背部镶嵌一件过去被称为冠状饰的玉器，应该正名为玉梳背。孙机认为红山文化玉龙的原型应该是地蟥或蛴螬。

（5）关于玉器发展历史的研究

这方面只有杨伯达纵论中国玉器从史前到明清演变的历史情况，并没有展开讨论。

（6）关于玉器、玉文化与传统文化的关系

这方面殷志强做了比较全面的论述，其他学者也多有涉猎。这是一个十分重要的问题，应该有更多和更加深入的研究。

总之，这次玉器与玉文化的研讨会开得很好，大家都感到很有收获，对今后的研究必将起到一定的促进作用。谢谢大家！

（原载《丹霞集——考古学拾零》，文物出版社，2019 年）

丁公遗址出土的陶文

　　我有幸在丁公龙山陶文发现不久就看到了实物标本，当时的心情十分兴奋。因为自从商代甲骨文被发现以后，大家一直在关注和寻找着更早的文字资料。我设想这事很可能在发掘某个相当于夏代的都城遗址时得到突破，没有想到竟会首先在一个并不很大的龙山文化遗址中出现。我感到这件事情关系重大，但工作上一定要慎重。建议山东大学的同仁务必先找几位有经验的专家看看，特别是要请古文字学家看看，认真听取他们的意见。同时把田野工作再检查一下，没有发掘完的部分要把它挖完，尽量把地层关系搞准确。只要地层关系把牢了，其他问题就比较好研究了。关于对陶文的看法，我曾谈过几点意见，现在再申述一下。

　　首先我认为这陶片上刻的是字而不是别的什么符号。其中有象形字，如第二行的两字像侧身跑的人形，第四行下一字为盘身翘首的蛇形。第一行首字也可能是像鸟形，但不敢确定。值得注意的是还有一些字并非象形，好像是专为语言中某些难以用形象表达的词而造的字。即使象形字也是以最简练的笔法写出，显得很有章法。这显然比那种像连环画似的图画文字要进步些，也许同纳西族的东巴文比较相近。因为东巴文中象形和指事占很大比例，而且往往是字义重于读音，而不完全是一字一音，只有代代相传的经师才能准确地念诵。所以我认为丁公陶文已是一种比较成熟的早期文字。

　　其次想谈一下丁公陶文的年代。刻写文字的陶片是一个大平底盆的底部残片，轮制，泥质灰陶，磨光，火候较高，一望便知是属于龙山文化的。上面的字是针刻的，笔道很毛，有些笔道明显留有刻划时碰到沙子所形成的凹陷，证明是器物烧好以后才刻上去的。至于是烧后不久仍由龙山文化的人刻划的，还是更晚的人刻划的，单凭陶片是无法断定的，关键还要看陶片出土的地层关系。

　　承蒙山东大学同仁的厚意，我在出席全国文物考古研究所所长临淄会议期间抽空参观了丁公遗址发掘工地，看到出土陶文的灰坑 H1235 还有一半挂在探沟壁上。那是一个非常规整的圆形灰坑，底和壁的界线非常清楚，也看不出有任何田鼠洞和其他扰动痕迹，发掘中一般不会出现差错。由于该坑位置较高，上半部早已破坏无存，揭去耕土即见残坑。出于慎重，设想是否有局部耕土没有去尽而把晚期陶片混进的情况。但检查全部陶片并没有发现有晚于龙山的，怎么会单单混进这块有文字的陶片呢？这种可能性实在是微乎其微。还是出于慎重，我建议用扩方的方法把留下的那一半灰坑清理完毕，一方面，再次检查灰坑中的出土物有没有晚于龙山的，另一方面看看还有没有其他遗迹打破灰坑的地层关系。我十分高兴地得知后来发掘的结果，不但另一半灰坑的陶片全部属于龙山文化，而且还发现另一个较小的灰坑打破 H1235 的地层关系。这小灰坑也只出龙山陶片，其中有两个陶鼎是属于龙山文化晚期的。看来这块刻文字的陶片非龙山文化莫属了。在龙山文化遗存中发现比较成熟的早期文字，实在是应该大书特书的一件事情，是山东大学考古专业献给学术界的一份厚礼！

最后我想对丁公龙山陶文的内容和用途作些推测，不一定正确，仅供进一步研究的参考。我注意到文字基本是布满整块陶片的，分布也还比较均匀。特别是文字排列的方向基本上与陶片的形状相适应，而与陶盆底部的轮旋纹不相一致。全文偏于盆底的一隅，个别字已挤到底腹拐角处。如果是在一个完整的陶盆底部刻字，这样安排就很不合理。这说明文字本来就是在陶片上刻的而不是在完整陶器上刻的。再从陶片周边都是老碴口和没有任何字被截断的情况来看，这块陶片刻字后应没有再破碎过，因而有理由认为它是一个完整的文书！

文字既刻在陶片上，而且用行书式的字体，说明它不是一种纪念性的铭刻。如果这陶片磨得方正一些，也许还有保存价值。但它连起码的加工痕迹都没有，说明只是为着临时的需要，捡一块基本合适的陶片刻上字，用完以后即可以扔弃，这样才可能同其他陶片一起发现于普通灰坑废弃后的堆积物中。

文书的内容难以解明，但似乎涉及不同的人群。两个侧身跑的人形中，下一人明显是披发的；上一人头上的两道弧线，依下一人头发的画法来看也当是表示头发的，是从两边向上挽的头发或总发。一个披发，一个总发，应该是代表两个具有不同风俗习惯的族系的人。两人跑的方向不同，跑的姿势和神态也不相同。至于盘身翘首的蛇形，也许与古书上记载的修蛇部落有关。总之这件文书尽管形式简陋，内容可能是意义重大的。它对于进一步认识龙山文化社会的发展水平乃至探索中国文明的起源都是至关重要的。

（摘自《专家笔谈丁公遗址出土陶文》，《考古》1993 年第 4 期。后收录在《农业发生与文明起源》，科学出版社，2000 年）

古国时代的传说与历史

一

　　传说在夏代以前曾经有一个小国林立的时代。例如《荀子·富国》篇说"古有万国，今无十数焉"。《史记·五帝本纪》说黄帝时"置左右大监，监于万国"。《尚书·尧典》说尧时"百姓昭明，协和万邦"。《史记·五帝本纪》转述作"百姓昭明，合和万国"。《战国策·赵策》说"古者四海之内分为万国"。《战国策·齐策》记颜斶对齐宣王的话"斶闻古大禹时诸侯万国"。《左传·哀公七年》也说"禹会诸侯于涂山，执玉帛者万国"。这种观念已经成为先秦时期许多学者的共识，司马迁的《五帝本纪》不过是把那些传说做了一个梳理。见仁见智，褒贬不一。所谓万国当然不是一个确切的数字，不过是说有许多小国或小邦并立。我们把这种最早出现的国家叫作古国，把古国所处的时代称为古国时代。

　　古国的历史究竟从何时算起呢？先秦古籍中虽然有各种说法，但较有权威或影响较大的多是从黄帝算起的。有的著作还编排了一个从黄帝开始的帝王谱系。最早提出古帝王谱系的当为《世本》中的《帝系》篇。《汉书·艺文志》载"《世本》，十五篇"。班固解释说，《世本》是"古史官记黄帝以来，迄春秋时诸侯大夫"。书中除《帝系》外，还有《王侯世》《卿大夫世》《氏族》《作篇》《居篇》和《谥法》等篇，古书多有引用，可惜到宋代就失传了〔1〕。其中《帝系》篇又曾收入《大戴礼记》中。二书文本基本相同而略有出入。《大戴礼记》叙述商人先祖世系至契为止，周人先祖世系至稷为止；《世本》则多了契子昭明至天乙汤，稷子不窋至文王。关于楚人先世的说法也不尽相同。《竹书纪年》的帝王谱系也是从黄帝算起的，继而叙述夏商周直到战国魏襄王时为止的历史。而此书即出于魏襄王的墓中，是一部纪年体的通史，只是文句简略。相比之下，《帝系》仅写

---

〔1〕　清代有多位学者在古书中辑录所引《世本》原文，其中以雷学淇和茆泮林的两种辑本较佳。见《世本八种》，商务印书馆，1959 年。

到春秋，似乎成文比《纪年》要早〔1〕。成书于战国早期的《国语》和《左传》讲述古史也多从黄帝说起，这大概是当时许多人的共识，所以后来司马迁写《史记·五帝本纪》从黄帝讲起是有根据的。

照理每个国家都会有自己的首领，其中有一些被称为帝某或某帝。例如黄帝、炎帝、帝尧、帝舜之类。帝的本义是禘祭，首先是对神的祭祀，跟着就有对已故首领的祭祀。被祭的神称为某帝，被祭的人王也可称为某帝。以黄帝为始祖的谱系中也有不少是没有帝名的，他们是不是当过首领不得而知。到了战国五行说盛行，一些学者往往把自认为最有名或最有影响的帝找出五位而称为五帝。《孔子家语·五帝》假托孔子答季康子问时说："天有五行……其神谓之五帝。古之王者，易代而改号，取法五行"。并列出五帝的名称为太昊、炎帝、黄帝、少昊、颛顼。《礼记·月令》《吕氏春秋·十二纪》《淮南子》的《天文训》和《时则训》等也有同样的说法。

较早出现的五帝排序见于《国语·鲁语》，其中写道："黄帝能成命百物以明民共财，颛顼能修之，帝喾能序三辰以固民，尧能单均刑法以仪民，舜勤民事而野死。"《大戴礼记·五帝德》假托宰我问孔子五帝的事，排序就是黄帝、颛顼、帝喾、帝尧、帝舜。这是最有影响的一种五帝说。《吕氏春秋》的《古乐》和《尊师》两篇也引用此说。到《史记·五帝本纪》引用此说后便成为最权威的一种说法。

还有别的五帝说。例如《战国策·赵策》《易·系辞下》和《庄子·缮性》等便以伏羲、神农、黄帝、尧、舜为五帝。伪《古文尚书》序则以少昊、颛顼、帝喾、尧、舜为五帝。甚至到王莽和萧梁时期又各排出了新的五帝。主要因为《史记》的权威，《五帝本纪》所排定的五帝为大多数人所尊重，以至把那个天下万国的时代称为五帝时代。考虑到那个时代没有确实的历史记载，只有零散的、时常是相互矛盾的传说，所以有的学者称为传说时代或传疑时代。由于五帝的称谓不一致，也难以确切地代表那个时代，所以本文拟用古国时代一名，以与其后的王国时代和帝国时代相协调。至于在这个时代以前还有所谓燧人氏、有巢氏、伏羲或庖牺氏、神农氏等，多半是后人对远古时代的一种逻辑性揣测，出现的时间也比较晚。有的人在五帝前面安排一个三皇，而且有各种不同的三皇。唐代的司马贞作《史记索引》时甚至在《五帝本纪》前面硬加了一篇《三皇本纪》，完全是画蛇添足，都是不能作为历史传说来对待的。至于汉代纬书《春秋命历序》

〔1〕　刘起釪根据《世本》书中写赵王迁为今王迁，认为成书之年应该在战国末。见所著《古史续辨》，中国社会科学出版社，1991 年，32 页。

中，把从天地开辟到春秋时期的历史分为十纪，每纪二十七万余年，总计二百七十六万年，更是完全出于想象，不足凭信。

二

研究历史首先要核实历史事实。古代的历史记载因为各种原因而可能发生错误，所以为了减少错误而发展了校勘学、考据学、版本学、古文字学等。历史传说更容易出错。徐旭生先生在研究古史传说时曾经特别提到有些教心理学的老师喜欢做一种实验：他给第一个学生讲一个简短的故事，让他转述给第二个学生，以下依次相传，到最后一个学生听到的故事跟原先的故事就有很大的差别[1]。古史传说也是这样，原本的历史事实在代代相传的过程中肯定会走样。后来有了文字把它记录下来，就是我们看到的传说故事。同一件事，传的人不同，说法也不大相同。韩非子在其《显学篇》中就说过："孔子墨子俱道尧舜而取舍不同，皆自谓真尧舜。尧舜不复生，将谁使定儒墨之诚乎？"其实不只儒墨的尧舜不同，同是儒家的孟子和荀子讲的尧舜就很不同。韩非是荀子的学生，却是法家的代表人物，他讲的尧舜又不相同。但他们都讲尧舜，大概尧舜是真有其人的。这就是在传说中包含有真实历史的素地。

根据古史传说，古国时代有些什么特点呢？

（未完稿）

---

[1]　徐旭生：《中国古史的传说时代》（增订本），文物出版社，1985年，20页。

炎黄传说与炎黄文化

中国古代历史上的传说人物很多，其中最著名的当推黄帝和炎帝。长久以来，人们总是把自己看成黄帝的子孙，或者把炎帝和黄帝都当作自己的始祖，说自己是炎黄裔胄。这种血统上的认同思想在历史上一直起着极大的凝聚作用。无论走到天南海北，遇到任何华裔，即使素昧平生，只要自认是炎黄子孙，便立刻有一种亲近感。人们自然很想了解历史上是否真有炎帝、黄帝这两个人，他们是怎样被传说为中国人民的始祖的？作为中国传统文化的炎黄文化是怎样形成和发展起来的？这些问题在我脑子里萦绕了很长时间，仍然难以得到清晰的回答。现在只能谈一些十分肤浅的看法向大家讨教。

在先秦古籍中，炎帝和黄帝常被并提，最明显的是《国语·晋语》中引晋大夫司空季子的一段话：

> "昔少典娶于有蟜氏，生黄帝、炎帝。黄帝以姬水成，炎帝以姜水成，成而异德，故黄帝为姬，炎帝为姜。二帝用师以相济也，异德之故也。"

少典，谯周《古史考》说是有熊国君，皇甫谧《帝王世纪》说："黄帝都有熊，今河南新郑是也。"有蟜氏地望无考。这一条比较重要的内容是说二人各因其成长的地名为姓分别为姬和姜，他们是同时代人，因而在军事上曾经相互配合。至于是否同为少典、有蟜之后则难以确定。

在说明二帝关系的古文献中，《逸周书·尝麦解》的一段话也很重要：

> "昔天之初，诞作二后，乃设建典。命赤帝分正二卿，命蚩尤宇于少昊，以临四方，司□□（按原引书二字不清，有人说可能是'百工'）上天末成之庆。蚩尤乃逐帝，争于涿鹿之河（或作阿），九隅无遗。赤帝大慑，乃说于黄帝，执蚩尤，杀之于中冀。"

这段话中的赤帝当为炎帝，前人早有定说。至于二后指的是谁，有人说是赤帝和蚩尤，有人则说是炎帝和黄帝。如果是后说，则可与《晋语》中二帝用师相济的说法相呼应。这一段最重要的内容应是把炎、黄二帝奉为上天安排的领袖，设章建典的元勋。

还有《左传》昭公十七年引郯子的一段对话也很重要：

> "昔者黄帝氏以云纪，故为云师而云名；炎帝氏以火纪，故为火师而火名；共工氏以水纪，故为水师而水名；太皞氏以龙纪，故为龙师而龙名。我高祖少皞挚之立也，凤鸟适至，故纪于鸟，为鸟师而鸟名。"

郯子是东夷人，所以把东夷的远祖同黄、炎并提，但毕竟还是把黄、炎放在前面的。

根据上面几条传说，炎帝和黄帝应该是地位相若，难分伯仲，并且关系密切，在军事上相互支持的。但是传说中又有黄帝与炎帝战于阪泉之野的说法，经过长期战争黄帝取胜了，接着又打败了蚩尤，于是诸侯都尊奉轩辕黄帝为天子。黄帝的地位一下子超过了炎帝，以至于较早编排古史系统的《大戴礼记·五帝德》和《史记·五帝本纪》中都没有安排炎帝的位置，只是在讲述黄帝事迹时才附带提到了炎帝。

《五帝本纪》讲黄帝与炎帝阪泉之战和黄帝与蚩尤涿鹿之战颇相类似，从文理上看也有不甚通畅之嫌。加之古有蚩尤即炎帝的说法，故今人有怀疑其原本是一件事者[1]。但黄帝的声望一下子超过炎帝显然与这场战事的故事有很大关系。

在《五帝本纪》中，炎帝似乎是神农氏最后的一位首领，所以说"轩辕之时，神农氏世衰"。等到黄帝打败炎帝和蚩尤后，诸侯尊为天子，才"代神农氏，是为黄帝"。这里的神农氏好像是一个朝代，而炎帝是一个人。可是《史记·封禅书》中说："神农封泰山，禅云云；炎帝封泰山，禅云云。"神农和炎帝俨然是两个人，可见太史公对此事也不甚了了。大致在刘歆编《世经》以后，炎帝和神农合成一人，又与烈山氏或厉山氏合为一人，古书中关于神农之世的许多事迹如发明农耕、尝百草以药济人、结绳而治等等都附丽于炎帝身上，炎帝的声名就再次

---

[1] 束世澂在引述《五帝本纪》阪泉、涿鹿两战的原文后写的按语说"上面两段，可能是一件事，蚩尤就是炎帝，阪泉与涿鹿是一个地方，'得其志'就是'杀蚩尤，诸侯咸尊轩辕为天子'。可能是这材料出于两个来源，司马迁就误做两件事了"（《中国通史参考资料选辑》第一集《原始时代》，新知识出版社，1955年，136页）。又童书业也说"黄帝与炎帝战于阪泉之野，与蚩尤战于涿鹿之阿……二战殆为一传说之分化"（《春秋左传研究》，上海人民出版社，1980年，292页）。

显赫起来。《帝王世纪》又说炎帝传位八世至榆罔始由黄帝取而代之。由此追溯先祖只讲黄帝而不讲炎帝显然已不大合适了。炎黄裔胄的提法大概就是这样产生的。

炎、黄的故事有分有合，应该是与他们本来的事迹既有分别又有联系而滋演出来的。

炎帝出自何地，说法不一。《晋语》只说是"炎帝以姜水成……故炎帝为姜。"大约是说炎帝是在姜水那个地方成长起来的，因地为姓，所以得姜姓。《帝王世纪》把他的身世说得比较详细：

> "神农氏姜姓也，母曰任姒，有蛴氏女登，为少典妃，游华阳，有神龙首，感生炎帝，人身牛首，长于姜水。有圣德，以火德王，故号炎帝。初都陈，又徙鲁。又曰魁隗氏，又曰连山氏，又曰列山氏。"

这大概是把不同来源的故事和神话糅合在一起而写成的。姜水当为渭水支流，《水经注·渭水》条说："岐水又东径姜氏城南，为姜水。按《世本》：炎帝姜姓；《帝王世纪》曰：炎帝神农氏，姜姓，母女登游华阳，感神而生炎帝于姜水，是其地也。"华阳当即华山之阳，也就是《禹贡》"华阳、黑水惟梁州"中的华阳。两地都在今陕西中部渭水与秦岭一带。徐旭生先生更从民俗资料中加以论证，力主炎帝起于渭水支流姜水即岐水[1]。

说炎帝都陈又徙鲁，不知何据。陈在今淮阳，鲁在今曲阜。此说可能与炎帝即蚩尤的说法有关。因蚩尤曾经"宇于少昊"，而少昊墟在曲阜。一说陈当指陕西宝鸡附近的陈仓，鲁当是河南的鲁山。虽无确凿根据，而地望较近于姜水，似乎也说得通。

烈山氏、连山氏、厉山氏同为一名，烈、连、厉同为一音之转。《礼记·祭法》："是故厉山氏之有天下也，其子曰农，能殖百谷。"郑注："厉山氏炎帝也，起于厉山，或曰有烈山氏。"《汉书·地理志·南阳郡随县》条班固自注："故国。厉乡，故厉国也。"《后汉书·郡国志》注引《荆州记》："随县地有厉乡村，重山一穴，相传云是神农所生穴也。"这是说炎帝起于今湖北随县境，在那里建过厉国。

《山海经·海内经》有一条传说把炎帝同祝融和共工联系起来：

> "炎帝之妻，赤水之子听诀生炎居，炎居生节并，节并生戏器，戏器生祝融。祝融降处于江水，生共工。共工生术器，术器首方颠，是复土壤以处江

---

[1] 参见徐旭生：《中国古史的传说时代》（增订本），文物出版社，1985 年，41、42 页。

水。共工生后土，后土生噎鸣，噎鸣生岁十有二。"

这个世系同《帝王世纪》所说的世系大相径庭。《大戴礼记·帝系篇》和《史记·楚世家》都说祝融是帝颛顼后裔，共工的传说也多在北方，这里却把祝融和共工同江水联系起来，并且都是炎帝的后裔。因楚人视祝融为自己的先祖，这个传说也不能说没有一点道理。

根据以上传说，炎帝似乎是起于陕西而向东发展的，到河南后一支向北与蚩尤和黄帝发生冲突，一支向南到了湖北。炎帝的事迹似乎主要是发展了农业，所以后人总是把他与发明农业的神农、烈山氏等联系在一起。

传说中炎帝的后世不一定都是姜姓，但姜姓国多被视为炎帝后。姜姓在东方的建国主要是申、吕、齐、许。申、吕均在今河南省西南部，许在河南中部许昌县境，齐在今山东北部。此外还有纪、向、州等。《左传》隐公元年"纪人伐夷"疏引《世族谱》说："纪，姜姓侯爵，庄四年齐灭之。"向在沛，《汉书·地理志·沛郡》下"向县"条班固自注说："故姜姓国，炎帝后。"《左传·桓公五年》"州公如曹"疏引《世本》说："州国，姜姓。"以上各姜姓国多在河南和山东，似与前述炎帝向东方发展的范围大致相合。

黄帝起于何地，说法也不尽一致。《五帝本纪》说他是"少典之子，姓公孙，名曰轩辕"。前述《晋语》也说黄帝和炎帝都是少典所生。谯周说少典是有熊国君，《史记》集解引徐广曰：黄帝"号有熊"，《史记》正义引《舆地志》云："涿鹿本名彭城，黄帝初都，迁有熊也。"所以张守节干脆说："黄帝，有熊国君。"而有熊一般认为在河南新郑，这是一说。

说黄帝初都涿鹿，大概是由黄帝在涿鹿打败蚩尤后，诸侯咸尊他为天子的故事而演绎出来的。涿鹿一般都以为即今河北涿鹿县。如说涿鹿本名彭城，则彭城在今河北南部之磁县，这是第二说和第三说。《史记》索引又引皇甫谧说："黄帝生于寿丘，长于姬水，因以为姓；居轩辕之丘，因以为名，又以为号。"《史记》正义以为"寿丘在鲁东门之北，今在兖州曲阜县东北六里"。这是第四说。

《晋语》既说黄帝以姬水成，后来大家也都承认黄帝是姬姓，而姬姓的最大族系周人是从陕西渭水流域起家的，似乎黄帝起于渭水流域的可能性很大。再说黄帝死后葬桥山，地在今黄陵县（旧中部县），也离渭水不远，这是第五说。所有这些说法中当以新郑说和渭水流域说较胜。由于年代久远，传说歧异，究在何处难以定夺。但除寿丘在鲁外，大抵不出河南、河北、陕西等地，即历史上的中原地区。

黄帝的事迹甚多，他首先是一位军事领袖，并取得了赫赫战功。《五帝本纪》

说他"习用于戈"，"修德振兵，治五气，艺五种，抚万民，度四方"，为战争作了充分准备。他还"教熊、罴、貔、貅、貙、虎"（《五帝德》说"黄帝教熊、罴、貔、豹、虎"，《列子》说"黄帝与炎帝战于阪泉之野，帅熊、罴、貔、豹、虎为前驱，雕、鹖、鹰、鸢为旗帜"），这些奇怪的名字，《史记》正义以为是"教士卒习战以猛兽之名名之，用威敌也"。近人则多以为是氏族的图腾（因而也是氏族的名号）。他在与蚩尤战时"乃征师诸侯"，证明他确实率领了许多别的氏族部落的士卒。一战打败炎帝，再战打败蚩尤，声威大振，于是诸侯都尊他为天子。这是《五帝德》和《五帝本纪》把他作为五帝之首的重要原因。不但如此，《五帝本纪》还说"天下有不顺者，黄帝从而征之，平者去之，披山通道，未尝宁居。东至于海，登丸山及岱宗；西至于空桐，登鸡头；南至于江，登熊、湘；北逐荤粥，合符釜山，而邑于涿鹿之阿。迁徙往来无常处，以师兵为营卫。"可见他的生涯主要是在战争中度过的，而战争的成功使他成为无可争辩的领袖，俨然是一位开国的元勋了。

黄帝第一个建立了政权，官以云名，"置左右大监，监于万国"，"举风后、力牧、常先、大鸿以治民"，这是开天辟地的一件大事，大概也是把黄帝置于五帝之首的原因。这个政权也许不像传说说得那么整齐有章法，其实力足以使它监于万国而万国和顺。但毕竟与那种基于血缘关系建立起来的氏族、部落乃至部落联盟大不相同。过去常说中国有 5000 年的文明史，大抵就是从黄帝算起的。

传说黄帝为发展经济文化还做了许多事情。《五帝本纪》说他"时播百谷草木，淳化鸟兽虫蛾"。《越绝书·宝剑篇》说"黄帝之时以玉为兵"。各书所引《世本》中还有"黄帝作冕旒"，黄帝臣"雍父作杵臼""共鼓、货狄作舟""祖颂仓颉作书""巫彭作医""大挠作甲子""伶伦作为律"等等传说。《史记·封禅书》有"黄帝采首山之铜，铸鼎于荆山之下"的说法。而黄帝的妻子西陵氏嫘祖始劝蚕，则是许多古书中都提到的。这些传说有些可能是后人的附会，有些则应该反映了一部分历史的真实情况。

据说黄帝有子 25 人，"其得姓者十四人为十二姓：姬、酉、祁、己、滕、箴、任、荀、僖、姞、儇、依是也。唯青阳与苍林氏同于黄帝，故皆为姬姓。"这段话出于《国语·晋语》。同是黄帝之子，为什么只有 2 人跟父姓姬，其余 12 人得别的姓，另 11 人根本没有姓？为什么青阳和夷鼓分别是方雷氏和彤鱼氏之甥而都得己姓？25 人分别为四母之子，为什么不是四姓？看来当时既不一定是从父姓，也不像是从母姓。有一些是从地名得姓，还有一些究竟是怎样得姓的，我们并不清楚。由于这样，我们不能把所有姬姓国都当作黄帝的后裔或与黄帝有亲缘关系，当然也不能说都没有关系，要视具体情况而定。

传说黄帝正妃嫘祖生二子，一为玄嚣，居江水；二曰昌意，居若水，娶蜀山氏女昌仆生高阳，即帝颛顼。颛顼都帝丘，即今濮阳县境。《史记》正义引《括地志》及《汉书·地理志》认为古江国在河南安阳，如此则离濮阳甚近，疑是玄嚣所居。

《国语·鲁语》引展禽的一段话说：

> "有虞氏禘黄帝而祖颛顼，郊尧而宗舜；夏后氏禘黄帝而祖颛顼，郊鲧而宗禹；商人禘舜而祖契，郊冥而宗汤；周人禘喾而郊稷，祖文王而宗武王。"

这是讲的古代的祭祀制度。《礼记·丧服小记》和《大传》中说："礼不王不禘。王者禘其祖之所自出，以其祖配之。"照这么说，虞、夏都是承认其祖先出自黄帝，所以《五帝本纪》说："禹者，黄帝之玄孙，而帝颛顼之孙也。"《五帝本纪》说舜是黄帝之子昌意的七世孙，《殷本纪》说契是帝喾次妃简狄所生，《周本纪》说周人先祖后稷是帝喾元妃姜嫄所生。尽管说简狄是在沐浴时吞食了玄鸟卵才怀契的，姜嫄是在野外履巨人迹后才有感而怀稷的，契和稷的血液里可能没有帝喾的成分，而在"法律"上还都得承认是帝喾的儿子，也就是黄帝的裔孙，所以他们才"禘舜而祖契""禘喾而郊稷"。这样，作为古代中国居民主体的华夏各族就都成了黄帝的子孙了。

不但如此，由于黄帝的威望，有些非华夏族也跟他拉上了血缘关系。太史公曾"西至空峒，北过涿鹿，东渐于海，南浮江淮矣，至长老皆各往往称黄帝尧舜之处，风教固殊焉"。他大概觉得言不雅驯而没有采纳，但在《山海经》等书籍中被保存了下来。例如《大荒东经》中说："东海之渚中，有神人面鸟身，珥两黄蛇，践两黄蛇，名曰禺䝞，黄帝生禺䝞，禺䝞生禺京，禺京处北海，禺䝞处东海，是为海神。"《大荒北经》中说："大荒之中，有山名曰融父山，顺水入焉。有人名曰犬戎。黄帝生苗龙，苗龙生融吾，融吾生弄明，弄明生白犬，白犬有牝牡，是为犬戎。"《大荒西经》中说："有北狄之国，黄帝之孙曰始均，始均生北狄。"这些尽管是神话怪异之说，不可以真实历史视之，但毕竟蕴含着某些道理。换句话说，它们表面上说的是亲族关系，实际上反映的则是文化认同的思想。这种文化认同思想在中国几千年的历史发展中一直起着十分重要的作用。

以上是有关炎黄传说的大致情形。其中大部分散见于先秦的各种著作，《大戴礼记》的《五帝德》和《帝系》以及《史记·五帝本纪》曾加以系统化，东汉以后又有一些学者加以补充和诠释。由于文献记载的时间离故事形成的时间甚远，其间只能靠口耳相传，不免会发生一些传讹乃至张冠李戴的事。司马迁写《史记》的时候态度还相当谨慎，那时虽然百家都言黄帝，而其言不雅驯者他都没有采纳。

后来的人觉得不过瘾，所以旁征博引，许多神话怪异之说也掺和进去了。不同来源的资料不免有许多矛盾抵牾之处，于是又加以穿凿，总想把它说得圆满一些。直到 20 世纪初，西学东渐，一些学者想用新法整理国故，对传说资料来了一个大清理。由于传说资料中充满着矛盾和难以说通的地方，从而引起了一些学者的怀疑。过去几乎被认为是信史的尧、舜、禹的事迹乃至人格都被动摇，更不用说时间更早、资料也更少的炎帝和黄帝了。毕竟这一次清理对大量资料的真伪和可信程度有了比较清醒的认识，并且引发了对整理传说史料的方法论的研究。蒙文通在《古史甄微》中曾把传说时代各族分为河洛民族、江汉民族和海岱民族，傅斯年则创夷夏东西说，徐旭生著《中国古史的传说时代》，把传说时代的各族分别称为华夏集团、东夷集团和苗蛮集团，较之此前各家的研究，论说更为详尽，方法也更为精到。但是从前的研究，只是就传说论传说，最多只能把传说资料把梳一番，看看哪些是早出的，哪些是演绎出来的。假如原来的传说就有错误，或者有矛盾，就没有法子订正，没有法子判断谁是谁非。

从 20 世纪 20 年代以来，我国的史前考古逐步发展起来。一些学者曾尝试把历史传说同考古资料结合起来，例如说仰韶文化是夏文化，或说龙山文化是夏文化，或者把炎黄时代、尧舜禹时代与夏代分别同新石器时代早中晚三期相比附。由于当时的史前考古起步不久，发现的资料有限，还没有建立起一个大致的谱系。在这样的基础上同传说资料结合，必然发生失衡而难以得到正确的结论。

到了 20 世纪 80 年代，这种情况已发生了根本的改变。现在全国发现的史前遗址已有八九千处，分属于不同的时期和不同的文化系统。考古学者把中国史前时代划分为旧石器时代和新石器时代两大阶段。旧石器时代大约从距今 200 万年到公元前 12000 年，此后即逐步过渡到新石器时代。

新石器时代是一个发明农业的时代。中国的北部比较寒冷，内蒙古等地又比较干燥；西部地势高亢，且距海洋甚远，既寒冷又干燥，存在着典型的大陆性气候，都不是发展农业的好地方，因而至今还是我国畜牧业的主要产地。五岭以南现今固然是发达的农业区，但在史前时代那里炎热多雨，且多瘴疠，文化并不特别发达。又因天然食物资源丰富，反而使农业长期得不到发展。这样，中国最早发明农业的地方就集中到两个地方，一是黄河中下游的华北地区，二是长江中下游的华中地区。

现知华北地区的磁山—裴李岗文化和老官台文化都已种植粟和黍，其年代约当公元前 6500～前 5000 年。学术界几乎一致承认华北是粟作农业的起源地。

最近的发现证明，华中地区的彭头山文化和城背溪文化都已种植水稻，其年代约当公元前 7000～前 5000 年。稍晚的河姆渡文化则已存在十分发达的稻作农业。现在学术界已有越来越多的人认识到，华中是一个十分重要的稻作农业的起源地。

由于原始农业的发展，带动了经济、文化和社会的全面发展，使得这个中国的两河流域（长江中下游和黄河中下游）不但是世界上少数几个农业发源地之一，而且是世界上最先进入文明社会的少数几个地区之一。

根据最新的研究，这个地区的新石器时代文化至少还可细分为两大期和五小期。大约以公元前 3500 年为界，前期为典型的新石器时代，可分早中晚三小期；后期为新石器时代到青铜时代的过渡时代，考古上称之为铜石并用时代，可细分为早晚两期。把这个分期同传说资料相比照，我初步认为黄帝、颛顼、帝喾的时代大体相当于铜石并用时代早期，尧舜禹的时代大体相当于铜石并用时代晚期，而夏代是从青铜时代开始的〔1〕。

铜石并用时代早期大体上包括仰韶文化后期、大汶口文化后期、马家窑文化、红山文化后期和小河沿文化、大溪文化后期到屈家岭文化、樊城堆文化、薛家岗文化和良渚文化前期等。其所以把黄帝定在这个时代的开始时期而不能更早，似乎也不宜更晚，是考虑到以下几个方面的情况。

第一，《越绝书·宝剑篇》引风胡子的话说："轩辕、神农、赫胥之时以石为兵……黄帝之时以玉为兵……禹穴之时以铜为兵……当此之时作铁兵。"风胡子是春秋时人，现代考古学的发现表明，我国的铁器时代大体是从春秋开始的。青铜时代是从二里头文化开始的，而一般认为二里头文化即夏文化，这两点都说得很对。玉器的开始使用虽然很早，但大量的制造则是从铜石并用时代早期开始的，作为兵器的玉钺的出现也不会早于这个时期。在此之前的确是典型的石器时代，就是说只会作石兵。把文献和考古资料两相对照，简直是若合符节。

第二，前面说过，炎帝的主要事迹都与发展农业有关，而黄帝除发展农业外，在手工业方面还有许多创造，如制玉兵、作舟、作车、劝蚕、作冕旒，还有采首山铜等等。手工业的发展意味着专业分工的形成和社会财富的增加，可以支持一部分人从事长期的战争，社会财富也会刺激这些人去进行掠夺战争，这就是为什么黄帝的军队特别能打仗的原因。黄帝和炎帝尽管是同时代人，但一个代表旧时的农业部族，一个代表新兴的农业—手工业部族，所以炎帝的失败代表着一个时代的结束，即传说中神农时代的结束；而黄帝的胜利则意味着一个新的时代的开始。从考古学的角度来说，就是铜石并用时代的开始。

第三，黄帝是一位卓越的军事领袖，他东征西讨，屡立战功，居无常处，以

---

〔1〕 严文明：《略论中国文明的起源》，《文物》1992 年第 1 期。

师兵为营卫。从考古学的遗存来看，新石器时代的战争痕迹不大明显，有些战争大概规模也很有限。铜石并用时代则不然，一是作为兵器的石钺普遍发展起来，且制作精良。薛家岗文化的一些石钺上还用朱红画出花果形的装饰纹样，可见人们特别喜爱这些武器。有些大墓中常用玉钺随葬，那墓主人大约是军事领袖，玉钺则是指挥军队的权标。二是这时出现了一些规模颇大的中心聚落，有的中心聚落中有面积达数百平方米的大型公共建筑，有的有很大的积石冢或贵族坟山，有的有很讲究的祭坛。而一般的聚落遗址则小得多，经济发展水平也低得多。如果没有军事的力量，是很难自然形成这种状况的。江苏新沂花厅墓地是一个存在征服战争遗迹的典型例子。那里本是大汶口文化的分布区，但在墓地中发现的一些大墓差不多都随葬不少良渚文化的陶器和玉器，同时也有一些大汶口文化的器物，墓中往往殉葬妇女和儿童，并且和殉葬的猪狗埋在一起。这显然是良渚文化征服者的墓葬，因而随葬了自己原本拥有的某些器物，包括最能代表本族特征的刻有良渚文化神徽的琮形玉器；同时作为战利品随葬了大汶口文化的若干器物，特别是把来不及逃走的大汶口文化的妇女和儿童殉葬[1]。这种掠夺性战争的出现，是当时经济发展的必然结果，恰好也与黄帝时期的社会状况相吻合。

炎帝既与黄帝打过仗，又传说都出于少典和有蛟氏，当属同时代的人物。所以炎黄时代应相当于考古学上铜石并用时代的最早时期。在这个时期，黄河中下游和长江中下游既分布着许多考古学文化，炎帝、黄帝和他们的族系究竟属于哪个考古学文化，还是涵盖了许多考古学文化呢？

前面说过，徐旭生先生曾经把传说时代的各族划分为华夏、东夷和苗蛮三个集团，炎黄属于华夏集团。他还进一步指出，每个集团的内部还相当复杂，有些族系似乎分别同两个集团都有密切的关系。所以如果有必要，"即使分作五集团或六集团也未始不可"[2]。不过就是这样分，仍不难看出炎帝和黄帝关系比较密切，他们都是华夏集团的主干。

前面在分析炎帝和黄帝活动的地域时，曾经指出虽有很多不甚确定和困难的地方，但大抵都集中在陕西、河南、河北等地，此即所谓中原地区。只是炎帝活动的范围似乎略偏西偏南，而黄帝活动的范围偏东偏北，并且比炎帝广泛一些。这个地区在铜石并用时代早期仍然是仰韶文化的分布领域，只是已发展到了仰韶文化后期。然则炎黄文化当即仰韶文化后期的文化。

仰韶文化是一个结构很复杂的考古学文化，在它的前期本来就存在着许多地

〔1〕　严文明：《碰撞与征服——花厅墓地埋葬情况的思考》，《文物天地》1990 年第 6 期。

〔2〕　徐旭生：《中国古史的传说时代》（增订本），文物出版社，1985 年，125 页。

方类型，到了后期分化的趋势有所加强，地方类型的特征也更加突出。根据现有资料，可把陕西渭河流域的称为半坡晚期类型，山西南部的称西王类型，河南中西部的称秦王寨类型，河南北部和河北南部的称大司空类型，内蒙古河套地区的称海生不浪类型。以后资料增加，也许还可以划出新的类型。仰韶文化的末期则有庙底沟二期等一系列地方类型，那已进入向中原龙山文化的过渡时期了。在这种情况下，我们自然可以进一步提问：炎帝和黄帝族系究竟是属于某个地方类型呢，还是属于整个仰韶文化？如果是属于某个地方类型，又究竟是哪个类型？他们是同属于一个地方类型呢，还是各属于某一个地方类型？对于这样的问题，我想现在无论是关于传说资料的研究还是考古学的研究，都还难以作出确切的判断，因此暂时还是采取一点儿模糊数学的态度为好。

我想在炎黄那样的时代，社会刚刚开始分化，大部分地区还是处在氏族·部落制度之下，一个集团的人口不可能太多，活动的范围也不可能太大。即使像黄帝那样建立了雏形的政权，还有一支很能打仗的军队，恐怕也不能真的像《五帝本纪》说的那样东至于海，南至于江，西至于空桐而北逐荤粥。因为夏朝和商朝的控制范围也还没有这么大，只有西周的版图才可相比。我想关于黄帝所至范围的说法，恐怕就是在西周时期形成的。

从现有的知识水平来推测，炎黄初起的时候，恐怕不会超过仰韶文化的一个地方类型；以后的活动面大了，恐怕也不会超过仰韶文化的范围，更可能是比仰韶文化还小得多。为什么以后的传说会那么广，几乎整个华夏民族都自认是炎黄的后裔，甚至许多非华夏族也愿意同炎黄拉上亲戚关系呢？我想可能有两个原因，一是炎黄族系的人逐渐向外发展，有的迁居到很远的地方，有的甚至与别的族系的人结亲，从而把有关炎黄的传说带到了四面八方，那四面八方的人中可能有一部分确实是炎黄族系的后裔。这种人不会太多，因此这个原因应该不是主要的。二是文化上的认同思想，进而发展为民族关系上的认同思想，我认为这是主要的原因。

为什么在中国历史发展中文化认同和民族认同的思想一直表现得非常强烈呢？我认为这有深刻的根源，为了追溯这个根源，还得从史前文化的发展谈起。

中国这块地方像一个向东倾斜的摇篮。背对欧亚腹地而面朝浩瀚的太平洋。四周有高山、沙漠和海洋阻隔，在史前和文明产生初期那样的历史条件下，很难同外界保持较密切的联系。而就全国范围来说，条件最优越的乃是黄河、长江这两大河的中下游地区，其位置适当全国的中心偏东。至少从新石器时代开始，那里的文化发展水平一直处于领先地位，其他地方的居民要想获得先进文化的信息和帮助，就必须同这个地区的文化保持一定的关系，从而无形中发展了一种文化向心作用。两河中下游地域仍很辽阔，各地族系不同，史前文化的特征也不相同。据此可大致分为中原文化区、甘青文化区、山东文化区、燕辽文化区、长江中游文化区和江浙文化区等，分别同华夏、戎羌、东夷、北狄、三苗和古越族有着比较明确的关系[1]。到铜石并用时代，这些地区都先后表现出走向文明的迹象，因而中国文明的起源应该是多元的。不过这些文化区之间又有各种各样的文化联系，从这个角度来说它们又是一体的。由于中原在地理位置上处在各文化中心区的中间，易于接受周围各文化区的先进成分，在相互作用和促进下最先进入文明社会，从而成为这种多元一体结构的核心。

由此可见，中国的民族和文化从史前时代起就已经形成一种分层次的、重瓣花朵式的向心结构或曰多元一体结构。中原的华夏文化处在花心的位置，东夷文化、三苗文化、戎羌文化、北狄文化等是围绕在周围的第一层花瓣，百越、夜郎、滇、氐羌、乌孙、月氏、匈奴、东胡等则是第二层乃至第三层的花瓣。这种重瓣花朵式的向心结构乃是一种超稳定结构。尽管由于发展不平衡的规律的作用，有的地方或有的民族发展强大起来，最后达到统治全中国的目的，或者由于政治的原因而暂时分裂，都不能打破这种经济、文化和民族关系上的基本结构，它保证优秀文化遗产的积累和有效传递。中国文明之所以与世界上其他古文明不同，能够连绵数千年而从未中断，这种超稳定结构是一个重要的原因。

我们说这种重瓣花朵式的或多元一体的结构是超稳定的，只是从一种结构的模式或整体格局来讲的，并不意味着内部没有变化和发展。而这种变化发展的一个重要内容就是认同。首先是华夏族系内部的认同，接着是东夷、三苗、百越等先后加入华夏并逐步形成后来的汉族，以后戎羌和匈奴的一部分也加入汉族，有些汉族到了其他民族聚居区也入乡随俗变成了少数民族。本来是文化上的认同变成了民族的认同。每个民族都不是很单纯的，都是你中有我，我中有你，只是混杂的程度不同而已。但总趋势是汉族的不断扩大，到现在中国56个民族中，汉族人口就占94%左右。这并不是因为汉族特别能够繁衍，而是因为有许多别的民族的成员加入进来了。

在漫长的阶级社会中固然存在着民族压迫和强制同化的现象，但这并不是主流，主流是认同和融合。举两个考古上的例子来说。一个是在铜石并用时代，太湖流域的良渚文化中玉器特别发达，其中的玉琮和玉璧等显然为以后的商周文化所吸收并且成为当时重要的礼器。这样，古越人的文化就被华夏族所吸收和融合了。再一个是商周时代鼎鬲文化形成的过程。在新石器时代以至铜石并用时代，

[1] 严文明：《中国史前文化的统一性与多样性》，《文物》1987年第3期。

东夷、三苗和古越人族系的文化都用鼎作炊具而不用鬲；华夏族系的文化则用斝，以后又由斝改变为鬲而不用鼎。但是到了商周时代，随着民族的融合，所有这些地区都是既用鼎又用鬲，所以被称为鼎鬲文化。有趣的是作为征服民族传统文化的鬲仅仅用作大众的普通炊具，而作为被征服民族传统文化的鼎反倒成了重要的礼器，成为统治阶级等级制度的标示物。所以在民族关系上是征服与被征服，而在文化关系上则是认同和融合。到了一定阶段，民族上也便认同了。随着文化和民族的认同的不断扩大，炎黄传说也不断扩散，而炎黄文化遂成为中华民族共同承认的传统文化。因此，为了弘扬优秀的传统文化，首先就要研究炎黄文化，研究炎黄传说的来龙去脉和炎黄文化的形成与发展，我想道理就在这里。

（原载《炎黄文化与民族精神》，中国人民大学出版社，1993 年。后收录在《农业发生与文明起源》，科学出版社，2000 年）

炎黄传说的考古学观察*

　　长久以来，中国人和海外华人都认为自己是黄帝的子孙或炎黄裔胄，我和在座的各位当然也不例外。但作为一个考古工作者，一向以重建中国上古史为己任，在考古学发展到今天已经取得许多重要成果的情况下，自然希望在新的基础上来重新梳理炎黄传说，看看哪些部分确实包含有真实的历史素地，哪些只是后人的推演，这两方面的内容又是如何融合为一种炎黄文化而为后人所欣然接受的。

　　我首先注意到，在先秦时期关于黄帝的传说比炎帝多得多，黄帝的地位也特别崇高，往往被视为人文始祖。例如《世本·帝系》和古本《竹书纪年》讲帝王谱系都是从黄帝开始的，各种五帝系统的排序中，为首也多为黄帝。《国语·鲁语》引展禽的话说："有虞氏禘黄帝而祖颛顼，郊尧而宗舜；夏后氏禘黄帝而祖颛顼，郊鲧而宗禹。"可知虞夏都把黄帝尊崇为自己的始祖而没有提到炎帝。《世本·作篇》记载的许多创造发明多说是黄帝臣做的，发明养蚕治丝者则归功于黄帝的妻子嫘祖。再说先秦的六种历书中就有黄帝历，中国最早的医书就是《黄帝内经》，炎帝无法跟黄帝相比。

　　最早把黄帝和炎帝联系起来讲的主要有以下三条。

　　（1）《国语·晋语》："昔少典娶于有蟜氏，生黄帝、炎帝。黄帝以姬水成，炎帝以姜水成，成而异德，故黄帝为姬，炎帝为姜。二帝用师以相济也，异德之故也。"这里黄帝和炎帝俨然是两兄弟。

　　（2）《逸周书·尝麦解》："昔天之初，诞作二后，乃设建典。命赤帝分正二卿，命蚩尤于宇少昊，以临四方，司□□上天末成之庆。蚩尤乃逐帝，争于涿鹿之河（阿），九隅无遗。赤帝大慑，乃说于黄帝，执蚩尤，杀之于中冀。"这里的赤帝应该就是炎帝。赤帝打不过蚩尤，就去求救于黄帝，只有黄帝能够打败蚩尤。《史记·五帝本纪》讲的涿鹿之战可能跟这个故事有相似的本源。从这里可以看出

　　*　本文为 2010 年 4 月 17 日在炎黄文化研究会等主办的新时期炎黄文化研究的回顾与思考学术研讨会上的发言，会后做了修改。

当时黄帝的势力是最大的，地位显然也是最高的。

（3）《左传·昭公十七年》引郯子的一段话说："昔者黄帝氏以云纪，故为云师而云名；炎帝氏以火纪，故为火师而火名；共工氏以水纪，故为水师而水名；太昊氏以龙纪，故为龙师而龙名。我高祖少昊挚之立也，凤鸟适至，故纪于鸟，为鸟师而鸟名。"这里同样是把黄帝放在最前面，炎帝次之。郯子是东夷人，所以把东夷的远祖太昊和少昊同黄炎并提。

以上三条都同时讲述黄帝和炎帝，且都是把黄帝放在最前面，炎帝次之。不但华夏人如此，连东夷人也如此，可见黄帝影响之大。

有些古文献之所以把炎帝放在黄帝之前，是因为汉代刘歆（公元前？~公元23年）编《世经》时错把炎帝跟神农当成一个人了。其实《史记·封禅书》说"神农封泰山，禅云云；炎帝封泰山，禅云云"，神农和炎帝明显是两个人。神农的传说很多，有时与燧人氏、伏羲氏等相联系，成为五帝之前的三皇之一。而所谓三皇好像各代表一个时期，所以时常有神农之世的说法。有时则是指一个人，如神农尝百草、发明农耕之类。到晋代皇甫谧（公元215~282年）在《帝王世纪》一书中干脆叫"炎帝神农氏"。书中写道："炎帝神农氏，姜姓也……本起烈山，或称烈山氏……生帝临魁，次帝承，次帝明，次帝直，次帝厘，次帝哀，次帝榆罔，凡八代及轩辕氏也"。这里的轩辕氏明显是指黄帝[1]。按照这个说法，炎帝比黄帝早了许多代，根本不是黄帝的兄弟，也无法跟黄帝打仗。但这个说法是真实的吗？

从先秦的传说来看，炎帝应该是跟黄帝同时并且有密切关系的人，跟神农好像不是一回事。也许炎帝的部族比较重视农业，或在农业方面有所创造或改进，所以后人就把他和神农挂起钩来。如果像《帝王世纪》说的那样，神农同黄帝就是两个时代的开创者，其意义当然就非同一般了。《商君书·画策》说："神农之世男耕而食，妇织而衣；刑政不用而治，甲兵不起而王。神农既没，以强胜弱，以众暴寡。故黄帝作为君臣上下之仪，父子兄弟之礼，夫妇匹配之合。内行刀锯，外用甲兵。故时变也。"这是先秦学者比较普遍的看法，说明神农和黄帝代表着判然两个不同的时代，从黄帝起社会才开始发生本质的变化。从考古学来观察，神

〔1〕《史记·五帝本纪》说黄帝"名曰轩辕"，而且"居轩辕之丘"。皇甫谧解释说"黄帝……受国于有熊，居轩辕之丘，因以为名，又以为号"。可是《越绝书·宝剑篇》引用春秋时风胡子的话说"轩辕、神农、赫胥之时以石为兵……黄帝之时以玉为兵……禹穴之时以铜为兵……当此之时作铁兵。"按照这个说法，轩辕和黄帝根本就不是一个人。轩辕不但比黄帝早得多，甚至比神农还早。孰是孰非已经无法考证了。

农是代表农业革命的先驱，黄帝则是文明起源或所谓城市革命的先行者[1]。

传说中神农的事迹主要是发明农业。《易·系辞》说：包牺氏（即伏羲氏）"作结绳而为网罟，以佃以渔……包牺氏没，神农氏作，斲木为耜，揉木为耒，耒耜之利，以教天下。"班固《白虎通·号》解释说："谓之神农何？古之人民皆食禽兽肉，至于神农，人民众多，禽兽不足。于是神农因天之时，分地之利，制耒耜，教民农耕，神而化之，使民宜之，故谓之神农也。"

传说中发明农业的不止一人。周人就认为他们的始祖后稷是首先发明农业的，以至被后人尊崇为稷神。还有一位烈山氏之子。《左传·昭公二十九年》引晋太史蔡墨的话说："有烈山氏之子曰柱为稷，自夏以上祀之；周弃亦为稷，自商以来祀之。"《国语·鲁语》则说："烈山氏之有天下也，其子曰柱，能殖百谷百蔬。"后人又往往把烈山氏跟炎帝神农氏画等号。前述《帝王世纪》就有这种倾向。

从考古学来观察，中国农业的起源至少有上万年的历史。等到有文字记载的时候，这段历史已经记不清楚了，所以只有一些半神话式的传说，挂到什么人身上其实并不重要。再说农业的发明也绝不是一个人的事。中国历来号称以农立国，把农业的发明看成非常神圣的事而造出一个神农来加以膜拜，也是情理中之事。

但中国农业的起源毕竟是一件极为重大的事情。考古发现证明，中国有两个主要的农业起源中心。一个在华北的黄河流域，是以种植黍和粟为主要作物的旱地农业起源中心；一个在华中的长江流域，是以种植稻米为主要作物的水田农业的起源中心。这两个中心紧密相连，可以互补。而且因为处在全国的核心区域，占地面积又大，对于往后中国文明的起源和持续发展起到了十分重要的作用。更有甚者，由于这两种农业分别传播到东北亚和东南亚，从而对整个东亚文明的起源和历史进程也起到了十分重要的作用。

关于黄帝的传说往往与五帝的传说相联系，真实性似乎大一些，但要坐实为信史还是很难。过去考古学者对这个问题一般比较谨慎，不轻易跟具体的考古学文化相联系。不过在考古学文化时空框架和发展谱系越来越清晰的情况下，也不妨做一些试探。近年来先后出了三本讨论五帝时代的书就值得注意。一是郭大顺的《追寻五帝》，认为"黄帝族本是在燕山地区土生土长的一个部族"，对应的考古学文化应该是红山文化，对应炎帝族的则是仰韶文化[2]。此前田昌五也有类

---

[1] 英国考古学家柴尔德（V. Gorden Childe）首先提出新石器时代革命和城市革命的概念，而前者主要是农业革命，后者则应是文明社会的开端。见所著《远古文化史》（*Man makes himself*），周进楷译，中华书局，1958 年。

[2] 郭大顺：《追寻五帝》，香港商务印书馆，2000 年，127、128 页。

似的说法[1]。二是许顺湛的《五帝时代研究》，认为黄帝都有熊应该在今河南省新郑市，居轩辕之丘也在新郑市，而灵宝市铸鼎塬则"是黄帝时代的一处祖庙和祭坛"。因此黄帝族群活动的地域与河南地区仰韶文化的庙底沟类型遗存关系最为密切[2]。三是韩建业的《五帝时代——以华夏为核心的古史体系的考古学观察》，认为仰韶文化的东庄类型和庙底沟类型才是黄帝族系的主要文化遗存，分布区主要在晋南豫西；对应炎帝族系的则应是仰韶文化的半坡类型和泉护类型，分布区在渭河流域[3]。三位学者对黄帝的研究都有其独到的地方，但对其活动的主要地区和所属考古学文化的推断则不尽相同。

　　从考古学研究来看，大约在距今 5000 年，中原地区的仰韶文化、海岱地区的大汶口文化、江浙地区的崧泽—良渚文化、湘鄂地区的屈家岭—石家河文化和燕辽地区的红山文化都已开始走向文明化的进程，其中仰韶文化的表现较为突出。在仰韶文化中期也就是庙底沟期以前的聚落遗址规模一般不大，无论从聚落内部还是从聚落之间的关系来看，都体现出一种基本平等的状态。但从庙底沟期开始就出现了少数中心聚落，不但规模较大，其遗迹和遗物的规格也远高于一般聚落。稍晚更出现了郑州西山那种防卫性的城址[4]。有的学者以为那就是黄帝城，但那城复原起来的面积不过 25000 平方米，出土遗物的规格也不甚高，年代又略显偏晚，似乎与黄帝拉不上关系。传说黄帝的都城主要有两说，即涿鹿和有熊。谯周（公元 201～270 年）《古史考》说黄帝是"有熊国君，少典之子也"。《史记集解》引皇甫谧《帝王世纪》的话说"黄帝……受国于有熊"。《太平御览·州郡部》引《帝王世纪》的话说"或曰黄帝都有熊，今河南新郑是也"。后人多依此传说认为黄帝就是建都有熊，地在今河南新郑境内。谯周和皇甫谧究竟根据什么资料认定黄帝是有熊国君且建都于有熊已不可考，按《五帝本纪》所说，黄帝确实是建过都邑的，不过不是有熊而在涿鹿。那时的情况是天下大乱，"诸侯相侵伐"，黄帝则"习用干戈以征不享"。先是跟炎帝大战三次才取得最后的胜利，接着又打败了更强大的蚩尤，从此声威大震。不仅如此，凡"天下有不顺者"，他都要去征伐。大家只好服从他的领导，即所谓"诸侯咸尊轩辕为天子"。于是他就与诸侯"合符釜山，而邑于涿鹿之阿"。这个邑当然是都邑，就像商代的首都称为大

　　〔1〕　田昌五：《古代社会断代新论》，人民出版社，1982 年，35～62 页。

　　〔2〕　许顺湛：《五帝时代研究》，中州古籍出版社，2005 年，127、128、517～524 页。

　　〔3〕　韩建业：《五帝时代——以华夏为核心的古史体系的考古学观察》，学苑出版社，2006 年，28、29、149～154 页。

　　〔4〕　国家文物局考古领队培训班：《郑州西山仰韶时代城址的发掘》，《文物》1999 年第 7 期。

邑商一样。《史记·封禅书》说黄帝筑五城十二楼，理应首先给涿鹿之阿的都邑筑城。涿鹿的地望，多说在今涿鹿，也有说是在上谷或邯郸附近的彭城的，莫衷一是。而且在这些地方包括新郑在内至今都没有发现史前城址或较大的中心聚落遗址，黄帝的都邑究竟在什么地方，还是一个难以解决的问题。不过按照《五帝本纪》的说法，黄帝是"迁徙往来无常处，以师兵为营卫"。在这种情况下，即使建都也不会像以后那样正规的都城，规模也不会很大。

现在知道庙底沟期最大的中心聚落遗址为河南灵宝的北阳平，其面积有 100 多万平方米。从断崖上可以看到很大的房屋基址。因为至今没有进行发掘或详细勘探，不能确定是不是有城墙的设施。在北洋平遗址的周围还密集地分布着许多同时期的遗址，其中的西坡已经过多次发掘，发现有回廊的超大型房屋建筑和蓄水池等配套设施。其外部更有防御性壕沟[1]，隔沟有一片墓地，其中较大的贵族墓都随葬玉钺和专门烧制的陶器[2]。钺是在我国考古学文化中最早出现的专门性武器，表明这个时期确实出现了战争。普通战士只可能使用石钺，玉钺是贵族使用的。在仰韶文化庙底沟期的众多遗址中，至今还只有西坡的大墓有用玉钺随葬的情况，表明北阳平—西坡确实是当时最重要的中心聚落遗址。《越绝书》说黄帝之时以玉为兵，这玉兵当为玉钺。林沄曾认为"王"字本是依据钺的形状而创造的[3]，掌握玉钺的人自然就是王，这与西坡墓地的情况也大致相合。历来认为北阳平一带是传说中黄帝采首山铜铸鼎于荆山下的所在地，所以又叫铸鼎塬，其南面有一座山就叫荆山。在铸鼎塬旧址上现存有唐贞元十七年所立石碑，上刻《轩辕黄帝铸鼎原碑铭并序》。明清时期所立石碑中还屡次提到汉唐时期在铸鼎塬上有黄帝庙。这个古老的传说究竟有多大的真实性另当别论，但总是跟黄帝有些形影不离的感觉。

当时既然是天下万国，不仅黄帝的都邑应该有城，各小国也应该有自己的都邑或中心聚落，有的也可能有城。庙底沟期除了北洋平和西坡，其他地方还有一些比较大的中心聚落遗址。例如在陕西渭河流域就有华县泉护村、华阴西关堡和临潼杨官寨，山西南部的夏县西阴村和芮城东庄村，河南洛阳王湾以及郑州青台与大河村等处。这些中心聚落也许就是一些小国的都邑。在青台的婴儿瓮棺葬中

---

〔1〕 河南省文物考古研究所、中国社会科学院考古研究所河南一队、三门峡市文物考古研究所等：《河南灵宝西坡遗址 105 号仰韶文化房址》，《文物》2003 年第 8 期。

〔2〕 河南省文物考古研究所、中国社会科学院考古研究所河南一队、三门峡市文物考古研究所等：《河南灵宝市西坡遗址墓地 2005 年发掘简报》，《考古》2008 年第 1 期。

〔3〕 林沄：《说王》，《林沄学术论文集》，中国大百科全书出版社，1998 年。

发现了我国最早的丝绸遗存[1]，这似乎又与黄帝妻子劝民养蚕治丝的传说相合。更有甚者，仰韶文化的庙底沟期乃是一个大扩张的时期，这也与黄帝到处征战的传说相合。不过仰韶文化庙底沟期分布于陕西、山西、河南中西部和河北、内蒙古及甘肃的部分地区，其中又分为许多地方类型，黄帝直接统治的地域不可能有那么大。这只要看发展水平更高、实力也更强的夏朝统治区仅限于晋南豫西就知道了。许顺湛和韩建业从不同的角度把黄帝族系的中心地区推断在河南中西部或晋南豫西的庙底沟类型，应该是近乎事实的，后者所作有分寸的分析可能更加合理。

　　黄帝与炎帝和蚩尤战争故事的真实情况究竟如何，一直是学术界聚讼纷纭而难以得到确切解释的难题。按照《国语·晋语》的说法，黄帝、炎帝是兄弟，或者用现在流行的解释是两个兄弟氏族，以后各自发展。虽然是"成而异德"总不至于打得天翻地覆，黄帝最后才"三战而后得其志"。更不可理解的是，黄炎成业时期的姬水、姜水，按照逻辑推测应该相距不远，总不离渭河流域及其左近，各家的考证也是如此，怎么会一同跑到远隔千里的涿鹿去一战再战呢？有的学者看到了这个矛盾，提出黄帝与炎帝和蚩尤的战争其实是一回事，是一个故事的翻版。只有黄帝与蚩尤打仗，包括黄帝联合炎帝与蚩尤大战并最终打败蚩尤，不大可能有黄帝与炎帝的大战[2]。

　　黄帝在战争中不仅联合炎帝，还能率领其他小国的军队，即所谓"征师诸侯"，而且在打败蚩尤后，"诸侯咸尊轩辕为天子"。司马迁在这里讲的"诸侯""天子"都是后来才有的称谓。真实的情况可能是一些小国和部落的首领慑于黄帝的军威而不得不服从他的领导，使得黄帝在当时诸小国中处在一种非常突出的位置。这应是黄帝传说之所以能够流传下来的一个重要原因。

　　黄帝不但有一支很能打仗的军队，建立了一个不甚稳固的都城，还组织了一个很能办事的小朝廷，也就是最早的政府，设立了各种官职。《五帝本纪》说，黄帝"官皆以云命，为云师。置左右大监，监于万国……举风后、力牧、常先、大鸿以治民。"所谓以云命官是根据东夷人郯子的说法。《淮南子·览冥训》也说"昔者黄帝治天下，而力牧、太山稽辅之。"《管子·五行》则说"黄帝得六相而天下治"。这里说的是主要的官职，下面还应该有许多臣僚。

　　黄帝时期还有许多创造发明，其中有些就是黄帝臣做的，《世本·作篇》述之

---

　　[1]　张松林：《荥阳青台遗址出土纺织物的报告》，《中原文物》1999年第3期。

　　[2]　我在《炎黄传说与炎黄文化》一文中曾谈到这件事，并引用了束世澂和童书业两位先生的论述。见严文明：《农业发生与文明起源》，科学出版社，2000年，274页。

甚详："黄帝使羲和作占日，常仪作占月，臾区占星气，伶伦造律吕，大桡作甲子，隶首作算数，容成作调历，沮诵、仓颉作书，沮诵、仓颉为黄帝左右史。"还说黄帝臣"雍父作杵臼""挥作弓""夷牟作矢""垂作耒耜""伯余作衣裳"等等。至于黄帝之时以玉为兵，黄帝采首山铜铸鼎和西陵氏劝民养蚕等传说，在相应的考古学文化中都有所反映〔1〕。因此说黄帝是文明起源的先行者或人文始祖是并不过分的。

近年来的考古研究表明，中国在文明起源时期至少有五个重要的地区，各地的发展水平相近而各具特色，相互之间又有密切的关系，常常是你中有我、我中有你。其中只有仰韶文化的发展最稳定，成为往后逐渐形成的华夏文化的主要基础〔2〕。而以黄帝为代表的所谓炎黄文化所依托的正是仰韶文化。华夏文化的发展基本上是一个由文化融合到民族认同的过程，以至于广大地区的人民都认同黄帝或炎黄为自己的祖先。炎黄文化几乎成了中国传统文化的代名词，其原因盖在于此。

（原载《中华文明的始原》，文物出版社，2011 年）

---

〔1〕 仰韶文化中已发现小件铜器，尚未发现铜鼎。
〔2〕 严文明：《重建早期中国的历史》，《早期中国——中华文明起源》，文物出版社，2009 年。

二里头文化与夏王朝

中国青铜器时代早期最重要的一个考古学文化叫作二里头文化，它是为探索夏文化而进行的考古学考察中被发现的[1]。多年来研究的结果证明，它是同夏王朝历史关系最密切的一个考古学文化，有的学者甚至直接把它称为夏文化[2]。

二里头文化主要分布于河南省西部和山西省南部，这两个地方正是有关夏代传说最集中的地方。据《史记·殷本纪》引商汤的话说："古禹、皋陶久劳于外，其有功于民，民乃有安。东为江，北为济，西为河，南为淮，四渎已修，万民乃有居。"这里讲的是大禹治水，实际反映了夏朝的四至。因为汤刚刚灭夏，对夏王朝的情况应该是很了解的。这个范围大体是指现在的河南省中西部和山西南部一带，夏代都城和所封同姓十一国的地望大体也在这个范围或稍稍扩大一些。二里头文化就是分布在这个区域的，其中最重要的中心遗址是河南偃师县的二里头，据认为可能即夏代都城之一[3]。

由于文献不足，夏代的年代难以确指。但是也还可以有各种推求的办法。例如《史记·周本纪》集解引《汲冢纪年》说："自武王灭殷以至幽王，凡二百五十七年也。"幽王末是公元前770年，加257年为公元前1027年，则当是灭商之年。《左传·宣公三年》说"鼎迁于商，载祀六百"，说明商代前后经历了600年。1027年加600年为公元前1627年，当为灭夏之年。至于夏代的总年数，古有471年或431年等几种说法。因此一般认为夏代历年当为公元前21世纪初至公元前17世纪末。关于二里头文化的年代，根据数十个碳-14测量数据并加以树轮校正，绝大多数落在公元前2100~前1600年之间[4]，可以说同推算出来的夏王朝

---

〔1〕　徐旭生：《1959年夏豫西调查"夏墟"的初步报告》，《考古》1959年第11期。

〔2〕　邹衡：《试论夏文化》，《夏商周考古学论文集》，文物出版社，1980年。

〔3〕　郑杰祥：《夏史初探》，中州古籍出版社，1988年，82~84页。

〔4〕　中国社会科学院考古研究所：《中国考古学中碳十四年代数据集》（1965~1991），文物出版社，1991年。

的年代是吻合的。不过也有一些学者根据别的推算方法认为夏纪年还要早些，因而把中原龙山文化晚期与二里头文化早期看成夏文化，而把二里头文化晚期划入商文化的范围。这问题自然还可以进一步研究。

二里头遗址面积达 300 多万平方米，是二里头文化中最大的一处。它的下层即有较大的夯土台基，上层的夯土台基规模更大。例如第一号夯土台基位于遗址中部，略呈正方形，面积达 10000 平方米，高出周围地面约 0.8 米[1]。它的中部偏北有一座大型殿堂基址，面阔 8 间，进深 3 间，外有檐廊，显得庄严肃穆。它的南面是一个广场，相距 70 米处才是大门。而整个建筑又由一个巨大的回廊所包围着，回廊的范围差不多包括了整个夯土台基。这样规模宏大、布局严谨的建筑群体，绝对不是一般贵族的宅院，而应看作是当时的宫殿。

在第一号夯土台基东北约 150 米处还发现有第二号夯土台基[2]，基址略呈长方形，面积约 4200 平方米。同样是北面有一个正殿，殿前是广场，南面是大门，周围用回廊环绕，形成一个布局严谨的封闭形建筑群体。只是规模较第一号基址为小。值得注意的是，在二号台基的正殿之后与后部回廊之间发现有一座大墓，墓坑长 5.2、宽 4.25 米，面积达 22 平方米，是二里头文化中最大的一座墓葬，可惜过去被盗而出土器物不多。但它的规模及它所处的位置足以把墓主人看成为头号统治人物。同时也说明这组建筑当为宗庙而非世俗的宫殿。这样同时存在两组大型建筑也就得到了合理的解释。《左传·庄公二十八年》说"凡邑有宗庙先君之主曰都"，二里头既有宗庙，从那座大墓的特殊位置也可以想象那里一定供奉有先君之主。因此把二里头遗址看作为夏代的都城之一，应该是没有问题的。

二里头遗址的下层即已出现铜器作坊，上层作坊的规模更大，出土有许多炼铜的坩埚残片和铸铜的陶范，这说明当时的青铜制造业是受高层统治集团控制的，并且已经初具规模了。二里头文化的青铜器一般含铜 90% 以上，含锡 5% 左右，其余还有少许杂质。所制器物有工具、武器、容器、乐器和装饰品等多种。工具中有锛、凿、锥、钻、小刀等，还有鱼钩；在陶范中发现有镢，可能是一种农具。武器中有戈、钺和镞，此三者在商周时期都成为主要的武器。容器中主要是作酒器用的爵，也偶见斝和鼎，此等铜器在商周时期都发展为重要的礼器。乐器只发现有铜铃。装饰品则有镶嵌绿松石的盾形牌饰和圆形泡饰等。传说"禹穴之时以

〔1〕 中国科学院考古研究所二里头工作队：《河南偃师二里头早商宫殿遗址发掘简报》，《考古》1974 年第 4 期。

〔2〕 中国社会科学院考古研究所二里头队：《河南偃师二里头二号宫殿遗址》，《考古》1983 年第 3 期。

铜为兵"（《越绝书·宝剑篇》），"禹铸鼎于荆山"（《帝王世纪》），说明夏已进入青铜时代，这与二里头文化的发展水平是相同的。

二里头文化中还有不少玉器，主要有戈、钺、牙璋、铲、柄形器、梯形大刀、琮、筒、璜、玦等，多属礼器、仪仗或装饰品。一般出于较大的墓中，是贵族享用的奢侈品。

二里头文化中常见卜骨，一般是用猪或羊的肩胛骨加以烧灼，依据裂纹的样式以卜吉凶。此种风俗在龙山时代便已开始，二里头文化时有所发展，到商代则极为发达，其材料也逐渐由兽肩胛转变为以龟甲为主。

二里头文化的陶器多呈灰色，少数为黑色，火候甚高。在河南中西部常见的器类有瓦足盆、刻槽盆、豆、觚、爵、斝、甑、大口尊、罐、瓮和鼎等，其中包括了饮食器、酒器、炊器和盛储器等基本的类别，同时也是其文化特征的一种反映，人们把这一地区的二里头文化称为二里头类型。在山西南部，除了与二里头类型有很多相同的器物外，还有比较多的鬲、甗、单把罐和蛋形三足瓮等，而很少见瓦足盆、刻槽盆和大口尊等器物，人们把这一类二里头文化遗存称为东下冯类型[1]。此外在河南北部到河北南部有下七垣类型，河南东部和南部也有别的类型。这些类型的形成，往往与当地原有文化的传统有关，也应与夏代有许多封国的现实情况有关。那种把夏代的文化看成清一色，以为只有二里头类型才配称真正的夏文化的观点，其实是可以商榷的。

二里头文化所反映的许多文物制度，如宫殿宗庙制度，青铜器礼器和玉礼器的制度，占卜的制度等等，大多被商文化所继承和发展。许多文化因素如陶器的类别、造型和花纹等也多被商文化所继承和发展。而商文化在其形成和发展的过程中也还吸收过别的文化因素。至于西周文化同商文化的关系也有类似的情况，这是从考古学上所看到的情况。孔子说："殷因于夏礼，所损益可知也；周因于殷礼，所损益可知也"（《论语·为政》）。说明历史上夏商周的依次递嬗、彼此继承和发展的过程中是有损有益，有除旧有创新的，这与考古学上的二里头文化同商、周文化的关系是一样的，从而再次证明了二里头文化就是夏代的文化。

应当指出的是，现在考古界对二里头文化的研究还只是初步的。就拿工作做得最多的二里头遗址来说，它前后经历了几百年，到底是什么时候作过都城，什么时候不是都城？做都城的时候到底有几座宫殿与宗庙，还有些什么样的房屋建筑？那里有没有城垣？城内的整体布局怎样？与宫殿相称的王族墓地在哪里，埋葬制度究竟怎样？现在都还是不清楚的。至于别的都城在哪里，则更是全然不知。

---

〔1〕　李伯谦：《东下冯类型的初步分析》，《中原文物》1981年第1期。

旧说太康居斟鄩，而斟鄩氏故地在河南巩县稍柴一带，考古调查知道稍柴确有大型二里头文化遗址，但至今没有大规模发掘，不知内涵究竟怎样。可见今后要做的工作是很多的。

殷墟被证实为商代晚期都城，除了有都城级别的宫殿和王陵等大批遗迹遗物以外，还因为发现了大量的甲骨文，其中关于殷王世系的记录，同《史记·殷本纪》所记基本上是一致的。《史记》同样还有一个《夏本纪》，也有关于夏代世系的记录，推想夏代应该是已有文字，有史官和历史记录的。但二里头文化中至今还没有发现文字，只是在陶器上发现有各种刻划记号。考虑到商代文字已经达到了较高的发展水平，在商文化之前的二里头文化中，特别是某些像二里头那样的都城级的大型遗址中，是很有可能发现文字资料的。如果今后果真发现了文字并能释读出来，关于二里头文化同夏王朝历史的关系必将更加明朗化，而关于夏代的考古学研究也必将达到新的更高的水平。

［原为徐苹芳、张光直主编的《中国文明的形成》（北京新世界出版社，2004 年）中的第六章第二节。后收录在《中华文明的始原》，文物出版社，2011 年］

夏代的东方

我国原始社会末期部落林立。相传"当禹之时，天下万国"〔1〕。他联合一些部落治洪水，征有苗，"会诸侯于涂山"，建立了我国历史上的第一个王朝——夏。据考证，夏的统治中心在河南省中岳嵩山的周围和伊、洛流域，而一般统治区域则包括晋西南和豫东等地〔2〕，其他地方仍是处在原始部落的状态。不过夏朝建立之初，政权是极不稳固的，其主要的威胁来自东方；及少康中兴以后，才真正站住了脚跟，并开始逐步向外经略，其主要对象还是东方。可以认为，在夏代的整个历史时期，对外关系的主要内容就是同东方各部落的斗争和交往。

首先，夏启继承帝位就是一场严重的斗争。《竹书纪年》谓："益干启位，启杀之。"（《晋书·束皙传》引）此事在许多先秦文献中都有记载，只是提法不大相同。《楚辞·天问》说："启代益作后，卒然离蟨。""何后益卒革，而禹播降？"《战国策·燕策》谓："禹授益而以启为吏。""启与友党攻益而夺之天下。"《孟子·万章上》主让贤之说，所以又是一种提法：

"禹荐益于天，七年，禹崩，三年之丧毕，益避禹之子于箕山之阴。朝觐讼狱者不之益而之启，曰：'吾君之子也！'讴歌者不讴歌益而讴歌启，曰：'吾君之子也！'"

以上各家说法尽管不同，而益几乎代启作后这一点倒是一致的。伯益何许人也？《国语·郑语》说："嬴，柏翳之后也。"韦昭注："伯翳，舜虞官，少皞之后伯益也。"故一般以为伯益为夷人。益干启位就是夷人妨碍夏人建立政权。这场斗争虽然是夏启取得了胜利，但传至其子太康又复失国，夷人在一个时期几乎完全

---

〔1〕　见《吕氏春秋·用民篇》。又《战国策·齐策》也说："古大禹之时，诸侯万国。"《左传·哀公七年》："禹会诸侯于涂山，执玉帛者万国。"

〔2〕　邹衡：《夏文化分布区域内有关夏人传说地望考》，《夏商周考古论文集》，文物出版社，1980年。

掌握了政权。此事《左传·襄公四年》讲得比较明白，兹录其文如下：

> "魏绛曰：'……夏训有之曰："有穷后羿。"'公曰：'后羿何如？'对曰：'昔有夏之方衰也，后羿自鉏迁于穷石，因夏民以代夏政。恃其射也，不修民事而淫于原兽，弃武罗、伯困、熊髡、尨圉，而用寒浞。寒浞，伯明氏之谗子弟也。伯明后寒弃之，夷羿收之，信而使之，以为己相。浞行媚于内，而施赂于外，愚弄其民，而虞羿于田。树之诈慝，以取其国家，外内咸服。羿犹不悛，将归自田，家众杀而亨（烹）之，以食其子。其子不忍食诸，死于穷门。靡奔有鬲氏。浞因羿室，生浇及豷，恃其谗慝诈伪，而不德于民，使浇用师灭斟灌及斟鄩氏，处浇于过，处豷于戈。靡自有鬲氏收二国之烬，以灭浞而立少康。少康灭浇于过，后杼灭豷于戈，有穷由是遂亡，失人故也。'"

这段文字后半段的内容，在《左传·哀公元年》引述伍员的话中又有一些补充：

> "伍员曰：'……昔有过浇，杀斟灌以伐斟鄩，灭夏后相，后缗方娠，逃出自窦，归于有仍，生少康焉，为仍牧正，惎浇能，戒之。浇使椒求之，逃奔有虞，为之庖正，以除其害。虞思于是妻之以二姚，而邑诸纶，有田一成，有众一旅。能布其德，而兆其谋，以收夏众，抚其官职；使女艾谍浇，使季杼诱豷。遂灭过、戈，复禹之绩，祀夏配天，不失旧物。'"

以上两段文字历来颇多怀疑，觉得它"首尾横决"，"与初言不相应会"。然先秦文献中言羿、浞事者甚多，《楚辞·天问》及《离骚》所言情节也与《左传》相近，不能说没有一些事实根据。有人以为此类故事本为楚地传说，邹鲁缙绅先生不传而为《左传》作者所采者[1]。

羿所迁的穷石，或以为即穷桑或空桑之音转[2]，最初当系少昊之邑[3]，地在今曲阜一带。而有穷当因穷桑而得名。其他在两段文字中涉及的许多地名，根据历来各家的考证，大多数在鲁西南一带，有些则在山东东部或河南东部。如

---

[1]　童书业：《春秋左传研究》，上海人民出版社，1980年，22~27页。

[2]　傅斯年：《夷夏东西说》，《庆祝蔡元培先生六十五岁论文集》，中央研究院历史语言研究所集刊外编第一种，1935年。

[3]　《太平御览》七十九引《帝王世纪》："少昊帝名挚……邑于穷桑，以登帝位，都曲阜，故或谓之穷桑（氏）。"

缗在金乡县[1]，有仍在东平县[2]，有虞和纶在虞城县[3]，戈在河南东部古宋国和郑国之间[4]，有鬲在德州一带[5]，去曲阜均不足二百千米，当属可能之事。惟说过在胶东掖县[6]，斟灌和斟鄩或在寿光，或在安邱，或在河南巩县[7]，均觉过于偏东或偏西，只好暂时存疑。

　　羿或称为夷羿（《左传·襄公四年》《楚辞·天问》《吕氏春秋·勿躬》《世本》《帝王世纪》等），无疑属于夷人，故羿代夏政实际是夷人夺取了夏的政权。羿又为另一夷人寒浞所取代。于夏则历经仲康和相，至少康才"复禹之绩"。这一段历史因为史料湮灭，有些已不大清楚，或者发生明显的矛盾。如按照《史记·夏本纪》："太康崩，弟中（仲）康立，是为帝中康。"而在《逸周书·尝麦解》中则说："其在启之五子……用胥兴作乱，遂凶厥国。"《书》序也说："太康失邦，昆弟五人须于洛汭，作五子之歌。"连同《左传》襄公四年和哀公元年的记载，都没有仲康继位的话，甚至也没有这种可能。相如何即位也不清楚，按照《左传·哀公元年》他确实称为夏后，是被夷人浇攻灭的。《竹书纪年》也称后相，而且实力还相当强大：

　　　　"后相即位，居商邱；

　　　　元年，征淮夷、畎夷；

　　　　二年，征风夷及黄夷；

　　　　七年，于夷来宾；

　　　　相居斟灌。"

---

　　[1]　《读史方舆纪要》卷三十二谓兖州府金乡县东北二十里有东缗城，"本夏之缗国"。

　　[2]　《史记·吴太伯世家索隐》（金陵书局本）谓"东平有任（城）县，盖古仍国"。

　　[3]　《元和郡县图志》卷七谓宋州虞城县"本虞国，舜后所封之邑"；又谓县东南三十五里有故纶城，即"左氏少康逃奔有虞，虞妻以二姚而邑诸纶"者。

　　[4]　《左传·襄公四年》杜注："过、戈皆国名，东莱掖县北有过乡，戈在宋、郑之间。"《左传·哀公十二年》："宋郑之间有隙地焉，曰弥作、顷丘、玉畅、喦、戈、锡。"

　　[5]　《左传·襄公四年》杜注："有鬲，国名，今平原鬲县。"《路史·国名记》卷二："德州西北有故鬲城"。

　　[6]　《左传·襄公四年》杜注："过、戈皆国名，东莱掖县北有过乡，戈在宋、郑之间。"《左传·哀公十二年》："宋郑之间有隙地焉，曰弥作、顷丘、玉畅、喦、戈、锡。"

　　[7]　《左传·襄公四年》杜注："乐安寿光县东南有灌亭，北海平寿县有斟亭。"而《水经注》对斟灌的地望即有三说，或说在寿光（巨洋水注），或说在安丘东北之淳于城（汶水注），或说在观县（河水注），谓斟鄩可能在河南巩县（洛水注）。

《竹书纪年》中没有浇灭后相之语。而《通鉴外纪》和《太平御览》八十二于帝相之后有有穷后羿和寒浞二世，疑本《竹书》[1]，则后相应为后羿所灭。以上这些都是不明确或有矛盾的。但不论怎样，在夏代开国以后的一个相当长的时期内，国力甚弱，而东方夷人的势力十分强大，成为夏的严重威胁，有时甚至夺取夏的政权，则应是一个历史的事实。

少康以后，情况发生了很大变化，夏的势力日渐强盛，东方诸夷则或被征讨，或宾服于夏；甚至受其爵命。仅据《古本竹书纪年》的零散文字，就有不少条是夏夷关系的记录。现录如下。

"少康即位，方夷来宾。"（《后汉书·东夷传》注）

"柏杼子征于东海及三寿，得一狐九尾。"（《山海经·海外东经》注）

柏杼子即后杼。《路史后纪》十三："帝杼五岁，征东海，伐三寿。"三寿又称王寿，毕沅刻本《山海经》注即作王寿。九尾狐当为封狐。《离骚》云："羿淫游以佚畋兮，又好射夫封狐。"封狐正如封豕、修蛇、猰貐、大风（凤）一样，都应是以动物为图腾的氏族名号。

"后芬即位，三年，九夷来御。"（《后汉书·东夷传》注）

后芬即后槐，为后杼之子。御当是服御之意。

"后荒即位，元年，以玄珪宾于河，命九东狩于海，获大鸟。"（《北堂书钞》八十九）

后荒即后芒，后槐之子。《初学记》十三引此文"珪"作"璧"，"鸟"作"鱼"，无"命九东"三字。王国维则以为"九"字后夺"夷"字。《初学记》《太平御览》《路史》后记注等所引《纪年》此段文字均作"获大鱼"，唯《北堂书钞》作"获大鸟"，当是抄写之误。

"后泄二十一年，命畎夷、白夷、赤夷、玄夷、风夷、阳夷。"（《后汉书·东夷传》注）

《路史》后记十三注引《竹书纪年》语于此段后有"繇是服从"四字。《通鉴外纪》二引《纪年》语中还有"帝泄二十一年，加畎夷等爵命"一句。

---

[1] 　范祥雍：《古本竹书纪年辑校订补》，上海人民出版社，1966 年，10~12 页。

"后发即位，元年，诸夷宾于王门，再保庸会于上池，诸夷入舞。"（《北堂书钞》八十二）

《后汉书·东夷传》注，《太平御览》七百八十，《通鉴外纪》二，《路史后记》十三所引《竹书》均无"再保庸会于上池"一语。《路史后记》十三所引此段后作"其始即继，诸夷式宾，献其乐舞。"

以上材料足以说明，夏王朝在其政权得到巩固后，仍然倾全力于经营东方，并同那里的夷人发生了极为密切的关系。

夏代的东方之所以那样重要，实力那样强大，并不是偶然的，而是由于有着优越的自然地理条件和相当发达的经济文化；这种经济文化水平也不是一下子形成的，而是长期发展的结果。

夏代的东方主要指现在的山东和江苏北部一带。因为邻近海边，海洋性气候比较明显，属温带季风型，年降水量约 550~750 毫米，适于旱地农作物的生长。近年在长岛北庄一期文化层中发现了黍的皮壳，年代约当公元前 3500 年前后；在胶县三里河、栖霞杨家圈和莱阳于家店等地的龙山文化层中发现了粟的遗痕。而根据这里更早的新石器文化仍然有不少农业工具等情况来看，很可能是我国旱地农业的起源地区之一。

山东和苏北的地形比较复杂，大致可分为鲁中丘陵、鲁西平原、胶莱平原、胶东丘陵和徐淮平原等几个地理单元，从面积看丘陵多于平原，加上远古时期黄河泛滥，故实际可居地也是丘陵多于平原。这种情况，造成了史前文化的多样性的特点。新石器时代早期的北辛文化（在鲁南一带）和烟台白石村一期文化就有很大的不同。到新石器时代晚期，鲁中南是以泰安大汶口遗址为代表的各期遗存；胶东是邱家庄一期，紫荆山一期到莱阳于家店一、二期等的发展系统；徐淮地区是青莲岗期、刘林期和花厅期的发展系统；鲁西的文化也有其明显的地方特色。当然，它们之间也有一些相近之处，故有些学者把它们统称为大汶口文化。到铜石并用时代，文化融合的趋势有所加强，山东和苏北基本上成为一个大的体系即龙山文化。即使如此，各地的差别仍是不可忽视的，胶东和鲁中地区不同，鲁西北和鲁西南又可分为两个不同的文化类型。

大约在公元前 3500 年以前的各文化发展时期，中原地区同东方（山东和苏北）的步调基本上是一致的，发展水平也是差不多的。但在公元前 3500 年以后的大汶口文化和龙山文化时期，东方的经济文化在一些重要方面逐步超过了中原，在全国也处在领先地位。

首先谈石器的制造技术。大汶口文化的石器一般磨制较精，棱角分明，通体磨光的比例较大，切割法和管钻法都很普遍，有些石器甚至加以抛光，晶莹如玉。龙山文化的石器仍然保持很高的加工水平，有些石器上刻出很复杂的花纹，有些则镶嵌绿松石饰，器类更加复杂，而每一种器物的形制则颇为规格化。中原地区从仰韶到龙山时代石器加工技术都不如东方，切割法和管钻法到仰韶文化晚期才出现，直到龙山时代晚期也未能普及开来，而打制石器自始至终都保持着一定比例。由于石器是当时的主要生产工具，石器制造的优劣及其使用效能直接反映生产力的发展水平，可见那时东方的生产是走在中原的前面的。

其次说到陶器的制造。仰韶文化的陶器基本上是手制的，只是流行慢轮加工；大汶口文化的陶器也基本上是手制的，但晚期已有少数小陶器实行轮制。从陶质陶色来看，仰韶文化主要是泥质红陶和夹砂红褐陶，还有一部分灰陶，晚期才有一定数量的泥质黑陶，灰陶数量也有所增加。大汶口文化除有仰韶文化那些陶器和基本一致的发展规律外，还有一部分白陶和青灰细泥陶，呈现一种多样化的特色。到了龙山文化的时代，东方的陶器普遍实行轮制，不但大大提高了生产率，而且使造出的陶器更加规整，厚薄均匀，因而也显著地提高了质量。尤其是有些高柄杯之类的器物，胎壁极薄，厚仅约 0.3~0.5 毫米，质地坚硬，表面漆黑发亮，造型雅致而富于变化。有些更做成双层杯，有胆有壳，外壳上镂刻出精美的花纹，是一种罕见的工艺品。而中原地区龙山时代诸文化中轮制陶器一般只占半数左右，其他仍是手制或手轮合制，根本没有东方那样精致的薄胎黑陶。在这样一个重要的手工业领域中，东方的技术水平显然要比中原为高，在全国也是首屈一指的。

由于东方的生产力水平和技术水平比较高，使得某些工艺品的制作也明显处在领先地位。例如大汶口文化中的玉器就很发达，不但有装饰品如璧、镯、璜、玦、珠等，而且有很好的玉斧。又如象牙雕刻也很发达，有雕花的象牙筒，透雕成"S"形花纹的象牙梳和象牙琮等。有些骨器的雕工也很精致，有些骨筒上还镶嵌绿松石等。大汶口墓地中还有鲸骨、鳄鱼板等，很可能是交换来的；象牙雕刻的原料也可能来自南方。由此可以看出当时的商业交换也是比较发达的。仰韶文化中很少发现玉器，仅有的一些都是小件品，加工技术也不甚高。至于象牙制品则至今还没有发现，此种情况到龙山时代也还没有改变。

由于东方的经济文化发展水平较高，贫富分化的现象也便出现得比较早和比较明显，早在大汶口文化的早期阶段，个别墓葬的规模就比较大，随葬品多至几十件，而一般墓不过几件。到大汶口文化晚期，贫富分化的现象已经非常突出，在泰安大汶口、曲阜西夏侯、莒县陵阳河、大朱村、诸城前寨等处墓地中，除大量为仅可容身的小墓外，都还有少数大墓和中型墓，大墓不仅墓坑较大，而且往往有木椁，有上百件乃至两三百件制作精细的物品，有的还随葬十几个或二十几个猪头。泰安大汶口第 10 号墓便是一个典型的例子，墓坑长 4.2、宽 3.2 米，有木椁。死者为一老年女性，周身覆有一层黑灰，疑为衣着的朽灰；头部佩戴象牙梳和一串长方形石饰，颈部有一串管状石饰，胸部有一串绿松石饰，右臂佩玉镯，手中握獐牙；其余随葬品有象牙雕筒、玉指环、玉斧、石斧、猪头、鳄鱼鳞板等。随葬陶器总数达 93 件，做工均佳，都是当时的上品。其中有细泥黑陶、灰陶和红陶，还有罕见的白陶和青灰陶，有的红陶上饰深红色陶衣，并用黑、白等颜色画出非常美丽的花纹[1]。如果这位墓主人不是一位富有的氏族贵族，是不可能随葬如此大量的珍贵物品的。

大汶口文化的墓葬中常有一些随葬猪头或猪下颌骨，当是一种财富的标志，正如云南佤族、海南岛黎族和台湾高山族曾以牛头或猪下颌骨标示财富的风俗一样。有些墓中随葬了过多的陶器，如鼎、瓶、背水壶等，往往一座墓中同一种器物就有四五十件，个别墓中随葬高柄杯一百余件。埋葬风俗乃是实际社会的一种反映。一个人的日常生活并不需要那么多器皿，如果不是作为一种财富，一种可以同其他物品相交换的财富，保持那些东西就成为毫无意义的事。可见当时的财富观念已很清楚，即便是陶器也已被少数人作为等价物而积累起来。

大汶口文化的贫富分化不但表现在公社内部，同样也表现在各公社之间，各地经济发展不平衡的现象已经越来越明显了。大汶口、西夏侯、陵阳河、大朱村和前寨等不过是一些经济比较发达的中心部落的墓地，同一时期的更多墓地内并没有那样大小墓葬的显著差别，随葬东西都比较少，比大汶口等墓地中一般小墓随葬的东西还要少。

像大汶口文化那样贫富分化明显的情况在中原的仰韶文化中是看不到的，这固然与仰韶文化的墓葬至今发现甚少有关，但社会发展的落后也可能是一个事实。

龙山时代发明了铜，在建筑上使用了土坯和夯筑技术。河南淮阳平粮台和登封王城岗已经发现了小型城堡，山东和苏北的龙山文化是否有城，过去在历城城子崖发现的城墙是否属于龙山文化，虽然在目前还不能确定，但从龙山文化的发展水平以及学会了夯筑技术的事实来推断，发现城堡是完全可能的。这个时代在意识形态上有一个重要发展，即卜骨普遍出现，意味着占卜风习盛行，并在一定程度上制度化了。在所有这些方面，中原和东方的发展步调基本上是一致的。差

---

[1]　山东省文物管理处、济南市博物馆：《大汶口——新石器时代墓葬发掘报告》，文物出版社，1974 年，22~25 页。

别只是在于东方的石器和陶器制作技术以及某些工艺品的水平仍然高于中原。中原的石铲、石刀、石镰等农具的类型和数量似乎略多于东方，暗示其农业可能比较发达。龙山时代的墓葬至今发现很少，但最大的墓是在山东，最好的器物——蛋壳黑陶杯是在山东的一些墓葬中出土的。总而言之，东方在夏以前的经济文化发展水平是相当高的。当夏王朝在中原崛起时，富饶的东方自然对它具有最大的吸引力，而东方夷人又是最有实力同夏朝相较量的，这就是为什么终夏一代，都与东方发生剧烈的斗争和密切交往的缘故。

夏代东方的居民称夷，其著名领袖称为夷羿已如前说。《后汉书·东夷传》说："夷有九种，曰畎夷、于夷、方夷、黄夷、白夷、赤夷、玄夷、风夷、阳夷，故孔子欲居九夷也。"其中诸夷的名称都是根据《竹书纪年》的记载。此外根据《禹贡》所载，在青州有嵎夷和莱夷，冀州有岛夷，徐州则有淮夷。其中有些名称如莱夷、淮夷等一直延续到商周时代。《禹贡》虽为后人所作，但既托言夏书，当是对夏代历史的追记，总还反映了一部分历史的真实。

从古文献来看，夷不像是一个统一的族名，而只不过是夏人对东方居民的一种通称。夷犹人也。商代甲骨文和铜器铭文称东方为人方。周代文献称东方人民为东夷，而铜器铭文写为东尸。尸是一个侧面蹲踞的人形，夷字本身也是一个正面站立挎弓的人。《说文·大部》："夷，从弓从大，东方之人也。"大字是站立的人形，所以挎弓者，大概是与夷羿善射的传说有关。夷的得音当与方言有关，至今山东人还是读人为寅，与夷音极为相近[1]，所以嵎夷、莱夷、淮夷、岛夷等等，犹言嵎人、莱人、淮人、岛人，或东隅之人（嵎亦作隅）、莱山之人、淮水之人、海岛之人。畎夷、于夷、方夷等大概也是以地名人。至于赤夷、白夷、黄夷、玄夷（商代还有蓝夷）等，则犹言赤人、白人、黄人、玄人，或爱穿某种颜色服装的人。风夷当为凤夷，是以凤鸟为氏族图腾之人。

夷人既没有统一的族名，说明他们还没有族的自觉。他们也还没有建立起一个比较统一的政权，最多是出现了少数的城邦，如作战能力很强的有穷氏那样。因此，在长期的战争中，他们终于不能不被夏王朝所征服。不过，从考古学文化的资料来看，夷人接受夏文化的影响并不很多，而夏人接受夷人文化的影响反而不少。只是到了商周时期，夷人文化才逐渐为华夏文化所同化。

从考古学上确定夏代东方夷人的文化，仅仅是最近几年的事。1960 年，中国科学院考古研究所山东队发掘了平度东岳石遗址，发现了一种与典型龙山文化风

---

[1] 唐兰：《中国奴隶制社会的上限远在五六千年前》，《大汶口文化讨论文集》，齐鲁书社，1979 年。

格不同的遗存〔1〕，但很长时期都没有从龙山文化中划分出来，工作上也没有新的进展。直到1979年，烟台地区文管会、中国社会科学院考古研究所山东队和北京大学考古实习队共同发掘了牟平县照格庄遗址，发现了同东岳石遗址完全相同而内容丰富得多的遗存〔2〕，其特征同龙山文化差异甚大，才觉得有必要另立名称，并称之为岳石文化〔3〕。

岳石文化的遗址以胶东发现为多，山东其他地方和江苏北部也有分布。除东岳石和照格庄外，比较重要的还有烟台芝水、乳山圈埠、海阳司马台、栖霞后炉房、长岛后口、潍县鲁家口、诸城前寨、寿光丁家店、临沂土城子、莒县陵阳河、临淄桐峪、泗水尹家城、兖州西吴寺、滕县前掌大和江苏赣榆下庙墩等处。这个范围同夏代东方夷人的活动区域是基本相合的。

关于岳石文化的相对年代已经有越来越多的证据，司马台、前寨、尹家城、长岛北庄和大口等遗址都发现龙山文化被叠压在岳石文化层之下，可以证明岳石文化晚于龙山文化。尹家城第三次发掘时，发现相当于郑州二里岗上层的早商遗存叠压在尹家城二期即岳石文化层之上，证明它至少要早于早商后期〔4〕。我们曾经说明，龙山文化的年代相当于传说中的唐虞时代，它的后面便是夏代〔5〕。而二里岗上层文化同岳石文化有极大的差别，在尹家城遗址的二期（属岳石文化）和三期（相当于二里岗上层的早商后期文化）之间也是如此，这一方面表示二者本不属于一个文化系统，看不出有多少直接继承的关系；另一方面也不能否认二者之间在时间上还存在着一定的缺环。这就是说，岳石文化不但早于早商后期，甚至要早于早商前期。如果这一推测不至于大错，那么岳石文化存在的年代，正好相当于中原的夏代。

由碳-14所测的绝对年代也与上述分析相符合。据报道，照格庄遗址所测的五个木炭标本的年代如下（括号内为达曼校正值）〔6〕。

ZK868	H6	1600±90BC	（1890BC）
ZK869	H7	1570±80BC	（1855BC）
ZK870	H42	1480±80BC	（1745BC）

---

〔1〕　中国科学院考古研究所山东发掘队：《山东平度东岳石村新石器时代遗址与战国墓》，《考古》1962年第10期。

〔2〕　北京大学历史系考古实习队：《山东牟平照格庄遗址发掘实习报告》，1979年。

〔3〕　严文明：《龙山文化和龙山时代》，《文物》1981年第6期。

〔4〕　于海广：《山东泗水尹家城遗址第三次发掘简介》，《文史哲》1982年第2期。

〔5〕　严文明：《龙山文化和龙山时代》，《文物》1981年第6期。

〔6〕　伍人：《山东地区史前文化发展序列及相关问题》，《文物》1982年第10期，55页表一。

| ZK871 | T5④ | 1580±80BC （1865BC） |
| ZK872 | H41 | 1485±80BC （1750BC） |

泗水尹家城二期文化的碳-14 年代与照格庄接近，其余几处岳石文化遗存的碳-14 年代略晚。如平度东岳石一座灶址中采集的木炭，经测定为 1420±70BC，校正为公元前 1670±120 年；诸城前寨 T9②B 层南隔梁内采集的木炭，经测定为 1450±80BC，校正为公元前 1705±130 年；长岛县大黑山北庄 T7②层中出土的木炭，经测定为 1420±100BC，校正为公元前 1670±145 年。

中国的历史纪年在共和元年（公元前 841 年）以前不能完全确定，根据几种方法推算出的年代颇不一致。现在多数人相信古本《竹书纪年》的说法，夏代 471 年，商代 496 年，假定武王灭商在公元前 1066 年，则夏当在公元前 2033～前 1562 年，或者笼统一些说是公元前 21 世纪至前 16 世纪。由碳-14 测定并经达曼表校正所获得的真实年代是公元前 1890 年至前 1670 年之间，或公元前 19 世纪至前 17 世纪，正好落在夏纪年的范围之内。

既然岳石文化的年代相当于夏，分布又与当时夷人的活动范围基本相合，在这个范围内至今还没有发现别的考古学文化，那么说岳石文化就是夏代夷人的文化，应该是没有问题的。

为了进一步说明这个问题，还可以从文化内容上进行分析。

1979 年秋发掘牟平照格庄遗址时，曾在第 37 号灰坑内出土一件铜锥，为三棱形，尖端至今还相当锋利，经鉴定属于青铜[1]；泗水尹家城二期文化地层中也发现有青铜镞、小刀、鼻环（?）和青铜残块[2]，说明岳石文化已经掌握了青铜冶炼技术，比起龙山文化铜器含杂质多、成分比例极不稳定的情况显然前进了一大步，应当已进入了青铜时代。

岳石文化的生产工具仍以石器为主，其种类有铲、镢、斧、锛、凿、镰、爪镰、纺轮、网坠、砺石等。镢为大方孔，形态别致，是一种新出现的器形。爪镰多为半月形，单面刃，一面略鼓，一面近平或微凹，均有双孔，是岳石文化的典型器物。龙山文化的石刀（即爪镰）一般为长方形，单孔或双孔，也有个别的半月形石刀，岳石文化的爪镰显然是在它的基础上发展起来的。而同一时期的中原地区的二里头文化仍然是以梯形和长方形石刀为主。

岳石文化的陶器基本上是继承当地龙山文化的陶器而发展起来的。龙山文化

---

〔1〕 北京钢铁学院冶金史组：《中国早期铜器的初步研究》，《考古学报》1981 年第 3 期，297 页表四。

〔2〕 于海广：《山东泗水尹家城遗址第三次发掘简介》，《文史哲》1982 年第 2 期。

陶器的特征之一是黑陶极多，岳石文化的陶色虽有变浅的趋势（中原地区同样经历了这一趋势），但黑陶仍占 40% 左右，同二里头文化以灰陶为主的情况颇不相同。

龙山文化陶器多素面和磨光者，并有较发达的弦纹和竹节状凸棱。岳石文化继续保持这一特色，两类陶器几乎占 90%；二里头文化则继承中原史前文化拍印纹饰发达的传统，以篮纹和绳纹陶居多，素面和磨光陶器的比例甚小。

龙山文化的轮制陶器特别发达，一般占 80% 乃至 90% 以上；岳石文化轮制陶的比例虽没有那么高，但仍占全部陶器的一半以上，比二里头文化的轮制陶要多得多。

岳石文化陶器的造型比较规整，主要可分为平底器、三足器和圈足器三大类，多子母口和器盖，腹壁多有竹节状凸棱，这些也都是龙山文化的传统。但具体形制仍有较大差别，一般无嘴无流，也很少见到器把、器耳和横鼻。龙山陶器底部同器壁转角比较自然。岳石陶器底部较大，像是套接上去的。龙山的三足器主要是鼎和鬶，鼎足较高，形状变化极多；岳石的三足器则主要是三足罐和甗，三足罐的足部很矮，形状比较单纯，以舌形为主。龙山文化甗的下部为鼎形或连裆鬲形，腰部多素面；岳石甗下部为分裆鬲形，腰部常有附加堆纹。龙山和岳石共有的器物主要有碗、钵、双腹盆、豆、筒形杯、侈口夹砂罐、高领瓮和器盖等，但具体形制并不相同。龙山文化中常见的鼎、鬶、高柄杯、环足盘、大平底盆等不见于岳石文化；而岳石文化中的子母口三足罐、尊形器等也不见于龙山文化。看来岳石文化同龙山文化的陶器形制的差别十分明显，不像是直接继承和发展的关系，中间应该有一个小小的缺环，而这个缺环是可能填补起来的，我们注意到，在栖霞杨家圈曾经采集到几件陶器，多少带有从龙山到岳石的过渡形态。一件是鬶，它的腹部很细，口部形成一个直径大于腹部的敞口杯形，流用宽泥片捏合，已接近嘴，总体形态与一般龙山鬶大不相同，加上口部完全轮制，质地则与岳石文化的灰陶无异。同样质地的陶器还有觚形杯和圈足盘，都是轮制的，也具有两个文化之间的特点。另有两件黑陶器，胎壁甚厚，内胎灰红色，完全是岳石文化的陶质，一件为豆，浅盘，形状也接近岳石文化者，但岳石豆盘里常有一圈凸棱，此豆未见，又接近龙山特征。还有一件是瓦足盆，龙山已有此种器物，但陶质较坚硬，胎壁也较薄；此器胎厚质软，更像岳石文化者。这些遗物都出在遗址的东南，当是墓中的随葬品，虽不清楚是否有共存关系，但共同特征都像是介于龙山文化和岳石文化之间。这是一个重要的信息，说明岳石文化很可能进行分期，而龙山文化也可能还有更晚的遗存。如果这个问题搞清楚了，那么岳石文化继承龙山文化的问题也就容易理解了。

　　岳石文化的陶器中只有很少一部分有纹饰，其中附加堆纹、乳丁纹、戳印圆圈纹、弦纹和镂孔等都是龙山文化的传统纹饰，只是具体形状有些不同，数量上有些增减而已。有些陶器上有刻划的变体夔纹，比较成熟的雷纹（刻划的或压印的），这些以后都曾被商周文化吸收而得到很大发展。个别陶器上有连续折弧线纹（"之"字纹），那大概是受到辽东一带史前文化影响的结果。

　　岳石陶器中有不少施彩绘，彩绘器物均为泥质磨光黑陶，种类有尊、豆、子母口罐和器盖等，以后者数量为最多。彩纹主要是红色（朱绘），有些是红白相间，或白彩红边，形状多为云纹、雷纹、同心圆圈纹和斜线等。类似的彩绘在夏家店下层文化中极为发达，旅顺于家下层和长海高丽城山等遗址中也很普遍，只是具体纹样有些不同。看来这种在黑陶地子上饰红、白两色彩绘的做法，乃是夏代东方和东北方诸文化的共同特点。

　　如果将岳石文化陶器的形制和花纹同二里头文化者相比，很容易看出完全是两个不同的系统。如二里头文化有圜底器，岳石文化没有。二里头主要炊器是夹砂罐和鼎，鬲、甗甚少；岳石主要炊器则是甗，基本上不见鼎、鬲（仅鲁西有一些）；二里头有觚、爵、斝、乳钵、大口尊等，岳石不见；岳石的子母口三足罐、尊、盒等亦不见于二里头。豆、碗、盆、盖、罐等虽然都有，但具体形制也不相同。两者的纹饰风格也很不同，特别是岳石文化的彩绘在二里头文化中根本不见。既然二里头文化主要分布于中原地区并被视为典型的夏文化，那么与它风格迥异而又分布于东方夷人地区的岳石文化，自然就应看作是夷人的土著文化了。

　　现在关于岳石文化的研究还刚刚开始，它的分期和地方类型还有待确定，它的丰富内容也有待于进一步探讨。不过，即使从现有不算丰富的资料中，也提供了不少令人感兴趣的消息。例如在建筑上喜欢使用不规则的石头堆砌。长岛大口的房子是用石头砌墙的，而栖霞后炉房的袋形窖穴则是用石头砌壁的。袋形窖穴周壁有很大的收分，将一个直径约3、深约2米的穴壁砌起来需要一定的技术。在辽宁西部和内蒙古东南等地的夏家店下层文化中有更多的石砌房子，它们之间应有一定的文化联系。

　　岳石文化的墓葬至今发现极少，有些墓上放多块不规则形石头，有的旁边还有祭祀坑。胶东有些地方在龙山时代即有用不规则形石块砌成的石椁墓，在日照东海峪和诸城石河头都有发现；比岳石文化更晚的乳山南斜山也发现大量石椁墓和祭祀坑，这种做法看来也是夷人文化的一个特征。

　　岳石文化的卜骨比龙山文化要多得多，说明占卜风俗有了发展。同二里头文化的卜骨一样，也都不加钻凿而直接烧灼。

　　有些迹象表明，胶东的夷人同海外建立了比较密切的关系。过去在辽东貔子窝发现的陶鬹，曾被认为是龙山遗物。实际上龙山鬹的下部多为连裆鬲形，足尖多为凿形；而貔子窝的鬹为分裆，袋足尖为圆锥形，同岳石文化者基本相同，当是从胶东输入，或是在岳石文化影响下的产物。貔子窝的大部分遗物同旅顺于家村下层和长海高丽城山等处所出的基本相同，其陶器质地较粗，胎壁较厚，多呈黑色或灰褐色，与岳石文化的陶器具有类似的风格。还有某些器形如杯、碗等和某些纹饰如弦纹和红、白相间的彩绘等，也都与岳石文化的风格相近，当是受到了岳石文化的影响。

更有甚者，近年来在庙岛群岛周围的海域，不断地发现一些陶器和石锚等物。石锚一般重十余斤，可以停泊两三吨的船只，这样大小的船在当时是可能造出来的。有一件陶鬹出自北隍城岛西北约 10 千米的海域，据说那里还有许多陶器没有取回。该鬹系夹砂黑褐陶，上面已长了一些海介，流和把均残，深筒腹，袋足，下腹有两道凸弦纹。它的陶质、陶色和整体形状，特别是袋足的形状同一般龙山陶鬹有一定距离，同岳石文化的鬹（陶质陶色和袋足形状）倒有一些相近之处。它可能又是一件介于龙山和岳石之间的器物，抛在离陆地那样远的大海里，只能理解为在航船上丢弃或是翻船的结果。从有许多陶器聚在一起来看，后一种可能性更大些。船翻了可以漂去远方，而陶器则沉入海底。另外，从大钦岛东约 200 米的海底也曾捞起一个三足深腹盆，夹细砂质，表里黑灰色，内胎红色，轮制，口沿有两道弦纹，下腹有一周指尖压纹。无论从陶质、陶色、制法到器形都和旅顺于家村下层的深腹盆相像。岳石文化中至今还没有发现这样的器形，但它的三足呈舌形外撇，则是岳石文化的典型风格。它可能是辽东居民受岳石陶器影响的产物，又被他们在航海经大钦岛附近时抛入海底。胶东和辽东两个半岛之间的交往，从新石器时代起就已开始，夏代夷人同辽东居民的海上交通，不过是早先关系的继续和发展。

最值得注意的是 1982 年 10 月初在大竹山岛以南约 30 米的海底打捞起来的一批陶器。其中一件为圜底釜，侈口，宽斜缘，最大腹径明显下垂，腹部饰松散的竖绳纹和数道弦纹。同样形状的器物只是在江苏南部和浙江北部一带才有发现，如上海马桥 4、5 层和金山亭林中层等处，年代从良渚文化到当地的早期印纹陶文化，是当地的一种传统器物，胶东一带从来没有发现过。大竹山岛旁的这件陶釜为泥质灰陶而略夹细砂，只口沿轮制，再结合其纹饰观察，应接近于金山亭林中层和上海马桥 4 层，即当地早期印纹陶文化的产物。亭林中层有一个碳-14 测量的年代数据，依达曼树轮校正表换算为公元前 1780±150 年 [1]，与岳石文化的年

---

[1]　夏鼐：《碳-14 测定年代和中国史前考古学》，《考古》1977 年第 4 期。

代相合。这就是说，在夏代，胶东的夷人在海上的交往已远至长江口以南的沿海地带。在夏以前，这种交往也是存在的。1981 年在栖霞杨家圈和莱阳于家店的发掘中，在大汶口文化晚期地层中都发现一种鼎式甗，即外观像罐形鼎而里面有一圈箅托者；杨家圈还发现剖面呈"T"字形的鼎足。这两种东西都是江浙一带良渚文化中的典型器物，它们既然以稍稍改变的形式在胶东半岛出现，说明早在公元前两千七八百年左右，江南的影响就达到了这个地方。大竹山附近陶釜的发现，说明这种关系到夏代又进了一步，不是一般的文化影响而是直接的海上往来了，否则那么遥远地方的陶釜是不会来到庙岛海域沉没的。

岳石文化的基本情况如上述。它的分布面很广，本身还有一些地方差别，例如胶东和鲁中西部的就有所不同。后者有时被称为尹家城二期文化，因为在泗水尹家城，它是叠压在龙山文化层（尹家城一期文化）之上的。胶东的岳石文化层中有许多带子母口的泥质小罐，有的是平底，有的有倒梯形或瓦形足，而更多的是舌形足，形成一种鲜明的特色，尹家城二期不见这种器物。相反，在尹家城二期文化层中有较多的圜底圆锥形足鼎，还有少量舟形器，即一种椭圆形的平底钵，它们在胶东岳石文化层中至今还没有被发现。有些器物的形制也有差别，如胶东的豆盘内一般都有一圈凸棱，尹家城二期的豆很少有这种做法；相反有时在豆盘底部下陷成一凹窝，胶东的豆盘则比较平缓。胶东的盆多大底，尹家城二期者底较小而口部大敞。胶东有比较典型的双腹盆，尹家城二期只有个别器物相像，两段腹部分界不大明显。在陶器纹饰上也有区别，如胶东多戳印纹和刻划纹，尹家城二期极少见；胶东压印或刻划的雷纹至今也不见于尹家城二期。在鲁东南和苏北的岳石文化似也有一些地方性特色，如甗上有时饰篮纹，这在胶东和鲁中西部是不见的。鲁东南和苏北有一种穿长方孔的石镰，尹家城二期也有不少，胶东则至今没有发现。由于对岳石文化的研究还刚刚开始，对各地岳石文化的特征还没有充分地掌握，上面所进行的比较和分析只能是极粗浅的。如果发现的资料再多一些，就有可能把岳石文化区分为若干地方类型。深入研究各类型的特点及其相互关系，将使我们对于历史上所谓"夷有九种"的真实含义，以及它们为什么没有像夏王朝一样建立起一个较为统一的国家政权的事实能有比较深刻的理解。

总之，夏代的东方是一个值得很好地研究的领域。夷人开始力量很强，经济文化的发展水平很高，对中国古代文化的贡献很大。后来虽然在军事上被夏王朝所压服，但在文化上仍然保持着自己的特色，并给予后来的商周文化以深刻影响。

（原载《夏史论丛》，齐鲁书社，1985 年。后收录在《史前考古论集》，科学出版社，1998 年）

东夷文化的探索

一　为什么要研究东夷文化

《礼记·王制》：“东方曰夷，被发文身……南方曰蛮，雕题交趾……西方曰戎，被发衣皮……北方曰狄，衣羽毛穴居……”这段话基本上代表了周人对四裔非华夏人的看法。

在蛮夷戎狄当中，夷的文化发展水平曾经是最高的。他们在夏商周时期就建立了许多国家，有自己独特的礼制，在工艺技术上也有许多创造。夷人的力量是最强的。他们曾经长期同夏王朝作战，并曾一度夺取了夏朝的政权；他们先后同商周也有许多战争，特别在商朝末年的战事延续的时间很长，动用的军队很多，大大削弱了商朝的实力，此事在文献和甲骨文中都可参证。夷人同华夏族的关系也是最密切的。根据古本《竹书纪年》，整个夏代的对外关系，基本上就是对东方夷人的关系，除了战争关系以外，还有许多和平的交往。到了商周时代，华夏对于东夷主要是采取征服和同化的政策，使夷、夏文化发生了错综复杂的关系。东夷在我国古代史上既然占有如此重要的位置，那么要探讨中国古代文明的起源及其早期的发展，就不能不对东夷文化的研究给予足够的重视。

从考古学的角度来看，探讨东夷文化还有一个特殊的理由。因为在往后的发展中，南蛮、西戎、北狄都有分化，有些被华夏——汉族所融合同化，有些则演变为后来乃至现代的少数民族。只有东夷早在战国末年就已完全被华夏族融合或同化，此后即不再有东夷的名称，更无所谓东夷族或东夷文化了。太史公在编撰其历史巨著《史记》时，已无法对东夷的历史进行专门而系统的阐述。直到刘宋范晔编《后汉书》时才单立了一个《东夷传》。该传在追溯东夷的历史时，主要根据现已亡佚的古本《竹书纪年》，其中保存了不少重要史料。当时东夷的后裔早已与华夏等族融为统一的汉人或华人。人们不能仍称其为东夷，遂错把东北地区、朝鲜和日本的古代民族称为东夷。实际上后三者与前者并无族源关系。除《东夷传》所引古本《竹书纪年》外，散见于先秦古籍的东夷资料还有一些，但多是只鳞片爪，语焉不详。单是根据这些材料来研究东夷文化显然是不够的，因而对于实物遗存的考古学研究就显得特别重要而迫切。

在史学界，大约从 20 世纪 30 年代初起即有人对东夷及其史前历史给予了特别的注意。蒙文通在《古史甄微》中称东夷为海岱民族，认为是中国古代民族的三大族系之一[1]。傅斯年先后发表《小东大东说》与《夷夏东西说》，把东夷历史提到了同华夏历史等同的高度[2]。徐旭生在《中国古史的传说时代》中，对东夷祖先诸部落集团的名称、地望、发展谱系及其与华夏、苗蛮诸部落集团的关系都进行了详细的考订[3]。此后王献唐[4]、张立志[5]和李白凤[6]等也都对东夷的历史进行过专门的研究。这些工作对我们都有很大的启发。不过由于史料的欠缺，仅有的一点资料又过于分散，有的甚至互相矛盾，真伪难辨，尽管费了很大的功夫，对整个东夷的历史及其文化仍然缺乏基本的了解。

在东夷活动的中心地区所进行的考古工作也是从 20 世纪 30 年代初开始的，先后在山东发现了龙山文化、大汶口文化和商周青铜文化的许多遗址。有些著作也曾提及某些文化遗存同东夷历史可能的联系，但是缺乏系统的研究。我个人认为，时至今日，要想揭示东夷历史的本来面目，把东夷文化的研究推进到一个新的境地，最有效的方法莫过于进行全面而系统的考古研究，并且尽可能地同古文献研究结合起来。因为考古学文化除在一定程度上受制于自然环境和生产力发展水平外，还与其居民的族属和历史文化传统息息相关。假如考古学文化发展谱系同古文献研究的族系大致相合，自然会起到互证的作用。假如文献资料有多种说法，甚至有相互矛盾的情况，则可依据其与考古资料的关系来辨别真伪。这件工作做起来当然是很复杂的，但如果只是求得大致相合，也并不是十分困难的。一旦我们能分辨哪些考古学文化是东夷文化，我们便可通过考古学遗存的充分揭示与研究来详细了解东夷文化的各个方面，包括它的起源、基本特征、发展水平及其对中国古代文明的贡献等等，而这些信息单从文献资料的研究是无法得到的。本着这样的认识，我们从 1979 年起即以胶东为主，并在山东其他地方展开了一系

〔1〕　蒙文通：《古史甄微》，上海商务印书馆，1933 年。

〔2〕　傅斯年：《夷夏东西说》，《庆祝蔡元培先生六十五岁论文集》，中央研究院历史语言研究所集刊外编第一种，1935 年。

〔3〕　徐旭生：《中国古史的传说时代》（增订本），文物出版社，1985 年。

〔4〕　王献唐：《人与夷》，《中华文史论丛》1982 年第 1 辑；王献唐：《山东古国考》，齐鲁书社，1983 年。

〔5〕　张立志：《山东文化史研究》甲编，文海出版有限公司，1971 年。

〔6〕　李白凤：《东夷杂考》，齐鲁书社，1981 年。

列的田野调查与发掘工作[1]，其中有些是同兄弟单位合作进行的。我们之所以特别注意胶东，主要是想了解在山东大部分地区被商周势力占据之后，已沦为"齐东野人"的东夷族的基本文化特征。它应该比那些已被华夏族所同化的原为东夷族的文化更单纯和富有特色，因而在考古学遗存中比较容易识别。在确认这种较单纯的东夷文化的基础上，反过来就可以甄别那些原先属于东夷，而后被商周势力所统治的那些地方的东夷文化的残迹及其与华夏文化融合的情况；也可以更加准确地追溯东夷文化的始原及其发展谱系。通过近十年的工作，我们对东夷文化各阶段的基本特征及其发展线索虽已有初步了解，但由于工作还在进行，许多问题还来不及研究，这里只能谈一些粗浅的看法，希望得到同行的批评指正。

二　东夷文化的始原

根据文献记载，夷名始见于夏代。但作为一种文化，其始原应植根于更早的史前时期。1977 年在南京召开的长江下游新石器时代文化学术讨论会，我曾提出分布于山东和江苏北部的青莲岗文化、大汶口文化及其后的龙山文化，都应当是远古夷人的文化[2]。同年草就的《大汶口文化居民的拔牙风俗和族属问题》对这一观点进行了比较详细的讨论[3]。其后通过胶东及山东其他地方的考古工作，这一认识更加明确起来[4]。

现在知道，胶东新石器文化的发展是自成体系的，各阶段的代表性遗存是白石村一期—邱家庄一期—北庄一期—北庄二期—杨家圈一期—杨家圈二、三期。

---

　〔1〕　已发表的资料有以下一些：北京大学考古实习队、烟台地区文管会、长岛县博物馆：《山东长岛县史前遗址》，《史前研究》1983 年第 1 期；北京大学考古实习队、烟台地区文物管理委员会：《山东省海阳、莱阳、莱西、黄县原始文化遗址调查》，《考古》1983 年第 3 期；山东省文物考古研究所、北京大学考古实习队：《山东栖霞杨家圈遗址发掘简报》，《史前研究》1984 年第 3 期；中国社会科学院考古研究所山东队、北京大学考古实习队：《山东牟平照格庄遗址》，《考古学报》1986 年第 4 期；北京大学考古实习队、长岛县博物馆：《山东长岛北庄遗址发掘简报》，《考古》1987 年第 5 期；北京大学考古实习队：《山东昌乐县邹家庄遗址发掘简报》，《考古》1987 年第 5 期。
　〔2〕　严文明：《论青莲岗文化和大汶口文化的关系》，《文物集刊》（1），文物出版社，1980 年。
　〔3〕　严文明：《大汶口文化居民的拔牙风俗和族属问题》，《大汶口文化讨论文集》，齐鲁书社，1979 年。后收入《中国古代文化史论》，北京大学出版社，1986 年。
　〔4〕　严文明：《胶东原始文化初论》，《山东史前文化论文集》，齐鲁书社，1986 年。

从文化内涵分析，各阶段是一脉相承、不断发展的。表现在陶器上的突出特征是自始至终以素面为主，古朴典雅而不尚华丽。比较稳定的陶器组合是鼎、钵（豆）、壶、罐，从北庄一期起有鬶。胶东青铜文化继承了这些传统，陶器同样以素面为主，器物组合上以甗代鬶。陶鼎多为铜鼎所代替，而豆、壶、罐等一直是主要器物。既然胶东青铜器文化是东夷文化（详见后述），作为它的直接前身的胶东史前文化当然就是东夷祖先的文化。

如果我们把视野放宽一点，就可以看出，胶东史前文化不过是山东和苏北徐海地区史前文化这个大系统中间的一个子系统。

山东和苏北徐海地区，在地理上统称山东丘陵，是一个以泰沂山系为中心，包括周围小块平原和胶东丘陵的独立的地理单元。它的北、东和东南部环海，形成半岛。西部和西北部为黄河下游地带，黄河到此水流平缓，大量泥沙随之淤积起来，故极易泛滥和改道，成为山东和中原地区之间的严重阻隔。南部的淮河则又把徐海地区同江淮平原分离开来。这样相对独立而稳定的地理条件，使得当地的史前文化也具有相对独立的性格，自成发展体系。它同邻境的史前文化只有不同程度的联系，从来没有形成一个统一的系统。

山东西部紧邻中原。文化上的中原地区似应包括河南、河北中南部、山西中南部和陕西关中地区。山东和中原的史前文化，至少从新石器时代就很不相同，并且各自有独立的发展体系。这里不妨作一个最简单的比较。

（1）现知山东最早的新石器文化是北辛文化，以后依次是大汶口文化和龙山文化，其发展是一脉相承的。中原最早的新石器文化是磁山文化和老官台文化，以后依次为仰韶文化和中原龙山文化，它们的发展也是一脉相承的。两个文化体系间曾经发生过一些交流，尤以两者接壤的地带表现得比较明显。交流和影响往往是不对等的，有时向西的影响力较强，有时向东的影响比较显著，但都没有成为文化发展的主流。故两个体系本身的文化特色自始至终都很鲜明。

（2）从北辛文化到龙山文化，山东的陶器一直以素面或表面磨光为主，少数有纹饰的陶器也多是局部性装饰，喜用弦纹、刻划纹和镂孔，而很少拍印纹饰，总体风格显得素雅精巧。中原陶器多满身饰拍印纹，开始是绳纹和线纹，以后又加了篮纹和方格纹，彩陶也比山东发达，故总体风格显得华丽而稍带粗犷。

（3）山东史前陶器以鼎、豆、壶、罐、鬶为大宗，先后还有觚形杯、漏器、背水壶、高柄杯、大口尊、环足盆等很富特色的器物，除壶、罐外，多不见或少见于中原地区。而中原多见的小口尖底瓶、甑、灶、鬲、斝、双腹盆等则不见或少见于山东地区。

（4）山东石器制作较为精良，以扁平穿孔石斧（其中有很大一部分是做武器的钺）、棱角分明且多厚大于宽的锛和凿、横剖面呈菱形的石镞较富特色；中原常见有肩石铲、长方形或两侧带缺口的石刀和三棱形石镞。磁山文化中的带齿石镰、乳状足石磨盘和仰韶文化中的大量陶刀更是罕见于山东地区。

（5）山东史前文化的居民有一些特殊的风俗习惯，如被发文身、黑齿墨脸、拔侧门牙、口含小珠、身佩玄龟、手执獐牙、枕骨变形、衣服左衽、杀人祭社等。其中有些是考古发现，有些只见于文献记载，有些既见于文献记载而又得到了考古发现的证实。这同中原史前居民的风俗习惯完全不同。

（6）山东史前居民（如属大汶口文化者）和中原史前居民（如属仰韶文化者）的体质特征虽都接近于现代蒙古人种的东亚类型，但仍有不少区别。例如前者面部较宽，梨状孔稍窄，后者反是。前者呈中鼻型，后者有阔鼻倾向。前者男子平均身高 1.72 米，后者仅 1.68 米。

以上各条应足以说明，山东和中原地区的史前文化是分属于很不相同的两大系统，两地的史前居民也当属于两个不同的族系。如果我们只是从华夏、东夷这样的层次来观察而暂不作更细致的划分，自然中原史前居民应属华夏，而山东史前居民就当属东夷系统。

山东北面是辽阔的东北地区。东北在旧石器时代就已留下了许多遗址，到新石器时代也已形成独立的文化体系。从新乐下层文化、昂昂溪、新开流到小珠山的三层文化，乃至内蒙古东部的兴隆注文化、红山文化、富河文化、小河沿文化等，在陶器上的总体特征是数量较少、类型简单、纹饰单调，以筒形平底罐为基本形制，常饰压划纹和篦点纹。由于东北纬度较高，气候较寒冷，铁岭以北生产仍以采集、狩猎为主，多细石器；铁岭以南虽有农业，也远不如黄河流域发达。

山东同东北史前文化的联系主要表现在相互邻近的山东半岛与辽东半岛之间，尤以二者之间的长山群岛和庙岛列岛最为明显。虽然两地文化的影响是相互的，但其主导方向是由南向北，影响范围不超过辽东半岛。所以东北自始至终仍是一个独立文化区，那里的史前文化同山东的差别远大于山东同中原的差别，其居民当然不可能属于东夷族系。

山东史前文化区以南的淮河流域，至今只做了很少的考古工作，那里新石器时代的文化面貌还不十分清楚。从江苏淮安青莲岗出土的遗物来看，有不少与徐海地区同期遗存接近。安徽萧县花甲寺、河南郸城段寨和商水章华台等处都有大汶口文化的遗存。根据初步调查，河南周口地区即有大汶口文化遗址 25 处[1]。

---

〔1〕　韩维龙、秦永军：《周口地区的裴李岗、仰韶和大汶口文化》，《中原文物》1986 年特刊（《论仰韶文化》）。

段寨 1 号墓女性死者已拔除上侧门齿，表明她应属东夷族系[1]。周口烟草公司仓库遗址也发现拔侧门齿和枕骨变形的现象。不过这个地方同时有一些仰韶文化的因素。到龙山时代，中原龙山文化的因素表现得更为明显。看来这一地区远古文化和居民族系变化较大，不像山东本部相对稳定一些。再往南，在安徽南部有薛家岗文化，在江苏、浙江则是马家浜—崧泽—良渚文化的系统，与山东文化区的差别就更大了。

从上面的分析可以看出，山东史前文化区的范围同山东丘陵的自然地理区划是基本相合的，与东夷活动的范围也是基本相合的，山东史前文化同周围史前文化的关系也是明确的。所以我们认定山东的史前文化，至少从新石器时代起，即从北辛文化、大汶口文化到龙山文化的整个时期，都应属于东夷远古文化的系统。至于其南部淮河流域的史前文化，虽因考古工作不足而还有若干不清楚的地方，但仅从现有资料也可看出它同山东史前文化的关系是相当密切的，似可构成一个文化亚区或亚系统。在往后的发展中，这里成为淮夷的主要活动领域。

前面谈到，胶东史前文化的各阶段是一脉相承、自成系统的。类似的情况在泰沂山系以北的潍淄流域，以南的沂沭流域和西南的汶泗流域都可以看到，并不是胶东一地的现象。例如汶泗流域最早是北辛文化，接着是大汶口各期文化，最后是尹家城类型的龙山文化。潍淄流域相当于北辛文化的有桃园遗址，相当于大汶口文化的有呈子一期和景芝一期遗存，往后是姚官庄等类型的龙山文化遗存。沂沭流域较早的遗存与青莲岗十分接近，或可称为青莲岗类型。其后又经历刘林类型、花厅类型与陵阳河类型，最后发展为两城镇类型的龙山文化。这种情况，首先与地理因素有关。因为山东的水系大体都是以泰沂山脉为中心向周围扩散的，各水系遂成为相对独立的地理小区，从而有利于各区史前文化相对独立的发展。另一方面，各小区之间的文化交流是相当密切的，共同的因素相当突出，从而构成为一个大的文化系统，各小区史前文化则是这个大系统中的子系统。由于胶东地理位置较为特殊，那里史前文化的地方色彩也浓一些，但在谱系上仍只能算是山东史前文化中的一个子系统。

在古史传说中，东夷的先祖有太昊和少昊两个集团，还可能有蚩尤的九黎集团。关于少昊的传说较多。《左传》定公四年讲述周初封鲁于曲阜的事说："因商奄之民，命以伯禽，而封于少昊之虚。"知少昊虚就在曲阜，今曲阜城东还有后世所建的少昊陵。史传少昊嬴姓，嬴或作盈。《汉书·地理志》在东海郡郯县下

---

[1]　曹桂岑：《郸城段寨遗址试掘》，《中原文物》1981 年第 3 期。

说："郯故国，少昊后，盈姓。"地在今郯城县。在城阳郡莒县下说："故国，盈姓……少昊后。"地在今莒县。少昊集团中做司寇的爽鸠氏，据《左传》昭公二十年引晏婴的话说曾居于临淄。故少昊集团及其后人实已遍布汶泗、沂沭、潍淄流域各小区。太昊集团活动的地方似略偏西偏南。《左传》昭公十七年说："陈，太昊之虚也。"地在今河南淮阳县。太昊的后人多居山东西南。《左传》僖公二十一年说："任、宿、须句、颛臾，风姓也，实司太皞与有济之祀，以服事诸夏。"太皞即太昊。任在今山东济宁，宿在东平县，须句在东平县东，颛臾在费县西北。假定这些记载不误，太昊的时代就应在大汶口文化晚期，因为只有这时大汶口文化才分布到淮阳一带。而太昊的后人既多在山东，说明有北迁的趋势。

蚩尤的地望，据《逸周书·尝麦解》说："昔天之初，诞作二后，乃设建典。命赤帝分正二卿，命蚩尤于宇少昊，以临四方，司□□上天末成之庆。蚩尤乃逐帝，争于涿鹿之河（河或作阿），九隅无遗。赤帝大慑，乃说于黄帝，执蚩尤，杀之于中冀，以甲兵释怒。"这段话说明，蚩尤原起于少昊之虚即曲阜一带，后来向北向西发展，才与华夏族的黄帝相遇，被黄帝杀之于中冀。《山海经·大荒北经》也谈到这次战事，地在"冀州之野"，故中冀可能指冀州中部，地当今河北省中部。《汉书·地理志》说："蚩尤祠在西北涑上。"涑上当为济上。《史记·五帝本纪·集解》引《皇览》说蚩尤冢在今东平，而肩髀葬于今巨野，也略可证明蚩尤是向西北发展的。黄帝与蚩尤之战，按《史记·五帝本纪》的说法，在黄帝一方还有炎帝。《盐铁论·结和篇》说："黄帝战涿鹿，杀两峰、蚩尤而为帝。"不知何据。其中两峰当即两皞或两昊。假如真有所本，则蚩尤一方还有太昊、少昊。这是华夏族系同东夷族系的一次大斗争，在考古学遗存上则表现为两大史前文化体系的激烈碰撞。山东西部与河北、河南交接地带的新石器文化往往受到东西两方面的深刻影响，应是这一历史实际的直接反映。

三　夏代东夷文化的发现

在山东境内，过去曾发现一种似龙山文化而实非龙山文化的遗存，逐渐引起学者的注意〔1〕。1979年我曾主持牟平照格庄的发掘，发现了一种与此前在平度东岳石所见基本相同的遗存，而材料更加丰富，便于把握其全面特征。我们经过

〔1〕　黎家芳、高广仁：《典型龙山文化的来源、发展及社会性质初探》，《文物》1979年第11期；山东大学历史系考古专业：《山东泗水尹家城第一次试掘》，《考古》1980年第1期。

分析，认为它是一种晚于龙山文化而早于商文化的独立的考古学文化，因名之曰岳石文化[1]。从那时起，我们在胶东和山东其他地区进行了广泛的调查和发掘，逐渐对这个文化的分布、特征、地方类型、相对年代与绝对年代等都有了比较明确的认识[2]。参照有关文献资料，我认为岳石文化实即夏代夷人的文化[3]。在此期间，关于岳石文化的研究已逐渐成为学术界注意的焦点[4]。

迄今发现的岳石文化遗址已达两三百处，遍及于山东全省和江苏北部的徐海地区。其中经过发掘，所获遗物较为丰富的主要有牟平照格庄、青州郝家庄和泗水尹家城三处，长岛大口和菏泽安邱堌堆等处也曾经过详细的研究。

岳石文化同龙山文化的关系是大家关注的一个问题。两个文化的分布范围基本一致，地层关系和碳-14 年代都表明岳石文化晚于龙山文化，这两点暗示岳石文化很可能是在龙山文化的基础上发展起来的，是同一文化系统的两个不同的发展阶段。但要确实证明这一点，还必须对文化内容进行具体分析。

岳石文化的陶器以素面为主，这也是山东史前文化的传统。龙山文化除素面（包括磨光）陶外，还有不少饰弦纹和竹节状凸棱；岳石文化保持和发展了这一传统。两者在纹饰上的主要差别是：岳石文化有一些附加堆纹和个别雷纹，龙山文

---

〔1〕　严文明：《龙山文化和龙山时代》，《文物》1981 年第 6 期。

〔2〕　严文明：《胶东原始文化初论》，《山东史前文化论文集》，齐鲁书社，1986 年。

〔3〕　严文明：《夏代的东方》，《夏史论丛》，齐鲁书社，1985 年。

〔4〕　近年关于岳石文化的考古调查、发掘报告或简报主要有以下几种：北京大学考古实习队、烟台地区文管会、长岛县博物馆：《山东长岛县史前遗址》，《史前研究》1983 年第 1 期；北京大学考古实习队、烟台地区文物管理委员会：《山东省海阳、莱阳、莱西、黄县原始文化遗址调查》，《考古》1983 年第 3 期；中国社会科学院考古研究所山东队、北京大学考古实习队：《山东牟平照格庄遗址》，《考古学报》1986 年第 4 期；北京大学考古实习队：《山东昌乐县邹家庄遗址发掘简报》，《考古》1987 年第 5 期；山东大学历史系考古专业：《泗水尹家城遗址第二、三次发掘简报》，《考古》1985 年第 7 期；山东大学历史系考古专业：《山东泗水尹家城遗址第四次发掘简报》，《考古》1987 年第 4 期；北京大学考古系商周组、山东省菏泽地区文展馆、山东省菏泽市文化馆：《菏泽安邱堌堆遗址发掘简报》，《文物》1987 年第 11 期；中国社会科学院考古研究所山东工作队：《山东省长岛县砣矶岛大口遗址》，《考古》1985 年第 12 期。

关于岳石文化的论文有以下几种：伍人：《山东地区史前文化发展序列及相关问题》，《文物》1982 年第 10 期；蔡凤书：《山东龙山文化去脉之推论》，《文史哲》1982 年第 2 期；赵朝洪：《有关岳石文化的几个问题》，《考古与文物》1984 年第 1 期；思集：《谈对岳石文化的认识》，《山东大学文科论文集刊》1984 年第 2 期；邹衡：《论菏泽（曹州）地区的岳石文化》，《文物与考古论集》，文物出版社，1986 年；邵望平：《岳石文化——山东史前考古的新课题》，《山东史前文化论集》，齐鲁书社，1986 年；吴汝祚：《夏与东夷关系的初步探讨》，《华夏文明》，北京大学出版社，1987 年；方辉：《二里头文化与岳石文化》，《中原文物》1987 年第 1 期。

化少见或基本不见这些纹饰；龙山文化的泥质磨光陶常有压划暗纹，岳石文化中基本不见；龙山文化中只有个别朱绘，岳石文化除朱绘陶有所增加外，还有用粉白为地、红色勾边的彩绘陶。

岳石文化的陶器以灰色为主，黑色也占较大比例。龙山文化虽以黑色为主，但后期灰陶已明显增加。所以岳石文化的陶色是龙山陶色逐渐变浅的继续和发展。

岳石文化陶器虽多为轮制，但远不及龙山文化中轮制陶的比例那样高。岳石文化陶器胎壁一般较厚，龙山文化陶胎比岳石文化的薄得多，但后期也有增厚的趋势。

岳石文化陶器造型比较规整，主要为平底器、三足器和圈足器，许多器物有盖，这同龙山文化是一致的。但龙山文化中常见嘴、流、把、耳、鼻等附属结构，岳石文化中几乎不见嘴、流、把，也很少有耳、鼻。

岳石文化的主要陶器是素面甗、尊形器、内带凸棱的浅盘豆、子母口鼓腹罐、子母口三足罐、蘑菇形捉手器盖、侈口夹砂罐等，有些地方还有大平底盆、圆锥形足鼎、泥质小鼎、盒、子母口瓮和舟形器。其中只有很少一部分接近于龙山文化的同类器。如尹家城龙山地层中有盒，形制与岳石文化的相近。龙山文化豆的形态较多，其中有一种浅盘豆较接近于岳石文化，只是盘内没有凸棱。岳石文化的子母口瓮和大平底盆很像是从龙山文化的同类器脱胎出来的；龙山文化的某些直筒杯也已略具岳石文化尊形器的雏形。不过从总体来看，岳石文化陶器的种类和具体形态同龙山文化是大不相同的。龙山文化的鬶和蛋壳黑陶杯在岳石文化中已不见踪影；龙山文化中有数量极多、形制复杂的陶鼎，岳石文化仅在部分地区保留少量的圆锥形足鼎；岳石文化中的舟形器、子母口三足罐等在龙山文化中是根本不见的；两个文化陶甗的形制也很不相同。

两个文化陶器相同或相近的部分，可以认为是岳石文化对于龙山文化的直接继承和发展。问题在于那些不同的部分，究竟是岳石文化自身的创造还是另有来源。

岳石文化中确实有少量因素与其他文化的影响有关。在山东西部的岳石文化遗存中曾发现少量鬲，其中有个别的饰绳纹，近卷缘，锥状足，与河北南部先商文化的陶鬲十分相似，当是后者影响的结果。岳石文化中有个别敛口泥质瓮和花边罐大约也是先商文化影响的产物。此外胶东岳石文化中有个别"之"字纹陶片，这种纹饰是东北史前文化中常见的，暗示北方影响的存在。不过所有这些因素仅占岳石文化的极小部分，且多在其分布的边境地区，并不影响岳石文化的基本特征。由此可见，岳石文化中不同于龙山文化的成分，泰半由岳石文化自己所创造，并非有别的文化来源。岳石文化中青铜器的出现、石器形态的变化、卜骨的增加，以及由无钻到个别卜骨有钻，大致都可用这种原因来解释。换句话说，岳石文化不过是龙山文化的继续和发展，是同一文化系统的不同的发展阶段；其居民自然也应属于同一族系，是两昊集团的子孙。

我们很早就注意到岳石文化本身的地方性差别，近年在这方面的研究又有许多进展，从而可以初步划分出若干地方类型。大体说来，胶东地区、潍淄流域、沂沭流域和汶泗流域可各划为一个类型，鲁西南平原似也可划为一个类型。这种划分同山东史前文化的分区是基本一致的，证明岳石文化不但在总体上继承山东史前文化，而且每个小区也是有直接继承关系的。

初步分析，胶东岳石文化以牟平照格庄为代表，可称为照格庄类型。其特点是陶器中有时含云母或滑石末，几乎不见绳纹，有少量"之"字纹和较多戳刺纹。舌状足子母口罐和尊形器特别多而基本上不见鼎和舟形器，也不见鬲的痕迹。这类型中的房屋、窖穴和墓葬常喜用石块砌筑，当地及附近龙山文化中也有类似的情形，应是一种地方性文化传统。"之"字纹等反映与辽东半岛有一定的联系。

潍淄流域的岳石文化以青州郝家庄为代表，可称为郝家庄类型。新近发掘的章丘乐盘与邢亭山，以及过去发掘的城子崖遗址也属这一类型。这类型陶器中有一定数量的绳纹，以横行为多，只有个别是竖行的，且均饰于泥质陶罐上。少见戳刺纹。小鼎、卷缘盆、碗形豆、绳纹罐是比较突出的器形，还有锥足鼎、舟形器、簋、方孔石镶等在照格庄类型中所不见的东西。而照格庄类型中十分普遍的舌状足子母口罐在这里几乎不见。此外在这一类型中还出个别素面鬲，而本地龙山文化（邢亭山、城子崖、茌平尚庄等）中也出素面鬲，应是本地区的一种传统。

沂沭流域的岳石文化遗址有临沂土城子、援驾墩、赣榆下庙墩、青墩寺和灌云大伊山等处，多未经发掘，难以全面了解其特征。但所见绳纹甗、鸡冠耳盆和方孔石镶等还是很富地方特征的，舌状足罐表明与照格庄类型有一定联系。据此可划出一个地方类型，暂称之为土城类型。

汶泗流域的岳石文化以尹家城为代表，称尹家城类型。陶器以素面为主，也有少量饰叶脉纹、小方格纹，个别饰绳纹。陶器类别较接近于郝家庄类型，但不见簋和绳纹罐等。豆把一般较细高，子母口瓮体也较瘦。

鲁西南岳石文化以安邱堌堆为代表，可称安邱类型。陶器绳纹较多。除一般岳石文化器形外，尚有较多碗形豆、卷沿盆、绳纹罐等，缺乏尊形器、舟形器、簋和舌状足罐，鼎的数量也极少。值得注意的是同出少量卷缘绳纹鬲、敛口瓮、花边罐等，具有先商文化的作风。这是与本类型分布区接近先商文化有关的。

岳石文化各类型虽有一些差别，但共同性还是主要的，从而构成为同一文化系统。至于豫东和皖北淮河流域的同时期遗址，如寿县斗鸡台、肥东吴大墩等处也有一些岳石文化的因素，同时又有二里头文化的因素和当地文化因素，只可以说是岳石文化的影响区而非岳石文化。正如当地史前文化表现为与山东系统关系密切的一个亚系统一样，在岳石文化时期仍然处于相似的地位。

关于岳石文化就是夏代夷人的文化这一点，可以从以下几个方面来推定。

（1）许多地层关系证明，岳石文化晚于龙山文化而早于二里岗上层那样的商代文化。碳-14测定的9个年代数据，经达曼表校正后都落在1890±135BC～1670±145BC之间，正好在夏纪年的范围以内。

（2）在夏代纪年范围内，中原地区主要分布着二里头文化。关于二里头文化是夏文化的论述和证据已有很多，而岳石文化正好在二里头文化之东，自当属于夷人的系统。假如把岳石文化也看作是夏文化，夷、夏文化就将成为一体。这与历史上关于夷、夏关系的记述是相违背的，而二里头文化的族属问题也将成为一个悬案。

（3）根据古本《竹书纪年》，与夏人发生关系的诸夷有淮夷、畎夷、于夷、风夷、黄夷、白夷、赤夷、玄夷、方夷、阳夷，地望多不可考。唯风夷可能为太昊后人属风姓者，地当在豫东、鲁西南一带。淮夷《禹贡》列在徐州，《尚书·费誓》有"组兹淮夷、徐戎并兴"的说法，地当在苏北和鲁南一带。《禹贡》青州有莱夷和嵎夷，地均在胶东。夏代著名夷人领袖后羿据说是有穷国君，徐旭生谓有穷的名称或与穷桑有关系，地在今曲阜[1]。又夏代著名的夷人还有皋陶、伯益、寒浞等。皋陶是跨时代人物，曾佐舜，又为禹所举。皋陶偃姓，伯益嬴姓，偃、嬴一声之转。《史记·夏本纪·正义》引《帝王世纪》说："皋陶生于曲阜。"伯益亦称伯翳，据说为皋陶之子，为启所杀，其地亦当去曲阜不远。《读史方舆纪要》平寿条引杜预的话说："平寿东有寒亭，即古寒国，盖寒浞所封。"地在今山东潍县。夷人还有一个重要领袖奡。《论语·宪问》说："羿善射，奡荡舟，俱不得其死然。"奡是与羿并列的人物。或曰奡即浇。《左传》襄公四年："浞因羿室生浇及豷……使浇用师灭斟灌及斟鄩氏，处浇于过……少康灭浇于过。"杜注："过、戈皆国名，东莱掖县北有过乡。"上述夏代夷人各部落集团或重要人物所在地的考证可能有个别不甚确切的地方，但总地望应不至于大错。它们都在山东或苏北徐淮地区，也就是岳石文化的分布地区；个别的稍偏西南，也是岳石文化影响所及的地区。这是说明岳石文化即夏代夷人文化的有力证据。

（4）岳石文化不是孤立的，它上承龙山文化，下启商周东夷文化，三者组成一个独具特色的文化体系。这只有在其居民的族系构成相对稳定的条件下才能办

---

〔1〕　徐旭生：《中国古史的传说时代》（增订本），文物出版社，1985年，55页。

到。前后比照，岳石文化非夷莫属。而岳石文化中出现的许多地方类型则是夷人内部不同集团的反映，是诸夷或九夷历史的再现。

（5）据古史记载，整个夏代都与夷人发生密切关系。夏朝初建立时就有"益干启位，启杀之。"接着太康失国，羿浞代夏。自少康立，政权才基本稳固。后来诸帝往往命某夷，或有某夷来宾、来御。最后"桀为暴虐，诸夷内侵"（《后汉书·东夷传》）。这是因为夷人势力甚强，所以长期形成对峙局面。反映在考古学文化上，就是岳石文化基本保持夷人史前文化的分布范围，而在与夏文化接壤地带则有相互影响的现象，与历史记载基本相合。比较麻烦的是从羿浞代夏到少康中兴的一段史实隐晦，所涉地望的考证又差异极大，很难同具体的考古学文化进行比照。不过少数上层人物的变动或单纯军事征伐并不一定能显著地改变社会物质文化的特征，即使地望相合，也难以在考古遗存中得到验证。好在这点麻烦并不影响整个夷夏文化相互对峙的基本格局。

四　商代东夷和珍珠门文化

早在夏代，商人就已活跃于今河北中南部和河南北部的广大平原，虽与夷人紧密相邻，却没有发生多少纠葛。及至成汤建国，用伊尹为佐命功臣，而伊尹起于空桑，是东夷的贤者。商代的军事扩张主要是针对西北方的鬼方、羌方、舌方、土方。对于东夷，除《竹书纪年》记仲丁征蓝夷以及商朝末年征人方外，很少有征战方面的记载。而商文化则深深地侵入到东夷的领域，并将大部分东夷文化予以同化。

从现有资料来看，商文化对东夷文化的侵入大约发生在商代早期偏后的二里岗上层时期。济南大辛庄[1]、茌平南陈[2]、泗水尹家城[3]和菏泽安邱堌堆[4]都曾发现过相当于二里岗上层的商文化遗存。这些地方的陶器多为灰色，饰绳纹，器类主要有方唇高裆鬲、高裆甗、平沿斜直壁簋、假腹豆、敛口罍、大口尊和罐等，与中原地区早商陶器基本一致。大辛庄还曾出土较早的商式铜器，包括体形稍粗的觚、平底爵、敛口长嘴盉及曲内戈等，与中原早商铜器几乎没有

〔1〕 蔡凤书：《济南大辛庄商代遗址调查》，《考古》1973 年第 5 期。

〔2〕 山东大学历史系考古专业、聊城地区文化局、茌平县图书馆：《山东省茌平县南陈庄遗址发掘简报》，《考古》1985 年第 4 期。

〔3〕 山东大学历史系考古专业：《泗水尹家城遗址第二、三次发掘简报》，《考古》1985 年第 7 期；又《山东泗水尹家城遗址第四次发掘简报》，《考古》1987 年第 4 期。

〔4〕 北京大学考古系商周组、山东省菏泽地区文展馆、山东省菏泽市文化馆：《菏泽安邱堌堆遗址发掘简报》，《文物》1987 年第 11 期。

区别。在尹家城、安邱堌堆等地，这类早商遗存都是直接叠压在岳石文化地层之上的。早商遗存中除有个别的素面甗等可视为岳石文化的孑遗以外，绝大部分因素都不能从当地岳石文化中找到源头。因此，这类早商遗存对岳石文化来说是一种替代而非融合，是中原华夏文化向东扩展时对东夷文化的一种侵犯和排斥。

早商遗存在山东的分布大体局限在京浦线以西或略越过京浦线，山东中部和东部还没有见到。即使山东西部，至今也仅发现少数遗址。现时还难以判断这些遗址仅仅是反映商人东进的某些据点，还是表明商文化已全面入侵。这要看今后鲁西能否发现商代早期的较单纯的东夷文化遗存，以及这种文化遗址在当地能占多大比例而定。

到商代晚期，华夏系统的商文化已侵入到东夷文化的腹地。不但前举早商文化分布区又有更多的晚商遗存发现，而且向东直至潍河附近都有商文化或以商文化为主要内涵的遗址。其中有的规模甚大，并有许多铜器出土。

山东晚商时期的遗址在各地的表现是不尽相同的。在鲁西南以安邱堌堆为代表的遗存中，有矮裆鬲、甗、三角划纹簋、矮粗柄豆、盆、罍、罐等商式陶器，也有少量基本上属商式，因受当地原有文化影响而稍稍变形的陶器如宽边鬲、宽边甗等。除灰陶外，夹砂红褐陶占有一定比例，甗的数量几乎与鬲相等，有的甚至比鬲还多，反映传统的东夷文化仍然有所表现而又基本被商文化所融合的状况。

汶泗流域及其以南地区以滕县前掌大为代表的遗存中，有高领矮裆鬲、簋、豆等商式陶器，有基本属商式而略有变形的宽边鬲和宽边甗，还有反映吴越地区文化特点的红色印纹陶瓿和青釉陶豆等。这是一种以商文化为主，包含东夷传统文化和部分南方文化因素相互融合的文化实体。

这个地区发现的铜器有觚、爵、斝、尊、鼎、甗、盉、簋等礼器，有戈、矛等兵器，还有铙等乐器，形制与花纹均属商式，同陶器上所表现的多种文化因素互相融合的状况颇不相同。

鲁北潍淄流域以青州苏埠屯为代表，济南大辛庄、章邱邢亭山等许多遗址也都发现过晚商时期的文化遗存。大多数遗址陶器以商式为主，包括矮裆鬲、甗、簋、豆、盆、罐等，多灰色，饰绳纹，也有基本属商式而略有变化的宽边鬲等。值得注意的是，许多遗址中还有相当数量的东夷风格的陶器，如素面甗、鬲、高圈足簋、圆锥形足鼎等，这些陶器多手制，红褐色，素面，表面有刮抹痕迹，与商式陶器风格迥异。在本区靠东边的某些遗址如昌乐李家庄等，甚至发现了单纯东夷风格的陶器遗存，与前种混合遗存形成插花分布的状况。

本区发现的青铜器数量甚多，种类复杂，以苏埠屯的发现最为集中。其中主要有鼎、甗、斝、觚、爵、盉、卣、尊、簋、罍等，还有大型铜钺。这些器物的造型和花纹的风格均为商式。同出的许多仿铜陶器如觚、爵、尊、簋、罍等也均为商式。

商代晚期的胶东与前几个地区大不相同，文化面貌基本是东夷的，很少见到商文化的因素，其代表性遗址是长岛珍珠门。

珍珠门遗址位于长岛县北长山岛的西北角，我们在1980年调查后，又曾组织过两次小面积的发掘。遗址中的陶器80%以上为红色或褐色，外表素面，有的打磨光滑，有的有刮抹痕迹。陶土淘洗不净，泥质陶中也往往有沙粒。陶坯均为手制，有的器里有泥条盘筑痕迹。器物造型简单，有三足器、圈足器和平底器，未见嘴、流、把、耳。器物种类也较少，主要是鬲、甗、碗、簋、罐五种。鬲多大口深腹，袋足矮小，有的有实足根，外部常有烟熏痕。甗体高大，腰细，袋足瘦长，形制颇近于岳石文化的陶甗，只是腰部没有附加堆纹。较早的甗腰有一圈凸棱或有一圈指甲纹，都还保持着岳石文化的遗风。碗有圈足和平底两种，前者可能同时做盖用，而后者底部增大，很像岳石文化陶碗的做法。罐也有平底和圈足两种，正如照格庄类型的岳石文化陶罐也有平底和圈足两种一样，其形制也应有一定的渊源关系。

在珍珠门，与上述陶器共存的还有少量商式陶器。全为灰色，轮制或模制，多饰绳纹。器类有鬲、豆、簋、盆、罐和敛口瓮等。鬲多分裆，较晚的有瘪裆，后者可能已跨入西周早期。浅盘豆、敛口瓮和三角形划纹簋等则都是商式器物。所以珍珠门遗存主要属商代晚期，部分遗存可能已到西周早期。

像珍珠门那样的遗存在胶东是较普遍的，仅长岛县就有7处。烟台芝水、乳山南黄庄等处也都有同类遗存。其中有些是单纯的素面红褐陶遗存，有些兼有少量商式陶器。由于这类遗存明显是继岳石文化发展而来并区别于商文化，所以我们认为它就是商代的东夷文化，称之为珍珠门文化。

在胶东的广大地区，至今还没有发现以商式陶器为主的遗存。只有海阳尚都村出土过一些商式铜器，那显然是输入品或是掳掠品。由此可以看出，在商代，整个胶东都还是东夷的天下。他们所使用的商式物品可能只是输入品或掳掠品。这类器物同珍珠门文化的器物无论从质地、颜色、器形或纹饰方面看都是判然有别，看不出二者相互影响或融合的明显迹象。

胶东没有商文化的据点，不等于那里是一片太平世界。我们在长岛调查时，发现一些珍珠门文化遗址往往在海边悬崖之上，有的地点还保留有寨墙遗迹，那显然是一些防御设施。侵扰那些居民安宁的可能是别的东夷势力，也不能排除有商人乘海偷袭的可能。

山东其他地方虽受商文化的侵入，但其居民应仍是以东夷为主。《逸周书·作雒解》述周公东征时说"凡所征熊盈族十有七国"。盈与嬴古相通，熊盈族应属东夷，由此可见当时东夷国家是很多的，而最大的国家是奄和薄姑。奄本嬴姓，周公东征践奄，在其基础上建立了鲁国。薄姑应在齐都临淄一带。《左传》昭公二十年引晏婴的话说："昔爽鸠氏始居此地，季萴因之，有逢伯陵因之，薄姑氏因之，而后太公因之。"证明姜太公是在薄姑的基础上建立齐国的。

奄地至今没有发现相当于国都的商代遗址。但在接近奄地的滕县前掌大，最近已发掘一处较大型的墓地，最大的墓葬有两个墓道，中等的也有一个墓道，一般有殉人，有墓上建筑，出土铜器基本上属商式。很有可能当地仍是夷人统治而只是大量接受了商文化。奄又称为商奄，当是同商王朝结成了某种政治关系的一个方国，则它的文化大部分被商文化所同化，也是不难理解的事。

薄姑之前的逢伯陵，《左传》杜注说是"殷诸侯，姜姓"，不知何据。薄姑未知属何族系。近年在青州苏埠屯发现了晚商的大型墓地。其中 1 号墓仅墓室即达 160 平方米，有 4 条墓道，有二层台和腰坑，殉人殉狗，出土大量铜器。这一墓地的埋葬制度和随葬器物基本上是商式的，墓葬规模也仅次于殷墟王陵。4 条墓道应该是最高统治者的规格，如果是商王室近亲的封国或由商王朝直接控制的方国，当不能允许有这种僭越。因此苏埠屯墓地所代表的，很可能是一个深受商文化同化、在政治上同商王朝保持密切关系而又基本独立的方国统治者的陵墓。由苏埠屯墓地往东北约 10 千米的呙宋台，是一处规模极大的晚商至西周的遗址，经过历年破坏，现存面积仍达百万平方米，应是苏埠屯墓地所代表的方国的都城所在。像这样规模的方国，很可能就是薄姑。

当山东本部的东夷大量接受商文化并与商王朝结成较密切关系的同时，南方淮夷的势力日益强盛，渐渐构成对商王朝的威胁。江苏铜山丘湾遗址的发掘表明，那里虽也受商文化的影响，但远不如山东境内（胶东除外）表现得那样深。例如陶器中有素面鬲、细柄豆、大口罐等非商式器物，铜器中的高领弦纹鬲也很富地方特色，遗迹中还有杀人殉狗祭社的场面，更是夷人特有的风俗。淮夷力量的强盛而又在一定程度上抵制商文化的侵袭，导致帝乙、帝辛时的大举用兵。商王朝虽然取得了军事上的胜利，但因国力耗尽，无法抵御周人的进攻。所谓"纣克东夷而殒其身"，这里所说的东夷是一种泛称，包括山东境内的东夷和淮河流域的淮夷在内。商末的东征主要是对淮夷用兵而并非对东夷的全面征讨。

五　齐东野人的踪迹

周初借平息武庚叛乱曾大举东征，灭掉了许多东夷国家，接着封邦建国，由王族或近亲进行统治，建立了齐、鲁等许多国家。但在边远地区仍保留了一些夷人的国家，较著者有郯、莒、莱等。1975 年曾在莒南大店发现两座春秋时期的大墓〔1〕，其中 2 号墓的编钟有"簬叔之中（仲）子平自乍（作）铸其游钟"一语，簬当即莒，仲子平可能是莒国的兹平公。2、3 号墓均分为椁室和器物坑两部分，墓道在器物坑一侧，结构较特殊。至于殉人和随葬器物风格，包括文字在内，都与一般春秋墓无大差别。莒虽夷人，但曾与姜姓通婚。《左传》隐公二年："莒子娶于向，向姜不安莒而归。夏，莒人入向，以姜氏还。"莒的文化与周人相同也就不奇怪了。

在胶东，黄县、蓬莱、烟台、莱阳等地都出土过一些西周到春秋初年的铜器。形制和纹饰大多同于一般周器，只有个别具有明显地方特点，是周文化较商文化又向东扩展了一大片。这些铜器中有不少是有铭文的，多为异器，论者以为是纪国器〔2〕。再往东去，在僻远的乳山南黄庄、南斜山和海阳所等地，常在山坡上发现西周到春秋初年的遗址、墓地和祭祀坑。遗址文化层均很薄，包含物贫乏。墓地中墓葬排列整齐，多是用不规则石板砌成的小型石椁墓，墓中有的有薄板木棺。随葬陶器质量低劣，火候甚低，大多为灰褐色夹砂陶，素面，器形有鬲、鼎、簋、罐等。鬲为宽缘、深腹如三足罐形，鼎多为盆形，簋为矮圈足，形制均甚特殊，但与珍珠门文化有一定联系。罐则为小口广肩鼓腹，饰三角划纹和细绳纹，与一般周式陶罐相同。墓中除陶器外，还有少量石器及个别铜镞，别无长物。各墓葬也看不出有什么贫富或身份上的差别。很显然，这是被周人排挤到穷乡僻壤的东夷的最后残迹。他们的经济几乎沦为原始状态，却仍然保持着自己的文化特点：石板墓，在半山腰用石板砌成的祭祀坑，以宽缘素面鬲为代表的特殊陶器群等。孟子在同其弟子咸丘蒙谈话时，曾以贬意谈到"齐东野人"（《孟子·万章上》）。我想南黄庄和南斜山等处的文化遗存，大概就是齐东野人的踪迹吧。东夷文化到此已发展到了它的尽头。但东夷毕竟曾在中国历史上煊赫一时，他们的影响也不能一下子消失得无影无踪。此后虽不再有东夷族系，而东夷的子孙仍然在不断繁衍；虽不再有东夷文化，而东夷文化的主要因素还是被后来的汉族文化所吸收、改造与发展。在中华民族这个文化的大熔炉中，东夷文化被熔化改造而得到了永生。

（原载《文物》1989 年第 9 期。后收录在《史前考古论集》，科学出版社，1998 年）

---

〔1〕 山东省博物馆、临沂地区文物组、莒南文化馆：《莒南大店春秋时期莒国殉人墓》，《考古学报》1978 年第 3 期。
〔2〕 山东省烟台地区文物管理委员会：《烟台市上夼村出土异国铜器》，《考古》1983 年第 4 期。

三苗寻踪

　　1980 年，俞伟超在其《先楚与三苗文化的考古学推测》[1]一文中，首先将"以屈家岭为中心的三大阶段的原始文化，推测为三苗遗存"。他说的三大阶段是指大溪文化、屈家岭文化和季家湖遗存。后者在年代上相当于石家河文化晚期至肖家屋脊文化。分布范围则主要在江汉平原和洞庭湖西北平原。他的这个推测是很有见地的。后来韩建业发表《禹征三苗探索》[2]，认为石家河文化就是三苗文化。推测禹征三苗还可能与公元前 22 世纪前后华北气候趋于干冷，从而促使人群南迁有关。在考古学上的表现，就是王湾三期文化向南发展，取代了石家河文化而变成肖家屋脊文化。我在纪念石家河考古六十周年的短诗《石家河赞》中也说："我意三苗氏，先楚创文明。武士挥大钺，雄风震四邻。苗民弗用灵，舜禹来远征。"我不但认为石家河文化就是三苗文化，而且认为三苗在楚之前已初创文明，其中心地或都城就在石家河。

　　石家河作为江汉平原史前文化的中心有一个发展过程。最早是油子岭文化时期的谭家岭古城。该城平面为正方形，面积不大但建筑讲究。南面的城壕边用木排加固。接着在屈家岭文化时期修建了一座 120 万平方米也略呈方形的大城，原谭家岭古城位于大城北部的正中而被掩埋。这座大城一直沿用到石家河文化时期，并且在谭家岭修建了大型的礼制性建筑。这可能是三苗都城发展的高峰时期。此后的肖家屋脊文化则完全取代了石家河文化。古城被废弃，中心挪到了古城的东南但不再设城。如此突然的大变化正好与禹征三苗的故事相对应。

　　按照古史传说，早在尧舜禹时期，三苗已是一支不可忽视的力量，所以一次一次地去征伐。《尚书·尧典》即有"窜三苗于三危"之说。《史记·五帝本纪》

　　〔1〕　原载《文物》1980 年第 10 期，后收录在俞伟超所著《先秦两汉考古学论集》，文物出版社，1985 年。

　　〔2〕　原载《中原文物》1995 年第 2 期，后收录在《原始中国——韩建业自选集》，中西书局，2017 年。

则说"三苗在江淮荆州数为乱，于是舜归而言于帝……迁三苗于三危，以变西戎"。这似乎是引申《尧典》的话。那时哪里有能力把一个族群驱逐到遥远的西北地区，显然是过分夸张了。

舜亲征三苗的事记述不详。《吕氏春秋·召类》说"舜却苗民，更易其俗"。《礼记·檀弓下》谓"舜葬于苍梧之野"，郑注"舜征有苗而死，因留葬焉"。《淮南子·修务训》谓"舜南征三苗，道死苍梧"。苍梧在今湖南南部，已是三苗分布区以南了。

舜不但亲征三苗，还特地命禹出征。《尚书·尧典》载"帝（舜）曰：咨禹！惟时有苗弗率，汝徂征。禹乃会群后誓于师曰：济济有众咸听朕命：蠢兹有苗昏迷不恭，侮慢自贤，反道败德，君子在野，小人在位。民弃不保，天降之咎！肆予以尔众士奉辞伐罪……"《墨子·非攻下》记禹乘三苗发生天灾和内乱之际，假托天意大举征讨。三苗打败，以致宗庙被毁，子孙为隶。韩建业把肖家屋脊文化取代石家河文化与禹征三苗的故事相联系，是很有说服力的。

传说三苗活动的地方主要在江汉平原及其附近。《战国策·魏策一》载吴起对魏武侯曰："昔者三苗之居，左彭蠡之波，右洞庭之水，文山在其南而衡山在其北。"这里的文山不知所指，衡山似不应是南岳衡山。只要知道是在洞庭湖和彭蠡即鄱阳湖之间就明白了。但这之间多山，似乎更应在其北面的江汉平原或古云梦泽之畔。《史记·五帝本纪》说"三苗在江淮荆州数为乱"，此处江淮似应为江汉，三苗没有到淮河流域。

在江汉平原及其附近发现的史前文化，依年代顺序排列，最早是油子岭文化，以下依次为屈家岭文化、石家河文化和后石家河文化或称肖家屋脊文化。其中心都在石家河。

在江汉平原和洞庭湖西部平原，最早在油子岭文化时期筑起了谭家岭古城，在汤家岗文化时期筑起了澧县城头山古城。在大溪文化时期筑起了江陵阴湘古城，那多半是为防御洪水而建。到屈家岭文化时期，各地陆续建起了一系列土城，接着到石家河文化时期，在把原有土城加高加厚的同时，又新建起了一系列土城。那明显是为了防御来自北方势力的入侵。但是好景不长，禹征三苗之后，这些土城都废弃了。

与三苗同为帝高阳和重黎后裔的楚，似乎没有受到禹征三苗事件的多大影响。所以直到商代武丁时期还要兴师动众去征伐。《诗·商颂·殷武》云："挞彼殷武，奋发荆楚"就说得很清楚。此后周文王又封楚子于丹阳，楚人建国后从丹阳迁郢，国力大盛。三苗余部就被排挤到山地去了。

三苗的风俗是很有特色的。《淮南子·齐俗训》谓"三苗髽首"，高诱注谓髽首是用枲麻束发而结。《左传·襄公四年》孔疏引马融说是"屈布为巾"，又引郑玄说是"去纚而紒"。总之是不用发笄。屈家岭—石家河文化就没有发现发笄。石家河古城内西北的邓家湾发现有二百多个陶人，其头顶就是屈布为巾或是用麻布束发。这跟华夏族系大不相同，说明这里确实是三苗留下的遗存。

（原载《耕耘记——流水年华》，文物出版社，2021 年）

商周时期的手工业生产

在高度发达的青铜工业的推动下，商周时期其他部门的手工业生产也都有显著的发展，尤以王室和各级贵族掌控部门为最，这主要涉及陶瓷、玉石、漆木、丝绸和造车等方面。

商代有以职业为氏的情况。周灭商后，曾经将殷遗民迁到洛邑和分封给某些重要诸侯管辖。《左传·定公四年》记载"分鲁公……殷民六族"，其中有索氏、长勺氏、尾勺氏，"分康叔……殷民七族"，其中有陶氏、施氏、繁氏、锜氏、樊氏、终葵氏，这些都是以职业为氏。周人既然整氏族接收殷遗民，自然也继承了以职业为氏的传统制度。而专门制造陶器的就是陶氏。

这个时期在都城或地方城邑中往往有制造陶器的作坊。例如郑州商城西边的制陶作坊有 15 座陶窑[1]，偃师商城也有 15 座陶窑[2]，西周镐京的制陶作坊也有十多座陶窑集中分布[3]。其中郑州商城的制陶作坊颇具规模。它的中部有白灰地面，南部有成堆的陶片，周围散布有大量尚未烧过的陶坯、和好的陶泥、烧坏的陶器废品，还有制造陶器的工具如陶拍、陶垫和陶印模等。印模中有些是仿铜器花纹的，是制造高档陶器用的。这个陶器作坊旁边还有窑工住的许多小型房屋，形成一个制陶业者的小型聚落。

值得注意的是当时制陶业内部已经专门化。例如河北邢台贾村商代遗址中四座陶窑附近只有陶鬲及其残片，没有发现其他器物的陶片，推测那里是一处专门制造陶鬲的作坊遗址[4]。郑州铭功路的制陶作坊中只出土泥质陶如盆、甑、簋、

---

〔1〕　河南省文物考古研究所：《郑州商城》，文物出版社，2001 年，384~460 页。

〔2〕　中国社会科学院考古研究所：《中国考古学·夏商卷》，中国社会科学出版社，2003年，404、405 页。

〔3〕　中国社会科学院考古研究所：《新中国的考古发现和研究》，文物出版社，1984 年，254 页。

〔4〕　河北省文化局文物工作队：《1958 年邢台地区古遗址古墓葬的发现与清理》，《文物》1959 年第 9 期。

瓮之类，尤以盆、甑为多而缺乏夹砂陶器如鬲、甗之类。安阳殷墟花园庄南地的陶器作坊遗址内，在一处灰层中就发现有几十个陶豆，而且式样相同，有正品，也有烧流的残次品[1]。这样的分工自然不是为了满足陶工自己日常生活器用的需要，而是为官方掌控以进行再分配的目的进行的集中生产，同时也有利于提高产品质量和生产效率。

由于官方的重视和专业化程度的提高，使得这个时期的陶瓷业有了一个质的飞跃，突出地表现在原始瓷器的发明和各种仿铜陶瓷礼器特别是刻纹白陶的制造。原始瓷和硬陶十分接近，都是用氧化硅和氧化铝为主要成分而氧化铁含量极低的瓷土（又称高岭土）而不是普通黏土烧成的，只是原始瓷含铁量更低，原始瓷上釉而硬陶不上釉。二者的胎质均接近白色，烧成温度达 1200℃，比普通陶器高得多（当时普通陶器的烧成温度约为 850~950℃）。因而硬度高（莫氏 5 度以上），吸水率低（低于 3%，多数不足 2%），这些特点均接近于一般意义上的瓷器。只因为质地还不够细腻，所以称为原始瓷，好的硬陶则可称为素烧瓷。原始瓷表面的釉多为青绿色或黄绿色，很像后来的青瓷；少数为古铜色，好像是仿铜器而作（图一）。

硬陶在长江以南发生较早也比较普遍。原始瓷数量相对较少，主要发现于都城和地方性城址或贵族大墓中。例如湖北黄陂盘龙城遗存中，相当于夏代的第二、三期便发现有硬陶和原始瓷尊，相当于商代早期的四至六期更有尊、罐、瓮、碗等器，总数达 93 件之多[2]。江西清江吴城相当于商代的遗址也出土了不少硬陶和原始瓷器。在吴城遗址近旁的新干大洋洲大墓中即出土原始瓷和硬陶器 28 件，另有 7 件器盖，占全部陶瓷器的 20% 以上[3]。北方则主要见于郑州商城和安阳殷墟。郑州商城出土过多件原始瓷尊。其造型和纹饰同盘龙城的原始瓷尊接近，质量却更好。那里的两个陶器作坊中都没有发现硬陶和原始瓷，推测是南方的方国对商王朝的贡品。商代晚期的原始瓷略有增加。安阳殷墟发现的硬陶和原始瓷器有豆、壶、罐、瓿等，质量也较佳，原始瓷的釉面均匀光亮[4]。在殷墟范围内的王裕口发现过较多的原始瓷残片，其中有六片是烧坏的废品[5]。推测当时

〔1〕　中国社会科学院考古研究所：《殷墟的发现与研究》，科学出版社，1994 年，441 页。

〔2〕　湖北省文物考古研究所：《盘龙城——1963~1994 年考古发掘报告》，文物出版社，2001 年，488~493 页。

〔3〕　江西省博物馆、江西省文物考古研究所、新干县博物馆：《新干商代大墓》，文物出版社，1997 年，159~181 页。

〔4〕　中国社会科学院考古研究所：《殷墟的发现与研究》，科学出版社，1994 年，237~240 页。

〔5〕　中国社会科学院考古研究所：《殷墟发掘报告》，文物出版社，1987 年，132 页。

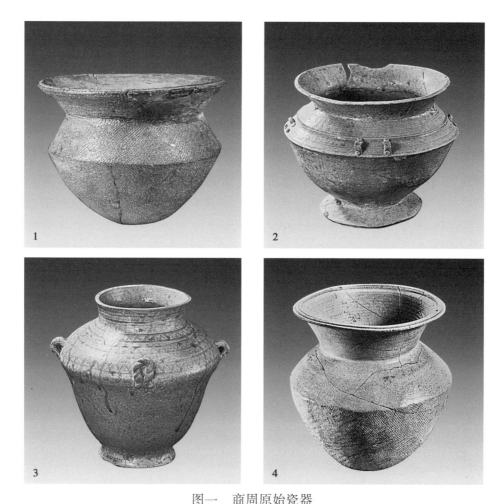

图一　商周原始瓷器

1、2、4. 尊　3. 罍（1、4 为商代早期，郑州商城出土；2、3 为西周早期，洛阳北窑出土）

高档的原始瓷就是在王室控制的陶瓷作坊里烧制。但那些原始瓷的个别造型和纹饰仍然具有南方的特点，也许那些工匠就是从南方征调过来的。

到了西周，原始瓷器明显增加了。北方的陕西、山西、河南、河北的一些比较重要的遗址都发现有原始瓷器。种类则以豆为最多，也有罐、尊、瓿等。南方的江浙地区更是发达，其传统一直持续到后来六朝青瓷的出现。

在商代的高档陶瓷器中还有一种刻纹白陶。白陶的成分跟硬陶和原始瓷接近，也是瓷土或称为高岭土，只是氧化铝的比例稍高一些。中国社会科学院考古研究所化验室曾经对殷墟出土的白陶、硬陶和原始瓷的成分进行过化验，其主要成分大致是白陶的氧化硅占 57%，氧化铝占 35%，氧化铁约 2%；硬陶的氧化硅为 70%，氧化铝为 22%，氧化铁约 3%；原始瓷的氧化硅约 71%，氧化铝约 20%，氧化铁约 2%[1]。由于白陶含氧化铝较高，所以烧成温度只有 1000℃，比硬陶和原始瓷都低，但比普通陶器要高。硬度则多在 4 以下。刻纹白陶主要出自殷墟，一般是出于大墓中。例如 20 世纪 30 年代在侯家庄商代晚期的王陵和小屯较大的墓葬中曾经出土过十几件可以复原的白陶礼器和 3 块残片；附近的武官村大墓出土白陶残器 10 件，残片数十块；而传曾出土司母戊大方鼎的大墓中，20 世纪 30 年代末被盗掘时曾经出土白陶片五六筐，1978 年正式发掘时又出土白陶 820 片[2]。可见这种白陶乃是王室专用的珍品。

　　刻纹白陶一般只做用于礼器的容器，其种类有豆、簋、盂、盘、卣、尊、罐、瓮、匜、罍、瓿等，尤以豆、簋、盂、罍、瓿为多。其形制和纹饰多仿铜器，也有一些自己的特色。白陶的表面经过磨光处理，颜色洁白，温润如玉，显得特别华贵而高雅，几乎每一件都是上好的工艺品。白陶的纹饰是在陶坯晾干后刻上去的，刀工细腻，纹样丰富多变。主要纹饰有饕餮纹、夔纹、蝉纹、云雷纹、大三角纹、菱形纹、波折纹等，常有主体花纹和地纹配合，显得繁而不乱（图二）。

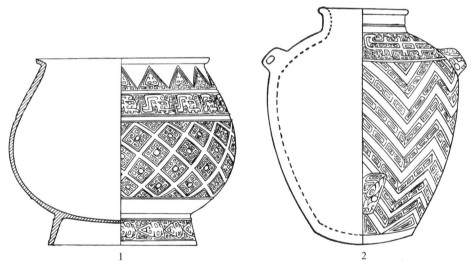

图二　安阳殷墟出土商代刻纹白陶
1. 簋　2. 罍

　　所谓普通陶器实际上也可以再分为三类。第一类是日常生活用器，主要有用于炊事的鬲、甑、甗，饮食器簋、豆、盂、杯，盛储器盆、盘、罐、瓮等。第二

---

[1]　中国社会科学院考古研究所：《安阳小屯》，世界图书出版公司，2004 年，79 页表二。
[2]　中国社会科学院考古研究所：《殷墟的发现与研究》，科学出版社，1994 年，228、229 页。

类是仿铜礼器，有簋、豆、觚、爵、尊、卣、觯，多为酒器，是贵族专用的。第三类是明器，一般个体较小，火候甚低，也多仿铜器，有觚、爵、盘、罐、豆等。这些陶器的生产虽然不能代表当时的最高技术水平，却是生产量极大的重要手工业生产部门。

玉器制造在商周时期也十分兴盛，在当时的物质文明和精神文明中占有重要地位。史前玉器的重心在燕辽和江浙地区，中原地区并不发达。随着夏商周王朝的兴起和中原中心地位的确立，玉文化的中心也转移到了中原地区。最重要的玉器大多出于中原的都城和相关城邑。例如殷墟出土的玉器无论在数量、种类还是在工艺水平上都远远超出别的地方。仅仅一座中等规模的妇好墓就出土玉器755件[1]。湖北黄陂盘龙城、江西新干大洋洲、山东青州苏埠屯和滕州前掌大等地方性城邑的贵族墓中也常常有玉器出土。当时的玉器制作有专门的部门管理，受到统治者的高度重视。殷墟宫殿区附近有一个制造玉器的作坊遗址，在玉工的房址内发现有600多块玉石料，260多块琢玉的砺石，还有铜刀等工具，许多加工的废品，其中大部分是玉璋的碎片和小型雕刻品[2]。这个作坊显然是为王室掌控以专门为王室生产玉器的场所。

商周玉器的原料多为和田玉，也有少量岫岩玉和独山玉。和田玉产自新疆，岫岩玉产自辽宁，距离商周王朝中心地区都非常遥远，只有独山玉产自河南南阳一带，但质地较差。这说明为了获取上好玉料不惜从遥远的地方进行交换或掠夺。

这个时期玉器的制造工艺已经十分成熟。制造一件玉器，一般要经过选料、开料、造型设计和施工、钻孔、施纹、抛光等多道工序，每一道工序都很讲究。和田玉硬度比较高，要求加工的砣具的硬度更高，旋转速度更快，碾玉要用金刚砂，而且要有一定的纯度[3]。因此，大量利用和田玉说明当时加工玉器的技术有了很大的进步，玉器的质量也有显著的提高。

商周玉器最主要的功用是作为礼器。《周礼·春官·大宗伯》有所谓"六瑞""六器"的说法：

> "以玉作六瑞，以等邦国。王执镇圭，公执桓圭，侯执信圭，伯执躬圭，子执谷璧，男执蒲璧。……以玉作六器，以礼天地四方。以苍璧礼天，以黄琮礼地，以青圭礼东方，以赤璋礼南方，以白琥礼西方，以玄璜礼北方。"

---

〔1〕 中国社会科学院考古研究所：《殷墟妇好墓》，文物出版社，1980年。

〔2〕 中国科学院考古研究所安阳发掘队：《1975年安阳的新发现》，《考古》1976年第4期。

〔3〕 北京市玉器厂技术研究组：《对商代琢玉工艺的一些初步看法》，《考古》1976年第4期。

可见璧、琮、圭、璋是当时最重要的祭祀用礼器，也是象征地位身份的礼器。《礼记·聘义》中有一段话记子贡问孔子君子为什么贵玉，是不是因为玉稀少而显得珍贵。孔子说不是的，并且讲出了一番道理：

> "夫昔者君子比德于玉焉。温润而泽，仁也；缜密以栗，知（智）也；廉而不刿，义也；垂之如队（坠），礼也；叩之，其声清越以长，其终诎然，乐也；瑕不掩瑜，瑜不掩瑕，忠也；孚尹旁达，信也；气如白虹，天也；精神见于山川，地也；圭璋特达，德也；天下莫不贵者，道也。《诗》云：'言念君子，温其如玉。'故君子贵之也。"

这段话把玉的自然品质人格化，赋予了丰富的人文精神。这也是商周时期特别看重玉器的重要原因。郭宝钧先生把周人对玉的态度总结为三条，即"抽绎玉之属性，赋以哲学思想而道德化，排列玉之形制，赋以阴阳思想而宗教化，比较玉之尺度，赋以爵位等级而政治化"[1]。这是一个很好的概括。

一般把商周玉器分为礼器、祭器、工具、用具、装饰品和艺术品等六类或七类。祭器中有圭、璧、琮、璋等，礼器中有簋、盘、璜、环、戈、钺、大刀等（图三），工具中有斧、锛、凿、铲、刀等，用具中有梳、匕等，装饰品和艺术品中多各种人物和动物的造型，包括家畜、野兽、飞禽、水族和草虫等（图四）。实际上祭器也是礼器，工

图三　安阳殷墟出土商代玉簋

具和用具有些也是礼器，装饰品和艺术品有时难以区分，有些装饰品或艺术品是镶嵌在漆木器上的，另有一些装饰品实际上是佩饰，也具有礼仪性质。在一个讲求礼制的社会里，对人人都珍爱的宝物加以礼制化是很自然的事。

商周时期的纺织业已很发达，但纺织品很难保存，只能从一些残留痕迹上加以辨认。当时一般平民穿葛、麻织物，贵族则多穿丝织物。在石家庄附近的藁城台西遗址曾经出土一卷几乎全部炭化的麻织物残片，属大麻纤维，经纱由两股合捻而成，用平纹织法，密度不大均匀。其中一片的经纱为每厘米14~16根，纬纱为每厘米

---

〔1〕　郭宝钧：《古玉新诠》，《史语所集刊》第20本下册，1949年。

9~10根[1]。商人喜欢用织物包裹铜器随葬，因此在随葬铜器的锈迹上往往可以看到织物的痕迹。在殷墟的妇好墓中，就有五十多件铜器上留有织物的痕迹，其中多数是丝织品，只有少量是麻织品[2]。

商代丝织品最常见的织法有三种。一是普通平纹织，经线和纬线基本相等，每厘米大约30~50根；二是畦纹的平纹织，经线比纬线多一倍，由经线显出花纹，其中细的每平方厘米经72根，纬35根；三是文绮织，地纹是平纹组织，花纹则是三上一下的斜纹组织，由经线显花[3]。妇好墓铜器上的丝织物痕迹至少有五个品种，即平纹绢、经朱砂染色的平纹绢、经重平组织的缣类织物、回形纹绮和罗类织物。其中大孔罗密度为每平方厘米经32根，纬12根，孔眼较大。经纬都是正手加捻，每米大约有1500~2000个捻，是目前所知年代最早的绞经机织罗标本[4]。

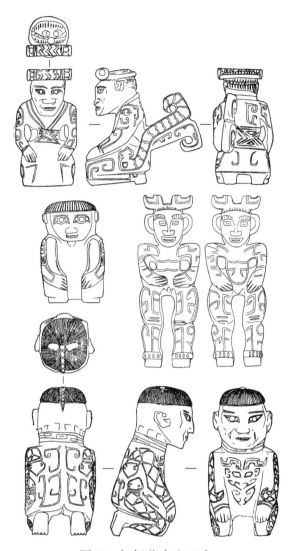

图四　妇好墓出土玉人

西周的纺织物也主要是丝、麻两类。过去在河南浚县辛村几座大墓中曾经发现丝织品印痕和麻布片[5]。洛阳东郊摆驾路口的2号墓内四角发现有画幔痕迹，

---

〔1〕　河北省文物研究所：《藁城台西商代遗址》，文物出版社，1989年，88、89页。

〔2〕　中国社会科学院考古研究所：《殷墟妇好墓》，文物出版社，1980年，17、18页。

〔3〕　夏鼐：《我国古代蚕、桑、丝、绸的历史》，《考古》1972年第2期。

〔4〕　中国社会科学院考古研究所：《殷墟妇好墓》，文物出版社，1980年，18页。

〔5〕　郭宝钧：《浚县辛村》，科学出版社，1964年，64、70页。

上面的图案有黑、白、红、黄四种颜色[1]。陕西宝鸡竹园沟和茹家庄也出土了很多织物印痕。竹园沟有 7 座墓的铜器上有平纹丝绢包裹的痕迹，在茹家庄 1 号墓死者尸体之下的淤泥中发现有平纹丝绢的绣品。刺绣法系锁线绣，绣圈每厘米 10 个，绣道宽 2/3 毫米。据推测原物应该是衾被之类[2]。

商周时期的漆木业是很发达的。贵族墓的棺材上和车马坑的车子上多有用漆的情况。木质虽然已经腐朽而漆皮仍然能够保存。所用漆多为红、黑、黄、白等色，不少棺面漆红地黑彩、白地红彩或黑地红彩，花纹多云雷纹和夔纹等。日常用具中也常有漆器。例如殷墟侯家庄 1001 号王墓的圆形漆盘内就放置了 7 个漆豆，还有髹漆的"抬盘"。河南罗山县天湖墓地出土 8 件漆豆，内红外黑。漆器不论大小，都经常用几何形或动物形玉片、蚌片镶嵌，是一种高档的工艺品。

这个时期的骨器和象牙器制造业也很发达，许多城邑遗址中都有制骨作坊。例如郑州商城北的制骨作坊就发现有成千的骨制品和废料，其中除动物骨骼外还有不少人骨[3]。殷墟花园庄南地的骨料坑中有兽骨数十万块，以牛骨为最多[4]。陕西周原的制骨作坊（在扶风云塘）中的骨料和废品也数以万计，主要是牛骨，上面多有锯割的痕迹，同时伴出有铜锯和铜刀等。骨器制品通常有刀、凿、锥、镞、鱼镖、匕、梳、针、笄等，还有大宗动物形装饰品和镶嵌品。骨器作坊中还同时加工鹿角器和象牙器，仅殷墟所见象牙制品就有尊、簋、盂、杯、笄、梳等，其中有些是礼器，有些是高级工艺品。妇好墓出土 3 件象牙带柄杯，通体雕刻饕餮纹和夔纹，并且镶嵌许多绿松石片，造型典雅，是罕见的珍贵品（图五）。

图五　殷墟妇好墓出土象牙杯

　　[1]　郭宝钧：《1952 年秋季洛阳东郊发掘报告》，《考古学报》第九册，1955 年 9 月。
　　[2]　卢连成、胡智生：《宝鸡𢾖国墓地》上册，文物出版社，1988 年，654～656 页。
　　[3]　河南省文化局文物工作队一队：《郑州商代遗址的发掘》，《考古学报》1957 年第 1 期。
　　[4]　中国社会科学院考古所安阳工作队：《1986～1987 年安阳花园庄南地发掘报告》，《考古学报》1992 年第 1 期。

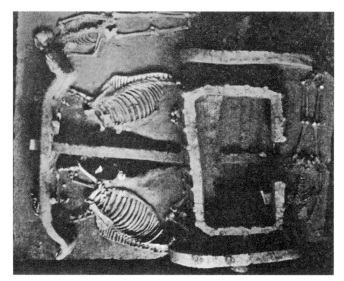

图六　商代车马坑（殷墟郭家庄出土）

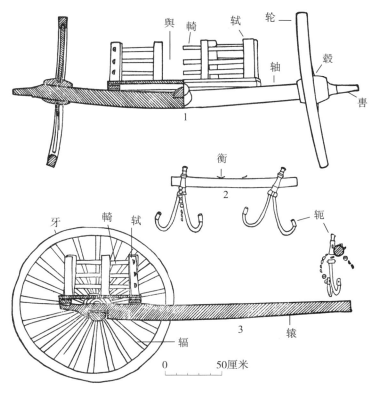

图七　商代车的结构

　　先秦文献中多有"奚仲作车"的记载。奚仲是夏代人，但是至今没有发现夏代的车。商周时期的车则有大量发现。据统计仅殷墟就已发现车马坑41座（图六），在殷墟之外的西安老牛坡、山东滕州前掌大、青州苏埠屯和山西灵石旌介村等地也发现有商代的车马坑。西周车马坑更是经常发现。一般都是一车二马，个别有一车四马的。有战车，也有乘坐的车。孔子主张"乘殷之辂，服周之冕"，说明商代的车子好坐，周代的衣服更讲究。商代的车都是单辕两轮，辕的前端置横木叫衡，衡两端置轭以便架在马肩上。辕的后端置轴，轴两端置车轮。辕和轴的上面置舆，也就是车厢。车厢的前面有扶手叫轼，后面是车门（图七）。制造车子需要有木工、金工、髹漆工、皮革工等多个工种配合，是当时手工业的杰作。

　　（原为严文明主编《中华文明史》第一卷（北京大学出版社，2006年）第四章第四节"青铜工业带动下的手工业生产"。后收录在《中华文明的始原》，文物出版社，2011年）

岐山凤雏第一号西周房基
第二次发掘取得重要进展

陕西周原第二期亦工亦农考古短训班沟西班全体学员和工作人员，坚决响应以华国锋主席为首的党中央的号召，继承毛主席的遗志，高举教育革命和文物考古革命的旗帜，在第一期短训班工作的基础上，继续对岐山县京当公社凤雏村第一号西周房基进行了清理，取得了重要的进展。

凤雏第一号西周房基第一次发掘的收获，已于《周原考古简讯》第二期和第六期作了介绍。第二期发掘从 1976 年 9 月 26 日开始，到 11 月 20 日结束，除上课及节假日公休外，实际发掘 35 天。开始的时候，全体人员集中在上期发掘区的南面，挖了 12 个探方，熟悉了地层关系，初步摸清基址南部属于门外广场。然后转入上期已经发掘而未清理完毕的探方，进一步搞清了大部分房间的布局和柱子的排列次序。除门厅外，整个建筑的平面已可基本复原。

综合两期的工作，开方总面积已达 4100 平方米。为了继续清理，并防止冬季冻坏遗迹，已妥善地做好了临时覆盖保护的工作。下面将两期发掘的主要收获，特别是第二期发掘的进展，作以简单的介绍。

一　地层关系

遗址海拔 707 米，较周围略高，面积约 1 万平方米，第一号房基位于它的东半部分。

地层关系比较简单，现知情况如下。

第①层，现代耕土。

第②a 层，大约是宋元以后的耕土。

第②b 层，大约是汉以后的耕土。

第③a 层，灰褐色，夹杂许多棱角已磨钝的红烧土块，遗物不多，当是西周晚期将房屋倒塌堆积和其他泥土向南北推移而形成的，只见于房基以南的场地和房基以北的地面上。

第③b 层，是房屋倒塌的堆积，下面压着较多的西周器物。

第④层，暂缺，留着代表房屋使用时期的室外堆积。

第⑤层，房屋的夯土台基。

第一号房子建在夯土台基上，墙基打破了夯土台基，北半部的房间和院子为③b 层所覆盖，其余部分遭到了后期的破坏，现直接为②b 层所覆盖。

第一号房基西半部的所在地区，发现了十几个灰坑，全部被②b 层压着，有的打破③b 层，有的打破房屋墙基和地面，有的打破夯土台基，从出土器物看都是属于西周的，估计是在房屋倒塌以后挖成的，由于同③a 层没有发生直接关系，谁先谁后暂时无法确定。

二　房屋的平面布局

房基南北长 46、东西宽 32.6 米，占地 1500 平方米。由于原来地面北高南低，所以在筑房屋台基时，有意识地把南面垫得高一些。从当时的室外地面起算，南边高约 1、北边高约 0.2 米，从而使房基地面大体上保持在一个水平面上。

房屋坐北朝南，整体布局很像后来在我国北方地区广泛流行的四合院。北屋、东屋、西屋和南屋都朝向里边的院子，形成一个封闭的空间。南边正中有影壁，绕过影壁是大门，进门就是前院，前院北边是大厅，大厅往北是后院。后院中间有过廊，过廊往北通后室，前后院周围有回廊，东西两边是厢房，整个建筑以大门和过廊中线为中轴线，东西两边严格地对称（图一）。这样完整的成组建筑，在我国商周考古的历史上还是第一次发现。由于清理工作尚未做完，有些部分的情况尚不清楚，这里只作初步的介绍。

（1）大门和门厅：大门在门厅的正中，宽 2.8、长 6 米，低于门厅地面约 0.8~1 米，中间稍高，南北缓缓下降，与前院及房子前面的地面连成一片。

这种做法可能是为了便于车马出入。大门的地面和两壁是用细沙掺石灰和泥土拌成的三合土灰浆涂抹的，光洁而坚硬，只是壁面的灰浆已大部分脱落。紧贴两壁发现了 4 个柱子和柱础遗迹，每边 2 个，都在门道角上。东南角的一根柱子还留有大约 0.5 米的木炭，立在柱础石之上。估计贴壁还会有更多的柱子，有待进一步清理。

门厅台基被大门分为两半，各长 8、宽 5.5~6 米，高出地面约 1 米，像两个长方形的半岛。由于后期的破坏，原来的地面已被削去。清理工作还没有做完。

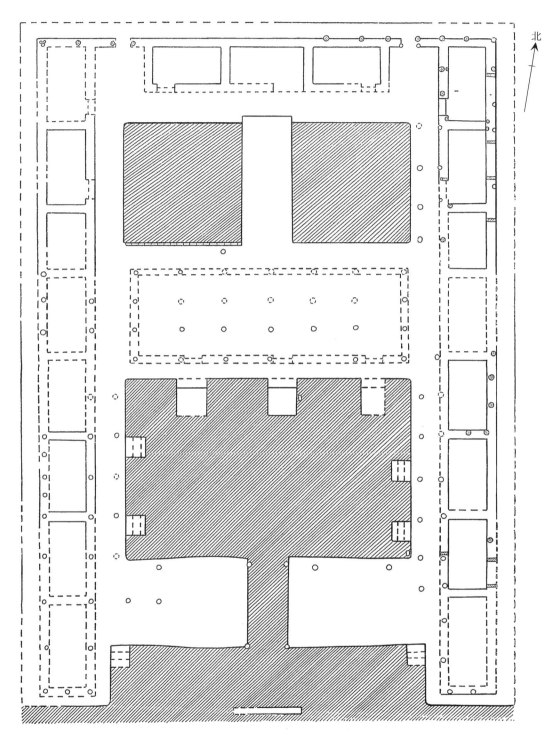

北

图一 第一号房基平面图

暂时发现了五个柱础，其中 3 个贴近台基北边，柱心距台边 0.6 米，同东西厢廊柱的位置是一样的，可见门厅的北边也应有 2 米宽的走廊，门窗可能是朝北开的。

由于大门远低于门厅台基，因此不可能从大门直接进入门厅，必须由门厅两旁的台阶绕进。这两个台阶分别位于门厅和东西厢房相接连的拐角处，宽 1.4 米，阶面大部分坍毁，从残迹辨识大约分为 3 级，总长约 1.5 米。这两个台阶不但能进入门厅，而且直达东西厢房前面的走廊。

（2）前院：前院东西宽 19、南北进深 12 米，低于周围走廊的地面约 1 米，壁面陡直，全部抹灰浆，有的地方经过修补。在原有灰浆面上又抹了一层。院子地面由黄土夯成，周围较高，中间稍稍低下，并且整个地面略向东南倾斜。贴近四壁有约 1 米宽的散水，抹灰浆（大部损坏）。

院子东边和西边各有两个台阶，分别通向东厢和西厢，大小和做法都与门厅两边的台阶相同。阶面大部分残毁，两侧边和部分阶面上仍有很坚硬的灰皮。

院子北面有 3 个台阶通向大厅，阶宽 2、长约 2.5 米，为斜坡形。阶面绝大部分残毁，只有中阶的西边还保留有很好的灰浆面。三个台阶彼此距离相等，都是 4 米，并且都向东偏离 1 米左右。由于大厅是双数开间，门不可能开在正中，因而通向大厅的台阶也只好相应地偏离中轴线。

（3）大厅：大厅地面已被后期削去，并且被西周晚期的 4 个窖穴打破，破坏比较严重，许多柱础已暴露在地面。从通向前院的斜坡形台阶的坡度和柱础的深度推测，大厅的台基是整个建筑中最高的，大约比周围房屋高出 0.3~0.4 米。清理工作还没有做完，只找到 17 个柱洞和柱础，估计大部分墙基还可能找出来。柱子的分布很有规律，东西 4 排，间距 2 米；南北 7 列，间距 3 米。因此大厅当为面阔 18 米，六开间，进深 6 米。前面当有 3 个门，分别对着 3 个台阶；后面也当有门，通向后院中间的过廊。后墙距后院南壁 2 米，同厢房和后室前面的走廊一样宽，应当也是走廊。廊边发现一个柱础，估计还可清理出一列柱础，是为廊柱。

（4）后院和过廊：后院被过廊划分为东西两个 8 米见方的小院，院子低于周围走廊地面约 0.5 米。东院的西壁和西院的东壁以及两个院子的南壁，都是陡直的，并涂抹"三合土"灰浆。西院南壁和西壁的南端，以及东院东壁的南端，都有土坯护坡。南壁的土坯比较规整，长 43、宽 17、厚 8 厘米。西院西壁和东院东壁，以及两个院子的北壁，都稍稍倾斜，壁面未见灰皮。院子底部为黄土夯成，整个地面向东南方向稍稍倾斜。

发现时，整个后院堆满红烧土块，它们是周围房屋倒塌的堆积（图二）。

后院中间的过廊宽 3 米，地面已被后期削去，现存高度仍比北屋前的走廊高出约 10 厘米。

图二　房屋倒塌堆积

（5）后室：从整个建筑的布局看，后室应当是主室，但实际上开间很小，无论大小和结构都与厢房的房间基本相同。后室东西并列三间，每间室内面阔 4.6~4.9、进深 2.6 米。东边一间已在第一期清理完毕，墙壁残高约 10 厘米，南墙东端有门。室内地面抹灰浆，并且经过修补，因此有两层灰皮。中间和西边两间尚未清理，现仅找出墙壁的范围，房中满是房顶和墙壁倒塌的堆积。

后室的两边很像两个耳房，其中西边的一间绝大部分已被 H9 打破，东边的一间地面还保存有很好的灰面，没有南墙，北墙有个缺口，可能是后门。

后室的前面有两米宽的走廊，与室内地面处在同一水平面上，也涂沫有一层灰浆面。从它的宽度和东西厢走廊一致的情况来看，也应当有一列廊柱。

（6）东厢和西厢，整个建筑的两边是两排各八间小房子，两两相对。其中东厢保存较好，西厢破坏比较严重，但从残迹来看，仍可判断两者是完全对称的。

东厢从北往南数，第一间保存最好，室内面阔 4.9、进深 2.6 米，地面抹灰浆，经过修补，最多的地方抹了 3 层。前墙南端开门，门宽 75 厘米，并列放置 3 块土坯，紧靠土坯有木门槛。现存门槛槽深 8、宽 15 厘米，其中残留木炭碎块。第二间的房门也在前墙南端，室内地面也抹灰浆。第三间最小，面阔只有 3.8 米。第四间因隔梁压着还没有来得及清理。从第四间往南，原有地面都已被后期破坏。第五、六、七间的墙基和柱洞仍很清楚。第八间暂找到几个柱洞，也还没有来得及清理。这些房子都是连在一起的，估计房门都朝西开，即朝走廊和院子的一边开，而各房间之间的隔墙上并没有发现开门的迹象。东厢前面的走廊宽 2 米，地面也都涂抹一层三合土的灰浆。走廊外边有一排廊柱，平均距离约 2.5 米，有的柱洞中还保存着炭化木柱的残段（图三）。

西厢也是八间，从北往南数第一间大部分被 H9 打破，仅残留北墙和西北角的一小段。第二间保留最好，前墙墙壁残高约 30 厘米，里外都抹了一层灰皮。后墙

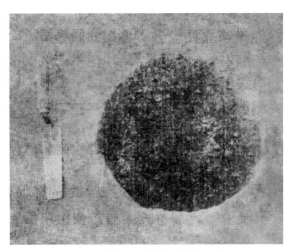

图三　柱洞及炭化木柱残段

有一段被 H8 打破。在这个房子的南端出土一个完整的鬲（原为甗，上部打坏以后，将腰部磨平就当鬲使用），被压在房顶倒坍堆积之下，应当是房子烧毁之前仍在使用的炊具。第三间房也很小，仍保留灰浆抹成的地面。第四间房以南全部地面都遭到后期的破坏，但从柱础和残留的墙基仍然可以大致复原。

同样地，西厢前面也有 2 米宽的走廊，也是每隔 2.5 米左右有一根廊柱。

此外，在整个建筑的东西北三面都有檐阶，阶面宽约 1 米，向外稍稍倾斜，表面也抹一层灰皮。

三　建筑技术

凤雏第一号西周房屋的台基是用黄土夯筑起来的。起先筑成一个长方形台子，把周围和院子的边切齐，然后在台基上挖沟筑墙、挖洞立柱。

所有房间的墙壁都是用黄土夯筑的。从 H8 打破西厢第二间外墙所显示的剖面，清楚地看到墙基深 45 厘米左右。沟壁直立，用圆头夯一层层地筑起来。墙基和墙壁本身的厚度基本上是一致的，都在 58~60 厘米。后院堆积中有许多墙壁残块，是从墙壁较高的部分倒塌下来的，厚度仍有 58 厘米，可见墙壁没有收分。墙壁的夯层很薄，一般厚仅 6~8 厘米；夯窝很小，直径约 3 厘米，用这样密密麻麻的小夯，使得墙壁非常坚固。墙筑好后，还要用工具在两面扒成无数小沟槽，然后涂抹"三合土"灰皮。

柱子主要有两种，一种是后墙的夹壁柱，一种是前墙的夹壁柱和廊柱。后墙的夹壁柱较小，直径 25 厘米左右，排列较密，间距 1.8~2 米，约三分之二加在墙内，三分之一露出墙外。这种柱子的柱础很特别，是用直径 0.5~1 厘米的碎石子掺石灰做成的，厚 15~20 厘米，相当坚硬，基本上与地面齐平或稍微高一点。这类柱子和柱础，应当是在夯土墙打好以后挖槽埋进去的，直到现在，当地盖民房还常用这种做法，只是柱础用卵石或砖块代替了。

前墙的夹壁柱做法很不相同，是在挖好墙基沟后，再在沟底挖洞，在洞底垫上较大的砾石当柱础，平面朝上，在上面立柱培土，再在柱间筑墙。这种柱子较大，直径 30~35 厘米；排列较稀，间距平均为 2.5 米。

廊柱和大厅中的柱子，做法和前墙的夹壁柱基本相同。先挖一个洞，在洞底盛砾石当柱础，然后立柱培土。柱础深浅不一，通常为 30~60 厘米。

上述柱子都是圆的，也还有个别的方形柱子，例如前院中阶右侧和同院东南角的两个柱洞即如此。

关于房顶的结构，可从大厅以北的后院和各房间的堆积中看到一些证迹。那里有许多红烧土上面有芦苇的印痕。估计房顶在架好檩条后，便用芦苇捆成直径 7~8 厘米的把子，一把紧挨一把地绑在檩条上，上面抹麦秸泥，再在表面抹灰浆。房屋拐角的地方都是连接在一起的，朝里的一面一定要有天沟，正是在这些地方发现了少量的瓦。看来瓦是专门用于天沟的，以防止被汇集在一起的雨水过分地冲刷。这些瓦宽约 30 厘米，长度不详，全为泥条盘筑，背面饰绳纹，是迄今在我国发现的最早的瓦。

四　出土器物

两期发现的器物有 200 多件，主要是房屋梁柱上镶嵌的蚌饰，包括镂刻各种几何花纹，蚌片，圆形和方形的蚌泡等。其中有些上面染有朱砂。有些几何花纹的石玉饰品，也当是作镶嵌用的（图四）。由于这些东西特别多，可知当时这座建筑是雕梁画栋，相当富丽。

在房子的倒坍堆积中还发现了不少玉器，其中以各种形状的玉管为最多。有一把玉削，隆背凹刃翘首，柄端稍残，和商周常见的青铜削一个模样，相当精美，此外，还发现有骨蝉、双翼铜镞和蚌镞等（图五）。

房子里面出土不少青釉硬陶豆，豆盘的形制变化很多，共同的特点是豆把都很矮。其中一个敛口，口沿外带三个凸饰，与贺家一座西周早期墓葬中出土的青釉硬陶豆几乎完全一样。其他陶器还有鬲、甗、罍、罐、瓮和豆等（图六）。鬲有两种，一种个体较高，扁裆，锥形足，是西周文化常见的形制；另一种个体很矮，

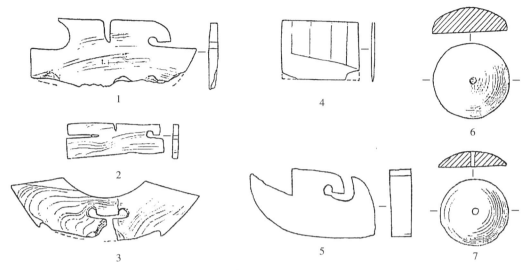

图四　建筑上镶嵌用的装饰

1~4. 蚌片（T36③b：15、51、76、87）　5. 石饰（H11：1）　6、7. 蚌泡（T36③b：64、65）

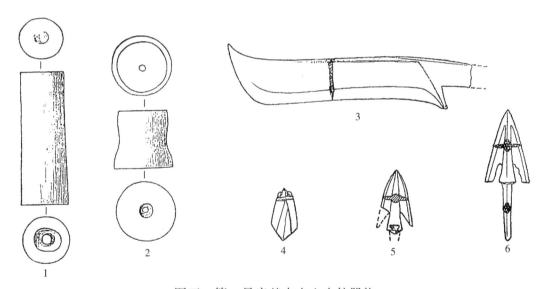

图五　第一号房基中出土小件器物

1、2. 玉管（T17③b：1、4）　3. 玉削（T37③b：10）　4. 骨蝉（T43③b：2）

5. 蚌镞（T36③b：92）　6. 青铜镞（T36③b：16）

宽缘，矮裆，足部圆钝，应是西周晚期的鬲。

关于房子的年代，据北京大学考古专业实验室对一根炭化木柱进行的放射性碳素分析，为公元前 1095±90 年（按半衰期为 5730±40 年计算）。但是从出土器物显示的特点来看，大部分相当于西周中期，只有少部分可以认为是中期偏早。鉴于房子历经修补，使用的时间一定相当长。据此是否可以推测，房子建成于西

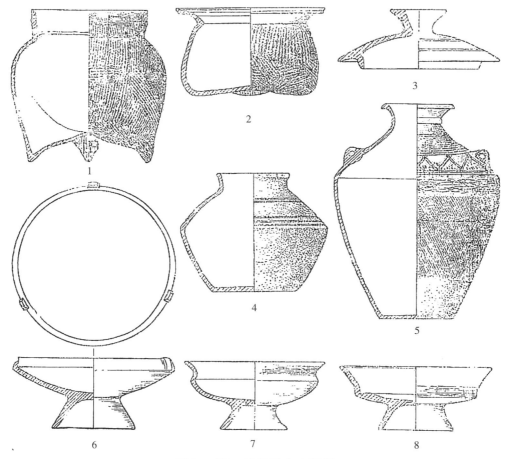

图六　第一号房基出土陶器

1、2. 鬲（T44③b：1、T37③b：10）　3. 盖（T37③b：5）　4. 豆、罐（T37③b：11）

5. 罍（T36③b：7）　6~8. 青釉硬陶豆（T33③b：1、T44③b：2、T43③h：8）

周早期，直到西周晚期才被火焚毁，房中陶器所代表的年代，仅仅是焚毁时期或焚毁以前不久的年代。

（原载《周原考古简讯》第 9 期，1976 年）

关于燕文明的考古学研究*

主席、各位代表：

　　我本来没有想发言，原因不是别的，因为这次会议所讨论的课题，我本人不熟悉。就考古来说我不能讲完全是外行，但是就会议讨论的课题来讲，我是个外行，所以参加这个会议我确实是诚心诚意来学习的。我只能说一说我学习中的一些感想和体会。

　　首先非常感谢在琉璃河考古发掘和从事燕文化研究多年的一些同行们、先驱者们，他们做出了很好的成绩，使我们现在有相当的条件来讨论北京建城多少周年以及一些燕文化的问题。如果要在十年、二十年前讨论这些问题还很困难，现在有了相当的基础，我们现在至少可以说在琉璃河的这个城址是西周初年的都城，是燕国最早的一个都城。这个结论并不容易，是花了很多工夫才得来的。我现在考虑一个什么问题呢？9 月 7 日要召开全国文物工作会议，在这个会议上研究的一个重点课题，就是大遗址的保护。这个遗址是名副其实的大遗址，如果我记得不错的话，东西大概 3500、南北有 1500 米，也就是说大概有 5 平方千米，那是很大的遗址了。这个遗址上有 6 个村子，非常可喜的是在这个遗址上后代没有建城，只有村子，还是一个农业地区，这个遗址得到了相当好的保护。过去也有一些威胁，比如说学大寨平地时，邹衡先生谈到了，推土机都来了，差点就保不住了。但现在面临的一个大问题，也是全国性的问题，就是经济开发。我举一个例子，在浙江省杭州市的郊区余杭的良渚，这是新石器时代晚期或是铜石并用时代的遗址群，它有 34 平方千米，比琉璃河还大得多，上面居住的有 3 个镇，现在要建经济开发区，我和张忠培先生都去过几次了。国家当作头等重要的遗址要保护，当地的政府也是要保护，这 5 万人口要生存、要发展，光发展农业不行了，要办工业，这是个大问题，琉璃河也有类似的问题。要把这个问题解决好，至少要注意

---

　　* 本文为 1995 年 8 月 24 日在北京房山韩村河举行的北京建城 3040 年暨燕文明国际学术研讨会闭幕式上的发言。

两点。

第一，要从学术上把这个遗址探清楚，它的重点分布区在哪里，一般分布区在哪里，要有一个分别，不能 5 平方千米哪都不能动。

第二，这个遗址的评价要适当，要说清楚究竟重要在什么地方，如果工作没有跟上，你就说不明白。你说明白了，领导也会重视，下面也好做工作。

琉璃河遗址在首都旁边，过去做了很多工作，中央也知道这个事，我们的保护工作如果做得好，可以给大遗址保护树立一个榜样。

从业务角度上讲，现在这个遗址有一个城、有墓地，但是这个城只有 800 多米宽，南北不清楚，我想也不会太长。这个城的范围对整个遗址来讲是很小的。这个遗址是否只有一个城，还有没有别的城？因为临淄有小城有大城，燕下都有东城有西城，邯郸赵王城也不止一个城。这个地方在西周初年，远道而来也不一定搞得很复杂，也可能就这么一个小城，也可能到后来有发展。因为这个遗址这么大，别的地方是什么区呢？也可能是城区，也可能是手工业区，所以要做的事情还很多。墓地也不一定只有这么一块，墓地探了一下，比较大的墓葬只有那么几座。而西周这么长的时间，假如这个城址代表西周燕国的话，即使每个墓都是侯，那也不够，还有没有别的墓地？下一步要做的工作还有很多，首先要做的是对遗址的全面勘探，不是抓一个地方就挖，而是对遗址全面了解的情况下来选择重点挖，把一些关键部位弄明白，以后的发掘会是事半功倍的。这个遗址发掘前后过程中也有点这个意思，邹衡先生讲他当时是找燕都，他总体认识是对的，但对遗址本身是一步步开始了解的。开始的时候以为就是个辽金城，不是现在这种认识，所以我想以后的工作，全面勘探恐怕是一个重要的内容。

另外，我想就燕文明和燕文化谈点非常肤浅的认识。刚才张忠培先生的发言高屋建瓴，我琢磨北京这个地方在西周燕国建都以前不是一个很重要的文化中心，这是一个各方面文化交汇的地方，也是个小中心。从地理方面看，北京地区是个小平原，又是燕山南北、东西交通的要冲，如果仅仅是通道，它以后不可能发展成为首都，正是因为它有个小平原有个小中心，才有个依托。然后它又是个通道，交通上的通道，文化上的通道，所以在文化还不是很发达的时期，它就是个各路文化争夺的地方。只有当文化发展到一定阶段的时候，才成为控制全国的中心，北京城市发展的总的历史趋势大概就是这样的。

早期的文化可以从这几个角度来看，中国大概有这么几个大的文化谱系，从新石器时代看，一个是黄河流域的以旱地农业为基础发展起来的一个文化谱系，这个文化谱系如果从考古学上找一个代表性的器物，那就是在后来产生的鬲，有一个早期的鬲的分布区，所以我把它叫作鬲文化分布区。第二个区是以长江流域为主，包括山东和再往南的一些地方，是以水稻农业为经济基础发展起来的，在器物中表现是鼎，是鼎文化分布区。我们过去讲中国文化是鼎鬲文化，这个鼎鬲文化开始不是合流的，是分开的，只有到商周时期才合流。第三个文化区大体上是东北这块地方，那是以狩猎采集经济为主的，这个文化区主要器物就是一种筒形罐，所以我就把它叫作罐文化区。还有一个区产生得较晚，就是从内蒙古往西以后发展为牧区，牧区何时开始形成的？形成以前是些什么样的文化特征？都说不清楚，但是后来的历史阶段它起了很大的作用。大体上我们把中国的文化划成四大块。

四块文化区在商周或夏商周发展过程中，首先是鼎鬲文化合流后形成一股强大的势力，向北有发展，罐文化系统向南也有发展，北京就是在这两者相遇的前沿地带，游牧民族的力量起来以后又跟游牧民族发生关系。但是农业区和游牧区不太容易长距离错动，它是随着气候的变化，比如气候变化的临界区适于农业发展，农业就会向北推进一点，如果临界区不适于农业发展，游牧民族又会向前推进一点，这是交错拉锯的地带，也是后来建立长城的地带。但是东北这块不一样，东北早先不是农业区是因为纬度比较高，气候比较冷，但是等农业生产力达到一定程度，它的雨量还是够的，土壤还是肥沃的，所以农业民族就不断地往东北发展。分成两线，一线是从内蒙古东南往北经吉林往黑龙江方面发展，另一线是从辽宁往东、往朝鲜发展。不管是往哪边发展，北京都是一个重要的基地。

从宏观角度看，前一时期北京是各路文化交流南北往来，自己没有形成一个核心区，后来（这个后来到底是什么时候，我现在也很难说）逐步形成一个核心区。以后是辽金，辽是南京，金是中都。后来是元大都，越来越成为中国首都，北京历史发展脉络非常清楚。我们考古学要研究考古学文化，怎么样来研究考古学文化，怎么样来研究考古学文化的关系，怎么样来研究考古学文化与族属的关系，如果我们能回答刚才我说的具体历史问题，将对考古学的这一系列理论有重大发展。

以上是我参加这个会议的一点感触，我想说出来大家也会有这种感触。如果以后大家在这方面做一些努力，我们下一次会再来讨论北京建城问题也好，燕文化问题也好，考古学的理论也好，都会在比现在更高得多的水平上来开这个会。这是我的肤浅感受，耽误大家的时间，谢谢。

（原载《北京建城 3040 年暨燕文明国际学术研讨会会议专辑》，北京燕山出版社，1997 年。后收录在《农业发生与文明起源》，科学出版社，2000 年）